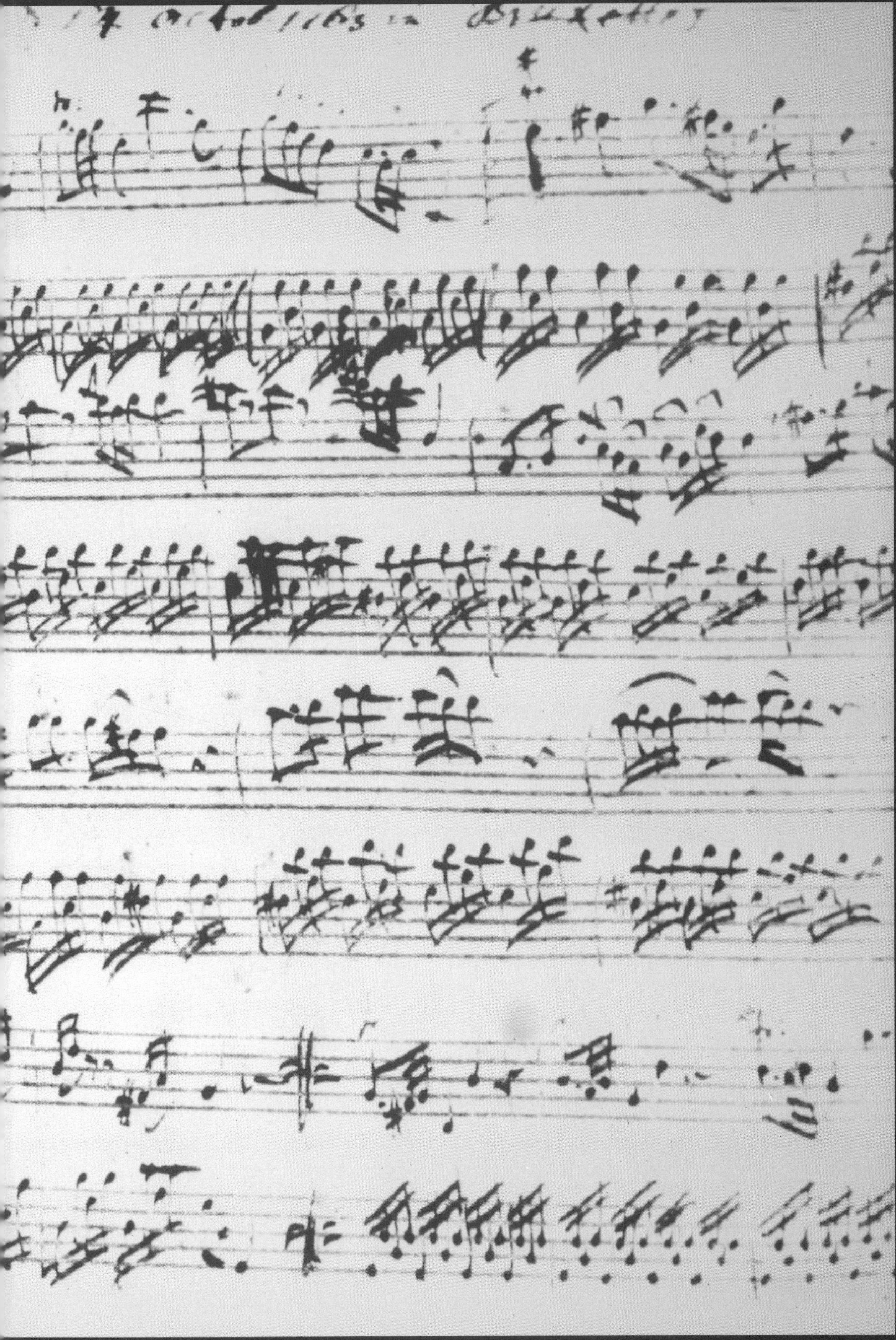

MOZART IN BELGIEN

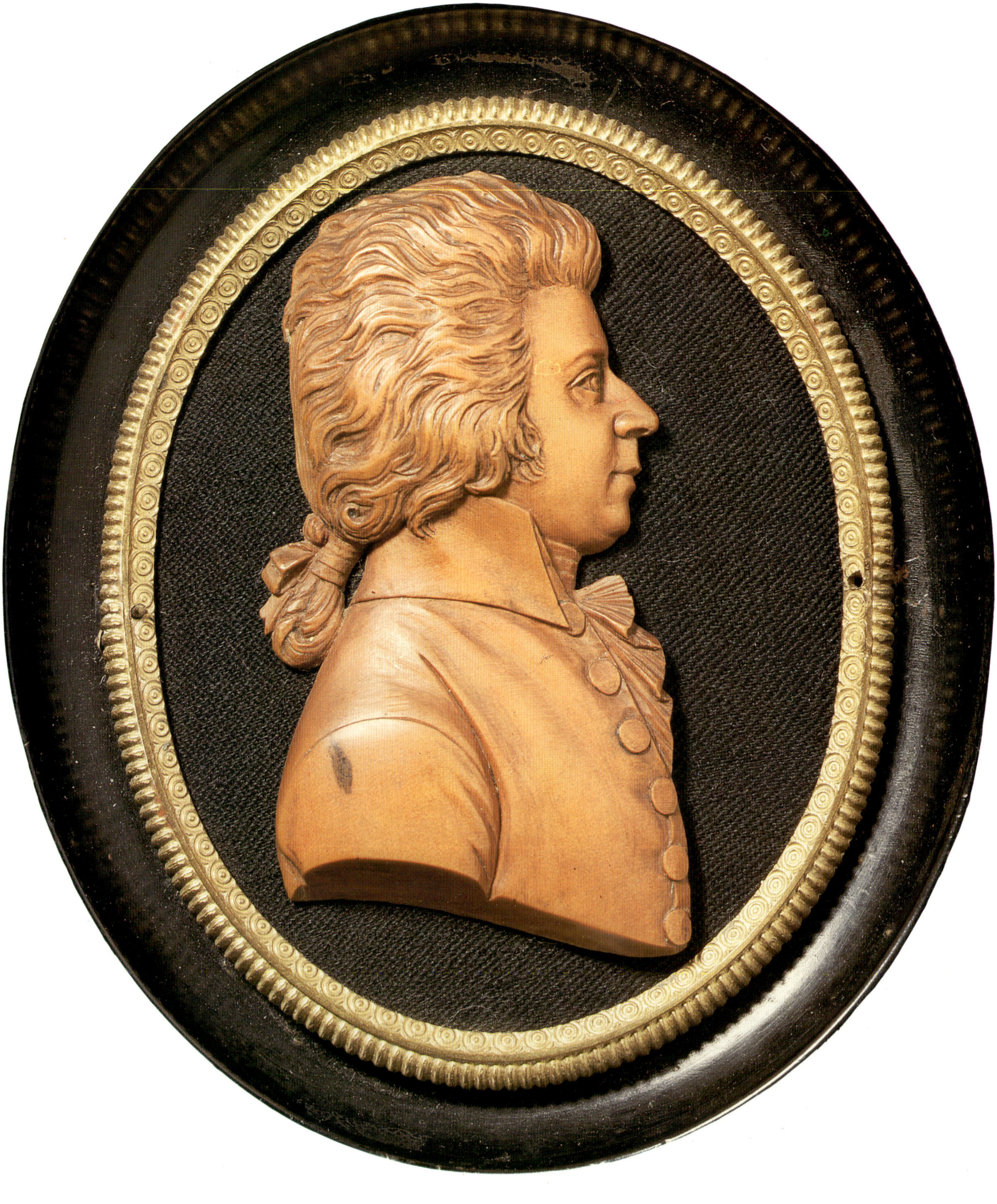

Mozart in Belgien

Ein Wunderkind unterwegs durch die Südlichen Niederlande, 1763-1766

Herausgegeben von Fons de Haas und Irène Smets

Pieter Andriessen, Ignace Bossuyt, Fons de Haas,
Frank Deleu, Jeanine Lambrechts-Douillez, Piet Lenders, Léo Moulin,
Ghislain Potvlieghe, Paul Raspé, Irène Smets,
Jules van Ackere und Philippe Vendrix

Mit einem Vorwort von Gerard Mortier

MERCATORFONDS   MOZARTEUM BELGICUM

Allgemeine Koordination: Ann Mestdag und Irène Smets
Ikonographie: Ann Mestdag
Übersetzung: Hans Jürgen Terjung
             (Kapitel 12-13: Franz Lukassen)
Produktion: Ludion n.v.

Unser dank gilt:
Leo De Ren, Walter Couvreur, Jacques Claes, Jean-Marie-Duvosquel, Edward Kuppens, Marc De Ree,
Lutgarde Bessemans, Luc Janssens, Gilbert Huybens, Paul Raspé, Christiane Piérard, Geert Van Assche,
Jean-Albéric Van Stappen, Hugo Maertens, Luc Rombouts, Dirk Vandemeulebroecke, André Slock, Société
Générale de Banque, Staf Thomas, Liliane Sabatini, Anne Meurant, Luc Engen, Marius Flothuis.

Umschlagbild:
Pietro Antonio Lorenzoni: Wolfgang Mozart in 1763. Mozarteum, Salzburg.
Frontispiz:
Leonard Posch: Wolfgang Mozart in 1789. Mozarteum, Salzburg.

© Mercatorfonds, Antwerpen
D/1990/703/24
ISBN 90 6153 243 4

© der deutschen Übersetzung: Mozarteum Belgicum und Mercatorfonds
D/1990/5896
ISBN 90 5377 001 1

Alle Rechte vorbehalten.
Nachdruck in jeder Form sowie der Wiedergabe durch Fernsehen, Rundfunk, Film, Bild- und Tonträger oder
Benutzung für Vorträge, auch auszugsweise, nur mit Genehmigung des Verlags.

No part of this book may be reproduced in any form, by print, photoprint, microfilm or any other means
without the written permission from the publisher.

Vorwort

MOZART hat Belgien als Staat nicht erlebt, aber einige Städte in den Südlichen Niederlanden, mit ihren prächtigen Orgeln und Glockenspielen, die ihn an das Glockenspiel erinnerten, das der Erzbischof von Salzburg 1704 aus Flandern für seine Geburtsstadt bezogen hatte.

Und was bedeutete Mozart für Belgien? Die Belgier haben ihm wenig Aufmerksamkeit gewidmet, 1763 ebensowenig wie später. Bis ins zwanzigste Jahrhundert finden wir im Repertoire des »Théâtre royal de la Monnaie« (Munt) nur gelegentlich den Namen Mozart. Hundert Jahre nach seinem Tod wurden dort nur noch drei seiner Opern gespielt: *Don Juan, d'après Mozart* wurde 1807, *Les Noces de Figaro* (Figaros Hochzeit) fünfzehn Jahre später inszeniert, *La Flûte Enchantée* (Die Zauberflöte) wurde sogar erst 1880 aufgeführt, nachdem bereits alle Opern von Bellini, Rossini und selbst die meisten Opern Verdis und Wagners in Brüssel gegeben worden waren. Und es sollte noch einmal hundert Jahre dauern, bevor die vier anderen großen Opern Mozarts auf dem Programm der »Munt« standen: 1902 *Die Entführung aus dem Serail*, um bereits nach zwei Vorstellungen abgesetzt zu werden, *Così fan tutte* erreichte 1923 immerhin neun Aufführungen, *Idomeneo* mußte bis 1932 auf seine Inszenierung warten. *La clemenza di Tito*, Mozarts letztes dramatisches Meisterwerk, wurde erst im Juni 1982, im ersten Jahr meiner Direktion an der Munt, in den Spielplan aufgenommen.

Königin Elisabeth war als exzentrische Persönlichkeit bekannt, nicht nur wegen ihrer Freundschaft mit Mao, ausgefallener fand man wohl ihre Vorliebe für Mozart, die sie zusammen mit Graf de Launoit am Aufbau der Internationalen Stiftung Mozarteum mitwirken ließ.

Daß das Mozartjahr dennoch Anlaß zur Publikation eines interessanten Lese- und Studienwerks, wie es das vorliegende Buch darstellt, sein konnte, kann also nur mit der Aktualität Mozarts am Ende des 20. Jahrhunderts zusammenhängen. Seine heutige Popularität überspringt Ländergrenzen und sprengt den Rahmen von Jubiläen. Aktualität, Universalität und Genialität sind natürlich oft bemühte Begriffe bei der Analyse eines künstlerischen Œuvres. Was Mozart angeht, gibt es allerdings spezifische Gründe für den Erfolg seines Werkes beim Publikum dieses Jahrzehnts.

Im Libretto für *Die Zauberflöte* legen Mozart und Schikaneder in der Regieanweisung der letzten Szene fest: »... sogleich verwandelt sich das ganze Theater in eine Sonne...«. Man beachte, daß nicht nur die Bühne, sondern das gesamte Theater zu einer Sonne werden soll. Descartes' Ideen, die den Dialog zwischen Mensch und Natur und damit die Bedeutung der Kultur revolutionierten, führten durch enzyklopädischen, freimaurerischen und aufgeklärten Despotismus zu den Idealen und zum Terror der Französischen Revolution. In *Die Zauberflöte* werden dieselben Ideale besungen, zugleich aber in ein neues Gleichgewicht gesetzt: Die Auffassung vom Menschen als dem Mittelpunkt des Universums wird von der Prüfung des Todes geläutert – zwischen Sonne und Mond – Tag und Nacht. Damit werden Tamino und Pamina zu Eingeweihten: aufs neue Teil des Kosmos und im Dienste seiner Harmonie. Mozarts Freund Haydn fängt diesen Brückenschlag in wunderbarer Weise auf und bezieht sich auf seinen mittlerweile verstorbenen Freund, wenn er die Engel in seinem letzten Rezitativ von *Die Schöpfung* an Adam und Eva gewandt singen läßt »... und nicht mehr zu wissen als ihr sollt ...«.

Der gestörte Dialog zwischen Mensch und Natur, zwischen seinem Wissen und Können, worüber Max Wildiers in jenen Jahren in seinem *Verborgen leven van de Cultuur* und George Steiner in *In Bluebeard's Castle* schreibt, wird zum ersten Mal seit Descartes in einem »naiven« Werk, der *Zauberflöte* von Mozart, intuitiv erfaßt und in ein Kunstwerk umgesetzt. Das Spektrum dieser Mitteilung ist sofort so farbig, daß es einen jeden berührt. Am Ende des zweiten Jahrtausends erlebt die westliche Welt den Kulminationspunkt des cartesianischen Gedankens, fühlt sich aber gleichzeitig als Zauberlehrling; wie Tamino auf der Flucht vor der siebenköpfigen Schlange, hin- und hergerissen zwischen dem strahlenden Licht der Erkenntnis und der dunklen Nacht der Unwissenheit.

Mozart ergreift und wird in dieser Zeit zu einer mythischen Erscheinung, weil er mit seiner *Zauberflöte* wie in einem Comicstrip die Gründe unserer Endzeitängste in musikalische Bilder umsetzt und uns von dem »drei Knaben« die rettende Zauberformel vorsingen läßt: »Sei standhaft, duldsam und verschwiegen«, in grellem Kontrast zur Unbesonnenheit, Intoleranz und Medienabhängigkeit des modernen Menschen.

Mozart in Belgien ist ein wichtiges Buch, weil es als Teilstudie von Mozarts Reisen durch Europa ein weiteres Mal beweist, daß Grenzen und Länder in Mozarts Leben keine Rolle spielten, sicher hingegen die Regionen mit ihren blühenden Kulturen. Mozarts künstlerisches Œuvre, einmal mehr mit cartesianischer Klarheit in 626 KV's aufgeteilt, spiegelt in seiner Gesamtheit die Verschmelzung der Kulturen, die wir Europa nennen. Dabei ist es die Musik – die Melodie der Zauberflöte oder der Klang des Glockenspiels –, die wilde Tiere zähmt und gewalttätige Angreifer freundlich stimmt, von der Mozart glaubte, daß sie innerhalb der westlichen Zivilisation den Weg ins verlorene Paradies weise, in dem die Strahlen der Sonne die Nacht besiegen.

GERARD MORTIER

Inhalt

Irène Smets	**1 | Die Familie Mozart** 9
Piet Lenders	**2 | Die südlichen Niederlande unter österreichischer Herrschaft** Eine schwierige Übergabe 31 Das österreichische Belgien 33 Regierung und Verwaltung 35 Ein Land entwickelt sich 41
Irène Smets Philippe Vendrix Léo Moulin Irène Smets	**3 | Lüttich, 2.-3. Oktober 1763** Einleitung 47 Grétry und Mozart 48 Im Wirtshaus 52 Schicksalsschläge eines Reisenden 58
Irène Smets Ghislain Potvlieghe Piet Lenders	**4 | Tienen, 3.-4. Oktober 1763** Einleitung 67 Jean-Jacques Robson 68 Das tägliche Leben unter österreichischer Herrschaft 70
Irène Smets Pieter Andriessen Piet Lenders	**5 | Löwen, 4. Oktober 1763** Einleitung 77 Eine Löwener Wette 78 Die Alma Mater 81
Irène Smets Leo De Ren Pieter Andriessen Ghislain Potvlieghe	**6 | Brüssel, 4. Oktober-15. November 1763** Einleitung 89 Brüssel und der Hof Karl von Lothringens 72 Das Musikleben 112 Die Brüsseler Sonate 130
Irène Smets Paul Raspé Piet Lenders	**7 | Mons, 15.-16. November 1763** Einleitung 133 Madame Royale 136 Eine Garnisonsstadt 138

Irène Smets
Piet Lenders
Ignace Bossuyt
	8 | Paris und London, 18. November 1763-1. August 1765
	Einleitung 143
	Französischer und Englischer Hof 146
	Mozart im Bann der neuen Klaviermusik 154
	    Paris 154
	    London 157

Irène Smets	**9 ｜ Gent, 4.-6. September 1765**
Piet Lenders	Einleitung 163
Frank Deleu	Das Wirtschaftszentrum Flanderns 164
Ghislain Potvlieghe	Das Genter Glockenspiel 172
	Orgelstadt Gent 182
Irène Smets	**10 ｜ Antwerpen, 6.-9. September 1765**
Piet Lenders	Einleitung 165
Ghislain Potvlieghe	Eine Stadt der Geschäftsleute und Rentiers 189
	Die Antwerpener Orgeln 200
	11 ｜ Holland, 9. September 1765-Ende April 1766
Fons de Haas	Unterwegs durch die Vereinigten Niederlande 204
	»Lasst uns jubeln, Bataver!« 206
	Leopolds Meisterwerk 216
	12 ｜ Antwerpen-Mechelen-Brüssel, Ende April-5. Mai 1766
Irène Smets	Einleitung 221
Jeanine Lambrechts-Douillez	Das Cembalo, der Stolz Antwerpens 224
Piet Lenders	Mechelen, eine erzbischöfliche Stadt 230
Piet Lenders	Abschied von den österreichischer Niederlanden 237
	13 ｜ Mozart in Belgien nach 1766
Paul Raspé	Mozart im Konzert und in der Oper 242
	Mozart in belgischer Noteneditionen 248
	Mozart in belgischer Musikbibliotheken 250
Ghislain Potvlieghe	**14 ｜ Mozart und das Klavier** 253
Jules van Ackere	**15 ｜ Das Zeitalter Mozarts** 265
Jules van Ackere	**16 ｜ Aspekte Mozarts** 277
	Bibliographie 291

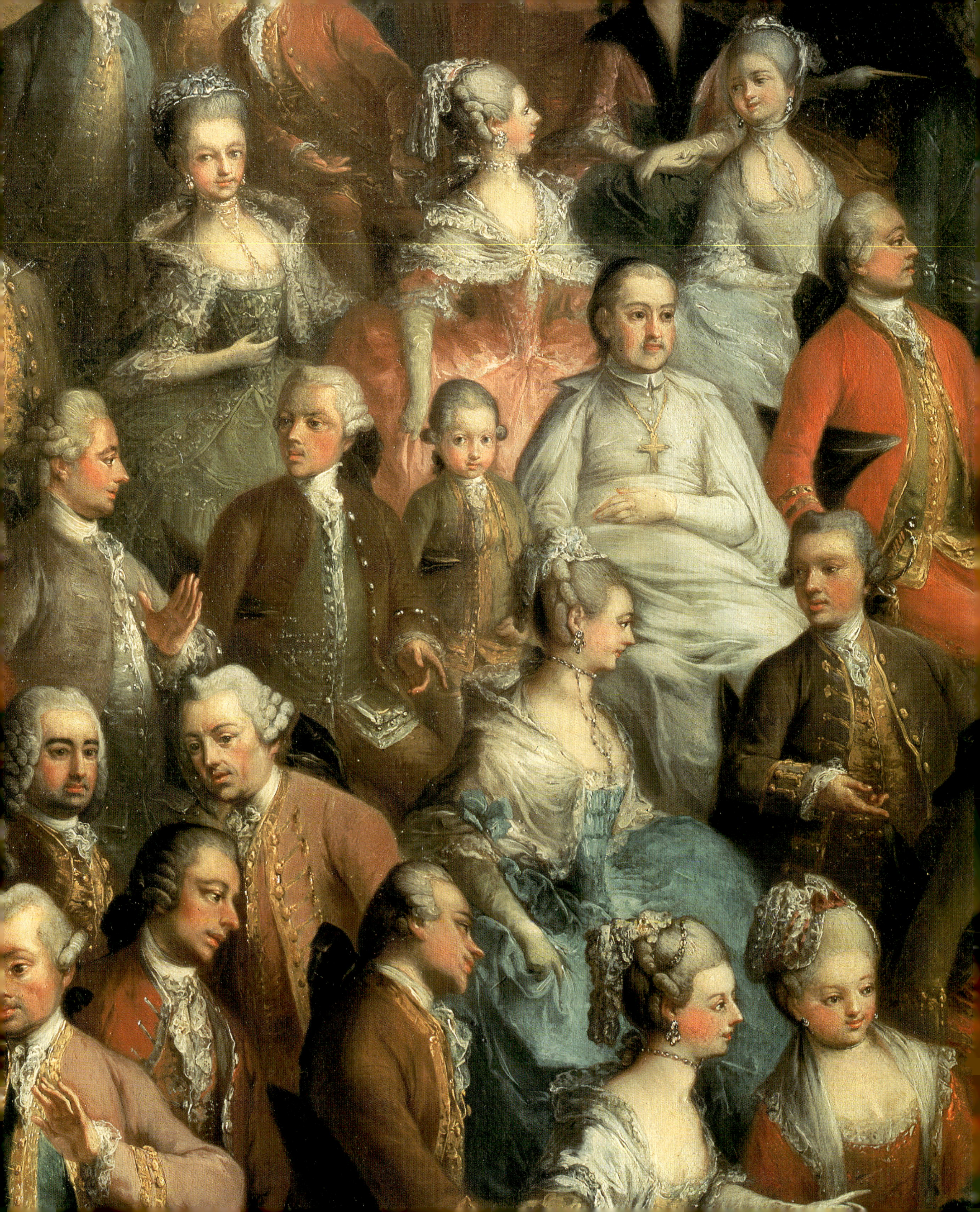

1

Die Familie Mozart

IRÈNE SMETS

Die Eltern Wolfgang Mozarts stammten nicht aus Salzburg. Der Vater, Leopold Mozart, wurde am 14. November 1719 als ältester Sohn eines Buchbindermeisters im schwäbischen Augsburg geboren. Seine Mutter, Maria Anna Pertl, kam aus St. Gilgen, einem Ort in der Nähe des Wolfgangsees im Salzkammergut. Sie war die Tochter eines Verwaltungsbeamten, der in Salzburg ein geschätzter Baß und Chorleiter gewesen war bevor er seine juristische Karriere in St. Gilgen aufnahm. Bei den Mozarts in Augsburg hingegen gab es keine Musiker: Es handelte sich um ein Geschlecht fleißiger Handwerker. Leopold war der erste Tonkünstler von Bedeutung in der Familie, und nicht nur in dieser Hinsicht war er ein Außenseiter: Während der älteste Sohn üblicherweise dazu bestimmt war, den Familienbetrieb zu übernehmen, durfte Leopold vom fünften Lebensjahr an die Schule besuchen. Möglicherweise hatten ihm die Eltern die geistliche Laufbahn zugedacht. Es waren dann die beiden jüngeren Brüder Joseph Ignaz und Franz Alois, die vom Vater das Buchbindergewerbe lernten.

Nach der Volksschule nahm Leopold am Jesuitengymnasium Augsburg seine Studien auf, als aber sein Vater 1736 starb, brach er die Ausbildung ab, obwohl er nur noch ein Jahr zu absolvieren hatte. 1737 verließ er Augsburg und zog nach Salzburg, wo er sich an der Alma Benedictina einschrieb, die damals eine der größten deutschen Universitäten war. Anfangs erzielte er außerordentlich gute Ergebnisse, wurde Magister der Philosophie und begann auch das Studium der Rechte, aber nach Ablauf des zweiten Jahres wurde er wegen Fehlverhaltens und Versäumens der Vorlesungen vom Rektor gerügt und relegiert. Er suchte eine Anstellung als Musiker und wurde 1740 als »Kammerdiener mit musikalischen Aufgaben« vom Vorsitzenden des augsburgischen Kapitels, dem Domherrn Graf Johann Baptist Thurn-Valsassina und Taxis, angeworben. Offensichtlich hatte Leopold bereits damals eine gewisse Musikerziehung genossen. Er widmete seine ersten Kompositionen dem Arbeitgeber: sechs Kirchensonaten für zwei Violen und Baß, die er eigenhändig für den Druck in Kupfer gravierte. 1743 trat er in den Dienst des Erzbischofs von Salzburg, Graf Anton Eleutherius Firmian. Er wurde als vierter Violinist in die Hofkapelle aufgenommen.

Salzburg war damals eine stadt mittlerer größe: 1771 lebten dort etwa 16.000 Menschen. Sie war traditionell ein bedeutender Knotenpunkt des Handels zwischen Süddeutschland und Italien, vor allem mit Venedig; über die gleichen Handelswege hatte auch die italienische Renaissance-Kultur die Stadt erreicht. Um die Mitte des achtzehnten Jahrhunderts gehörte die wirtschaftliche Blüte jedoch der Vergangenheit an, wenn auch weiterhin viele Kaufmannsfamilien in der Stadt lebten.

Während eines Konzertes am Hof der Kaiserin Maria Theresia 1760 (1762?) wurde Wolfgang gemäß der Überlieferung zwischen dem Publikum dargestellt, zwischen seinem Vater und dessen Arbeitgeber, Prinz-Erzbischof von Schrattenbach, sitzend. Ölgemälde (Detail) von Martin van Meytens. Kunsthistorisches Museum, Wien.

Die Poststraßen im Grenzgebiet zwischen Bayern und Österreich. Teil der Ansichtkarte von Johann Jacob von Bors (1764). Privatsammlung.

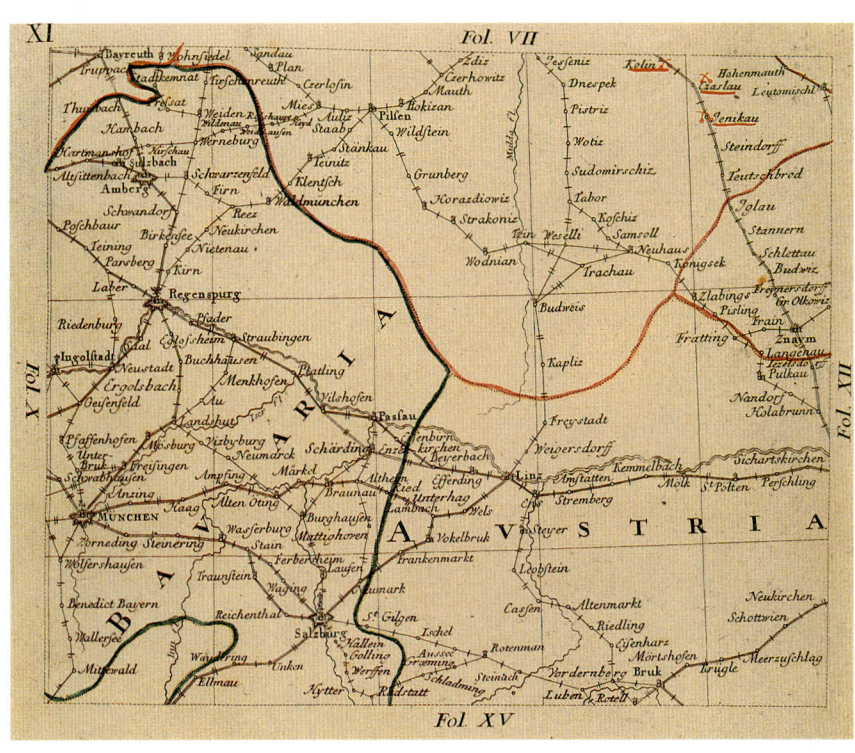

Nicht nur durch den grenzüberschreitenden wirtschaftlichen Austausch, sondern auch dank der Universität entging Salzburg der engstirnigen Atmosphäre vieler Provinzstädte. Jährlich strömten hier etwa 1300 bis 1500 Studenten zusammen. Die Hochschullehrer kamen aus allen Teilen des Landes. Es handelte sich dabei überwiegend um Geistliche, angestellt von einer Kongregation der einundvierzig Benediktinerabteien ganz Süddeutschlands und Österreichs. Bereits seit der Gründung der Universität im Jahr 1623 hielt die Kongregation die Verwaltung in Händen. Lediglich für die drei juristischen Lehrstühle und die medizinische Fakultät wurden Laien berufen. Die neuen Geistesströmungen des achtzehnten Jahrhunderts gingen an der Salzburger »Ordens«-Universität vorbei, wodurch sie an Bedeutung einbüßte; die Aufklärung mit ihrem Rationalismus, ihrem Streben nach Laisierung der Wissenschaft und ihrem Kampf gegen die Macht der Kirche fand dort wenig Widerhall.

Zunächst wurde der Charakter der Stadt durch einen Fürstenhof beeinflußt. Salzburg war der Verwaltungssitz eines großen Erzbistums, der Erzbischof war gleichzeitig der weltliche Herrscher über die Stadt und das umliegende Land. Er wurde vom Domkapitel gewählt, und es handelte sich bei ihm stets um einen Auswärtigen, der keine Bindungen an die Stadt und ihre Bewohner hatte. So konnte durch die manchmal schnelle Aufeinanderfolge der Machthaber in die Verwaltung des Fürstentums keine Kontinuität kommen. Allein Leopold Mozart stand im Dienst von fünf Erzbischöfen.

In der hierarchisch strukturierten Gesellschaft des Ancien régime bestimmte ein solcher Hof das gesamte örtliche Leben. An der Spitze sozialen Pyramide stand die mächtige Aristokratie, die normale Umgebung jedes Fürsten. In Salzburg war dieser Stand jedoch, mit nur wenigen Familien, unterrepräsentiert – Lodron, Firmian, Herberstein u.a. –, die sich im Kielwasser eines

Johann Georg Leopold Mozart (1719-1787). Anonymes Ölfarbenporträt (ca. 1765), Pietro Antonio Lorenzoni zugeschrieben. Mozarteum, Salzburg.

Die Universitätskirche (Kollegienkirche) in Salzburg, erbaut zwischen 1694 und 1707. Gravüre von Karl Remshard, ca. 1730. Stadtbibliothek, Augsburg. In der linken Ecke des Platzes sieht man die Hinterseite des Hauses der Mozarts.

Salzburg vom Bürglstein aus. Aquarell von Jakob Alt, ca. 1825. Museum Carolino Augusteum, Salzburg.

Maria Anna Mozart, geboren Pertl (1720-1778). Anonymes Ölfarbenporträt, Pietro Antonio Lorenzoni zugeschrieben. Mozarteum, Salzburg.

Das Haus in der Getreidegasse 9 in Salzburg, wo Wolfgang am 27. Januar 1756 geboren wurde. Rechts der Eingangstür sieht man die schöne Ladenfassade von Johann Hagenauer, Hausbesitzer und Freund der Familie Mozart.

mit ihnen verwandten Erzbischofs in der Hoffnung auf einträgliche Hofämter in der Stadt niedergelassen hatten. Es handelte sich meist um junge Seitenlinien der adligen Geschlechter; der Schwerpunkt ihres Reichtums und Grundbesitzes lag daher außerhalb des Erzbistums. In und um Salzburg gab es nur wenige wirklich große Paläste: Die Familie Lodron besaß zwei, außerdem war da noch der Graf von Kuenburg. Die anderen Wohnsitze der Adligen sahen eher wie imposante Herrenhäuser oder Landsitze aus.

Die Rolle des Landadels wurde in diesem geistlichen Fürstentum von den Domherren – den Mitgliedern des Domkapitels – gespielt, die, ebenso wie die aus ihrer Mitte erwählten Erzbischöfe, nicht aus Salzburg stammten. Sie gehörten meist zu den großen Adelsfamilien Süddeutschlands und der sogenannten österreichischen Erblande (Kärnten, Böhmen, Tirol, Steiermark und Österreich selbst) an. Auch in anderen Domkapiteln waren sie vertreten und mußten aufgrund der Residenzpflicht an jedem dieser Orte einige Monate im Jahr verbringen. Aufgrund der langen Abwesenheitszeiten und weil sie meist nicht mehr als ein Subdiakonat zugewiesen bekommen hatten, also keine Sakramente austeilen oder Messen abhalten durften, waren dem Dom andere Geistliche verbunden, die diese Aufgaben erfüllten. Ähnlich wie um die Erzbischöfe, scharte sich auch um die Domherren eine kleine Gruppe von Familienmitgliedern, die dank dieser Verwandtschaftsverhältnisse eine geistliche Laufbahn einschlagen oder die begehrtesten Ämter am Hof erlangen konnten. Sie wurden Haushofmeister, Oberkammerherren, Oberhofmarschälle, Oberküchenmeister, Oberstallmeister, Oberjagdmeister, Oberpostmeister usw.

Außerdem war der Erzbischof von ausgewählten Edelknaben umgeben: zwölf junge Menschen aus dem Hochadel, die zunächst das Gymnasium und danach meist die Universität besuchten. Sie wohnten in der erzbischöflichen Residenz und wurden von Erziehern ausgebildet, die ihnen beispielsweise Französisch-, Italienisch- und Tanzunterricht erteilten. Bei Festlichkeiten erfüllten sie die Aufgaben der Pagen. Eine vergleichbare Erziehung erhielten die Kollegiaten, die ins Collegium Virgilianum aufgenommen wurden. Sie kamen aus ganz Österreich, um hier ihre Ausbildung zu vervollständigen. Selbstverständlich zog auch die Universität zahlreiche Adlige an; viele traten nach Beendigung ihres Studiums in den Dienst des Erzbischofs.

Diesen Menschen unterschiedlicher geographischer Herkunft verdankten der Salzburger Hof und seine Umgebung die internationale Ausstrahlung. Andererseits bildeten sie eine isolierte Kaste, die mit der örtlichen Bevölkerung nur wenig Umgang pflegte.

Überdies gab es zwischen ihnen und dem niederen Adel der subalternen Angestellten des Hofs, Offizieren und Beamten, die ihre Adelsbriefe aufgrund dem Fürsten erwiesener Dienste erhalten hatten, eine deutliche Kluft. Die zentralisierte Verwaltung des Erzbistums erforderte einen beachtlichen Beamtenapparat. Die Armee war dagegen klein und wenig schlagkräftig, schließlich mußte sie ja nie aktiv werden. Den Fürsterzbischöfen war es immer gelungen, ihre Fürstentümer aus Kriegen herauszuhalten. Offiziere und Beamte entstammten immer denselben alteingesessenen Familien, die zwar dem Adel angehörten, aber über wenig Vermögen verfügten, weil die Beamten schlecht entlohnt wurden. Die Offiziere hatten im Gegensatz zu den Beamten allerdings Zugang zu den Empfängen bei Hofe.

Dieser Kleinadel lehnte sich daher an das reiche Besitzbürgertum an, das sich seinerseits den unteren Bevölkerungsschichten weit überlegen fühlte: den Handwerkern, dem einfachen Klerus, dem gewerbetreibenden Kleinbürgertum. In einer Universitätsstadt lebten natürlich auch viele Geschäftsleute und Hoteliers, Wirte und Kaffeehausbesitzer. Das städtische Proletariat schließlich – Arbeiter, niederes Dienstpersonal, Arbeitslose – lebte in Armut. Viele waren von den Renten- und Unterstützungszahlungen abhängig, die der Erzbischof gelegentlich verteilte.

Leopold hat es in seinen ersten Salzburger Jahren sicher nicht leicht gehabt. Er war unterbezahlt und konnte auf seine Familie in Augsburg nicht zählen. Seine Mutter, eine Witwe mit zwei weiteren im Elternhaus lebenden Söhnen sowie zwei Töchtern, überließ ihn seinem Schicksal. Er hatte mittlerweile Maria Anna kennengelernt, die aus einem unbemittelten Elternhaus stammte; ihr Vater starb, als sie vier Jahre alt war. Als Leopold sie heiratete, war er 28 und sie beinahe 27 Jahre alt, »das ansehnlichste Paar Salzburgs«, so sagte man. Leopold war klein, schlank und immer sorgfältig gekleidet. Er schaut uns von Porträts mit klarem, aufmerksamem Blick an, einem strengen Ausdruck, einem etwas harten Zug um den Mund. Er war ein intelligenter, zivilisierter Mann mit nüchternem Urteilsvermögen und guter Menschenkenntnis, nicht ohne Humor. Gegenüber Personen, denen er nicht völlig vertraute oder die er für uninteressant hielt, war er zurückhaltend. Dummheit, schlechtes Benehmen, Unordnung widerten ihn an. Er war von Natur aus mißtrauisch und zeigte sich des öfteren unzufrieden über alles und jeden, eine Haltung, die einem Minderwertigkeitsgefühl entsprang. Gebieterisch und etwas pedantisch unterstrich er seine Behauptungen oft mit einem passenden Sprichwort oder mit Ausdrücken wie »man muß im Leben doch immer...«. Kein wirklich angenehmer und sicher kein einfacher Mensch, aber ein Mann mit Verantwortungsbewußtsein und Pflichtgefühl. Ein Mann von Prinzipien.

Maria Anna Pertl – ihr Vorname war Anna Maria, aber sie sollte sich später Maria Anna nennen – war das

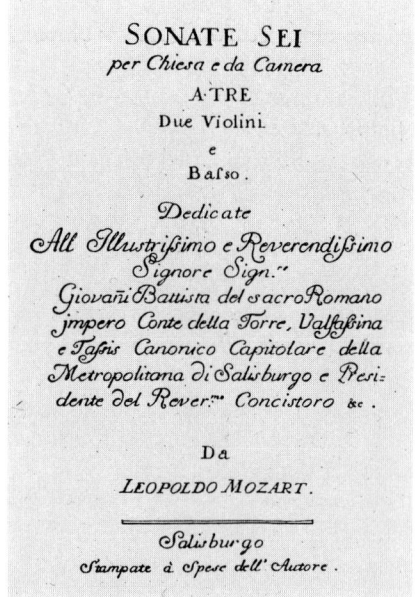

Titelseite von Leopold Mozarts Kirchesonaten für Violine und Bass, seinem Arbeitgeber, Domherrn Graf Johann Baptist Thurn-Valsassina und Taxis gewidmet. Stadtarchiv, Augsburg.

Leopold Mozart in der niederländischen Ausgabe seiner Violinschule, herausgegeben von Johannes Enschedé, Drucker in Haarlem. Gravüre von Jacob Andreas Friedrich (1756). Königliche Bibliothek, Haag.

Gegenteil ihres Gatten. Sie hatte nicht studiert, und ob sie musizierte oder sang, ist nicht bekannt. Sie hatte einen herzlichen und aufgeweckten Charakter und die einfache Art des Volkes. Völlig abhängig von ihrem Mann folgte sie ihm in allem. Salzburg erschien Leopold immer zu spießbürgerlich beschränkt, und es dürstete ihn nach Kontakten mit den höchsten Kreisen; Maria Anna fühlte sich dagegen in hoher gesellschaft nicht wohl und hielt sich lieber in ihrer vertrauten Umgebung auf. Diese Ehe scheint trotz all dieser Gegensätzlichkeiten glücklich gewesen zu sein. Anläßlich seiner Silberhochzeit schrieb Leopold 1772 aus Mailand: »Es wird, wie [ich] glaube, 25 Jahre seyn, daß wir den guten Gedancken hatten uns zu verheyrathen. – diesen Gedanken hatten wir zwar viele jahre zuvor. gute dinge, wollen ihre Zeit!«

Die Jungvermählten bezogen eine Wohnung im dritten Stock in der Getreidegasse Nr. 9. Das Haus stammte aus dem Mittelalter. Die Räumlichkeiten im dritten Stock waren von bescheidenem Zuschnitt, niedrig und nur spärlich erhellt. Im zweiten Stock wohnten eine Witwe, Frau von Wohlhaupt, und eine unverheiratete Dame, Jungfrau »Sepperl« Schnürerin, von Leopold auch die »beiden vestalischen Jungfrauen« genannt. Die Mozarts mieteten das Appartement von Lorenz Hagenauer, einem Delikatessenhändler, der mit seiner kinderreichen Familie den Rest des Hauses bewohnte. Hagenauer war ein wohlhabender Mann, in der Getreidegasse gehörten ihm die Häuser 7-9. Er unterstützte Leopold Mozart, vor allem mit kleinen Darlehen. Die beiden Familien waren eng miteinander befreundet. Das blieb auch so, nachdem die Mozarts 1773 in eine geräumigere Wohnung umgezogen waren.

Leopold versuchte, mit Geigenstunden und dem Verkauf seiner handgeschriebenen Kompositionen etwas dazuzuverdienen. Er komponierte sehr viel Kirchenmusik, darunter Oratorien, Litaneien und ganze Messen; so verlangte z.B. der Hof für jede Woche der Fastenzeit zwei neue Oratorien. Außerdem verfaßte er Symphonien und leichte Gelegenheitsstücke. Es ist schwierig, sein gesamtes Oeuvre zu charakterisieren, da von seinen Werken nur wenige erhalten geblieben sind. Daß er sich eines gewissen Ruhmes erfreut haben muß, wird aus einem Artikel in F. W. Marpurgs: *Historisch-Kritische Beiträge zur Aufnahme der Musik*, herausgegeben in Berlin 1757, deutlich. Dort wird er als ein sehr produktiver Musiker beschrieben: »Von der Hrn. Mozards in Handschriften bekannt gewordenen Compositionen sind hauptsächlich viele contrapunctische und andere Kirchensachen zu merken; ferner eine grosse Anzahl von Synfonien theils nur à 4.theils aber mit allen nur immer gewöhnlichen Instrumenten; ingleichen über dreißig grosse Serenaten, darinnen für verschiedne Instrumente Solos angebracht sind. Er hatte ausserdem viele Concerte, sonderlich für die Flötraversiere, Oboe, das Fagott, Waldhorn, die Trompete etc. unzählige Trios und Divertimenti für unterschiedliche Instrumente; auch zwölf Oratorien und eine Menge von theatralischen Sachen, sogar Pantomimen, und besonders gewisse Gelegenheits-Musiken verfertiget, als: eine Soldatenmusik mit Trompeten, Pauken, Trommeln und Pfeiffen, nebst den gewöhnlichen Instrumenten; eine türkische Musik; eine Musik mit einem stählernen Clavier; und endlich eine Schlittenfahrtmusik mit fünf Schlittengeläuth; von Märschen, sogenannten Nachtstücken, und vielen hundert Menuetten, Opertänzen, und dergleichen kleinern Stükken nicht zu reden.«

Wolfgangs Kindervioline (unten) und Konzertvioline (oben), hergestellt in Mittenwald in der ersten Hälfte des 18. Jahrhunderts. Mozarteum, Salzburg.

Gelegenheitswerke wie *Die Musikalische Schlittenfahrt* und die *Bauernhochzeit* waren als Programmusik aufzufassen. Leopold beschreibt den Inhalt der *Schlittenfahrt* in einem Brief aus dem Dezember des Jahres 1755 an seinen Augsburger Verleger Johann Jakob Lotter genau: »Musikalische Schlittenfahrt. / Den Anfang machet ein Intrada von einem artigen Andante und prächtigem Allegro / nach diesen folget alsogleich / Eine Intrada mit Trompeten und Pauken / auf dieses / Kommt die Schlittenfart mit dem Schlittengeläuth und allen anderen Instrumenten / Nach geendigter Schlittenfart / hört man wie sich die Pferde schütteln. / auf welches / Eine angenehme Abwechselung der Trompeten und Pauken mit dem Chor der Hautboisten Waldhornisten und Fagotisten folget: da die ersten ihren Aufzug die zweyten aber ihren Marche wechselweise hören lassen / Nach diesen / machen die Trompeten und Pauken abermal ein Intrada / und / die Schlittenfart fängt sich wieder an. Nach welcher alles stille schweiget: denn die Schlittenfarts Compagnie steigt ab und begiebt sich in den Tanzsaal. Man

Die Familie Mozart 1780/81. Ölgemälde von Johann Nepomuk Della Croce. Mutter Mozart, deren Porträt an der Wand hängt, starb im Jahre 1778. Mozarteum, Salzburg.

hört ein Adagio welches das vor Kälte Zitternde Frauenzimmer vorstellt. Man eröffnet den Baal mit einem Menuet und Trio. Man sucht sich durch Teutsche Tänze mehr zu erwärmen; es kommt endlich der Kehraus und / letztlich / Begiebt sich die ganze Compagnie unter einer Intrada der Trompeten und Pauken auf ihre Schlitten und fahren nach Hause.« Die *Schlittenfahrt* und die *Bauren Musique* wurden im Januar 1756 vom Collegium Musicum in Augsburg uraufgeführt, zu dem auch Lotter gehörte.

Es fällt schwer, solch unbekümmerte, charmante Musik mit Leopolds ernsthaftem und bedachtsamem Charakter zu vereinbaren. Ließ er sich als Komponist möglicherweise von »kommerziellen« Erwägungen leiten? Übrigens erfuhren seine Musikstücke durchaus nicht ungeteilte Zustimmung. Im Januar 1756 erhielt er, möglicherweise nach dem Augsburger Konzert, folgenden anonymen Brief: »Monsieur / Monsieur / Mozart Musicien trés renommé / à / Salzbourg / Monsieur et trés chere Ami! / Lasse sich der Herr doch gefallen, keine dergleichen Possenstück, als Chineser, und Türcken Music, Schlittenfahrt, ia gar Bauernhochzeit mehr zu machen, dann es bringet mehr schand und Verachtung vor deroPersohn, als ehr zuwegen, welches ich als ein kenner bedaure, sie hiemit warne, und beharre / dero / Herzensfreund.«

Als Lehrer war Mozart allerdings allgemein geschätzt. Er hatte zahlreiche Schüler in Salzburg. 1744 war er der Geigenlehrer der Chorknaben, die zum Dom und dem Hoforchester gehörten. Und als ob er damit nicht bereits genug zu tun gehabt hätte, schrieb er noch eine Violinschule, die 1756 bei Lotter erschien: *Versuch einer gründlichen Violinschule*. Das Werk war sehr erfolgreich und bald überall in Europa verbreitet und gerühmt; binnen kurzem erschienen eine russische, eine niederländische und eine französische Übersetzung. Daß ein vielbeschäftigter Musiklehrer wie Leopold eine Lehrmethode für seine Zöglinge entwarf, war nicht ungewöhnlich. Bei Lotter war 1755 eine andere Violinschule unter dem Titel *Rudimenta Panduristae oder Geig-Fundamenta* erschienen. Für die Querflöte, ein damals sehr beliebtes Instrument, gab es die bekannte Handreichung von Johann Joachim Quantz, *Versuch einer Anweisung, die Flute traversière zu spielen*, 1752 in Berlin herausgegeben. Für die Tasteninstrumente veröffentlichte Carl Philipp Emmanuel Bach 1753, ebenfalls in Berlin, den *Versuch über die wahre Art das Clavier zu spielen*. Leopold drängte den Drucker, sich mit der Herausgabe der *Violinschule* zu beeilen: »Denn ich hab 3 Scholaren die ich vom ABC aus lehren muß: damit ich ihnen solche geben kann und nicht bemühet bin diese Historie immer zu schreiben...«

Leopold und Maria Anna bekamen sieben Kinder, von denen nur zwei, das vierte und das siebte, überlebten. Die Kindersterblichkeit war in jener Zeit wegen der schlechten hygienischen Verhältnisse, minderwertiger Nahrung und des Mangels an Ärzten, die diese Bezeichnung kaum verdienten, erschreckend hoch. Die Sprößlinge der Mozarts erhielten keine Muttermilch, auch keine verdünnte Kuhmilch oder Brei, sondern – Wasser. Das erste Kind der Mozarts, das am Leben blieb, war ein Mädchen: Maria Anna Walburga. Sie wurde am 30. Juli 1751 geboren. Man gab ihr den Kosenamen Nannerl. Am 27. Januar 1756 um acht Uhr abends erblickte das siebente Kind das Licht der Welt: Johannes Chrysostomus Wolfgangus Theophilus, kurz Wolfgang. Später wurde »Theophilus« oder »Gottlieb« in Amadeus geändert, denn das klang schöner und hatte die gleiche Bedeutung. Mozart nannte sich nach seinem Italienaufenthalt 1777 am liebsten Wolfgang Amadè.

Über die frühesten Kinderjahre vom »Wolfgangerl« ist nicht viel bekannt. Ab und zu tauchen in späteren Briefen Leopolds Erinnerungen an jene Zeit auf, darüber hinaus gibt es nur spärliche Dokumente, die Licht auf das Leben der Familie Mozart vor ihren Konzertreisen werfen könnten. Die wichtigsten Quellen sind zwei Lehrschriften, die Leopold für den Klavierrunterricht seiner Kinder bemühte, außerdem die Zeugnisse Nannerls und des Salzburger Hoftrompeters Johann Andreas Schachtner, so wie sie nach Mozarts Tod den ersten Biographen zuliebe aufgezeichnet wurden.

Nannerl und ihr Bruder erhielten schon in sehr jungen Jahren von ihrem Vater Musikunterricht. Solcher Privatunterricht war früher die Ausnahme; Musizieren und Komponieren erlernte man gewöhnlich in der Praxis, im Dienste eines Fürsten oder an einer kirchlichen oder anderen musikalischen Einrichtung. Aus den beiden Lehrbüchlein geht hervor, wie Leopold, ein geborener Lehrmeister, die Musikerziehung seiner Kinder in die Hand nahm. Auf Nannerls Büchlein steht: »Pour le Clavecin. ce Livre appartient à Mademoiselle Marie Anne Mozart 1759.« (Für Cembalo. Dieses Buch gehört Maria Anna Mozart, 1759.) Es enthält fünfzig Stücke, darunter Menuette, Märsche und Variationsreihen, außerdem einige eigene Kompositionen und ein Scherzo von Georg Christoph Wagenseil. Neben einige Stücke hat Leopold kurze Anmerkungen geschrieben, wie »Diesen Menuet hat d. Wolfgangerl auch im Vierten Jahr seines alters gelernet«, oder »Dieß Stück hat der Wolfgangerl den 24ten Januarii 1761, 3 Täge vor seinem 5ten Jahr nachts um 9 uhr bis halbe 10 uhr gelernet«. Hinter den Übungen stehen die ersten Kompositionsversuche von Meister Wolferl, freilich in Vaters Handschrift: »Des Wolfgangerl Compositiones in den ersten 3 Monaten nach seinem 5ten Jahre«, »Sgr: Wolfgango Mozart 11ten Decembris 1761« usw. Es handelt sich dabei vor allem um Menuette. Im Köchelverzeichnis sind sie unter den Nummern 1 bis 9 aufgeführt.

Ludwig von Köchel war ein österreichischer Naturwissenschaftler, 1800 geboren und 1877 verstorben. Er lebte in Wien, publizierte Arbeiten über Mineralogie, Meteorologie und Botanik und war am österreichischen Hof als Erzieher verpflichtet. Von seinem Interesse für Mozart angefeuert, zog er später nach Salzburg um. Er stellte einen thematischen und chronologischen Katalog aller Werke Mozarts zusammen, auch der als unecht geltenden oder der verlorengegangenen. Sein Werk, das Köchelverzeichnis (KV) wurde verschiedene Male neu herausgegeben, angeglichen und verbessert.

Auf dem Lehrbuch Wolfgangs steht: »Meinem lieben Sohne Wolfgang Amadée zu seinem sechsten Namenstage von seinem Vater Leopold Mozart Salzburg 31 Okt. 1762«. Außer Liedern umfaßt es vor allem einfachere Stücke der norddeutschen Komponisten wie Telemann, Hasse, Carl Philipp Emanuel Bach und Übungsreihen über fünfundzwanzig Suiten, aufgeteilt in die verschiedenen kleinen und großen Terzen.

Eine von zwei Ansichtskarten aus dem Besitz von Leopold Mozart. Mozarteum, Salzburg. Die aus Papier hergestellten und mit Seide bestickten Karten hängen womöglich mit dem »Bölzelschiessen« zusammen, einem in Salzburg und vor allem bei der Familie Mozart sehr beliebten Sport.

Maria Anna (Nannerl) Mozart (1751-1829). Anonymes Ölfarbenporträt (ca. 1763), Pietro Antonio Lorenzoni zugeschrieben. Mozarteum, Salzburg. Dieses Gemälde, das Gegenstück des Porträts von Wolfgang in Paradekleidung, stellt ihr gemeinsames Auftreten am Wiener Hof im Jahre 1762 dar.

Wolfgang Mozart in Paradekleidung. Anonymes Ölfarbenporträt (1763), Pietro Antonio Lorenzoni zugeschrieben. Mozarteum, Salzburg.

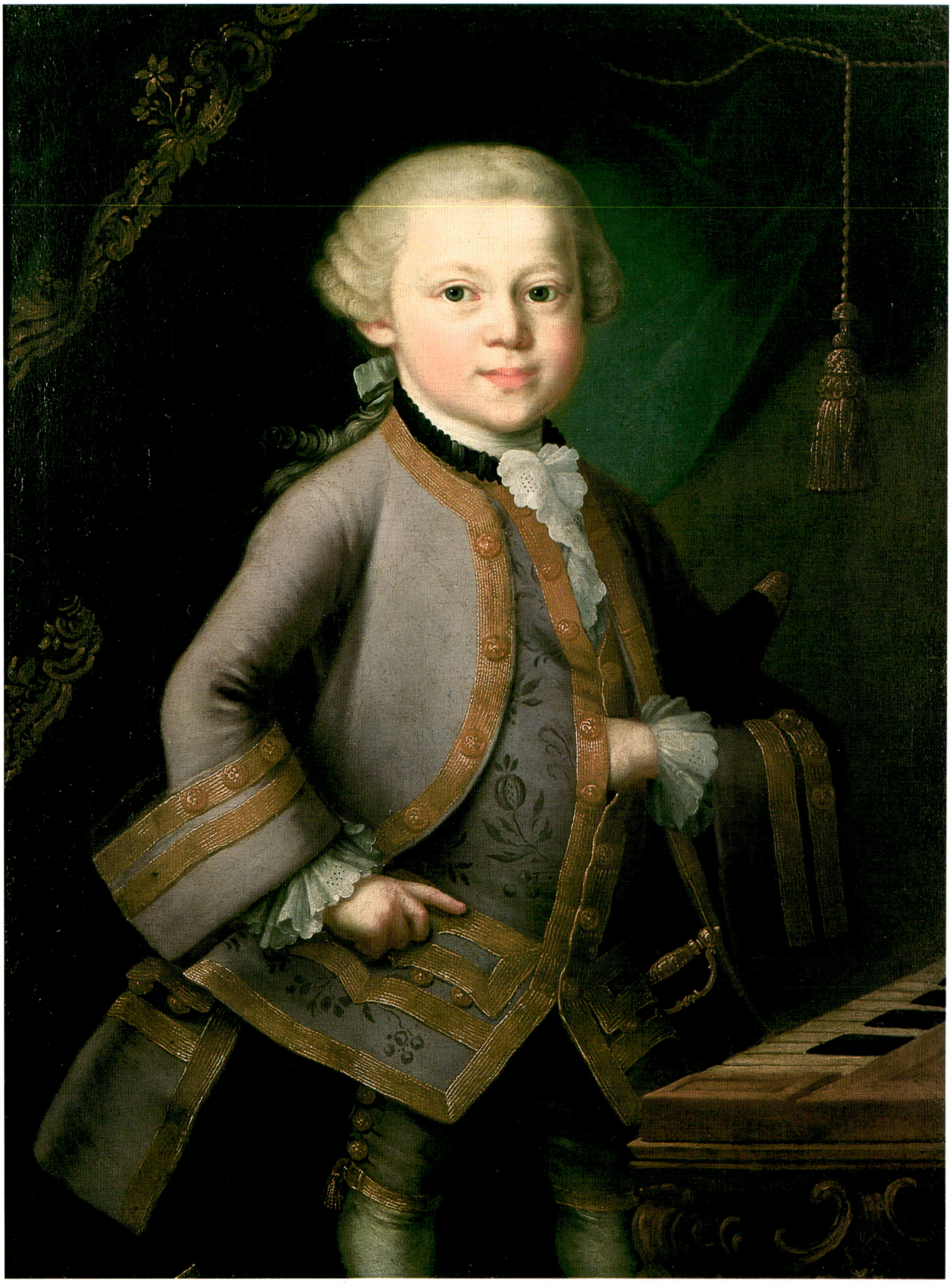

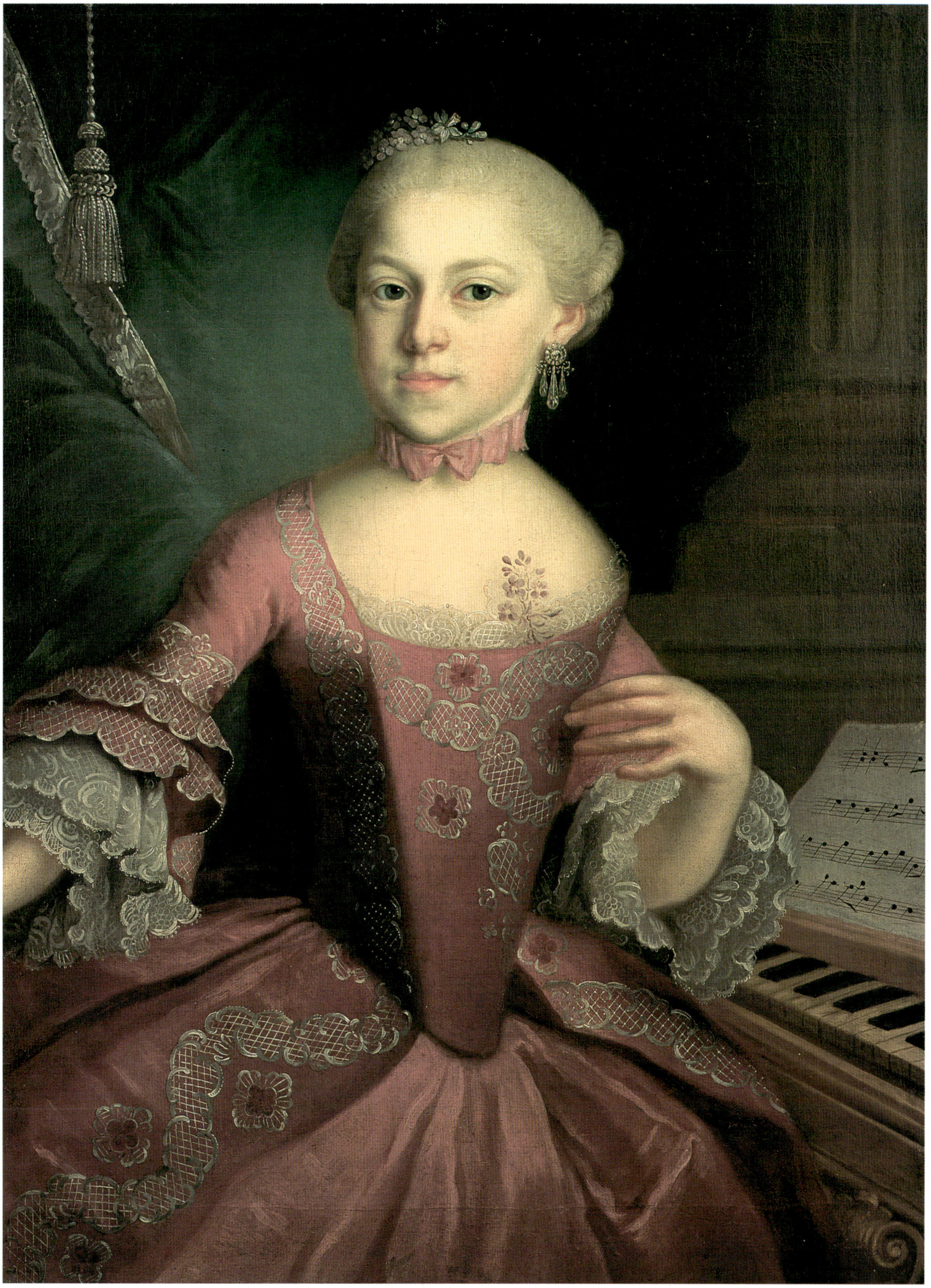

Aufgrund der außerordentlichen Begabung beider Kinder trugen die Bemühungen Leopolds sehr bald Früchte. Nannerl wurde eine vortreffliche Klaviervirtuosin und Wolfgang entpuppte sich als ein einmaliges Wunderkind, als ein Gottesgeschenk, das jedermann, vor allem aber seinen Vater, immer wieder in Erstaunen versetzte. »In vierten Jahr seines Alters, fieng sein Vatter so zu sagen spielend an ihm auf dem Clavier einige Menuet und Stücke zu lehren. Es kostete so wohl seinem Vatter als diesen Kinde so wenig Mühe, daß es in einer Stunde ein Stück, und in einer halben Stunde eine Menuet so leicht lernte, daß es solches dann ohne Fehler, mit der volkommsten Nettigkeit, und auf das genaueste auf dem Tact spielte. Es machte solche Vorschritte, daß es mit fünf Jahren schon kleine Stückchen componirte, welche es seinem Vatter vorspielte, der es dann zu Papier setzte.

«Er wurde weder zum componiren, noch zum spielen gar niemahls gezwungen, in Gegentheil muste man ihn immer davon abhalten, er würde sonst Tag und Nacht beym Clavier oder beym Componirensitzen geblieben seyn.

«Als Kind schon hatte er Begierde alles zu lernen, was er nur sahe, in Zeichnen, rechnen, zeigte er vielle Geschicklichkeit, doch, da er mit Musick zu viel Beschäfftiget ware so konnte er in keinen andern, Fach seine Talente zeigen.« Das schrieb Nannerl 1792 über ihren Bruder.

In einem anderen Brief desselben Jahres fügte sie weitere Eigenarten hinzu: »Was seine besondern Eigenheiten belangen, so ware er als Kinde, wenn ihm sein Vatter etwas befahl niemahls stützig, wenn er den ganzen tag fort sich hat hören lassen müssen so spielte er ohne unwillen jedem besonders. Er war als Kind, und so lange er unter der Aufsicht seines Vatters war so folgsam, daß er jedem Winke verstande und gleich befolgte. er getrauete sich ohne Erlaubniß seiner Eltern nicht das mindeste zu essen noch anzunehmen wenn ihm jemand was schenken wollte. Von seiner Kindheit an spielte er an liebsten bey der Nacht. wenn er sich nachts um 9 uhr zum Klavier setzte, so brachte man ihn vor zwölf uhr Nachts nicht vom Klavier, und da muste man ihn zwingen aufzuhören, er würde sonst die ganze Nacht fort Pantasiert haben. früh von 6 uhr oder 7 uhr an bis 10 uhr componirte er und meistens in bette. wo er dann den ganzen tag durch nichts mehr componirte. ausgenohmen er muste etwas verfertigen. [...] von exerciren auf dem Klavier wie er einmahl uber 7 Jahre hatte weis ich gar nichts. da er immer vor dem leuten Phantasiren, concerte und vom blat wek spielen muste, war dieses sein ganzes exercicium.«

Da der vierjährige Wolfgang am liebsten abends musizierte, wird durch Notizen Leopolds in Nannerls Übungsbüchlein bestätigt, »um halbe 10 Uhr nachts« und »nachts um 9 uhr bis halbe 10 uhr« usw. Obwohl sie im tiefsten Winter den Ofen ordentlich heizen mußten, saen die Mozarts nach erledigtem Tagwerk noch stundenlang bei Kerzenlicht musizierend zusam-

Die Schreibekunst. Enzyklopädie von Diderot und d'Alembert (1751-1777). Stadtbibliothek, Antwerpen.

Musizierendes Pärchen. Polychromes Porzellan, Frankenthal. Nach einem Modell von Johann Friedrich Lück, ca. 1760. Museum für Kunst und Gewerbe, Hamburg.

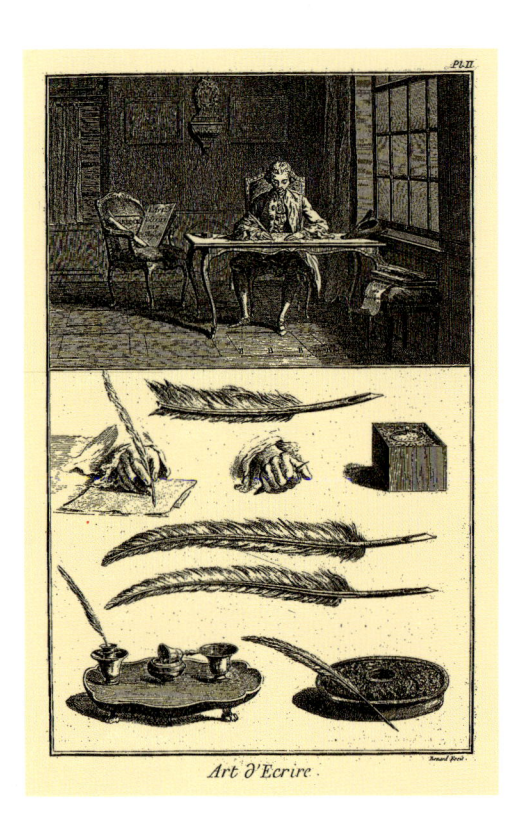

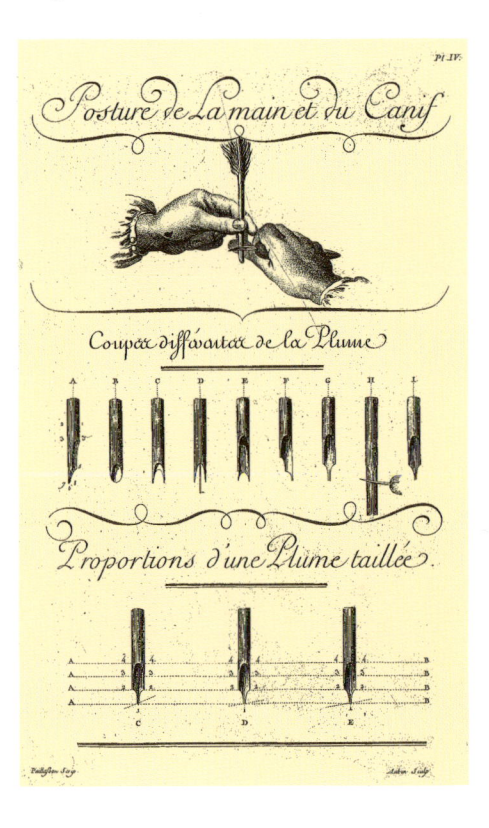

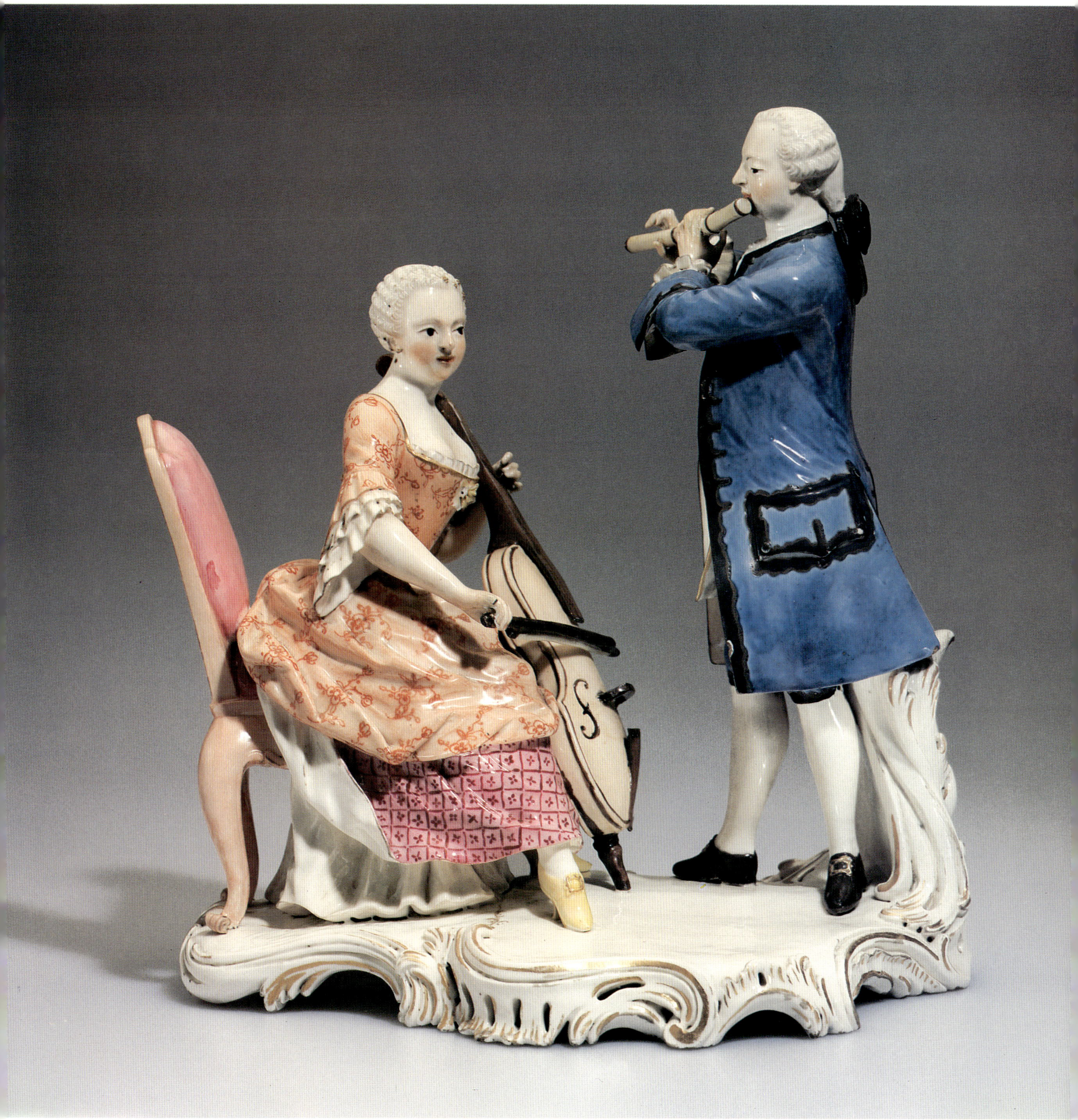

men. Jeder Abend wurde durch eine unvermeidliche kleine Zeremonie beschlossen. Leopold erinnert Wolfgang in einem Brief vom 12. Februar 1778 daran; ein im übrigen sehr dramatischer Brief, in dem der Vater seinen zweiundzwanzigjährigen Sohn vor einem ernsthaften Fehltritt zu bewahren sucht: »[...] die für mich vergnügten Augenblicke sind vorbey, wo du als Kind, und Knab nicht schlaffen giengst ohne auf dem Sessl stehend mir das oragnia figatafa vorzusingen, mich öfters und am Ende auf das Nasenspitzl zu küssen, und mir zu sagen, daß, wenn ich alt seyn werde, du mich in einem Kapsel, wo ein Glaß vor, vor aller Luft bewahren wollest, um mich immer bey dir, und in Ehren zu halten.«

Wolfgang war ein aufgewecktes und aufrichtiges Kind mit lebendiger Phantasie. Für Spiel und Entspannung blieb den beiden Geschwistern freilich nicht viel Zeit. Leopold hielt ihre Erziehung fest in Händen. »[...]wenn ich jemahls gewust habe, wie kostbar die Zeit für die Jugend ist, so weis ich es itzt. Sie wissen daß meine Kinder zur arbeit gewohnt sind: sollten sie aus Entschuldigung daß eines das andre verhindert sich an müssige Stunden gewöhnen, so würde mein ganzes gebäude über den Haufen fallen; die gewohnheit ist eine eyserne Pfoad. und sie wissen auch selbst wie viel meine Kinder, sonderlich der Wolfgangerl zu lernen hat.« Das schrieb Leopold 1766 an Lorenz Hagenauer. Wolfgang verehrte seinen strengen, aber liebevollen Vater; sein Wahlspruch war »nach Gott kommt gleich der Papa«.

Ein aufschlußreiches Dokument über Mozarts früheste Kinderjahre ist der Bericht von Johann Andreas Schachtner. Dieser war Hoftrompeter in Salzburg, spielte auch Geige und Cello und schrieb gelegentlich Gedichte. Er gehörte zum Freundeskreis der Mozarts; Leopold war bei seiner Vermählung Trauzeuge. Schachtner verfolgte von Anfang an die außergewöhnliche musikalische Entwicklung Wolfgangs mit großem Interesse. Auf Bitten Nannerls schrieb er 1792, einundsechzigjährig, seine Erinnerungen nieder. »[...] auf ihre erste Frage: was ihr seel. Herr Bruder in seiner Kindheit, NB: außer der Beschäftigung in der Musik für Lieblingsspiele hatte:

«Auf diese Frage is nichts zu beantworten: denn so bald er mit der Musik sich abzugeben anfieng, waren alle seine Sinne für alle übrige Geschäfte, so viel als todt, und selbst die Kindereyen, und Tändelspiele mußten, wenn sie für ihn interessant seyn sollten, von der Musik begleitet werden; wenn wir, Er und Ich, Spielzeuge zum Tändeln von einem Zimmer ins andere trugen, mußte allemal derjenige aus uns, so leer gieng, einen Marsch dazu singen, oder geigen. Vor dieser Zeit aber, eh er die Musik anfieng, war er für jede Kinderey, die mit ein bischen Witz gewürzt war, so empfänglich, daß er darüber Essen und Trinken, und alles andere vergessen konnte. [...]

«3te Frage. welche wissenschaftliche Beschäftigung liebte er am meisten? Antwort: hierinfalls liess er sich leiten, es war ihm fast Einerley, was man ihm zu lernen gab, er wollte nur lernen, und ließ die Wahl seinem innigst geliebten Papa, welches Feld er ihm zu bearbeiten auftrug, es schien, als hätte er es verstanden, daß er in der Welt keinen Lehrmeister, noch minder Erzieher, wie seinen unvergesslichen Herrn Vater, hätte finden können. Was man ihm immer zu lernen gab, dem hieng er so ganz an, daß er alles Uebrige, auch so gar die Musik, auf die Seite setzte, z.B. als er Rechnen lernte, war Tisch, Sessel, Wände, ia sogar der Fußboden voll Ziffer mit der Kreide, überschrieben.

«Einige sonderbare Wunderwürdigkeiten / von seinem 4 bis 5jährigen Alter, auf deren / Wahrhaftigkeit ich schwören könnte. / Einsmals gieng ich mit Hrn. Papa nach dem Donnerstagamte zu ihnen nach Hause, wir traffen den vierjährigen Wolfgängerl in der Beschäftigung mit der Feder an: – Papa: was machst du? – Wolfg: ein Concert fürs Clavier, der erste Theil ist bald fertig. – Papa: laß sehen. Wolfg: ist noch nicht fertig. – Papa: laß sehen, das muß was saubers seyn. – Der Papa nahm ihms weg, und zeigte mir eine Geschmire von Noten, die meistentheils über ausgewischte dintendolken geschrieben waren. /:NB. der kleine Wolfgangerl tauchte die Feder, aus Unverstand, allemal bis auf den Grund des Dintenfasses ein, daher musste ihm, so bald er damit aufs Papier kamm ein

Zur Zeit der »großen Reise« der Mozarts wurden die Kinder wie kleine Erwachsene angezogen, sogar mit Perücke und Schwert. Ölgemälde von Jean-Baptiste Chardin (ca. 1760). Louvre, Paris.

Dintendolken entfallen, aber er war gleich entschlossen, fuhr mit der flachen Hand drüberhin, und wischte es auseinander, und schrieb wieder drauf fort: / Wir lachten anfänglich über dieses scheinbare galimathias, aber der Papa fieng hernach seine Betrachtungen über die Hauptsache, über die Noten, über die Composition an, er hieng lange Zeit steif mit seiner Betrachtung an dem Blate, endlich fielen seine Thränen, Thränen der Bewunderung und Freude aus seinen Augen, sehen sie H:. Schachtner, sagte [er], wie alles richtig und regelmässig gesetzt is, nur ists nicht zu brauchen, weil es so ausserordentlich schwer ist, daß es kein Mensch zu spielen im Stande wäre. Der Wolfgangerl fiel ein: drum ists ein Concert, man muß so lange exercieren, bis man es treffen kann, sehen Sie, so muß es gehen. er spielte, konnte aber auch just so viel herauswirgen, daß wir kennen konnten, wo er aus wollte. Er hatte damals den Begrief, das, Concert spielen und Mirakel wirken einerley seyn müsse.

«Noch Eins: / Gnädige Frau! sie wissen sich zu erinnern, daß ich eine sehr gutte Geige habe, die weiland Wolfgangerl, wegen seinem sanften und vollen Ton immer Buttergeige nannte. [...] die nächsten Tage, als sie von Wien zurückkammen, und Wolfgang eine kleine Geige, die er als Geschenk zu Wien kriegte, mitbrachte, kamm unser ehemalige sehr gute Geiger H: Wentzl seel. der ein Anfänger in der Composition war, er brachte 6 Trio mit, die er in Abwesenheit des H: Papa verfertigt hatte, und bath H: Papa um seine Erinnerung hierüber, wir spielten diese Trio, der Papa spielte mit der Viola den Baß, der Wenzl das erste Violin, und ich sollte das 2te spielen, Wolfgangerl bath, dass er das 2te Violin spielen dörfte, der Papa aber verwies ihm seine närrische Bitte, weil er nicht die geringste Anweisung in der Violin hatte, und Papa glaubte, daß er nicht [das] mindeste zu leisten im Stande wäre. Wolfgang sagte, Um eines 2tes Violin zu spielen braucht es ja wohl nicht, erst gelernt zu haben, und als Papa darauf bestand, daß er gleich fortgehen, und uns nicht weiter beunruhigen sollte, fieng Wolfgang an bitterlich zu weinen und trollte sich mit einem Geigerl weg. Ich bath, daß man ihn mit mir möchte spielen lassen, endlich sagte Papa, geig mit H: Schachtner, aber so still, daß man dich nicht hört, sonst musst du fort, das geschah. Wolfgang geigte mit mir, bald bemerkte ich mit Erstaunen, daß ich da ganz überflüssig seye, ich legte still meine Geige weh, und sah ihren H: Papa an, dem bei dieser Scene die Thränen der Bewunderung und des Trostes über die Wangen rollten, und so spielte er alle 6 Trio. Als wir fertig waren wurde Wolfgang durch unsren Beyfall so kühn, daß er behauptete auch das 1 Violin spielen zu können. Wir machten zum Spaße einen Versuch, und wir mussten uns fast zu Tode lachen, als er auch dieß, wie wohl mit lauter unrechten und unregelmässigen Applicaturen doch so spielte, dass [er] doch nie ganz stecken blieb.

«Zum Beschluß. Von Zärtlichkeit, und Feinheit seines Gehörs. / Fast bis in sein 10tes Jahr hatte er eine unbezwingliche Furcht vor der Trompete, wenn sie

Kaiser Franz I (1708-1765), Kaiserin Maria Theresa (1717-1780) und elf ihrer sechzehn Kinder auf der Terrasse ihrer Wiener Residenz Schönbrunn. Ölgemälde von Martin van Meytens (ca. 1750). Kunsthistorisches Museum, Wien.

allein, ohne andere Musik geblasen wurde, wie man ihm eine Trompete nur vorhielt, war es eben so viel, als wenn man ihm eine geladene Pistolle auf Herz setzte, Papa wollte ihm diese kindische Furcht benehmen, und befahl mir einmal trotz seines Weigerns ihm entgegen zu blasen, aber mein Gott! hätte ich mich nicht dazu verleiten lassen, Wolfgangerl hörte kaum den schmetternden Ton, ward er bleich und begann zur Erde zu sinken, und hatte ich länger angehalten, er hatte sicher das Fraise bekommen.»

Es ist klar, daß in der Familie Mozart die Musik im Mittelpunkt stand, wenn die Mutter auf diesem Gebiet auch etwas abseits stand; wir erfahren jedenfalls nirgends, ob sie an den zahlreichen Musikstunden teilgenommen hat. Leopold führte als Musiker ein sehr ausgefülltes Leben: Er komponierte und musizierte intensiv und hatte viele Schüler unter seine Fittiche genommen. Seine Anstrengungen wurden belohnt: 1757 wurde er Hofkomponist, 1758 zweiter Geiger, 1763 Vizekapellmeister. Er stieg nicht zum Kapellmeister auf, weil er zu dieser Zeit seine eigene Karriere zu vernachlässigen begann, um sich völlig der Ausbildung seiner Kinder widmen zu können. Der Erzbischof vertraute diese Position dem Italiener Giuseppe Francesco Lolli an.

Aus all diesen Ereignissen wird ebenfalls deutlich, da die Mitglieder der Familie Mozart eng miteinander verbunden waren. Sie hatten in Salzburg keine Verwandtschaft, und Leopold hielt nur noch sehr lockeren Kontakt zu seinen Verwandten in Augsburg, ebenso zur Familie seiner Frau. Seine Mutter hatte sich seit dem Tod ihres Mannes nicht mehr um ihren Ältesten gekümmert, ihm nichts zur Hochzeit geschenkt, obwohl sie den anderen vier Kindern jeweils 300 Florinen gegeben hatte. 1755 schrieb Leopold: »Daß sie Elend ist, und daß sie sehr wenig Vernunft hat, ist beydes Leyder nur allzuwahr, und wenn sie halt noch 1000mal meine Mutter ist. das Letzte kommt freylich nicht von ihrer Schuld, gleichwie auch das erste eine Schickung Gottes ist: allein aus ihrer Schuld kommt es, wenn sie nach und nach um das ihrige Kommt: denn sie vertrauet sich mir, als ihrem eigenen Kinde nicht; entzwischen aber lässt sie sich von den übrigen Geschwistern um das ihrige bringen.« Nach einigen vermutlich fruchtlosen Versuchen, das ihm Zustehende zu bekommen, wandte er sich endgültig von ihr ab. Das frostige Verhältnis zu seiner Familie wirkte auf seine Persönlichkeit zurück: »[...] – du weist das ich an das Nachdenken und Überlegen gewohnt bin, sonst würde ich meinen Sachen niemals so weit gebracht haben, da ich niemand hatte, der mir rathen konnte, und ich von jugend auf niemand völlig mich anvertraute, bis ich nicht sichere Proben hatte. Sehe nur meine Brüder und mich an, und du wirst die folgen meines Überlegens und Nachdenkens mit Händen greiffen, wenn du den Unterschied zwischen uns bedenkest; da ich also von jugend an zur Überlegung gewohnt bin, wie kannst du mirs verdenken, wenn mir eine so wichtige das wohl aller der meinigen betreffende höchst wichtige Sache tag und Nacht am Herzen liegt?« Diese Worte (aus einem Brief an Wolfgang) geben die Lebenshaltung Leopolds wieder.

Trotz seines verschlossenen Charakters baute er sich in Salzburg einen großen Freundeskreis auf, vor allem aus Musikerkollegen vom Hof, Honoratioren aus dem oberen Mittelstand und dem Kleinadel. Auch mit dem Hochadel und dem Hof unterhielten die Mozarts gute Beziehungen. In dieser Umgebung fanden sie ihre besten Auftraggeber für Kompositionen und Musikunterricht, und der Erzbischof war sein Brotherr, doch konnte hier wegen des großen Standesunterschieds von einem freundschaftlichen Verhältnis keine Rede sein.

Von 1753 bis 1771 war Graf Siegmund Christoph von Schrattenbach Fürsterzbischof von Salzburg. Er hatte viele Musiker unter Vertrag, denen die Aufgabe zufiel, den liturgischen Feiern und Empfängen am Hof Glanz zu verleihen. Manche dieser Musiker, darunter Leopold Mozart, arbeiteten auch für eine italienische Operngesellschaft, die sich in der Stadt niedergelassen hatte. Von den damaligen Komponisten sind neben

Johann Lorenz Hagenauer (1712-1792), Hausbesitzer und Freund der Familie Mozart. Ölgemälde von Sebastian Stief (1873) nach einem Gedenksteinporträt auf dem Friedhof der Peterskirche in Salzburg. Mozarteum, Salzburg.

Leopold Mozart drei weitere erwähnenswert: Johann Ernst Eberlin, Anton Cajetan Adlgasser und Johann Michael Haydn. Eberlin kam wie Mozart aus Augsburg und war nach Salzburg gezogen, um an der Universität die Rechte zu studieren. Auch er unterbrach sein Studium, um als Musiker in den Dienst des Erzbischofs zu treten. Er wurde Dom- und Hoforganist sowie Orgellehrer der Chorknaben. Der Erzbischof ernannte ihn 1749 zum Dom- und Hofkapellmeister. Eberlin komponierte vor allem Kirchenmusik und Opern. Eine seiner Töchter heiratete Anton Cajetan Adlgasser; Leopold Mozart war damals Trauzeuge. Adlgasser, einer von Leopolds besten Freunden, war Hoforganist und schrieb fast ausschließlich geistliche Musik. Vater und Sohn Mozart schätzten sein Werk. Von 1763 bis 1765 unternahm Adlgasser im Auftrag des Erzbischofs eine Reise nach Italien, um sich musikalisch zu vervollkommnen. Inzwischen, im Jahr 1763, wurde Johann Michael Haydn, ein Bruder des großen Haydn, als Hofmusiker und Konzertmeister angestellt. Wolfgang bezeichnete Adlgasser und Michael Haydn einmal als außergewöhnliche Meister des Kontrapunkts. Fanden die Kompositionen Haydns bei den Mozarts Anklang, so waren sie von seinem Talent als Organist weit weniger überzeugt. Außerdem verurteilte Leopold Haydns Neigung zum Alkohol: »Wer meinst du wohl

Maria Theresa Hagenauer, geborene Schuster, verheiratet mit Johann Lorenz im Jahre 1738, gestorben im Jahre 1800. Ölgemälde von Sebastian Stief (1873) nach einem Gedenksteinporträt auf dem Friedhof der Peterskirche in Salzburg. Mozarteum, Salzburg.

ist organist bey der hl: Dreyfaltigkeit geworden? – H: Haydn! alles lacht, der ist ein theuerer Organist. nach ieder Lytaney sauft er ein Viertl wein«! Wolfgang hat von diesen Salzburger Komponisten nicht viel gelernt. Leopold nahm keines ihrer Werke in die beiden Übungsbüchlein der Kinder auf.

Leopold verhielt sich gegenüber der Mehrzahl der Salzburger Orchestermitglieder aus Angst vor Rivalitäten zurückhaltend, manchmal argwöhnisch. Er war unter seinen Kollegen auch der einzige Intellektuelle. Zu seinen Freunden gehörten u.a. Adlgasser, Schachtner, der Tenor Franz Anton Spitzeder, der in verschiedenen Jugendwerken Wolfgangs auftrat, und Franz Karl Gottlieb Speckner, der Tanzmeister der Salzburger Edelknaben, der im Tanzmeisterhaus wohnte, einem Haus, das 1773 von seiner Erbin an die Mozarts vermietet wurde. Speckner war schon lange mit Mozart befreundet und war bei dessen Hochzeit Trauzeuge. Der Waldhornist Joseph Leutgeb war ein Musiker, der mehr als dreißig Jahre mit den Mozarts in Kontakt blieb. Er arbeitete zunächst in Salzburg und zog später nach Wien um. Wolfgang, der 1781 ebenfalls in die Hauptstadt zog, komponierte für ihn in den achtziger Jahren des achtzehnten Jahrhunderts einige kleine musikalische Juwelen.

Am wohlsten fühlte sich Leopold beim Großbürgertum, zumeist Kaufleuten und Fabrikanten, die gleichzeitig dem Magistrat angehörten und von denen einige kürzlich Adelstitel erworben hatten: der Sensenfabrikant Robinig, der Delikatessenhändler Hagenauer, der Kaufmann Siegmund Haffner, die Familie Zezi, die u.a. in der Getreidegasse 5 ein Handelskontor unterhielt, Johann Gottlieb Pergmayr (der Patenonkel Wolfgangs), der Textilmagnat Ignaz Anton von Weiser, der auch literarisch aktiv war und Texte für die geistlichen Kantaten Leopolds lieferte, die Familie von Schiedenhofen, die in der Getreidegasse 1 wohnte, Vater und Sohn in hohen Ämtern am Hof tätig, und andere. Leopold durfte auch die Leibärzte des Erzbischofs, Peter Anton Agliardi und Silvester Barisani, zu seinen Freunden rechnen.

Zweifellos bewunderte fast der gesamte Salzburger Bekanntenkreis Nannerl und Wolfgang, über Auftritte ist aber nichts bekannt. Als Wolfgang fast sechs und Nannerl fast zehn Jahre alt waren, fand Leopold, er müsse die Kinder nun der Öffentlichkeit vorstellen. Er reiste mit ihnen nach München, wo sie sich drei Wochen aufhielten und vor dem bayerischen Kürfürsten auftraten. Im Herbst 1762 unternahmen sie einen zweiten Ausflug, diesmal nach Wien. Es wurde ihre erste große Reise und der erste Triumph. Es dauerte drei Monate, bis sie nach Salzburg zurückkehrten. Über den Aufenthalt in Wien sind dank der Briefe von Leopold an Lorenz Hagenauer, der die Reise mitfinanzierte, viele Einzelheiten bekannt. Leopold hielt die Einnahmen und Ausgaben gewissenhaft fest; zwischen den Berichten über die Auftritte erfahren wir meist auch etwas über die Höhe der Honorare. Außerdem erwähnt er alles, was sie in Wien erlebten, den ganzen Ruhm, der ihnen zuteil wurde. Seine Briefe waren nicht nur für Hagenauer, sondern für »ganz Salzburg« bestimmt, mehr noch: für die gesamte Nachwelt, denn Leopold hatte ein gespür für das, was von seinen Nachrichten je wichtig werden konnte. Dabei stand ihm wahrscheinlich eine Biographie Wolfgangs vor Augen; einige Jahre später spricht er das in einem Brief vom November 1767 an Lorenz Hagenauer auch aus: »[...] in der Lebensgeschichte unseres kleinen, die ich seinerzeit in den Druck geben werde [...]«. Er bat Hagenauer, die Briefe sorgfältig aufzubewahren. Derart ausführliche Korrespondenzen existieren auch von späteren Reisen. Ohne diese Briefe wüßten wir heute erheblich weniger über die außergewöhnlichen ersten Jahre des Wunderkindes. Außerdem vermitteln sie uns ein lebendiges Bild von der Gesellschaft des achtzehnten Jahrhunderts in ganz Europa. Leopold selbst maß diesen Dokumenten so viel Bedeutung bei, daß er sie kopieren ließ.

»[...]alle Dame sind in meinem Bueben verliebt. Nun sind wir schon aller Orten im Ruff. und als ich alleine den 10t in der opera war, hörte ich den Erzherzog Leopold aus seiner Loge in eine andere hinüber eine Menge sachen erzehlen, daß ein Knab in Wienn seye, der so trefflich das Clavier spielte etc. etc.: [...] Nunn lässt die Zeit mehr nicht zu in Eyl zu sagen, als daß wir

Das Schloß Schönbrunn, die Wiener Residenz der österreichischen kaiserlichen Familie, wo Wolfgang und Nannerl im Herbst des Jahres 1762 zwei Konzerte gaben. Ölgemälde von Bernardo Belotto (1761). Kunsthistorisches Museum, Wien.

von den Mayestetten so ausserordentlich gnädig sind aufgenohmen worden, daß, wenn ich es erzehlen werde, man es für eine fabl halten wird.« Das erste Konzert am Hof fand in Anwesenheit von Kaiserin Maria Theresia, ihrem Gemahl Franz I. und ihrer Tochter, Erzherzogin Marie-Antoinette, der späteren, glücklosen Königin Frankreichs, statt. Nannerl konnte sich dreißig Jahre später noch genau an den unvergelichen Nachmittag erinnern: »Es dauerte über drey Stunden [...] Der Kaisser Franz sagte unter andern zu [Wolfgang] es wäre keine Kunst mit alle Fingern zu spiellen, aber dieß wäre es erst künstlich, wenn mann das Clavier bedeckte. Darauf spielte [Wolfgang] gleich mit einem Finger mit der grösten Fertigkeit – ließ sich auch die Claves bedecken und spielte darauf, als wenn er es schonn oft genug geübet hätte.«

Graf Zinzendorf, ein Wiener Adliger, hat in seinen Tagebüchern einiges über diese Auftritte der Mozarts in den Wiener Palästen festgehalten. In der Eintragung vom 17. Oktober 1762 lesen wir: »Puis chez Thurn, ou le petit Enfant de Salzbourg et sa Soeur jouaient du clavecin. Le pauvre petit joue a merveille, c'est un Enfant Spirituel, vif, charmant, sa Soeur joue en maitre, et il lui applaudit. Mlle de Gudenus qui joue bien du clavecin, lui donna un baiser, il s'essuya le visage« (»Danach waren wir bei Thurn, wo der Kleine aus Salzburg und sein Schwesterchen Cembalo spielten. Der arme Kleine spielt herrlich. Ein bewegliches, lebendiges und charmantes Kind. Seine Schwester spielt meisterlich, und der Junge feuert sie an. Jungfer Gudenus, eine sehr gute Cembalistin, gab ihm einen Kuß, und der Junge wischte sein Gesicht ab«).

Für die Mozartkinder waren das volle Arbeitstage. Eine treffende Beschreibung eines solchen Tages finden wir in Leopolds Brief vom 19. Oktober: »Einmal sind wir um halbe 3. Uhr an ein Ort gefahren, da waren wir bis drey viertl auf vier Uhr, von dort ließ uns der Graf Hardek mit seinem Wagen hollen, und zu einer Dame in vollen Gallop führen, wo wir bis halbe 6 Uhr blieben. Von da ließ uns der Graf Kaunitz abholen, bey der wir m bis gegen 9. Uhr waren«.

Am 21. Oktober wurden die Mozarts abends zum zweiten Mal im kaiserlichen Schloß Schönbrunn empfangen. Eine Woche vorher hatte die Kaiserin ihren Schatzmeister zum Hotel geschickt, um Kleidungsstücke für beide Kinder abzugeben. Leopold beschreibt sie wie folgt: »Wollen Sie wissen wie des Woferl Kleid aussiehet? – Es ist solches vom feinsten Tuch liloa=Farb, Die Veste von Moar nämlicher Farbe, Rock und Kamisol mit Goldborten breit und doppelt bordieret. Es war für den Prinz Maxmillian gemacht, der Nanerl ihr Kleid war das Hofkleid einer Prinzessin. Es ist weiß brochierter Tafet mit allerhand garnierungen.« Es wurden Porträts der Kinder in dieser Gala angefertigt.

Am Abend des zweiten Konzerts in Schönbrunn wurde Wolfgang krank. Nach Angabe seines Vaters hatte er die Röteln; er wurde von Doktor Anton von Bernhard erfolgreich behandelt. Als Lohn gaben die

Miniaturporträt auf Elfenbein, später in einen Lederhalter eingerahmt, Martin Knoller zugeschrieben und vermutlich im Jahre 1773 in Mailand gemalt. Mozarteum, Salzburg. Nannerl, die es von ihrem Bruder geschenkt bekommen hatte, fand, daß Wolfgang darauf »gelb und kränklich« abgebildet war.

Mozarts ein Konzert in dessen Haus. Leopold klagte in einem Brief, daß ihm durch diese Krankheit mindestens 50 Dukaten entgangen seien. Andererseits war er wegen des guten Ausgangs der Krankheit so erleichtert, daß er Hagenauer bat, Dankmessen ausrichten zu lassen. Nach achtzehn Tagen war Wolfgang genesen und begann wieder aufzutreten.

Erst am 5. Januar 1763 kamen sie schließlich nach Hause zurück. Wolfgang wurde zunächst ins Bett gesteckt, weil er an Gelenkrheuma litt. Während der Rekonvaleszenz und auch danach übte er viel Geige und wurde zu einem hervorragenden Geigenspieler. Wie sehr Wolfgang als Virtuose gefordert war, wird aus einem Artikel im *Augsburgischen Intelligenz-Zettel* vom 19. Mai 1763 deutlich: »Stellen Sie sich einmal ein Mädgen von 11 Jahren vor, das die schwersten Sonaten und Concert der grösten Meister auf dem Clavessin oder Flügel auf dasDeutlichste, mit einer kaum glaublichen Leichtigkeit fertiget und nach dem besten Geschmack wegspielt. Das muß schon viele in eine Verwunderung sezen. – Nun wird man aber in ein gänzliches Erstaunen gebracht, wenn man einen Knaben von 6 Jahren bey einem Flügel sizen sieht und nicht nur selben Sonaten, Trio, Concerten nicht tändlen, sonder mannhaft wegspielen höret, sondern wenn man ihn höret bald Cantabile, bald mit Accorden ganze Stunden aus Seinem Kopfe phantasiren und die besten Gedanken nach dem heutigen Geschmake hervor bringen, ja Sinfonien, Arien und Recitativen bey grossen Accademien vom Blat weg accompagniren. – Sagen Sie mir, übersteigt dies nicht alle Einbildungs-Kraft? – Und dennoch ist es die pure Wahrheit! Ich habe überdas gesehen, dass man ihm die Tastatur mit einem Schnupftuch zugedekt hat; und er hat auf dem Tuche eben so gut gespielt, als wenn er die Claves vor Augen gehabt hätte. Ich habe überdas gesehen und gehört, wie man ihm, da er in einem andern Zimmer zuhören muste, einzelne Töne nicht nur bald unten, bald oben dem Clavier, sondern auch auf allen nur endenklichen Instrumenten angegeben, er aber in demselben Augenblike den Buchstaben oder Nahmen des angegebenen Tones benennet hat.« Im gleichen Artikel wurde das außerordentliche Geigenspiel Wolfgangs (der nicht sechs, sondern sieben Jahre alt war) gepriesen und ein Auftritt am Salzburger Hof vermeldet; er hatte dort wohl ein Violinsolo und ein Violinkonzert gegeben.

Leopold wollte so schnell wie möglich wieder mit seinen Kindern auf Reisen gehen. Man brach am 9. Juni zur bisher längsten Reise auf, mit eigener Kutsche und Empfehlungsschreiben ausgerüstet. Das Hauptziel war wiederum, die außerordentliche Begabung der beiden kleinen Virtuosen an den prunkvollen Fürstenhöfen vorzuführen. Man kann sich fragen, was den Vater trieb, so kleine Kinder von einer Hauptstadt zur anderen zu schleppen. Manch einer wirft Leopold vor, er habe so die Gesundheit seiner Kinder untergraben, und glaubt sogar, den Grund für Wolfgangs frühen Tod – im fünfunddreißigsten Lebensjahr – in seiner harten Jugend finden zu können. Und dann rücken vor allem die kräftezehrenden Reisen und das intensive Lernprogramm ins Blickfeld. Leopold verlangte tatsächlich viel und war streng; er war auch ehrgeizig und wollte seinen Sohn berühmt machen. Das alles hatte zur Folge, daß ein gesundes, blühendes, quicklebendiges Kind nach einer aufreibenden, dreijährigen Reise »klein, hager, bleich von Farbe« aussah. Wenn aber Leopold, der ein bedächtiger Mann war, seine eigene Karriere derjenigen Wolfgangs opferte, tat er das sicher nicht aus reinem Eigeninteresse oder nackten Gewinnstreben. Wenn die Konzerte auch manchmal einen hübschen Dukatenbetrag einbrachten, so mußte er sich doch für die Reisen Geld leihen! Außerdem war er bereits dreiundvierzig, als er die Haustür hinter sich schloß, um mit Frau und Kindern Europa zu durchstreifen. Er muß also von der Notwendigkeit dieser Reisen überzeugt gewesen sein. Zunächst betrachtete er es als seine Pflicht, ein Wunderkind wie Wolfgang der Welt vorzustellen. Zweitens wollte er seinen Sohn mit großen Meistern in Kontakt bringen und ihn an die Orte führen, wo auf musikalischem Gebiet wichtige Dinge geschahen. Drittens war er zu Recht davon überzeugt, daß ein Musiker in den Zentren mehr Geld verdienen könne und daß Wolfgang eine bessere Zukunft außerhalb Salzburgs erwartete.

Auch dieses Mal ging die Mutter mit auf Reisen. Die Familie wurde außerdem von einem neunzehnjährigen Bedienten begleitet, einem Frisör, der für die alltäglichen Notwendigkeiten zu sorgen hatte. Die Route verlief über Südwestdeutschland und die österreichischen Niederlande nach Paris und London, dem Höhepunkt der Reise; von dort in die Niederlande und über Frankreich und die Schweiz nach Österreich zurück. Die drei Jahre waren eine Aufeinanderfolge von Konzerten in aristokratischen Kreisen, bei denen sowohl Leopold als auch Nannerl und Wolfgang auftraten. Daneben gab es verschiedene weltliche Pflichten und finanzielle Schwierigkeiten, weil diese Reise die Mozarts nun einmal zu höherem Lebensstandard verpflichtete. Wir können den Notizen von Leopold und Nannerl entnehmen, daß sie ihre Aufenthalte in Schlössern und Städten auch dazu nutzten, die örtlichen Sehenswürdigkeiten zu besichtigen. Die Reise war für die Kinder zweifellos in mehrfacher Hinsicht äußerst lehrreich, aber ebenso ermüdend. Wolfgang, Nannerl und Leopold selbst wurden denn auch mehrfach krank, wodurch Aufenthalte in London, Lille und den Niederlanden länger als vorgesehen dauerten.

Da das Reisen in jener Zeit mühsam war und es in Leopolds Absicht lag, an jedem nennenswerten Hof haltzumachen, kamen sie nur langsam voran. Schon von Anfang an erlebten sie Mißgeschicke. Leopold schrieb an Hagenauer: »Das heist auf der Schneckenpost gereiset! – aber nicht aus unserer Schuld. 2 Stunden ausser Wasserburg brach uns ein hinteres Rad in Stücken. Da sassen wir. zum glücke war es heiter und schön, und noch zum grössern glücke war in der Nähe eine Mühle. man kam uns mit einem Rad, das zu klein und doch im Hauffen zu lange ware, zu hilfe. [...] Dieß sind nur die Hauptumstände, die uns über ein stund auf der freyen Strasse aufhielten. den übrigen Weeg machte ich und der Sebastian im Nahmengottes per pedes apostolorum fort um mit unseren schweren Cörpern dem blessierten wagen kein neues Ungemach zuzuziehen.« In Wasserburg ließen sie die Kutsche reparieren, doch kostete das einen ganzen Tag.

Nach diesem Aufenthalt wurde die Reise nach München fortgesetzt. Leopold wollte am Hof des Kurfürsten auftreten. Wie schaffte er es eigentlich, in die aristokratischen Kreise eingeführt zu werden? Zunächst und vor allem sorgte er dafür, daß seine Ankunft bekannt wurde. Er ging mit seiner Familie dort spazieren, wo er nur schwer unbemerkt bleiben konnte, so zum Beispiel vor einem Fenster, an dem er wie zufällig vorbeiging. »[...]wir fuhren nach Nymphenburg. der Prinz von Zweybrücken, der uns von Wien kannte, sahe uns vom Schlose aus im Garten spazieren, er erkannte uns, und gab uns ein zeichen vom Fenster, wir näherten uns, und nachdem er vieles mit uns sprach, fragte er, ob der Churfürst wuste, daß wir hier wären. Wir sagten nein; Er schickte gleich einen neben ihm stehende Cavaglier zum Churfürsten um ihn zu sagen, ob er die Kinder nicht hören wollte? – wir sollten entzwischen im Garten spazieren gehen, und die Antwort erwarten. – In der That kam gleich darauf ein Laufer, der uns meldete, daß wir um 8 Uhr bey der Musick erscheinen sollten.« Und so kam die Sache ins Rollen. Wolfgang machte an jenem Abend einen hervorragenden Eindruck. Das führte zu neuen Kontakten und Auftritten.

Leopold konnte außerdem von den Empfehlungsschreiben profitieren, die die Domherren und andere Vertreter des Salzburger Hochadels ihm wohlwollend mitgegeben hatten. Die großen adligen Familien waren bis weit über die Grenzen verzweigt und über viele Fürstenhöfe verstreut. Die in diplomatischem Dienst Stehenden reisten viel. Leopold begegnete immer wieder einem Deutschen oder Österreicher, jemandem, der in Salzburg studiert hatte, einem Musiker, den er schon einmal getroffen hatte oder einem Mitglied der Salzburger oder Wiener Aristokratie. Und er verstand es meist, auf diese Menschen einen guten Eindruck zu machen. Der französische Verleger Friedrich Melchior

Der »Steinerne Saal«, der geziegelte Hauptsaal des Mittepavillons im Palast Nymphenburg in München, der Palast der Kurfürsten von Bayern, wo Wolfgang und Nannerl während ihrer »großen Reise« ihr erstes Konzert gaben.

Konzert bei Maximilian Joseph III von Bayern (1727-1777). Ölgemälde (Detail) von Peter Jacob Horemans (ca. 1763). Der Kurfürst, ein großer Musikliebhaber und Amateurkomponist, war ein ausgezeichneter Gambespieler. Palast von Nymphenburg, München.

von Grimm beschrieb ihn als einen talentierten Musiker und einen gescheiten, gebildeten und verdienstvollen Mann. Der berühmte Musikschriftsteller Charles Burney nennt ihn einen fähigen Musiker und einen intelligenten Menschen. Der Komponist Johann Adolph Hasse lernte ihn als verständigen Mann mit Raffinesse kennen, sehr aufmerksam und wach im Umgang, musikalisch begabt und auf vielen Gebieten wohlunterrichtet.

In München machte sich Leopold über das Honorar Sorgen: »[...] ich bin froh, wenn ich bekomme, was ich hier zahlen mus, und etwa bis na AugsPurg nöthig habe. ich kann die Stunde kaum erwarten, wenn ich hier leedig werde.« Schließlich erhielt er doch eine ansehnliche Summe und außerdem ein Empfehlungsschreiben für den Hof des Kurfürsten der Pfalz.

Nun reiste die Familie nach Augsburg. Ihr dortiger Aufenthalt war nicht besonders erfolgreich: »Augspurg hat mich lange aufgehalten und hat mir wenig, ja nicht genutzet. denn was einkahm, das geing auch wieder weg, weil alles ungemein Theuer ist«. Man kaufte bei dem Klavierbauer Johann Andreas Stein ein Reiseklavier.

Die Mozarts verließen Augsburg, sobald sie konnten, und eilten nach Ludwigsburg, zum Jagdschloß des Herzogs von Württemberg. Aber der Fürst war nicht anwesend, und so mußten sie sich mit Auftritten vor dem Kapellmeister Niccolò Jommelli begnügen. Wie viele andere kleine deutsche Fürsten ließ Karl Eugen von Württemberg das Land im Wettstreit mit den großen, vor allem den französischen Höfen, verarmen. Oft war ein Fürst selbst der Kopf des künstlerischen Lebens und betätigte sich auch als Dichter und Komponist. Das war nicht nur bei großen Herrschern wie Kaiserin Maria Theresia, Kaiser Josef II. in Wien und Friedrich dem Großen in Berlin der Fall, sondern auch bei kleineren wie den Kurfürsten Max Joseph von Bayern, Karl Theodor von der Pfalz und dem genannten Karl Eugen von Württemberg. Sie gaben sich auch alle Mühe, gute Komponisten, Sänger, Librettisten usw. an ihre Höfe zu binden. Das waren sehr oft Italiener. Auch der Kapellmeister Karl Eugens war Italiener, auf ihn war Leopold aber nicht gut zu sprechen: »[...]wie ich durchaus vernehme: hat der Herzog auch die schöne Gewohnheit die Leute lange warten zu lassen, bis er sie hört; und alsdann lange warten zu lassen bis er sie beschenket: allein ich sehe die ganze Sache als ein Werk des H: Jomelli an, der sich alle Mühe giebt die Teutschen an diesem Hofe auszurotten, und nichts als Italiäner einzuführen. Es hat ihm auch schon fast gelingen, und wird ihm auch gänzlich gelingen, da er nebst 4000 f. jährlichem Gehalt, Portion für 4 Pferde, Holz und licht, einem Hause in Stutgard und einem Hause in Ludwigsburg noch die gnade des Herzogs im ersten Grade besitzet, und seiner Frau sind nach dessen Tode 2000 f Pension accordirt. wie gefällt ihnen eine solche Capellmeister Stelle?« Viel mehr Gutes konnte Leopold über Ludwigsburg nicht sagen.

Das nächste Ziel war der Mannheimer Hof, der sich nicht in Mannheim selbst, sondern in Schwetzingen in der Nähe Mannheims befand. Es war die Sommerresidenz des Kurfürsten der Pfalz. Hier hatte Wolfgang zum ersten Mal Gelegenheit, das berühmte Mannheimer Orchester zu hören. Leopold war sehr angetan davon: »[...] das Orchester ist ohne widerspruch das beste in Teutschland, und lauter junge Leute, und durch aus Leute von guter Lebensart, weder Säufer, weder Spieler, weder liederliche Lumpen.« Die Kinder brachten nach seiner Schilderung ganz Schwetzingen auf die Beine. Der kurfürstliche Hof hatte sehr viel Vergnügen an ihren Auftritten und – der Kurfürst war großzügig.

Zufrieden reisten die Mozarts nach Mainz weiter, um dort dem Erzbischof ihre Aufwartung zu machen. Der Hof genoß wegen seines Mäzenatentums hohes Ansehen. Der Erzbischof war aber schwer erkrankt. Dann eben weiter nach Frankfurt, um später, nach der Genesung des Erzbischofs, nach Mainz zurückzukehren. In Frankfurt waren ihre Auftritte so erfolgreich, daß sie noch einige zusätzliche Konzerte gaben. Wolfgang spielte nicht nur Cembalo, sondern auch Geige. Goethe erinnerte sich noch im hohen Alter, wie er mit vierzehn das siebenjährige Wunderkind mit Perücke und einem hübschen Anzug in Frankfurt hat auftreten sehen.

Bei der Rückkehr nach Mainz gab es noch immer keine Aussicht auf baldige Genesung des Erzbischofs, und so beschlossen die Mozarts, nach Koblenz weiterzufahren. Von Koblenz ging die Reise über Bonn und Köln nach Aachen, wo sie Anfang Oktober ankamen. Hier weilte die Schwester Friedrichs des Großen, Prinzessin Amalia von Preußen, für einen Kuraufenthalt. Sie machte einiges Aufhebens um den kleinen Virtuosen. Sie und andere Mitglieder der Familie waren musikalisch begabt und spielten mehrere Instrumente. Aber sie hatte bedauerlicherweise kein Geld. »Wenn die Küsse, so sie meinen Kindern, sonderheitlich dem Meister Wolfgang gegeben, lauter neue Louisd'or wären, so wären wir glücklich genug; allein weder der Wirth noch die Postmeister lassen sich mit Küssen abfertigen.«

Am zweiten Oktober verlassen sie um sieben Uhr morgens Aachen. Um neun Uhr abends erreichen sie Lüttich, ihre erste Etappe in den südlichen Niederlanden.

Auf einer Fensterscheibe eines Hauses in der Bendergasse in Frankfurt wurde eine eingekratze Nachricht von Leopold Mozart entdeckt: »Mozart, Kapellmeister in Salzburg mit seiner Familie am 12. August 1763«. Historisches Museum, Frankfurt am Main.

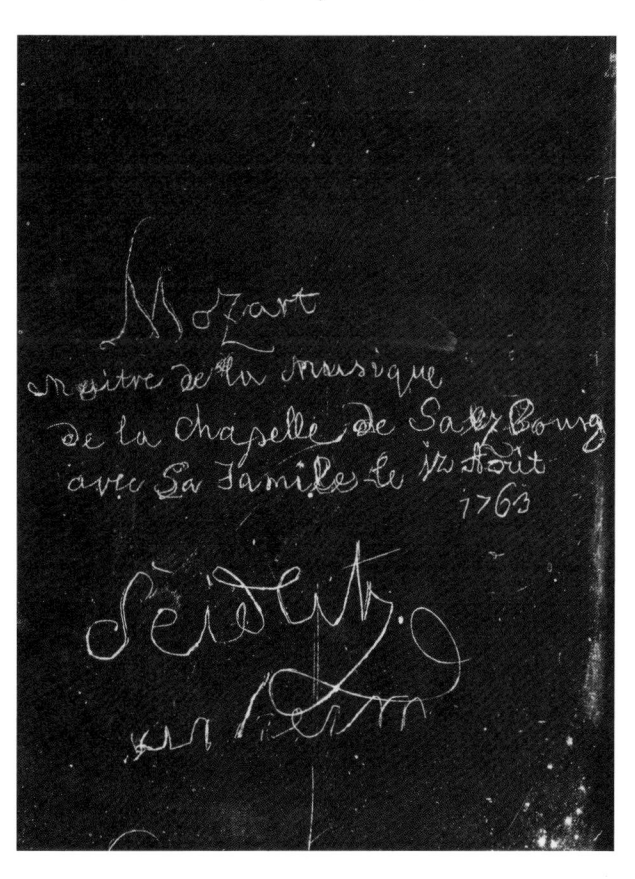

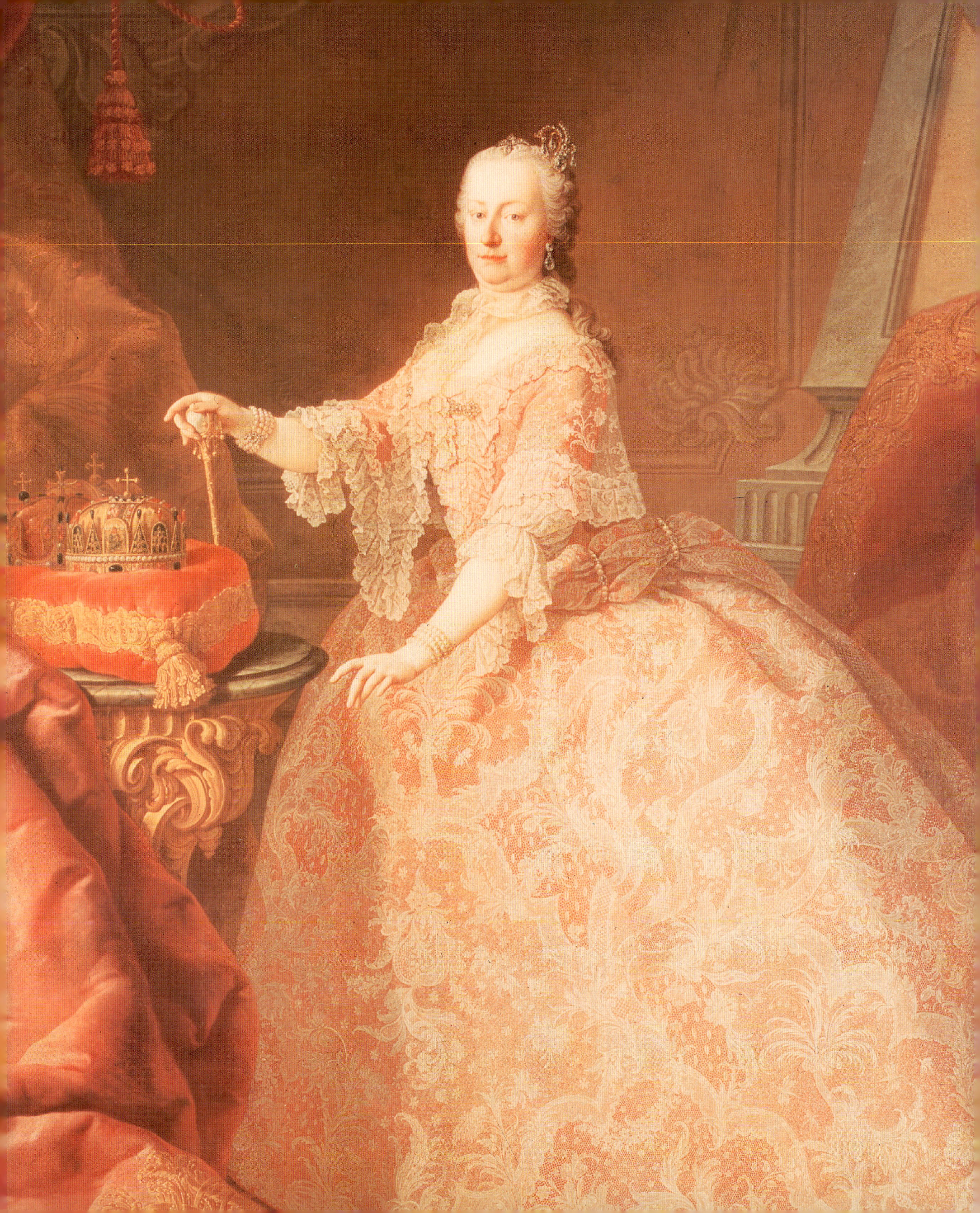

2

Die südlichen Niederlande unter österreichischer Herrschaft

PIET LENDERS

EINE SCHWIERIGE ÜBERGABE

Nach zwei Jahrhunderten spanischer Verwaltung gelangten die spanischen Niederlande im 18. Jahrhundert zum österreichischen Haus Habsburg. Das war das Ergebnis eines langen und blutigen Kampfes, des Spanischen Erbfolgekriegs (1700-1715).

Die alten, ungeschriebenen Gesetze der Niederlande bestimmten, daß die fürstliche Herrschaft erblich sei und auch Frauen dieses Erbrecht zuteil werden könne. Nach den überkommenen Prinzipien des Erbrechts war die Nachfolge ein Erstgeburtsrecht, so daß die Frauen nur dann in die Erbfolge eintreten konnten, wenn es männliche Nachkommen in der gleichen Linie oder in den Seitenlinien nicht gab. Der Fürst konnte seine Macht auch mit einem Testament oder als Geschenk vermachen.

Als der kränkliche Karl II. von Spanien im 39. Lebensjahr kinderlos starb, hatte er testamentarisch seine europäischen und amerikanischen Besitzungen einem bourbonischen Prinzen vermacht: Philipp von Anjou, dem Enkel des französischen Sonnenkönigs Ludwig XIV. und Königin Maria Theresias, ihrerseits eine Tochter König Philipps IV. von Spanien. Diese war jedoch bei ihrer Vermählung für sich und ihre Nachkommen von allen Ausprüchen auf den spanischen Thron zurückgetreten.

Nach Bekanntgabe dieses Testaments entstand beträchtliche Unruhe an den wichtigsten Höfen – man befürchtete eine Untergrabung des europäischen Machtgleichgewichts. Diese Unruhe wurde zu Opposition und führte zu Koalitionsbildung, als der Großvater selbst, Ludwig XIV., sofort von den südlichen Niederlanden Besitz ergriff. Im Namen des österreichischen Zweigs der Habsburger forderte ein junger Prinz das Erbe und die Thronfolge. Er war der jüngere Bruder Kaiser Josephs I. und nannte sich sogleich Carlos III. Dieser Prätendent war für die Niederlande ein Problem, weil seine Nachfolge nicht in Übereinstimmung mit dem Prinzip des Erstgeburtsrechts stand. Für die holländisch-englische Koalition war dies jedoch ein Vorzug: Das Kaiserreich mit Spanien und Amerika zu verbinden, hätte ebenso wie das umstrittene spanische Testament eine Störung des europäischen Gleichgewichts bedeutet.

Europa unterstützte die Kandidatur von Erzherzog Karl von Österreich und begann für ihn den Krieg gegen Frankreich. 1711 starb Joseph I. jedoch kinderlos und Karl konnte Kaiser werden: Er hieß fortan Karl VI. Die Auseinandersetzung flaute ab. Schließlich wurde das Erbe im Frieden von Utrecht aufgeteilt. Philipp von Anjou erhielt Spanien und Amerika, mußte aber seine Ansprüche auf den französischen Thron aufgeben. Karl VI. wurden die Niederlande und die italienischen Fürstentümer zugesprochen, die zuvor von Spanien abhängig waren. So kamen die südlichen Niederlande unter die Herrschaft eines österreichischen Fürsten.

1715 übertrugen die Besatzungsmächte der Briten und Holländer, in der Anglo-Batavischen Konferenz vereinigt, das Gebiet dem Kaiser. Das geschah vor der Unterzeichnung des Barriere-Traktats. Dieser Vertrag beschränkte die Souveränität des Fürsten auf eine leidige Art und Weise. Es blieben nicht nur Schelde und Sassevaart (Gent-Sas van Gent) von holländischer Seite geschlossen, die österreichischen Habsburger mußten auch die Anwesenheit holländischer Truppen zur Verteidigung des Territoriums dulden; außerdem waren sie verpflichtet, diese Truppen vollständig aus eigenen Mitteln zu unterhalten. Darüber hinaus hatten sie sich erniedrigenden Beschränkungen in der Handelspolitik zu unterwerfen, so daß es dem Kaiser nicht gestattet war, die Zolltarife zu ändern, es sei denn, mit Zustimmung Den Haags und Londons. So waren die südlichen Niederlande zu einem militärischen und wirtschaftlichen Satelliten des Nordens geworden. Der Kaiser hatte auch die gesamten Besatzungskosten zu übernehmen, ohne vorher Einsicht in die angefallenen Ausgaben nehmen zu können. Die tiefste Erniedrigung war aber wohl, daß er zustimmen mußte, daß Holland geschuldete Gelder bei Zoll- oder Steuereinnehmern eintreiben konnte, wenn die Brüsseler Regierung in Zahlungsverzug geriet. Diese Unselbständigkeit wurde dem Kaiser noch einmal verdeutlicht, als er unter dem Druck der beiden Mächte das junge südniederländi-

Maria Theresia, Kaiserin von Österreich und Gräfin von Flandern, in einem Kleid aus Brüsseler Spitze. Ölfarbenporträt von Martin van Meytens (ca. 1760). Kunsthistorisches Museum, Wien.

Karl VI., Kaiser von Österreich von 1711 bis 1740. Ölfarbenporträt von J. van Orley (1656-1735). Museum Hof van Busleyden, Mechelen.

sche Kolonialunternehmen, unter dem Namen Ostender Kompanie bekannt, auflösen mußte. Die beiden Länder duldeten keine Konkurrenz aus den österreichischen Niederlanden für ihre eigenen, mächtigen Kolonialunternehmen. Sie gingen sogar noch weiter und erklärten in Absprache mit Frankreich die niederländischen Besitzungen des Kaisers für neutral. Souveränität war zu einem sehr heiklen Begriff geworden.

Die Regierung Karls VI. stand unter keinem guten Stern. Nach der Aufhebung des blühenden Kolonialunternehmens geriet das Land in eine wirtschaftliche Depression. Nach mehr als zwanzig Jahren des Bemühens seitens des Kaisers kamen die Unterzeichner des Barriere-Traktats 1737 schließlich in Antwerpen zu einer erneuten diplomatischen Konferenz zusammen. Die kaiserlichen Gesandten erbaten Milderung der wirtschaftlichen Auflagen. Vierjährige Verhandlungen erbrachten nichts – die beiden Mächte gaben keinen Fingerbreit nach.

Die Regierung Karls VI. war der erste Kontakt der südlichen Niederlande mit der kaiserlichen Dynastie Wiens. Er verlief sehr enttäuschend. Dennoch gab es am Ende der Regierungszeit Karls wieder einen Hoffnungsschimmer. 1732 hatte Karl einen *Geschäftsführenden Minister* beauftragt: Graf Friedrich von Harrach. Obwohl er offiziell der Schwester des Kaisers, Landvogtin Maria Elisabeth, als Haushofmeister diente, bestand seine tatsächliche Aufgabe darin, die Regierungsgeschäfte behutsam aus der Hand der Landvogtin zu übernehmen. Seine Einsetzung brachte Besserung.

Mit dem Antritt Maria Theresias 1740 trat eine neue Generation von Beamten auf den Plan. Sie waren »Realpolitiker« und gaben sich mit der erniedrigenden Rolle des Fürsten nicht zufrieden. Sie hatten bald erkannt, daß die internationale Position der Republik sehr geschwächt war. Maria war ihrem Vater erst vor wenigen Monaten im Amt gefolgt, und schon wurden bezüglich Versorgung der holländischen Truppen der Regierung in Brüssel bereits Weisungen erteilt: »On ne doit pas trop se presser à fournir aux Hollandais le paiement du susdit subside... sans que néansmoins cette suspension du susdit subside doive transpirer comme un dessin prémédité.« *So begann die Fürstin vorsichtig mit dem Bruch* der Verpflichtungen des Barriere-Traktats.

Nachdem der Friede von Aachen 1748 den Spanischen Erbfolgekrieg beendet hatte, faßte die Kaiserin einige beherzte Entschlüsse: Sie weigerte sich hinfort, auch nur noch einen roten Heller an Unterstützungszahlungen für die holländischen Barriere-Truppen zu leisten, die die Niederlande nicht gegen einen französischen Angriff zu schützen in der Lage gewesen waren, außerdem forderte sie, Holland und England sollten die dem südniederländischen Handel auferlegten Beschränkungen sofort aufheben. Um die Ernsthaftigkeit ihres Standpunktes zu unterstreichen, ließ die Kaiserin wenige Tage nach dem Abzug der französischen Besatzungstruppen, einen neuen Zolltarif ausfertigen ohne die beiden Länder zu konsultieren; weiterhin traf sie Maßnahmen, für die Häfen von Oostende, Nieuwpoort und Brügge ein Freiwarenlager zu gründen und den Transit nach Deutschland zu fördern. Plötzlich waren die Rollen vertauscht: Nun boten beide Staaten die Aufnahme von Verhandlungen zum Abschluß eines Handelsvertrags an. Diese 1752/53 stattfindenden Unterhandlungen fuhren sich wegen der Unbeugsamkeit der Holländer und Briten fest. Wien und Brüssel beharrten auf ihrem Standpunkt: völlige wirtschaftliche Unabhängigkeit gegenüber allen anderen Ländern.

1756 fand im System der europäischen Bündnisse eine unerwartete Umkehr statt, die unter dem Begriff »le renversement des alliances« oder als »Diplomatic

Revolution« bekannt wurde. Die Bourbonen in Frankreich und die österreichischen Habsburger legten ihre jahrhundertealte Rivalität mit dem Abschluß eines Freundschaftsvertrags und der Bildung einer Allianz bei. Damit war der Sinn des Barriere-Traktats überholt und die Hilfe Hollands überflüssig geworden: Man verschanzt sich doch nicht vor seinen besten Freunden!

Maria Theresia gelang es auch, die Beziehungen zu anderen Ländern zu verbessern. Der traditionelle Handel mit Spanien erhielt einen neuen Impuls und außerdem Schutz durch den Vertrag von Aranjuez (1752), der den Niederlanden die Klausel der am stärksten bevorzugten Nation schenkte. Auch Frankreich sicherte nach einigen Verhandlungen zu, die durch den Frieden der Pyrenäen ein Jahrhundert vorher eingeführte Meistbegünstigungsklausel einzuhalten. Mit dem empfindlichen Fürstbistum Lüttich wurden ebenfalls Gespräche eingeleitet, die erst 1780 zu einer Vereinbarung führen sollten. Die Unternehmerschicht spürte deutlich, daß sich mit Maria Theresia viel verändert hatte.

Streifen aus Brüsseler Klöppelspitzen mit dem Monogramm Karls VI. von Österreich (erstes Viertel des 18. Jahrhunderts). Königliche Museen für Kunst und Geschichte, Brüssel.

DAS ÖSTERREICHISCHE BELGIEN

Als die Familie Mozart von Aachen aus das Gebiet des heutigen Belgiens betrat, war es noch keine politische Einheit. Die Mozarts reisten zunächst durch das Herzogtum Limburg, das zu den südlichen Niederlanden gehörte, und kamen dann nach Lüttich, der Hauptstadt des gleichnamigen, souveränen Fürstbistums. Diese Reise verlief über eine schlechte Wegstrecke, denn wegen der Spannungen zwischen den beiden Hauptstädten Brüssel und Lüttich war die Regierung von Lüttich erst in den achtziger Jahren dazu bereit, die Pflasterung der Straße von Lüttich nach Aachen zu vollenden.

Als die Gesellschaft die Maasstadt erreichte, residierte dort als Oberhaupt mit Graf Charles d'Oultremont lediglich ein vom Papst noch nicht bestätigter Fürstbischof, der am 20. April 1763 vom Kapitel der St. Lambertuskirche zum Bischof und Fürsten erwählt worden war. Er ließ sich jedoch erst ein Jahr später zum Priester und Bischof weihen. In der Zwischenzeit erlebte das Lütticher Land noch ein Interregnum voller Unsicherheit. Der abgelehnte Kandidat Clemens von Sachsen, hatte mit französischer und österreichischer Unterstützung in Rom einen Prozeß begonnen, um die Wahl annulieren zu lassen. Erst Ende Dezember entschied sich der Papst für d'Oultremont als Bischof, da das Stimmverfahren korrekt verlaufen war.

Das Fürstbistum verfügte über ein blühendes und diversifiziertes Handels- und Gewerbeleben. Die moderne Metallindustrie bestand aus Eisenerzminen, Hochöfen, Schmieden, Waffenfabriken und einer Nagelproduktion. Außerdem wurden dort auch Marmor- und Steinbrüche ausgebeutet, Ledergerbereien

Büste von Prinzbischof Charles d'Oultremont (1764-1771). Feines Porzellan aus Tournai (ca. 1765). Musée Curtius, Lüttich. D'Oultremont wurde am 20. April 1763 von der Stiftsversammlung Sint-Lambertus zum Bischof gewählt, aber wurde erst ein Jahr später ernannt, nachdem die Klage seines Gegenkandidaten vom Papst abgelehnt worden war.

und blühende Wollunternehmen waren ebenfalls am Ort. Das Personal wurde jedoch nur karg entlöhnt, was den Anstoß zur Gründung der ersten Gewerkschaften, der sog. »confraternités« gab. Die Bevölkerung wuchs schneller als die Möglichkeiten der Existenzbestreitung.

Die Staatsmacht hatte allerdings über das Engagement und die Kompetenz der hohen Beamten zu klagen. Der neue Fürstbischof hielt sich hauptsächlich an seine kirchlichen Funktionen, und das war man im Lütticher Land nicht gewohnt. Er überließ seinem Bruder Jean, der Premierminister wurde, und seinem Privatsekretär Lambert Brocal die zivile Verwaltung.

In den höheren Bevölkerungsschichten in Lüttich, Spa und Verviers gab es sehr kultivierte Menschen, bei denen die modernen Gedankenströmungen Eingang fanden und allgemein Kultur, Musik und Kunst in hohem Ansehen standen. Für die aus Wien kommenden Menschen war die Armut in Lüttich umso ungewohnter, weil die Französischlehrer in der österreichischen Hauptstadt ein hohes Ansehen genossen und es sich bei ihnen zumeist um gebildete Lütticher handelte.

Die weitere Reise führte die Mozarts in das Gebiet der österreichischen Niederlande, das unter der Herrschaft von Maria Theresia stand. Die Atmosphäre war ausgezeichnet. Man blickte sehnsüchtig in die Zukunft. Das Ende des Siebenjährigen Krieges (1756-1763) wurde dort in ganz anderer Stimmung als in Frankreich begrüßt. Der südliche Nachbar hatte schwer unter dem Krieg zu leiden gehabt: Es war finanziell ausgeblutet und hatte bedeutende Kolonien verloren: Wichtige Gebiete in Nordamerika und Indien gingen endgültig in britischen Besitz über.

Gußeisernes Medaillon mit der Abbildung des Jean-Théodore von Bayern, hergestellt von Philippe-Joseph Jacoby (1758). Musée Curtius, Lüttich.

Innenraum einer Lütticher Gießerei. Ölgemälde von Leonard Defrance (1735-1805). Museum voor Oude Kunst, Brüssel.

In Brüssel war die Lage völlig anders. Man war nicht nur sehr froh gewesen, wegen der 1733 auferlegten Neutralität aus den Kriegswirren gehalten zu werden, das Land hatte auch eine beträchtliche Erholung erlebt. Die Regierungsbürokratie war erheblich effektiver geworden. Die Ergebnisse der energischen und dennoch zurückhaltenden Art der Theresianischen Verwaltung war deutlich bemerkbar.

Die neutralen Niederlande hatten dem französischen Bundesgenossen der Fürstin Hand- und Spanndienste geleistet. Er erhielt viele Vergünstigungen, als seine Truppen auf dem Weg zu den deutschen Schlachtfeldern durch das Land marschierten. Die hohen Offiziere wurden von den Honoratioren der Städte, in denen die Soldaten Nachtlager bezogen, mit feierlichen Einladungen bedacht. Alle Provinzialstände stimmten für außerordentliche Kredite für die bereits sehr populäre Fürstin. Im Durchschnitt wurden jährlich mehr als acht Millionen Gulden »für die ruhmreichen Waffen Ihrer Majestät« nach Wien gesandt. Diese Gelder waren zusätzliche Aufwendungen, die über die normalen »Hilfeersuchen« hinausgingen. Was das bedeutet, können wir erst dann ermessen, wenn wir wissen, daß sich die normalen »Hilfeersuchen« auf 3.390.000 Gulden im Jahr erstreckten. Diese Summe wurde für Verwaltungskosten und den Unterhalt der Armee aufgewandt und blieb im Normalfall im Land. In den Kriegsjahren wurden jedoch auch einige Regimenter in die Erblande abgestellt. Das bedeutet, daß die Ausfuhr von Kapital und Edelmetallen nach Österreich nicht nur 56.000.000 Gulden, das ist die Summe der sieben Kriegsjahre, sondern darüber hinaus auch noch einen Teil der normalen Steuern betrug. Die Niederlande vertrugen diesen Geldexport nach Zentraleuropa ohne größere Schwierigkeiten: je nach Region war der Zinssatz lediglich um ein halbes bis ein Prozent gestiegen.

Allerdings hatte der des Hof- und Staatskanzler in Wien, Prinz Kaunitz, dem 1757 die Führung der Niederlande übertragen wurde, Brüssel Beschränkungen hinsichtlich möglicher Reformen auferlegt. Die Pläne, die der Beauftragte Minister Cobenzl hinsichtlich der Gründung einer Akademie hegte, mußten bis nach dem Krieg verschoben werden, um die Universität zu Löwen nicht zu brüskieren. Die vom Minister geplante enge Kontrolle der Administration der Stände und Städte mußte ebenfalls aufgeschoben werden. »Tout objet d'administration susceptible de réforme, mais sujet à des contestations, a été réservé pour la paix« (alle strittigen Verwaltungsreformen sind zur Vermeidung von Widerständen bis zum Frieden auszustellen), hatte Kaunitz von Wien aus verfügt.

In den südlichen Niederlanden herrschte dann auch großer Zukunftsoptimismus. Die Regierung verfügte über fähige und engagierte Beamte. Die aufgeschobenen Reformprogramme wurden wieder hervorgeholt. Eine Enquete über die Industrie war in Vorbereitung. Brüssel bat den Hof- und Staatskanzler in Wien, mit einer wissenschaftlich fundierten Beschreibung des Landes und einer Landkarte, die gleichzeitig eine »Wirtschaftskarte« sein sollte, auf der wirtschaftliche, industrielle und agrarische Stärken und Schwächen der verschiedenen Regionen eingetragen waren, beginnen zu dürfen. Für die untere Verwaltungsebene wurde ein Kontrollorgan eingerichtet, die Verwaltungs- und Steuerkommission, die eine doppelte Zielsetzung verfolgte: mehr Einfluß auf die Verwaltung der Provinzen und Städte zu nehmen und die Förderung der Erneuerung der Verwaltungstechniken im Geist der Kameralistik. Der Vorsitzende des Geheimen Rats, Patrice de Neny, führte an der Löwener Universität verschiedene vorsichtige Reformen durch. Die nötigen Vollmachten erhielt er durch die Anstellung als Generalkommissar der Universität, eine Stellung, in der er auf Akademiker wie Nelis und Paquot rechnen konnte. Kurzum – alles war in Bewegung und jeder setzte Hoffnungen auf die Zukunft.

REGIERUNG UND VERWALTUNG

Die staatlichen Strukturen wurden vorsichtig ausgebaut. Es gab noch keine Demokratie des Typus unseres Jahrhunderts. Dennoch war die fürstliche Macht beschränkt, und zwar in erster Linie durch die Verfassungen, die von Provinz zu Provinz und je nach Fürstentum unterschiedlich waren. Nur im Herzogtum Brabant war der Text in der »Blijde Inkomst« vollständig niedergelegt. In Flandern, Hennegau, Namur oder Luxemburg war die Verfassung hingegen ein ungeschriebenes Gewohnheitsrecht. Weiterhin waren die Entscheidungsbefugnisse nicht so autokratisch, daß der Fürst seinen Willen nach eigenem Gutdünken durchsetzen konnte. Die Institutionen, die zu einem Gesetz oder einer Ernennung führten, waren gleichgewichtig austariert, so daß neben zentripetalen auch zentrifugale Kräfte wirksam waren und neben dynastischen auch die eigenen belgischen oder die regionalen Interessen eine Rolle spielten. Dabei waren die Führer der Regierung nicht unempfänglich für die öffentliche Meinung, was der Beauftragte Minister Cobenzl kurz nach dem Besuch der Mozarts erfahren sollte. Er hatte ohne Rücksprache mit dem Landvogt eine Erhöhung des Importzolls auf Salz verfügt, der den Preis des Produkts verdoppelte. Darauf hagelte es in Brüssel Klagen und Proteste, die an den Landvogt gerichtet waren. Dieser kassierte die Entscheidung und war zufrieden, den allzu arroganten Minister auf seinen Platz verweisen zu können. Nachdem die Kaiserin die nötigen Informationen eingeholt hatte, billigte sie die Entscheidung ihres Schwagers.

Zum ersten Mal in zwei Jahrhunderten wurden die Institutionen in den Niederlanden modernisiert. Das unternahm Maria Theresia umsichtig, ihr Sohn Joseph II. mit ungeduldiger Prinzipienstrenge. Die Staatsfinan-

Beauftragter Minister und später Hof- und Staatskanzler Wenzel Anton, Graf von Kaunitz-Rittberg (1711-1794). Ölgemälde von J.M. Militz. Historisches Museum, Wien.

Der Grote Markt in Brüssel, der Hauptstadt der österreichischen Niederlande. Anonyme Gravüre (Augsburg, zweite Hälfte des 18. Jahrhunderts). Sammlung Van Loock, Brüssel.

zen wurden rationeller verwaltet, u.a. durch eine strengere Kontrolle der öffentlichen Gelder in Provinzen und Städten. Wichtige öffentliche Arbeiten wurden veranlaßt, vor allem im Hinblick auf eine bessere Transportinfrastuktur.

An der Spitze der Machtpyramide stand Maria Theresia. Sie war die Gattin von Franz Stephan von Lothringen, der die Kaiserkrone trug. Die Fürstin regierte die Niederlande von Wien aus und nahm sich diese Aufgabe sehr zu Herzen. Wer sich die Archivmaterialien der Wiener Kanzlei näher ansieht, den beeindruckt der Ernst, mit dem sie alle wichtigeren Akten durcharbeitete, am Rand Anmerkungen niederschrieb und dann ihre Entscheidung, manchmal mit einem knappen Kommentar versehen, abzeichnete. In der österreichischen Hauptstadt wurde sie von dem brillianten Hof- und Staatskanzler Fürst Wenzel Anton von Kaunitz-Rietberg unterstützt, der selbst zwei Jahre in Brüssel und Antwerpen residiert hatte und Urheber der »Diplomatic Revolution« gewesen war. Diese Vereinbarung hatte die niederländische Grenze erstmals in zweihundertfünfzig Jahren vor den Angriffen Frankreichs sichern können.

In Brüssel wurde Maria Theresia von Herzog Karl von Lothringen, »Son Altesse Royale«, ihrem Schwager, repräsentiert. Er wurde in dieser Stellung außerordentlich populär. Witwer seit dem ersten Jahr seines Aufenthalts in Brüssel (1744-1780), lebte er als gutmütiger Bonvivant inmitten einer verschwenderischen Hofhaltung. 1740 wurde er von seiner Schwägerin zum Marschall befördert und war während des Siebenjährigen Krieges lange, als Befehlshaber der österreichischen Truppen, abwesend. Weil ihm diese Aufgabe nicht gerade lag, wurde er mitten im Krieg nach Brüssel zurückbeordert. 1761 wurde er zum Großmeister des reichen Deutschen Ordens bestellt, eine Funktion, die ihm mehr zusagte, barg sie doch viel Ehre, Geld und wenige Sorgen.

Maria Theresia sah es ihrerseits auch lieber, daß sich der Landvogt vor allem mit dem höfischen Leben beschäftigte. Sie hatte folgerichtig auch einen Beamten eingestellt, der ihr Vertrauen besaß: den Beauftragten

Minister. Zu der Zeit, als die Mozarts in Brüssel ankamen, nahm Graf Karl von Cobenzl, ein slowenischer Adliger, diese Stellung ein, einen Teil seines Studiums hatte er in Leiden absolviert. Theoretisch war der Beauftragte Minister ein beim Landvogten akkreditierter Diplomat mit dem Status eines Landesherrn, tatsächlich aber füllte dieser Mann die Stellung eines Premierministers aus. Die gesamte Administration lag in seinen Händen, die entsprechenden Direktiven erhielt er aus Wien, manches Mal über den Kopf des Landvogts hinweg.

Graf von Cobenzl war wie Karl Alexander von Lothringen Kunstfreund und Mäzen – zur großen Freude von Maria Theresia, Kaunitz war gebildet und ein ausdauernder Arbeiter. Nach der Rückkehr des Landvogts wurde er jedoch streng gerügt: er nähme seinem Fürsten ostentativ die Arbeit ab, und träte zum Mißfallen des gutmütigen Karls von Lothringen zu sehr ins Rampenlicht. Die Spannung zwischen diesen beiden Spitzenpersönlichkeiten erreichte 1763 ihren

Karl von Lothringen, Landvogt der österreichischen Niederlande, Großmeister des Deutschen Ordens. Büste von Pieter-Antoon Verschaffelt (1710-1793). Bijlokemuseum, Gent.

Beauftragter Minister Graf Karl Johann Philipp von Cobenzl als Ritter des Ordens Goldenes Vlies. Anonymes Ölporträt (drittes Vierteljahr des 18. Jahrhunderts). Koninklijk Museum voor Schone Kunsten, Brüssel.

Höhepunkt. Obwohl der Landvogt seine Umgebung über seinen Verdruß im unklaren ließ, hielt er die Kaiserin über das taktisch unkluge Auftreten des Ministers auf dem laufenden. Zum Ausgleich veranstaltete der Generalgouverneur noch mehr und noch größere Feste, um auf jeden Fall in der Hauptstadt Brabants tonangebend zu bleiben.

Unter diesen Spitzenpersönlichkeiten standen die Kollateralräte, der Rechnungshof, die Geschäftsstelle für Staat und Krieg, die Kommissionen, die höheren Appellationsgerichte und die fürstlichen Repräsentanten in Provinzen und Städten. Es ist für die zweite Hälfte des 18. Jahrhunderts charakteristisch, daß in den wichtigsten ministeriellen Behörden und Räten Beamte arbeiteten, die viel wirkungsvoller und kompetenter als ihre Vorgänger in der ersten Hälfte des Jahrhunderts waren. In die drei wichtigsten Zentralverwaltungen hatte Maria Theresia besonders fähige Mitarbeiter berufen, die dort ein Vierteljahrhundert wirk-

Königsschützenfest der Sint-Jorisgilde auf dem Kouter in Gent in der Anwesenheit des Herzogs Karl Alexander von Lothringen (am 10. September 1752). Aquarell von P.J. Goetghebuer nach einer Vorstudie von Pieter Norbert Van Reysschoot. Atlas Goetghebuer, Stadtarchiv Gent.

Das Schloß von Tervuren im Jahre 1768. Ölgemälde von einem unbekannten südniederländischen Meister. Museum voor Schone Kunsten, Brüssel.

ten und ein gutes Einvernehmen zu wahren verstanden. So konnten sie überall moderne Verwaltungsmethoden einführen.

Patrice de Neny war von 1758 bis 1783 Vorsitzender des Geheimen Rates. Zu seinem Arbeitsgebiet gehörten alle Bereiche des öffentlichen Lebens, Innenpolitik, Justiz, kirchliche Angelegenheiten, Kultur und Erziehungswesen. Baron Benoît de Cazier (1759-1787) war Vorsitzender des Finanzrates. Zu den Kompetenzen dieser Institution gehörten die Finanzen der öffentlichen Hand, die Landwirtschaft und die Wirtschaftspolitik. Strenggenommen hatten beide Organe lediglich beratende Funktion. Die Persönlichkeit ihrer Vorsitzenden und die Schwäche der Ratsmitglieder ließ ihren Einfluß dennoch weiter reichen. Der Rechnungshof kontrollierte Einnahmen und Ausgaben und bestätigte die offiziellen Dokumente. Zwischen 1759 und 1785 war Louis de Wavrans sein Vorsitzender. Die drei Vorsitzenden waren – im Gegensatz zum Landvogt, dem Beauftragten Minister und dem Sekretär für Staat und Krieg – Südniederländer, huldigten aufgeklärten Prinzipien und wollten um jeden Preis Kompetenzgerangel vermeiden.

Neben diesen hohen Räten wurde im Laufe der Jahre eine Reihe technischer Ausschüsse mit Spezialaufgaben betraut, geschaffen, die man Juntas oder Jointes nannte. So bestand für monetäre Angelegenhei-

Ausblick auf das Schloß von Mariemont vom Garten aus. Karl von Lothringen hatte im Jahre 1754 am Ort des alten Schlosses, das von den Erzherzogen Albrecht und Isabella in 1605-1608 gebaut worden war, ein neues Schloß bauen lassen, das er später, im Jahre 1766, verschönern und vergrößern ließ. Ölgemälde (1773) von Jean-Baptiste Simons. Sammlung Schloß von Mariemont.

ten die Münzkommission, für die Kontrolle der regionalen und der Finanzen der Gemeinden die Kommission für Verwaltung und Steuern, für die Handelspolitik und die Grenzfragen das Amt für Verwaltung der Im- und Exportsteuern, für die Reorganisation der weiterführenden Ausbildung die Studienkommission und weitere für die Wasserwirtschaft, den Überseehandel usw. In diesen Ausschüssen arbeiteten Beamte und Techniker eng zusammen.

Schließlich bestand auf der Ebene der Zentralverwaltung noch eine übergreifende Institution, die als ein Vorläufer der heutigen Ministerräte betrachtet werden kann: der Kabinettsausschuß oder Regierungsrat. Er trat alle vierzehn Tage zu wechselnden Terminen zusammen, um wichtige Entscheidungen einer letzten Verhandlung zu unterwerfen. Der Regierungsrat hatte einen festen Kern: den Beauftragten Minister, der oft gleichzeitig Vorsitzender war, die Vorsitzenden der beiden Kollateralräte und den Sekretär für Staat und Krieg. Falls nötig, konnte auch der Landvogt, auch als Vorsitzender, anwesend sein. Weiterhin nahmen an den Versammlungen wechselnd zusammengesetzte Gruppen von Fachleuten aus der Regierung und der Provinz teil. Das einzige Kriterium war fachliche Kompetenz. Jeder Anwesende erhielt vorab Akteneinsicht und mußte ein begründetes Gutachten stellen, das danach an den Wiener Kanzler Kaunitz weitergeleitet wurde. Der Landvogt fügte sich gewöhnlich dem Gutachten der Mehrheit.

Die Verwaltung der Städte und Provinzen war eine schwierige Angelegenheit, denn diese forderten ein hohes Maß an Autonomie, gleich der, die sie im Mittelalter mühsam erstritten hatten.

Weil die Provinzialgouverneure Beamte waren, die viel Zeit für die Familie und ihre persönlichen Interessen verlangten, arbeiteten sie dezentralisierend, und so wurden keine neuen mehr ernannt. Für den Hennegau und Namur wurde gleichwohl eine Ausnahme gemacht: Die mit Maria Theresia befreundeten Familien Arenberg und de Gavre, die dort diese Funktion bekleideten, blieben.

Außerdem besaß jede Provinzialständeversammlung, die sich im allgemeinen aus den Abgeordneten der drei Stände zusammensetzte. In Flandern war der Adel jedoch nicht mehr vertreten und auch in den übrigen Provinzen war der Vormarsch der Bürgerlichen deutlich erkennbar. Die Ständige Abordnung der Stände besaß auf dem Gebiet der Steuern, der Wirtschaftspolitik, sozialer Belange und öffentlicher Arbeiten exekutive Gewalt. Die galt auch für das Beratungszentrum für politische Interventionen oder für Proteste gegen Maßnahmen der Regierung.

Die alten Städte verfügten über einen umfangreichen Verwaltungsapparat. Der oberste Beamte war der Repräsentant des Fürsten. Je nach Überlieferung trug er den Titel »Amtmann«, »Schultheiß«, »Schulze« oder »Vogt«. Er mußte seine Zustimmung zu den Maßnahmen oder Verordnungen, die der Magistrat beschlossen hatte, äußern. Gleichzeitig war er für die Aufrechterhaltung der öffentlichen Ordnung, die Ausführung der fürstlichen Gesetze wie auch für die Vollziehung der von den Gerichten verhängten Strafen verantwortlich. Im 18. Jahrhundert wurde diese Funktion immer mehr zu einer repräsentativen.

Die südlichen Niederlande zählten sechsundneunzig Städte, wo Verwaltung und Rechtsprechung von einem eigenen Beigeordnetenrat oder Magistrat übernommen wurden. Diese Beigeordneten, sieben bis dreizehn, waren in früherer Zeit von der Gemeinschaft gewählt worden, doch wurden im 18. Jahrhundert bereits alle Magistrate von den vorgesetzten Behörden für eine Amtszeit von einem oder mehreren Jahren ernannt. Dennoch hatten sie sich überall einen Abglanz der Autonomie und der Verteidigung lokaler Interessen bewahrt.

Der Verlust an Einfluß der fürstlichen Repräsentanten in den Städten wurde nach 1750 von zwei institutionellen Neuerungen aufgefangen: der Einrichtung einer verwaltungstechnischen Kontrolle der finanziellen Leistungen des Magistrats und einer neuen Aufsicht des politischen Geschehens. Die Finanzinspektion wurde von Regierungskommissaren mit großer Regelmäßigkeit durchgeführt. Sie waren gefürchtet und das führte schließlich zu Sanierungsmaßnahmen orthodoxen Praktiken und vor allem zur Tilgung der erheblichen Schulden, die infolge der zahlreichen Kriege und Besatzungen im 17. Jahrhundert aufgelaufen waren. Die Politik der Städt wurde von den Ratsfiskalbeamten diskret verfolgt, die Mitglieder der Staatsanwaltschaft der fürstlichen Berufungsgerichte waren. War die Rechtspflege Hauptaufgabe der Beigeordneten, so hatte eine jüngere Entwicklung ihre politischen und verwaltungstechnischen Aufgaben in den Vordergrund geschoben. Die gerichtlichen Anforderungen verlagerten sich zusehends auf die zahlreichen ausgebildeten Juristen, die den Titel eines Ratspensionärs (Stadtadvokat), Kanzleivorstehers oder Schriftführers trugen und dem Magistrat unterstanden. Wie kompliziert diese Verhältnisse auch immer waren, überall wirkten dezentralisierende und zentralistische Kräfte.

Der Palast der Herzoge von Brabant, die Residenz der Statthalter der österreichischen Niederlande, nach dem Brand von 1731. Aquarell von François Lorent. Allgemeines Reichsarchiv, Brüssel. Rechts sieht man der Hof von Nassau, seit 1744 die Residenz des Erzherzogs Karl Alexander von Lothringen. Während des Besuchs der Mozarts in Brüssel war man noch mit den Verschönerungsarbeiten am Palast, die im Jahre 1756 angefangen hatten, beschäftigt.

EIN LAND ENTWICKELT SICH

Ein Land, dessen Regierung keine demokratische Mitwirkung kennt, wo der Souverän dennoch große Sympathie genießt, wo sich gegenläufige Kräfte und Tendenzen im Gleichgewicht halten, wo die Bevölkerung schnell wächst und doch zufrieden ist, muß eine expandierende Gesellschaft und eine expandierende Wirtschaft besitzen. »Gaieté et animation«, die das Brüsseler Hofleben seit 1763 auszeichnete, waren echt.

Die neue Zollpolitik, die Maria Theresia 1749 eingeführt hatte, zeigte, daß man sich in Wien Gedanken über die erniedrigende Abhängigkeit im Gefolge des Bariere-Traktats machte. Die Bindung an die Republik der Provinzen/Vereinigten Provinzen und an das britische Königreich hatte die Niederlande allzusehr gebremst und verarmen lassen. Um der wachsenden Initiative und dem Wunsch nach Investitionen nachzukommen, hatte die Regierung bereits ein Bündel von Anerkennungs- und Fördermaßnahmen beschlossen, die unter der Bezeichnung »Patentpolitik« in die Geschichte eingegangen sind. Ein Patent war eine Genehmigung für einen oder mehrere Unternehmer, einen Industriebetrieb aufzubauen, unabhängig von ständischen Reglemtierungen. Diese Genehmigung konnte mit Vorrechten wie Steuerbefreiung, Freistellung von Zöllen, Verbrauchssteuern, Zuteilung von Darlehen beim Ausbau des Betriebs, Prämien, die nach dem Umfang der Produktion berechnet wurden,

Ein galanter Herr überrascht eine eingeschlafene Hirtin. Porzellan aus Tournai, drittes Vierteljahr des 18. Jahrhunderts. Musea voor Kunst en Geschiedenis, Brüssel.

Der Besuch bei der Tabakmanufaktur. Ölgemälde von Leonard Defrance (1735-1805). Musée de l'Art Wallon, Lüttich.

Das Handelsbüro des G. De Brouwer. Anonymes Ölgemälde aus der Hälfte des 18. Jahrhunderts. Rathaus, Brügge.

Innenraum einer Lütticher Gießerei. Ölgemälde von Leonard Defrance (1735-1805). Musée de l'Art Wallon, Lüttich.

Zuschüsse für die Anwerbung von Arbeitern u.ä flankiert wurden. Diese Vergünstigungen werden nicht nur von der Zentralverwaltung, sondern auch von den regionalen oder lokalen Machthabern gewährt. Sie zeigten einen erkennbar merkantilistischen Charakter.

Die verliehenen Patente glichen in mancher Hinsicht einem Barometer: Ihre Zahl gab sowohl die Bereitschaft der Regierung zur Begünstigung industrieller Initiativen wie die Dynamik der Bevölkerung wieder. So bremste die Regierung des Marquis de Prié die wirtschaftliche Expansion, da er allzulange zögerte, bevor er Genehmigungen für den Aufbau neuer Handelsgeschäfte oder neuer Industrien erteilte. Nach dem Frieden von Aachen brach eine besonders günstige Zeit für unternehmerische Initiativen an. Die Verwaltung war an dieser günstigen konjunkturellen Entwicklung nicht unbeteiligt, vor allem durch die großzügige Gewährung von Patenten in den Jahren 1750-1770. Im gesamten 17. Jahrhundert hatte sie nur etwa sechzig Patente ausgestellt, in der ersten Hälfte des 18. Jahrhunderts waren es etwa fünfzig. In der Zeit von 1749 bis 1763 wurden wenigstens 226 Patente ausgestellt, die tatsächlich zur Gründung neuer Unternehmen führten. So wurden ermutigende Ergebnisse erzielt: Viele Unternehmen profitierten von der wohlmeinenden Haltung der Minister Botta-Adorno und Cobenzl. So entstanden in den südlichen Niederlanden einige neue Industrien wie Papierfabriken, Seifensiedereien, Baumwolldruckereien, Glasbläsereien, Sägewerke, tabakverarbeitende Fabriken, Porzellanfabriken, chemische Werkstätten für die Produktion von Salpeter, Farbstoffen und Soda zur die Fertigung und Bearbeitung von Leder, daneben verschiedene Textilfabriken, Eisengießereien, Kupferschmieden, Schmieden für die Herstellung von Nägeln und weitere Unternehmen und Erweiterungen von Fabriken.

Die neue wirtschaftliche Aufbruchstimmung und die Patentpolitik zeigen deutlich den Beginn des zweiten Zyklus' der belgischen Wirtschaftsentwicklung. Das Land hatte seit dem Mittelalter immerhin eine bedeutende wirtschaftliche Expansion erlebt, die sich im 16. Jahrhundert vor allem in Antwerpen abspielte. Diese Entwicklung bekam nach der Schließung der Schelde im Jahr 1585 einen Knick, in der Mitte des 17. Jahrhunderts war dann die Talsohle erreicht. In der Zeit von 1650 bis 1750 war die produktive Arbeit der Bevölkerung auf einem sehr niedrigen Niveau stehengeblieben. Man spricht von dieser Zeit auch als von einem Unglücksjahrhundert. Die Stagnation war dem Zusammenfallen mehrerer Umstände zu verdanken: einer zurückgehenden wirtschaftlichen Konjunktur und – wesentlich schwerwiegender – den andauernden Kriegen, Besatzungen und Plünderungen, dem Abbröckeln des vaterländischen Territoriums, der Entmutigung, der fehlenden Dynamik der Bevölkerung und der Gleichgültigkeit der Regierung. Die Initiativen und die neue Verwaltungspolitik der fünfziger und sechziger Jahre waren mehr als ein vorübergehendes Geschehen: Sie waren der Beginn einer neuen ökonomischen Entwicklung, die ungebrochen bis ins zwanzigste Jahrhundert verlaufen sollte – die industrielle Revolution lag schon in Reichweite. In den Kohlebergwerken des Hennegaus drehten sich bereits die ersten Dampfmaschinen – die Feuerpumpen von Newcommen – welche das Grundwasser abpumpten. Dadurch konnten die Minenbesitzer weitere Bohrungen unternehmen und die Steinkohle in noch größerer Tiefe abteufen lassen.

Ab und zu wurde behauptet, die Gewerbepolitik der Regierung hätte in den ersten Jahren – vor allem in den fünziger und sechziger Jahren – der Landwirtschaft Schaden zugefügt. Zum Beweis wurden die Ausfuhrverbote für Flachs, Raps und Hopfen angeführt. Diese landwirtschaftlichen Produkte waren Rohstoffe für Textelfabriken, Ölmühlen und Bierbrauereien. Exportfreiheit hätte natürlich einen günstigen Einfluß auf den Preis nehmen können, der dadurch womöglich gestiegen wäre. Die Gewinnspanne der Bauern scheint aber

Arbeiter in einer Glasfabrik sammeln Glasstücke, um sie beim nächsten Schmelzen zu verarbeiten. Enzyklopädie von Diderot und d'Alembert (1751-1777). Stadtbibliothek, Antwerpen.

völlig ausreichend gewesen zu sein. Viele von ihnen waren außerdem selbst Garn- und Leinenhersteller, manche sogar Öl- oder Bierproduzenten gewesen.

Von einem Rückgang der landwirtschaftlichen Produktion war nichts zu spüren. Nach 1748 nahm der agrarische Sektor einen beträchtlichen Aufschwung. Reisende, die die Niederlande besuchten, äußerten ihre Bewunderung für die gut bestellten Ländereien und den gesunden Viehbestand. Als der spätere Präsident der Vereinigten Staaten von Amerika, John Quincey Adams, 1780 Belgien zum ersten Mal bereiste, schrieb er begeistert nieder: »This road is through the finest country I have anywhere seen. That wheat, rye, barley, oats, peas, beans and several other grains, the henp, flax, clover, lucerne... the pavements ans roads are good... The vines, the cattle, the sheep, in short everything upon this road is beautifull and plentiful. Such immense fields and heavy crops of wheat I never saw anywhere. The soil is stronger and richer than in other parts...«

In dieser Zeit stieg die Zahl der Landwirte, die den bebauten Grund besaßen, auffällig an. Diese Entwicklung war eine Konsequenz des Verkaufs der »Allmenden«, die als Gemeinbesitz galten, von niemanden bestellt oder genutzt wurden und im Laufe der Zeit teilweise verwildert waren. Durch die Privatisierung dieser Flächen nahm der landwirtschaftliche Grund und Boden zu.

Die Abschaffung der Dreifelderwirtschaft und der Anbau von Spätfrüchten steigerte die Produktivität, so daß die Böden viel mehr aufbrachten. Die Dreifelderwirtschaft war eine jahrhundertealte Bewirtschaftungsform, bei der der Boden ein Jahr innerhalb eines dreijährigen Zyklus' brach lag. Ihre Abschaffung – und damit zusammenhängend die Düngung – ließ die Erträge um die Hälfte zunehmen. Diese fundamentale Änderung war eine lang andauernde Entwicklung, die bereits im 17. Jahrhundert im Land von Waas einsetzte und sich bis in die Mitte des 18. Jahrhunderts im gesamten niederländischen Sprachraum durchgesetzt hatte. Die wallonischen Bauern hatten nach 1750 die Bewegung übernommen und waren in den sechziger und siebziger Jahren völlig mit der Intensivierung des Ackerbaus beschäftigt. Die Gewinnung der Spätfrüchte durch eine zweite Ernte war vor allem für den Viehbestand wichtig: Es war das Futter für das Vieh, das im Winter im Stall stand. Es handelte sich also nicht nur um eine zweite Ernte, sondern um eine erhebliche Hilfe bei der Viehhaltung.

Neben der wachsenden Getreide-, Flachs- und Rapsproduktion kam mit dem Anbau von Kartoffeln eine neue Kultur hinzu. Die Bedeutung dieser Pflanze für die Ernährung war ein halbes Jahrhundert vorher entdeckt worden. 1763 gab es allerdings immer noch Dörfer, in denen keine Kartoffeln angepflanzt wurden, aber ihr Vormarsch war nicht mehr aufzuhalten, denn sie könnten sich als eine Ausweichmöglichkeit bei schlechten Getreideernten und hohen Brotpreisen erweisen.

Alle diese Veränderungen ließen die Preise für Ackerböden ansteigen. Das kam in erster Linie den Eigentümern zugute. Die Pächter jedoch klagten kaum: Auf dem Land herrschte ein bescheidener Wohlstand. Die Bauernfamilien teilten sich ihre Zeit genau ein: Wenn weniger Arbeit auf den Feldern anfiel, spannen oder webten sie. So wurden sie zu Herstellern eines wichtigen Exportprodukts, des Leinens. In anderen Teilen Belgiens, vor allem in den Gegenden um Namur und Charleroi arbeiteten die Landwirte im Winter in ihren Schmieden. Sie erwarben sich ihr zweites Einkommen nicht aus der Leinenherstellung, sondern aus dem Umschmieden eiserner Stäbe zu Nägeln.

Die vorherrschenden physiokratischen Ideen, die aus Frankreich ins Land drangen, fanden in den Kreisen des gebildeten Bürgertums, bei der Geistlichkeit und beim Adel wachsenden Anhang. Im Ackerbau und der Viehzucht wurde ein besonders interessanter Sektor des Wirtschaftslebens entdeckt. Diese Strömung führte zu erheblichem Engagement und einer wirklichen Würdigung der landwirtschaftlichen Tätigkeit.

Die Freiheitsidee des »Laissez faire, laisser passer« der Physiokraten hatte ein ganz anderes Resultat: den Kampf gegen den städtischen Korporativismus. Dieses Produktionssystem hatte Ehrerbierung heischende Wurzeln im Mittelalter, seine Führer besaßen in vielen Städten durch die Vertretung im städtischen Magistrat oder im Rat eine gewisse politische Macht: Das erschwerte es jeder Obrigkeit, ihre Arbeitsweise zu verändern. Der Korporativismus hatte eine Gewerbestruktur entstehen lassen, die hinderlich geworden war.

Ein Bauernhof aus dem 18. Jahrhundert. Ölgemälde von Jean François Legillon. Groeningemuseum, Brügge.

Pastorale mit musizierender Gesellschaft. Wandteppich aus dem 18. Jahrhundert, von einer Werkstatt in Oudenaarde hergestellt. Oudenaarde war damals noch immer das berühmteste Teppichzentrum in den südlichen Niederlanden. Gruuthusemuseum, Brügge.

Er ließ als Selbständige nur diejenigen zu, die von der Zunft als Meister anerkannt wurden. Er verbot den Einsatz neuer Techniken und versuchte jegliche Konkurrenz auszuschließen. Diese Situation stand im Widerstreit zum herrschenden Drang nach Expansion und zu den Idealen der Freiheit.

Die Absicht der Regierung und einiger nachgeordneter Behörden war es, den Korporativismus langsam zurückzudrängen und durch frei gebildete Produktionseinheiten und Arbeitsmethoden zu ersetzen. In Wien und Brüssel war man sich bewußt, daß das korporativistische System sehr vorsichtig angegangen werden mußte, denn sein Bestand war durch die Verfassungen der Fürstentümer garantiert. So formulierte es ein Dekret des Landvogts im Jahre 1771. Dabei waren Handwerk und Gewerbe stark verschuldet. Das machte die Abschaffung auf privatrechtlichem Gebiet besonders problematisch.

In den österreichischen Niederlanden war auf mancherlei Gebiet Vorsicht geboten, nicht nur beim Abbau des Korporativismus, sondern auch hinsichtlich der Emanzipation von den Vereinigten Provinzen und Großbritannien und größerer Kontrolle der nachgeordneten Verwaltungen mit dem objektiven Ziel der Modernisierung. Vorsicht bedeutete für Cobenzl und Kaunitz jedoch nicht Untätigkeit. Maria Theresia war über ihre Einschätzung der Entwicklung unterrichtet, billigte sie und unterstützte ihre Realisierung.

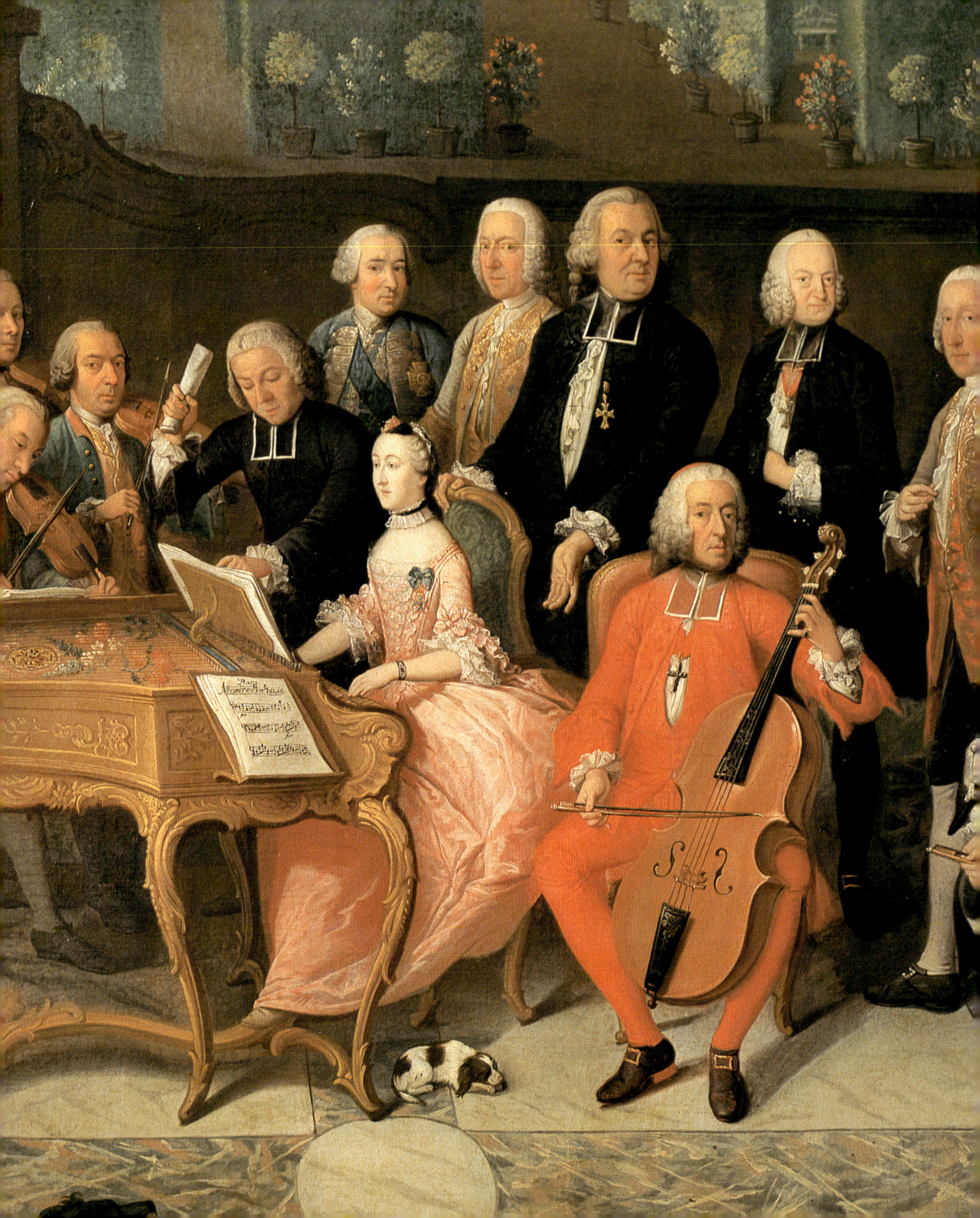

3
Lüttich
2.-3. Oktober 1763

Die Mozarts setzten am 2. Oktober ihre Fahrt nach Brüssel fort, nachdem ein Ischias-Anfall Leopolds sie einige Tage in Aachen festgehalten hatte. Auf der Strecke von Aachen nach Lüttich wurde die Reise von einem gebrochenen Rad verzögert, so daß sie am 2. Oktober erst um 21.00 in der fürstbischöflichen Stadt anlangten. Sie quartierten sich im L'Aigle Noire in der Rue Féronstrée ein. Leopold gefiel Lüttich recht gut: »gross, volkreich, und nahrhaft«, so beschreibt er die Stadt. Mehr als einen oberflächlichen Eindruck kann er allerdings nicht gewonnen haben, denn er und die Seinen reisten schon zeitig am nächsten Morgen nach Tienen ab. Carlo Bronne skizziert diesen kurzen Aufenthalt in seinem Buch *L'hôtel de l'Aigle Noir à Liège* mit dem Satz »Mozart ou la Rencontre manquée« (Mozart oder die verpaßte Begegnung)...

Konzert im Schloß von Seraing (Detail). Ölgemälde von Paul-Joseph Delcloche (1716-1755). Bayerisches Nationalmuseum, München.

Leopold Mozart an Lorenz Hagenauer, Salzburg

Brussel den 17.ten Oct: 1763
Geschlossen den 4.ten Novb:

Von Aachen sind wir nach Lüttich gegangen; wo wir in der Nacht erst um 9. Uhr angelangt sind: weil uns unterwegs der eiserne Reif von einem vordern Rade abgegangen. Lüttich ist gross, volkreich, und nahrhaft, wo alles in Bewegung ist. In der Frühe nach 7 1/2 Uhr sind wir von Lüttich abgefahren. Es war der schönste Tag: wir hatten aber die Fatalität, daß, da wir kaum 3. kleine Stunden gefahren, das halbe theil vom Reif des 2.ten vorderen Rades absprang. Sie müssen sich aber nicht wundern, denn von Lüttich bis Paris /: bedencken sie der erstaunlichen Weg:/ ist die Poststraße, wie ein Stadt gepflastert, und beyderseits, wie eine garten=Allée, mit Bäumen besetzet. Stellen sie sich nun aber auch vor, wie ein so lang gepflasterter Weg die Wagen, Räder, und sonderheitlich das Eisenwerck angreift und zu Grunde richtet. Wir musten also um 2. Stunden eher das Mittagmahl einnehmen, bis das Rad wieder in Ordnung war: allein der Ort war schlecht, in einem Wirthshause wo nur fuhrleute füttern, saßen wir auf Holländisch auf ströhenen Sesseln zum Caminfeuer, wo ein Kessel an einer langen Kette hieng, in welchen fleisch, Rüben etc. und allerhand beysammen en compagnie sieden muste. da bekamen wir ein klein elendes Tischen hin, und aus dem großen Kessel wurde uns Suppe und fleisch angerichtet, und eine Bouttellie Rother Champagner gereichet, dabey aber keine Wort Teutsch, sondern pur Wallonisch, das ist, schlecht französisch gesprochen. Die Thüre war beständig offen, darum hatten wir sehr oft die Ehre, daß uns die Schweine einen Besuch abstatteten und um uns herum gruntzten. Sie können sich nichts natürlicher vorstellen, als wenn sie sich unsere Mittags Tafel, als ein gemahltes Holländer=Stück vorstellen. Wir sagten es etlichemal, daß wir wünschten, daß uns die Frau Hagenauerin in unserer damaligen Stellung sehen sollte. das werden sie sich wohl einbilden, daß wir die Mahlzeit und Arbeit für die Räder auf Lückisch oder gut Wallonisch haben bezahlen müssen. Denn dieß ist, sonderlich für fremde, das boshafteste Volck der Welt.

Das Aushängeschild des Hotel-Restaurants L'Aigle Noir in Lüttich, wo die Mozarts am 2. Oktober 1763 übernachtet haben. Musée de la Vie Wallonne, Lüttich.

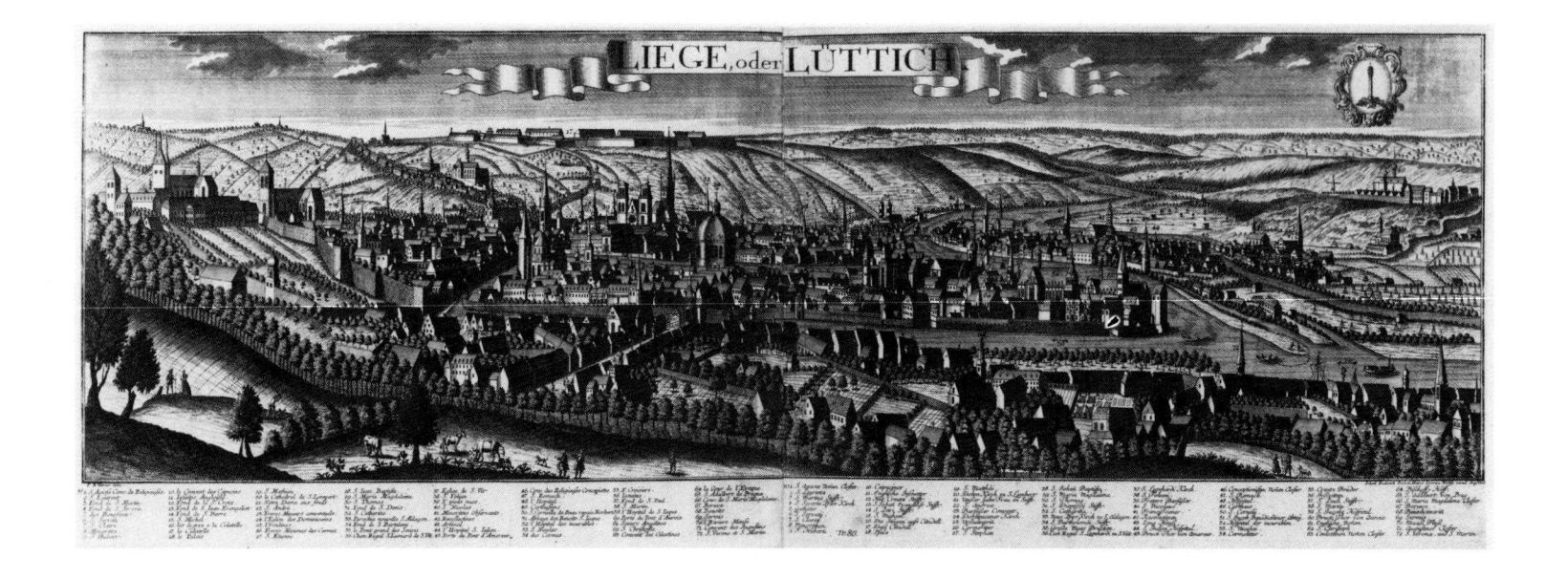

Grétry und Mozart

PHILIPPE VENDRIX

Panorama der Stadt Lüttich. Gravüre von J.F. Probst nach P.B. Werner (ca. 1750). Königliche Bibliothek Albert I, Bilderkabinett, Brüssel.

Als die Mozarts in Lüttich ankamen, hing in den Gewölben der zahlreichen Kirchen noch der Nachhall der Trauergesänge: Hans Theodor von Bayern, Fürstbischof seit 1744, war im Januar verstorben. Während seiner Amtszeit hatte Lüttich eine beträchtliche kulturelle Blüte erlebt. Der Rokoko-Schmuck des Palastes bezeugt noch heute seinen künstlerischen Geschmack und die Vorliebe für Prachtentfaltung und Pomp. Selbst ein guter Amateurcellist, hatte er eine Reihe musikalischer Privatinitiativen unterstützt und so stand auch die Musik in den Salons der Honoratioren im Mittelpunkt. Diese Zeit glühender musikalischer Begeisterung ermöglichte es dem Verleger Andrez, eine Musikzeitschrift auf dem Markt zu etablieren, die ab 1758 monatlich erschien: *L'echo ou Journal de Musique françoise, italienne.* Nach dem Tode von Hans Theodor verstummte das lebendige Musikleben, das er aus persönlichem Interesse angeregt hatte, allmählich.

Das Fürstbistum verdankte ihm außerdem eine intakte musikalische Organisation. Er hatte für die Schlüsselpositionen einige bemerkenswerte Persönlichkeiten ausgewählt: Den bayerischen Priester Placide-Cajetan von Camerloher hatte er als Kapellmeister angestellt, Jean-Noël Hamal hatte er die Leitung des Kirchenchores der Kirche St. Lambertus anvertraut. Dieser Chor erreichte dank planvoller und wirksamer Anstrengungen um 1740 außerordentliches Niveau.

Lüttichs geographische Lage begünstigte den Austausch. Der Fürstbischof öffnete unter anderem mit der Ernennung eines Deutschen zum Kapellmeister und eines Lüttichers, der in Italien seine Ausbildung erfahren hatte und an der französischen Schule Chordirigent war, das Musikleben für die wichtigsten europäischen Strömungen. Darüber hinaus machten zahllose französische und italienische Theatertruppen auf dem Weg nach Frankreich oder Deutschland in der Stadt Zwischenstation; ihre Auftritte hielten das Lütticher Publikum über die Entwicklungen in den großen musikalischen Zentren der Zeit auf dem laufenden.

Der Knabe Mozart bemerkte von all dem nichts. Ebensowenig hatte er Gelegenheit, die Opern Jean-Noël Hamals in wallonischem Dialekt oder die sinfonischen Werke von Herman-François Delange zu entdecken. Erst Jahre später sollte er mit dem Oeuvre eines anderen, bekannten Lüttichers bekannt werden: André-Ernest-Modeste Grétry (1741-1813). Grétry war nach einer ersten Ausbildung in Lüttich nach Italien gezogen, wo er während eines langen Romaufenthaltes die italienische Musiktradition kennenlernte. Auf der Rückreise ins Fürstbistum machte er kurz in Genf halt, wo er Voltaire begegnete, der ihm riet, sich nach Paris zu begeben, wenn er Karriere machen wolle. Der junge Musiker ließ sich dann auch in der französischen Hauptstadt nieder und gewann dort mit Opern wie *Le Huron* (1786), *Lucile* (1769), *Les deux avares* (1770) recht schnell die Gunst des Publikums. Über mehr als dreißig Jahre folgte ein Werk auf das andere, sowohl in der italienischen Commedia wie auch in der Académie Royale de Musique, die während der Revolution in Théatre des Arts umbenannt wurde.

Grétry war nicht Schöpfer einer neuen Gattung. Die Opéra comique, in der er glänzte, hatte von Egidio Duni, Pierre-Alexandre Monsigny und François-André Danican Philidor eine harmonische Form erhalten, in die die verschiedenen Idiome des klassischen Stils integriert waren. Für manchen war die komische Oper ein typisch französisches Genre, für andere die Verschmelzung französischen und italienischen Geistes. Grétry veränderte nichts Grundsätzliches am von seinen Vorgängern in der italienischen Commedia Ererbten. Er belebte eine Gattung, die in kaltem Formalismus zu ersticken drohte, mit neuem Elan und frischer Spannung. Seine Ausbildung, sein literarischer Geschmack, der Sinn für Dramatik, die Zusammenarbeit mit starken Persönlichkeiten – das alles war der Nährboden für ein Werk, das Mozart während seines Aufenthaltes in Paris 1778 nicht gleichgültig lassen konnte. In jenem Jahr gelang es Mozart nicht, mit Grétry persönlich Bekanntschaft zu machen, obwohl der Vater ihn ermutigte, den berühmten Komponisten zu treffen; anderseits sah Leopold Mozart in dem Meister der komischen Oper einen ernstzunehmenden Konkurrenten für seinen Sohn.

Die beiden Komponisten sind sich schließlich nur einmal flüchtig begegnet, und das nicht 1778, sondern 1766, in Genf. Der Lütticher hatte sich damals, von Voltaire ermutigt, entschlossen, nach Paris zu gehen, während der Salzburger die entgegengesetzte Richtung einschlug und nach der großen europäischen Konzertreise in seine Geburtsstadt zurückkehrte. Im ersten Teil seiner *Mémoires ou Essai sur la musique* (Paris, 1789) vermerkt Grétry die Begegnung, ohne ihr größere Bedeutung beizumessen, ja, er nennt nicht einmal den Namen Mozarts: »Ich traf damals in Genf ein Kind, das alles herunterspielen konnte. Sein Vater sagte mir im Beisein aller anderen: ›Schreiben Sie nur einmal einen besonders schwierigen Teil einer Sonate für meinen Sohn, um alle Zweifel hinsichtlich seiner Begabung zu zerstreuen.‹ Ich komponierte ein Allegro in e-Moll, schwierig, doch nicht übertrieben kompliziert; er spielte es, und dieses Wunder wurde von allen mit außerordentlichem Beifall versehen, außer von mir, denn das Kind hatte einfach zahlreiche meiner Tonfolgen durch andere ersetzt.«

Grétry wurde also in Paris der Liebling des Publikums. 1778 wurde er vor allem dank der Opern populär, die er früher mit Jean-François Marmontel geschrieben hatte und die noch immer aufgeführt und bejubelt wurden, u.a. *Zémire und Azor* (1771) und *La fausse magie* (1775) und die beiden Stücke, die er gerade mit d'Hèle komponiert hatte, *Le jugement de Midas* und *L'Amant jaloux*, beide 1778. In seinen komischen Opern wandte er die Auffassungen an, die er später in seinen *Mémoires ou Essai sur la musique* systematisieren sollte. Jede Figur gewinnt musikalische Gestalt, nicht nur mit ihren Erlebnissen und Handlungen, sondern vor allem hinsichtlich ihres Charakters, ihrer Gefühle, des gesamten Wesens. Grétry will ein Musikdrama schaffen, in dem Text und Musik perfekt harmonieren und einanders gleichgewichtig ergänzen. Er schmeichelt dem Publikum mit anmutigen Melodien und melodischem Witz, wobei er nie die Wahrhaftigkeit des Ausdrucks einer hübschen stimmlichen Wendung opfert.

Eine komische Oper ist dramatische Struktur. Sie verdankt ihr Gelingen nicht nur der Art und Weise, in der ein Komponist die Intrige und deren Entwicklung

Konzert im Schloß von Seraing, der Residenz der Prinzbischöfe von Lüttich. Ölgemälde von Paul-Joseph Delcloche (1716-1755). Bayerisches Nationalmuseum, München. Das Orchester des Prinzbischofs Jean-Théodore von Bayern, selbst ein begabter Amateurcellist, wurde zu den besten Europas gerechnet.

Grétry begegnet Voltaire. Anonyme Lithografie, 19. Jahrhundert. Musée Grétry, Lüttich.

André Modeste Grétry. Ölporträt von Robert Lefèvre. Musée de l'Art Wallon, Lüttich.

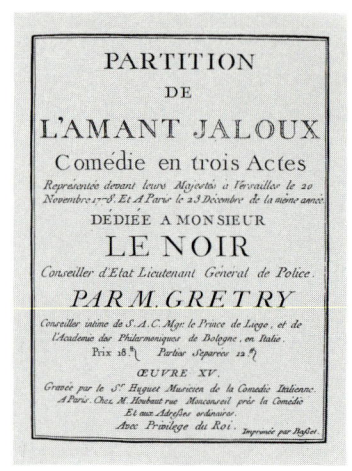

L'Amant Jaloux, eine Komödie in drei Akten nach einem Textbuch von Thomas d'Hèle, in Versailles am 20. November 1778 und in der italienischen Commedia am 23. Dezember desselben Jahres aufgeführt. Musée Grétry, Lüttich.

zu handgaben versteht, sondern mehr noch dem Vermögen des Librettisten beim Aufbau einer Handlung. Mit seiner musikdramatischen Strukturierung konnte Grétry die Schwächen eines Textbuches auffangen. Die Arien sind ausgewogen über das Stück verteilt, die Ensembles unterbrechen die Handlung nicht, sondern sind im Gegenteil darauf gerichtet, den Fortgang der Handlung zu befördern, die Finales versammeln verschiedene Charaktere um einen Gedanken, womit die Bedeutung des Finales als Schluß betont wird.

Mozart hat dies alles 1778 gesehen und gehört, mit der ihm angeborenen Gabe, jede musikalische Botschaft aufzufassen und zu verarbeiten. Er hörte und studierte das Werk Grétrys zunächst vom melodischen Standpunkt. 1786 veröffentlichte er bei Artaria eine *Ariette mit Variationen für Klavecimbel oder Pianoforte* (KV 352/374c) mit dem Thema *Dieu d'amour* aus *Mariages samnites* (1776). Möglicherweise wichtiger ist der Einfluß von *Zémire und Azor* gewesen, einer Partitur, die sich in Mozarts Besitz befand. David Charlton entdeckte eine gewisse Parallele zwischen dieser märchenhaften Oper und der *Zauberflöte*, nicht nur in Details, sondern im gesamten Aufbau: im formalen Abwechslungsreichtum der Soli und der mehrstimmigen Gesänge, dem experimentellen Charakter der Orchestrierung, den zügigen Orts- und Zeitwechseln des Geschehens, der Prüfung und dem endgültigen Triumph der Tugend.

Dennoch müssen die Verwandschaften, wenn sie denn bestehen sollten, eher woanders, tiefer gesucht werden. Das bekannteste Beispiel ist die Ähnlichkeit zwischen einer Tonfolge aus *L'Amant jaloux* und einer in *Le Nozze di Figaro*:

Mozart wendet hier in einer fast identischen Szene die gleiche spottende Formel wie Grétry an – doch, das will erwähnt sein, eine ähnliche Tonfolge kam vorher auch in *La finta giardiniera* vor. Die Bedeutung solch mehr oder weniger zufälliger Ähnlichkeiten sollte jedoch nicht überbewertet werden. Die Opéra comique, ein ursprünglich französisches Genre, war in ganz Europa heimisch und wurde z.B. in Wien von Willibald Gluck erfolgreich bearbeitet, dessen Stil ebenfalls Analogien zu dem Grétrys aufweist.

Zemir und Azor. Gravüre von Pierre-Charles Ingouf nach einer Guasche von François-Robert Ingouf. Szene des »magischen Gemäldes« aus dem dritten Akt. Musée Grétry, Lüttich.

Was Mozart im Übermaß aus dem Werk André Ernest Modeste Grétrys hat schöpfen können, liegt mehr auf der allgemeinen Ebene. Beide Komponisten waren in melodischer Hinsicht sehr kreativ, beide waren mit der italienischen Musik wohlvertraut. Aber Grétry hatte bereits seit dem Ende der sechziger Jahre des 18. Jahrhunderts die italienische und französische Tradition in einem eigenen Stil zu verschmelzen verstanden, der die Pariser, und von Paris aus das gesamte europäische Publikum ansprach. In den gängigen komischen Situationen klingen bei ihm soziale Ideen durch und in seinem Zauberspiel gelangen menschliche Tugenden und Unzulänglichkeiten zum Ausdruck. Er besaß zwar nicht das Genie Mozarts, dennoch gehört er zu denen, die Mozart den Weg zu neuen musikalischen Ausdrucksmöglichkeiten gewiesen haben.

Musiktrophä, gezeichnet J.-P. Putman (1764-1793). Lüttich, 1782. Musée Curtius, Lüttich. Musiktrophäen waren ein beliebtes Schmuckelement im 18. Jahrhundert.

Im Wirtshaus

LÉO MOULIN

Der Weg von Lüttich nach Tienen am 3. Oktober 1763 verlief für die Mozarts wenig glücklich. Guten Mutes war man aus Lüttich abgereist, denn die Stadt hatte bei ihnen einen netten Eindruck hinterlassen, auch das Wetter war schön gewesen. Doch dann ereilte sie das Pech: nach etwa drei Stunden Fahrt mußte die Reise unterbrochen werden, weil wieder einmal, wie am Vortage, die Hälfte des Beschlags eines der Vorderräder abgesprungen war. Man mußte auf die Reparatur warten und vertrieb sich die Zeit in einem Wirtshaus für Fuhrleute. Leopold beschreibt das sehr anschaulich... Um ein loderndes Holzfeuer standen Korbstühle. Über dem Feuer hing an einer langen Kette ein Kochtopf, in dem Fleisch mit Rüben »etc.« leise brutzelte. Mit diesem »etc.« drückt Leopold entweder seine Mißbilligung dieser unfeinen Suppe oder die Unkenntnis der Ingredienzien aus: Im Topf schmurgelten »en compagnie« wahrscheinlich noch weitere Gemüse wie Sellerie, Pastinake (eine der Zutaten dieses »Oktobereintopfes«!), Mohrrüben und möglicherweise auch Kartoffeln, die damals in der Gegend schon keine Besonderheit mehr waren.

Diesen Mischmasch nannte man damals »Suppe«: Damit war alles in einem Kessel Gekochte gemeint, die tägliche Kost der einfachen Leute, die alle greifbaren Nahrungsmittel verwerteten. Diese Suppe hatte außerdem den Vorzug, den Geschmack der Brühe und des Gemüses zu erhalten. Der Ursprung dieser Suppe ist mit dem der »olla podrida« oder des »pot-pourri« verwandt, wobei »pourri« nichts anderes als »gargekocht bis zum Auseinanderfallen« bedeutet. Man konnte sie lange auf der Asche schmoren lassen, ohne nach ihr sehen zu müssen. Während die Zutaten langsam garkochten, bildete sich eine Art Schaum, mit dem im 18. Jahrhundert »die Pariser Laternen beschickt wurden«, wie wir von Sebastian Mercier (1740-1814), dem Autor des *Tableau de Paris*, wissen. Er drückt das folgendermaßen aus: »Nachdem das Tier aufgegessen ist, dient sein Fett dazu, die Dochte zu tränken, die uns Licht geben.«

In den Wirtschaften war man mit Gemüse recht freigebig. Mit einigen Fleischstücken konnte das den Hunger jedes Reisenden stillen. Durch das lange Schmoren gingen zwar die Vitamine verloren, aber dieser Schmortopf muß einen altertümlich besonderen, typischen Geschmack gehabt haben. Über einige Brotschnitten gegossen, schmeckte diese Kost sicher nicht übel.

Die Mozarts werden an jenem Mittag im Gasthaus bestimmt Hunger gehabt haben; es war sicher kalt, da

Innenraum einer wallonischen Gaststätte. Ölgemälde von Leonard Defrance (1735-1805) aus der zweiten Hälfte des 18. Jahrhunderts. Musée de l'Art Wallon, Lüttich. Leopold Mozart: »Wir sagten es etlichemal, daß wir wünschten, daß uns die Frau Hagenauerin in unserer damaligen Stellung sehen sollte.«

Die Fassade des Hotels L'Aigle Noir in Lüttich, wo die Mozarts die Nacht vom 2. auf den 3. Oktober verbracht hatten. Anonyme Lithografie, Beginn 19. Jahrhundert.

die Tür beständig offenstand. Die versammelten Fuhrleute und die Durchreisenden werden wahrscheinlich eine lärmende, ungehobelte Gesellschaft Gesellschaft gewesen sein: Die meisten der damaligen Reisenden äußerten sich angewidert über den Lärm und die schmutzigen Wirtshaustische. Leopold verstimmte auch, daß »dabey [...] keine Wort Teutsch, sondern pur Wallonisch, das ist, schlecht französisch gesprochen« wurde.

Leopold und seine Familie bekamen auf den Teller, was im Topfe war, »Suppe und fleisch«; weiteren Kommentar liefert er nicht. Als Getränk gab es eine Flasche roten Champagner, wahrscheinlich nichtmoussierenden Bouzy, etwas ungewöhnlich für einen Landgasthof für Fuhrleute. Auch darauf geht Leopold nicht weiter ein, wahrscheinlich war er bereits in zu schlechter Stimmung. Der Besuch grunzender Schweine wird seine Laune wohl kaum verbessert haben. Er muß natürlich bemerkt haben, daß sie sich nicht mehr in der Stadt, sondern auf bäuerlich geprägten Land befanden.

Unsere Reisenden verließen die Gaststätte sicher nicht mit einem verbindlichen Lächeln. Leopold notierte: »Denn dieß ist, sonderlich für fremde, das boshafteste Volck der Welt«, was vermuten läßt, daß er schon ziemlich weit von Lüttich entfernt gewesen sein muß, denn die Gastlichkeit jener Stadt war fast legendär. Wie rustikal auch immer, die Mahlzeit hatte die Familie wieder aufgemuntert. Ausgeruht erreichten sie Tienen, wo sie sich vor dem Zubettgehen nochmals am offenen Kamin aufwärmten, vielleicht in Gedanken an den herrlichen Kachelofen zuhause, der eine so gleichmäßige Wärme verbreiten konnte.

Nein, die vergangene Zeit war nicht sehr angenehm verlaufen... Sie hätten wohl mehr Glück gehabt, wenn sie länger in Lüttich verblieben wären, im Gasthaus *L'Aigle Noire*, über die Carlo Bronne so fesselnd zu erzählen weiß, oder wenn sie ein glückliches Schicksal in ein »Restaurant« geschickt hätte.

Mit seinen blühenden zehn flämischen und zehn wallonischen Städten, Hauptstadt eines erzbischöflichen Fürstbistums, an der Nahtstelle zwischen germanischer und romanischer Welt gelegen und kulturell von beiden befruchtet, war Lüttich für die damalige Zeit eine große, geschäftige und dynamische Stadt. Die glanzvolle Anwesenheit der Fürstbischöfe – übrigens eher Fürsten, als Bischöfe, manche erhielten noch nicht einmal die Weihe – wirkte sich günstig auf das Entstehen und die Blüte der unterschiedlichsten Künste aus, von der Druck- (Léonard Strele, in der Nähe

Eine Mahlzeit am Hof des Lütticher Prinzbischofs Johann Theodor von Bayern. Ölgemälde von Paul-Joseph Delcloche (1716-1755). Privatsammlung.

Die Mahlzeit mit Austern. Ölgemälde von Jean-François de Troy. Musée Condé, Chantilly.

von Sint-Truiden geboren) bis zur Kochkunst (Lancelot de Casteau, in der Nähe von Mons geboren). Einer der größten Lebensmittellieferanten des 16. Jahrhunderts, Jean Curtius (de Corte), hatte sich dort im Jahr 1600 einen Palast errichten lassen, der später nach ihm Curtiuspalast genannt wurde. Fürstbischof Ernst von Bayern, Pfalzgraf der Rheinlande und neunundachtzigster Bischof von Lüttich (1581-1612) hinterließ seinen Palast mit den ausgedehnten Gärten dem Hôpital de la Miséricorde, das daher später auch zum Hôpital de la Bavière (Bayerisches Krankenhaus) wurde.

Auf der Hand liegt, daß Lüttich eine Stadt vorzüglichen Essens und Trinkens wurde und übrigens bis heute ist. Lancelot de Casteau, der Bürger von Lüttich wurde, wirkte mehr als ein halbes Jahrhundert in der Stadt. Der Meisterkoch des Fürsten interessierte sich sehr für die ausländische, spanische, deutsche, ungarische, irische Küche. Die wenigen Zeilen, die von ihm überliefert wurden, zeigen einen bescheidenen, ausgeglichenen Menschen, der auf nicht zu teure und komplizierte Rezepte bedacht war, »recettes de petites dépenses«, »sans grands chipotages« und sie den Damen zur Verfügung stellte, die gerne kochten und das besser als jeder Koch vermögen würden, »qui se mettent volontiers à la cuisine... besognant mieux qu'aucuns cuisiniers«. Er bot eine verfeinerte, schmackhafte Küche, kannte Kaviar und gebratenen Thunfisch, gefüllte Krabben und Artischockenpastete, damals der letzte Schrei aus Italien. Er machte in seiner Kochkunst mannigfache Anleihen an Italien – Ravioli, Moustacholles, Rissoles (Pasteten), Fongelines, Mardelettes – sein Keller war mit ausländischen Weinen reichgefüllt, Madeira und kanarischer Wein, Malvoisie de Candie, Vins de Beaune und aus dem Bordeaux, Albano und Lacrimae christi. Seine Renaissanceküche konnte ihre Wurzeln in der üppigen mittelalterlichen Kochkunst nicht verleugnen.

Die große Veränderung kehrte in Frankreich tatsächlich erst in den ersten Jahrzehnten des 17. Jahrhunderts ein, als sich das Verlangen nach Ordnung und Klarheit sowohl in der Politik (absolutistischer Zentralismus nach dem Muster Ludwig XIV.), auf sprachlichem Gebiet (die Académie française wurde im Jahr 1635 gegründet) wie auch in der Gastronomie (La Varenne, *Le Cuisinier François*, 1651) stark ausbildete. Die französische Küche verdrängte damals selbst in den entferntesten Provinzen die regionale Kochkunst und verschaffte sich in ganz Europa Geltung: Begriffe wie »biscuit«, »fricassee«, »marmelade«, »omelet« tauchten in der englischen Sprache auf, »puré« im Italienischen, »Aprikose«, »Bonbon«, »Kompott«, »Sauce« und weitere im Deutschen, dem Russischen, Polnischen, Ungarischen. Die Genußmittel Zuckerrohr, Tabak und Kaffee waren entdeckt. Nicht zu vergessen die Schokolade, die damals schon mehr als ein Jahrhundert die Gunst der weiblichen Gaumen erobert hatte. Die spanischen Damen waren reinweg verrückt danach – sie aßen sie sogar in der Kirche. Sie glaubten, gegen besseres Wissen, auf diese Weise abzunehmen! Brillat-Savarin behauptete – überlassen wir ihm dafür die Verantwortung –, wenn ein reichliches Mahl mit einer großen Tasse Schokolade übergossen würde, sei in drei Stunden alles vollkommen verdaut und abends könne wieder geschlemmt werden. Ratafia, Kirschwasser und Parfais Amour wurden mit großem Genuß getrunken. In den belgischen Provinzen wurde Genever aus Wacholderbeeren, manchmal auch aus Fenchel destilliert. Bald gab es dann auch den Punsch.

War die Zeit Ludwigs XIV. noch eine der großen Esser, um nicht »Fresser« (angefangen beim König) zu sagen, das Jahrhundert der Aufklärung legte den Akzent auf Geschmack und Leichtigkeit. Es war die Zeit des Champagners, des raffinierter Diners, aber auch die Zeit Voltaires und Mozarts und – der »leichten« Damen – so schreibt Brillat-Savarin – die knabberten, malmten und kokettierten und ebenso reizend und flüchtig wie ihre kleinen Liebesabenteuer waren. Alle sind geistreich, schlagfertig, die Worte

Die Mahlzeit mit Schinken. Ölgemälde von Nicolas Lancret. Musée Condé, Chantilly.

strömen unaufhörlich und jagen sich, die Zeit vergeht im Fluge. All dies findet in Mozarts Musik seinen Widerklang.

Unsere Reisenden werden viel eher mit der letztgenannten Kochkunst vertraut gewesen sein, daher auch ihre Reaktion auf die rustikale Küche des Haspengau. Das Rokoko war selbstverständlich auch die Zeit der Austern. Man entwickelte damals eine wahre Leidenschaft für diese Meeresfrüchte. Ein einigermaßen reichhaltiges, mit dem Schlürfen von zwölf Dutzend Austern beginnendes Festmahl – also einhundertvierundvierzig Weichtiere! – wurde nicht als Kraftakt empfunden. Saint-Evremond (1610-1703) schrieb der schönen Ninon de Lenclos: »Nunmehr achtundachtzigjährig, esse ich jeden Morgen Austern, mein Mittagsmahl ist üppig, mein Abendessen nicht gerade frugal«. Marie Leczinska, Gattin Ludwig XV., verschlang einmal fünfzehn Dutzend Austern, glaubte danach, sie müsse sterben und empfing die Sterbesakramente. Dieser Exzeß war wohl eher eine Ausnahme, wenn auch ganz Frankreich fröhlich unglaubliche Mengen Austern »en pierre« (aus der Schale) schlürfte oder ohne Schale im Körbchen, zum Dämpfen vorbereitet, genoß.

Im 18. Jahrhunderten tauchten Kaviar und Trüffel, Curry und... Beafsteak (1735) in der französischen Küche auf.

Vom Entschluß des Königs in Versailles versammelt, waren die französischen Adligen dazu verdammt, sich hauptsächlich ihrem Lebensstil (nicht ohne Reibereien) zu widmen, sich demgemäß zu kleiden, bei Tische zu benehmen und die Mahlzeiten geschmackvoll zusammenzustellen. Die Betuchten sind sich nicht mehr zu schade, in die Kellerküchen hinabzusteigen, mit dem Koch respektvoll zu diskutieren und diesen reichlich zu entlohnen. Es schmeichelte ihnen, daß man ihnen Kochbücher widmete und sie ihren Namen als Zierde des einen oder anderen, raffinierten Gerichts wiederfonden: »Béchamel« (Louis de Béchamel, Marquis von Nointel), »Praline« (Marquise von

Rokoko-Silbergerät:
- *Einige Tischleuchter, Brüssel, 1765, Meister mit Gans.*
- *Öl- und Essigfaß mit gläsernen Karaffen, Mechelen, 1773, Jan de Jongh.*
- *Kaffeekanne mit Holzohr, Namur, 1771, Nicolas Joseph Wodon.*
- *Einige Soßenschüsseln, teilweise vergoldet, Lüttich, 1778, Jacques Hauregard.*
- *Glutbecken, Mechelen, 1772, Frans Constantin van Deuren.*
- *Milchkännchen mit Holzohr, Namur, 1775, Jean-Baptiste Fallon.*
- *Einige Streufäßchen, Brügge, ca. 1770, Carel Beuninck.*
- *Teedose, Mons, 1761, Meister mit gekröntem G.*
- *Einige Salzfäßchen mit blaugläsernen Behältern, Löwen, wahrscheinlich 1773, Meister mit gekröntem M.*
Königliche Museen für Kunst und Geschichte, Brüssel.

Plessis-Pralin), »Soubise« (Charles de Rohan, Fürst von Soubise), »Duxelle« (Marquis d'Uxelles). Nicht zu vergessen die Gaumengenüsse »à la Pompadour« (1721-1764) und Rebhühner »en chartreuse à la du Barry« (1743-1793). Das alles ist weit von der englischen Gentry entfernt, für die gute Küche, von der Frau zubereitet, gesund, gehaltvoll und preiswert sein mußte.

Die Konditorei wurde natürlich nicht vernachlässigt: Noch heute gibt es, aber jetzt für alle, die »Rissoles«, »Oublies«, »Nonnenfürze«, auch »pets-de-p...«, auf »nonnains« reimend), die »Craquelins« und »Nieules«. In Lüttich buk man Buchweizenwaffeln, nach dem niederländischen »boekweit« »bouquettes« genannt. Die *Cuisinière Bourgeoise* aus dem Jahr 1774 präsentiert Gebäck »à la Royale« und »de Savoie«, Pasteten mit Fruchtgelee für den Sommer und zahllose Leckereien ähnlicher Art. Und die Backkunst des Adels ist noch ungleich abwechslungsreicher.

Möglicherweise brachte der polnische König Stanislas Leczinski den Baba mit: ein in flambierten Rum getauchter Kugelhopf/Guglhupf, wobei »hopf«, »hopfen«, »hop« österreichischen oder galizischen Ursprungs, mit Bierhefe gefertigt, eine große Neuigkeit in Frankreich. Der König ließ ihn mit einer Sauciere gesüßten Malagas auftragen, zu einem Zehntel mit destilliertem Rainfarmwasser verlängert. Leczinskis waren schließlich eine Familie mit gesegnetem Appetit.

Die Küchen der anderen Länder folgten der französischen. Das wunderbare kleine niederländische Werk *De Volmaakte Hollandse Keuken Meid* (Die vollendete holländische Küchenhilfe) (1761), schlägt unter anderem »vortreffliche Frikadellen« vor, Frikassee aus Schweinefleisch, »Karbonade«, Eintopf und Savoiegebäck, Pasteten mit Austern für »die Katholiken an fleischfreien Tagen«, Mandelgebäck, Zucker, Zimt und »was man sich noch so wünscht«. Auch Fleischbällchen vom Schaf, weiterhin Hasenpastete mit Oliven und Kapern, die an Italien erinnert, und Fasan mit Kapernsauce mit Trüffeln oder Kartoffeln... all das sehr »nouvelle cuisine«. Die Waffeln wurden einmal auf holländische, dann auf französische Art zubereitet: Das Kochbüchlein rät, sechzehn Eier und ein Pfund Butter für zwei Pfund Auszugsmehl zu nehmen... Diese »leichten, guten Waffeln« wurden dann noch einmal mit Butter, Zucker und Zimt »verbessert« gegessen.

La Cuisinière Bourgeoise (1774) bleibt da mit ihren Lerchen, Krickenten, Rotkehlchen, Regenpfeifern und Haselhühnern nicht zurück. Gerne hätten wir die Blätterteigteilchen oder Kroketten mit Rinderzunge gekostet, die im Lauf des 19. Jahrhunderts in Vergessenheit geraten sind, niemand weiß, warum. Oder die Schafszunge »à la flamande« oder die Ente »à la Bruxelle« (sic!) auf der Grundlage von Kalbsbries, »durchwachsen mit magerem Speck«, Kräutergärtlein und Weißwein.

Vielleicht haben die Mozarts die Möglichkeit gehabt, dies alles während ihres Aufenthalts in den südlichen Niederlanden zu kosten, sei es bei einem Empfang bei dem einen oder anderen fürstlichen Musikliebhaber (in einem geheizten Salon, d.h.: bei 10 bis 18°), sei es in einem Restaurant.

In der Mitte des 18. Jahrhunderts wurden die ersten Restaurants gegründet, die weder Gasthäuser, denn die hatten einen zweifelhaften Ruf, noch einfache Speisegaststätten waren. Diese Restaurant sind den heutigen durchaus vergleichbar. Anfänglich bedeutete das Wort Restaurant »Essen, das die Kräfte wiederherstellt (aliment qui restaure les forces)«: eine besonders erquickende Bouillon aus drei Rebhühnern, einem Schafffuß und einer Scheibe Kalbsschenkel, zwölf Stunden in einem Behälter gekocht. Danach wurden dem Gericht noch Eier hinzugefügt.

Ein gewisser Chantoiseau kam, wahrscheinlich um 1765, auf die Idee, unter anderem Schafffüße »à la poulette« anzubieten. Das verunsicherte die Traiteure, die das Monopol auf Eintopf für sich behalten wollten; sie zogen sogar vor Gericht, denn zu jener Zeit scherzte man nicht mit erworbenen Rechten. Das Pariser Parlament entschied jedoch gegen sie: Das Restaurant war geboren.

Eine Anordnung aus dem Jahr 1786 gestand den Restaurants – auch »maisons de santé« genannt – endlich zu, ihren Gästen verschiedene Arten von Sahne, Reissuppe, gesalzenen Kapaun, frische Eier, Makkaroni, Fruchtmarmelade und Früchtemus sowie »andere gesunde und feine Gerichte« anzubieten. Mit der Abschaffung der Privilegien, auch der der Traiteure, der Inhaber von Garküchen und der lärmender Gasttische, erlaubte die französische Nationalversammlung dem Restaurant, den Platz einzunehmen, den es bis heute meisterlich zu behaupten versteht.

Im Aushang einer dieser Restaurants prangte, übrigens im Küchenlatein, der Spruch »Venite ad me, qui stomacho laboratis, et ego vos restaurabo«, »kommt zu mir, ihr alle, die ihr von eurem Magen gequält werdet, ich werde euch erquicken« nach einem Evangelientext, wobei das Wortspiel natürlich auf das Wort »restaurabo«, für Französisch »restaurer« Bezug nahm. »Restaurateure« gab es seit 1771, »menu« nimmt alsbald den Platz von »carte« ein und »addition« (Rechnung) verdrängt mühelos »carte à payer«.

Brillat-Savarin (1755-1826) entdeckte manche Vorteile im Restaurant: Ein Mahl zu einer bestimmten Zeit einnehmen zu können, den Betrag, den man ausgeben will, nicht zu überschreiten, das Essen nach eigenem Wunsch »nahrhaft, vornehm oder schmackhaft« zu wählen, »als einzigen Anspruch die Größe des Appetits oder die Aufnahmefähigkeit des Magens«. Wir haben vergessen, welchen Genuß der Mensch des Ancien régime aus diesem Produkt des menschlichen Erfindungsreichtums und Unternehmungsgeistes gezogen hat, das bei Diderot so großen Anklang fand: »Ob ich Restaurants mag? Ja, wirklich, ganz besonders«. Zweifellos ist es für die Mozarts immer wieder eine herrliche Überraschung gewesen, wenn sie unterwegs an einem guten Restaurant anhielten.

Schicksalsschläge eines Reisenden

IRÈNE SMETS

Reisen war im 18. Jahrhundert eine riskante, teure und zeitaufwendige Anstrengung. Nur Reiche wagten sich aus großem Interesse für Kultur und Anthropologie oder aus beruflichen Gründen auf weite Reisen: Fürsten, Diplomaten, adlige Jugendliche, Schriftsteller und Wissenschaftler, politische Flüchtlinge, fahrende Gaukler. Nicht jedoch der einfache Mann.

Dutzende von Gefahren bedrohten den Reisenden, der in seiner unkomfortablen, oft altersschwachen Kutsche über die schlammigen oder holprigen Wege hopste: skrupellose Kutscher, durchgehende Pferde, Wegelagerer, Stürme und Unwetter. Die See- und Binnenschiffe waren den Launen der Wettergötter und den Fähigkeiten der Schiffsbesatzung ausgeliefert. Verglichen mit der Geschwindigkeit unserer motorisierten Zeit, verlief das Reisen damals im Schneckentempo. Eine Reise mit der Postkutsche von Gent nach Antwerpen dauerte z.B. 1760 einen ganzen Tag, in St. Niklaas wurde zum Mittagessen haltgemacht. Zwischen Brüssel und Paris bestand dagegen eine ausgezeichnete (Eil) Postkutschenverbindung: Die Pferde legten ganze Streckenteile im Galopp zurück und wurden bereits nach kurzen Etappen an den Postremisen gewechselt. Die Postkutsche bewältigte so auch Entfernungen von 80 km am Tag. Im Sommer dauerte die Reise drei Tage, im Winter vier. Das war in der Tat rasend schnell! Zum Vergleich: Zwischen Paris und Straßburg war man mit den öffentlichen Transportmitteln zwölf Tage unterwegs.[1] Sogar Wolfgang ärgerte sich 1778 über dieses Schneckentempo.

Die Mozarts benutzten während ihrer Rundreise durch Europa fast alle existierenden Transportmittel. Sie fuhren von Salzburg mit dem eigenen Wagen ab, den Leopold kurz vor Abreise gekauft hatte: eine

Zahlreiche Gefahren bedrohten den Reisenden in seiner unbequemen Kutsche auf den schlammigen und holprigen Straßen: rücksichtslose Kutscher, durchgehende Pferde, Straßenräuber, Gewitter und Wild. Ölgemälde von Jean-Louis De Marne. Louvre, Paris.

robuste, vierrädrige Karosse für vier bis fünf Personen, stabil mit Lederriemen aufgehängt, denn bei langen Fahrten war eine gute »Federung« kein überflüssiger Luxus. Der Wagen hatte ein großes Fenster in der Rückwand und war im Gegensatz zu vielen anderen Kutschentypen rundherum geschlossen, so daß die Passagiere gegen Feuchtigkeit, Kälte und Niederschläge geschützt waren.[2] Die Vorderräder waren kleiner als die hinteren. Auf der Rückseite konnten Koffer befestigt werden, und vorn befand sich natürlich ein kleiner Sitz für den Kutscher. Ein solches Fahrzeug wurde von mindestens vier Pferden gezogen.

Wie die meisten anderen Reisenden folgte die Familie den Poststraßen oder Hauptrouten, die ganz Europa durchzogen. Entlang den Straßen befanden sich in regelmäßigen Abständen Rastplätze oder »Posten«, wo die Pferde gewechselt wurden und neue Kutscher übernehmen konnten. In den südlichen Niederlanden gab es deutlich mehr Streckenposten als anderswo; sie lagen hier nicht mehr als eine oder zwei Reisestunden voneinander entfernt, meist in den vielen Dörfern und Städten am Wege, während in Deutschland nur alle vier bis fünf Stunden ein Rastplatz in Sicht kam.

Das Reisen mit Postpferden hieß »courir la poste« oder »mit der Post reisen«. Man zahlte für den Kutscher und die Miete des Gespanns. Gewöhnlich aßen die Reisenden zu Mittag und übernachteten in der Herberge, wo auch die Pferde gewechselt werden konnten. Im Falle von unerwarteten Verzögerungen mußte man Essen, Trinken, Unterbringung des Kutschers und der Pferde und die Kosten für den Hufschmied bezahlen.[3] Vater Mozart klagte in seinen Briefen gelegentlich über diese Ausgaben. So schreibt er am 26. September 1763 aus Koblenz an Hagenauer: »Sie werden sich demnach nicht wundern, wenn sie hören, daß wir bereits, seit dem wir von Salzburg weg

Die Poststraßen in den österreichischen Niederlanden. Ausschnitt aus der Karte mit den Poststraßen der deutschen und österreichischen Gebiete von Johann Jacob von Bors (1764). Privatsammlung.

Der Bau einer französischen Straße. Ölgemälde von Vernet (1770). Louvre, Paris. Im Jahre 1750 erklärte Voltaire, daß »von allen modernen Nationen nur Frankreich und das kleine Land der Belgier den Straßen der Antike Ebenbürtiges entgegenzusetzen hätten.«

sind, bey 1068 f. ausgegeben haben. Sie werden sich um so weniger wundern, wenn sie hören, daß wir in Wasserburg schon wegen der 2. neuen Räder, und des 2.tägigen Aufenthalts, wo auch die 4 Pferde wegen des längeren Aufenthalts verzehren mußten«. Und weiter zählt er auf: die Herbergen, die Fuhrtarife bis Ulm, ab Ulm die Posten, das Trinkgeld, die Schmiede, eine neue Rückscheibe, da die alte gebrochen war, und die Wäschekosten, die recht hoch ausfielen. Er betont ebenfalls, daß sie wegen ihrer Gesundheit und ihres Rufs »nobl oder cavagliermt« zu reisen gezwungen seien, oder, anders ausgedrückt: daß sie verpflichtet waren, viel Geld auszugeben. Sie hatten einen Knecht mit, der ihnen die Haare schnitt, und als dieser sie wegen eines weniger abenteuerlichen Arbeitsverhältnisses verließ, ersetzten sie ihn prompt durch einen »Friseur«. Sie wohnten außerdem in den besten Gasthöfen, wodurch ihnen meist unangenehme Erfahrungen wie schlechte Mahlzeiten, Ungeziefer in den Betten oder andere unhygienische Verhältnisse erspart blieben. Robert Poole, ein englischer Medizinstudent, berichtet in seinen Reiseerinnerungen aus dem Jahr 1741 z.B., daß seine Nachtruhe in Le Cygne in Mons gestört wurde, weil das Bett vor Ungeziefer wimmelte.[4] Leopold verabscheute derartige Etablissements, und so sind in seinen Briefen auch wenige Klagen über die Hotels zu finden.

Es liegt auf der Hand, daß es die Reisenden im allgemeinen vorzogen, die Postroute nicht zu verlassen. Auch die Mozarts taten das; sie machten nur Abstecher, um die eine oder andere fürstliche Sommerresidenz aufzusuchen, wo sie auf einen Auftritt hofften. Im Gegensatz zu den reisenden Musikern jedoch, die von einem Hof zum anderen, von einer Stadt zur nächsten eilten, um so viele Konzerte wie möglich zu geben, nahm sich Leopold die Zeit, die örtlichen Sehenswürdigkeiten zu besichtigen. Aus seinen Reisenotizen und Briefen geht hervor, daß er mit der Familie Kirchen, Paläste und Kunstsammlungen anschaute. Eine spätere Bemerkung Nannerls bestätigt das. Sie schrieb 1792, sie seien während der Europareise gerade immer so lange an einem Ort geblieben, bis man dort alle Sehenswürdigkeiten gesehen hätte. Möglicherweise zog Leopold Reiseliteratur zu Rate; um die Mitte des 18. Jahrhunderts war z.B. ein 1734 erschienenes Büchlein mit Briefen und Anmerkungen von Baron Karl Ludwig von Pöllnitz als Reiseführer für Europa sehr beliebt. Leopold kann auch kleinere Broschüren besessen haben, die in den jeweiligen Städten angeboten wurden. Vielleicht ließ er sich auch von den Kutschern, Händlern und Hoteliers unterrichten, obwohl diese den Touristen wahrscheinlich immer die gleichen Geschichten servierten.

Zu den weniger angenehmen Seiten des Reisens gehörten die unvermeidlichen Schäden und Unglücksfälle und die sich daraus ergebenden Verzögerungen. Leopold berichtet immer wieder von gebrochenen Rädern und Achsen. Er schrieb dieses Pech meistens dem erbärmlichen Zustand der Straßen zu. Die deutschen Postwege hatten einen besonders schlechten

Eine Reisekutsche aus dem 18. Jahrhundert. Enzyklopädie von Diderot und d'Alembert (1751-1777). Stadtbibliothek, Antwerpen.

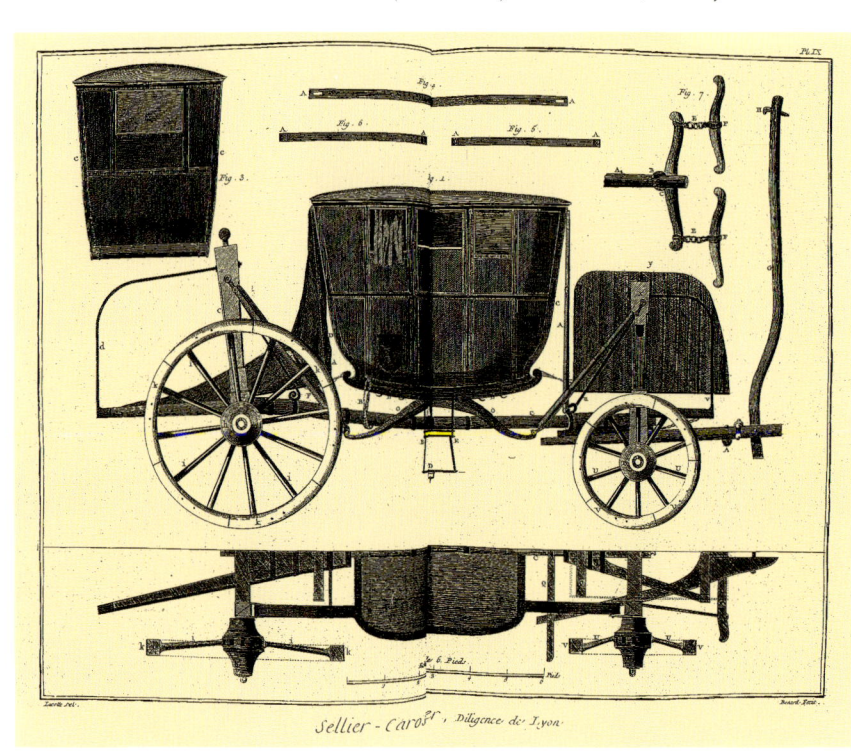

Die Werkstatt des Hufschmiedes. Enzyklopädie von Diderot und d'Alembert (1751-1777). Stadtbibliothek, Antwerpen.

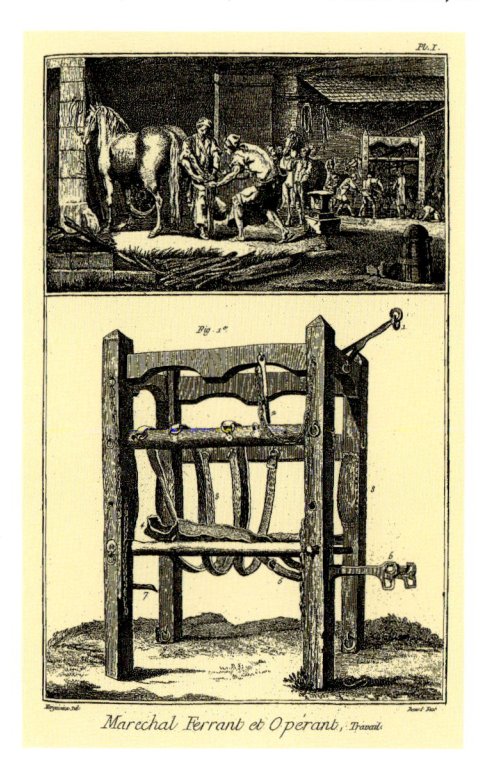

Ruf, und nicht nur Vater Mozart verwünschte sie. 1750 schrieb z.B. Voltaire: »Was für ein Grauen, als kranker Franzose mit ausschließlich französischem Personal über die deutschen Poststraßen zu reiten. Erasmus klagte zwei Jahrhunderte früher auch schon darüber«.[5]

Nicht selten geschahen in damaliger Zeit schwere Unfälle auf den Straßen. Ein Rad brach und – die Kutsche kippte. Oder die Karosse wurde bei starkem Wind einfach umgeweht. Etwas Ähnliches widerfuhr Georg Friedrich Händel, wie wir im *General Advertiser* vom 21. August 1750 lesen können: »Mr. Handel [...] hatte das Unglück, daß sein Fahrzeug zwischen Den Haag und Haarlem umgekippt ist. Er wurde dabei schwer verwundet, ist aber mittlerweile außer Lebensgefahr«.[6] Sehr gefürchtet waren auch die Unwetter: Verschreckte Pferde konnten durchgehen und tödliche Unglücksfälle verursachen. In Leopolds Brief vom 19. Juli 1763 aus Schwetzingen bei Mannheim lesen wir: »zwischen dem 13ten und 14ten hatten wir in bruchsal ein solches erstaunliches donnerwetter, daß ich mich dergleichen keines in meinem Leben erinnere. [...] das, was wir am meisten im Kopf lage, waren die Häuser, wo man nnichts als Holz sieht, und man bey feuersgefahr, nur geschwinde zum fenster hinausspringen muß. ehe wir nach Constatt kamen fuhren wir bey einem in

Der Koffermacher. Enzyklopädie von Diderot und d'Alembert (1751-1777). Stadtbibliothek, Antwerpen.

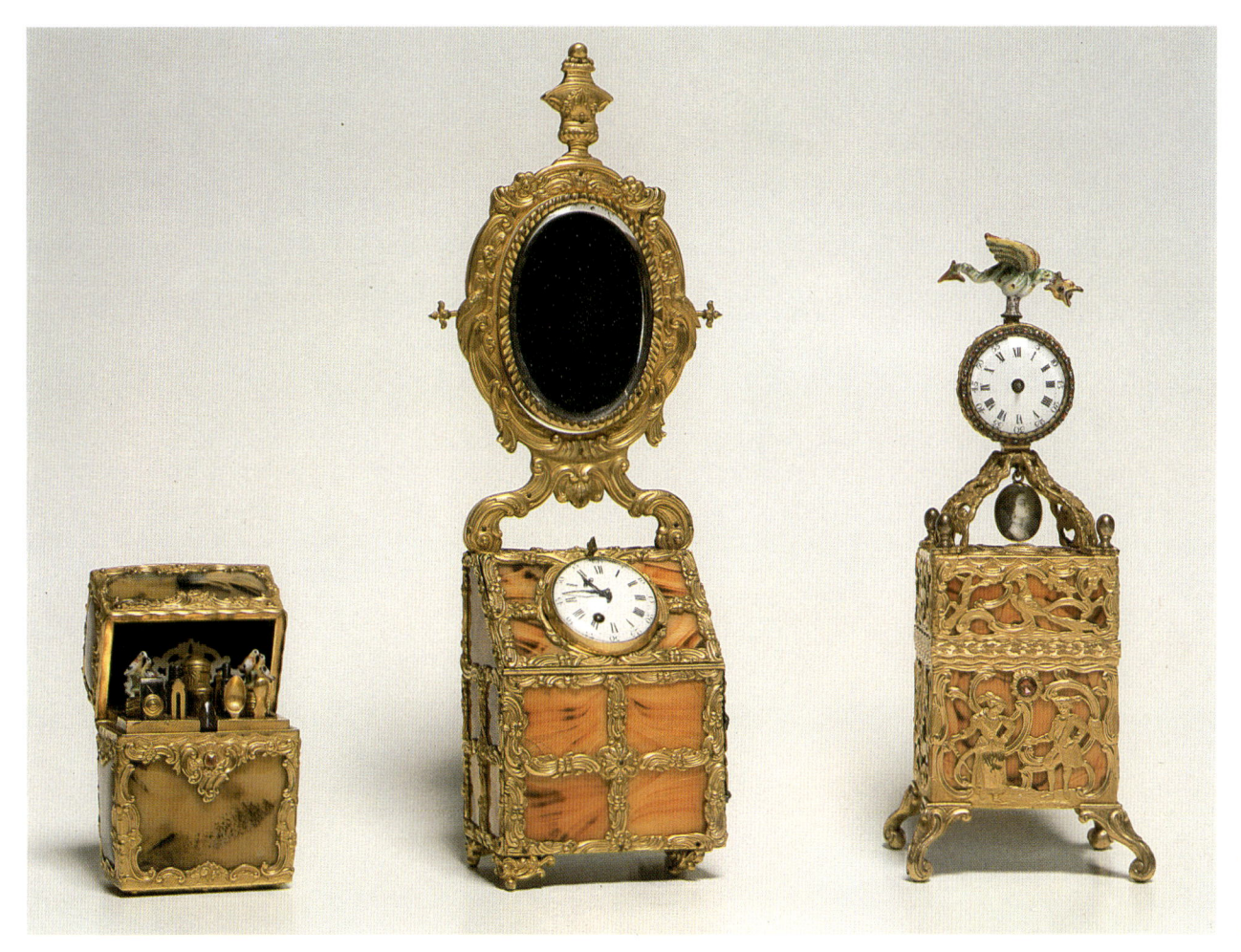

Luxuöse Reiseartikel aus der Zeit 1755-1770. Königliche Museen für Kunst und Geschichte.

flammen annoch stehenden hause vorbey, so vom Donner entzindet ward. sonst hat uns auf dem weeg, gott Lob, niemals ein donnerwetter erwischt.« Auch bei Regenwetter war das Fahren außerordentlich gefährlich, weil die Räder im schlammigen Untergrund versanken.

In der *Encyclopédie* von Diderot und d'Alembert, die in der zweiten Hälfte des 18. Jahrhunderts erschien, werden unter dem Stichwort »chaise de poste« (Reisewagen) die Vor- und Nachteile der großen und kleinen Räder beschrieben: Große Räder liefen »sanfter«, erhöhten aber den Schwerpunkt der Kutsche, wodurch das Risiko des Kippens zunähme, während kleine Räder dem Wagen eine größere Stabilität verliehen, die Geduld der Mitfahrer durch das Gerüttele und Geschüttele aber mehr strapazierten. Also rät die *Encyclopédie* ihren Lesern, den Umfang der Räder weder zu groß noch zu klein zu bemessen.

Den Mozarts blieb ernsthaftes Mißgeschick erspart, und Leopold seufzte denn auch philosophisch: »In Gottes Nahmen: Es ist besser zehen Räder als ein Füß oder ein paar finger. Wir sind, Gott sey Dank, gesund.«

Bei schlechtem Wetter gaben die Reisenden oft dem Schiff den Vorzug. Das dauerte noch länger und war teurer, aber das Schiff war im allgemeinen ein sichereres und komfortableres Transportmittel. So fuhr die Familie Mozart von Mainz nach Koblenz über den Rhein. Leopold berichtete in einem Brief vom 26. September 1763: »Den 13:ten Dieß sind wir mit einer Jagd, oder wie man hier spricht, Jacht, nach Coblenz abends um 1/2 7. Uhr von Maynz abgefahren. Von Maynz bis Coblenz fährt man, wenn es gut geht, und wenn man Morgens recht frühe abfährt, in einem Tage. Die Jagt ist ein Schif, welches groß ist, 3 Zimmer und vorne und hinten noch grosse verdekte Orte hat, wo die Kaufmanns Güter liegen. Oben darauf auf dem Dache sind die Ruder, und da stellt man auch die Wägen hin. Es sind schon kleine Modellen von Schiffen, die auf dem Meer gebraucht werden.« Aber die Reise verlief nicht wie erwartet. Starker Gegenwind und Sturm zogen das kleine Stück auf dreieinhalb Tage in

Uniformen des Postpersonals der südlichen Niederlande am Ende des 18. Jahrhunderts. Allgemeines Reichsarchiv, Brüssel.

Einige lederne Postillonstiefel aus den sechziger Jahren des 17. Jahrhunderts, Bijlokemuseum, Gent. Leopold Mozart über die südniederländischen Postillons: »grosse wohlgewachsene Leute, die nicht anders fahren, als wenn wir die Reichs Armée wären, und von einem Chor Preussen verfolgt würden.«

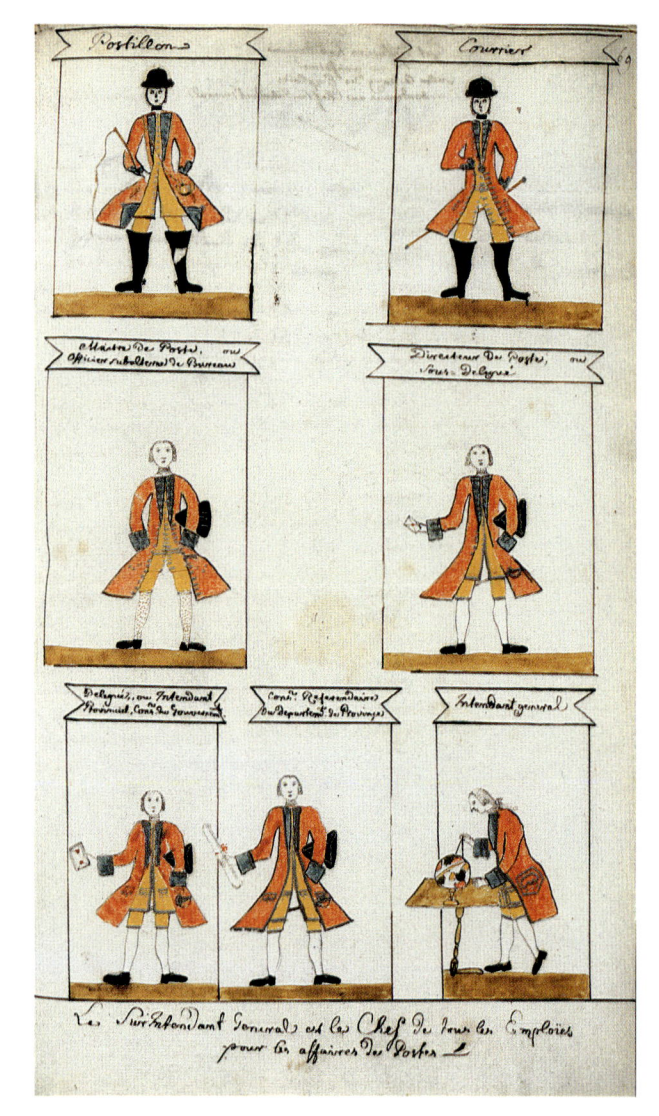

die Länge. »Sie werden sich wundern, daß ich nicht lieber zu Lande gegangen bin welches mich weniger würde gekostet haben. Allein sie müssen wissen daß die Wege an sich selbst sehr elend sind, weil alles zu wasser geht, iezt aber waren sie, wegen die beständig üblen Witterung gänzlich verdorben. Und dieses ist die Ursache, daß wir auch von hier bis Bonn und Kölln zu wasser gehen müssen, wann wir anders auf der Strasse zu Land, die oft hart am Rhein gehet, nicht wollen in den Rhein geworfen werden, oder sonst den Hals brechen.«

Gegen derart beklagenswerte Zustände hoben sich die südniederländischen »Chaussées« sicher besonders vorteilhaft ab. Alle Reisenden der Zeit – außer Leopold Mozart – lobten die malerisch gepflasterten Steinstraßen, beiderseits von Eichen oder Ulmen gesäumt; dazu wird unsere Bewunderung noch von der schönen, schnurgeraden Trassenführung mit ihrem Feston grüner Tupfen auf der Kabinettskarte von Graf Ferraris geweckt. Zur Mitte des 18. Jahrhunderts war in den südlichen Niederlanden ein relativ weitverzweigtes und solides Straßennetz entstanden,[7] das oft von ausländischen Besuchern gelobt wurde. 1750 erklärte Voltaire, daß von allen modernen Nationen nur Frankreich und »das kleine Land der Belgier« den Straßen der Antike Ebenbürtiges entgegenzusetzen hätten. Trotzdem hatte Leopold Mozart Bedenken gegen die Poststrecke zwischen Lüttich und Paris: Die Pflasterung war allzu schädlich für die Räder seiner Karosse.

Eine der Prüfungen, die nur wenigen Reisende erspart blieb, war der »Kutscher«, auch wenn durch ihn die Gefahr von Raubüberfällen und die Plage der Bettler, mit der die Touristen der ersten Hälfte des 18. Jahrhunderts regelmäßig konfrontiert wurden, abnahm. Was ließen diese Kutscher doch oft zu wünschen übrig, glaubt man den Klagen der Reisenden! Sie ritten entweder schleppend langsam oder skrupellos, so daß die Damen nach dem ganzen Hin- und Hergeschlingere den Weg zum Frisör antreten mußten. Sie hielten immer wieder an, um ein Glas Bier oder ein Gläschen Schnaps zu trinken, und wurden jedesmal unzurechnungsfähiger.

1777 erschien bei dem Lütticher Verleger Desoer die zweite Ausgabe eines außerordentlich nützlichen Handbuchs für Kutscher, *Le parfait Cocher ou l'Art d'entretenir et conduire un Equipage en Ville et en Campagne* (Der vollendete Kutscher oder Die Kunst, eine Kutsche in der Stadt und auf dem Land zu warten und zu fahren). Die erste Seite spricht für sich: »Erster Teil: unentbehrliche Eigenschaften eines Kutschers. Der Beruf des Kutschers verlangt viel Vorsicht, Geschicklichkeit und Genauigkeit. Das Leben der Passagiere liegt in seinen Händen. Wie viele Unglücke geschehen nicht durch Verschulden zahlloser hirnloser, versoffener, aufbrausender, ungeduldiger und fluchender junger Kutscher? Sehen diese ein Hindernis auftauchen, so denken sie nicht daran, es zu umfahren. Im Gegenteil: Sie leiden es nicht, daß ihnen irgend etwas in die Quere kommt und beginnen zu rufen, zu schimpfen, zu fluchen und herumzupöbeln, weil sie sich auf jeden Fall den Weg bahnen wollen. So bringen sie ihren Herrn oft in Verlegenheit. Wenn die Kutsche umstürzt, das Chassis zerbricht oder die Pferde durchgehen, weil sie schlecht gelenkt worden sind, dann verlieren diese schlechten Kutscher den kläglichen Rest ihres gesunden Menschenverstandes. Sie verfallen in völlige Raserei, und das ist der Grund für manches Übel.« Nach diesem Buch waren die flämischen zusammen mit den normannischen Kutschern die fähigsten, sie schienen über alle Eigenschaften zu verfügen, die einen vollendeten Kutscher ausmachen, im Gegensatz zu den Deutschen, Schweizern, Engländern, Bretonen und Niederländern.

Wie Leopold über die Kutscher dachte, entnehmen wir einem Brief, den er am 8. Dezember 1763 kurz nach seiner Ankunft in Paris verfaßt: »Monsieur mon trés cher Ami! Nachdem wir in Brüssel ein grosses Koncert gegeben, wo der Prinz Carl gegenwärtig war, und wir an meinem Hohen Nahmens Tage um 9. Uhr mit 4. Postpferden unter der traurigen Beurlaubung vieler guter Freunde abgefahren und Abends bey hellem Tage in Mons, den 2.ten Tage eben so frühe in bon avis, den 3.ten in Gournay, und den 4.ten um halbe 4. Uhr Abends in Paris angelangt. Ich muß ihnen sagen, daß man alle Stunden eine Post fertig hat, weil erstlich die Posten klein sind, und weil es immer in vollem Galop gehet. Der Weg von Brüssel bis Paris kostet erstaunlich geld. Von Brüssel bis Valenciennes sind die Posten Brabantisch und wird iedes Pferd à 3. Escalin oder 45 kr: teutschen Gelds bezahlet: Hingegen sind alle Posten nicht viel über 2. Stunden lang. So bald man nach Valenciennes kommt muß man 6. Pferd nehmen; da hilft nichts dafür: hingegen Zahlt man für das Pferd 25. Sols, das ist einen Livres und 5. Sols, etwa 30 kr: teutschen Gelds. Dafür bekommt man 2.

Titelseite und Umschlag von Le Parfait Cocher, ein Lütticher Handbuch für Kutscher (1777). Universitätsarchiv K.U.L., Löwen.

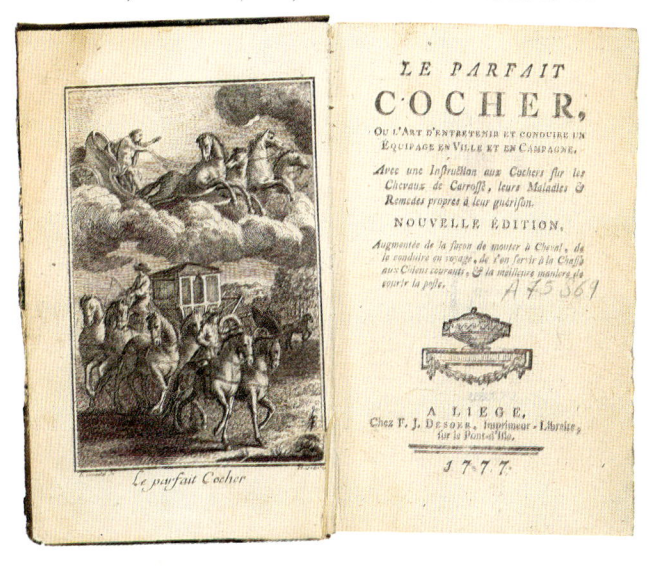

Postknechte, die bey jeder Post besondere Personen vorstellen, weil ieder nach seinem belieben gekleidet ist: bald glaubte ich es wären ein paar Mausfallträger, bald ein paar Spitzbuben aus einer Nach Comoedie, bald ein paar welsche Eseltreiber, bald aber ein paar verlauffene peruquiers, oder entlassene und Herren=loose laqueyen oder gar Cammerdiener, manchmahl aber ein paar abgedanckte Feldwebels; anbey aber laute grosse wohlgewachsene Leute, die nicht anders fahren, als wenn wir die Reichs Armée wären, und von einem Chor Preussen verfolgt würden. Man hat genug su sorgen, damit man die Lohner versorge, damit sie nicht ausspringen, und die Räder ablaufen: und die bagage muß bei ieder Post Station, wenns nicht recht vest gebunden ist, neu gebunden werden, sonst bricht alles zusammen und wird alles verdorben.«

Nach monatelangem Aufenthalt in Paris beschloß Leopold, nach England zu gehen. Das war ein Abenteuer, und er fand es ratsam, noch einen zweiten Bediensteten mit auf die Reise zu nehmen, einen Italiener, der mit der Überfahrt vertraut war. Sie ließen ihre eigene Karosse in Calais zurück und mieteten mit vier anderen Reisenden ein kleines Fahrzeug, mit dem sie am 22. April 1764 in Richtung Dover ablegten. Sie unternahmen die Reise also mit zehn Personen. »[...]in Backeboot waren 14 Personen; und da nur 10 in 12 betten in einem Schiffe sind, so ist es sehr ungelegen, unter so vielen Menschen, die Manchemal die See=Krankheit erstaunlich bekommen, zu bleiben.« Das war Leopolds Erklärung dafür, daß er selbst ein Schiff charterte. Sie kamen am nächsten Tag in London an. »Wir sind, gott Lob, glücklich über den Maxlaner=Bach gekommen, allein ohne S:V: Spei= =übergaab ist es nicht abgegangen«.

Eine Zeitgenossin Leopold Mozarts, die französische Schriftstellerin Madame du Boccage, unternahm ebenfalls im April die Passage in einem kleinen Segelschiff: »London, am 1. April 1750. Ich habe Dir, liebste Schwester, unterwegs nicht geschrieben; die Überfahrt war zu stürmisch. Drei Tage haben wir uns auf Poststraßen abgemüht, acht Stunden in Kummer und Qual auf einem aufgewühlten Meer verbracht, und schließlich wurden wir noch vierundzwanzig Stunden in einer unkomfortablen Kutsche von Deal nach London durcheinandergeschüttelt.«[8] Die Rückreise der Mozarts verlief viel besser. Sie nahmen vermutlich ein Postschiff und hatten schönes Sommerwetter (es war der 1. August) und es wehte ein günstiger Wind, so daß sie nach dreieinhalb Stunden in Calais anlandeten, sogar ohne seekrank geworden zu sein.

Auf dem Kontinent zurück, wurde noch ein Abstecher in die Niederlande unternommen. Der Reisewagen blieb wieder zurück, diesmal in Antwerpen. Von dort aus gingen jede Stunde Postkutschen nach Rotterdam ab. Die Reise dauerte einen ganzen Tag: zunächst mit der Postkutsche bis Moerdijk, wo übergesetzt wurde, und dann in einer schönen Karosse bis Rotterdam, um schließlich mit einem kleinen Boot bis zum Hotel gebracht zu werden. Am nächsten Tag ging es mit der Treckschute von Rotterdam nach Den Haag, wo die Reisenden nach einem halben Tag geruhsamen Fahrens ankamen.

Die Treckschute war *das* Transportmittel in den wasserreichen Niederlanden, sowohl in der Republik wie in den österreichischen Provinzen. Ein Binnenverkehrsmittel, das mit einer Treidel von zwei Pferden im Schritt entlang dem Treidelpfad gezogen wurde. Es hatte auch Mast und Segel, so daß das Boot stromabwärts und bei günstigem Wind von den Pferden gelöst werden konnte. Dank der Treckschuten hielt der Passagiertransport zwischen den Städten relativ feste Ankunfts- und Abfahrtszeiten ein. Dieses Verkehrsmittel galt im 18. Jahrhundert als der Gipfel an Komfort und Sicherheit. Es schwankte so wenig, daß man den Eindruck hatte, die ganze Zeit in einem Zimmer zu sitzen, das von einem Seil gezogen wurde. Unter Deck gab es einen komfortablen Raum, den Roof. Dort konnten sich die Reisenden im Winter am Herdfeuer erwärmen. Um die Zeit totzuschlagen, nahmen sie an einem kleinen Fenster Platz, und so konnten sie die Geschäftigkeit am Ufer beobachten; oder sie aßen und tranken und stellten dabei mit Genugtuung fest, daß

Die Einfahrt in Antwerpen durch das Holländische Tor. Aus einem Werbezettel für die Poste Imperiale de France (Ende des 18.-Anfang des 19. Jahrhunderts). Privatarchiv J. Claes, Antwerpen.

Der Treidelkahn war das meist benutzte Beförderungsmittel in den wasserreichen Niederlanden, sowohl in der Republik als auch in den österreichischen Gebieten. Hier fährt die Barke ab aus dem Minnewater nach Gent. Anonymes Ölgemälde (18. Jahrhunderts). Groeningemuseum, Brügge.

die Bedienung sehr kultiviert war und die Mahlzeit mundete. Wenn die Gesellschaft nicht zu lautstark plauderte, konnte man in aller Ruhe ein Nickerchen machen. Die Gespräche mit den Mitreisenden enttäuschten wohl manchmal: Die Reisenden des 18. Jahrhunderts klagen manches Mal über die eintönigen »Schutenanekdoten«. Madame du Boccage, die die Abwechslung liebte, verabscheute die Treckschuten. »Ich finde die Treckschuten deprimierend und lahm. Jedermann versichert mir, daß es hier so ruhig ist, ich aber antworte darauf: In einem Grab ist es noch ruhiger, und doch will niemand hinein.«[9]

Nach Antwerpen zurückgekehrt, benutzten die Mozarts ihre Kutsche wieder. Damit reisen sie weiter, bis sie schließlich im November 1766 mit heiler Haut – das ist fast unglaublich – wieder in Salzburg ankamen.

Fußnoten

1. J.-B. DESCAMPS, *Voyage pittoresque de la Flandre et du Brabant*, Paris-Antwerpen, 1769.
2. *Mozart. Briefe und Aufzeichnungen*, Bd. 1, S. 66, 94.
3. *Mozart. Briefe und Aufzeichnungen*, Bd. 1, S. 70, 71, 75, 76, 79, 94, 103 usw.
4. R. POOLE, *A Journey from London to France and Holland: or, the Traveller's Useful Vademecum*, Bd. 2, London, 1746-1750, S. 30.
5. T. BESTERMANN, *Voltaire's Correspondence*, Bd. XVIII, 1750, *Farewell to Paris*, 1956, S. 93.
6. J.-F. LABIE, *Georg Frederic Haendel*, Paris, 1980, S. 321.
7. L. GÉNICOT, *Histoire des routes belges depuis 1704* (Collection nationale, Nr. 89,) Brüssel, 1948, S. 15-34.
8. MME DU BOCCAGE, *Recueil des œuvres de Madame Du Boccage*, dl. 3, *Lettres sur l'Angleterre, la Hollande et l'Italie*, Lyon, 1770, S. 5-6.
9. EBD., S. 101f.

De Tinnen Schotel 1900. Im Jahre 1763 gehörte das Hotel der Familie Loyaerts. Nach Umbauarbeiten im Jahre 1778 und 1830 bekam das Gebäude sein heutiges Aussehen. Stadtarchiv, Tienen.

Ausblick auf Tienen von der Straße nach Sint-Truiden aus. Anonyme Gravüre, Anfang des 19. Jahrhunderts. Stadtarchiv, Tienen.

4

Tienen
3.-4. Oktober 1763

Leopold Mozart an Lorenz Hagenauer, Salzburg

Brussel den 17.ten Oct: 1763
Geschlossen den 4.ten Novb:

In Tirlemont bleiben wir übernachts, da sassen wir wieder beym Caminfeuer. Tirlemont muß seiner Zeit eine treffliche Vestung gewesen seyn: man sieht noch die zerstörten Vestungswerke; Mauern, Thürme, und die schönsten aussenwercke, daß es recht mit bedauren anzusehen ist; Es hat dieser Ort in der Mitte einen so schönen Platz, den man in vielen grossen Städten nich findet.

Die Familie Mozart übernachtete in Tienen in der Tinnen Schotel, einem am Grote Markt im Schatten der Kirche Onze-Lieve-Vrouw-ten-Poel gelegenen Hotel. Es handelte sich um ein eindrucksvolles Gebäude mit geschmackvoller Front, zahlreichen hohen Fenstern und einer großen Pforte. Die Fahrzeuge gelangten durch einen breiten Gang in den Innenhof und zu den Stallungen. Im Gastraum wurden die Besucher von der Glut eines großen offenen Kamins empfangen. Konnte es in den Herbst- und Wintermonaten für einen verfrorenen Reisenden nach einer langen Fahrt in einer nicht immer völlig geschlossen Kutsche – so fehlte manchmal das Fensterglas – etwas schöneres als die Wärme eines Holzfeuers geben? Eine zünftige Mahlzeit vielleicht... Auch in dieser Hinsicht enttäuschte die Tinnen Schotel nicht, die im 18. Jahrhundert das beste Haus am Platz war. Das Haus erfuhr unterschiedliche Nutzungen, heute hat hier das Städtische Kulturamt seinen Sitz.

Jean-Jacques Robson

»der fähigste aller Bewerber«

GHISLAIN POTVLIEGHE

In jeder wichtigen Kirche entwickelten sich im 18. Jahrhundert intensive musikalische Aktivitäten. Es wurden sogar Musikdirektoren benannt, die eigens mit der Verantwortung für die Ausführenden und die Aufführungen, die Partituren und die Instrumente des Fundus betraut waren. Die alten Kircheninventare in Flandern künden nicht selten von reichen Bibliotheken mit Stapeln von Handschriften und gedruckten Werken. Die damalige Vorliebe für Musik aus Italien und Kompositionen von Italienern oder Deutschen, die sich in Flandern niedergelassen hatten, ist auffällig. Die Flamen selbst ließen nicht nach, sich über die Grenzen zu orientieren und dort Inspiration zu suchen.

Die Orgel mit zwei Manualen der Sint-Germanuskirche von Tienen, die älteste Orgel der südlichen Niederlande (die ältesten Teile wurden im Jahre 1493 gebaut), vor kurzem von G. Potvlieghe restauriert.

An der Kollegiatkirche Sint-Germanus in Tienen wirkte in der zweiten Hälfte des 18. Jahrhunderts der Komponist und Singmeister Jean-Jacques Robson. Sein Vater, ein englischer Orgelbauer, war als junger Mann auf den Kontinent ausgewandert und hatte dort geheiratet. Der Orgelbauer Robson geriet schließlich über Thuin nach Dendermonde. Er hatte vier Söhne, alle in Flandern geboren und alle musikalisch begabt. Einer von ihnen, der genannte Jean-Jacques wurde 1749 nach der Teilnahme an einem »öffentlichen Wettbewerb« Singmeister in Tienen. Charles-Joseph von Helmont, Singmeister der Brüsseler Hauptkirche, würdigte ihn als einen, der »eine gute Stimme hat, sowohl für den Chor als für das Oxal, ein guter Soloviolinist und als Dirigent der fähigste aller Bewerber ist«.

Jean-Jacques Robson verstand es, sich außerordentlich gut in seine neue Umgebung einzuarbeiten. Er widmete 1749 sein *Opus I* dem Bürgermeister, den Beigeordneten und Ratsherren der Stadt Tienen. 1751 heiratete er Maria Anna Steveniers, die mit einem von Flanderns prominentesten Klavierkomponisten, Matthias van den Gheyn, selbst aus Tienen gebürtig, verwandt war.

Um 1760 war Robson als Musiker in Flandern hochangesehen, was u.a mit seiner Ernennung zum Nachfolger von Charles-Joseph van Helmont als Mitglied der Jury bei einer Ausscheidung in Mechelen bestätigt wird. Auch Vitzthumb, »Direktor der Komödie zu Brüssel« und F.J. Krafft, »Singmeister an St. Baefs in Gent« waren damals in dieser Jury vertreten.

Robson starb Ende 1785. Er hinterließ eine umfangreiche Sammlung von Orgelkompositionen: Ein Oeuvre, das nicht nur in der Zeit der Romantik unberührt in den Archiven blieb, sondern auch danach nicht die Aufmerksamkeit erregte, das es im 18. Jahrhundert genossen hatte. Robsons kleine Orgelwerke gehören alle zum musikalischen Rokoko in Flandern. Sie sind kurz und beschwingt, besitzen viel eher den Charakter von Cembalostücken als von Orgelkompositionen, weil Robson keinen Gebrauch von den Möglichkeiten der Orgel macht.

Was für Robson gilt, trifft eigentlich auf alle flämischen Komponisten jener Zeit zu: In den Kirchen, an denen sie arbeiteten, verfügten sie oftmals über großartig ausgebaute Orgeln, doch hatte die Musik, die sie für diese Instrumente schrieben, nicht das nötige Format. Derweil entwickelten die Orgelbauer den Stil weiter, der typisch flämisch genannt werden kann, sich an dem nicht stoßend, was auf kompositorischem Gebiet geschah (oder besser, unterblieb).

So konnte Robson in seiner Kollegiatkirche über die vor kurzer Zeit restaurierte, älteste Orgel der südlichen Niederlande verfügen: Der Korpus und Teile des Pfeifenbestandes stammten aus dem Jahr 1493. Kriege und Brände hatten dem Instrument zugesetzt. Als Singmeister Robson die Verantwortung für das Instrument übertragen bekam, war es von Jan Dekens aus Haacht nach einem Kirchenbrand gerade gründlich restauriert worden. 1883 waren auf dieser einzigartigen gotischen Orgel noch Reste der originalen Bemalung zu erkennen: goldene, blaue, weiße und rote Polychromie. Das wird aus den Zeugnissen des englischen Orgelzeichners Hill deutlich, der in jenem Jahr die Kirche besucht und das Instrument detailliert abgezeichnet und beschrieben hatte. Kurz nach seinem Besuch wurde der Korpus vollständig abgebeizt und so wurde dem Instrument durch das, was man »Modernisierung« zu nennen pflegt, der ganze Glanz genommen.

Jan Dekens aus Haacht verschrieb sich einem Stil, der von seinem deutschen Lehrmeister Hans Goltfuss nach Flandern gebracht wurde, wo ihn eine Reihe seiner Schüler weiter entwickelten. Die flämischen Komponisten verstanden es nicht, von diesem großartigen Stil spezifischen Gebrauch zu machen, während die deutschen, italienischen und französischen Komponisten das mit denen für ihre Gegend typischen Instrumenten unternahmen. In den Südlichen Niederlanden kam es nicht zu dieser Wechselwirkung, und das blieb so bis in die erste Hälfte des 19. Jahrhunderts.

Welche Berechtigung hatte denn eine so große Orgel mit zwei Manualen wie die, auf der Robson in der Kollegiatkirche jeden Tag musizierte, während er genau wie die anderen flämischen Klavierkomponisten mehr Interesse für das Cembalo aufbrachte? Der Kirchenraum von Sint-Germanus verlangte nun einmal eine solche Orgel, weil dieses Instrument seit Jahrhunderten innerhalb der Kirchenmauern ausgebaut wurde, unabhängig von dem, was sich dort auf orgelkompositorischem Gebiet tat.

Zwei Bilder, die zur Orgel der Sint-Germanuskirche in Tienen gehören. Links: Gregorius I. Rechts: Konsolenfigur.

Orgel, gebaut von L. De Backer (Middelburg, ca. 1750). Die Flügel sind an der Innenseite mit musizierenden Engeln geschmückt. Museum Vleeshuis, Antwerpen.

Das tägliche Leben unter österreichischer Herrschaft

PIET LENDERS

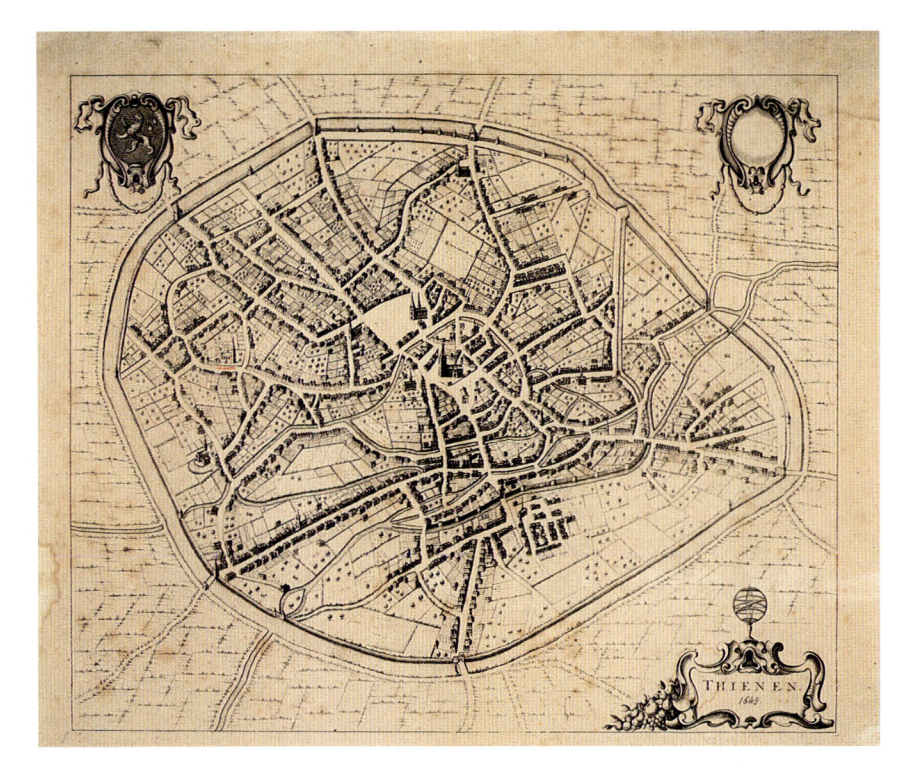

Die Stadt Tienen, in der die Mozarts am 3. Oktober 1763 Nachtquartier bezogen, war ein Regionalzentrum, das schon bessere Zeiten gesehen hatte. Im 13. und 14. Jahrhundert hatte die ehemalige Niederlassung eine aufstrebende wirtschaftliche Entwicklung durchgemacht und war zur Stadt aufgestiegen. Zeitweilig residierte hier der Herzog von Brabant. Dadurch war der Ort zu einer der wichtigsten Städte Brabants und dem Verwaltungsmittelpunkt eines großen ländlichen Umkreises geworden. Dann setzte der allmähliche Niedergang ein. Das Flüßchen Gete wurde nicht mehr ausgehoben und war daher im 18. Jahrhundert so gut wie nicht mehr schiffbar. Wegen fehlender Geldmittel hatte die Stadtverwaltung eine allzu umfangreich geplante Umwallung nicht zu Ende führen können. Die Bevölkerung sprach spöttisch von einer »Lügenfeste«.

Tienen lag an der ausschließlich vom Durchgangsverkehr befahrenen Hauptstraße von Brüssel und Löwen nach Sint-Truiden, Lüttich und Aachen. Lediglich an Markttagen kam viel Volk in dieses landwirtschaftliche Zentrum über die unbefestigten Wege, die es mit dem umliegenden Land und Orten wie Aarschot, Diest, Hannuit-Hoei und Geldenaken-Namur verbanden. Das Städtchen lebte dann auch vor allem von der Landwirtschaft – hier arbeiteten Getreidehändler, Bierbrauer und Ölmüller. Das architektonische Ganze bot dem ruhigen Leben eines Provinzstädtchens von sieben- bis achttausend Einwohnern Schutz. Abgesehen von zwei Meistersingergilden gab es keine kulturellen Einrichtungen, es sei denn, man rechnet die Zahl der religiösen und karitativen Vereinigungen hinzu, deren Aktivitäten sich bis ins Umland erstreckten. Dort lebte das Volk gemächlich und mit ihm seine Folklore.

Die Lebensgewohnheiten, Wohnumstände und Tischsitten erfuhren im Lauf des 18. Jahrhunderts eine bemerkenswerte Entwicklung. Als die weniger Begüterten noch mit Ein- bis Zweizimmerwohnungen zufrieden sein mußten, konnte die Mittelklasse infolge der besseren Aufteilung der Wohnungen in Zimmer mehrere Räume beziehen. So mußte sie in den Aufenthaltsräumen keine Betten mehr unterbringen, Eltern und Kinder, immer öfter auch nach Mädchen und Jungen getrennt, bekamen eigene Schlafgelegenheiten. Die Mahlzeiten konnten deswegen in einem eigens dafür bestimmten Raum aufgetragen werden und mußten nicht mehr in der Küche eingenommen werden. In vielen Bürgerhäusern hingen Gardinen vor den Fenstern, ein Hinweis darauf, daß man die Privatsphäre der Familie stärker würdigte und schützte, daß also die

Plan aus dem 17. Jahrhundert der Stadt Tienen. Stadtarchiv, Tienen.

Ausblick auf den Grote Markt von Tienen, der von Leopold Mozart geschildert wurde als »ein Platz, schöner als in vielen großen Städten...« Stadtarchiv, Tienen.

70

Häuslichkeit an Boden gewann. Man begann, Nacht- und Unterwäsche zu tragen; Anrichten oder Kommoden wurden gebräuchlich. Den Gästen reservierte man »das beste Zimmer«.

Die fortschreitende Verfeinerung der Umgangsformen, allgemein der Kultur, wird besonders in der Entwicklung des Tafelgeschirrs deutlich. Zu besonderen Anlässen wurden Tischdecken ausgebreitet und Servietten bereitgelegt. Es gehörte zu den Regeln des Anstands, daß dem äußeren Schmuck und der Anordnung der gedeckten Tafel die größte Aufmerksamkeit galt. Die Devise hieß: »Gepflegt beim Essen und maßvoll im Trinken«. Neue Getränke wie Tee, Kaffee und Kakao bürgerten sich ein. Fortan erhielt jeder bei Tisch ein eigenes Gedeck und mußte nicht mehr wie ehedem in die gemeinschaftliche Schüssel greifen. Der Gebrauch eines geeigneten Messers und der Gabel wurde allmählich gang und gäbe.

Die Oberklasse entwickelte eine sublime Etikette als Distinktion gegenüber der übrigen Bevölkerung, die aber schnell von den niederen sozialen Schichten assimiliert wurde, so daß die neuen Umgangsformen ihren Wert als Unterscheidungsmerkmal alsbald verloren. Die Reichen schmückten ihre Salons und Zimmer mit Bildern zeitgenössischer Maler, doch Bilderschmuck legten sich auch andere Bevölkerungsgruppen zu, so daß man in den meisten Häusern am Ende des Jahrhunderts Bilder finden konnte. Es handelte sich dabei meist nicht um besonders wertvolle Stücke, dennoch gaben sie den Interieurs Farbe und eine gewisse Austrahlung. Fast immer wurde auch zumindest ein Spiegel aufgehängt.

Die Kleider trugen viel zur sozialen Bewertung bei. Das 18. Jahrhundert entwickelte den Stil weiter, den das 17. Jahrhundert eingebürgert hatte. Die Mode wurde von Paris diktiert und von den Wohlhabenden kritiklos übernommen. Die Männer der Mittel- und Unterklasse wechselten allmählich die Kleidungsstücke des 17. Jahrhunderts, den Leibrock oder »justaucorps« mit Weste und Kniebundhose, gegen die Jacke, die männliche Oberbekleidung mit weiten Ärmeln, und dazu kamen lange Hosen, in den Südlichen Niederlanden oft »Kazak« genannt. Frauen trugen häufig noch den »sak«, ein Kleid, das wie ein Sack vom Hals in einem Stück in lockerer Kegelform nach unten fiel. Sie gingen aber immer mehr zu kurzer Jacke über, wobei Leibchen und Rock – eventuell Krinoline – getrennt getragen wurden, die Taille schmal gerafft. Die Garderobe wurde mit einem schwarzen Schleiertuch,

Die bürgerliche Wohnungseinrichtung hat sich im Laufe des 18. Jahrhunderts gewaltig geändert: In immer mehr Häusern hingen Gardinen vor den Fenstern, und die Salons wurden mit Gemälden und Spiegeln geschmückt. Ölgemälde von Jan Jozef Horemans de Jonge (1714-nach 1790). Koninklijk Museum voor Schone Kunsten, Antwerpen.

Silberne Gießkanne (links), Dreihähnchenkanne und verdrehte Kaffeekanne (rechts). Lüttich, von J.-F. Wéry (1745-1746), B.-Th. Sauvage (1750-1751) bgw. J.-A. Grosse (1763). Musée Curtius, Lüttich.

Im 18. Jahrhundert kamen alle Bevölkerungsschichten mit neuen Getränken wie Kaffee, Tee und Kakao in Berührung. Ölgemälde von Leonard Defrance (1763). Musée de l'Art Wallon, Lüttich.

Das Kartenspiel war eine der bevorzugten Freizeitbeschäftigungen des kleinen Bürgers im 18. Jahrhundert. Es wurde oft im Wirtshaus gespielt. Ölgemälde von Leonard Defrance (1763). Musée Curtius, Lüttich.

Taschentuch und Schürze oder Schurz vervollständigt. Die Kleidung der weniger bemittelten Klassen fiel sofort durch ihre mindere Qualität und Verarbeitung auf, außerdem war sie kaum oder gar nicht mit den für die Oberklasse gewöhnlichen edelsteinbesetzten Anstecknadeln, Perlen- oder Korallenketten, Medaillons und Armbändern geschmückt.

Auch in der Freizeitgestaltung bewies sich die auffallende Kluft zwischen den Betuchten und dem Volk. Die ersteren suchten Zerstreuung in kultivierten Gesellschaften mit Diners, Privatkonzerten, Bällen und Maskenbällen, Kartenspielen und gepflegten Gesprächen. Der kleine Mann fand seine Entspannung im Wirtshaus, denn die Schänke war außerhalb der Kirche der einzige gesellige Ort in Dörfern und Gehöften. Im Ancien régime sah der Kalender viele Tage verordneten Nichtstuns, damit oft auch Langeweile, vor. Abgesehen von den zweiundfünfzig Sonntagen gab es noch vierundvierzig Feier- und Ruhetage. Dann übten die Wirtshäuser eine große Anziehungskraft auf die Bevölkerung aus. Man war nicht nur ausgeruht für Trinkgelage, sondern auch für allerlei populäre Entspannungen: Schlagball, Boule, Karten- und Hasardspiele, ein Ort des Gesangs und Tanzes. Der Wirt organisierte nötigenfalls Theateraufführungen unter freiem Himmel und konnte dazu die Meistersinger eines größeren Dorfs oder einer Stadt einladen. Nicht selten war er Mitorganisator von Schießwettkämpfen der Schützen oder er förderte regionale Turniere. Mittlerweile konnten die Dörfler in seinen Goststräumen diskutieren.

Hackbrett, hergestellt von einem anonymen Instrumentebauer aus dem 18. Jahrhundert, mit pergament-Rosen und Schevenschnitten (imageries d'Epinal) auf blauem Hintergrund. Museum Vleeshuis, Antwerpen.

Die kirchliche Obrigkeit beobachtete das Treiben in den Wirtshäusern meist mit gemischten Gefühlen. Sie untersagte das Zapfen von Bier während der Gottesdienstzeiten und es gelang ihr, die zivile Verwaltung zur Unterstützung des Verbots zu bewegen. Dennoch wurden die Verbote nicht strikt eingehalten, ja, manchmal konnte man bei ihrer Umgehung auf die Duldung der örtlichen Obrigkeit rechnen. Es geschah sogar, daß der Vogt als Dorfbrauer bei ihrer Nichtbeachtung eigene Interessen vertrat. Die Geistlichkeit ging auch regelmäßig gegen Gelage nach Taufen, Hochzeiten, manchmal auch nach Begräbnissen vor, denn auch nach solchen Gelegenheiten war das Wirtshaus der geeignete Versammlungsort. Das Aufstellen von Maibäumen, der Besuch von Jahrmärkten, ebenso Pilgerfahrten konnten als Anlaß für unmäßigen Biergenuß, Hasardspiele und Wetten gelten. In einigen Orten nahm diese Unart derart Überhand, daß einige Dorfverwaltungen dazu übergehen mußten, Sperrstunden zu verhängen und die Regierung sogar 1779 eingriff, um die Zahl der Wirtschaften zu verringern.

Von kirchlicher Seite wandte man sich vor allem gegen die geselligen Trinkgelage, die vor allem die

Die reicheren Schichten im 18. Jahrhundert suchten Entspannung in feiner Gesellschaft, bei Diners, Maskeraden, Privatkonzerten, Bällen, in Salons, beim Kartenspielen oder, wie hier, beim Tricktrackspiel. Ölgemälde von Leonard Defrance (zwischen 1763 und 1773). Musée Curtius, Lüttich.

Serie mit zwölf Abbildungen von Ordenskleidung (Ende des 18. Jahrhunderts). Reichsarchiv, Brügge.

Das Pressen des Weines. Wandteppich aus Oudenaarde, 18. Jahrhundert. Musée d'Ansembourg, Lüttich.

Jugend anzogen, denn die Begegnung im Wirtshaus war eine willkommene Gelegenheit, einen Partner zu finden. Im 18. Jahrhundert war die zivile Obrigkeit eher geneigt, ihre Haltung gegenüber dieser Form von Geselligkeit flexibler zu gestalten, denn sie empfand sie nicht mehr als an sich verdammenswert. Sie verschärfte allerdings ihre Haltung gegenüber dem Glücksspiel.

Bei der tiefreligiösen Landbevölkerung wirkte sich die wachsende Säkularisierung unter den Wohlhabenden der Städte zunächst nicht aus. Man ging sonntagsmorgens schon vor der ersten Messe, um sechs Uhr oder früher, in die Kirche. Osterbeichte und Osterkommunion waren ernstzunehmende Pflichten. Die Frauen mögen ihre Männer wohl auch mal dazu angehalten haben, doch im Grunde entsprachen diese Pflichten ihren tiefsten Wünschen. Dennoch änderte diese Verläßlichkeit nichts an der Beobachtung, die ein französischer Besucher in der Gegend von Ypern gemachte hatte, die aber auch für andere Gegenden galt: »Ils sont exacts à la messe et au sermon, le tout sans préjudice au cabaret, qui est leur passion dominante«.

Der Bauer fühlte sich immer von den übermächtigen Kräften des Kosmos abhängig, denen gegenüber er sich klein und nichtswürdig verstehen mußte: die Geheimnisse von Tag und Nacht, die Naturgewalten, die ungeheuren dunklen Flächen nach Sonnenuntergang, der unvermeidliche Tod. So war er Kind in der Hand Gottes, der für Sonne und Regen sorgte, aber auch Hagel und Stürme schickte.

In dieser religiösen Erfahrung nahm das Zeichen des Kreuzes und die Marienverehrung einen gewichtigen Platz ein. Alle Handlungen wurden mit dem Kreuzzeichen gesegnet: das Anschneiden des Brotes, Schlafengehen und Aufstehen, das Vorbeigehen an einer Kirche oder Kapelle. Vor ein Haus mit einem aufgebahrten Toten wurde ein Strohkreuz gelegt, genau wie im Kornspeicher. Das Kind bat die Eltern vor dem Einschlafen um ein Kreuzzeichen und dies zu verweigern, war eine schwere Strafe des Vaters. Die Feldkapellen, die Marienbildnisse an Bäumen und Häusern bezeugten die Verehrung, die der Muttergottes zuteil war. Wenn sich der Mai näherte, wurden diese Bildnisse mit frischem Grün und Bändern in allen Farben geschmückt.

Pilgerreisen gab es zu allen Zeiten. Immer war eine Form der Buße damit verbunden. Im 16. Jahrhundert erlebte diese Form der Frömmigkeit einen Einbruch, im

Der Volkssänger sang über Diebstähle, Morde, Liebesgeschichten, Katastrophen und Gewalttätigkeiten. Ölgemälde von Jan-Antoon Garemijn (1778). Groeningemuseum, Brügge.

17. und 18. Jahrhundert blühte sie erneut auf. Man opferte nicht nur Votivgaben in Form von Naturalien oder Geld, man brachte auch immer häufiger geweihte Gegenstände mit: Münzen, geweihtes Brot, Wasser aus einer wundertätigen Quelle und Pilgerwimpel, die im Hause, im Stall oder der Scheuer zum Schutz aufgehängt wurden.

Die Bauern verehrten natürlich die Heiligen besonders, die als Schutzpatrone des Viehs galten, vor allem die vier »Marschälle« – Stallmeister – Antonius, Cornelius, Hubertus und Quirinius. Manche der Landbewohner fühlten sich von einer angsteinflößenden Geisterwelt umgeben. Für die einen handelte es sich dabei um Luftgeister, Wehrwölfe, Elfen, Räuber, die nachts auf Ziegenböcken durch die Luft ritten oder andere Spukgestalten, für die anderen waren es Feuergeister mit Irrlichtern, brennende Schäfer oder Höllenwagen, wieder andere fürchteten die Erdgeister, Elfenmännchen, Kobolde, Tierkreiszeichen. Die Trennungslinie zwischen wahrem Glauben und Aberglauben ist nicht immer deutlich auszumachen. Allerdings knüpfte der einfache Mensch aus dem Volk eine Botschaft daran und beherrschte die religiösen Formen und Vorschriften.

Auf den Märkten und in den Wirtschaften traten auch andere Verkünder von Botschaften auf: die fahrenden Sänger. Sie präsentierten ihre Nachrichten in entspannter Atmosphäre und besangen Diebstähle, Morde und andere Gewalttaten, Liebesdramen und Katastrophen. Keine größere Volksversammlung ohne diese Troubadoure, kein noch so abscheuliches Vorkommnis, das nicht in ihr Repertoire Aufnahme fand. Der Sänger war einerseits der Dolmetscher der öffentlichen Meinung wie auch Informationshändler für die von Nachrichten abgeschnittene Landbevölkerung. Er illustrierte die besungenen Ereignisse stets, indem er sie leidenschaftlich »miterlebte«: ihn schauderte die Gewalt, er vergoß heiße Tränen angesichts der Unschuld der Opfer, verlangte schwere Strafen für die Schuldigen und rief den Himmel um Rache für erlittenes Unrecht an. Moralische Lektionen, guter Rat, »Thrill«, Romantik: alles war einbezogen, wie volkstümlich oder unbeholfen das Lied auch sein mochte.

So waren die Dörfer auf dem Land meist Arbeitsgemeinschaften, und genau wie die Viertel in den Städten, Dienstleistungs- und Lebensgemeinschaften, die Wohl und Wehe, Fest und Trauer und die Religion miteinander teilten.

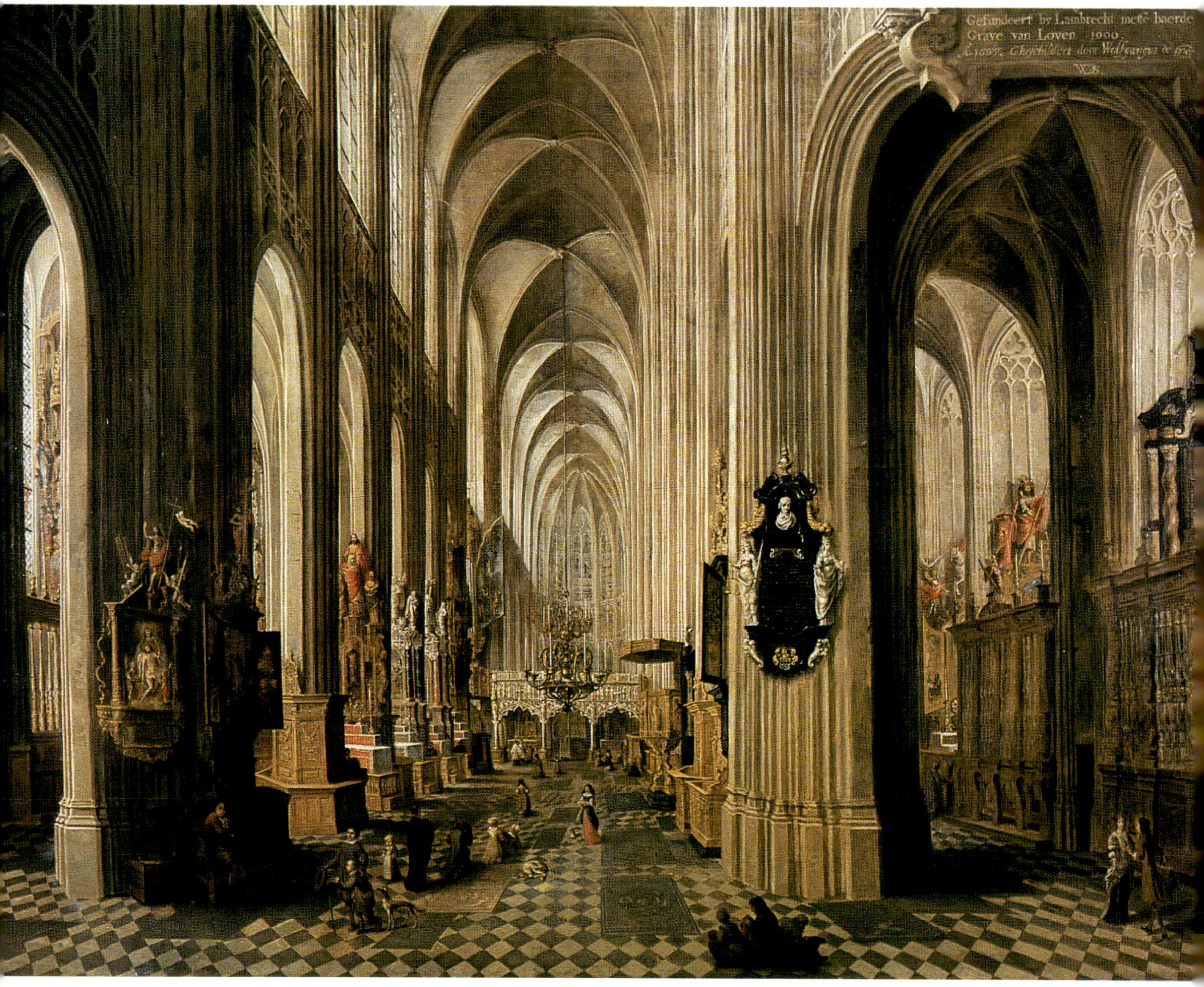
Gefundeert by Lambrecht mette baerde
Grave van Loven 1000.

5

Löwen
4. Oktober 1763

Ein leckeres Mahl und ein gastfreundlicher Empfang wirken wahre Wunder: Die Übernachtung in der Tinnen Schotel hatte die Mozarts wieder gestärkt. Außerdem verlief am nächsten Tag, dem 4. Oktober, die Reise nach Brüssel so zügig, so daß sie noch vormittags in Löwen ankamen, wo sie einige Stündchen für einen Spaziergang und ein Mittagessen erübrigten, um abends dennoch mehr als pünktlich in Brüssel anzukommen. Die historischen Sehenswürdigkeiten Löwens versetzten Leopold dann endgültig in gehobene Stimmung. Begeistert beschreibt er in einem Brief, was sie denn alles gesehen haben. Aus seinen Reiseaufzeichnungen entnehmen wir noch eine weitere Einzelheit: die Hauptkirche mit ihren vielen Altären aus dem schönsten, »Weiß und schwarzer Marmor« hatte es ihm angetan. Dieser schwarzweiße Marmor gefiel ihm besonders gut und er kam später, beim Besuch anderer Städte wieder darauf zurück. Unsere Reisenden dinierten im De Wildeman, an der Ecke Koralengang und Margarethaplein; dieses Restaurant gehörte tatsächlich zu den besten in Löwen. Im Gefolge der Kriegseinwirkungen vom August 1914 brannte es völlig ab. Was ist von ihm geblieben? Einige Ansichtskarten...

Innenraum der Sint-Pieterskirche in Löwen. Ölgemälde von Wolfgang De Smet (1667). Stedelijke Musea, Löwen.

Leopold Mozart an Lorenz Hagenauer, Salzburg

Brussel den 17.ten Oct: 1763
Geschlossen den 4.ten Novb:

[...] den folgenden Morgen waren wir bey Zeiten in Löwen. Wir blieben Mittags da, um die Stadt ein wenig zu sehen. Wir wurden in Löwen gut tractirt und gut gehalten; die Hauptkirche war die erste, wo wir hin giengen, und eine heilige Messe bekamen. Hier fangen schon die schönsten und prächtigste Marmorsteinene Altäre, und die kostbare Malereyen die Niederländer berühmten Mahler an. Ich kann mich der Beschreibung derselben nicht aufhalten, sonst würden mir die finger krum, und die Zeit zu kurz. von einem Stück, so das Abendmahl Christi vorstellet, blieb ich unbeweglich. Von messing sieht man auch hier und durch ganz Niederland nicht nur Leuchter etc. Säulen, Postamenter etc. und anders in Menge, sondern so gar im Chor die sing=Pulte aus ganzem Stück mit dem schönsten gegossen.

Das Rathhaus ist wegen des Alterthums schön, die Stadt vollckreich, eine starke Universität von Weltpriestern, und alles rühret sich in dieser ziemlich grossen Stadt. wir logirten im Wildenmann. Hier fängt es an, wo die Frauenzimmer Mäntel mit Caputzen über dem Kopf von Cammelot tragen, und so in ganz Brabant. Die gemeine Leute tragen Holzschuhe etc. Man hört kein anderes Wort, als brabantisch und Französisch. die Gebete in der Kirche, die Kirchen und Staats Verordnungen, was nämlich in Kirchen und was an offnen Plätzen angeschlagen wird, ist alles in brabantischer Sprache.

Panorama von Löwen. Gravüre von Probst nach Werner, ca. 1750. Universitätsarchiv K.U.L., Löwen.

Eine Löwener Wette

PIETER ANDRIESSEN

Wenige Schritte von der Löwener Herberge de Wildeman, Ecke Jodenstraat – heute Margarethaplein – stand vor über zwei Jahrhunderten das Sängerhaus, dort, wo heute die Post ist. Während sich die Familie Mozart gerade von der frühen Abreise aus Tienen erholte, erhielten die Chorknaben und Petristen dort ihren täglichen Unterricht vom Singmeister von Sint-Pieter, Willem Gommar Kennis, der wie seine Amtskollegen verpflichtet war, »jeden Tag morgens und nachmittags alle Choräle all diejenigen zu lehren, die zur Musik benötigt werden, und diese in Gestik und Art und Weise der zu versehenden kirchlichen Aufgaben zu unterrichten.« Die Abendmahlsfeier, der die Mozarts an jenem Morgen in Sint-Pieter beiwohnten, ist wohl eher eine stille Messe gewesen: Leopold berichtet nichts über liturgische Musik, die ihm sonst sicher aufgefallen wäre, denn dieser Kennis war nicht irgendwer. Willem Kennis wurde am 30. April 1717 in Lier geboren. Er war bereits als Dreizehnjähriger Violinist an der dortigen St. Gummarus-Kirche, mit 24 Jahren Singmeister und mit der Ausbildung der Chorknaben und der allgemeinen Leitung der Musik betraut. Als Lier während des Spanischen Erbfolgekriegs von den Franzosen besetzt war, verbrachte der Herzog von Chartres, so berichtet zumindest die Überlieferung, einige Abende bei Kennis. Er war von dessen Geigenspiel und den Kompositionen so entzückt, daß er ihn Ludwig XV. empfahl. Im Mai 1746 lud dieser Kennis zu einem Rezital ins Schloß von Boechout und ließ ihn sogar mit einer königlichen Karosse abholen. Eine andere Geschichte, wenngleich auch aus dem 19. Jahrhundert, besagt, daß er vor Maria-Theresia auftrat. Sie soll von seinem Spiel so angenehm überrascht gewesen sein, daß sie ihm eine der großartigen Stainer-Violinen aus ihrer Sammlung schenkte. Leider sind diese Berichte nicht (oder nicht mehr) mit Archivmaterial zu belegen. Sehr wahrscheinlich geht es also um eine Geschichte mit einer französischen und einer österreichischen Variante.

Anfang 1750 zog Kennis nach Löwen um, wo er bis zu seinem Tod im Jahr 1789 die wichtigste Persönlichkeit des dortigen Musiklebens war. Seine Hauptaufgabe

Löwen, vom Brüsseler Tor aus gesehen. Lithografie von J.B. Madou, 18. Jahrhundert. Sammlung Van Loock, Brüssel.

bestand wie in Lier in der Sorge um den Gottesdienst in der Hauptkirche, der Kollegiatskirche Sint-Pieter. Dort standen ihm nicht nur ein Chor, ein (kleines) Orchester und fünf Chorsänger zur Verfügung, sondern er hatte auch noch einen Elitechor, der bereits 1496 gegründet worden war: die Sint-Peeters-Kinder oder Petristen, sieben junge Sänger, die im Sängerhaus wohnten. Inwieweit sich ihre Aufgabe von der der normalen Chorknaben unterschied, ist heute nicht mehr genau auszumachen.

Kennis erledigte seine Aufgaben zur Zufriedenheit aller, obwohl er, soweit wir wissen, in Löwen selbst nicht viel für den Gottesdienst komponiert hat: sämtliche heute noch bekannten religiösen Kompositionen datieren aus seiner Zeit in Lier. In Löwen war er dennoch auf anderem Gebiet sehr produktiv: Zwischen 1744 und 1781 erschienen nicht weniger als zwölf große Sammlungen mit jeweils sechs eigenen Instrumentalkompositionen. Sechs davon wurden in Paris, drei in London und zwei in Löwen herausgegeben. Sie umfaßten Violinsonaten, Violinduette, Trios und Symphonien, geschrieben im damals populären galanten, italienischen Stil. Die beachtlichsten Werke sind die Soli für Violine und Continuo, vor allem wegen der enormen Virtuosität, die dem Violinisten abgefordert wird. Da Leopold Mozart wie kaum ein anderer an der Violinenkunst und -technik interessiert war, wäre es fesselnd gewesen, seine Reaktion auf Kennis' Spiel erlebt zu haben, wenn sie einander begegnet wären. Glücklicherweise kam einige Jahre nach den Mozarts ein anderer Musikliebhaber nach Löwen, der seine Bewunderung zu Papier brachte: Charles Burney. Dieser Londoner Musikhistoriker, Organist und Komponist schrieb in seinem Reisebericht aus dem Jahr 1772: »Ich empfand den Herrn Kennis als den in technischer Hinsicht auffälligsten

Ein Chorpult in der Sint-Pieterskirche. Kolorierte Lithographie, 19. Jahrhundert. Stedelijke Musea, Löwen.

Drehorgel, Ende des 18. Jahrhunderts von Charles Rolin (Vogesen) hergestellt. Stedelijke Musea, Löwen.

Im Jahre 1750 berichtete die französische Schriftstellerin Madame de Boccage über Flandern, daß kein anderes Land mehr Abteien oder höhere Kirchtürme besaß. Ausblick auf die Abtei von Park von der Straße nach Löwen aus. Anonyme Lithografie, 19. Jahrhundert. Privatsammlung.

Die Stadt Löwen war im 18. Jahrhundert der größte Bierlieferant der südlichen Niederlande. Ölgemälde von J.A. Garemijn (1712-1799). Groeningemuseum, Brügge.

Violinisten nicht nur in Löwen, sondern in diesem ganzen Weltteil. Die Soli und Arrangements, die er für sein Instrument schreibt, sind derart anspruchsvoll, daß sie niemand außer ihm selbst ausführen kann.«

Ob Kennis viele Konzertreisen außerhalb Flanderns unternommen hat, wissen wir nicht. Die Kontakte mit ausländischen Verlegern kann er auch brieflich unterhalten haben. In Löwen selbst waren seine außerkirchlichen Aktivitäten jedenfalls nicht gering, da er auch eine jährliche Vergütung »für außerordentliche Dienste« und »für Dienste für Universität und Stadt« erhielt. Er konnte ohne weiteres reisen, denn es gab genügend Musiker, die ihn ersetzen oder ihm an der Orgel oder dem Cembalo zur Seite stehen konnten. So konnte er auf Natalis-Christiaan Van der Borght (1729-1785) zurückgreifen, den Organisten der Abtei Sint-Geertrui, der in seiner Geburtsstadt Löwen zwei Sammlungen mit Cembalosuiten veröffentlichte. Sie sind jedoch moderner – sozusagen klassischer – als die Soli und Trios des Kapellmeisters von Sint-Pieter, aber auch weniger inspiriert.

Eine regelmäßige Zusammenarbeit mit Matthias Van der Gheyn (1721-1785) lag nahe. Dieser war ja immerhin Organist und Glockenspieler an derselben Kirche wie er und befand sich überdies kompositorisch auf der gleichen Linie. Van der Gheyn war ein Spätentwickler. Seine *Six Suites oeuvre IIIe*, um 1750 in Löwen gedruckt, wurden noch von Charles Van den Borren charakterisiert als »Stücke, in denen Elemente des französischen und italienischen Stils unvereinbar nebeneinander bestehen, als ob ein Bauernlümmel ein zerbrechliches Sèvresporzellan mit ungeschickten Händen betastet.« Für die *Six Divertissements*, um 1760 in London publiziert, fällt Van den Borrens Urteil jedoch ganz anders aus. Danach begann Van der Gheyn, wie Kennis ganz in italienischer Art zu komponieren, voller Phantasie und ab und zu sogar mit einem Anflug deutschen Sentiments. »Ein belgischer Boccherini« merkt Van den Borren an, »manchmal wohl sehr aufgetakelt, dennoch lebendig und ausgelassen, wirklich nicht ohne Phantasie oder Originalität.«

Matthias Van den Gheyn war der Sproß einer berühmten Glockengießerfamilie, und als Glockenspieler war er, wie es heißt, ein Erlebnis. Burney berichtet von einer Wette zwischen Kennis und Van den Gheyn. Der Glockenspieler hatte Kennis herausgefordert: Jede Passage, die dieser auf der Violine spielen könne, werde er auf seinen Glocken ausführen. (Burney spricht vom Glockenspieler Scheppens, aber Scheppens war nur Orgelstimmer, so daß Burney wohl Van den Gheyn gemeint haben muß, der sein Amt als Glockenspieler seit 1747 versah.) Van den Gheyn gewann die Wette. Der Preis wird wahrscheinlich ein gutes Fäßchen Wein gewesen sein. Daran fand er wohl besonderen Geschmack, denn schon in der Zeit von Mozarts Besuch wurde er vom städtischen Magistrat beschuldigt, allzu ausgiebig von der Verbrauchssteuerbefreiung für alkoholische Getränke und Lebensmittel Gebrauch gemacht zu haben. Aber auch in dieser Angelegenheit blieb er Sieger! Van den Gheyn war auch ein beschlagener Theoretiker, der seine Fachkenntnisse in einem *Traité d'Harmonie et de Composition* und in den *Fondements de la basse continue avec les explications en français* unter Beweis stellte.

Die Alma Mater

PIET LENDERS

Löwen war Mitte des 18. Jahrhunderts eine mittelgroße Stadt mit sechzehn- bis siebzehntausend Einwohnern, vergleichbar etwa Mechelen, Namur, Mons oder Doornik. Das öffentliche Leben wurde maßgeblich von der Universität bestimmt.

In der zweiten Hälfte des Jahrhunderts entwickelte sich die Stadt zu einer neuen wirtschaftlichen Macht. Sie blieb einerseits ein Zentrum des Getreidehandels, der Mühlen, Bierbrauereien, Geneverbrennereien, andererseits eröffnete aber der geplante neue Kanal, von oberhalb Mechelens bis in die Stadt, der die nicht mehr schiffbare Dijle als Wasserstraße ersetzen sollte, der Stadt neue Perspektiven. Das Vorhaben war ein politischer und finanzieller Kraftakt, paßte aber ausgezeichnet in die Pläne der Brüsseler Regierung zur Verbesserung und Weiterentwicklung der Transportinfrastruktur, mit dem Ziel einer Wasserstraße zwischen Ostende, dem einzigen offenen Seehafen, und Löwen. Der Endpunkt dieses Wasserstraßennetzes sollte ein Lager- und Umschlagplatz für den Straßentransport in die Richtungen Lüttich, Aachen, Köln, nach Süden Namur, Aarlen, Luxemburg und Trier sein. Im Rahmen dieses ehrgeizigen Planes wurden um 1750 in Brügge und Gent Durchstiche gegraben. Es handelte sich dabei um Kanäle, die diese Städte durchzogen, um in Brügge eine Verbindung zwischen den bestehenden Strecken

Anonyme Gravüre mit Blick auf Löwen aus dem 18. Jahrhundert. Universitätsarchiv K.U.L., Löwen.

Am Kanal von Löwen siedelte sich schon bald der örtliche Großhandel an. Am Anfang des 19. Jahrhunderts war die ganze Kanalgegend mit Handelshäusern bebaut. Anonymes Ölgemälde, Louis-Maria Antissier (1804) zugeschrieben. Stedelijke Musea, Löwen.

Ostende-Brügge und Brügge-Gent herzustellen und in Gent den Kanal Brügge-Gent an das Schelde- und Leiebecken anzuschließen.

Infolge des Widerstands von Teilen der Löwener Bevölkerung und technischer Schwierigkeiten beim Anlegen des Kanals in den Nordwesten von Mechelen, konnte der durchgehende Liniendienst erst 1763 aufgenommen werden. Seitdem wurde der Verkehr mit regelmäßig verkehrenden Binnenschiffen zwischen Antwerpen und Middelburg (1763), Dordrecht und Amsterdam (1764), Gent und Brügge (1764), schließlich mit Ostende (1767) abgewickelt. Die Stadt verfügte bereits über regelmäßige Kutschen- und Eiltransporte nach Brüssel, Namur und Lüttich. Anfänglich entwickelten ausländische Fuhrunternehmer die neuen Transportmöglichkeiten. Nach und nach nahm der Verkehr über die Stadt zu, und die Einwohner selbst begannen, sich für die Grundstücke um das Kanalbecken, den Endpunkt des Wasserwegs aus Ostende, zu interessieren.

Immer mehr Löwener Großhändler entpuppten sich als Makler und Spediteure. Die Verschuldung lastete zwar schwer auf der Stadt, die Abzahlungen wurden aber durch verwaltungstechnische Interventionen der Brauergilde regelmäßig geleistet. Der günstige Konjunkturverlauf übte einen weiteren, günstigen Einfluß auf die Abtragung der Verpflichtungen aus. In der Stadt bildete sich eine, angesichts ihres geringen Einflusses in der traditionell von Patriziern und Standesorganisationen dominierten Stadtverwaltung unzufriedene Gruppe standesbewußter Kaufleute heraus, auch als »Kanalgesellschaft« bezeichnet.

Dennoch wurde weiterhin ein guter Teil der Aktivitäten der Stadt von der einzigen höheren Bildungsan-

Porträt von Guillelmus von Linthout, Präsident des Vigliuskollegiums von Löwen. Ölporträt von Pieter-Jozef Verhaegen (1762). Stedelijke Musea, Löwen.

stalt der Niederlande bestimmt: der Universität. 1763 studierten dort 1620 Studenten – zehn Prozent der Einwohner. Weitere zehn Prozent machten die kirchlichen und universitären Angestellten aus, gewöhnlich als Aufseher bezeichnet. Beide Gruppen genossen eine doppelte Immunität: Im juristischen und fiskalischen Bereich den regionalen Gerichten und Steuern entzogen, konnten sie von der rektoralen Gerichtsbarkeit abgeurteilt werden. In dieser akademischen Welt existierte eine komplexe, eigenständige Subkultur, offen für neue Ideen und Entwicklungen im Bereich der Wissenschaften, mit eigenen Tendenzen und Spannungen zwischen den verschiedenen Fakultäten. Die Universität genoß aufgrund ihrer Einzigartigkeit im gesamten Land beträchtliches Ansehen. Sie zog nicht nur Studenten aus den Südlichen Niederlanden, sondern auch aus dem Fürstbistum Lüttich und dem Norden an. Außerdem bemühte man sich auch darum, Studenten aus den reformierten Gegenden Deutschlands anzuwerben. Die Sprache war kein Problem, denn die Vorlesungen wurden in Latein erteilt, lediglich in Deutschland wurde ja bereits in der Volkssprache unterrichtet.

Die Universität umfaßte fünf Fakultäten: die »Artes« oder Freien Künste, Theologie, Kirchenrecht, Zivilrecht und Medizin. Die Fakultät der Artes war eine propädeutische Einrichtung: Sie hatte die Aufgabe, die manchmal sehr jungen Stundenten, einige waren bei Aufnahme des Studiums erst siebzehn Jahre oder jünger, für die wissenschaftliche Weiterbildung zu qualifizieren. Manche dieser Studenten mußten erst in der höheren Schule der Heiligen Dreifaltigkeit, die der Universität 1767 offiziell angegliedert wurde, Latein lernen. In der propädeutischen Fakultät wurden die Fächer gelehrt, die im Frühmittelalter in Kloster- und Domschulen als die »septem artes liberales«, die sieben freien Künste, unterrichtet wurden. Auf die philosophische Bildung wurde der größte Wert gelegt, man nahm aber auch eine begrenzte Einführung in die Mathematik, Geometrie, Physik, Astronomie und Mechanik vor.

Die Artes bildeten mit ihren sechs- bis siebenhundert Studenten die größte Fakultät. Der Unterricht wurde dort dezentral erteilt: jede der vier wichtigsten Pädagogen organisierte den gesamten Ablauf, der sich über zwei Jahre erstreckte. Der Student durfte normalerweise nur dann eine der höheren Fakultäten besuchen, wenn er diese vorangegangenen Studien mit Erfolg abgeschlossen und den Titel des »magister artium« erworben hatte. Dieser Begriff besteht noch heute z. B. im deutschen M. A. (Magister Artium) oder angelsächsischen »master of arts«.

Die theologische Fakultät hatte seit der Verurteilung Luthers im Jahr 1519 einen anhaltend bedeutenden Einfluß auf das kirchliche Leben und die Dogmatik in den Niederlanden. Dort konnte man nach vier Jahren Studium »Baccalaureus« und drei Jahre später »Sacrae Theologiae Licentiatus« werden. Die wenigsten studierten bis zur Promotion weiter; die Dissertation war ein sehr teures Unterfangen.

Ausblick auf den Grote Markt in Löwen. Universitätsarchiv K.U.L., Löwen.

In den beiden Rechtsfakultäten saßen viele Jüngere: der Titel eines Akademikers war Voraussetzung, um Rechtsanwalt oder städtischer Finanzbeamte zu werden. Die Begabteren bemühten sich, nach den vier Jahren nicht nur ein Diplom in Zivilrecht zu erhalten, sondern dazu noch eines in »utroque jure«, also in beiden Rechten.

Die fünfte Fakultät war die medizinische, tatsächlich wurde hauptsächlich Theorie unterrichtet. Die Ausbildung für operative Eingriffe, die damals erst in den Kinderschuhen steckte, wurde den örtlichen Praktikern überlassen. In einem Amphitheater wurden aber dank des berühmten Medizinprofessors H. J. Rega (1690-1754) »Übungen« in Anatomie vorgenommen. Botanik und Chemie waren ebenfalls ins Curriculum aufgenommen.

Neben den regulären Vorlesungen gab es im Juli und August auch Ferienkurse, in denen Nebenfächer behandelt wurden, so daß die Sommersemesterferien erst Ende August begannen und schon Anfang Oktober endeten.

Die Universität verfügte über insgesamt achtundfünfzig Lehrstühle. Fünfzehn wurden von der Regierung vergeben, die so auf die Ausbildung Einfluß ausüben konnte, die anderen wurden zumeist vom Magistrat der Stadt Löwen besetzt. Die Studenten wohnten in Studentenwohnheimen, Kollegien genannt. Mit seinen dreiundvierzig Kollegien gehörte Löwen zu den großen Universitäten. Die Disziplin war sehr streng, körperliche Züchtigung war keine Seltenheit. Von abendlichem Ausgang konnte keine Rede sein, denn direkt nach dem Beginn des Abendessens wurden die Pforten für die ganze Nacht geschlossen. Externe Studenten hatten es da etwas besser, allerdings wurde auch bei ihnen auf strenge Zucht und Ordnung geachtet.

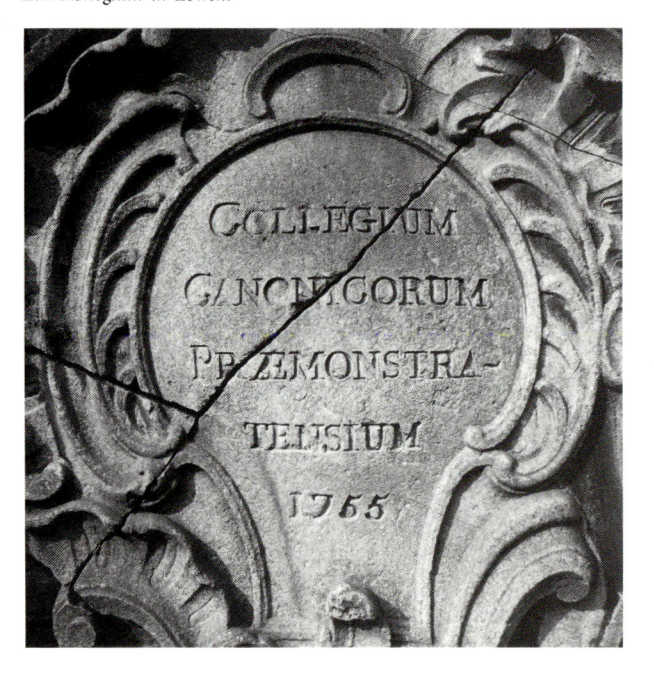

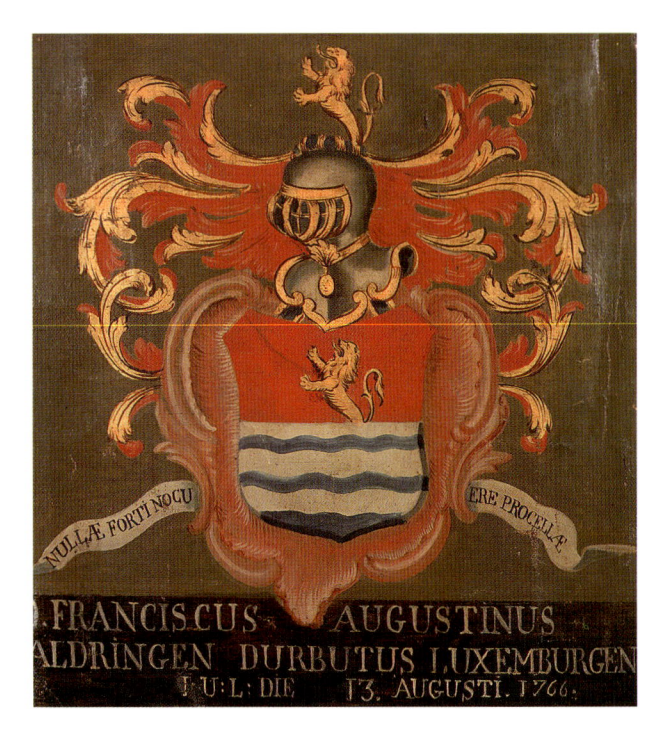

Das Universitätswappenschild von F.A. Aldringer aus Durbuy, der am 13. August 1766 die Doktorwürde erlangte. Stedelijke Musea, Löwen.

Ein Kollegium in Löwen.

Die Universität wurde von einem »rector magnificus« und fünf Dekanen, jeder für eine Fakultät, geleitet. Sie wurden für lediglich ein Semester gewählt und waren daher nicht in der Lage, sich in die Probleme der weiterführenden Ausbildung einzuarbeiten. Der nach dem Rektor zweite Würdenträger war der Kanzler; er verlieh die Abschlußzeugnisse. Sein Amt war mit der Propstei oder dem Vorsitz des Kanonikerkapitels der Hauptkirche verbunden. Der Doktorvater war der Beamte, mit dem alle Studenten irgendwann etwas zu tun bekamen. Er überwachte alle studentische Unternehmungen und fungierte sozusagen als Ordnungshüter. Er war ebenfalls der Ankläger am Gericht der Universität.

Die Zivilverwaltung interessierte sich nach 1750 besonders für die Universität Löwen. Dabei standen nicht mehr der Triumph des Ultramontanismus über den Jansenismus, so wie zur Zeit der Statthalterin Maria Elisabeth, sondern die Lehrinhalte und die neuen Entwicklungen in der Forschung im Mittelpunkt.

An der Universität lebten noch viele Strukturen und der organisatorische Aufbau aus ihrem Gründungsjahr 1425 weiter. Die Hochschule war zwar 1617 reformiert worden, hatte sich aber nach dieser »visitatio« der Erzherzöge Albrecht und Isabella nicht weiterentwikkelt. Doch ereignete sich in der zweiten Hälfte des 17.

Das Sonnensystem. Illustration aus einem Kursbuch von Joannis Du Mon (1762). Universitätsarchiv, Löwen.

Der PONS ASINORUM (der Eselspfuhl): Studenten, die ihr Studium vernachlässigen, fallen von der Brücke in den Eselspfuhl, in dem andere Esel die Attribute eines schlechten Studenten in der Hand halten. Illustration in einem Kursbuch aus dem 18. Jahrhundert. Universitätsarchiv K.U.L., Löwen.

Jahrhunderts ein wichtiger wissenschaftlicher Durchbruch, bekannt als die »scientific revolution«. Die Löwener hatte genau wie viele andere ausländische Universitäten größtenteils abseits dieser Entwicklung gestanden. Der Lehrplan für Medizin wurde zwar 1685 um einen Kurs in Chemie erweitert, und um 1760 gelang es, renommierte Professoren für dieses Fach zu gewinnen, wie J. H. Vounck, der auch ein Labor für die Produktion von Chemikalien errichtete, und C. van Bouchaute, der als bester Chemiker der alten Universität bis heute bekannt ist. Der Lehrstuhl war ursprünglich im Hinblick auf ein effektivere Herstellung von Heilmitteln eingerichtet worden, in den Kursen wurden aber ausgiebig Versuche unternommen und schon bald klagte man über Mangel an Mitteln für die verschiedenen Experimente. Um 1750 wurde das Fach theoretische und philosophische Physik, das zu den Artes gehörte, durch die Experimentalphysik ersetzt. Am Ende des Jahrhunderts begann der Maastrichter Mineraloge Professor Minckeleers mit aufsehenerregenden Experimenten mit Steinkohle und Gas. Nicht ohne Übertreibung also schrieb Graf Cobenzl, Chef der Regierung in Brüssel, in Löwen seien viele Professoren »entièrement livrés à la barbarie pour les sciences et à la rusticité des mœurs«. Die brabantische Universität stand da ihren europäischen Schwestern in Frankreich, England und auch anderswo in gar nichts nach. Lediglich die deutschen Universitäten hatten neue Orientierungen gefunden und Reformen durchgeführt.

Die Intervention des Staates hatte nicht nur die Modernisierung der Strukturen und des Unterrichts, sondern auch eine Erweiterung der Interessen zum Ziel. Sie beabsichtigte, aus einer autonomen, von Kirchengesetzen bestimmten Einrichtung, ein Werkzeug in den Händen des Staats zu formen, das, ähnlich den Seminaren für Kameralistik an deutschen Hochschulen, eine Bildungsstätte für Beamte werden sollte. Der Bevollmächtigte Minister Cobenzl sorgte dafür, daß ein begabter ehemaliger Student der Alma Mater mit der Reformaufgabe betraut wurde: Patrice-François de Neny. Kaiserin Maria Theresia setzte in ihn einige Hoffnung und beträchtliches Vertrauen und ernannte ihn zum Vorsitzenden des Geheimen Rates, die höchste Funktion, die ein Niederländer in der Brüsseler Verwaltung bekleiden konnte.

Regierungskommissar de Neny begann mit äußeren, organisatorischen Veränderungen an der Universität. So verbot er Professoren und Vorstehern, die Studenten weiterhin körperlich zu züchtigen. Er verpflichtete säumige Professoren, regelmäßig Vorlesungen zu erteilen und ihre Seminarsitzungen pünktlich zu beenden. Er verkürzte die vorlesungsfreie Zeit und verlangte, daß die Neubesetzung von Vakanzen nach vergleichenden Lehrproben zu geschehen habe. Um die Bibliothek mit neuem Geist und Leben zu erfüllen, ernannte er 1758 den »aufgeklärten« Theologiestudenten C. F. Nelis zum Leiter der Bibliothek. Erst zwei Jahre nach seiner Anstellung schloß er mit akademi-

Innenansicht der Universitätshalle. Anonyme Farblitho, Anfang des 19. Jahrhunderts. Universitätsarchiv K.U.L., Löwen.

schem Grad ab und wurde zum Priester geweiht. In seinem jugendlichen Elan plante der leitende Bibliothekar, eine akademische Druckerei zu gründen, die nicht nur die Thesen(papiere) der Studenten, sondern auch richtungweisende Studien publizieren sollte. Er konnte sich für dieses Projekt die Mitarbeit von J. N. Paquot sichern. Die typographische Ausführung der Bücher war geschmackvoll, der Inhalt von gutem Niveau. Leider hatte keiner der beiden Initiatoren an den Absatz dieser Bücher gedacht. Der erforderte die Gründung eines akademischen Buchhandels und den Austausch mit ausländischen wissenschaftlichen Verlagsprogrammen. In vierzig Jahren konnte die Druckerei so neben zwölftausend Thesenpapieren achtzig Buchveröffentlichungen realisieren. Ein Erfolg, der sich sehen lassen konnte! Nelis aber wollte mehr: Er beantragte bei Cobenzl die Einrichtung einer Akademie in der Universitätsstadt, doch davon wollte der Minister nichts wissen. Nelis suchte sich darauf ein neues Wirkungsfeld, denn in Löwen wurden ihm als Neuerer nur Steine in den Weg gelegt, sogar sein Schirmherr unterstützte ihn nicht mehr. 1768 wurde er Kanoniker in Doornik, später Bischof in Antwerpen.

Die Interventionen der Regierung rissen nicht ab. Es handelte sich dabei auch um Schikanen, um den Universitäten die Abhängigkeit von der fürstlichen Gewalt zu demonstrieren. So mischte sich der Regierungskommissar genauso in die Disziplinarstrafordnung der Artes wie in die Haushaltsordnung der anderen Fakultäten ein. Er änderte die Zeremonie der feierlichen Verleihung der Doktorwürde mit dem Ergebnis, daß sowohl die höchsten akademischen Ränge wie auch der Magistrat die Feierlichkeit boykottierten. Der Jansenist Neny stiftete viel böses Blut, als er gegen die dreizehn Thesen der theologischen Fakultät protestierte und sogar den Inhalt des zu vermittelnden Stoffes auf den Episkopalismus des Febronius (dessen Werk *De statu ecclesiae* 1763 erschien) verpflichten und das österreichische Regalrecht (das fürstliche Recht, geistliche Ämter zu vergeben) vorschreiben wollte. 1767 sollte Cobenzl höchstpersönlich den Präzeptor seiner Kinder, den alten Professor Schöpflin von der Universität Straßburg, nach Brüssel rufen, um einen Reformplan für Löwen auszuarbeiten. Er war in jedem Fall verständig genug, vor allem Ratschläge hinsichtlich einer Akademie zu erteilen.

Als Sitz einer Universität war Löwen nicht nur ein Forum der Wissenschaft und damit akademischer Dispute, die Stadt war auch der Aufenthaltsort einer unruhigen Jugend, die prinzipiell für das Neue optierte und gern einmal über das Ziel hinausschoß. Gruppen von Studenten verfolgten die Entwicklung der Aufklärung in Frankreich von nahem, diskutierten miteinander darüber und kamen manchmal zu den extremsten Standpunkten. So mußte ein Medizinstudent 1762 Hals über Kopf ins Ausland fliehen, denn er hatte einen Haufen Gotteslästerungen verlauten lassen, sich als Atheist und Materialist ausgegeben und darüber hinaus noch ordentlich Werbung für seine Ideen gemacht. Der Universität, die streng über die religiöse Orthodoxie wachte, gelang es nicht, seiner habhaft zu werden. Der Student schrieb aus seiner Zuflucht einen Schmähbrief an die akademische Leitung. Der Brief gipfelte in der Sentenz: »Sommes-nous encore dans ces siècles barbares et gênés où des tribunaux sanguinaires opprimaient la liberté de raisonner?« (Befinden wir uns immer noch in jenen barbarischen und einengenden Jahrhunderten, in denen Blutgerichte die Freiheit des Denkens unterdrückten?)

Die Jugendlichen liebten es verständlicherweise auch, ab und zu über die Stränge zu schlagen. Die Neulinge in den Artes, die »bejani«, mußten einige Hänseleien ertragen, bevor sie, ihrer Derbheit entkleidet, als »scholares« akzeptiert wurden. Um ungehemmter prassen zu können, wichen sie für ihre Initiationsriten an andere Orte aus, 1763 z. B. nach Vilvoorde, in anderen Jahren nach Kortenberg. Auch in der Löwener Innenstadt klagten die Anwohner über den nächtlichen Lärm der »noctivagationes«. Schlimmer noch war es, als ein Student die »filia hospitalis« entführte und mit ihr nach Frankfurt floh. Die Löwener Bürger konnten nur wenig Verständnis für die jugendlichen Ruhestörer aufbringen. So wurden selbst blutige Zusammenstöße zwischen der Bevölkerung und den Studenten unvermeidlich, 1757 waren sogar ein Toter und neun Schwerverwundete bei einer Konfrontation zwischen Studenten und Einwohnern zu beklagen. Löwen war nicht nur ein geistig bewegter Ort, sondern auch eine sozial unruhige Stadt.

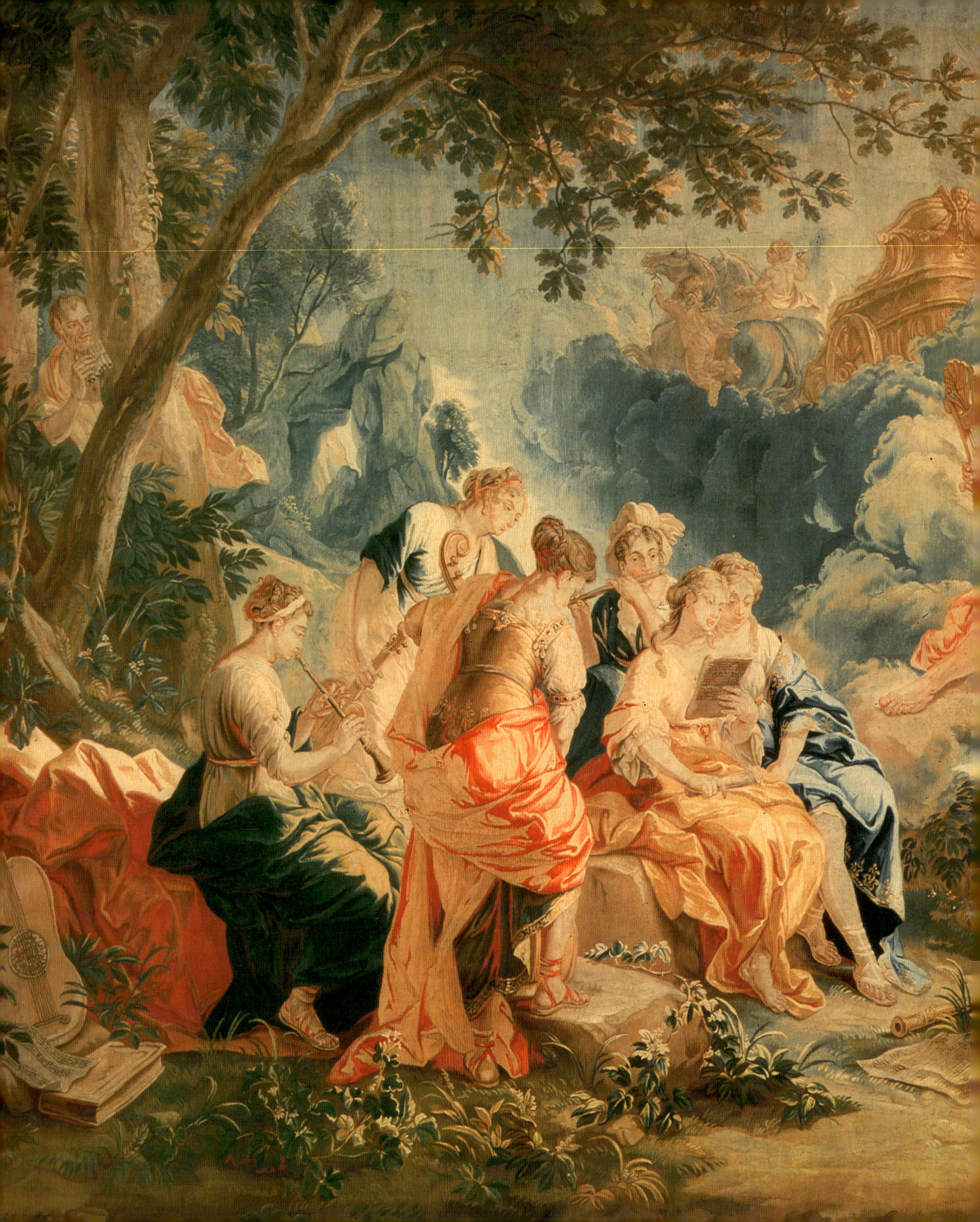

6

Brüssel

4. Oktober–15. November 1763

Leopold Mozart an Lorenz Hagenauer, Salzburg

Brüssel den 17.ten Oct: 1763

[...] Abends waren wir bey Zeiten in Brüssel. Brüssel ist eine recht gar schöne Stadt, sie ist zwar höckericht, das ist Berg auf Berg ab. Aber das Pflaster ist unverbesserlich, man geht wie im Zimmer; Die Häuser sind meistens schön, die Gassen lang, und breit, die Stadt bey Nacht beleuchtet, und alles auf Wienerischen Fuß, auch mit den Wagen, eingerichtet. Wir logeren à l'Hôtel d'Angleterre. Der Canal, der über Mecheln und Antwerpen bis nach Holland geht, macht den Handel hier florirend, und ist bewunderungswürdig einen Canal in der Stadt zu sehen, der mit grossen Holländischen Schiffen in der Menge besetzet ist, die 2. und 3. der grösten Mastbäume und Segel haben, und wo der ganze Canal durchaus mit einen steinernen Ringmauer eingeschlossen ist, auf welcher auf Pfeilern beyderseits Laternen stehen, die bey Nacht brennen. Jietzt ist eben Markt hier, denn die Brabanter den Commes nennen: Er ist ungemein schön, und mann kann alles haben. Das angenehmste ist, daß die besten waaren in dem ungemein grossen Rahthause in den Gängen über ein und 2. Stiegen, in den grossen Sälen und Zimmern, wie auch im Hofe aufgerichtet, folglich so wohl waaren als die Käufer vom Wetter sicher sind, und da wird auch bey Nacht verkauft, wo alles so beleuchtet ist, als wenn es Tag wäre, welches, bey gewissen Waaren, als Silber, Gold, Spiegel, reiche Zeuge etc. ungemein schön anzusehen ist. Weiß und schwarzer Marmor und Messing, dann die Mahlereyen der berühmsten Männer ist hier in alle Kirchen hauffenweis zu sehen. Ich habe tag und Nacht das bildes vom Rubens vor Augen, so in der grossen Kirche ist, auf welchem Christus in gegenwart anderer Aposteln Petro die Schlüsseln überreichet. Die Figuren sind Lebensgrösse. Die berühmsten Mahler, deren Kunst Stücke in dem Brabantischen anzutreffen sind, heissen: Hubert und Hans von Eyck, Peter Paul Rubens, Gerhard Honthorst, Jacob Jordans, Lucas Gassel, Jacob Grimmer, Paul Brill, Wilhelm Bemmel, Aegydius Mostart, welcher von Hulst gebürtig, Martin de Voss, Hieronymus de Wingen, Cornelius Kettel, Michael Janson, Mireveld, Antonius Van Dyck, Rembrant van Ryn, Bartholomaeus Spranger und Lucas van Leiden [...] NB: des Prinz Carls Unterhaltung ist dermahl lackieren, anstreichen, Firniß machen, Essen, trinken, und wacker lachen, daß man ihn ins 3.te oder 4.te Zimmer hört.

Apollo und die Musen (Detail). Wandteppich aus der Brüsseler Werkstatt von Gaspard van der Borght (zweites Viertel des 18. Jahrhunderts). B. Blondeel (Antwerpen) und G. De Wit (Mechelen). ASLK-Sammlung.

Leopold Mozart an Lorenz Hagenauer, Salzburg

Brüssel, den 4 9ber 1763

etwas für Sie allein

[...] *Nun sind wir schon bald 3 wochen in Brüssel aufgehalten, und der Prinz Carl hat mit mir selbst gesprochen, und gesagt, daß er in einigen Tagen meine Kinder hören will, und doch ist noch nichts geschehen. ja, es hat das Ansehen, daß gar nichts daraus wird, denn der Hr: Prinz thut nichts als jagen, fressen und sauffen, und am Ende kommt heraus, daß er kein geld hat. Entzwischen habe ich mit guter art von hier weder abreisen, noch ein concert geben können, weil ich, auf das eigene Wort des Prinzen, seinen Entschluß habe abwarten müssen. Es ist anbey leicht zu erachten, daß eine rechtschaffne zeche in hotel werde zu bezahlen haben. und zur Reise nach paris muß ich wenigst 200 f: in Sack haben. die 2 kleine Räder und vordere axe habe auch müssen neu machen lassen. sonst hätte etwa die Ehre gehabt in der Picardie auf dem gepflasterten Weg sitzen zu bleiben. Nun habe zwar verschiedene kostbare Presenten hier bekommen, die aber nicht zu geld machen will.*

Der Wolfgangerl hat 2 Magnifique degen bekommen, deren einer von Erzbisschoff v: Mecheln grafen v: Frankenberg, ist. der 2te vom general comte de ferraris. das Mädl hat Niderländer spitzen vom Erbischoff bekommen. von andern Cavalieren saloppe Mäntel ecc: von tabatieres und etuis und solchem Zeug könnten wir bald einen Stand aufrichten. Nun habe zwar Hofnung künftigen Montag da ein grosses Concert seyn wird, eine gute beute von grossen thalern und louisd'or zu machen. [...]

Nach einem wunderbaren Tag in Löwen kam die Familie Mozart am Abend des 4. Oktober in der Hauptstadt an. Hatten Lüttich, Tienen und Löwen Leopold schon gut gefallen, so weckte Brüssel noch weit mehr seine Bewunderung. Er knüpfte ebenfalls große Erwartungen an sein dortiges Gastspiel. Er hoffte, Landvogt Prinz Karl Alexander von Lothringen, der Schwager der Kaiserin Maria Theresia, würde die Wunderkinder mit offenen Armen empfangen und ihnen sogleich Gehör schenken. Es sollte jedoch anders kommen, denn sie mußten sich fünf Wochen in Geduld fassen, bevor sie – höchstwahrscheinlich am Montag, den 8. November – ein öffentliches Konzert geben konnten, bei dem auch der Landvogt anwesend war.

Sie verbrachten die Wartezeit, indem sie die Stadt ausführlich besichtigten, freundschaftliche Verbindungen vor allem zu deutschen und österreichischen Hofbeamten, Adligen und Künstlern knüpften, in geschlossenen Gesellschaften auftraten und Briefe schrieben. Aus den Briefen wird ersichtlich, daß sie in den adligen Wohnungen gastlich empfangen wurden. Sie erhielten, wahrscheinlich nach Privatauftritten, viele kostbare Geschenke. Man machte viele Freunde, »graf Vigorola mon Ami extraordinaire«, »H: graf Coronini unser bester Freund, der alle Täg zu uns kommt...«, so heißt es, und beim Abschied: »...unter der traurigen Beurlaubung vieler guten Freunde...«

Brüssel als Residenzstadt des Landvogts beherbergte Hunderte Beamte, Höflinge und Hofpersonal, Botschafter, adlige Familien und ihre Dienstboten. Der Luxus der Oberstadt, wo Wohlhabenden wohnten –

Das Tor von Löwen, an der Straße von Löwen nach Brüssel. Aquarell von Paul Vitzthumb (1751-1838), Ende des 18. Jahrhunderts. Königliche Bibliothek Albert I, Brüssel.

noch keine zehn Prozent der Bevölkerung – stach grell gegen die Armut der tausenden von Besitzlosen in der Unterstadt. Für die himmelschreiend ungerechte Verteilung des Reichtums, für die Massen der Bettler, elternloser Kinder und anderer unglücklicher Kreaturen hatte Leopold Mozart keinen Blick; zumindest verliert er in seinen Briefen kein Wort darüber. Später, in Paris und London, berührte ihn dann das Elend der Bedürftigen.

Ein Thema, das er in den beiden Briefen aus Brüssel wieder anschneidet, ist die Sprache. Nun, da er zum ersten Mal den deutschsprachigen Raum verlassen hatte, äußerte er sich erstaunt über die Sprache der Südlichen Niederlande: »Hier haben Sie ein Modell der brabantischen und französischen Sprache. sonst hört man hier nichts, ausser einige Deutsche, die von Wienn hier am hofe sind.« Am Wiener Hof war aber schon in der ersten Hälfte des 18. Jahrhunderts das Französische die gebräuchliche Umgangssprache. So sprachen viele Wiener Diplomaten und Beamten die Sprache von Corneille und Racine, wenn auch nicht so einwandfrei; mit der Ankunft des frankophonen Karl von Lothringen im Jahr 1744 beschleunigte sich auch in den höheren Kreisen Brüssels der Prozeß der Französisierung. Vor 1760 wurde die Zahl der Französischsprechenden in diesen Kreisen auf fünf bis zehn Prozent geschätzt. Hinzu kam die enorme kulturelle Ausstrahlung der französischen Hauptstadt über ganz Europa.

Um ihren Einzug in Paris, das eigentliche Ziel der musikalischen Tournee, vorzubereiten, wurde ein Teil der Freizeit in Brüssel aufs Komponieren verwandt, so daß Wolfgang dem Pariser Publikum nicht nur als Virtuose, sondern auch als »siebenjähriger Komponist« präsentiert werden konnte. So entstand ein Allegro, das Leopold in Nannerls Notenbüchlein mit dem Vermerk »di Wolfgango Mozart d. 14 Octob: 1763 in Bruxelles« eintrug. Nach neuesten Erkenntnissen komponierte Wolfgang in Brüssel vermutlich auch ein Andante und ein Menuett.

Für den Aufenthalt der Mozarts in der Hauptstadt der österreichischen Niederlande verfügen wir über keine anderen Quellen als ihre eigenen Briefe und Reiseaufzeichnungen und das kleine Allegro in Nannerls Studienbüchlein. Merkwürdig genug, daß Karl von Lothringen der Anwesenheit der Mozarts so wenig Aufmerksamkeit schenkte, daß in der damaligen Presse und den Archiven des Hofs bis heute keine Spur eines Konzerts während ihres Brüsselaufenthaltes gefunden wurde. Möglicherweise gelangt noch das eine oder andere aus einem Privatarchiv ans Tageslicht.

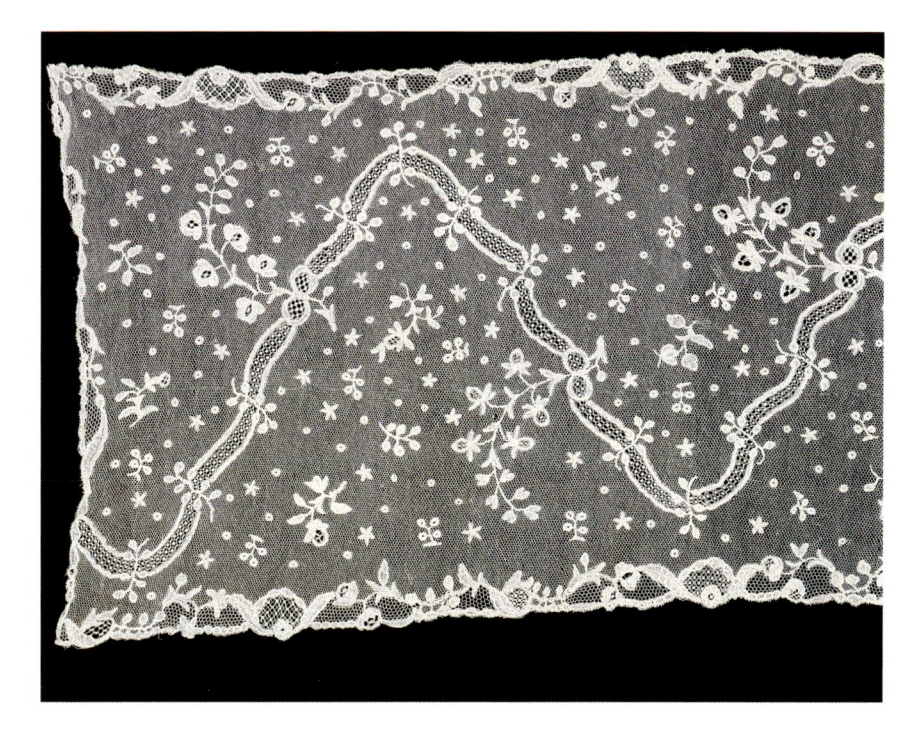

Stola aus Brüsseler Spitze (Detail), 18. Jahrhundert. Städtisches Museum, Brüssel. Spitze wurde im 18. Jahrhundert als ein vornehmes und vor allem teures Geschenk betrachtet.

Silberne Tabaksdose, vom Brüsseler Silberschmied P.J. Fonson (1765). Stadtisches Museum, Brüssel.

Schnupftabakdose aus dem 18. Jahrhundert, von einem unbekannten französischen Goldschmied. Victoria und Albert Museum, London.

91

Brüssel und der Hof Karl von Lothringens

LEO DE REN

Als die Familie Mozart in den Herbsttagen des Jahres 1763 in Brüssel auf gut Glück ankam, betrat sie den Boden einer mittlerweile wieder florierenden Stadt. Nach dem Frieden von Aachen 1749 und der endgültigen Rückkehr des Generalgouverneurs Karl Alexander von Lothringen (1712-1780) atmeten die Südlichen Niederlande unter der gedeihlichen und stabilen österreichischen Herrschaft auf. Auch durch die glänzende Hofhaltung des Landvogts und seiner Umgebung entwickelte sich Brüssel zur kulturellen Hauptstadt des Landes. Karl Alexander von Lothringen eilte zudem in Kunstkreisen der Ruf eines Mäzens voraus. Daher dürfte Vater Mozart am 4. Oktober 1763 sicher mit hochfliegenden Erwartungen durch das Löwener Tor in die Stadt gefahren sein. Er logierte mit Frau und Kindern im berühmten Hôtel de l'Angleterre. Dieser am Kantersteen gelegene, ehemals aristokratische Wohnsitz, wurde im 18. Jahrhundert zum »ersten Hotel Brabants« (»la première auberge du Brabant«) umgebaut, in dem später auch Berühmtheiten wie Napoleon und Wellington abstiegen. Das Gebäude wurde im 19. Jahrhundert von dem Architekten J. P. Cluysenaer (1811-1880) für die Société Royale de la Grande Harmonie neu eingerichtet. Im 18. Jahrhundert zählte das Haus fünzig Zimmer, die Kammern für die Knechte der Reisenden nicht eingerechnet. Glaubt man Mozarts Zeitgenossen, war es besonders reinlich und alle Zimmer waren hübsch tapeziert. 1937 wurde der Bau abgerissen.

Von dieser komfortablen Unterkunft aus erkundete Familie Mozart die Stadt, zunächst geduldig, dann mit zunehmender Unruhe auf das Konzert wartend, das der kleine Wolfgang Amadeus und seine Schwester Nannerl vor dem Generalgouverneur geben wollten. Vom städtebaulichen Standpunkt könnte man sagen, daß ihr Besuch gut ein Jahrzehnt zu früh kam: Die Stadt an der Zenne mit ihren damals etwa fünfundsechzigtausend Einwohnern hatte 1763 noch nicht die urbane Veränderung ihres Gesichts erfahren, mit der wir heute das Brüssel des 18. Jahrhunderts verbinden. Der Martelarenplein, der ursprünglich Sint-Michielsplein hieß, die Place Lorraine oder Koningsplein, auf dem 1775 mit angemessenem Gepränge das heute verschollene Standbild von Karl Alexander von Lothringen enthüllt wurde, den Park und die umliegenden Gebäude im neoklassizistischen Stil gab es damals noch

Die Gegend um Brüssel. Teil der Kabinettskarte der österreichischen Niederlande, auf Anordnung des Grafen de Ferraris (1771-1778) angefertigt. Königliche Bibliothek Albert I, Brüssel.

Karl Alexander von Lothringen als Schutzherr der Künste. Ölgemälde von Mathias De Visch (1762). Groeningemuseum, Brügge.

Karl Alexander von Lothringen als Großmeister des Deutschen Ordens. Medaillon von Anton Mathias Domanek (1713-1779), anläßlich der Inthronisation des Statthalters als Großmeister des Deutschen Ordens hergestellt. Königliche Museen für Kunst und Geschichte, Brüssel.

Das Standbild Karl Alexanders von Lothringen, das 1769 bei dem Bildhauer aus Gent Pieter-Antoon Verschaffelt (1710-1793) anläßlich des 25-jährigen Amtsjubiläums des Generalgouverneurs bestellt, und 1775 auf dem Koningsplein enthüllt wurde. Gravüre von De la Rue (nach 1775). Sammlung Van Loock, Brüssel.

nicht. Zu Mozarts Zeit wurde die Brüsseler Oberstadt durch die grüne Oase des Lustgartens und den trostlosen Anblick des 1731 von einem Brand verwüsteten Hofs der Herzöge von Brabant bestimmt. Nicht weit davon entfernt lag »das neue Gebäude«. Leopold meinte den Palast, in dem der Landvogt residierte.

Am 7. Januar 1744 wurde Karl Alexander von Lothringen in Wien mit der Erzherzogin Maria Anna (1718-1744) verehelicht. Sein älterer Bruder Franz Stephan von Lothringen (1708-1765), der spätere Kaiser Franz I., war bereits 1736 der Schwester Maria Annas, damals noch Erzherzogin Maria Theresia (1717-1780), angetraut worden. Karl Alexander und Maria Anna hielten Ende März 1744 ihren festlichen Einzug in Brüssel als neuer Generalgouverneur der österreichischen Niederlande. Noch während der Fürst seine Truppen im Österreichischen Erbfolgekrieg anführte, starb seine Frau am 16. Dezember desselben Jahres nach einer Totgeburt in der Hauptstadt. Karl Alexander von Lothringen heiratete nicht mehr. Dreizehn Jahre später ging seine militärische Karriere zuende: Als er 1757, zu Beginn des Siebenjährigen Krieges, die soundsovielte Niederlage erlitten hatte, wurde er zum Rücktritt als Oberbefehlshaber der kaiserlichen Truppen gezwungen. Der Feldherr ohne Fortüne widmete sich vortan nur noch der Regierung der Niederlande, wo er zum beliebtesten und hochgelobtesten Landvogt seit den Tagen der Erzherzöge Albrecht (1559-1621) und Isabella (1566-1633) wurde. 1761 folgte zudem seine Wahl zum Großmeister des Deutschen Ordens. Er war als Führer dieses Ritterordens, damit formal dem geistlichen Stand angehörend, einer der wichtigsten Reichsfürsten. Im Zenit seiner Macht entfaltete er einen Pomp, der seinem Status alle Ehre machte. Wenn Karl Alexander das Leben auch in vollen Zügen genoß, so war er dennoch nicht der sorglose Bonvivant, für den ihn manche Zeitgenossen und spätere Biographen ausgaben. Seine Verschwendungssucht erstreckte sich nicht auf alle Bereiche und in den Archiven findet sich die Bestätigung, daß er mit außerordentlich spitzem Stift rechnen konnte.

Die Mozarts hofften offensichtlich, ein Korn aus der Scheuer seiner sprichwörtlichen Freigebigkeit aufpik-

Im 18. Jahrhundert hatte man ein sehr lebhaftes Interesse für wissenschaftliche Sammlungen. Auch Karl von Lothringen besaß ein solches Kabinett, das laut Leopold Mozart alles, was er auf diesem Gebiete je gesehen hatte, bei weitem überstieg. Gravüre von Frans Harrewijn (1700-1764), ca. 1750. Königliche Bibliothek Albert I, Bilderkabinett, Brüssel.

Plan des ersten Stockwerks des Palastes von Karl Alexander von Lothringen. Die Familie Mozart wurde in den Winterräumen empfangen (oben). Allgemeines Reichsarchiv, Brüssel.

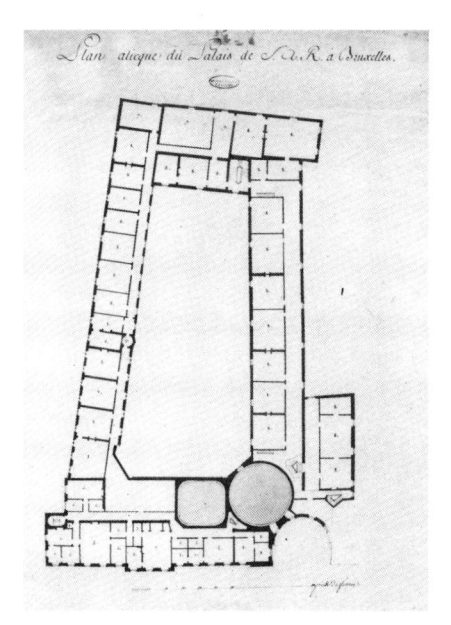

ken zu können, als sie in der Brüsseler Stadtresidenz ihre Aufwartung machten. 1756 hatte Karl Alexander das Anwesen derer von Nassau, das er bereits seit 1744 gemietet hatte, aus eigenen Mitteln erworben. Der Palast wurde ab 1757 bis zu seinem Tod zunächst in verschiedenen Baustufen ausgebaut und dann laufend neu eingerichtet. Vor gut dreißig Jahren riß man von seiner Residenz, oder dem, was von ihr noch übrig geblieben war, Flügel auf Flügel ab. Auf dem freien Gelände wurden das neue Hauptreichsarchiv und die neue Königliche Bibliothek erbaut. Was heute noch vom Palast Karl Alexanders von Lothringen steht, ist die ehemalige Gartenfront mit den Sommerräumen, durch den halbkreisförmigen Haupteingang mit der Königlichen Kapelle verbunden, die heute als protestantische Kirche dient. Mit dem Bau dieses Flügels wurde erst 1760 begonnen. 1763 war die Kapelle fast fertig, aber die Gartenfront war bestimmt noch eingerüstet und die allegorischen Fassadenfiguren des Hofbildhauers Laurent Delvaux (1695-1778) wurden erst in den folgenden Jahren angebracht. Der Italienische oder Sternensalon, heute meist die Rotunde genannt, wurde erst 1766 fertig, an der Einrichtung und der Siegestreppe wurde noch 1768 gearbeitet. Die Mozarts wurden also höchstwahrscheinlich im an der heutigen Keizerslaan gelegenen Audienzsaal der Winterräume empfangen, deren Einrichtung bereits vollendet worden war.

Im Brief vom 17. Oktober berichtet Leopold Mozart Lorenz Hagenauer in Salzburg, daß die Gemächer des Fürsten mit flämischen Wandteppichen und Malereien reich ausgeschmückt seien. Er sah auch viel chinesisches Porzellan, darunter echte chinesische Plastiken.

Der Palast von Nassau im 19. Jahrhundert. Vom Gebäude steht nur noch ein Flügel (mit dem halbkreisförmigen Eingang rechts auf der Abbildung), in dem sich heute das Bilderkabinett der Königlichen Bibliothek befindet. Anonyme Lithografie, 19. Jahrhundert. Königliche Bibliothek Albert I, Bilderkabinett, Brüssel.

Die Fassade des Schlosses von Mariemont. Ölgemälde (1773) von Jean-Baptiste Simons. Sammlung des Schlosses von Mariemont. Das Schloß wurde drei Jahre nach dem Besuch der Mozarts in Brüssel, im Jahre 1766, vergrößert und verschönert. Im Jahre 1794 wurde es durch einen Brand zerstört.

Er beschreibt in seinen Reiseaufzeichnungen sehr genau das Lackkunstkabinett der Winterräumlichkeiten oder das, was er den chinesischen Raum nennt. Am meisten hat ihn wohl das Naturalien- und Raritätenkabinett beeindruckt: »Ich habe viel dergleichen Naturalien Cabinetter gesehen; allein in solcher Menge, und von so vielen Gattungen wird man es nicht bald sehen.« Die Fachleute, die 1780 ein Inventarverzeichnis des Kabinetts erstellten, konstatierten in ihrem Bericht unumwunden, daß nur die kaiserliche Akademie in St. Petersburg über eine reichere Sammlung verfügte. Karl Alexander von Lothringen hatte auch ein physikalisches und ein chemisches Kabinett, in denen er allerlei Versuche unternahm, unter anderem mit Leim-, Lack- und Firnismischungen. Auch davon hatte Leopold Mozart Kenntnis. Ob der damals fast einundfünfzigjährige Fürst seine Salzburger Gäste persönlich durch die Salons, die vorzügliche Bibliothek und seine Kabinette geführt hat, ist eher zweifelhaft. Sicher ist, daß er sie mindestens einmal persönlich empfing.

Leopold Mozart zeichnete Karl Alexander von Lothringen als einen Mann, der Essen und Trinken liebte. Der Bevollmächtigte Minister Preußens, Graf Otto Christoph von Podewils (1719-1781), bemerkte bereits 1747, daß der Fürst dabei des Guten zuviel tat, wenn er sich auch nach und nach beim Trinken etwas zurückhielt. Die Folgen seiner Vorliebe für die Tafelfreuden blieben dennoch nicht aus. Schon ein Vergleich der überlieferten Porträts zeigt, daß der Generalgouverneur mit den Jahren zunahm und seit 1770 wirklich dick wurde. Als er sich 1770 in Wien aufhielt, bemerkte Fürst Johann Joseph Khevenmüller (1706-1776): »Wir fanden ihn alle sehr wohl aussehend, aber merklich fetter.« Karl Alexander von Lothringen war angenehm im Umgang und liebte Späße. Nach Leopold Mozart war sein Lachen drei bis vier Räume weit zu hören. Mit einiger Verbitterung teilte Leopold am 4. November mit, der Fürst ließe ihn zappeln. Er würde Leopold wissen lassen, wenn er einen Auftritt des siebenjährigen Wolfgang und seiner Schwester Nannerl wünsche, doch kam keine Nachricht. Sie waren nun schon drei Wochen in Brüssel, aber der Generalgouverneur täte nichts anderes als »jagen, fressen und saufen«. Darüber hinaus erfuhren sie noch, daß der Fürst kein Geld hatte.

Eigentlich kamen die Mozarts ein wenig ungelegen. Der Hofstaat war gerade von Schloß Mariemont im Hennegau zurückgekehrt und auf dem Programm standen kurz nacheinander zwei Hoffeste: der Namenstag der Kaiserin Maria Theresia am 15. Oktober und der Namenstag des Fürsten am 4. November.

Pièce de Milieu aus dem goldenen Geschirr von Karl Alexander von Lothringen, von Pieter Jozef Fonson und Jacob Frans Van der Donck (1755) hergestellt, bearbeitet in Gold, vergoldetem Silber, Messing und Porzellan. Kunsthistorisches Museum, Sammlung für Plastik und Kunstgewerbe, Wien.

Vor allem das erste Fest wurde mit dem nötigen zeremoniellen Aufwand ausgerichtet. Möglicherweise schaute die Familie zu, wie sich Karl Alexander mit Gefolge nach Saint-Gudule begab, wo eine Messe und ein feierliches Te Deum gesungen wurden, deren Glanz von der Hofkapelle erhöht wurde. Von den Musikern, die am und für den Hof tätig waren, lernten die Mozarts unter anderem Pieter van Maldere (1729-1768), seinen Bruder Willem (1727-1797) und Jan Baptist (1737 bis nach 1799) kennen, möglicherweise auch Ignaz Vitzthumb – »Mr. Vicedom« (1720-1816).

Während die Hurra-Rufe noch aus dem Lustgarten und von den Stadtwällen nachhallten, begab sich der Generalgouverneur zurück in den Palast. Dort gab er dem Hochadel und den ausländischen Gesandten, die ihm ihre Glückwünsche überbrachten, eine Audienz. Danach durfte dem Fürsten eine ausgesuchte Gesellschaft beim Diner zuschauen, das er, von Adligen bedient, allein einnahm. Die Hofmusiker spielten Tafelmusik. Karl Alexander erledigte die protokollarische Angelegenheit in kürzester Zeit, um darauf, nach Verlauten, wirklich speisen zu können. Abends wurde

Terrine aus dem Geschirr des Kurfürsten-Erzbischofs Clemens August von Köln (1741/42), 1763 von Karl Alexander von Lothringen erworben. Germanisches Nationalmuseum, Nürnberg.

Terrine aus dem Geschirr des Kurfürsten-Erzbischofs Clemens August von Köln (1741/42), 1763 von Karl Alexander von Lothringen erworben. Germanisches Nationalmuseum, Nürnberg.

in den Prunkgemächern ein Festmahl mit sechzig Gedecken abgehalten. Die Tafel war eine Augenweide mit edelstem Tafelsilber und Porzellan, das von den Brüsseler Hofgoldschmieden Pieter Jozef Fonson (1713-1799) und Jacob Frans van der Donck (1724-1801) angefertigt oder mit kostbaren Gold- und Silberfassungen verziert worden war. 1763 hatte Karl Alexander noch aus dem Nachlaß des Erzbischofs Clemens August von Köln (1700-1761), seinem Vorgänger als Großmeister des Deutschen Ordens, ein herrliches Service Meissner Porzellans erworben. Der Festtag wurde traditionell von einem Ball in der Muntschouwburg beschlossen. Was die Mozarts davon zu sehen bekamen, ist nicht bekannt. Sie waren aber beim Namenstag des Fürsten mit von der Partie. In seinem Brief vom 4. November kündigte Leopold Mozart an, daß man abends zum Maskenball ins Theater gehen würden.

Daß Leopold Mozart dem Generalgouverneur ausdrücklich seine Jagdleidenschaft vorhielt, kann nur darauf hinweisen, daß Karl Alexander in den Monaten Oktober und November 1763 viele Tage in seiner Lieblingsresidenz Tervuren verbracht hatte. Das alte Schloß der Herzöge von Brabant, an einem großen Teich gelegen, hatte er neu einrichten und umbauen lassen. Westlich der Residenz wurde ein hufeisenförmiger Stallkomplex und eine zeitgenössische Orangerie angelegt. Am anderen Ende des Schloßteiches führte ein Kanal zu den Manufakturen, die Karl Alexander 1760 hatte errichten lassen. Lakaien in rotgelben Livreen – den lothringischen Farben – ruderten den Fürsten in einer Gondel zu diesen Versuchswerkstätten, wo man sich unter anderem in der Porzellanherstellung versuchte und Tapeten fertigte. Rundherum befanden sich modische Französische Gärten mit zahlreichen Anlagen und Bosketten, in denen es sich angenehm lustwandeln ließ. Tervuren bedeutete aber in erster Linie Jagd, das Erlegen von möglichst viel Wild, das dem Fürsten während der Parforcejagden vor den Lauf getrieben wurde. Nur um eine Vorstellung zu bekommen: Am 23. Dezember 1762 wurden bei einer Jagd im Zoniënwald einundvierzig Eber, neunzehn Hirsche, dreiundsechzig Hirschkühe, ein Rehbock, ein Hase und ein Fuchs geschossen.

Während des Aufenthalts der Mozarts in Brüssel war dort auch die Schwester des Landvogts anwesend: Anne-Charlotte von Lothringen (1714-1773). Sie residierte offiziell in Mons als Äbtissin des adligen Damenstiftes. Kaiserin Maria Theresia, als Gräfin des Hennegau das weltliche Oberhaupt dieser Einrichtung, hatte 1754 ihre Schwägerin mit dieser Funktion betraut. Über neunzehn Jahre war Anne-Charlotte die erste Dame am Hof. Sie war wiederholt bei ihrem Bruder zu Besuch und verfügte in den Schlössern von Mariemont und Tervuren sowie im Brüsseler Palast über eigene Gemächer.

Zweiarmiger Leuchter mit chinesischem Knaben aus dem Silbergeschirr von Karl Alexander von Lothringen, von Johann Adam Fautz im Jahre 1747 hergestellt. Bundesmobilienverwaltung, ehemalige Hoftafel- und Silberkammer, Wien.

Karl Alexander von Lothringen mochte der Generalgouverneur sein, die wirkliche Macht ruhte in den Händen des Bevollmächtigten Ministers Karl Johann Philipp Graf von Cobenzl (1712-1770). Dieser unermüdliche, etwas herrschsüchtige aufgeklärte Geist, von seiner Arbeit vollkommen mit Beschlag belegt, galt als der Kopf hinter den wirtschaftlichen Reformen. Er zeichnete auch für die belebende Kulturpolitik verantwortlich, die einen frischen Wind durch die österreichischen Niederlande wehen ließ. Dabei fand er übrigens die Unterstützung Karl Alexanders, wenn die beiden auch sonst nicht immer einer Meinung waren. Wenn es zu Meinungsverschiedenheiten kam, dann bekam meist Cobenzl von der Kaiserin recht. Mit seiner Frau, Gräfin Maria Theresia Pálffy von Erdöd

Das Schloß von Tervuren, die Lieblingsresidenz von Karl Alexander von Lothringen, vom Fasanenpark aus gesehen. Gravüre von Seraphin Heylbrouck nach Jean Faulte (ca. 1760). Städtisches Museum, Brüssel.

(1717-1771), befleißigte er sich eines verschwenderisch luxuriösen Lebensstils. Leopold Mozart lernte auch seinen Neffen, den Sekretär Johann Philipp Cobenzl (1740-1810) kennen, der noch in Salzburg studiert hatte. Im Sommer 1781 war Wolfgang Amadeus Mozart mehrfach in dessen Landhaus auf dem Riesenberg in Wien zu Gast.

Als Großmeister des Deutschen Ordens wurde Karl Alexander von Lothringen in der alltäglichen Verwaltung des Ordens von seinem Ratgeber Beatus Conrad Philipp Friedrich Baron Reuttner von Weyl (bis 1780) und dem Ordenskanzler Johann Christoph von Breuning (+ 1803), der dieser Aufgabe bis 1777 nachkam, unterstützt. Mozart vermutete irrtümlich den Grafen Carl Colloredo (1718-1786) in dieser Funktion. Er begegnete diesem Deutschordensritter, der 1764 zum Landbefehlshaber der Einheit für Österreich aufrückte, in der Hauptstadt, zusammen mit seinem »virtuoso di camera«, dem Violinisten Friedrich Schwindel (ca. 1737-1786). Colloredo war der jüngere Bruder von Reichsvizekanzler Graf Rudolf Colloredo (1706-1788), der 1763 in den Fürstenstand erhoben wurde und bei dem Wolfgang und Nannerl im Jahr zuvor konzertiert hatten. In Brüssel trafen sie auch Joseph Maria Colloredo (1735-1818), den Sohn des genannten höfischen Würdenträgers. Niemand ahnte damals, daß es einmal zu einer erbitterten Fehde zwischen Wolfgang und dem anderen Sohn des Reichsvizekanzlers, Hieronymus (1732-1812), kommen sollte, der 1772 Erzbischof von Salzburg wurde. Der Komponist brach mit seinem Brotherrn und sollte fortan sein Glück als freier Künstler versuchen.

Weder der Landvogt, noch seine Schwester oder einer der Spitzenbeamten des Hofs belegten die Mozarts mit Beschlag oder überschütteten sie mit Geschenken – das taten allerdings der Erzbischof von Mechelen, Jan Hendrik, Graf von Frankenberg und Schellendorf (1726-1804) und einige der Vertrauten des Fürsten, so Artillerie-General Graf Josef de Ferraris (1726-1814), dessen Name für alle Zeiten mit der Karte der österreichischen Niederlande verbunden bleibt, die unter seiner Führung zwischen 1771 und 1787 erstellt wurde. Beide schenkten dem kleinen Wolfgang prächtige Prunkdegen, Nannerl bekam vom Erzbischof Spitzen. Möglicherweise haben sie oder einer der vielen Adligen, die Wolfgang und seine Schwester mit Schnupftabakdosen, Etuis und anderen Nippsachen derart überhäuften, daß Leopold damit einen Stand hätte aufrichten können, es ermöglicht, daß am Montag, dem 8. November, allerdings nicht im Palast, ein Konzert in Anwesenheit des Generalgouverneurs stattfinden konnte.

Welche Rolle ihr »bester Freund«, Graf Coronini, der sie »täglich« aufsuchte, dabei gespielt hat, ist nicht mehr auszumachen. Möglicherweise handelte es sich um den später als Historiker zu Bekanntheit gelangten Graf Rudolf Coronini, Freiherr von Cronberg (1731-1791). Auch Staatsrat Don Ramon de Figuerola, den Leopold Mozart seinen »ami extraordinaire« nannte, kann Türen geöffnet haben. Dieser Graf war einer der Vertrauensleute der Arenbergs, die ihrerseits zum persönlichen Freundeskreis Karl Alexanders von Lothringen gehörten. Herzog Karl von Arenberg (1721-1778) und seine Gemahlin, Gräfin Louise-Marguerite de La Marck (1730-1820), hielten in ihrer prächtigen Brüsseler Stadtresidenz, dem heutigen Egmont-Palast, Hof. Nach dem vernichtenden Brand des Jahres 1892 wurde der Palast in Teilen wiederaufgebaut und aufs neue, wo möglich noch reicher ausgestattet. Einige überlieferte Entwurfszeichnungen des Architekten

Graf Joseph von Ferraris händigt Kaiser Josef II die Karte der österreichischen Niederlande aus. Anonyme Bleistiftzeichnung (1777), Charles Eisen zugeschrieben. Königliche Bibliothek I, Bilderkabinett, Brüssel.

Graf Carl Colloredo, Landbefehlshaber der Ballei Österreich (ab 1764), drittes Viertel des 18. Jahrhunderts. Wien, Zentralarchiv des Deutschen Ordens, Bildersammlung. Die Mozarts begegneten diesem Ritter des Deutschen Ordens am Hof des Statthalters.

Herzog Karl von Arenberg (ca. 1760). Anonymes Ölporträt. Theresianische Militärakademie, Wien.

Prinz Karl Josef de Ligne (1735-1814) im Jahre 1768. Miniatur von Johann Julius Heinsius. Privatsammlung.

Jean-Nicolas-Jérôme Servandoni (1695-1766), der von 1759 bis einschließlich 1762 sein Talent bemühte, den adligen Wohnsitz dem Zeitgeschmack anzupassen, geben noch heute eine hinreichende Vorstellung der Palastfassade des Jahres 1763. Die Arenbergs empfingen regelmäßig den Generalgouverneur. Er war auch auf ihrem Besitz in Heverlee zu Gast, einem Schloß, in dem sich auch ein Theatersaal befand. Er gehörte ebenfalls zu den Besuchern der Arenbergschen Residenz in Edingen, deren Lustgärten zu den schönsten Europas zählten. Der Landvogt besuchte auch den loyalen Herzog Karl Elisabeth d'Ursel (1717-1775), der seit 1755 Gouverneur der Stadt Brüssel war und als solcher auch von Leopold Mozart erwähnt wird. In seinen Reiseaufzeichnungen fehlen allerdings die Namen zweier hervorragender Adliger, Graf Jan Karl de Merode, Marquis von Deinze (1719-1774) und des Fürsten de Ligne. Vor allem Fürst Karl Josef de Ligne (1735-1814), verheiratet mit Franziska Maria, Prinzessin von und zu Liechtenstein (1739-1821), verstand sich wie kaum ein anderer auf die Kunst der interessanten Konversation und darauf, aus einem Fest ein Vergnügen zu machen. Er wurde nicht nur als Soldat, sondern auch als Literaturkenner bewundert. Vor allem aber war er ein Kind der Aufklärung. Die finanzielle Achse dieser hochadligen Gesellschaft war die Witwe Nettine, mit vollem Namen und Titel Barbe-Louise-Josèphe Stoupy, Burggräfin de Nettine (1706-1775). Ihre Bank verwaltete die Staatsfinanzen und nahm die Interessen nicht unbeträchtlichen Privatvermögens wahr. Leopold Mozart führte einen Kreditbrief im Wert von 100 Florinen auf den Namen des Aachener Bürgermeisters Paul Kahr mit sich, den er nötigenfalls bei Madame Nettine »versilbern« konnte.

In Brüssel begegneten die Mozarts auch einigen Künstlern aus dem eigenen Land. Sie lernten unter anderem den Hofmaler Ignaz Katzl (ca. 1735-1802) kennen. Katzl arbeitete ausschließlich für Alexander von Lothringen, für den er verschiedene Gelegenheitsarbeiten verrichtete und einige Interieurs verzierte. Über den Brüsseler Aufenthalt des Wiener Miniaturmalers Eusebius Johann Alphen (1741-1772) ist fast nichts bekannt. Leopold Mozart gewahrte ihn 1763 in Brüssel. Er traf ihn auch in Paris und sollte ihm später noch einmal in Mailand begegnen. Von Alphen ist eine in Elfenbein gearbeitet Miniatur bekannt, eine Abbildung Nannerls und Wolfgangs. Von unschätzbarem Wert ist Leopolds Zeugnis, daß sich Anton Mathias Domanek (1713-1779) mit Frau und Tochter Barbara in Brüssel aufhielten. Dieser Wiener Hofgoldschmied, Graveur und Bildhauer, vor allem durch seine goldenen Toilettengeschirre und Frühstücksservice bekannt, die er für Kaiser Franz I. und auch für Maria Theresia anfertigte, war tatsächlich etwa fünf Jahre in Brüssel für Karl Alexander von Lothringen tätig. 1761 verfertigte der Goldschmidt, der auch Stempelschneider war, einen Bronzepfennig anläßlich der Inthronisierung des Generalgouverneurs zum Großmeister des Deutschordens. Aus dem gleichen Jahr stammt auch ein großes ovales Medaillon mit einem fast identischen Porträt des Fürsten. Domanek führte dieses Werk in einer bemerkenswerten Zinn-, Blei- und Zinklegierung aus, auf der auch Silberspuren entdeckt worden sind. Nach dem Tod Karl Alexanders von Lothringen wurde dieses Medaillon, das heute in den Königlichen Museen für Kunst und Geschichte zu Brüssel aufbewahrt wird, in einen Holzrahmen gefaßt, auf dem ein Chronogramm das Sterbejahr des Fürsten vermeldet. Franz Domanek (1746 bis nach 1811), den Sohn des Goldschmidts, der seit 1766 in den Brüsseler Hofabrechnungen auftaucht, haben die Mozarts in Brüssel offensichtlich nicht angetroffen.

Schließlich suchten sie auch den französischen Bevollmächtigten auf. Dominique de Lesseps, der sein Land noch bis 1765 in Brüssel repräsentieren sollte, wurde nachgesagt, er sei die farbigste Persönlichkeit des diplomatischen Korps. Der Generalgouverneur hielt große Stücke auf ihn. Angesichts der Tatsache, daß sich die Familie Mozart auf dem Weg nach Paris befand, wird diese Bekanntschaft kein Zufall gewesen sein.

Leopold Mozart besuchte nicht nur aus durchsichtigen Gründen die einflußreichen Kreise des Hofs: Er sah die Stadt offensichtlich nur von ihrer schönsten Seite, in seinem Bericht findet sich keine kritische Bemerkung. Er skizziert Brüssel als eine anziehende Stadt mit breiten, gutgepflasterten Straßen, wenn es auch immer bergauf und bergab ging. Unter Karl Alexander machte der städtische Straßenbau tatsächlich gute Fortschritte. Außerdem spannte sich ein modernes Straßennetz über die österreichischen Niederlande, dessen gerade Pflasterstraßen bis zum Bau der Autobahnen die Landschaft als die wichtigsten, die großen Städte verbindenden Verkehrsadern, durchschnitten. Darüber hinaus fielen Leopold Mozart die gut beleuchteten nächtlichen Straßen Brüssels auf. Obwohl bereits seit dem dritten Viertel des 17. Jahrhunderts mit Unterbrechungen in Planung, war die Straßenbeleuchtung Brüssels erst Ende 1755 fertiggestellt. 1777 brandten bereits sechshundert Laternen, 1784 waren es fast siebenhundert. Die Häuser beschreibt er als durchweg schön. In jener Zeit konnte sich Brüssel nicht nur eines barocken Reichtums an

Jan Karel de Mérode, Marquis von Deinze (1719-1774). Anonymes Ölporträt, drittes Viertel des 18. Jahrhunderts. Privatsammlung.

Der Palast des Herzogs von Arenberg. Anonyme Lithografie, 19. Jahrhundert. Sammlung Van Loock, Brüssel. Nach dem Brand von 1892 wurde das Gebäude (der heutige Egmontpalast), von Servandoni entworfen, teilweise umgebaut.

Küchenmädchen, das Muscheln öffnet. Ölgemälde von Louis de Moni. Dieses Gemälde gehörte vermutlich schon im Jahre 1763 zur Gemäldesammlung von Karl Alexander von Lothringen. Kunsthistorisches Museum, Gemäldegalerie, Wien.

Die Aushändigung der Schlüssel an Petrus. Ölgemälde von Peter Paul Rubens (1614-1616). Wallace Sammlung, Londen. Leopold schrieb Hagenauer, daß dieses Gemälde ihm, seit er es in der Sint-Goedelekirche bewundert hatte, »Tag und Nacht vor den Augen« schwebte.

Die Sint-Goedelekollegiale (später der Sint-Michielsdom). Gravüre von Jacob Harrewijn, erstes Viertel des 18. Jahrhunderts. Die Treppe, gebaut um 1707, wurde unter französischer Herrschaft abgebrochen. Sammlung Van Loock, Brüssel.

Der Beginenhof, im Hintergrund das Brüsseler Handelsviertel. Gravüre von Jacob Harrewijn (1727). Städtisches Museum, Brüssel.

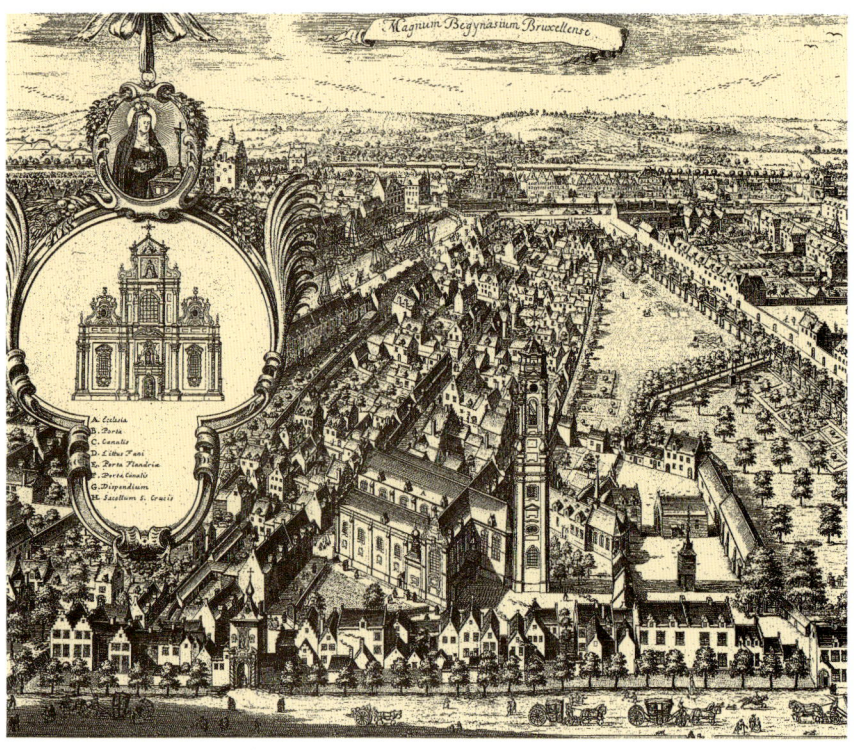

Klöstern und Kirchen, eines guten Hunderts adliger Gebäude, manche mit herrlichen Gärten, sondern auch prosperierender Neubauaktivitäten in den unterschiedlichen Stadtvierteln rühmen. Trotz des Wohlstands, den die Häuser der wohlhabenden Händler und Geschäftsleute ausstrahlten, schlängelte sich durch die Unterstadt die übelriechende Zenne, und die Mehrzahl der Einwohner lebte in den weniger komfortablen Gäßchen der Wohnviertel des einfachen Volkes.

Die Mozarts nutzten ihren unfreiwillig verlängerten Aufenthalt, um touristisches »Sightseeing« zu machen, möglicherweise mit einem der vielen gedruckten Stadt- oder Reiseführer bewaffnet, die damals für Reisende oder Kunstfreunde auf dem Markt waren. In seinem Brief vom 17. November zitiert Leopold Mozart eine Reihe von Malern, deren Werk in Brabant, also nicht notwendigerweise in Brüssel, zu sehen war. Der Brief ist ein Sammelsurium bekannter und weniger bekannter Namen, in einem Fall mit einem biographischen Detail, das er unmöglich gekannt haben konnte, also wahrscheinlich aus einem Buch ganz oder teilweise abgeschrieben haben muß. Möglicherweise war es auch eine ältere Ausgabe. Außerdem fällt auf, daß in dieser Aufzählung eine Reihe zeitgenössischer Maler fehlen, die in den bekanntesten Brüsseler Kunstkabinetten ausgestellt waren oder in reichem Maße die Kirchenaltäre zierten. Leopold Mozart spricht übrigens nur von der Sammlung des Generalgouverneurs. Vielleicht hat er auch die Kollektion des Bevollmächtigten Ministers und des Herzogs von Arenberg zu Gesicht bekommen. Daneben gab es noch mindestens zwanzig Privatsammlungen, die mit einem entsprechenden Entrée besichtigt werden konnten.

Etwas detaillierter, wenn auch nicht besonders ausführlich, ging Leopold Mozart auf den Besuch des einfacher zugänglichen Kirchenpatrimoniums der Stadt ein. Die Hauptkirche, die Stiftskirche Saint-Gudule, später in Kathedrale Saint-Michel umbenannt, fehlte natürlich nicht auf dem Programm. Zur Westfassade führte eine imposante Treppe. Diese aus dem Jahr 1707 stammende Treppenflucht wurde in der Zeit der französischen Besetzung abgerissen. Unter den vielen in der damaligen Stiftskirche beheimateten Bildern hat eines Leopold Mozart besonders berührt. Im Brief vom 17. Oktober an Lorenz Hagenauer berichtete er, ihm stehe dieses Werk Pieter Paul Rubens' (1577-1640), die Übergabe der Himmelsschlüssel an Petrus darstellend, Tag und Nacht vor Augen. Dieser überragende Meister des flämischen Barock arbeitete an dem Werk von 1614 bis 1616. 1763 diente es als Epitaph für Nicolaas Damant (1531-1616) über einem Nebenaltar rechts des Eingangs zur Kapelle des hl. Sakraments des Wunders und wurde vermutlich um etwa 1800 veräußert. Heute gehört dieses Gemälde zur angesehenen Wallace Collection in London.

Eine ähnliche, etwas frühere (1613-1615) Komposition zierte das Epitaph Pieter Breughels d. Ä. (1525/30-1569) in der Notre-Dame-de-la-Chapelle. Sehr gegen den Willen der Erben Breughels gelangte dieses

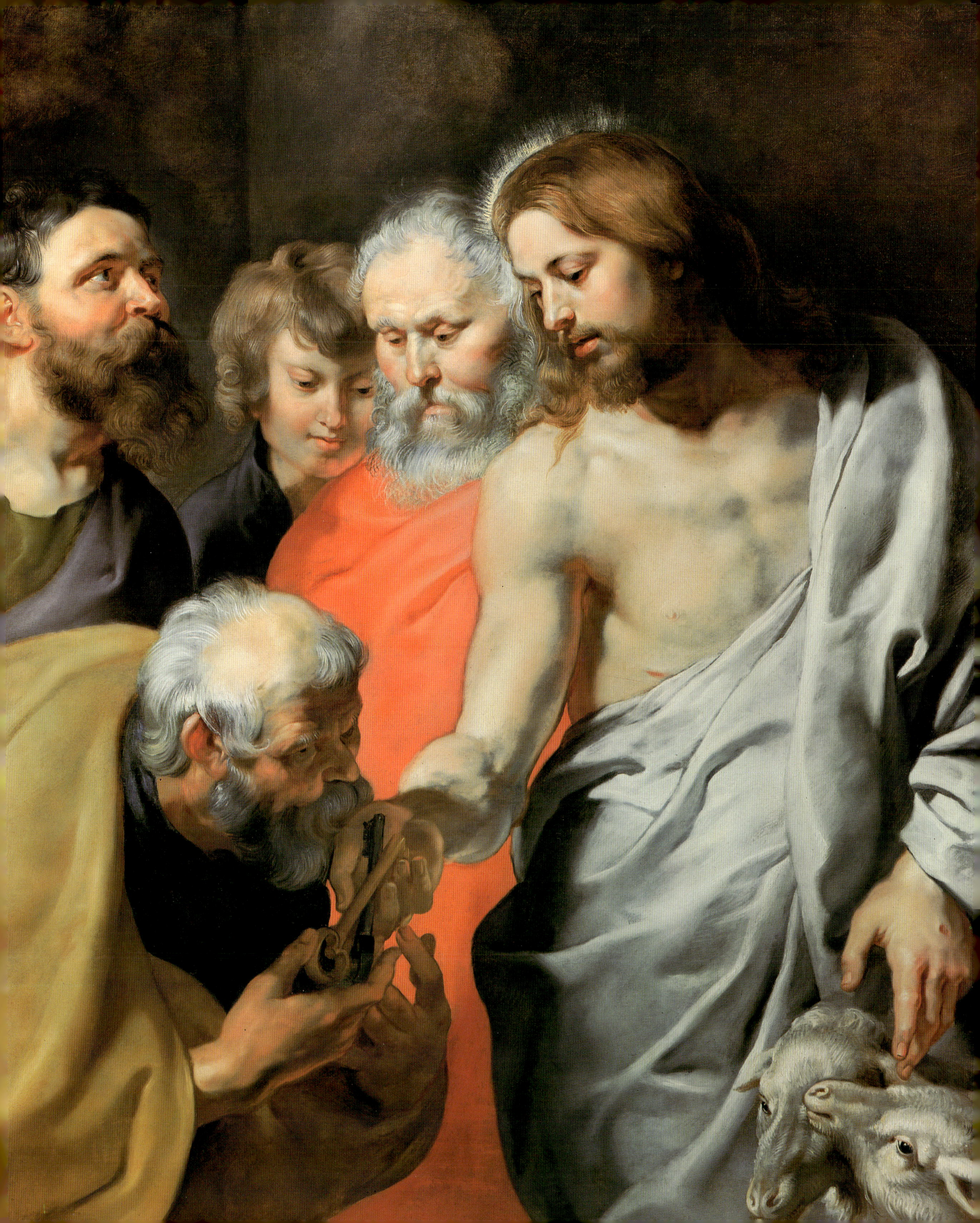

Terrakotta-Entwurf für das Grabmonument von Lamoral-Claude-François von Thurn und Taxis in der Kirche von Onze-Lieve-Vrouw van de Zavel, von Mattheus van Beveren (1678). Museum voor Schone Kunsten, Brüssel.

Werk Rubens' 1765 ins Schlafgemach des bekannten Amsterdamer Sammlers Gerrit Braamcamp (1699-1771), der auf seine Kosten eine Kopie für die Brüsseler Gebetsstätte erstellen ließ. Das Original wurde von der Verwaltung des Kirchenvermögens für fünftausend Florinen veräußert. Wenn sich die Familie Mozart kurz in dieser Kapelle umgeschaut haben sollte, was recht wahrscheinlich ist, wird sie zu den letzten Touristen des 18. Jahrhunderts gehört haben, die das Original noch an seinem Platz gesehen haben. Heute befindet sich das Kunstwerk in der Gemäldegalereie der Staatlichen Museen Berlin.

Leopold hielt nicht nur begeistert fest, daß die Brüsseler Kirchen reichlich mit Werken der berühmtesten Meister ausgeschmückt waren, ihn beeindruckte vor allem die üppige Verwendung von weißem und schwarzem Marmor. Als Beispiel dafür nannte er die prächtige Jesuitenkirche, die zum zwischen Ruisbroekstraat und Strostraat liegenden Klosterkomplex gehörte. Nach der Aufhebung des Ordens im Jahre 1773 wurde das Kloster zu einem Theresianischen Kolleg umgestaltet, danach mußte es dem Alten Justizpalast weichen. Die Kirche, die im Laufe der Zeit unterschiedliche Bestimmungen erfahren hatte, wurde 1812 abgebrochen. Am meisten jedoch beeindruckte ihn die wechselweise Verwendung verschiedenartigen Marmors, die ihm auch in anderen Kircheneinrichtungen der österreichischen Niederlande aufgefallen war, in der barocken Grabkapelle der Familie Thurn und Taxis in der Kirche Onze-Lieve-Vrouwe van de Zavel. Mehrere der bekanntesten Bildhauer des 17. Jahrhunderts hatten an ihr gearbeitet. Eines der zweifellos schönsten Beispiele der flämischen Barockkunst ist das Grabmal Lamoral-Claude-François', Graf von Thurn und Taxis († 1676), das Mattheus van Beveren (1630-1690) dort 1678 plazierte. War es nicht verständlich, daß diese Grabkapelle Mozarts besondere Aufmerksamkeit erregte, war doch ein Graf von Thurn und Taxis, dem Domkapitel zu Salzburg verbunden, einer seiner ersten Arbeitgeber gewesen? Weiterhin nennt er noch das mittlerweile nicht mehr vorhandene Kleine Karmeliterkloster, das an das Arenbergsche Palais grenzte, und die Große Karmeliterkirche, deren Kanzel ihm wie »aus einem grossen Baum gehauen« erschien. Er meinte die Kanzel von Pierre-Denis Plumier (1688-1721), heute in Notre-Dame-de-la-Chapelle. In einer Felsenhöhle, die gleichzeitig der Platz für den Geistlichen bildet, wird dem Propheten Elias in der Wüste von einem Engel Nahrung gebracht. Dahinter erheben sich zwei Palmbäume, deren Blätterwerk in den Resonanzboden übergeht. Derartige sog. naturalistische Kanzeln, die als selbständige Skulpturen im Raum stehen, blieben in den Kathedralen Brüssels (1699), Antwerpens (1713) und Mechelens (1721), in der Stiftskirche Sint Pieter in Löwen (1742) und in der Kirche Onze-Lieve-Vrouw von Hanswijk in Mechelen (17-1746) erhalten. Abgesehen von letzterer sind die Kanzeln ursprünglich nicht für diese Kirchen gearbeitet worden, sondern stammten aus Klöstern, die am Ende des 18. Jahrhunderts säkularisiert wurden. Dieses Los erwartete auch das 1797 abgebrochene Karmelitenkloster, das in der Grote Karmelietenstraat, ganz in der Nähe der Stoofstraat lag.

In den Reiseaufzeichnungen Leopold Mozarts wird jedoch kein Wort über das »Manneken« auf der Ecke Stoof- und Eikstraat verloren. Die kleine Plastik stand damals noch, von einem schmiedeeisernen Gitter umfangen, auf einer sieben Fuß hohen Säule und ließ ihr Wasser ungeniert in ein großes und ein kleines Steinbecken strömen. Erst 1777 wurde »Manneken Pis« in einer Nische aus blauem Stein untergebracht. Von den vielen Wasserbecken, an denen die Stadt reich war, nennt Mozart nur die Minervafontäne am Grote Zavel, was nicht weiter verwunderlich ist. Die Statue der Göttin hielt ein Medaillon mit dem Doppelporträt von Kaiserin Maria Theresia und ihrem Gemahl, Kaiser Franz I. Dieses nicht nebensächliche Detail wurde von Leopold Mozart eigens vermerkt. Der Springbrunnen war noch relativ neu. Er wurde dort erst

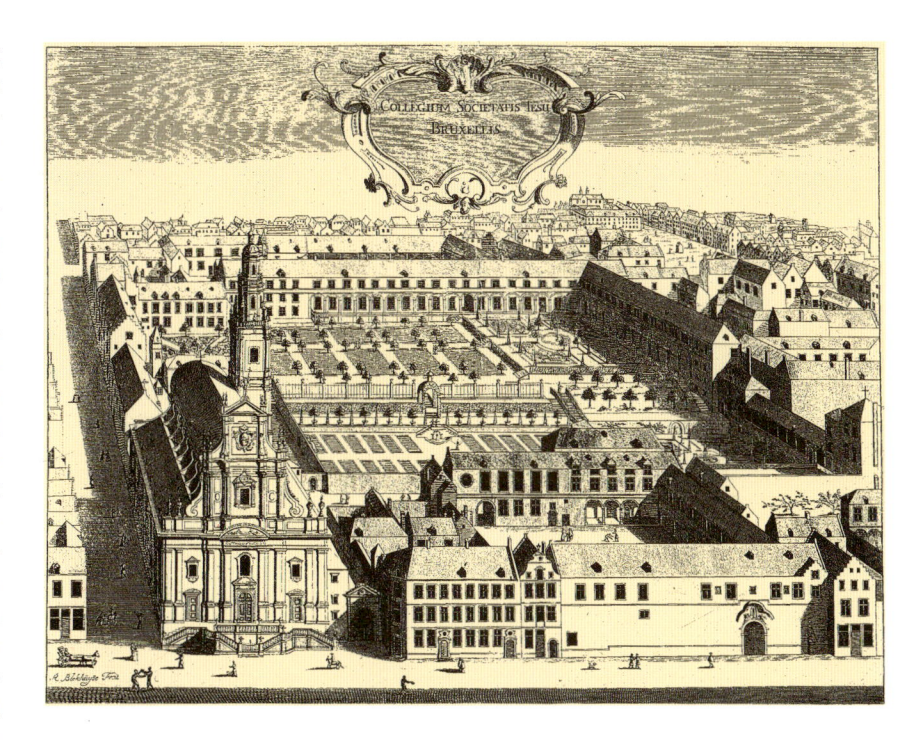

Das Klostergebäude der Brüsseler Jesuiten, gelegen zwischen der Ruisbroekstraat und der Strostraat. Gravüre von Reynier Blockhuyzen (1734). Sammlung Van Loock, Brüssel.

Der Minervaspringbrunnen auf dem Grote Zavel, von Jacques Bergé entworfen, und 1751 auf dem Platz angebracht. Die Göttin hält ein Doppelporträt der Kaiserin Maria Theresia und ihres Ehegatten Kaiser Franz I. in den Händen.

Volksfest in der Handelsgegend am 18. Juli 1769 anlässlich des 25-järigen Amtsjubiläums von Karl Alexander von Lothringen als Generalgouverneur der österreichischen Niederlande. Ölgemälde von Equennez (ca. 1769). Privatsammlung.

1751 errichtet, obbwohl er schon zehn Jahre vorher von Lord Thomas Bruce, Graf von Ailesbury und Elgin († 1741) bei Jacques Bergé bestellt worden war. Der Adlige zeigte sich damit für das im zuteil gewordene politische Asyl erkenntlich, das dieser Anhänger des katholischen englischen Königs Jacobus II. in Brüssel genossen hatte.

Der Brüsseler Hafen, vor allem die vielen niederländischen Zwei- und Dreimaster, die dort angelegt hatten, machten einen starken Eindruck auf Leopold Mozart. Mit dem Ausheben des Willebroekse-Kanal um die Mitte des 16. Jahrhunderts, durch den Brüssel über Mechelen mit Antwerpen verbunden wurde, büßte die Zenne ihre Bedeutung als natürliche Versorgungsader ein. Die Hafenaktivitäten verlagerten sich vom Kiekenmarkt zur Sint-Katelijnewijk. Der Kanal floß durch das neue Kanal- oder Ufertor in der zweiten Umwallung in die Stadt. In seiner Verlängerung wurden auf dem Gelände hinter dem Beginenhof das Schuiten-Dock, das 1639 den Hooikai als Seitenbecken erhielt, und das Handelaarsdock gegraben. Das Sint-Katelijne-Dock wurde 1565 im rechten Winkel dazu als Schlußstück angelegt. Diese Docks wurden während der Stadterneuerung des 19. Jahrhunderts zugeschüttet. Die Sint-Katilijne-Kirche wurde, bis auf den Turm, abgerissen und auf der gleichnamigen, zugeschütteten Fläche durch ein neues Gotteshaus ersetzt. Nur einige Straßennamen erinnern noch an die steinernen, an beiden Seiten von Laternen erleuchteten Kaimauern, an denen die Familie Mozart 1763 entlangflanierte und mit Vergnügen das Anlegen der Muschelkähne und das Laden und Löschen der Schiffe verfolgte. Einige Jahre später, 1769, war das Viertel der Schauplatz eines großes Wasserfestes mit Volksbelustigungen

Die Gildehäuser auf dem Grote Markt zwischen der Guldenhoofdstraat und der Boterstraat. Aquarell von F.J. De Rons (1737). Städtisches Museum, Brüssel.

anläßlich des fünfundzwanzigsten Amtsjubiläums Karl Alexanders von Lothringen als Generalgouverneur der österreichischen Niederlande. Am Morgen des 5. Januar 1775 herrschte hier großer Andrang, als die Bronzestatue des Landvogts, die der ausgewanderte Genter Pieter Antoon Verschaffelt (1710-1793) in Mannheim gefertigt hatte, per Schiff angelandet wurde. Am Nachmittag wurde die Plastik auf einem festlich geschmückten Karren von 106 Schiffern durch die Stadt zum Koningsplein gezogen, wo das Denkmal am 17. Januar enthüllt werden sollte.

Wenn auch das Hafenviertel gelegentlich den Hintergrund für ein Fest bildete, die alltägliche Entspannung fanden die Einwohner außerhalb des Hafens. Die Groendreef entlang des Kanals von Willebroek, die vom Hafen zum Wallfahrtsort von Onze-Lieve-Vrouw von Laken führte, war seinerzeit die Attraktion für die am Stadtrand Erholung Suchenden. Die Brüsseler schöpften hier an ihren freien Tagen frische Luft oder vergnügten sich in den dortigen Herbergen oder ihren Landhäusern. In den Kabaretts und sogar auf dem Wasser ferndern regelmäßig Feste und bäuerliche Tanzvergnügungen statt. Auch die Mozarts gingen ein Stück ihres Weges auf dieser breiten Allee mit doppelter Baumreihe, wo die gesetzten Städter im Sonntagsstaat und die verliebten Pärchen unter dem grünen Blätterdach flanierten. Vater Mozart wird dort nicht nur die Muße eines sonnigen Herbsttags genossen haben, er hoffte wohl in erster Linie, wie all die anderen, gesehen zu werden, zusammen mit den Wunderkindern, die mittlerweile in den Brüsseler Salons, zwischen Kaffee und Schokolade Gesprächsstoff abgaben. Dieser Ausflugsort, der auch Nannerl sehr gefiel, wurde in den Stadtführern wärmstens anempfohlen. Der *Guide fidèle* aus dem Jahr 1761 pries zum Beispiel den damals noch ländlichen Koekelberg und Laken als eine bukolische Umgebung mit schönen Plätzen, vielen Teichen und idyllischen Wirtshäusern mit Außenausschank, in denen man sich vergnügen oder erholen konnte. Die Mozarts unternahmen auch den obligatorischen Spaziergang entlang der Stadtwälle, der in den Führern angesprochen wurde.

Schlug das Herz des Handels in der Hafengegend und fand der homo ludens seine Zerstreuung in der grünen Lunge der Stadt außerhalb der Wälle, dann war der Grote Markt der Spiegel des städtischen Wohlstands. Die Mozarts besuchten ihn gerade in der Zeit der jährlichen Oktoberkirmes. Nach dem vernichtenden Beschuß des Jahres 1695 wurde das Rathaus wiederaufgebaut, die Gildehäuser erstanden aus der Asche in brüderlichem handwerklichem Wetteifer, die eine Fassade schon barocker als die andere. Läßt man

Restaurierungen und Ergänzungen weg, so sieht dieser Marktplatz heute genau wie früher aus. Nur das Brothaus ist in seiner heutigen Erscheinung eine Schöpfung des Architekten P. V. Jamaer (1825-1902) aus dem 19. Jahrhundert. Leopold Mozart schätzte »das Rathshaus und die auf demselben Platz stehende schöne Gebäude«. Das ist durchaus nicht selbstverständlich, denn fortschrittlichere Zeitgenossen zogen den kontemporären Städtebau vor, der regelmäßig geformte Plätze mit streng rhythmisch angeordneten Gebäuden vorschrieb. Der Maler Jean-Baptiste Descamps brachte in seiner *Voyage pittoresque de la Flandre et du Brabant* von 1769 den Fassadendekorationen bestimmter Gildehäuser einige Wertschätzung entgegen, ihr architektonisches Gesamtbild fand er chaotisch. Ihm gefiel die Ausstattung der Säle besser als die äußere Erscheinung des Rathauses. Zusammen mit vielen Gemälden beschreibt er die Reihe der Wandteppiche im Großen Saal der brabantischen Stände, heute der Versammlungssaal des Gemeinderats. Die Brüsseler Wandteppiche wurden in den Jahren 1717-1718 in den Werkstätten von Urbanus Leyniers (1674-1747) und seines Teilhabers Hendrik Reydams d. J. (1650-1719) gewoben. 1763 stand es um die Teppichwebekunst nicht zum besten. Eine gewerbliche Erhebung aus jenen Jahren vermeldete für Brüssel nur zwei Meister und zweiunddreißig Webstühle, von denen damals lediglich siebzehn in Gebrauch waren. Der Tod von Jacob van der Borght d. J. im Jahr 1794 bedeutete das endgültige Aus für dies weltweit renommierte Brüsseler Kunstgewerbe, das sich schon einige Jahrzehnten totkrank dahinschleppte.

Leopold Mozart durchstreifte die Säle und Flure des Rathauses. Ihn erstaunte, daß dort tagsüber und abends eine derart reiche Auswahl an Konsum- und Luxusartikeln feilgeboten wurde. Vor allem die Gold- und Silberwaren, die von der Fertigkeit der Brüsseler Goldschmiede zeugten, die blinkenden Spiegel und ins Auge stechenden Nippsachen boten im funkelnden Abendlicht einen fast märchenhaften Anblick.

Zweifellos sah er auch Brüsseler Zinn, das damals bereits bei den Wohlhabenden, wenig später auch in weiteren Kreisen, dem Glas und modischem Tafelporzellan weichen mußte. Das echte Porzellan wurde aus Doornik eingeführt. François-Joseph Peterinck (1719-1799), der dort 1751 eine Manufaktur gegründet hatte, verfügte für dreißig Jahre über die Exklusivrechte der Porzellanherstellung in den österreichischen Niederlanden. Das Tafelgeschirr aus Fayence wurde hingegen in Brüssel hergestellt.

Zwei Gewerbebetriebe beherrschten 1763 den Brüsseler Fayencemarkt. Die Werkstatt De Moriaen, 1751 von Jacques Artoisenet († 1755) gegründet, wurde damals von seiner Witwe und zweiten Frau Jeanne-Marie van den Berghe geleitet. Sie sollte 1766 den Titel einer Kaiserlich-Königlichen Manufaktur verliehen bekommen. Joseph-Philippe Artoisenet († 1783), ein Sohn aus Jacques' erster Ehe, übernahm 1762 den Betrieb, den sein Großvater mütterlicherseits, Philippe Mombaers († 1754), 1724 gegründet hatte. Ein ähnlich der Fayenceproduktion blühender Gewerbezweig war die Spitzenherstellung. Die Leinenfäden mußten zwar aus dem Ausland eingeführt werden, da die Zahl der vor Ort arbeitenden Spinnereien um die Mitte des 18. Jahrhunderts stark zurückgegangen war, doch Produktion und Verkauf erlebten goldene Zeiten: Mehr als zehntausend Spitzenklöpplerinnen und zweihundert Händler verdienten damit ihr tägliches Brot. Auch

Terrine in der Form einer Spargelknospe aus der Brüsseler Werkstatt von Philippe Mombaers (1724-1754). Städtisches Museum, Brüssel.

Terrine in der Form einer Melone aus der Brüsseler Werkstatt von Philippe Mombaers (1724-1754). Städtisches Museum, Brüssel.

Der Einzug der Statthalterin Maria Elisabeth in Brüssel am 9. Oktober 1725. Ölgemälde von J.B. Martin. Königliche Museen für Künst und Geschichte, Brüssel.

Nonnen und Beginen arbeiteten fleißig in diesem Gewerbezweig. Spitzen waren ein vornehmes und vor allem kostspieliges Präsent. Wie bereits erwähnt, erhielt Nannerl vom Erzbischof Spitzen als Geschenk. Drei Jahre später, auf der Reise durch die Republik der Vereinigten Provinzen nach Frankreich, nutzte Leopold seinen eintägigen Aufenthalt in Brüssel, um noch Spitzenklöppeleien zu erwerben.

Soweit das Stimmungsbild von Brüssel und dem Hof Karl Alexanders von Lothringen im Jahr 1763 auf der Grundlage der Briefe und Reiseaufzeichnungen Leopold Mozarts. Der Eindruck, den die Stadt auf Leopold machte, ist bemerkenswert. Zwar wurde in den Kirchen meist aus einem Brevier und kaum der Rosenkranz gebetet, doch beruhigte ihn die offensichtliche Frömmigkeit darüber, daß er sich in einer Gegend befand, die zum Einflußbereich der geliebten Landesmutter, Kaiserin Maria Theresia, gehörte. Kurz, der Österreicher fühlte sich in den österreichischen Niederlanden zuhause, wenn auch mancher habsburgische Fürst diese Erblande gern gegen das geographisch besser anschließende Bayern getauscht hätte.

Um das Brüssel des 18. Jahrhunderts auf dem Höhepunkt seiner Prachtentfaltung zu sehen, hätten die Mozarts besser fünfzehn Jahre später kommen sollen. Und hinsichtlich des Hoflebens hatten sie als ungebetene Gäste auch nicht den richtigen Zeitpunkt gewählt, um im Brennpunkt des Interesses stehen zu können. Der Generalgouverneur, seine Vertrauten und die Crème des Adels waren erst vor einigen Tagen aus Mariemont zurückgekehrt, wo sie jedes Jahr den Spätsommer verbrachten. In Brüssel erwarteten diese einige schnell aufeinanderfolgende Feste, die augenblickliche Vorbereitung verlangten und für beträchtlichen zeremoniellen Druck sorgten. Und in Tervuren lockte das Wild, die letzten Herbsttage auf der Jagd in den Wäldern zu verbringen.

Daß die Hotelrechnung, wie befürchtet, zu beträchtlicher Höhe aufgelaufen sein wird, bedarf keiner Erläuterung, denn schließlich stiegen die Mozarts immer in den teuersten Hotels ab. Am 15. November verließen sie Brüssel, um einige Geschenke und Komplimente reicher und eine Illusion ärmer: daß der kultivierte Bonvivant und freigebige Mäzen Karl Alexander von Lothringen zwar gut, aber lang nicht so verdreht war, wie es Leopold Mozart möglicherweise erhofft hatte. Nichtsdestotrotz – das Konzert hatte stattgefunden. Ende gut, alles gut.

Das Musikleben

PIETER ANDRIESSEN

In den Reisenotizen, die Leopold Mozart vom 4. Oktober bis 15. November 1763 in seinem Hotelzimmer am Koudenberg in Brüssel niederschrieb, finden wir nur wenige Musiker wieder: »Mr. Schwindel Virtuoso di Violino[...] Mr van=Maltere trois freres, et Mr Vicedom Musiciens«. Doch hielt er sich mit seinen Kindern mehr als einen ganzen Monat in der Hauptstadt der österreichischen Niederlande auf. Ist es denkbar, daß er vier Mitglieder, nicht aber den Kapellmeister der Musikkapelle kennenlernte? Kann man vernünftigerweise unterstellen, daß er mit dem Bevollmächtigten Minister Graf von Cobenzl, mit dessen Sohn und der Schwester des Kaisers und zahlreichen anderen Würdenträgern Bekanntschaft schloß, daß er im Schloß des Fürsten Karl zwar das Chinesische Zimmer und das Raritätenkabinett besucht hat, nicht aber die neue Kapelle, in der jeden Sonntag feierlicher Gottesdienst stattfand, begleitet von der vollzähligen Hofkapelle? Ist es möglich, daß er zwar Saint-Gudule wegen seiner Gemälde besucht hat, aber dem feierlichen Tedeum anläßlich des Namenstages (am 4. Oktober) von Karls Bruder fernblieb, weder an den Trauerfeierlichkeiten für den Kurfürsten von Polen (ab dem 24. Oktober) noch an der Allerheiligenfeier teilnahm? Sollte er es gewagt haben, sich am »Freyball auf dem Theater in Masquera« am Namenstage des Fürsten Karl (4. November) zu beteiligen, ohne dem Gottesdienst in Saint-Gudule beigewohnt zu haben?

Das alles ist wenig glaubhaft. Die Mozarts waren zu lange in Brüssel, sie besuchten zu viele Kirchen und unterhielten zu so vielen Menschen Kontakte, um nicht genau gewußt zu haben, was Brüssel in jenen Tagen auf musikalischem Gebiet zu bieten hatte. Möglicherweise vermerkte er nur die fünf Musiker in seinen Aufzeichnungen, weil er die anderen Namen bereits anderswo gefunden hatte. Vielleicht hatte er ein Exemplar des *Guide fidèle contenant la description de Bruxelles*, 1761 herausgegeben, erworben? Dort wird nicht nur das Hôtel d'Angleterre als eines der besten Wirtshäuser Brüssels empfohlen, der Führer war auch mit einer Namens- und Adressenliste der wichtigsten Brüsseler Komponisten, Musikdirektoren, Organisten, Cembalovirtuosen und Instrumentenbauer versehen – bemerkenswert genug erfahren aber Schwindel, Van Maldere oder Vicedomini keine Erwähnung!

In diesem Werk finden wir unter anderem die Namen der Komponisten Henri-Jaques de Croes, 1705-1786, Kapellmeister von Herzog Karl, Charles Joseph von Helmont, 1715-1790, Singmeister von Saint-Gudule, Ignaz Vitzthumb – für die Brüsseler »Fiston« –, 1720-1816, Dirigent und Theaterdirektor, Josse Boutmy, 1697-1779, »erster Organist der Königlichen Hofkapelle, in der Abwesenheit des amtierenden Kapellmeisters mit dessen Aufgaben betraut, sowohl für den Gottesdienst in der Kapelle wie für die öffentlichen und privaten Musikaufführungen Seiner Königlichen Hoheit«, Boutmys Sohn Guilleaume, 1723-1791 und schließlich Frans Krafft, 1721-1795, Organist und »Komponist und Kapellmeister« ohne festen Aufgabenbereich.

Den niederländischen Komponisten Friedrich Schwindel müssen wir hier nicht weiter berücksichtigen, denn er war vermutlich nur auf der Durchreise – man hat bis heute keinen Nachweis auffinden können, daß er dort wohnhaft war. 1765 unternahm er jedenfalls eine große Konzerttournee nach Paris und London, 1772 trifft er Charles Burney in Den Haag. Als Komponist segelte er im Fahrwasser der Mannheimer, daher erklärt sich vielleicht die Aufmerksamkeit Leopold Mozarts.

Die wichtigste Musikinstitution Brüssels, allgemein der Südlichen Niederlande, war zweifelsohne die Königliche Hofkapelle. Unter der Herrschaft der gestrengen Erzherzogin Maria Elisabeth von Österreich, 1725-1741, hatte sie eher ein Schattendasein geführt, für den Bonvivant Karl Alexander von Lothringen war sie eine willkommene Einrichtung, sein öffentliches und privates Leben angenehmer zu gestalten. Genaugenommen war diese Kapelle die Fortfüh-

Es ist sehr gut möglich, daß Leopold Mozart während seiner Rundreise in den österreichischen Niederlanden einen Reiseführer zu Rate gezogen hatte. Im Guide Fidèle contenant la description de Bruxelles, herausgegeben im Jahre 1761, wird das Hotel, in dem sich die Mozarts aufhielten, als eine der besten Gaststätten der Hauptstadt empfohlen. Privatsammlung.

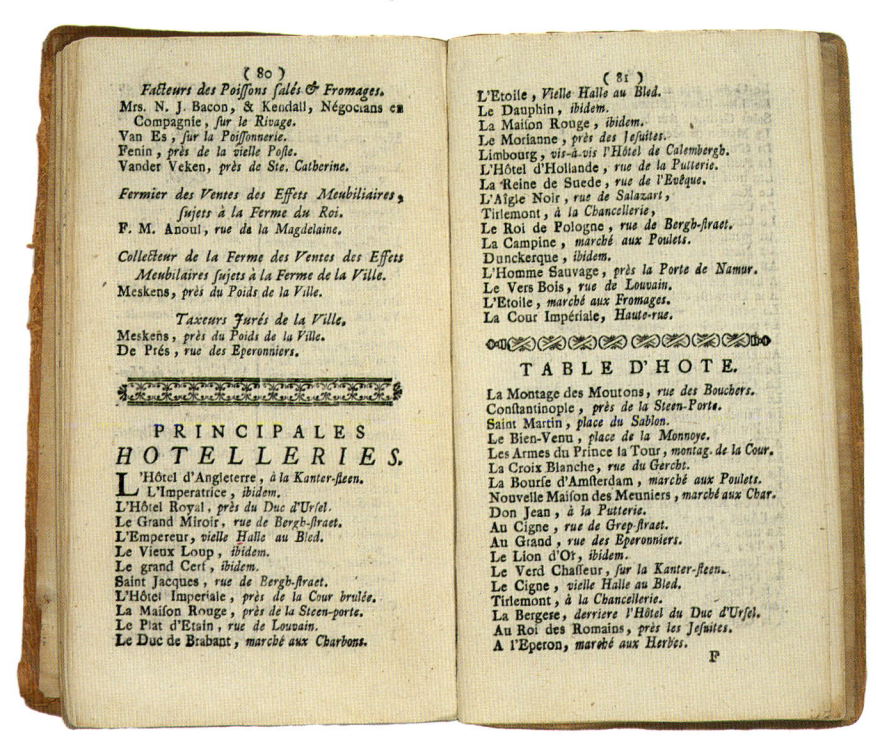

rung der ehemaligen burgundischen Hofkapelle, seit 1695 waren aber die Musiker für den Gottesdienst (die eigentliche Kapelle) und die für das Privatvergnügen des Fürsten (die Kammer) zu einer Institution zusammengefaßt.

Aus den ausführlichen Berichten und Dokumenten des Reichsarchivs in Brüssel kennen wir ihre Zusammensetzung und Aufgaben zur Zeit des Fürsten Karl recht genau. 1744 bestand das Ensemble aus zwei Chorknaben, zwei Altisten (Haute-contre), zwei Tenören und zwei Bässen, drei ersten (u. a. De Croes) und drei zweiten Violinisten, zwei Altisten (Alt- und Tenorvioline), einem Cellisten (den von Mozart genannten »Mr. Vicedom«, Jacques Vicedomini), einem Kontrabassisten, zwei Oboisten/Flötisten, einem Fagottspieler, zwei Organisten (wie Josse Boutmy), einem Instrumentenbauer und einem Orgelpedalisten. In jener Zeit war Jean-Joseph Fiocco Kapellmeister. 1746 übernahm Henri-Jacques de Croes das Ruder, wurde aber erst 1749 endgültig ernannt. Er unternahm sofort erhebliche Anstrengungen, um »seine« Kapelle zu einem vollwertigen Instrument auszubauen. So nahm er auf eigene Kosten einige Chorsänger mehr ins Haus, engagierte einen zweiten Cellisten und durfte bei bestimmten Gelegenheiten weitere Musiker einsetzen. Ihm gelang es auch, wenn auch erst nach 1763, die Zahl der Sänger auf drei pro Stimme zu

Das Sint-Katelijnedock in Brüssel. Anonyme Lithografie, Anfang des 19. Jahrhunderts. Königliche Bibliothek Albert I, Brüssel.

Die Chapelle in Brüssel. Bleistiftzeichnung von Paul Vitzthumb (1751-1838). Königliche Bibliothek Albert I, Brüssel.

Musikinstrumente aus dem 18. Jahrhundert. Enzyklopädie von Diderot und d'Alembert. Stadtbibliothek, Antwerpen.

Henri Jacques de Croes, Kapellmeister von Karl Alexander von Lothringen seit 1746. Gravüre von P.J. Krafft. Königliche Bibliothek Albert I, Bilderkabinett, Brussel.

erhöhen. Alle Gagen und sonstigen Kosten wurden anfänglich von den Statthaltern getragen, ab 1755 nahm Maria Theresia diese finanziellen Lasten von den Schultern ihrer Schwager. Seitdem waren die Musiker also Bedienstete des kaiserlichen Hofes, die bereit zu sein hatten, wenn ihre Fürsten oder Vögte dies befahlen. Das wird aus einem langen Schreiben deutlich, das De Croes 1783 wegen Maßnahmen von Joseph II. verfaßte, denn dieser hatte verfügt, die Musiker hinfort nicht mehr mit einem festen Salär zu entlohnen, sondern nach geleisteten Diensten. Damals wurde also der Bedienstetenstatus aufgehoben und so raffte De Croes alle Argumente zusammen, um diese Verordnung rückgängig zu machen. »Ich mache darauf aufmerksam, daß die Musik der Königlichen Kapelle, d. h. der burgundischen, sowohl vokalisch als auch instrumentalisch [...] nicht nur dieser Kapelle für die dort gefeierten Gottesdienste, sondern auch zum Vergnügen Ihrer Durchlaucht, der Generalgouverneure, die die Person des Souveräns repräsentieren, zur Verfügung steht; daher sind alle Musiker unterschiedslos dazu verpflichtet, zu jeder Zeit für Tafel- und Kammerkonzerte und an anderen Orten, wo sich Ihre Königlichen Hoheiten befinden, dienstbereit zu sein und ihnen überall dorthin zu folgen, wo sie sich sich aufhalten, auch in andere Städte, wenn es die Herrschaften wünschen [...] das ist zum Beispiel zur Zeit Seiner Königlichen Hoheit in Tervuren geschehen; und seit der Zeit dieses Herrn erhielten die Horn- und Trompetenbläser oder Paukisten des Hofs jederzeit die Anordnungen vom Oberstallmeister, sich mit ihren Instrumenten dorthin zu begeben, wo der Musikdirektor sie für den königlichen und den Dienst in der Kapelle anfordert, damit ihr Spiel die Musik begleite, wenn sie dort gebraucht werden.«

Sie begleiteten den Fürsten in seine Residenzen in Tervuren und Mariemont, sie organisierten Maskenbälle und Hofopern und halfen ihren Kollegen von der Stiftskirche Saint-Michel und Saint-Gudule aus, wenn der Fürst dort einem feierlichen Gottesdienst beiwohnte. Auch das ist aus dem Schreiben von De Croes ersichtlich. »Man nehme zur Kenntnis, daß es fünf Arten von Diensten gibt, die über das Jahr festlich begehen zu sind [...]

– Zunächst die Gottesdienste an Gala- und Festtagen, wenn sich Ihre Königlichen Hoheiten zur Kirche Saint-Gudule begeben und das Te Deum in der Königlichen Kapelle gesungen wird, dann ist die Musik

Die Sint-Goedelekirche in Brüssel. Ölgemälde von F. Vervloet (1793-1827). Privatsammlung.

frohlockend und wird überdies nie begleitet.
– Die zweite Dienstform ergibt sich aus den vier großen Feste des Jahres, das der Heiligen Jungfrau und die der Könige sind die prächtigsten, für die alle zur Zeit verfügbaren Musiker benötigt werden.
– Der dritte Dienst wird von den Messen und Abendandachten der Sonn- und Donnerstage des Jahres gebildet, an denen sich die Königlichen Hoheiten dort einfinden, dann ist die Musik getragen und schlicht, aber feierlich, damit sie der Anwesenheit dieser Durchlauchtigsten Fürsten würdig sei. Man benötigt gleichfalls genau wie eben alle genannten Musiker, weil es gegenwärtig geschieht, daß mir S. K. H. Noten, aus Preßburg mitgebracht, im Augenblick des Gottesdienstes überreicht, das ist im übrigen ein Befehl, sie auszuführen; diese gesamte Musik ist, mit größtem Schwierigkeitsgrad behaftet komponiert – wie sie also unmittelbar spielen können, wenn man nicht über ausgezeichnete Musiker verfügt?
– Die vierte Art der Gottesdienste sind die Totenmessen und die an Geburtstagen, diese Tage verlangen eine traurige Musik, die dennoch von allen Musikern ausgeführt wird, auf daß sie prunkvoll sei, um sich den anwesenden Fürsten als würdig zu erweisen.

– Die fünfte Form des Gottesdienstes stellen die Vigilien dar, die am Vorabend von Geburts- und Prozessionstagen abgehalten werden, für die man nur Stimmen und Fagotte benötigt, doch an diesen Tagen reichen die gesamten Stimmen nicht aus, weil nur psalmodiert wird; die Gottesdienste, für die man weder Orgel noch Violine benötigt, finden am Aschermittwoch und Palmsonntag statt; dann werden gregorianische Gesänge mit einer Art von Musik, die man kontrapunktisch nennt, vermengt, für diese benötige ich nur Stimmen und Bässe; hinzu kommen zwei Tage in der Karwoche, der erste Mittwoch, erster Tag der Finsternis, und der Karfreitag, an dem zwei Gottesdienste stattfinden, am Morgen die Anbetung des Kreuzes und nachmittags die Lamentationes.«

Die Musiker der Kapelle kamen nicht nur bei großen Festen denen der Stiftskirche zu Hilfe, sie erhielten auch von Anfängern besondere Verstärkung, die ihnen ihre Dienste in der Hoffnung auf eine spätere Festanstellung unentgeltlich zur Verfügung stellten. Die Musiker von Saint-Gudule wandten übrigens die gleiche Taktik an, um in die prestigeträchtigere Hofkapelle überzuwechseln. So fragte De Croes 1776 an, ob er Joseph-François Dillay einstellen dürfe, einen »Musi-

Der Musikwissenschaftler Charles Burney (1726-1814) reiste einige Jahre nach den Mozarts durch die südlichen Niederlande und schrieb seine Eindrücke in The Present State of Music in Germany, The Netherlands and United Provinces (1773) *nieder, einem Standardwerk über das Musikleben des 18. Jahrhunderts. Anonymes Ölporträt. Civico Museo Bibliografico Musicale, Bologna.*

ker, der Serpent spielt [...] und zu den Musikern der Stiftskirche Saint-Michel und Saint-Gudule gehört, sich der Königlichen Kapelle vorgestellt hat, um dort mit seinem Instrument die Musik des Hofes unentgeltlich zu begleiten«. Da Dilley ein hervorragender Spieler war und andere – Franzosen – versucht hatten, ihn andernorts zu verpflichten, bat De Croes, den Mann bindend zu engagieren. Der Serpent wurde als unentbehrliches Instrument auf dem Lettner angesehen – dies vor allem bei gregorianischen Gesängen – der Brüsseler Hofkapellmeister dachte nicht anders darüber: »Außerdem ist der Serpent unbedingt nötig, um Psalmen anläßlich der Vigilien an Geburtstagen singen zu können, für Prozessionen und für Gottesdienste in der Karwoche, wann ich Musik doppelchörig ausführen muß«.

Kapellmeister waren nicht zu eigenem Komponieren verpflichtet; sie wurden allerdings dafür bezahlt, daß immer genügend geeignete Musik, vorzugsweise der neuesten Mode, zur Verfügung stand. Einige große Stiftskirchen und natürlich die Hofkapelle betrachteten es als Notwendigkeit, einen komponierenden Musikdirektor anzustellen. De Croes selbst brüstete sich damit, daß sich »an der genannten Kapelle keine anderen Noten finden, als meine Kompositionen und andere, die ich besorgt habe, da sich zu Beginn meines Schaffens die Situation so darstellte, daß ich die Musikstücke, die sich in der Kapelle befanden, nicht gebrauchen konnte, weil sie entweder zu alt oder für den Gottesdienst zu theatralisch waren.« Bedauerlicherweise blieb nur ein knappes Dutzend seiner Kompositionen erhalten, und die stammen nicht aus der Hofkapelle, sondern aus Saint-Gudule.

De Croes war in erster Linie Violinist. Und da sein Arbeitgeber lebenslang den Freuden des Lebens huldigte ein fröhlicher Mensch war, ist es nicht weiter verwunderlich, daß wir von De Croes vorwiegend Instrumentalmusik kennen: barocke Triosonaten, französisch oder italienisch gefärbte Divertissements und nicht weniger als siebzehn Concerti für Flöte und/oder Violine. Nach seinem Debüt in Antwerpen wirkte De Croes acht Jahre in Frankfurt. Auch dadurch war er über die neuesten Tendenzen der Musik vollauf unterrichtet. Seine Vorliebe galt aber einem postvivaldischen, galanten Stil. Es ist sicher kein Zufall, daß eines seiner Concerti (in der Königlichen Bibliothek zu Stockholm archiviert) lange Tartini zugeschrieben wurde, denn wie bei diesem, enthält das barocke Gewebe der Concerti von De Croes schon einige klassische Fäden. Sieben nichtedierte Concerti befanden sich im Fundus von Saint-Gudule; sie müssen also während des Gottesdienstes gespielt worden sein. Das weist darauf, daß die Kirchen jener Jahre wirkliche Konzertsäle waren: Neben konzertierenden Messen und Motetten wurden dort auch Concerti und Sinfonien gespielt. Von De Croes blieb eine erhalten, ebenfalls eine von Charles-Joseph von Helmont, der 1741 bis 1777 Singmeister an Saint-Gudule war.

Charles-Joseph Van Helmont war ein begabter Musiker, der schon als Chorknabe in Saint-Gudule sang und dort, nur achtzehnjährig, Organist wurde. 1737 brachte er es zum Singmeister von Notre-Dame-de-la-Chapelle in Brüssel, vier Jahre später leitete er als junger Komponist und Dirigent die Musik der Kathedrale. Stilistisch befand er sich mit De Croes auf einer Ebene, die Quellen seiner Inspiration flossen wenigstens so reichlich, doch war er längst nicht so gebildet. De Croes war sprachmächtig, schrieb mit schwungvoller Feder klare Handschrift, wo sich Van Helmont nur unbeholfen ausdrückte. Das war das Los vieler Musiker, doch bei Van Helmont ist diese Steifheit auch in einigen seiner zahlreichen Messen und Motetten (Kantaten) bemerkbar. Seine Kompositionstechnik hielt nicht immer mit der Inspiration Schritt, und so sind eben nicht alle Werke gleich gut geraten. Charles Burney erlebte Van Helmont im Juli 1772 als Dirigent: »Ich begab mich in die Kathedrale Saint-Gudule, wo auch eine feierliche Messe, ausgeführt von Instrumentalisten und vielen Sängern gesungen wurde. Es ist dies die größte Kirche Brüssels [...] Der hier dirigierende maestro di capella war der Herr Van Helmont. Großen Eindruck machte die Musik nicht, denn für ein derart großes Kirchenschiff war die Instrumentalbesetzung zu klein. Man konnte allerdings einem Tenor lauschen, der einige lateinische Motetten italienischer Meister ziemlich gut vortrug. Er hatte eine schöne Stimme und sang richtig. Der Singstil ist in den hiesigen Kirchen weniger französisch gefärbt als im Theater...«

Wir hörten bereits, daß De Croes verpflichtet war, in der Karwoche doppelchörige Werke aufzuführen; auch Van Helmont komponierte – freiwillig oder nicht – zwei Messen und einige Motetten in dieser, damals altmodischen Form. Ein *Ecce Panis* für Doppelchor datiert sogar aus dem Jahr von Mozarts Besuch.

Andererseits war Brüssel wieder modern, denn dort waren im Dienste der virtuos konzertierenden Musik auch Sängerinnen auf dem Lettner zugelassen. Erteilen wir noch einmal Dr. Burney das Wort: »Als ich am Sonntag, den 26. Juli, nochmals einem Gottesdienst in Saint-Gudule beiwohnte, hörte ich ein weiteres Mal die Aufführung eines großen Sänger- und Instrumentalistenensembles. Ich war angenehm überrascht, unter den Sängern zwei oder drei Frauen zu entdecken, die, ohne Außerordentliches zu leisten, dennoch bewiesen, daß man auch Frauenstimmen in der Kirche zulassen kann, ohne die Gläubigen und Frömmler herauszufordern. Falls man diese Praxis in den Kathedralen verallgemeinern sollte, würde der Menschheit vor allem in Italien ein großer Dienst erwiesen und die Kirchenmusik würde im übrigen Europa an Charme und Perfektion gewinnen.«

Brüssel war noch auf eine weitere Weise modern. Die Stadt besaß in der Person Pieter van Malderes einen Sinfoniker ersten Ranges, der in ganz Europa hervorragend angeschrieben war. Er war ein früher Vertreter der späteren Wiener Klassik und als solcher direkter Vorläufer von Haydn und Mozart.

Wir finden in Leopolds Reiseaufzeichnungen drei Van Malderes, Guillaume (Willem), Pierre (Pieter) und Jean-Baptiste, drei Brüder, die im Dienst Karl Alexanders von Lothringen Violine spielten. Verweilen wir bei der Karriere des zweiten Bruders Pieter, des einzigen der drei, der auch komponierte.

Pieter van Maldere wurde am 16. Oktober 1729 geboren, studierte wahrscheinlich bei Jean-Joseph Fiocco und danach bei De Croes, trat dann bereits als Siebzehnjähriger in die Hofkapelle als der dritte unter den zweiten Violinisten ein. Als De Croes drei Jahre später, also im Jahr 1749, die Aufgabe des Konzertmeisters endgültig gegen die des Kapellmeisters tauschte, übernahm der junge Van Maldere jenen Posten. Er konnte sich schon damals des besonderen Interesses des Fürsten Karl erfreuen, da er aus dem Stand die erfahreneren, älteren Kollegen überflügelte. Außerdem war er nicht einmal verpflichtet, seinem Dienst nachzukommen, denn er erhielt fast sofort die Erlaubnis zu langen Konzertreisen. »Having obtained His Royal Highnesses permission to travel for two years«, lesen wir in *Faulkner's Dublin Journal* von 1752. Er trat in zwei Spielzeiten in Dublin auf und veröffentlichte dort zwei Sammlungen mit Triosonaten. 1754 interpretierte er beim Concert Spirituel vom 15. August in Paris ein eigenes Violinconcerto. Offensichtlich mit Erfolg, denn der *Mercure de France* wußte zu melden: »Dieser Virtuose streicht einen kühnen Bogen, präzise und routiniert. Ein großes Talent.« 1757-1758 reiste er im Gefolge Karl Alexanders von Lothringen nach Wien, wo er vor Maria Theresia auftrat. Haydns Jugendfreund Carl Ditters von Dittersdorf hat ihn spielen gehört und rechnete ihn zu den großen Violinvirtuosen seiner Zeit. Im Hoftheater zu Schönbrunn, wo bereits das Ensemble von Hébert aus Den Haag am 12. Juli 1756 sein *Déguisement pastoral* aufgeführt hatte, dirigierte der Komponist *Les amours champêtres*, eine neue komische Oper, die, nach Fürst Khevenhüller, »in dem französischen gusto« komponiert war.

Nach der Rückkehr aus Wien stellte Karl Alexander im November 1758 seinen Lieblingsmusiker als Kammerdiener ein. Mit anderen Worten, Pieter van Maldere verließ die Hofkapelle und trat in den persönlichen Dienst des Fürsten ein. An seiner Stelle wurde nun der Bruder Guillaume Konzertmeister. Pieter begleitete seinen Herrn überall hin, ihm blieb aber reichlich Zeit zum Komponieren und für die Organisation und Produktion von Opern. In Paris führten Les Comédiens Italiens du Roi seit dem 10. Februar 1763 unter Leitung von Philidor Van Malderes Oper *La Bagarre* auf. Im Vorwort des Textbuchs wird der Komponist beschrieben als »ein fähiger Tondichter, dessen Talente in unserer Hauptstadt noch nicht so hinreichend bekannt sind, wie sie es verdient hätten«.

Die Oper wurde alles andere als ein Erfolg, aber »die Musik von M. Van Malder, des berühmten Violinisten aus Brüssel, wurde nicht im mindesten in den Mißerfolg hereingezogen«, so vermelden es die *Annales du*

Ein Hofmusiker. Ölgemälde von Peter Jakob Horemans. Bayerisches Nationalmuseum, München.

Teekonzert beim Fürsten Louis-François de Conti im Temple während der zweiten Reise der Mozarts nach Paris. Ölgemälde von Michel Barthélémy Ollivier (Paris, Sommer 1766). Wolfgang, 10 Jahre alt, sitzt am Cembalo und wird den Sänger-Gitarrenspieler Pierre Jélyotte, der seine Gitarre stimmt, begleiten. Schloß von Versailles.

Théâtre Italien. Dies Werk sowie *Les deux sœurs rivales* wurden aus Paris auch zu Favart und Gluck in Wien gesandt. Wir werden aber noch sehen, daß Van Maldere als Theatermann hauptsächlich in Brüssel aktiv war.

Auf sinfonischem Gebiet erschien mittlerweile eine Komposition nach der anderen. Seine erste *VI Sinfonie a piú strumenti* in drei Teilen wurde wahrscheinlich bereits etwa 1754 von Bayard in Paris publiziert – früher als bisher angenommen – und obwohl sie für Streicher und Continuo mit zwei Hörnern ad libitum geschrieben war, lassen die drei Teile die galante Sinfonie à la Samartini oder im Stil von De Croes weit hinter sich. 1757 folgten in Brüssel weitere sechs Sinfonien. Ob Mozart in sie Einblick nehmen konnte, wissen wir nicht, in Paris aber stieß er kurz darauf in der von Venier herausgegebenen *Symphonies périodiques [...] intitulées les Noms inconnus* unter anderem auf die bereits bekannten Namen »Vanmaldere, Heyden, Schwindl, Diters«. Dies dürfte gleichzeitig seine erste Berührung mit dem Werk von Joseph Haydn gewesen sein. Übrigens begegneten die Mozarts in Paris noch einem anderen Belgier, einem Sinfoniker der ersten Stunde: François-Joseph Gossec, 1734-1829. Nach seiner Ausbildung an der Kathedrale von Antwerpen war der aus dem Hennegau stammende Gossec in die französische Hauptstadt gezogen, folgte Rameau als Dirigent des Orchesters La Poupinière und wurde 1762 Mitglied des Orchesters des Fürsten Conti. Der kleine Wolfgang trat ebenfalls in dessen Haus auf. Der Maler Michel-Barthélemy Ollivier hat Wolfgangs Vortrag in Öl festgehalten. Das Bild hängt heute im Louvre und trägt den Titel *Thé dans le salon des quatres glaces du Temple, avec toute la Cour du prince de Conty*. Gossec ist auf dem Werk wahrscheinlich nicht abgebildet. Möglicherweise war er dennoch unter den geladenen Gästen, denn Wolfgang schreibt während eines zweiten Aufenthalts in Paris 1778 an seinen Vater: »M:r Gossec, den sie kennen müssen«. Dann bezeichnet er ihn als guten Freund und bringt ihm soviel Hochachtung entgegen, daß er ihm seine damaligen Kompositionen zur Beurteilung vorlegt. Leopold seinerseits bittet den Sohn, einigen Bekannten in Paris Grüße von Nannerl und ihm zu überbringen, darunter »M:r Gossec«. Viele Jahre später sollte Wolfgang in seinem *Requiem* sich noch verschiedene Male auf Gossecs *Grande Messe des Morts* aus dem Jahr... 1760! beziehen.

Mittlerweile gingen die Sinfonien von Pieter van Maldere durch ganz Europa. Sie wurden in London, Brüssel, Paris, Modena, Mailand, Leipzig, Dresden, München und von Joseph Haydn in Esterházy herausgegeben und gespielt. Noch während oder kurz nach dem Pariser Aufenthalt der Mozarts im Jahr 1764 erschienen bei Venier auch die sechs Sinfonien Opus IV. Die Presse äußerte sich sehr lobend. J. C. Stockhausen rühmte sie in seinem *Critische(n) Entwurf einer auserlesenen Bibliothek* in der vierten Auflage von 1771 als Sinfonien, »die das gute Brillante des neuen Geschmackes ohne seine Possen haben, oft sehr ernsthaft und manchmal gesetzt, überhaupt sehr wohl gearbeitet sind«.

Begnügen wir uns mit dem Hinweis, daß dieser Norddeutsche die Vermischung von Ernst und Heiterkeit nicht schätzen konnte. Die Werke Haydns sind nach seinem Bekunden voller Fehler und lassen jedes Gefühl für Kontrapunkt vermissen. Die Ironie der Geschichte wollte es, daß nicht weniger als drei Sinfonien Van Malderes Haydn zugeschrieben wurden. Johann Adam Hiller kam der Wahrheit in seinen *Wöchentliche(n) Nachrichten* von 1766 und 1770 da schon näher: »Sie sind voll Feuer, voll Erfindung; dem jetzigen Geschmacke, der mehr comisch als ernsthaft ist, nicht ganz abgeneigt, aber doch weit zusammenhängender, ordentlicher und gravitätischer, als die Arbeiten einiger andern in Paris jetzt Mode gewordener Componisten. Was sie besonders von andern Sinfonien unterscheidet, und ungemein brillant macht ist der arbeitsame Bass der immer in Bewegung ist [...] Er weiss die gebundene Schreibart bisweilen so unerwartet und glücklich unter die freye und ungebundene zu vermengen, dass seine Sätze dadurch eine Art von Würde und Pracht bekommen, die sie fähig machen selbst an der ehrwürdigen Orten jene Empfindungen der Ehrfurcht und der Andacht zu erwecken [...]«

1768 gab Van Maldere noch einmal sechs Sinfonien heraus, aber dieses Opus V sollte seine letzte Publikation sein. Im *Journal intime* Karl Alexanders von Lothringen können wir, in dessen charakteristischem, ungelenken Französisch, die Gründe erfahren: »abends in der Kirche gewesen und dann nachts herausgekommen, bekam vanmaldre eine Art Schlaganfall, in dem Zustande man ihn morgens fand, bewußtlos, und er kehrte auch nicht mehr ins Bewußtsein zurück.«

Pieter Van Maldere starb wie Mozart noch vor seinem vierzigsten Geburtstag, doch wenn Wien sein größtes Genie alsbald, ohne weiteres Aufheben verscharrte, bestattete Brüssel seinen Sohn mit großen Ehrenbezeigungen nach einem Trauergottesdienst mit sechzehn Konzelebranten. Johann Georg Sulzer bezeichnete Van Maldere in seiner *Allgemeine(n) Theorie der schönen Künste*, 1771-1774, als einen der Baumeister des Eröffnungsallegros der klassischen Sinfonie: »Die Allegros in den Symphonien des Niederländers Vanmaldere, die als Muster dieser Gattung der Instrumentalmusik angesehen werden können, haben alle vorhin erwähnten Eigenschaften und zeugen von der Grösse ihres Verfassers, dessen frühzeitiger Tod der Kunst noch viele Meisterwerke dieser Art entrissen hat.«

Das Theater, besonders das Musiktheater, dem sich Mozart mit Leib und Seele verschreiben sollte, stand auch in Brüssel in hohem Ansehen. Im herzöglichen Palast und auf den Landsitzen gab es je ein Privattheater, der Adel hatte seine Musiksalons für intime Vorstellungen, außerdem gab es drei öffentliche Theater: das Coffy-Theater am Grote Markt, einen aus Holz erbauten Theatersaal an der Wolvengracht und unweit, an dem zugeschütteten Teich »de Munte« hatte Maximilian Emanuel von Bayern 1700 ein großes italienisches Theater errichten lassen, nach Burney »one of the most elegant (I) ever saw, on this side of the Alps«.

Diese Grand Opéra und die beiden kleineren Theater wurden Privatunternehmern zur weiteren Entwicklung und Nutzung übergeben, und um ihre Risiken zu begrenzen, wurde jede Konkurrenz durch ein regierungsamtliches Privileg verhindert. Abgesehen von den Meistersingergilden »Rederijker« war es niemandem ohne Genehmigung der Inhaber des Privilegs erlaubt,

Spezielle Bühnenwirkungen des 18. Jahrhunderts: Hier wird gezeigt, wie Wolken auf die Bühne gebracht werden. Enzyklopädie von Diderot und d'Alembert (1751-1777). Stadtbibliothek, Antwerpen.

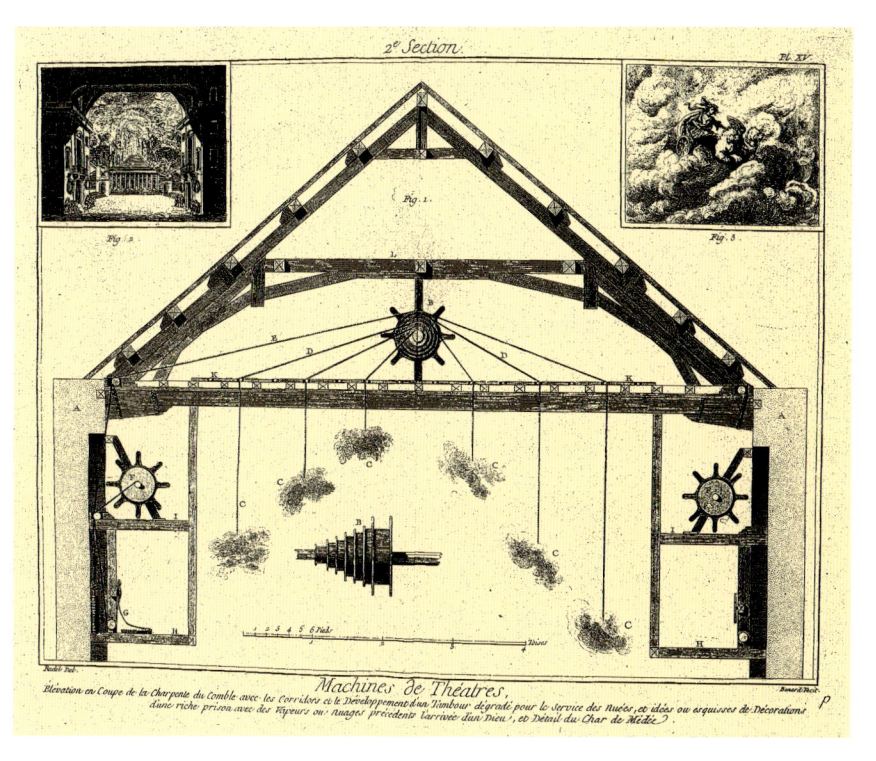

öffentliche Theatervorführungen zu organisieren. In der 1725 Jean-Baptiste Meeus zuerkannten Urkunde war deutlich beschrieben: »Wir haben [...] bewilligt, erlaubt und zugestanden [...] Opern darzustellen, Komödien und Bälle auszurichten, alles andere ist für den Zeitraum von zehn Jahren ausgeschlossen [...] nicht inbegriffen sind bürgerliche Komödien und Marionettenspiele, Seiltänzer, strikt untersagt ist allen Komödianten, Opernschauspielern, Gewerbetreibenden und allen anderen Personen [...] irgendwelche Musikopern mit Tänzen oder anderen Einlagen gemischt, gleichfalls versifizierte oder Komödien in Prosa, Ballette, Bälle oder andere öffentliche Ereignisse, unter welchem Vorwand auch immer, ohne den Willen oder die Zustimmung des genannten Jean-Baptiste Meeus aufzuführen oder aufführen zu lassen [...] Der Bittsteller verpflichtet sich über das gesamte Jahr, vor allem immer während der Wintermonate, Opern oder Komödien zu geben, aufwendiger und prächtiger als sie seit der Errichtung des genannten Theaters ausgerichtet worden sind, welche jährlich in der Pracht der Dekorationen, Ausstattungen und selbsttätiger Hilfsmittel vermehrt werden, zur vollkommenen Befriedigung und dem Vergnügen unseres Hofes, der Adligen und Fremden, daß es sich schmeichele, alle Winter durch das Aufsehen genannter Zerstreuungen anzuziehen, unbeschadet der Bemühungen, die untergeordneten Aufführungen im Théâtre du Gracht und Coffy-Theater zu regeln, auf daß das dortige Publikum zufrieden sei, damit es dem bevorrechtigten Grand Théâtre nicht schaden kann.«

Zu der Zeit, als sich die Mozarts in Brüssel aufhielten, befand sich diese Konzession in den Händen von Guillaume Charliers de Borghravenbroeck, dem Oberverwalter von Het Kanaal, der sich, da viele seiner Vorgänger ihre Unternehmungslust mit dem Bankrott hatten bezahlen müssen, mit dem Verwalter und den Kammerdienern des Fürsten Karl, Pierre Gamond und Pieter van Maldere zusammengetan hatte. Letzterer wurde der künstlerische Direktor, war damit verantwortlich für die Auswahl des Repertoires und dirigierte das Orchester. Künstlerisch war dem Trio sicher nichts vorzuwerfen, denn sie führten »le spectacle sur le pied brillant et somptueux où il est«. Darüber waren sich die Blätter *Le Spectacle de Bruxelles* und *La Gazette des Pays-Bas* in rührender Weise einig. Leider waren ihre herrlichen Theatervorstellungen auch außerordentlich kostspielig, so daß sie ihr Unternehmen vorzeitig abbrechen mußten. Eine zeitlich beschränkte Zulassung von Glücksspielen nach den Vorstellungen konnte das Blatt auch nicht mehr wenden.

1766 ergriffen einige Schauspieler eigene Initiative. Sie gründeten eine Gesellschaft, erhielten das Privileg (und zahlten dafür) und durften als »les comédiens ordinaires de Son Altesse Royale le prince de Lorraine« fortan in eigener Verantwortung das Theater bespielen, das von da an auch offiziell in »Grand Opéra ou Grand Théâtre de la Monnoie« umbenannt wurde.

Die zitierte Urkunde weist darauf hin, daß man nicht nur Singspiele besuchen konnte: Das Opernorchester – 1766 etwa dreißig Musiker – spielte auch zum Tanz auf. Die Mitwirkenden der genannten Gesellschaft mußten spielen, singen oder beides tun. Drei, vier Tage der Woche waren Trauer- und Lustspielen vorbehalten (Racine, Corneille...), montags, mittwochs und freitags wurden die neuesten Erfolge der französischen Opéra comique (Philidor, Rousseau, Montigny, Gossec) oder ins Französische übertragene opere buffe (Pergolesi, Paisiello) gegeben. An freien Tagen und außerhalb der Spielzeiten durften Meistersinger auftreten oder man richtete Konzerte aus. So fanden die Concerts spirituels dort seit 1765 in der Fastenzeit eine Bleibe. Graf von Cobenzl schrieb: »Die Direktoren unseres Theaters eröffnen uns ein neues [...] es handelt sich um Concerts spirituels im Grand Théâtre, wo sich unter der Leitung hochgeehrter Männer vierundneunzig (!) Musiker vernehmen lassen. Das geschieht während aller Sonntage und mittwochs in der Fastenzeit.«

Auch Van Helmont gründete mit sechs Kollegen eine Konzertvereinigung. Ihre Satzung, auf den 8. Oktober 1768 datiert, schreibt vor, von Anfang Oktober bis Ostern wöchentlich ein Konzert und jährlich einen Ball zu veranstalten. Dieses Schriftstück wird heute im Brüsseler Stadtarchiv aufbewahrt. Zwar handelte es sich hier um kammermusikalische Konzerte, dennoch findet sich im genannten Archiv ein Inventarverzeichnis von Konzerten der Jahre 1746 und 1758, in das unter anderem eine Sinfonie Gossecs eingetragen ist. Das weist dann wieder auf Orchesterkonzerte, früher, möglicherweise sogar im Munt-Theater gegeben, an dem Van Helmont kein Unbekannter war. Bereits 1736 wurde eine seiner Opern aufgeführt. Es handelte sich dabei um ein »Remake« Allessandro Scarlattis Oper *Griseldis* von 1724: »Griseldis, italienische Oper, geschmückt mit allen Ausformungen, verschiedenen Balletten, vollem Musikchor, neuen Kompositionen in italienischer Art, von Carolus-Josephus Van Helmont, Organist an der Kathedrale Saint-Michel und Saint-Gudule, ins Nieder-Duytsche gebracht, gereimt von Joannes-Franciscus Cammaert, wird von den die Verskunst betreibenden Liebhabern der ‹Lilie› [Suyver Leliebloem] in Töne gebracht werden.«

Brüssel war zu jener Zeit eine noch überwiegend flämische Stadt, aber (österreichischer) Hof, Adel und Bürgertum sprachen wie überall in Europa Französisch. Die Bemerkung, die Leopold in Löwen machte, man höre dort nur Französisch, traf hier sicher zu. Das Repertoire des Grand Théâtre war also ein französischsprachiges, die Theaterdirektoren und Schauspieler waren ebenfalls meist französische »Gastarbeiter«.

Jahrmarkttheater auf dem Grote Markt in Brüssel Anfang des 18. Jahrhunderts. Ölgemälde von einem unbekannten südniederländischen Meister. Museum voor Schone Kunsten, Brüssel.

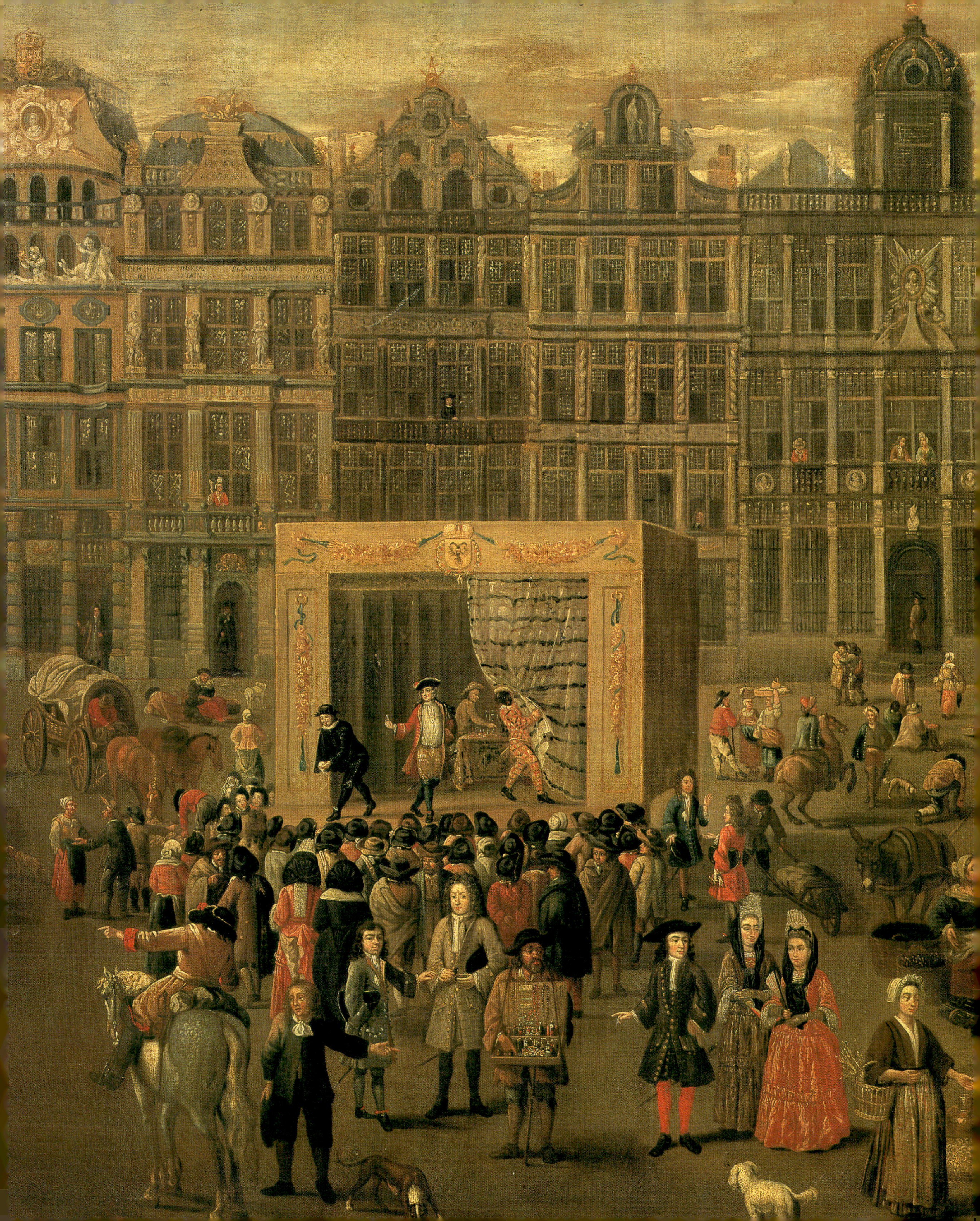

Flöte von Jean-Hyacinthe Rottenburgh (1713-1783), einem bekannten Instrumentenbauer und Violinspieler am Hof von Karl von Lothringen.

Oboe von Godefroid-Adrien Rottenburgh (1709-1790).

Oboe von Jean-Hyacinthe Rottenburgh (1713-1783).

Teil der Oboe, gezeichnet Jean-Hyacinthe Rottenburgh (1713-1783).

Klarinette vom Brüsseler Instrumentenbauer Godefroid-Adrien Rottenburgh (1709-1790).

Altflöte vom Brüsseler Instrumentenbauer Jean-Hyacinthe Rottenburgh (1713-1783).

Musikinstrumente aus dem 18. Jahrhundert. Ölgemälde von Peter Jacob Horemans (1700-1776). Germanisches Nationalmuseum, Nürnberg.

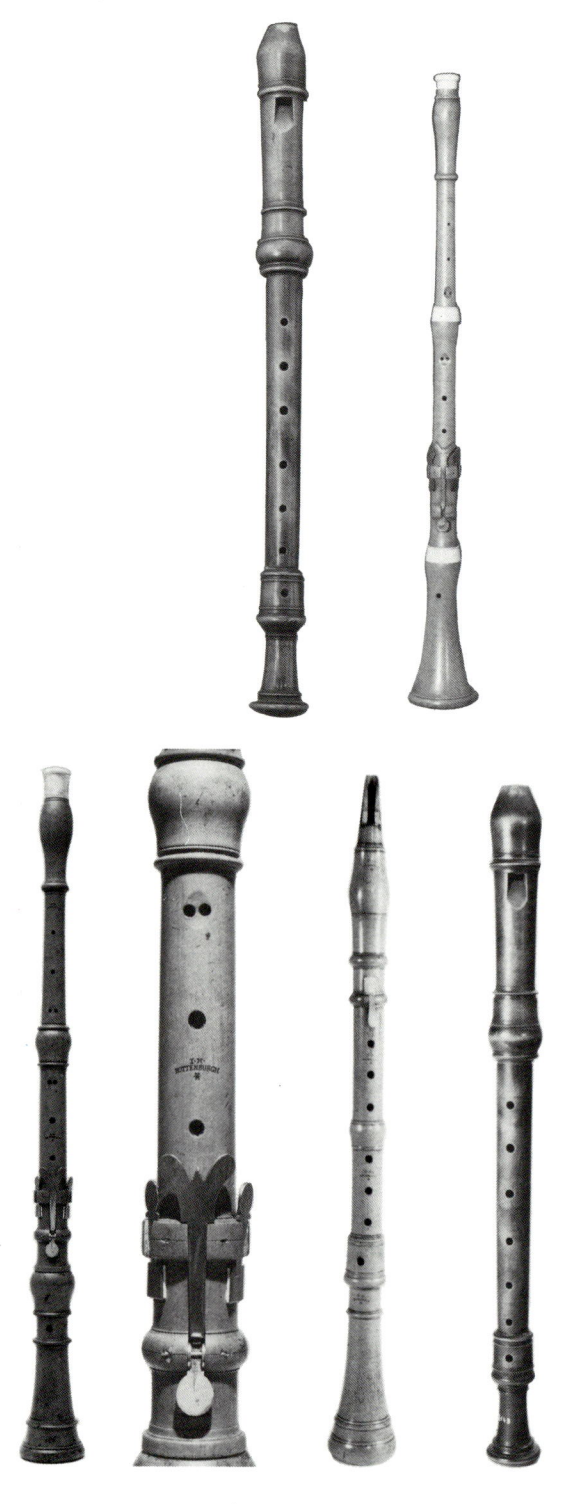

Serpent aus dem 18. Jahrhundert, aus Holz, mit Leder überzogen und mit Messingmundstück, und mit der Aufschrift: »Kerke Somergem. Elsken Waarschoot«. Der Serpent wurde vor allem als Kircheninstrument benutzt. Museum Vleeshuis, Antwerpen.

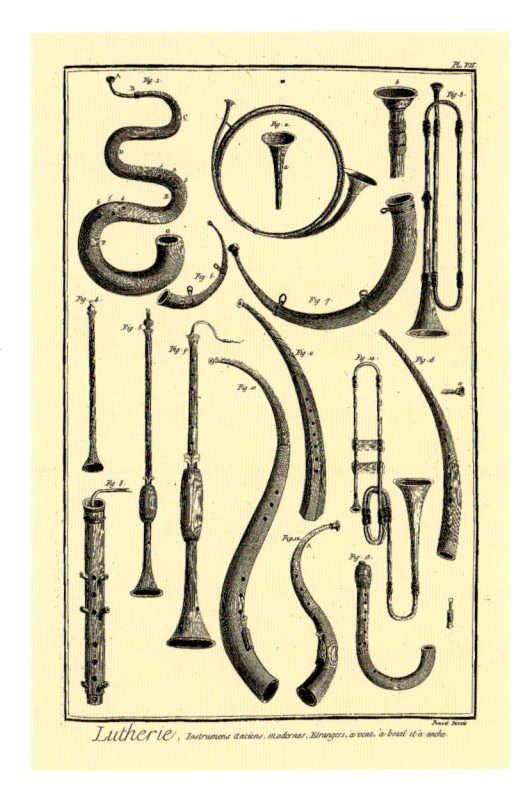

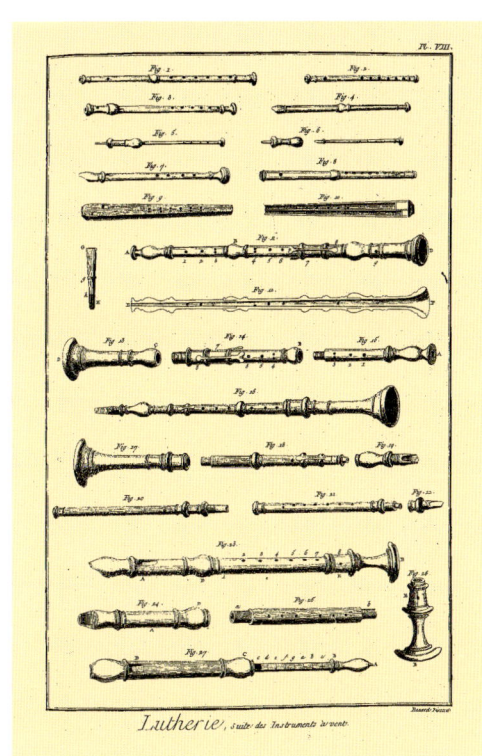

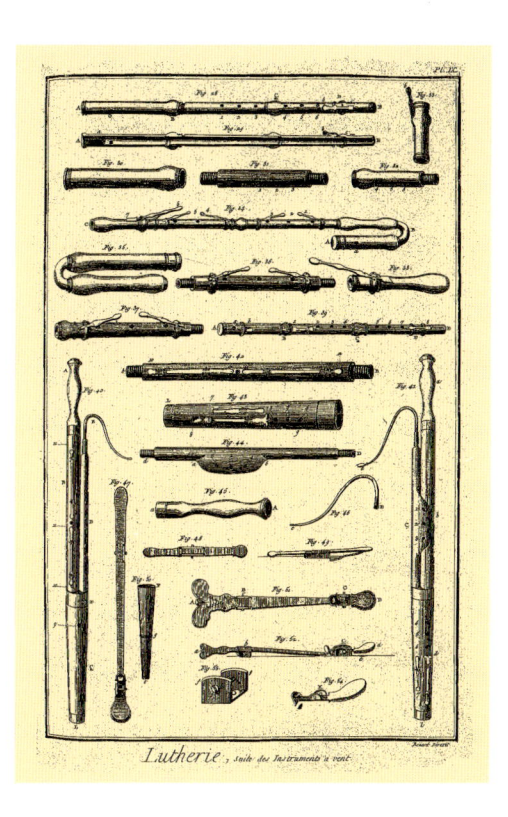

Musikinstrumente aus dem 18. Jahrhundert. Enzyklopädie von Diderot und d'Alembert. Stadtbibliothek, Antwerpen.

Vaudeville und leichte Stücke wie *Ninette à la Cour* von Favart und Duni entsprachen dem Zeitgeschmack, man estimierte durchaus auch anspruchsvollere Stücke wie *Le Deserteur* von Monsigny, später die *Opéra comiques* von Grétry und Gossec und die *Reformopern* Glucks.

Dennoch, es wurde auch in niederländischer Sprache gesungen – vornehmlich, wenn auch nicht ausschließlich – von den Meistersingergilden, die sich selbst »compagnies« nannten. Diese Gilden waren nicht offiziell anerkannt, hatten daher keine dahingehenden Verpflichtungen, genossen aber keine der traditionellen Vorrechte. Die zweisprachige »Compagnie de St. Charles« (die Wallonische Compagnie), die »Suyver Leliebloem« (reine Lilie) oder »Den Wijngaard« (der Weinberg) waren »lediglich geduldete Gesellschaften, die keine Sonderrechte und Privilegien haben. Sie richten von Zeit zu Zeit einige Theaterstücke in brabantischer Sprache aus, und da sie oft einen Vertreter des Magistrats zum Führer wählen, so wird ihnen bei dieser Gelegenheit [...] eine kleine Vergütung zugestanden.« Zwei Jahre nach *Griseldis* spielte die »Suyver Leliebloem« wieder eine Tragödie mit »vollbesetztem Chor, in Verse gefaßt von J. F. Cammaert«, *De Goddeloose Maeltydt*, zum Teil eine Bearbeitung von Le Festin de Pierre Thomas Corneilles – als die Mozarts in Brüssel verweilten, ein zweites von Corneilles Werken: *Den valschen Astrologant*, Komödie in drei Teilen mit Gesang von Frans Krafft, Komponist und musikalischer Leiter in Brüssel, aus dem Französischen übersetzt und gereimt von Joannes Franciscus Cammaert. Eine Ouvertüre in Klaviertranskription und einige Arien in *L'écho, ou Journal de musique française et italienne* (1759-60) mit französischem Text ist alles, was von dem Werk überliefert ist. Ob es ein Publikumserfolg war, wissen wir ebensowenig. Die betreffenden Meistersinger waren jedenfalls geschmeichelt. M. G. van Langendonck drückte seine Wertschätzung in folgendem dithyrambischen Sonett aus:

Apoll, Cammaert, die Musen seh' ich herniedersteigen,
zusamm' in Reimgeschall und süßer Melodei
den Sterndeuter, im Herz' beseelt und frei,
auf Ruhmes Wagen singend euer Lob, empfangen im Reigen.

Ich seh' rechtschaffen ihn und großen Glanz ausstrahlen,
in anmut'gem Klang, von Krafft dem Musicus gefügt.
Die Neiderzung' ihn zwar berührt,
mit diesen Sängen schon er wird den Sieg verwahren...

Die erstrangige Persönlichkeit des Brüsseler Musiktheaters in der zweiten Hälfte des 18. Jahrhunderts war keiner der Meistersinger, kein französischer Anreger, sondern ein österreichischer Musiker namens Ignaz (Ignace) Vitzthumb. Von der Musikwissenschaft bedauerlicherweise bis heute ignoriert, könnte eine sorgfältige Biographie Vitzthumbs das Brüsseler Musikleben akzentuieren. Die biographischen Mosaiksteinchen, die wir sammeln konnten, zeigen, daß der Inhaber eines Privilegs über kein uneingeschränktes

Monopol verfügte, und daß »Fiston«, ein hervorragender Dirigent und Orchesterlehrer, ein nicht zu unterschätzender Komponist und... unermüdlicher Förderer des niederländischen Singspiels war. Am 20. Juli 1720 in der Nähe Wiens geboren, kam er schon früh in die Niederlande, wo ein Onkel (?) von ihm Hoftrompeter war. Er studierte bei den Jesuiten in Brüssel und trat 1750 als Paukist in den Hofdienst ein. Während des Österreichischen Erbfolgekrieges kämpfte er als guter Patriot in einem Husarenregiment. Bald danach verzeichnen die Brüsseler Archive regelmäßig seinen Namen. Der *Almanach nouveau* aus dem Jahr 1758 führte ihn als Tenor, Violinisten und Tondichter. Seit 1761 erwähnten ihn die Gazetten nur noch als Komponisten. Seine Messen, Motetten und Lamentationes stammen wahrscheinlich aus jener Zeit. Soviel ist jedoch sicher, seine erste Oper, *L'éloge de la vertu*, wurde am 4. November 1761 in Anwesenheit Karl Alexanders von Lothringen aufgeführt. Der Namenstag des Fürsten 1766 war ein erneuter Anlaß für ein Theaterstück, *Le soldat par amour*, ein Opéra-ballet, zusammen mit Pieter van Maldere komponiert. Im gleichen Jahr war er auch zum Dirigenten der Munt aufgestiegen, doch

Ignaz Vitzthumb, Musiker und Direktor der Muntschouwburg. Gravüre von A. Cardon. Königliche Bibliothek Albert I, Bilderkabinett, Brüssel.

Im 18. Jahrhundert war die Familie Raingo als Bauer von Saiten- und Blasinstrumenten in Mons tätig. Das Instrumentenmuseum des Königliches Conservatorium in Brüssel besitzt einige Klarinetten, die von Nicolas-Marcel Raingo (1746-1823) gebaut wurden.

Der Instrumentenbauer aus Gent Hendrik Willems baute im 18. Jahrhundert Streichinstrumente nach dem Modell von Brescia und Cremona. Instrumentenmuseum des Koninklijk Muziekconservatorium, Brüssel.

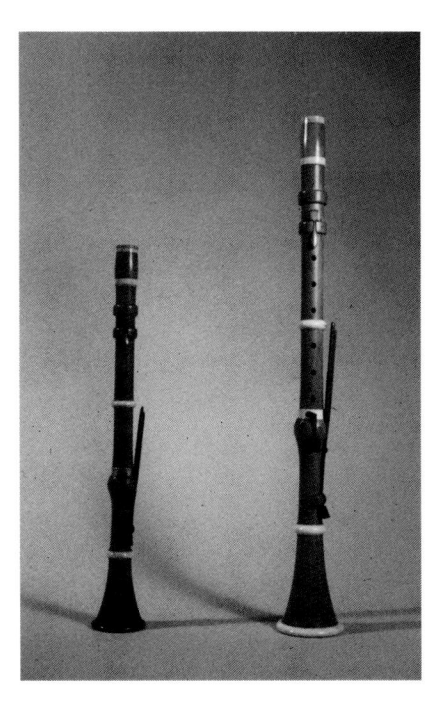

hatten ihn die Musiker, wegen der von ihm gestellten Anforderungen, fast von Anfang an abgelehnt. Er zog dann mit der Wallonischen Compagnie und einigen Musikern des Hoforchesters für eine Reihe von Tourneeauftritten in die Niederlande. Cammaert war damals ein beliebter Librettist und Vitzthumb sollte mit ihm dann auch später zusammenarbeiten. Möglicherweise gaben sie in den Niederlanden auch *Den valschen astrologant/Le faux astrologue*, das Erfolgsstück *Ninette à la cour/Ninette in 't hof* von Duni/Favart/Cammaert oder die Komödie von Marivaux/Cammaert *L'embarras des richesses/De onrust door den Ryckdom*.

Ninette wurde bereits in der Munt auf Französisch aufgeführt, 1758 in der niederländischen Fassung von »Den Wijngaard«; die »Compagnie de St. Charles« hatte *L'embarras* seit 1756 in ihren Spielplan aufgenommen. Es bleibt eine Mutmaßung, denn wir wissen lediglich, daß Statthalter Willem V. 1768 die Summe von 654 Gulden »für eine Vorstellung, gegeben im Palast Oude Hoff, eine weitere anläßlich des Jahrmarkts in Den Haag« zahlte, dann noch einmal 1837 Gulden für eine Aufführung in der Comédie française von Den Haag und ein Konzert im Oranjesaal aufwendete. Das Geld wurde Vitzthumb, dem »Direktor der flämischen Oper« von einem Schiffer überbracht. Im

Juni folgten fünf weitere Vorstellungen in Het Loo im Gelderland. Nach seiner Rückkehr sandte er ein Gesuch an Karl Alexander von Lothringen, mit der Bitte, auch in Brüssel flämische Komödien aufführen zu dürfen. In diesem Ersuchen wies er darauf hin, daß bereits seit 1758 von den bürgerlichen Theatergesellschaften regelmäßig Vorstellungen im Coffy-Theater organisiert wurden, »in flämischer und französischer Sprache und an den gleichen Tagen wie die französischen Komödien«, und dies, ohne den Direktor der Munt um Genehmigung gebeten zu haben. In diesen Darbietungen sangen sogar Frauen mit (offenbar war das untersagt), unter anderen Angélique d'Hannetaire, Tochter des damaligen Operndirektors! Auch Theatergesellschaften von außerhalb verstießen immer wieder gegen das Privileg der Munt, wie 1767 und später die Operntruppe von Jacob Neyts. Diese Truppe unternahm mit niederländischen Übersetzungen französischer Opern offensichtlich auch in den Niederlanden Tourneen. Jahr für Jahr zogen sie im Mai zur Schouwburg von Amsterdam, bis diese 1772 durch ihr Verschulden bis auf die Grundmauern niederbrannte. *De Deserteur* war damals für eine Ruine und achtzehn Tote verantwortlich.

Am 21. Januar 1769 verhandelte der Geheime Rat das Anliegen Vitzthumbs, leitete es jedoch unmittelbar an die Stadtverwaltung weiter, weil die alteingesessenen Meistersingergilden Einspruch angekündigt hatten. Wir dürfen daher unterstellen, daß dem Ersuchen nicht entsprochen wurde, aber das traf Vitzthumb kaum mehr; er war mit Unterstützung von Direktor d'Hannetaire und des Herzogs von Arenberg erneut zum Dirigenten des Munt-Orchesters avanciert, das nun, nolens volens seine Strenge dulden mußte. Übrigens nicht ohne Erfolg. »Das Orchester ist in ganz Europa berühmt« konnte Charles Burney bereits drei Jahre später behaupten. »Es steht zur Zeit unter der Leitung von Herrn Fitzthumb, einem sehr rührigen und kundi-

Der Guide Fidèle contenant la description de Bruxelles, herausgegeben im Jahre 1761, enthält eine Liste der wichtigsten Komponisten, Musikdirektoren, Organisten, Klavierspieler und Instrumentenbauer. Privatsammlung.

Das Munttheater im 18. Jahrhundert. Anonyme Gravüre. Privatsammlung.

gen maestro di capella, der den Takt angibt und beständige Disziplin zu wahren versteht.« Und weiter: »Das Orchester wird hervorragend dirigiert und das Ensemble ist meist vielköpfig besetzt, es ist lebhaft, genau und aufmerksam.« Zur Zeit von Burneys Besuch waren Vitzthumb und der Schauspieler Louis Compain Despierrières (der Librettist von *L'éloge de la vertu*) gerade Konzessionäre der Munt geworden. Vitzthumb blieb Dirigent mit Willem van Maldere als Konzertmeister; Vitzthumb nahm unverzüglich Verhandlungen mit Grétry auf, um dessen Werke sofort nach der Pariser Premiere nach Brüssel zu holen. Grétry war geschmeichelt, und wollte persönlich nach Brüssel kommen, »um Sie zu hören, dann noch mit meinen eigenen Werken zu bewundern, da Sie, nach der Meinung ganz Europas, in größter Meisterschaft zu interpretieren verstehen«, schrieb er Vitzthumb am 3. Juli 1776. Zur gleichen Zeit griff dieser wieder einen alten Plan auf – jetzt im Rahmen der Munt-Gesellschaft – nämlich die Gründung eines flämischen Opernensembles. Am 26. März 1772 lehnte der Geheime Rat sein Ersuchen wiederum ab, mit der Maßgabe, eine derartige Erlaubnis »würde Klagen seitens des Publikums hervorrufen, erwartend, daß die Abonnenten, die dabei sind, ihre Logen neu auszustatten, sie nach und nach von den Zuschauern beschädigt sähen, die zu den flämischen und anderen Aufführungen kommen, die die Vergnügung des Pöbels bilden!«

Das Verbot änderte nichts daran, daß Vitzthumb vier Monate später eine Aufführung von *Le Tonnelier* und von *Toinon et Toinette* von Gossec dirigierte. Charles Burney befand sich damals im Saal: »Abends hörte ich im Theater zwei Singspiele in flämischer Sprache. Beide waren aus dem Französischen übersetzt [...] Die Bevölkerung schien großes Vergnügen an diesen Aufführungen zu erleben, die als Dramen in ihrer ursprünglichen Gestalt verdienstvoll waren. Die Musik der Herren Duni [hier irrt Burney, denn sie war allein von Gossec] und Gossec blieb, abgesehen von einigen nebensächlichen Änderungen, die Herr Fitzthumb angebracht hatte, um die Musik dem flämischen Text besser anzupassen, vollständig erhalten.«

Damals war auch die »Suyver Leliebloem« in der Munt sehr aktiv. Die Gesellschaft spielte niederländische Fassungen von Grétrys *Le tableau parlant* (*De sprekende Schilderije*) und *Zémir et Azor* (*Zemier en Azor*), Monsignys *Le Déserteur* (*Den Deserteur/De Overlooper*) sowie Gossecs *Le Tonnelier* (*Den Kuyper*). Es ist also sehr gut möglich, daß Burney einer Aufführung der »Suyver Leliebloem« beiwohnte, in jedem Fall aber müssen Vitzthumb und sein Munt-Orchester an der Darbietung mitgewirkt haben. Er tat dies möglicherweise nicht oder nicht ausschließlich aus Liebe für die niederländische Sprache, sondern auch, weil es sonst um die Finanzen der Einrichtung nicht zum besten gestanden hätte. Vorstellungen in flämischer Sprache brachten Geld in die Kasse. Daher reichten Compain und er 1774 ein weiteres Mal ein Konzept ein, um »die Mittel aufzubringen, die Schulden der jetzigen Betreiber des Brüsseler Theaters abzutragen«. Sie schlugen vor, neben den für den Adel reservierten Vorstellungen der Munt, ein »Spectacle bourgeois« im Coffy-Theater zu veranstalten, zu dem dann der Adel keinen Zutritt haben sollte. Dort sollten französische Tragödien und Komödien »gleichwelcher Sprache« aufgeführt und gesungen werden. Wieder war die Antwort abschlägig. Compain kündigte. Vitzthumb blieb mit der Sorge um das Theater zurück, fand dennoch Zeit und Energie, eine niederländischsprachige Truppe in der Munt zusammenzustellen. Ein gewisser W. Kneuppel leitete die niederländischen Proben. Mit dieser Truppe gab Vitzthumb auch in der Provinz Vorstellungen. Außerdem ließ er zwei Flußkähne bauen, einen für die Requisite und einen weiteren für die Künstler, um darauf nach Ostern auch in die Niederlande fahren zu können. In Den Haag ließ er sich von einem Zimmermann eine hölzerne Bühne anfertigen. Neyts machte 1774 in Amsterdam das gleiche, auch ihr Repertoire war ähnlich – standen sie also untereinander in Verbindung? Fortschritt genug, doch alsbald ergaben sich neue Schwierigkeiten, weil einige Schauspieler, darunter seine beiden Töchter, sowohl bei den Fran-

Kammermusik von Pitoin und seiner Tochter. Aquarell von Louis Carrogis de Carmontelle. Musée Condé, Chantilly.

kophonen wie den Niederländischsprachigen auftraten. Am 3. August 1776 schrieb Frank an den Sekretär des Grand Théâtre: »Die Ränke gegen die Flamen sind furchterregend, ich weiß es, aber die Mittel, sie zu mindern, liegen in den Händen von Herrn Vitzthumb. Er müßte nur seine Töchter zu den Franzosen stecken, auf die Reisen verzichten und seine Ratgeber zum Teufel schicken.« Wahrscheinlich zog Vitzthumb auch hier wieder den kürzeren. Er schickte die Holzbühne also wieder nach Brüssel, erbat und erhielt vom dortigen Magistrat die Erlaubnis, »auf dem Platz St. Michel ein Theater auf Brettern aufzubauen«. Am 2. März 1777 wurde diese Genehmigung wieder zurückgezogen, danach ist nichts mehr über eine flämische Truppe bekannt.

Enttäuscht bittet er im Mai des Jahres um Entbindung von der Leitung des Munt-Theaters, die ihm nicht gewährt wurde, da er den Zehnjahresvertrag nicht erfüllt hatte, und als er dennoch die Pfortene der Munt eigenmächig schloß, wurde er vom Amtsrichter zeitweise in Gewahrsam genommen. Er zog darauf mit seinen Töchtern und dem Schwiegersohn nach Gent, um dort eine Operntruppe aufzubauen, mit der er in den Niederlanden Tourneen abzuhalten beabsichtigte, wurde dann, 1782, wieder Dirigent der Munt, damals von Alexandre und Herman Bultos geleitet. Nach dem Tod De Croes' im Jahr 1786 bringt er es sogar noch zum Hofkapellmeister. Diese Berufung hindert ihn jedoch nicht, sich während des brabantischen Umsturzes auf die Seite der Aufständischen zu schlagen, so daß er 1791 wegen »schlechter Führung« suspendiert wurde. Er mußte sich darin schicken und zog »en qualité de maître de l'opéra du théâtre du collège dramatique et lyrique«, wie er dem Ratsherrn Limpens schrieb, nach Amsterdam. Wenig später kehrte er dennoch nach Brüssel zurück, wo er, nach Fétis, veramt gestorben sein soll. Die Tatsache, daß er 1813 noch eine eigene Ballettpantomime *La cohorte d'Amour* aus der Taufe heben konnte, und kurz vor seinem Tod 1816 noch ausgiebig mit einem Konzert, gedacht als »ein Tribut der Dankbarkeit, eine Hommage, die man diesem fähigen Komponisten darbringt, der noch im Alter von dreiundneunzig Jahren, erneut das Orchester leiten wird« geehrt wurde, stellt diese Behauptung allerdings in ein recht fragwürdiges Licht.

Belgien war ein Land des Cembalo, mit Instrumentenbauern, deren Bedeutung bis heute in der ganzen Welt anerkannt ist, doch dürften die Mozarts 1763 in Brüssel wenig nach ihrem Geschmack gefunden haben. Der beste Instrumentenbauer, Joannes Dulcken, hatte gerade in jenem Jahr den Betrieb seines verstorbenen Vaters von Antwerpen nach Brüssel verlegt, und Hendrik van Casteel, der erste Klavierbauer der Niederlande, hielt sich in Lissabon auf. Er sollte sich erst 1769 in Brüssel niederlassen und konnte dann auch dort seine Hammerklaviere anbieten.

Virtuosen gab es genug. Nehmen wir nur die graue Eminenz Josse Boutmy, 1697-1779, den ersten Organisten der Hofkapelle und Guillaume Staes, den zweiten Organisten, Guillaume Boutmy, 1723-1791, Josses Zweitgeborenen, »officier du Bureau Général de la Poste à Bruxelles«, gleichzeitig Orgelbauer und Verfasser der *Sei sonate per il cembalo*, Ferdinand Staes, 1748-1809, Sohn und Schüler seines Vaters Guillaume, ebenfalls Schüler Vitzthumbs, Berater an der Munt und von Burney als »the best performer upon keyboard instruments in Brussels« bezeichnet, schließlich Frans Jozef Krafft, 1721-1795, und seinen Neffe Frans Krafft, 1733 bis etwa 1800. Alle genannten Personen komponierten Cembalosuiten oder Sonaten. Das gesamte Spektrum der europäischen Klavierkunst zu Mitte des 18. Jahrhunderts war hier repräsentiert. Gut gemacht, mit hübschen Einfällen, aber nur selten von großem Genie zeugend. Eine Ausnahme muß vielleicht für Krafft gemacht werden, leider ist nicht klar ersichtlich, für welchen der beiden, denn die wissenschaftliche Erforschung ihrer Viten und des Œuvres muß erst begonnen werden, ungeachtet der Pionierarbeiten des X. Ritters van Elewijck und von Herman Roelstrate. Charles van den Borren war jedenfalls von den Diver-

Der Marquis de Croismare und seine Tochter, musizierend. Aquarell von Louis Carrogis de Carmontelle (1766). Musée Condé, Chantilly.

timenti, die er zu sehen bekam, begeistert: »Das ist endlich einmal gediegene Musik [...] [Sie] liegen, in schönem und ursprünglichem Schmuck, ein ganzes Stück über dem Niveau der [von van Elewijck publizierten] Auswahlbätter«. Frans (Jozef?) Krafft veröffentlichte seine *Sei divertimenti per il cembalo da sonarsi con un violino o pure senza* im Jahr 1750. Um 1760 schrieb er noch einige Sonaten, von denen Herman Roelstrate 1952 Fragmente im Löwener Beginenhof entdeckte. Es handelt sich dabei ersichtlich um moderne Klaviersonaten, mit zahlreichen dynamischen Führungen. Mozart hätte nicht bis zur Begegnung mit Eckard warten müssen, um authentische Klaviermusik zu entdecken. Für dieses eine Mal war Brüssel (wahrscheinlich) Paris voraus.

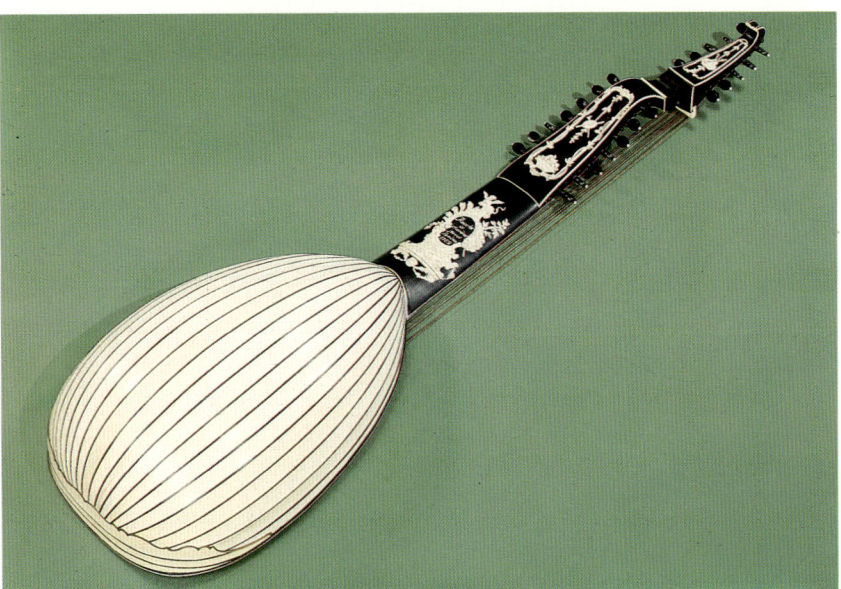

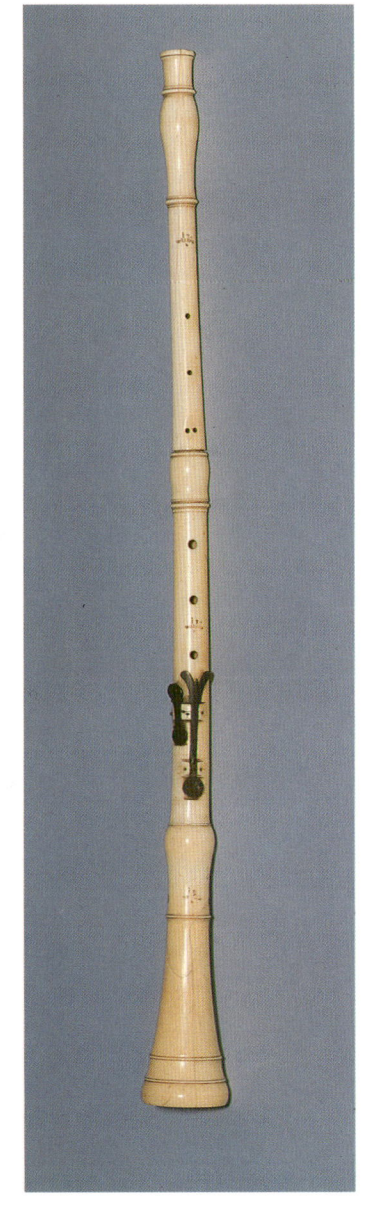

Vor- und Rückseite einer Theorbe, eines sehr beliebten Saiteninstruments im 18. Jahrhundert. Victoria und Albert Museum, London.

In Gent war im 18. Jahrhundert die Instrumentebauerfamilie Willems tätig. Jean Baptist Willems (1717-1765) stellte luxuöse Blasinstrumente aus Elfenbein und Gold oder Silber her. Instrumentenmuseum des Koninklijk Muziekconservatorium, Brüssel.

W.E. Bigot de Villandry mit Gitarre. Porträt von B. Bolomey, zweite Hälfte des 18. Jahrhunderts. Gemeentemuseum, Den Haag.

Die Brüsseler Sonate

GHISLAIN POTVLIEGHE

»Di Wolfgango Mozart, d. 14 octobre 1763 in Bruxelles«, trug Leopold über ein Allegro im Notenbüchlein Nannerls ein. Ist dieses Allegro von Brüssel geprägt? Gab es dort musikalische Beispiele, die den Knaben zu dieser Musik anregten?

Ist dieses Allegro, das allgemein die Brüsseler Sonate genannt wird, deskriptiv? Arthur Schurig suchte in seinem zweibändigen Werk über Mozart (Leipzig, 1913) grundsätzlich jede Verbindung zwischen Mozarts Persönlichkeit und seinem Werk zu entkräften. Andere, darunter der Mozartforscher Otto Jahn, sind der harmonischen Einheit von Mozarts Leben und Werk gewiß. Zweifellos liegt Mozarts Menschsein in seiner Musik beschlossen.

Mehr als einmal ist in Mozarts Musik der Niederschlag bestimmter Gefühle wahrnehmbar. So porträtierte er nach eigenem Bekunden im Andante einer Klaviersonate Rosa Cannabich, die Tochter des Mannheimer Orchesterdirigenten. Seine erste Pariser Sonate (KV 310) in a-Moll wird von schicksalhaften Elementen getragen, die die in der französischen Hauptstadt erlebten Enttäuschungen widerspiegeln. Ein Gemütszustand des Jammers, der Vereinsamung und Rebellion bestimmte Mozarts Ausdrucksvermögen ebenso unmittelbar wie grundlegend.

Daß Mozarts Schöpferkraft völlig unabhängig von seinem Leben existierte, ist nichts weiter als die fiktionale Vorstellung vom sich titanisch seiner Lebensbedingungen überhebenden Komponisten. Eine weltfremde, romantische Sicht...

Mozart scheint schon sehr früh Gemütszustände in seiner Musik fixiert zu haben. Im Brüsseler Allegro klingt das Hauptmotiv wie ein klares, frohgemutes Glockengeläute der Ankündigung von Mozarts Ankunft in Brüssel. Ein dringliches Bitten wird ebenfalls gestaltet, ließ der Fürst die Mozarts doch immer sehr lang warten, bevor er ihnen ein Konzert bewilligte. Mit einem Augenzwinkern an Eckard weiß Mozart spielerisch und schalkhaft abzuschließen.

Dies ist keine Rokokomusik, keine Musik zur Zerstreuung, sie drängt nach etwas, schaut nach etwas aus... Der flämische Mozartforscher Hadermann schreibt 1941 zutreffend: »Es wäre übertrieben, in diesen frühen Kompositionen Mozarts nur und nichts anderes als eine begabte Nachahmung bestimmter Vorbilder zu sehen. Klein-Wolfgang hatte bereits etwas Persönliches mitzuteilen, vor allem in den ersten beiden Stücken der ersten Sonate, die von einer kindlichen Einfalt, einer Melodiösität und Wahrhaftigkeit des Ausdrucks durchdrungen sind, die bereits das erwachende Genie erahnen lassen.«

Wie ist das Brüsseler Allegro in einer dreiteiligen Sonate zu situieren? In Nannerls Notenbüchlein steht noch ein Allegro in C-Dur, in London oder Paris im Jahr 1764 komponiert (und nicht im Sommer 1763 in Salzburg, wie man bis vor kurzem glaubte). Daß die beiden Allegros als Teile eines Ganzen zu verstehen sind und demzufolge nicht Fragmente zweier verschiedener Sonaten sind, kann aus der Annahme gefolgert werden, Mozart hätte dem Usus der Zeit entsprechend, sich nicht zwei aufeinanderfolgende Sonaten in der gleichen Tonart erlaubt.

Darüberhinaus hat Mozart in die *Sonate für Klavier und Violine* in C-Dur (KV 6) das Brüsseler Allegro mit dem Andante in F, gefolgt von einem kleinen Menuett in C-Dur eingeordnet, von kaum sechzehn Takten, und dies zusammen unter dem Titel *Sonates/ Pour le Clavecin/ Qui peuvent se jouer avec l'Accompagnement de Violon/Dédiées A Madame Victoire de France/ Par J. G. Wolfgang Mozart de Salzbourg/ Agé de Sept ans* publiziert.

Meiner Ansicht ist das Brüsseler Allegro als reines Klavierwerk ein Schlußstück, das Finale der Sonate in C-Dur. Das andere Allegro in der gleichen Tonart ist kompositorisch einfacher und ersichtlich der Auftakt der Sonate, die in Brüssel vervollkommnet werden sollte. Die nicht aufzuhaltende Reihe Albertischer Bässe, die der Knabe reichlich über beide Eckteile verstrich, scheinen ihm nun offensichtlich ein ausgezeichnetes Mittel zu sein, um sich flott und ungebremst ausdrücken zu können. Er wendet diese Methode im Brüsseler Allegro an und erreicht damit eine zwar kindlich einfache, dennoch aber inspirierte Einheit im gesamten Plan.

Das Brüsseler Allegro ist beflügelter, gefühlsgeladener und außerdem virtuoser als das andere Allegro und trägt die Charakteristika eines sprudelnden und expressiven Finales.

Allegro der Brüsseler Sonate, die laut der Notizen seines Vaters (oben) von Wolfgang am 14. Oktober 1763 in Brüssel komponiert wurde. Mozarteum, Salzburg.

Tafelklavier des Brüsseler Instrumentenbauers Jean-Baptiste Winands. Brüssel, 1789. Instrumentalmuseum, Brüssel.

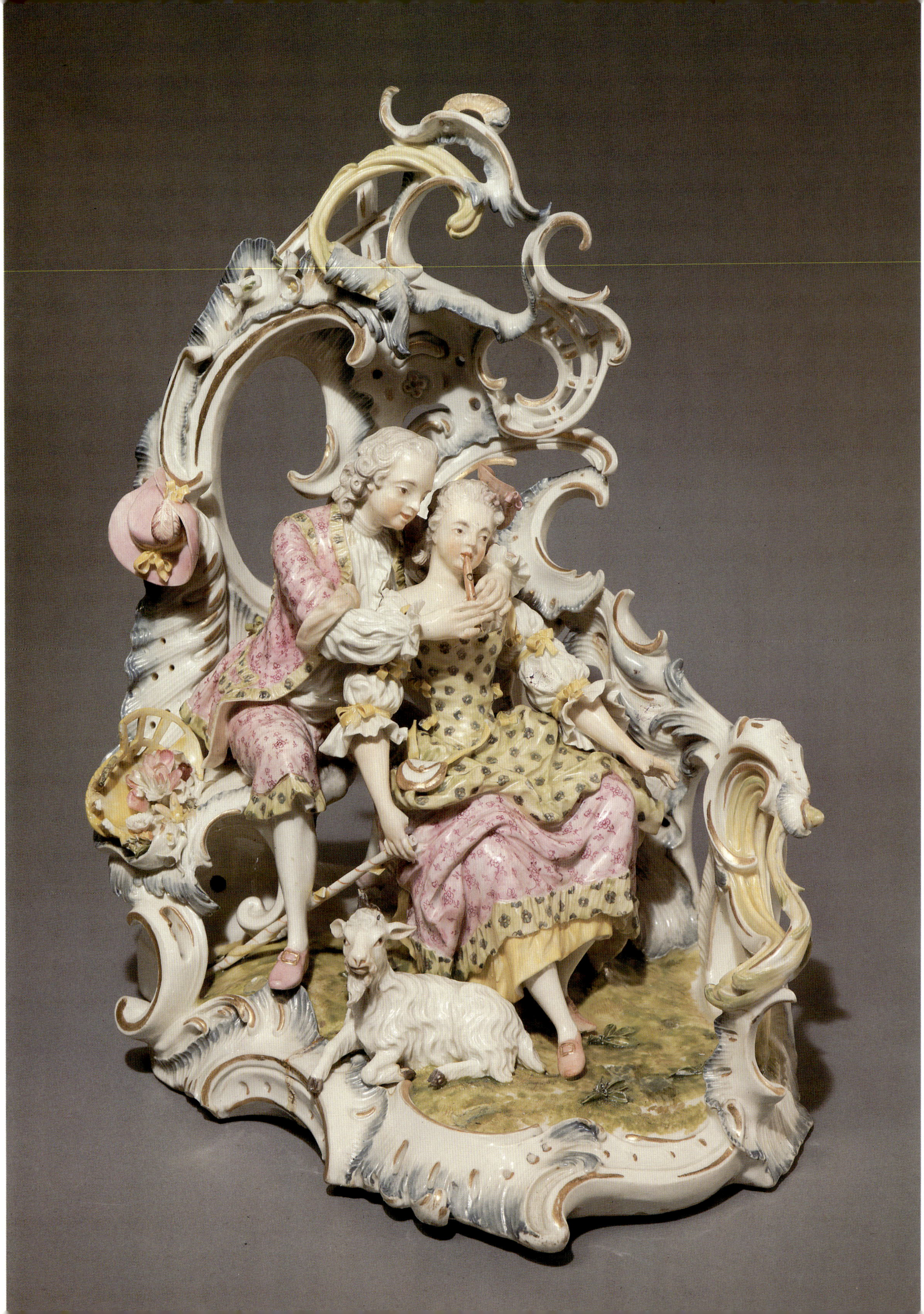

7

Mons

15.-16. November 1763

Nach dem langersehnten öffentlichen Konzert, das wahrscheinlich am Montag, den 8. November stattfand, konnten die Mozarts endlich Brüssel verlassen, um nach Paris, der kulturellen Hauptstadt des damaligen Europa zu eilen. Die Reise über die Poststrecke verlief glücklicherweise sehr zügig und so konnten sie am Ende des ersten Tages siebzig Kilometer von Brüssel entfernt, in Mons, übernachten. Vater Mozart fieberte sicher dem Tag entgegen, an dem er seine Kinder dem Pariser Publikum vorstellen konnte; das erklärt vielleicht, warum er, entgegen seiner sonstigen Gewohnheit, wenig Interesse für die örtlichen Sehenswürdigkeiten zeigte. Er gibt keine Beschreibung des Städtchens, das ansonsten von Reisenden des 18. Jahrhunderts wegen seiner reizvollen Lage, den breiten Straßen, großzügigen Plätzen, ansehnlichen Häusern, prächtigen Palästen (unter anderem dem Gouverneurspalast), seiner feinen Gesellschaft, dem schmackhaften Essen und köstlichen Bier gelobt wurde. Leopold verliert auch über die berühmten Kanonikerinnen des Kapitels von Sainte-Waudru kein Wort. Es war selten, daß ein damaliger Tourist nichts über diese Einrichtung sagte. In *Flanders delineated: or a view of the Austrian and French Netherlands*, einem Reisebericht eines englischen Offiziers aus dem Jahr 1745, können wir lesen: »Die wichtigste Sehenswürdigkeit der Stadt ist das Kapitel der Kanonikerinnen – dreißig, ausschließlich adlige Damen, die um die Kollegiatkirche Sainte-Waudru wohnen, genau wie die Domherren um die englischen Kathedralen. Jede unterhält eine Kutsche. Wenn sie ausgehen, kleiden sie sich wie andere Damen. Im Chor tragen sie weiße Kleider und schwarze, hermelinabgesetzte Mäntel. Sie dürfen sogar heiraten, müssen dann aber das Kapitel verlassen. Als der Kurfürst von Bayern Gouverneur der Nieder-Lande war, hielt er nach der Schlacht bei Ramillies in dieser Stadt Hof und verliebte sich in eine der Kanonikerinnen, eine Prinzessin. Sie blieb über Jahre seine bevorzugte Mätresse.«

Das einzige, was uns Leopold über Mons mitteilt, ist ein Besuch bei einem Herr von Lidelsheim, der Auditeur (Richter am Militärgericht) bei der örtlichen Kommende des Deutschen Ordens war und dessen Frau, das »Freysauf Mariandl«, die Familie in Salzburg hatte. Leopold kommt in seinen Briefen und Reiseaufzeichnungen dreimal auf diesen Ignaz von Lidelsheim zurück. Der Leser erfährt, daß er zwei erwachsene Kinder hat, einen Sohn und eine Tochter, »die beyde Stiftsmässig oder Heyrathmässig sind«, und daß die Familie in recht einfachen Verhältnissen lebte, weil von Lidelsheim zuvor in Wien Geld und Gut vergeudet hatte. In Mons wohnte er seit 1758. Seine Ehefrau Anna Justina war mit der Salzburger Familie Freysauf von Neudegg verwandt.

Leopold verliert kein Wort über die Unterbringung. Haben sie bei Lidelsheim übernachtet? Oder im Le Cygne? Die Beschreibung des englischen Studenten Robert Poole aus dem Jahr 1741 zeichnet ein großes Gebäude mit hohen Decken, verschmutztem, häßlichem Dielenboden, gewöhnlich möblierten Räumen ohne Spiegel, vor Ungeziefer wimmelnde Betten... Wenn es dort 1763 immer noch so ausgesehen haben sollte, dürfte Leopold Mozart keinen Schritt hereingesetzt haben! Viel wahrscheinlicher wird er mit Frau und Kindern in La Couronne Impériale am Grote Markt Logis bezogen haben, dem damals ersten Hotel in Mons, das zudem über eine Pferdeposthaltestelle verfügte.

Leopold Mozart an Lorenz Hagenauer, Salzburg

Brüssel den 17.ten Oct: 1763
Geschlossen den 4.ten Novb:

Zu Mons werde im Durchreißen den gewissen H:v Lidelsheim antreffen, der die gewisse Freysauf Mariandl geheurat und seiner Zeit grosse Mittel gehabt hat. Er war zu gut, seine Frau zu prächtig, und so kam er in Wienn um all sein Geld und Gut; so daß er nun iezt mit einem Gehalt von höchstens 400 fl: als auditor unter dem Teutschmeisterischen Regiment, welches in Mons liegt, schon sich 5. Jahr befindet.

Sie werden der Freusauffischen Familie davon Nachricht geben können: da die Jungfrau Freysaufin es oft gern gewüst hätte. Ich empfehle mich samt Frau und Kindern, die, Gott sey gelobt, immer gesund sind, ihnen der Frau Gemahlin und sämtlichen Angehörigen und bin der alte P.S. An Tit. H.H. Beichtvater, Madame v Robini und Fräuln Josepha etc alle im haus und ausser haus meine empfehlung. Sinè Fine dicentes etc.

Der Flötenspielunterricht. Polychromes Porzellan, nach einem Entwurf von Johann Friedrich Lück. Frankenthal, ca. 1760. Bayerisches Nationalmuseum, München.

PRINCE CHARLES DE LORRAINE.
1712 — 1780

Karl von Lothringen als Großmeister des Deutschen Ordens, und Anna Charlotte von Lothringen als Äbtissin des Damenstifts in Mons. Anonyme Ölporträts (ca. 1765). Privatsammlung.

ANNE CHARLOTTE DE LORRAINE,
ABBESSE DE REMIREMONT.
1714 — 1773

Madame Royale

Schirmherrin des kulturellen Lebens

PAUL RASPÉ

Leopold Mozart traf am 15. November 1763 mit seiner Familie in Mons ein, um dort Nachtlager auf der Reise nach Paris zu nehmen. Er konnte natürlich nicht wissen, daß beinahe auf den Tag vor neun Jahren eine Persönlichkeit in Mons angekommen war, um sich dort endgültig niederzulassen, die in der kulturellen Entwicklung der Hauptstadt des Hennegau eine Hauptrolle spielen sollte. Prinzessin Anne-Charlotte von Lothringen (1714-1773) – denn um sie handelte es sich – war die Lieblingsschwester Karl Alexanders von Lothringen, des Landvogts der österreichischen Niederlande. Sie hatte sich am 17. November 1754 als persönliche Repräsentantin von Kaiserin Maria Theresia von Habsburg-Lothringen in Mons niedergelassen, als Leiterin des adligen Kapitels der Stiftskirche Sainte-Waudru. Madame Royale, wie sie genannt wurde, liebte den Luxus, die Kunst, Tafelgenüsse und mehr noch die Entspannung, die die Kultur bietet. Bei Aufenthalten am Hofe ihres Brudes versäumte sie nie auch nur eine Komödie oder andere Theatervorstellungen. Die Mozarts werden ihr bei einer derartigen Gelegenheit begegnet sein.

Ihre Vorliebe für das Theater steht sicher an der Wiege der Einrichtung eines Theaters in Mons im Jahre 1759. Dieses Theater, vom Architekten De Bettignies auf dem Fechtboden von Serment des Ecrimeurs de Saint-Michel, im Obergeschoß der Grande Boucherie des Grote Markt, untergebracht, verfügte neben dem Parterre, dem Amphitheater und der Galerie über sechsundzwanzig Logen für sechs Personen. Am 15. November 1762, ein Jahr also vor der Ankunft der Mozarts, wurde dort ein Werk mit derartigen Erfolg aufgeführt, daß ihm die *Gazette des Pays-Bas* am 21. November einen Artikel widmete: »La Fête des Mons, Opera buffa mit einem Prolog, Text von Gasparini und Musik von Alexis, dem ersten Violinisten des Orchesters in Mons«.

1759 wurde, ebenfalls unter der Schirmherrrschaft von Madame Royale, eine Société du Concert Bourgeois gegründet, die viel zur Verbreitung der Musikliebe in Mons beitrug. Die Satzung vom 10. November 1768 schrieb fest, die Gesellschaft habe die Aufgabe, von Oktober bis April wöchentlich ein Konzert, gefolgt von einer »coterie ou redoute« (einem Ball) zu organisieren. 1775 zählte die Gemeinschaft nicht weniger als hundertundzwanzig Mitglieder.

Vor allem aber in den Kirchen wurde die Musik besonders gepflegt. Leider ist nur sehr wenig über die um 1760 in den fünf Kirchen von Mons gespielte Musik bekannt, mit Ausnahme der Kirche Sainte-Elisabeth, deren Musikbibliothek mehr als dreihundertundsiebzig Werke zählt. Zu den Komponisten, deren Werke am häufigsten auftauchen, gehören Pierre-Louis Pollio, Musiklehrer an der Stiftskirche St. Vincentius in Zinnik und in Mons offensichtlich hochgeschätzt, Jean-Marie Rousseau, Musiklehrer an der Kathedrale zu Doornik, Krafft, der aus Mons stammende Mathurin, Wattiau, Delmoitiez, Balasse und Torlé, die Lütticher Grétry, Hamal und Pietkin, außerdem Ausländer wie Pergolesi, Durante, Wagenseil und Rathgeber.

Neben der Musik für den Gottesdienst konnten die Einwohner von Mons auch dem Klang der Glockenspiele dreier Kirchen lauschen: Saint-Nicolas-en-Havré, Sainte-Elisabeth und Saint-Germain. 1761 wurde das Glockenspiel von Sainte-Elisabeth von dem Mechelner A. J. van den Gheyn vollständig restauriert. Das bedeutendste Glockenspiel der Stadt ist natürlich

Mons vom Südwesten aus gesehen. Das Gemälde trägt das Datum 1683, aber es stammt – nach dem Turm der Sainte-Elisabethkirche zu schließen – aus der zweiten Hälfte des 18. Jahrhunderts. Im Vordergrund sieht man zwei Frauen in typischer Tracht. Maison Jean Lescarts, Mons.

das des Belfrieds, der aus dem 15. Jahrhundert datiert und dessen zweiunddreißig Glocken zwischen 1760 und 1773 erneut gegossen wurden.

Auch für Freiluftmusikdarbietungen wurde von dem in Mons kasernierten Musikkorps des Regiments von Kaunitz gesorgt, das jeden Tag von elf bis einhalb zwölf die Parade der Offiziere klingend begleitete. Die vielen Musikkapellen des damaligen Deutschland und Österreichs fanden Nachahmer in der von Mons, die zwei Oboen, zwei Klarinetten, zwei Hörner und zwei Fagotte zählte. Erster Oboist war Antoine-Joseph Fétis, Vater des bekannten Musikers und Musikwissenschaftlers.

Das Musikleben der Stadt Mons erlebte in den Jahren zwischen 1765 und 1830 eine besondere Blüte, als sich dort mehrere Musikerfamilien wie die Fétis' und Ermels niederließen, die einige bekannte Musiker und Instrumentenbauer hervorbrachten, ebenso wie die Familie Raingo, Hersteller von Saiten- und Blasinstrumenten.

Bei der nahezu unvermeidlichen Rast auf dem Weg von Brüssel nach Paris, gaben viele der in Mons absteigenden ausländischen Musiker auch gleich ein Konzert, wie 1768 der berühmte Oboist Fischer und 1770 der bekannte Violinist Karl Stamitz. Antoine-Joseph Fétis ergriff nach Auskunft seines Sohnes die Gelegenheit, um bei beiden Stunden zu nehmen.

Blick auf den Sainte-Waudrudom. Lithografie von Tessaro-Granello (ca. 1860). Universitätsbibliothek, Mons.

Das Hotel de la Couronne war damals das größte Hotel der Stadt und eine Pferdeposthaltestelle. Lithografie von E. Duchène (ca. 1840). Universitätsbibliothek, Mons.

Eine Garnisonsstadt

PIET LENDERS

Mons war für die Zeit um 1763 eine mittelgroße Stadt mit etwa achttausend Einwohnern. Die zentral gelegene Hauptstadt der Grafschaft Hennegau beheimatete wichtige Verwaltungsfunktionen. Sie war der Sitz eines Appellationsgerichts, des Souveränen Ausschusses des Hennegau, eines letztinstanzlichen Gerichtshofes und der Generalstände des Hennegau, einer Standesvertretung, die bestimmte Abgaben zu entscheiden hatte. Die Ständige Abordnung der Stände verfügte über einen Stab von Verwaltungsfachleuten, der über die Entwicklung der Grafschaft wachte und ihre Erfordernisse bedachte. Im Gegensatz zu vielen anderen Provinzen wurde die Grafschaft noch immer von einem Gouverneur mit dem Titel eines Leitenden Vogtes regiert. Im 18. Jahrhundert war immer ein Herzog von Arenberg Titular des Amtes. Diese Herzöge waren gute Bekannte der österreichischen Fürsten, die jenen etliche vertrauliche Aufgaben übertrugen. Herzog Philippe-Charles-Joseph (1690-1754), der ehemalige Befehlshaber des südniederländischen Heeres, wurde von 1748-1749 zum Vorsitzenden der Übergangsregierung ernannt, die mit der verwaltungstechnischen Übernahme des Landes aus den Händen der französischen Besatzer betraut worden war. 1740 hob er seinen minderjährigen Sohn Charles-Marie-Raymond (1721-1778) auf den Sitz des Stellvertretenden Gouverneurs des Hennegau. Der bewies bald auch militärische Fähigkeiten – der österreichische Sieg bei Hochkirch (1758) war in nicht unbeträchtlichem Maß seinen Fähigkeiten und seiner Tapferkeit zu verdanken.

Ein Magistrat von elf Beigeordneten, von der Regierung in Brüssel ernannt und regelmäßig abgelöst, verwaltete die Geschicke der kleinen Stadt. Mons beherbergte in seinen Mauern viele Wohlhabende aus dem Bürgertum, höhere Beamte, Rechtsanwälte, Staatsanwälte und andere Amtsträger. Die Industrie gelangte in diesem Verwaltungszentrum nie zu besonderer Blüte, schließlich bestimmten Dienstleistungen wie Märkte, Hospitäler und Schulen das Gesicht der Stadt.

Zwei Tatsachen gaben Mons im Inland Gewicht. Zunächst war die Stadt Aufenthaltsort Anne-Charlottes von Lothringen, der Schwester des Kaisers und des Brüsseler Landvogts. Sie war Äbtissin des reichen Adelsstiftes Sainte-Waudru und bewohnte einen eigenen Palast. Sie weilte regelmäßig an den Höfen von Wien und Brüssel oder in den Herrensitzen ihres Bruders Karl Alexander in Mariemont und Tervuren. Der Landvogt besuchte sie auch in Mons und nutzte dann die Gelegenheit, die Befestigungsanlagen zu inspizieren. Die Stadt war schließlich auch eine starke Festung auf der Strecke von Brüssel nach Valenciennes, an einer Stelle nicht mehr als zehn Kilometer von der französischen Grenze entfernt.

Mons war bereits eine alte Niederlassung. Vorgeschichtliche Verbindungswege und die Nebenstrecke der Heerstraße Bavai-Utrecht bildeten die Achsen der strahlenförmigen Stadtanlage. Die Stadt war um einen kleinen Hügel errichtet worden – daher auch ihr Name – die beiden Flußtäler von Haine und Trouille, die westlich der Stadt zusammenfließen, bildeten natürliche Grenzen. So war Mons eine von Natur aus gut zu verteidigende Feste. Die erste Erwähnung eines *castrum* oder Truppenlagers geht auf das 7. Jahrhundert zurück. Im 13. Jahrhundert nahm man große Bauten in Angriff, die im Laufe der Zeit erweitert und verbessert wurden. Die Festungsanlagen wurden 1667 gegen die französische Bedrohung während des Devolutionskriegs weiter ausgebaut, so daß im Jahr darauf die schwere Belagerung durch Ludwig XIV. abgewehrt werden konnte. 1691 mußte die Festung nach einer Belagerung durch achtzigtausend Mann dennoch den Franzosen überge-

Eine Domherrin des Sainte-Waudrukapittels in Mons. Die Mitglieder dieses berühmten Stifts – meist Damen aristokratischer Herkunft – trugen während der kirchlichen Zeremonien ein weißes Kleid und einen schwarzen Mantel, besetzt mit Hermelin. Ausserhalb der Kirche waren sie nach der letzten Mode gekleidet. Gravüre von Robert-François Bonnart (1646). Universitätsbibliothek, Mons.

Die Belagerung von Mons durch die Truppen von Ludwig XIV (1691) dauerte über einen Monat, und der Schaden an öffentlichen Gebäuden und Häusern war sehr groß. Dieses anonyme Ölgemälde stellt die Stadt in Flammen dar, nach einem der vielen Bombardements. Man sieht von links nach rechts: die Sainte-Waudrukirche, die Saint-Germainkirche (die schwer beschädigt wurde) und den Bergfried, worin sich das Glockenspiel befand. Maison Jean Lescarts, Mons.

ben werden und so gelangte Mons in französische Hände. Der Sonnenkönig hielt die Stadt strategisch für derart wichtig, daß er eine neue Befestigung nach Plänen Vaubans erbauen ließ.

Während des Österreichischen Erbfolgekriegs leistete die Stadt sechs Wochen Widerstand, mußte aber schließlich kapitulieren. Wie im Verteidigungsplan vorgesehen, war aber die gesamte Umgebung der Stadt unter Wasser gesetzt worden. Das nutzte nicht viel, die Einkesselung der Stadt wurde lediglich bis nach der Einnahme von Brüssel und Antwerpen ausgestellt. Danach schleiften die Franzosen die Festungswerke und versuchten mit erheblichem Kostenaufwand, die Umgebung der Feste mit möglichst viel Abbruchmaterial aufzufüllen, um eine spätere Überflutung unmöglich zu machen. In ihren Augen war die Schleifung nötig, um die nahegelegene Festung Maubeuge nicht weiter ausbauen zu müssen.

Die französische Besatzung verließ die Stadt 1749. Schon bald beschloß man, die Festungsanlagen erneut zu errichten, es sollten aber »fortifications à la moderne« sein. Die Leitung der Arbeiten wurde dem Chef des Offizierskorps der Pioniere, dem besonders fähigen Ingenieur J. R. Spalaert, anvertraut. Danach wurde ihm auch die Aufsicht über die Kanalarbeiten in Flandern und über die Aushebung des Dijle-Löwen-Kanals übertragen. 1750 wurde mit den Arbeiten in Mons begonnen. Um mit der verfügbaren Wassermenge eine erneute Überflutung der Umgebung möglich zu machen, wurde das Bett der Haine teilweise verlegt. So konnte Mons wieder als uneinnehmbare Festung gelten. Der teure Bau sollte sich alsbald durch den Freundschaftsvertrag zwischen den österreichischen Habsburgern und den französischen Bourbonen als überflüssig erweisen. 1782 gab Joseph II. folgerichtig den Befehl, die Befestigungen abzubrechen.

Wie wichtig die Festung Mons war, ist aus einer Berechnung der französischen Besatzer aus dem Jahr 1692 ersichtlich, die feststellte, daß man in den vierzehn Kasernen und sieben Marställen der Stadt siebentausendvierhundert Mann Fußvolk und dreitausendachthundert Kavalleristen unterbringen könne. Die militärische Funktion war immerhin so dominant, daß sie die wirtschaftliche Entwicklung und das Bevölkerungswachstum inner- und außerhalb der Mauern behinderte. Die militärischen Aufgaben bedeuteten eine schwere Belastung der städtischen Finanzen, da der Magistrat jedes Jahr einen Beitrag zu den militärischen Kosten zu leisten hatte. Die Erfordernisse einer Festung brachten es auch mit sich, daß bei drohender Kriegsgefahr die Stadt vorrangig verproviantiert wurde und an allen verfügbaren Orten Getreide, Hafer, Heu und andere Versorgungsgüter in Kellern und bis unter die Dachböden der Häuser und vor allem der Klöster gelagert werden mußten.

Nach dem Frieden von Rijswijk war Mons zu einer Grenzstadt geworden. Die Stadt hatte eine große kalvinistische Garnison aus den Vereinigten Provinzen zu beherbergen und sich mit allen aus einer derartigen Einquartierung erwachsenden Problemen auf nationalem und religiösem Gebiet abzufinden. Glücklicherweise dauerte die Anwesenheit der Holländer nur vier Jahre, denn nach der Übernahme der Südlichen Niederlande durch Philipp V. von Spanien und Sonnenkönig Ludwig XIV. zogen sich die Truppen 1701 in den Norden zurück. Die Holländer hatten das Recht auf Besatzung und Garnison im Lauf der Verhandlungen des Barriere-Traktats nicht behaupten können. So blieben Mons im 18. Jahrhundert die mannigfachen Probleme von Städten wie Namur und Doornik mit der Anwesenheit holländischer, damit kalvinistischer Besatzungstruppen erspart.

Eine militärische Übung. Enzyklopädie von Diderot und d'Alembert (1751- 1777). Stadtbibliothek, Antwerpen.

Ein Fechtduell. Enzyklopädie von Diderot und d'Alembert (1751-1777). Stadtbibliothek, Antwerpen.

Eine nationale Garnison hatte für ein kleinbürgerliches Städtchen wie Mons willkommene und weniger angenehme Seiten. Die Anwesenheit zahlreicher herumschlendernder Militärs in Uniform gab der Stadt Farbe, eine besondere Atmosphäre und bestimmte Ausstrahlung. An Festtagen und in ihren Freistunden belebten Soldaten und niedere Offiziersränge Straßen und Schänken. Das Leben eines Soldaten wirkte auf die Jugend einer Garnisonsstadt offensichtlich anziehend, schienen die Soldaten doch immer Geld zu haben und ein auch ansonsten sorgloses Leben führen zu können. Die Truppenverwaltung sorgte immer für sie. Auch die Mädchen waren für den Charme junger Rekruten in ihren hübschen Uniformen nicht unempfänglich. So rekrutierte die Armee auch die meisten Berufssoldaten in den Garnisonsstädten. Mons stand mit Eupen in den Südlichen Niederlanden an der Spitze der Dienstverpflichtungen des Heeres. Mehr als sechs Prozent der Bevölkerung wählte dort die militärische Laufbahn. In einer Stadt wie Mons waren derartige Entscheidungen verständlich, denn es fehlten Arbeitsplätze. In Eupen lag das etwas anders, dort konnten viele Menschen im Wollgewerbe Arbeit finden. Gerade in den Jahren 1762 und 1763 wurden im Hennegau Anwerbeaktionen durchgeführt. 1763 handelte es sich hauptsächlich um die Aufstellung von zehn neuen Kompanien mit einhundert Mannschaftsdienstgraden.

Die Anwesenheit einer Garnison machte eine Stadt sicherer. In Zeiten innerer Unruhen, bei Hungerrevolten, manchmal auch an Karnevalstagen und bei nächtlichen Kirmesvergnügen griff die zivile Obrigkeit für Patrouillen und verstärkte Posten an den Stadttoren auf das Heer zurück. Im Normalfall waren die Mauern der Stadt immer bewacht. Diese Wachsamkeit galt vor allem Überraschungsangriffen, erschwerte aber auch das Einschmuggeln von Waren, die zudem bei den Torwärtern deklariert werden mußten.

Für die Begüterten eines Provinzstädtchens wie Mons bedeutete die Gegenwart einer Garnison zudem eine Erweiterung des Horizonts. Der Vogt oder sein Stellvertreter hatten regelmäßig Mitglieder der Truppenführung aus Brüssel zu empfangen. Die höheren Offiziere waren immer in den Salons willkommen und wurden zu Diners, Bällen und Tanzvergnügen eingeladen. Da sie oft von ferne, nicht selten aus dem Ausland stammten, verliehen sie dem städtischen Kultur- und Gesellschaftsleben eine eigene Note. Der Kommandant und der Standort-Major bekleideten die ersten Ränge. Die beiden Adjudanten dieses Majors standen ebenfalls in beträchtlichem Ansehen, ebenso der Festungsinspektor, der Proviantmeister und der für die Munition Verantwortliche. Sie waren immer besonders willkommen. Ist es dem Einfluß der Garnisonsoffiziere zu verdanken, daß Mons für neue Gedanken und Strömungen offen war? Hier flackerte im 17. Jahrhundert der französische Jansenismus auf und 1721 wurde hier die erste Freimaurerloge Belgiens, möglicherweise des gesamten europäischen Festlandes, gegründet.

Das Leben in einer Garnisonsstadt war aber nicht in jeder Hinsicht angenehm. Die Soldaten schauten manches Mal zu tief ins Glas und stritten sich dann lautstark mit den Wirten. Meist hatten die Rekruten kein Geld und anwesende Milizen ergriffen dann die Partei ihrer mittellosen Kameraden. Nicht selten machten angetrunkene Soldaten die abendlichen Straßen unsicher. Sie belästigten die Bürger dann mit Bettelei oder Schimpfkanonaden. Eltern untersagten ihren Töchtern und Söhnen den Umgang mit diesem »Gesindel«, sie verboten ihnen, mit den Soldaten zu trinken, zu tanzen oder sich anderweitig mit ihnen herumzudrücken. Schließlich förderte die Anwesenheit einer größeren Garnison auch die Prostitution.

Neue Rekruten wurden vor allem im Winter angeworben. Das geschah nicht immer mit erlaubten Mitteln. Wer lesen konnte, dem wurden neue Anwerbungen mit Handzetteln und Plakaten angekündigt, doch warteten die Werber meist nicht, bis sich die jungen Männer aus dem Volk freiwillig meldeten: Oft schleppten sie sie in eine Spelunke, machten sie betrunken und schoben ihnen dann einen Vertrag unter, ja, das ging manchmal so weit, daß das Trinken auf Kosten und auf das Wohl Ihrer Majestät als für ein Dienstverhältnis bindend durchging. Ab und zu gingen Klagen von Eltern ein, Adligen, städtischen Angestellten oder anderen, man habe ihre minderjährigen oder gar noch schulpflichtigen Söhne beim Trinken zur Unterschrift verführt. Diese Fälle wurden immer im Sinne der Eltern geregelt. Bei den Jugendlichen aus dem einfachen Volk war man da weniger zimperlich.

Wie auch immer – die Garnison prägte wesentlich das öffentliche Leben der Stadt Mons.

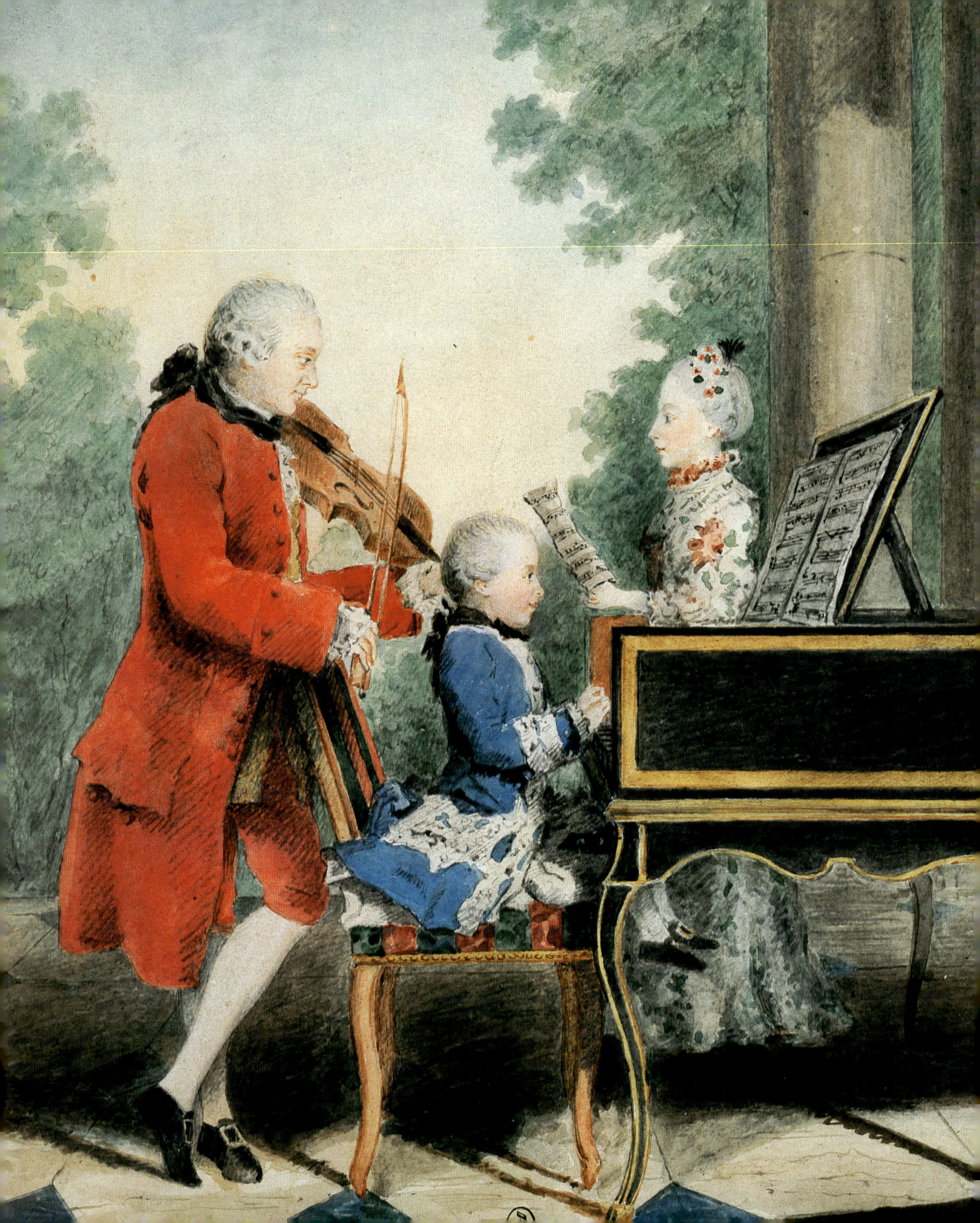

8

Paris und London
18. November 1763-1. August 1765

Als Leopold Mozart mit seiner Familie am 18. November 1763 in Paris eintraf, führte er glücklicherweise etliche Empfehlungsschreiben mit sich, Entreebillet in die Häuser einiger feiner Leute. Außerdem nahmen sich einige österreichische und andere deutschsprechende Adlige sofort ihrer an, wie der bayerische Diplomat Graf von Eyck, bei dem sie einkehrten, und Friedrich Melchior Grimm, der kurz nach ihrer Ankunft in seiner Zeitschrift Correspondance Littéraire eine Eloge auf Nannerl und Wolfgang veröffentlichte. Leopold schreibt über ihn: »Der einzige Mr: grimm [...] hat alles gethann. Er hat die Sache nach Hofe gebracht; er hat das erste Concert besorget, und er allein hat mir 80. Louis d'or bezahlt, folglich 320. Billets versorget, und noch die illumination in Wachs bezahlt, da über 60. Stück tafel Kerzen gebrennt haben; Nun dieser Grimm hat die Erlaubnis des Concerts ausgewürcket, und wird nun auch das zweyte besorgen, wozu schon über 100 Billets ausgetheilt sind. Sehen sie was ein Mensch kann der vernunft und ein gutes herz hat.«

Am Weihnachtsabend fuhren die Mozarts nach Versailles. Man lud sie auf zwei Wochen ein, dank der Fürsprache Grimms, der ein Freund der »Maîtresse en titre«, Madame de Pompadour, war. Sie durften sogar am Neujahrsbankett des Königs teilnehmen und Leopold war denn auch sehr von der Hofhaltung beeindruckt. Wenn wir ihm glauben dürfen, stand Wolfgang im Mittelpunkt des Interesses: »wie es dann auch hier nicht üblich ist weder dem König noch iemand von der könig: Familie durch Beugung des Hauptes oder der Knie einige Ehrenbezeugung zu erweisen. sondern man bleibt aufrecht ohne mindeste Bewegung stehen, und hat in solcher Stellung die Freyheit den könig und seine Familie hart bey sich vorbey gehen zu sehen. Sie können sich demnach leicht einbilden was es denen in ihre Hofgebräuche verliebte Franzosen für einen Eindruck und Verwunderung muß gemacht [haben], wenn die Töchter des Königs nicht nur in ihren Zimmern, sondern in der öffent: passage bey Erblickung meiner Kinder stille gehalten, sich ihnen genähert, sich nicht nur die Hände küssen lassen, sondern solche geküsst und sich ohne zahl küssen lassen. Eben das nämliche ist von der Madame Dauphine zu verstehen. das Ausserordentlichste aber schien den H: H: Franzosen, daß au grand Couvert, welches am neuen Jahrestage nachts ware, nicht nur uns allen bis an die könig: tafel hin mußte Platz gemacht werden; sondern, daß mein H: Wolfgangus immer neben der Königin zu stehen, mit ihr beständig zu sprechen und sie zu unterhalten und ihr öfters die Hände zu küssen, und die Speisen, so sie ihm von der tafel gab, neben ihr zu verzehren die Gnade hatte.« Nach ihrem Aufenthalt am Hof konnten sie sich vor Einladungen des Pariser Adels kaum noch

Friedrich Melchior, Baron von Grimm, und Denis Diderot, französischer Schriftsteller und Philosoph. Aquarell von Louis Carrogis de Carmontelle. Sammlung de Vavasseur, Paris.

Leopold Mozart und seine Kinder in Paris. Aquarell von Louis Carrogis de Carmontelle (1763). Musée Condé, Chantilly.

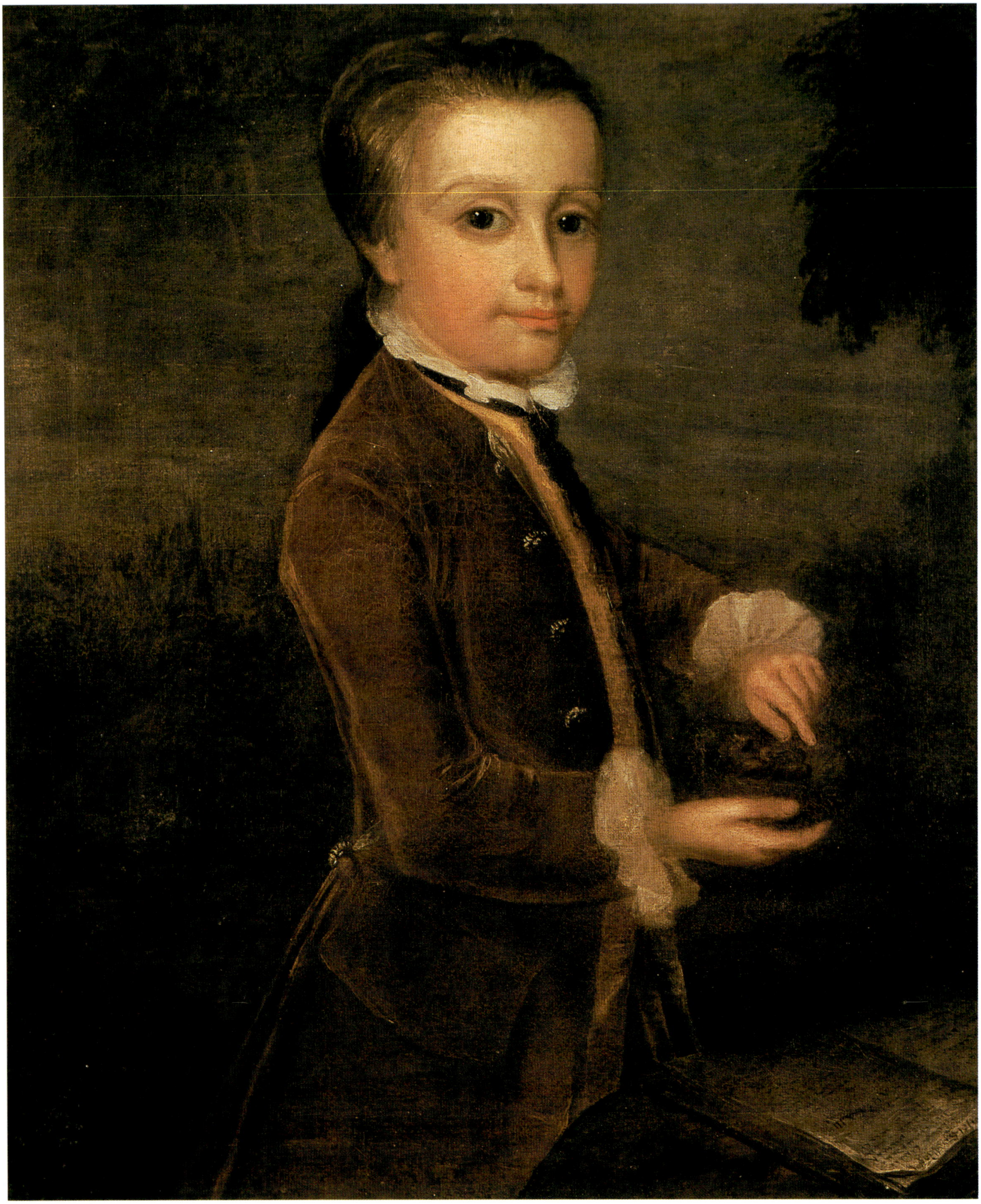

retten. Leopold verdiente sehr gut und die Kinder erhielten zahllose Geschenke, vor allem kostbare Schnupftabakdosen.

Erheblich wichtiger als dieser flüchtige Erfolg war für Wolfgang die Bekanntschaft mit einigen deutschen Musikern, die in Paris arbeiteten, vor allem mit Johann Eckard und Johann Schobert.

Die enorme Popularität der Wunderkinder bewog Vater Leopold dazu, sein Glück auch in London zu versuchen. Diese Stadt stand ursprünglich nicht auf dem Programm, aber »alle Welt« – vor allem sein Pariser Bekanntenkreis – hatte ihm geraten, nach London zu reisen. Am 10. April 1764, nach fünf Monaten Aufenthalt, verließ er mit den Seinen Paris und kam am 23. April in London an. Bereits einige Tage später wurden sie vom König im St. James' Palace empfangen. »[...]die Gnade, mit welcher so wohl S:e Majestätt der König als Königin uns begegnet ist unbeschreiblich. Kurz zu sagen: beyder gemeinschaftlicher Umgang und beyder freundschaftliches Weesen lies uns gar nicht mehr denken, daß dieß der König und die Königin von Engelland wären; Man hat uns an allen Höfen noch ganz ausserordentlich höflich begegnet: allein diese Art, die wir hier erfahren, übertrifft alle die andern: 8 Tage darauf giengen wir in St: James Park spaziern; der König kam mit der Königin gefahren: und obwohl wir alle andere Kleider anhatten, so erkannten sie uns doch, grüsten uns nicht nur, sondern, der König öffnete das Fenster und neigte das Haupt heraus und grüste lachend mit Haupt und Händen im Vorbeyfahren uns, und besonders unseren Master Wolfgang.«

Kurz darauf brach die ruhige Jahreszeit an: Der König zog sich für fast den gesamten Sommer auf sein Landgut zurück. Die meisten wohlhabenden Londoner suchten einen der Badeorte auf oder hielten sich in ihren Landhäusern auf. Die in London zrückbleibende Familie verbrachte ihre Freizeit in den Parks oder den großen Vergnügungsorten Vauxhall und Ranelagh. Konzerte, Opern oder das Theater lockten zu dieser Jahreszeit kein Publikum an, abgesehen von verschiedenen Freiluftvorstellungen.

Leopold erkrankte in jenem Sommer ernsthaft. Die lange Zeit der Genesung zwang die Familie zu einem ruhigeren Leben. Sie verbrachten im August und September einige Wochen in Chelsea, in ländlicher Umgebung, hoffend, die frische Luft würde den Kranken stärken. Inzwischen hatte Wolfgang Johann Christian Bach, den jüngsten Sohn Johann Sebastian Bachs, kennengelernt. Der »Londoner« Bach übte großen Einfluß auf Mozart aus, und so ist der Kontakt zwischen den beiden auch die weitaus wichtigste Seite von Mozarts Besuch in Großbritannien gewesen.

Es war mittlerweile September, als Leopold endlich vollständig wiederhergestellt war. Sofort trachtete er danach, die Kinder in Konzerten in London vorzustellen. Aber das Interesse des großen Publikums war merklich zurückgegangen. Schließlich gelangte Leopold zu der Ansicht, London böte zu viele konkurrierende Attraktionen, um einen längeren Verbleib zu rechtfertigen, und so beschloß er, auf den Kontinent zurückzukehren. Er schickte Hagenauer in Salzburg Geld, um Messen für eine glückliche Überfahrt nach Calais lesen zu lassen. Die Familie verließ London am 24. Juli, nach einem Aufenthalt von über einem Jahr. Wolfgang war nun neun, Nannerl vierzehn Jahre alt.

Wolfgang in London, 1764/65. Ölporträt – nicht allgemein authentisch anerkannt – von Johann Zofanny. Mozarteum, Salzburg.

Ausblick auf London: Oxford Street of Tyburn Turnpike mit Blick auf Park Lane. Litho von Schutz nach Rowlandson (1789). Bibliothèque nationale, Paris.

Französischer und Englischer Hof

PIET LENDERS

Frankreich und Großbritannien unterschieden sich im 18. Jahrhundert hinsichtlich Bevölkerungsdichte, politischem System, ausländischen und überseeischen Besitzungen und in der wirtschaftlichen Entwicklung beträchtlich. In einem Punkt bewegten sie sich auf der gleichen Ebene, nämlich in der Hofhaltung, denn im Londoner St. James Palace eiferte man den Gewohnheiten und dem Stil von Versailles ehrgeizig nach.

Frankreich war mit seinen etwa fünfundzwanzig Millionen Einwohnern (1763) das dichtest bevölkerte Land Westeuropas. Die Einwohnerzahl wuchs vor allem seit der Jahrhundertmitte beträchtlich an. Dessen waren sich die Regierenden offensichtlich nicht bewußt, denn sie glaubten wie Montesquieu und Voltaire, das Land würde sich entvölkern. Die Geburtenrate blieb nämlich gleich, aber die Sterblichkeit ging zurück. Großbritannien erreichte in jener Zeit mit acht Millionen Einwohnern kaum ein Drittel der französischen Bevölkerung, doch wuchs diese im Inselstaat fast doppelt so schnell.

Die französische Gesellschaft war vorwiegend ländlich-agrarisch strukturiert. Die englische war das zwar auch in großem Maße, sie begann sich aber immer stärker auf Schiffahrt, Handel und Industrie zu orientieren. Mit der Übernahme vieler Handarbeiten in maschinelle Abläufe kündigte sich die industrielle

Ludwig XV. in Jagdkostüm. Ölporträt von J.O. Oudry. Museum für Kunst und Geschichte, Freiburg.

Der Pont Neuf in Paris im Jahre 1777. Ölgemälde von J.B. Nicolas Raguenet. Musée Carnavalet, Paris.

Marie Leczinska, Königin von Frankreich, als Juno. Louvre, Paris. Wolfgang hatte beim Silvesterbankett die Ehre, »immer neben der Königin zu stehen, mit ihr beständig zu sprechen und sie zu unterhalten.«

Madame de Pompadour. Pastell von Maurice Quentin de la Tour. Louvre, Paris. Die »Maîtresse en titre« starb einige Wochen nach dem Besuch der Mozarts am Hof.

Revolution an. So weit war Frankreich noch nicht. Beide Länder befanden sich in einem zunehmenden wirtschaftlichen Aufschwung, wenn Großbritannien auch stärker davon profitierte. Frankreich hatte größeren Einfluß in der Welt der Ideen und konnte sich einer erlesenen Pléiade aufgeklärter Philosophen rühmen, die mehr als einmal für die politischen Reformen plädierten, die in England bereits verwirklicht waren und für die Großbritannien weiterhin modellhaft bleiben sollte.

Großbritannien war eine konstitutionelle Monarchie mit parlamentarischer Verfassung und ministeriellen Verantwortlichkeiten. Auch auf diesem Gebiet blieb Frankreich zurück: Der absolutistische König regierte ohne jegliche Kontrolle. Er ernannte Minister und hohe Beamte nach eigenem Gutdünken und setzte sie genauso selbstherrlich wieder ab. Die Generalstände hatten seit 1614 nicht mehr getagt, wenn dies auch die Berufungsgerichte, die sogenannten Parlamente, regelmäßig und übrigens immer vergeblich forderten.

In Frankreich herrschte Ludwig XV., der seinem Urgroßvater Ludwig XIV. 1715 als fünfjähriges Kind auf dem Thron gefolgt war. Er wurde als Dreizehnjähriger für großjährig erklärt. Seine Regierungszeit erstreckte sich bis 1779, also über fast neunundfünfzig Jahre. Dennoch war er eine eher schwache Persönlichkeit, die die Notwendigkeit von Reformen zwar erkannte, manche sogar erließ, dann aber Zug um Zug vor dem Widerstand der privilegierten Klassen zurückwich, so daß keine Erneuerungen verwirklicht wurden.

Der englische Herrscher war nicht nur König von England, sondern auch Kurfürst von Hannover, eines ausgedehnten Territoriums auf deutschem Boden. 1760 starb George II. und sein Enkel George III. bestieg den Thron. George III. regierte bis 1820, so daß die französische Revolution noch in seine Amtszeit fiel.

Frankreich und England hatten zwischen 1756 und 1763 einen erbitterten Land- und Seekrieg geführt, den Siebenjährigen Krieg. In diesem Kampf gelang es Frankreich zusammen mit seinem Bundesgenossen Österreich anfänglich, dem Hannoveraner Gebiet der englischen Fürsten schwere Verluste zuzufügen. Großbritannien fand in Preußen einen Bundesgenossen. Friedrich II. glückte es nach anfänglichen Schwierigkeiten, das verlorene Gebiet zurückzuerobern. Dieser Sieg bescherte England für mehr als ein Jahrhundert die Vorherrschaft auf den Meeren. Außerdem hatte es sich die französischen Besitzungen in Kanada, Nord- und Zentralamerika, Afrika und Indien einverleibt. Der große Stratege der britischen Vorherrschaft, Willi-

Blick auf Versailles und die Gärten vom Neptunspringbrunnen aus. Ölgemälde von J.B. Martin. Grand Trianon, Versailles.

am Pitt, mußte zwar vor dem Ende des Krieges zurücktreten, dennoch stieg das Land unter seiner Führung zur ersten See- und Kolonialmacht auf. Diese Vorherrschaft blieb Großbritannien bis Anfang des 20. Jahrhunderts erhalten.

Die Nachkriegsjahre waren für Ludwig XV. die düstersten seines Lebens. Das Land war deutlich geschwächt aus dem Krieg hervorgegangen und hatte weltweit erheblich an Prestige eingebüßt. Der auf dem Höhepunkt des Krieges abgeschlossene Verwandtschaftspakt mit den Bourbonenherrschern Spaniens, Neapels und Parmas hatte niemandem genützt. Im Gegenteil, Spanien hatte Florida aufgegeben, um Kuba zurückzuerhalten, Frankreich hatte Louisiana als Kompensation für erlittene Kriegsschäden an Spanien abtreten müssen. Das volkreiche Frankreich ging unter der übermächtigen Last der Schulden gebückt und alle Versuche, einen Ausweg aus der Krise zu finden, wurden von den mächtigen »Parlamenten« verhindert. Diese Interessengruppe wendete die Erhebung neuer Steuern ab und untergrub die Kreditwürdigkeit. So verschärften diese Privilegierten die fiskalische Ungleichheit. Ihren Ungehorsam und Widerstand äußerten sie unter anderem in der Weigerung, neue Gesetze bekanntzumachen und in einer zersetzenden Kritik an der Regierung. So förderten sie zugunsten der privilegierten Stände die Anarchie.

Dennoch war dieser Niedergang nicht die ganze Wahrheit, denn auf kulturellem, z. B. dem philosophischen Gebiet blieb Frankreich tonangebend, und die Hofhaltung des französischen Königs wurde überall nachgeahmt. Im 18. Jahrhundert umfaßte der französische Hof alle, die am öffentlichen und privaten Leben des Herrschers und seiner nächsten Verwandten teilnahmen. Das öffentliche Leben umfaßte das gesamte komplizierte Räderwerk der Regierungsorgane mit ihren Ministern, Staatssekretären, akkreditierten Gesandten, hohen Offizieren, Geistlichen und allen Arten von Beamten. Eine sehr wichtige Aufgabe des Hofes war die Sorge für den Lebensunterhalt des Königs und seiner Familie. Der Dauphin (der voraussichtliche Thronfolger) bekleidete dabei einen besonders ehrenvollen Platz. Der Hof mußte die königliche Familie unterbringen, ernähren, bewachen, unterhalten und, wenn nötig, für ihre Reisen aufkommen. Dies alles hatte prunkvoll und majestätisch zu geschehen, denn Lebensweise und Pomp des Königs sollten Zeugnis von seiner Größe ablegen, von seinem Reichtum und der Macht seines Staates, aber auch von der Unterstützung der Künste und Wissenschaften berichten. Der Hof war zu einem »Vanity Fair« gewuchert, mit großem Prachtaufwand, zerstritten über Vorrechte und Titel, mit dem Erreichen von verschiedenen höfischen Funktionen beschäftigt, erfüllt von Klatsch und anderen Versuchen, die Aufmerksamkeit des Königs und seiner Familie auf sich zu ziehen.

Ludwig XV. hatte von seinem Urgroßvater, dem Sonnenkönig Ludwig XIV., den prunkvollsten Hof

Les Bains d'Apollon in Versailles. Ölgemälde von Hubert Robert (Anfang des 19. Jahrhunderts). Musée Carnavalet, Paris. Die Bildergruppe mit Pferden war im Jahre 1764 in den Gärten von Versailles aufgestellt worden.

François Marie Arouet le Jeune, alias der französische Schriftsteller Voltaire. Büste von Houdin (1778). Victoria und Albert Museum, London.

Europas geerbt, mit acht überreichlich besetzten Dienststellen. An erster Stelle rangierte die »Chapelle«, an ihrer Spitze ein Hauptgeistlicher, der immer ein Kardinal sein mußte. Er teilte Almosen im Namen des Königs aus und erbat für Gefangene Begnadigung. Neben ihm gab es noch etwa fünfzig Geistliche, unter ihnen der Beichtvater des Königs, der übrigens einen besonderen Platz einnahm. Der Kapellmeister, immer ein Bischof, regelte die administrativen Angelegenheiten der Musikkapelle, die sich aus vierundneunzig Musikern, darunter vier Organisten, zusammensetzte. Im Dienste Ludwig XV. wirkten Musiker wie François Couperin, Louis Marchand und François d'Agincourt. Hinzu kam der zivile Hofstaat unter dem Großmeister von Frankreich und der militärische Hofstaat mit der Leibwache und den Schweizergarden, insgesamt mindestens sechstausend Mann. Weiterhin arbeitete die Behörde für die fürstlichen Stallungen unter dem Oberstallmeister oder »le grand écuyer de France«, die Propstei des Hofes unter ihrem Profos, dem »prévot général de l'hôtel«, die für die Aburteilung von Höflingen zuständig war. Als äußerst wichtig galt auch der Kammerdienst des Königs mit dem Oberkammerherrn, dem Großmeister der »garde-robe« und der »garde-meuble«, dem »antichambre«, dem Kabinett und dem Gesundheitsdienst. Zur Gebäudeverwaltung gehörte ein Direktor, Architekten, Maler, ein Generalmarschall für die Unterkünfte und zwölf weitere Marschälle.

Die Einrichtung der Plaisir du Roi war unter Ludwig XV. gut ausgerüstet, denn der König war aufs Jagen besonders erpicht. Neben der normalen Jagdausstattung gab es eine Abteilung »vautrait«, die Meute für die Eberjagd, eine »fauconnerie«, in der die Falken für die Jagd auf laufendes und fliegendes Wild untergebracht waren, eine »louverie«, die für die Jagd auf Wölfe eingerichtet war.

Im Grunde bildete der Hofstaat mit seinen verschiedenen Aufgaben und seiner hierarchischen Ordnung eine Stadt für sich. Alles war großartig und prächtig. Für manche Funktionen wurden Würdenträger benannt, die jeweils ein Trimester dienen durften. Es gab nicht nur in der Chapelle du Roi eine Musikabteilung, auch dem Chambre du Roi und seinen Stallungen waren Musikkorps angegliedert. Manchmal traten die drei Gruppen zusammen auf und bildeten dann die größte Musikkapelle Europas.

Der vom Sonnenkönig in Versailles aufgebaute Hof hatte sich nach dessen Tod weiterentwickelt. Die Liegenschaften des Königs rund um den Palast und die Pavillons des Trianon wuchsen weiter und verdoppelten binnen eines Dreivierteljahrhunderts ihre Ausdehnung. Sie wurden von sechstausend Hektar im Jahr 1715 bis auf dreizehntausend im Jahr 1789 erweitert. Etwa zweitausend Hektar dieser Fläche bestanden aus Parks und Alleen, der Rest war gleichmäßig auf Wälder und Äcker oder Gehöfte verteilt. Die gesamte Fläche stand der Jagd zur Verfügung. Was die Stadt Versailles selbst betrifft, so wuchs diese von fünfzehntausend Einwohnern im Jahre 1715 auf siebzigtausend zu Beginn der Revolution.

Diese Beschreibung ist längst nicht erschöpfend. Neben seinem Palast in Versailles besaß der König noch andere Schlösser, in denen er regelmäßig residierte, und auch dort verfügte er über eigenes Personal. So zum Beispiel das Trianon in Versailles und weitere Lustschlösser in Fontainebleau, Compiègne, Rambouillet, Choisy-le-Roi, nicht zu vergessen die Tuilerien in Paris. Außer dem Hofstaat des Königs bestand auch noch der der Königin, der des Dauphin – des Thronfolgers – und der der »Mesdames de France«, der Töchter des Königs.

Ludwig XV. liebte die Kunst und hatte selbst einen guten Geschmack, also nicht nur Madame Pompadour, wie manchmal behauptet wird. Er wünschte späteren Generationen Monumente seiner Größe zu hinterlassen, die von seiner Liebe zur Schönheit und der königlichen Freigebigkeit zeugten. Viele Herrscher und andere Zeitgenossen teilten diese Auffassung.

Am meisten aber fesselte den König die Architektur und die mit ihr zusammenhängenden dekorativen

George III., König von England. Ölporträt aus der Werkstatt von Allan Ramsey (ca. 1767). National Portrait Gallery, Londen. George III., König seit 1760, war sehr musikalisch, spielte Geige, Flöte und Cembalo, und war ein großer Liebhaber der Musik von Händel.

Charlotte Sophia van Mecklenburg-Strelitz, Königin von England. Ölfarbenporträt aus der Werkstatt von Allan Ramsey (ca. 1762). National Portrait Gallery, Londen.

Die Nordterrasse von Windsor Castle, der Residenz der englischen Könige. Ölgemälde von Paul Sandby, zweite Hälfte des 18. Jahrhunderts. Victoria und Albert Museum, Londen.

Künste. Sie befriedigten sein Bedürfnis nach sublimem Luxus und monumentaler Pracht. Die Minister, Höflinge und Finanziers, die in Paris oder an anderen Orten »hôtels de maître« oder andere Landsitze errichteten, übernahmen willig die Ideen der königlichen Baumeister und die luxuriöse Ausstattung der Paläste. Der Musik galt Ludwig XV. Interesse in minderem Maß, abgesehen von Opern, Ballett und Lustspielen, die ihn faszinierten. Der Sonnenkönig hatte in Versailles lediglich ein für seine Verhältnisse kleines Theater mit dreihundert Plätzen für die Aufführungen des Hofes erbauen lassen. Diesen Zustand wünschte Ludwig XV. zu ändern und erteilte den Auftrag für ein großes Opernhaus. Der leitende Architekt des Königs, Ange-Jacques Gabriel, hätte schon vor dem Siebenjährigen Krieg beginnen können, aber die Kriegsereignisse verzögerten die Aufnahme der Arbeiten bis über das Jahr 1763. Dann mußten aber die Bauarbeiten beschleunigt werden, denn der König wünschte die Einweihung anläßlich der Vermählung seines Enkels, des Dauphin und späteren Ludwig XVI., mit Marie-Antoinette, Tochter Kaiserin Maria Theresias, im Jahr 1770.

Man spricht gern über den Louis-Quinze-Stil, beschränkt ihn aber zu Unrecht auf den dekorativen Rocaillestil. Auf jeden Fall eine gefällige, gemütliche Stilrichtung. Ausländische Fürsten imitierten dann auch gern die Neuheiten aus Versailles und gaben Bestellungen in den kunsthandwerklichen Ateliers in Paris auf. Besonders das Porzellan erfreute sich eines regen Interesses. Die Produkte aus Sèvres übertrafen schon bald die aus dem deutschen Meißen in Qualität und Ausführung. In Vincennes und Limoges wurden weitere Porzellanfabriken gegründet. Ganz Europa war verrückt nach diesen Erzeugnissen, das war auch in den Südlichen Niederlanden nicht anders. Aus den Südlichen Niederlanden gingen auch Bestellungen für teure, elegante Karossen ein, obwohl Brüssel als ein Zentrum der Kutschenherstellung bekannt war.

Auch Großbritannien entging nicht der kulturellen Ausstrahlung Frankreichs, die sich von St. Petersburg über Schönbrunn, Potsdam, München und Mannheim bis London erstreckte. Neubauten fürstlicher Residenzen verdankten in Idee und Ausführung oft den Gestaltungen von Versailles viel. St. James' Palace avancierte nach dem Brand im Whitehall-Palast 1698 zur offziellen Residenz der britischen Herrscher in London. Das Königtum wurde seit 1714 von Mitgliedern des Hauses Hannover bekleidet, gleichzeitig Kurfürsten, die nach dem Tod des Kaisers bei der Ernennung des Nachfolgers stimmberechtigt waren. Die ersten beiden Herrscher, George I. und George II., waren mehr ihrem deutschen Heimatland als den Britischen Inseln verbunden. George II., der 1760 verstarb, war widerwillig in den Siebenjärigen Krieg gegen Frankreich und dessen Bundesgenossen Österreich eingetreten. Ebenso widerstrebend hatte er William Pitt zu seinem wichtigsten Minister ernannt und ihn mit dem Kriegs- und dem Außenministerien betraut. Sein Nachfolger, Enkel George III., war genauso eigensinnig und löste nach der Thronbesteigung William Pitt wieder ab. George III. übte die Regierungsgewalt selbstaus, doch das stand im Widerstreit zur Gesetzgebung und den eingebürgerten parlamentarischen Rechten. Diese persönliche Regierungszeit endete mit dem Verlust der britischen Kolonien in Nordamerika, die sich 1776 als »Vereinigte Staaten von Amerika« vom ehemaligen Mutterland unabhängig erklärten. Er wurde danach verpflichtet, fortan die Regierung in die Hände der Minister zu übergeben, die sich gegenüber dem Unterhaus zu verantworten hatten.

Die zweite Hälfte des 18. Jahrhunderts bedeutete für Großbritannien den internationalen Aufstieg. Das Land baute sowohl die Seemacht wie die Präsenz in den überseeischen Gebieten aus. Es blieb auch nach dem Verlust Nordamerikas eine Weltmacht, gegen die keine andere Macht auftreten konnte. Das versuchte

Der Dom Sankt-Paul von der Themse aus gesehen. Ölgemälde von Giovanni Antonio Canal (Canaletto), um 1747. Galeriemuseum, Prag.

nur die junge amerikanische Nation, aber der britische Handel war vorläufig noch jeder Konkurrenz gewachsen und wahrte seine Vorrangstellung. Die eigene Produktion fußte auf den Errungenschaften der industriellen Revolution, deren Motor Großbritannien war. Die Briten waren die ersten, die einen modernes Gefüge von Steinkohlebergwerken, Kokereien, Hochöfen und Textilfabriken errichteten.

König George III. paßte gut in diesen Rahmen. Er besaß möglicherweise weniger Kunstverstand, interessierte sich aber um so mehr für Wissenschaft und Technik. Daher nannte man ihn auch manchmal spöttisch »the royal buttonmaker«, den königlichen Knopfmacher. Er besuchte gern die Trockendocks und beschäftigte sich mit Schiffsbau und Schiffsmodellen. Sein musikalisches Interesse galt vor allem der Oper. Händel genoß seine Vorliebe. Der Theaterbesuch gehörte zu den wenigen öffentlichen Auftritten dieses zurückgezogen lebenden Mannes. Als Herrscher achtete er auf strenge Etikette, so sprach er z. B. nur mit einem stehenden Minister, wie lang die Unterredung auch dauern mochte.

Der englische König schätzte die Einsamkeit von Windsor Castle, das schon fast neunhundert Jahre die Residenz der englischen Herrscher war. Häufig verfügte er sich auch in seinen Palast in Kew (Surrey), westlich von London. Dort hatte er während seiner Spaziergänge manchmal Gelegenheit, mit den Bauern zu sprechen. Trotz seiner isolierten Lebensweise vernachlässigte er nicht seine Pflichten, Ministern, kirchlichen Würdenträgern, Botschaftern und anderen Prominenten Audienzen zu geben.

In London herrschte ein intensives Gesellschaftsleben, mit öffentlichen Musik- und Theaterveranstaltungen; die in der Vauxhall waren am bekanntesten. So nahm England im 18. Jahrhundert eine Sonderstellung ein: Das elegante Kulturleben der Oberschicht ging Hand in Hand mit den Pionierleistungen der hart arbeitenden Mittelschicht und der Arbeiter. Eine derartige Symbiose gab es vorläufig nirgendwo anders.

Ausblick auf die Themse und Londen von der Westminster Bridge aus. Ölgemälde von Samuel Scott (ca. 1774). Guildhall Art Gallery, Londen.

Mozart im Bann der neuen Klaviermusik in Paris und London

IGNACE BOSSUYT

PARIS

Wie spannend und bereichernd der Aufenthalt des jungen Wolfgang in den Südlichen Niederlanden auch gewesen sein mag, das eigentliche Ziel lag ferner: Paris, die Metropole, wo Vater Leopold Ruhm und wirtschaftlichen Erfolg für seinen Sohn erhoffte. Wie zu Beginn des 20., war auch das Paris des 18. Jahrhunderts ein Schmelztiegel künstlerischer Bewegungen und Strömungen, die dort von den Künstlern der unterschiedlichsten Richtungen repräsentiert wurden.

Auf musikalischem Gebiet lief die Konfrontation zwischen den unterschiedlichen Nationalstilen regelmäßig auf heftige, du Gemüter/Temperamente erhitzende Polemiken hinaus. Vor allem die Auseinandersetzung zwischen französischem und italienischem Geschmack flackerte regelmäßig auf. Um das Musiktheater wurden vorzugsweise Scharmützel geführt (zwischen 1752 und 1754 wurde die berühmte »Querelle des bouffons« ausgetragen, in der niemand anders als Jean-Jacques Rousseau und Jean-Philippe Rameau die Protagonisten waren). Aber auch der divergierende »goût« in der Instrumentalmusik ließ Seelen und Herzen nicht unberührt, wenn auch einige bereits nach einer Aussöhnung der Standpunkte strebten (wie François Couperin in seiner Sammlung von Triosonaten aus dem Jahr 1724, mit dem programmtischen Titel *Les goûts-réunis*).

Die deutsche Musik war von diese musikalischen Kontroverse nicht betroffen, zunächst, weil sie erst spät in den Pariser Kreisen bekannt wurde – es war Georg Friedrich Telemann (1681-1767), der den eigentlichen Einstand gab, als er 1737 der französischen Hauptstadt die Ehre eines Besuchs erwies –, zweitens wurde das Repertoire aus Deutschland, einmal bekannt, meist begeistert aufgenommen. Der endgültige Durchbruch der deutschen Musik, die sich stark auf Instrumentalwerke konzentrierte, war der einjährige Aufenthalt von Johann Stamitz (1717-1757) 1754-1755. Seit jener Zeit eroberten die Mannheimer Sinfonien das Pariser Konzertleben im Sturm und die Veröffentlichung von »symphonies allemandes« wurde für die Verleger zu einer lukrativen Angelegenheit. Der überraschende Erfolg der Mannheimer regte zahlreiche weitere Deutsche an, ihr Glück in Paris zu suchen, das galt vor allem für einige Klaviervirtuosen. Das Cembalo war noch immer das populärste Tasteninstrument. Die

Jean-Jacques Rousseau (1712-1770). Pastell von Maurice Quentin de la Tour. Musée de Saint-Quentin, Paris.

Franzosen konnten stolz auf eine besonders lange und von Niveau gekennzeichnete Tradition des Cembalo seit der Mitte des 17. Jahrhunderts verweisen, deren höchste Vollendung die eleganten Miniaturen François Couperins (1668-1773) waren. Während der ersten Hälfte des 18. Jahrhunderts wurde das Repertoire unter italienischem Einfluß um Sonaten für Violine und Basso continuo erweitert, unter anderem im Werk von Pierre Gaviniès (1728-1800). Violinvirtuosen konnten auf die Gunst eines breiten Publikums rechnen, vor allem im blühenden Concert spirituel, das 1725 eingerichtet und als Konzertvereinigung über das gesamte 18. Jahrhundert eine zentrale Rolle im Pariser Musikleben gespielt hat.[1]

Die Mozarts lernten diese bunte Welt binnen kürzester Zeit kennen, nachdem sie am 18. November 1763 in der französischen Hauptstadt angelangt waren. Vater Leopold gibt in seinen Briefen aus Paris nach Salzburg ein lebendiges, oft sehr persönliches Bild der Menschen, denen sie beggneten. Am 1. Februar 1764 berichtet er ausführlich über deutsche Klavierkomponisten, die sich in Paris aufhielten und dort binnen kurzer Zeit als Virtuosen und Lehrer in hohem Ansehen standen. Die beiden wichtigsten waren zweifellos

Schoberts jedoch bewegte Wolfgang stärker. Charakteristisch für den Klavierstil der Deutschen war gerade die Tendenz angespannter Expressivität, einer Betonung des Emotionalen, die auf der einen Seite zum Gefühl (der »Empfindsamkeit«), andererseits zur bewegten, leidenschaftlichen Emphase (Sturm und Drang) neigte.

Unter dem Einfluß der italienischen Klaviermusik, vor allem der Domenico Albertis (etwa 1710-1740), dessen Sonaten in den Jahren von 1758 bis 1760 in Paris veröffentlicht worden waren, wurde die Rolle der linken Hand immer mehr zu einer rein begleitenden, aus sich gleichförmig wiederholenden Akkordbrechungen bestehend (die Albertischen Bässe). Dieses neue Stilelement erlaubte es dem Musiker, seine gesamte Aufmerksamkeit auf den Vortrag der Oberstimme zu konzentrieren, sie wurde nun zum Träger einer kantablen Melodie, deren Herkunft von der toccataähnlichen Handschrift Domenico Scarlattis (1685-

Jean-Philippe Rameau. Aquarell von Louis Carrogis de Carmontelle. Musée Condé, Chantilly.

Der Musikunterricht. Ölgemälde von François Boucher (1759). Louvre, Paris. Im Rokoko war die Gitarre, die die Laute verdrängt hatte, unter der französischen Aristokratie zum beliebtesten Instrument geworden. Die Gitarre fehlt also nie auf den »fêtes galantes« von Watteau, Lancret oder Boucher.

Johann Gottfried Eckard (1735-1809) und Johann Schobert (etwa 1735/1740-1767); sie sollten bleibenden Einfluß auf die Klavierkompositionen Wolfgang Amadeus Mozarts ausüben. Leopold zog Eckard, ein »ehrlicher Mann«, bei weitem vor, während er Schobert als »niederträchtige(n) Kerl« charakterisierte, »der falscheste Mensch«, der »seine Eyfersucht und seinen Neid nicht bergen kann«.[2] Möglicherweise hing diese Vorliebe bzw. Abneigung nicht in erster Linie an den Menschen Eckard und Schobert, sondern stärker an deren musikalischen Hervorbringungen. Schobert war zweifellos der »modernere« der beiden, und Vater Leopold, ein Mann, der auf Zucht und Ordnung hielt, der solide kompositorische Arbeit über den freien, unkontrollierten Ausdruck, der immer mehr zum musikalischen Zeitgeschmack wurde, stellte, wünschte seinen Sohn vor den »Maßlosigkeiten« einer neuen Kunst zu bewahren, einer Kunst, die er nicht völlig verstand und in der Gänze auch nicht verstehen konnte.[3] Es spricht für das Genie, den musikalischen Verstand und die Weitsicht des jungen Mozart, daß er bereits als Jugendlicher bewußt das Neue wählte, ohne dabei in wohlfeile Extravaganz zu verfallen. Wir wollen den Einfluß Eckards nicht herunterspielen, die Kunst

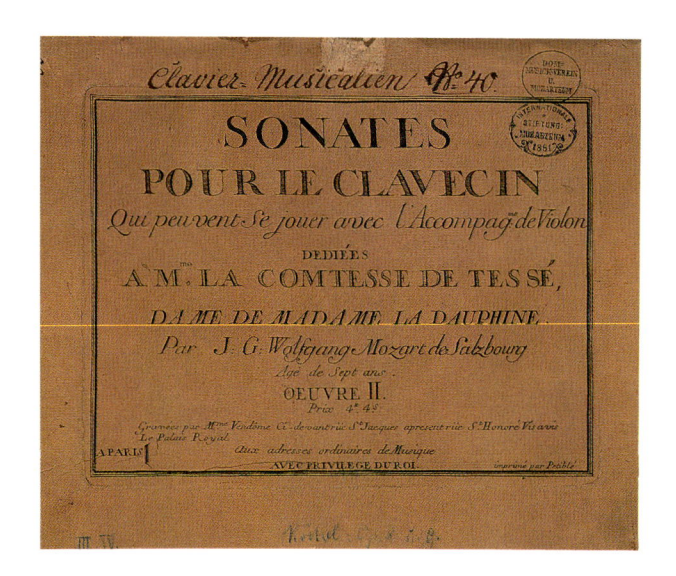

Titelseite des Opus II von Wolfgang Mozart. Mozarteum, Salzburg.

Die Unterschrift von Johann Eckard. Stadtarchiv, Augsburg.

1757) herrührte, dessen Klavierwerk auch in Paris dank einer dreibändigen Ausgabe aus den Jahren zwischen 1742 und 1746 nicht unbekannt geblieben war.[4] Darüberhinaus wich die typische, spätbarocke melodische Durchführungstechnik, bei der jedes Motiv durchgehend anwesend bleibt, einem Kontraststil, der von einer Aufeinanderfolge rhythmischer und dynamischer Elemente einander unterscheidbarer Motive, die den expressiven Gehalt der Musik intensivieren, gekennzeichnet ist.[5] Im Dienste dieser Steigerung des Ausdrucks sprachen die Deutschen häufig von einer kühnen harmonischen Sprache mit unerwarteten Modulationen und überraschenden chromatischen Wendungen. Nicht zufällig wird Schobert von Friedrich Melchior Grimm (1723-1807), einem in Paris lebenden deutschen Kritiker und Diplomaten, gleichzeitig ein Freund der Mozarts, als ein Meister der Harmonie gepriesen: »Il connaissait supérieurement les effets de la magie de l'harmonie« (Er weiß außerordentlich gut um die Wirkungen der Magie der Harmonie).[6]

Gerade zur Zeit von Wolfgang Amadeus Mozarts Besuch in Paris gingen Eckards und Schoberts Kompositionen, von Eckard Klaviersonaten, von Schobert vor allem Arbeiten des von ihm propagierten Genres der Klaviersonate mit Solovioline ad libitum, in Druck. In einer Zeit, in der die Musikliebhaber immer stärker am Musikleben teilnahmen, erfreute sich dieser Typus von Klaviersonaten mit begleitenden, einfach spielbaren Violinenpartien großer Beliebtheit. Kompositionen dieser Art schlossen sich denn auch eng den neuen Strömungen der Musik an: Mit ihren Möglichkeiten stark differenzierter dynamischer Klangformung konnte die Violine den Klavierparts ausdrucksvollen Tiefgang verleihen, die Möglichkeiten des Cembalos übersteigend, da es mit letzterem Instrument nicht möglich war, Tonwertabstufungen wie Crescendo und Decrescendo zu verwirklichen.[7] Und just am Ende des Jahrzehnts von 1760-1770 begann das Klavier, mit dem diese dynamischen Nuancen zu leisten waren, sich allmählich durchzusetzen. In Paris wurde das neue Instrument 1768 zum ersten Mal in einem öffentlichen Konzert bespielt. Hier wirkten die Werke von Johann Eckard erneuernd. Im *Avertissement* seines Opus 1, das 1763 veröffentlicht wurde, wies der Komponist darauf hin, daß diese Sonaten auch auf dem Klavier gespielt werden könnten, ein für die Pariser Musikpraxis völliges Novum. Das Titelblatt seines Opus 2, im Jahr darauf erschienen, trägt den Zusatz »pour le clavecin ou le pianoforte«, wenn auch das Klavier damals noch nicht in weiteren Kreisen bekannt war.[8]

Mozarts erste Sonaten, die in Paris als Opus 1 (KV 6-7) und Opus 2 (KV 8-9) erschienen, jeweils zwei Kompositionen, sind stark von Schobert und Eckard beeinflußt. Obwohl anfänglich für Klavier solo gedacht, wurde für diese Ausgabe eine Violinenpartie ad libitum hinzugefügt, was dem kommerziellen Erfolg dieser kleinen Werke zweifellos zugute kam. Die zweite Sonate des Opus 1 ist ein für Mozarts damaliges Alter besonders reifes Werk, dessen Violinenpartie im Adagio sogar eine gewisse Selbständigkeit zeigt, losgelöst von den konventionellen Formen, die nur noch dazu dienten, die Ausdruckskraft des Klaviers zu erhöhen. Vater Leopold bezeichnete die Komposition voller Stolz als »von einem ganz sonderbaren goût«.[9] Festzuhalten ist, daß Mozart schon als Kind tatsächlich einen Blick für das Neue gehabt hatte, ahmte er doch nicht die französischen Violinensonaten mit Basso continuo à la Pierre Gaviniès (ein Komponist, mit dem Mozarts Kontakt unterhielten) nach, sondern ließ sich von der deutschen Klaviersonate mit Violine ad libitum in der Ausführung Schoberts anregen, die gleichzeitig, auch wegen des Verwendung Albertischer Bässe, der sich entwickelnden Sonatenform mit einem zweiten kontrastierenden Thema und dem Beginn der modulierenden Durchführung, auf Italien verwies. In Deutschland selbst, in Berlin, hielt Carl Philipp Emanuel Bach (1714-1788) an der monothematischen Struktur und gleichzeitig an einem dreigliedrigen Aufbau der Sonate fest, wo Italiener und Deutsche in Paris, Mozart eingeschlossen, eine Vorliebe für eine wechselnde Zahl von Sätzen (zwei bis vier) zeigten.[10] Auch die besonders gefühlsbetonte Ausdruckskraft, beispielsweise der Werke Bachs ältesten Sohns, lag dem jungen Mozart offensichtlich entschieden weniger: Von Anfang seiner kompositorischen Laufbahn an ließ er gesundes Urteilsvermögen und einen unvergleichlichen Sinn für das formale und das Gleichgewicht des Ausdrucks erkennen.

LONDON

Dagegen geriet Mozart in den Kunstlerischen Bann von Bachs jüngstem Sohn, Johann Christian Bach (1735-1782).[11] Einen Monat, bevor die Mozarts in Paris angelangt waren, weilte Johann Christian bereits dort, um die Herausgabe eines »recueil de pièces instrumentales« abzuwickeln. Da hatten sich die beiden Komponisten, der dreißigjährige Bach und der achtjährige Mozart, also verpaßt. Kurz danach, als Leopold im Frühjahr des Jahres 1764, nach einem Parisaufenthalt von fünf Monaten, auch nach London zu reisen beschloß, wo Johann Christian Bach eine der tonangebenden Persönlichkeiten des Musiklebens war, kam die Begegnung doch noch zustande. Im April 1764 setzten die Mozarts den Fuß auf englisches Gebiet. Daß sie dort alles in allem fünfzehn Monate blieben, weist darauf hin, wie reich der Erfahrungsschatz war, den Wolfgang Amadeus dort studieren konnte. Zu den wichtigsten Erlebnissen gehört sicherlich die Bekanntschaft mit Johann Christian Bach, eine Beziehung, die zu einer engen Freundschaft und einer andauernden gegenseitigen Wertschätzung führte. Bekannt ist, daß die beiden zusammen auf dem Cembalo improvisierten. Bach hatte eine konsequent neue kompositorische Richtung eingeschlagen, deren Akzent sich völlig auf die Melodie mit Begleitung verlegte, eine intrumentale Melodie, die nach den vokalischen Linien der italienischen Oper geführt wurde: melodisch auch in den schnellen Bewegungen auf der einen, stark rhytmisch drängend und dramtisch auf der anderen Seite, so wie es sich für einen Theaterkomponisten schickte. Bach war schließlich nicht zufällig einer der profiliertesten Vertreter der italienichen Oper in London. Er warb dort gleichzeitig für die Sinfonie, die aus der italienischen Opern-Ouvertüre entstanden war, und aus der eine dramatische, sinfonische Musik erwuchs. Mozart

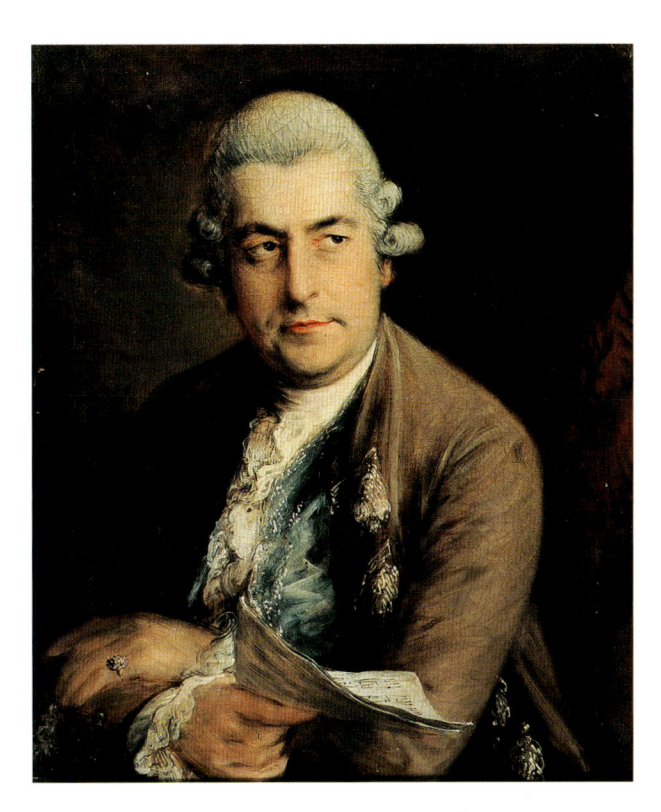

Johann Christian Bach (1735-1782). Anonymes Ölporträt, Thomas Gainsborough (1776) zugeschrieben. Civico Museo Bibliografico Musicale, Bologna.

Titelseite von Wolfgangs Opus III (KV 10-15), die sechs Klaviersonaten, die Wolfgang in London (1765) komponiert hatte und die Königin Charlotte gewidmet sind. Bayerische Staatsbibliothek, München.

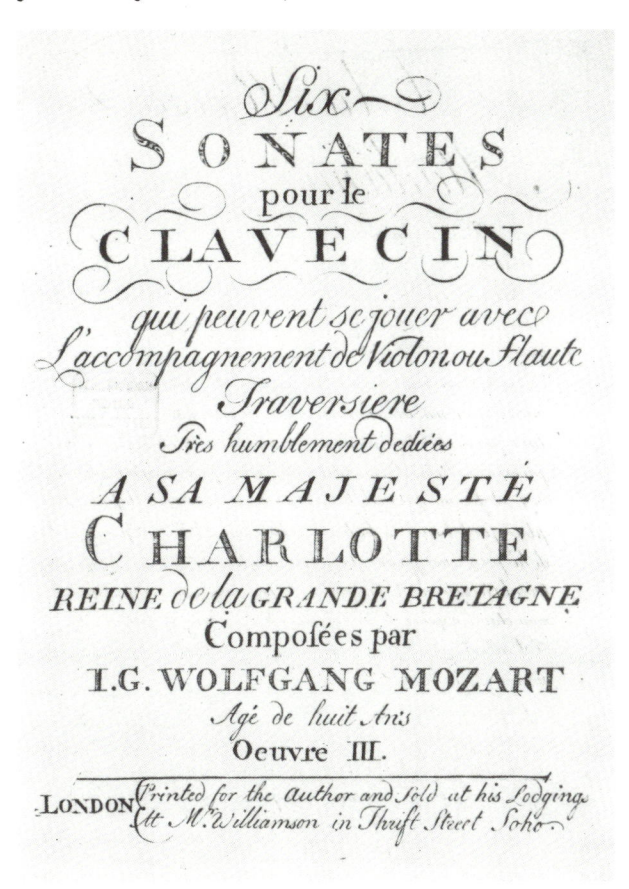

schrieb übrigens auch seine erste Sinfonie (KV 16) in England. Bach spielte gleichzeitig eine nur schwer zu überschätzende Rolle im öffentlichen Musikleben. Er stand zusammen mit seinem Landsmann, dem Gambenspieler Carl Friedrich Abel (1723-1787) am Anfang eines blühenden Konzertunternehmens, das sich von 1765 bis 1781 behaupten konnte. Bachs Sinn für alles Neue wird auch aus der Tatsache ersichtlich, daß er es war, der das Klavier als Soloinstrument während einer öffentlichen Aufführung im Jahr 1768, übrigens zeitgleich mit Paris, vorstellte. Zwei Jahre zuvor waren seine *Six sonates* erschienen, »pour le clavecin ou le pianoforte«, wie das Titelblatt angab. In Paris ereignete sich für das Klavier die gleiche Entwicklung, wenn auch nicht jedermann sogleich für das neue Instrument gewonnen war. Voltaire zum Beispiel nannte es 1774 »im Vergleich zum Cembalo das Werkzeug eines Kupferschmieds«.[12]

Die Beziehung zwischen Johann Christian Bach und Wolfgang Amadeus Mozart führte zur Herausgabe des Opus 3, sechs Klaviersonaten (KV 10-15), die wie die Pariser Sonaten mit einem »accompagnement du violon« versehen waren. Die Möglichkeit, die Violine durch eine Querflöte zu ersetzen, weist auf den unmittelbaren Einfluß Bachs, ebenso wie die zusätzliche Cellopartie ad libitum (vgl. Bachs *Six sonates* Opus II aus dem Jahr 1764 für diese Besetzung). Die Zahl von sechs, statt der Zusammenstellung von zwei Stücken wie bei Schobert und in Mozarts Pariser Sonaten, deutet gleichfalls auf englische Usancen. Das Klavier bleibt im Mittelpunkt, auch in den sechs Sonaten, die 1766 als Mozarts Opus 4 in Den Haag erscheinen sollten (*Six sonates pour clavecin avec accompagnement de violon*, KV 26-31). Gleichwohl wird in diesen zwölf kleinen Jugendwerken, die einige sehr hübsche Blätter umfassen, die Violine, desgleichen übrigens bei Johann Christian Bach, schon etwas stärker als selbständiger Part ins Spiel einbezogen. Das spricht zweifellos für die wachsenden musikalischen Fertigkeiten des jungen Mozart.[13]

Ein Konzert in Cambridge. Gravüre von A. Hame nach Th. Orde. Gemeentemuseum, Den Haag.

Das Konzert in F (KV 37): Eine Bearbeitung von Sonatenteilen von Hermann Raupach, seit 1768 zweiter Kapellmeister in Sankt-Petersburg, und Leonzi Honauer, gefeierter Komponist von Kammermusik.

Das Konzert in Bes (KV 39): Eine Bearbeitung von Sonantenteilen von Hermann Raupach und Johann Schobert aus Straßburg, einem Komponisten von Klavierwerken und ehemaligen Organisten in Versailles.

Das Konzert in D (KV 40): Eine Bearbeitung von Sonatenteilen von Leonzi Honauer, Johann Eckard, einem brillanten Pianovirtuosen aus Augsburg, und Carl Philipp Emanuel Bach, ältester Sohn von Johann Sebastian und erster Cembalist am Hof von Friedrich II von Preussen.

Das Konzert in G (KV 41): Eine Bearbeitung von Sonatenteilen von Leonzi Honauer und Hermann Raupach.

Am 18. November 1763 kam Wolfgang Amadeus Mozart in Paris an, am 1. August 1765 schiffte sich die Familie in Dover ein, um aufs Festland zurückzukehren. Schließlich wurde in den zwanzig Monaten, nachdem das »Wunderkind« einmal ins kalte Wasser der brodelnden Musikwelt geworfen worden war, der Grundstein seines Klavierstils gelegt. In jenen Jahren verselbständigte sich die rechte Hand zu einem melodischen Beitrag par excellence, immer mehr als Nachfolge der kantablen, eindringlich-expressiven motivischen Ganzheiten gedacht, unterstützt von einer begleitenden linken Hand, oft als Albertische Bässe. Mozart verstand es auch in seinen späteren Werken, dort in noch sublimerer Dosierung, diese einfache Baßpartie wirkungsvoll und sparsam einzusetzen. Gleichzeit erlernte er auch die Möglichkeiten der thematischen Dualität innerhalb der sich entwickelnden Sonatenform, auf der Grundlage des Gegensatzes der Tonika-Dominanten-Tonalität. Dies ist für die gesamte weitere Richtung seiner instrumentalen Handschrift von nicht zu unterschätzender Bedeutung gewesen.

Gerade in jenen Jahren änderte sich die Haltung der Komponisten und Intrumentenbauer zum Klavier. Neben dem Cembalo fand das Klavier allmählich größeres Interesse, gerade weil die dynamischen Ton-

Die vierstimmige Motette God is our Refuge *(KV 20), Wolfgangs erste Chorkomposition, komponiert von Wolfgang im Auftrag des British Museum im Jahre 1765. British Library, London.*

formungen, den neuen Stiltendenzen eigen, eine andere Herangehensweise verlangten. Waren die oben erwähnten Klavierkompositionen Wolfgangs zweifellos für das Cembalo bestimmt, so brachten die Mozarts auch den Neuerungen sicherlich Interesse entgegen. Leopold Mozart unterhielt, nebenbei bemerkt, vorzügliche Beziehungen zu dem Augsburger Klavierbauer Johann Andreas Stein (1728-1792), der Eckard 1758 in Paris eingeführt hatte und sich danach auf den Bau von Klavieren verlegte.[14]

Leopold wußte augenscheinlich gut über die Bewegungen in der Musikwelt Bescheid, und, wie konservativ er in mancher Hinsicht auch gewesen sein mag, war es dennoch seinem Weitblick und Unternehmungsgeist zu verdanken, daß Wolfgang Amadeus bereits seit frühester Jugend das Musikleben in Paris und London zielgerichtet kennenlernte. Der frühen Entwicklung als »Wunderkind auf dem Klavier« verdanken wir außerdem die Empfänglichkeit für alles Neue auf diesem Gebiet, vor allem für die Werke von Komponisten wie Schobert, Eckard und Johann Christian Bach. Daß er sich seiner deutschen Vorläufer später noch erinnerte, beweisen die Bearbeitungen von Sonatensätzen Schoberts und Eckards, aber auch weniger bedeutender Komponisten wie Leontzi Honauers (etwa 1730 bis um 1790) und Hermann Friedrich Raupachs (1728-1778), zweier weiterer Klaviervirtuosen, die während Mozarts Aufenthalt ebenfalls in Paris weilten. Mozart erarbeitete daraus Arrangements für Klavier, zwei Oboen, zwei Hörner und für Streicher, sozusagen erste Vorübungen auf dem Gebiet des Concertos, die auf das Jahr 1767 (KV 37-41) zurückgehen. Fünf Jahre später ehrte er Johann Christian Bach, als er drei Sonaten aus dessen Opus 5 zu Stücken für Klavier, zwei Violinen und Baß umarbeitete (KV 107, 1-3).[15] Damit wird erneut deutlich, wie dauerhaft prägend der Einfluß der damaligen deutschen Klaviermusik, wie sie in Paris und London gepflegt wurde, für den jungen Mozart gewesen ist.

Harfe, mit romantischer Landschaft unter Musiktrophäen, mit Blumenkränzen und Girlanden geschmückt. Gebaut vom Pariser A. Lejeune nach 1720. Museum Vleeshuis, Antwerpen.

Fußnoten:

1. Einen guten Überblick über das reiche Pariser Musikleben um die Mitte des 18. Jahrhunderts bietet: E. REESER, *Ein Augsburger Musiker in Paris: Johann Gottfried Eckard (1735-1809)*, Augsburg, 1984, S. 42-73. Weiterhin: C. PIERRE, *Histoire du Concert Spirituel, 1725-1790*, Paris, 1975.
2. W.A. BAUER und O.E. DEUTSCH, *Mozart. Briefe und Aufzeichnungen. Gesamtausgabe*, t. 1, 1755-1776, Kassel-Basel, 1962, S. 126 et 127.
3. Vgl. J. HUNKEMÖLLER, *W.A. Mozarts frühe Sonaten für Violine und Klavier. Untersuchungen zur Gattungsgeschichte im 18. Jahrhundert*, Bern-München, 1970, S. 114, N. 54.
4. E. REESER, *ebd.*, S. 97 et 98.
5. Für eine Übersicht der Stiländerungen zwischen Spätbarock und Frühklassik: I. BOSSUYT, *W.A. Mozart (1756-1791) en het pianoconcerto. Actief luisteren naar muziek*; Bd. 2, (Ancorae. Steunpunten voor studie en onderwijs, 7), Löwen, 1989, S. 31-36.
6. Zitiert von E. REESER, *ebd.*, S. 11; eine aufschlußreiche Vorstellung des Werkes von Schobert bietet eine neue CD-Einspielung mit sechs Kammermusikwerken (darunter die Sonaten Opus XIV, Nr. 4 und 5, Bezugsquelle: Harmonia Mundi 901294).
7. Vgl. E. REESER, *De klaviersonate met vioolbegeleiding in het Parijsche muziekleven ten tijde van Mozart*, Rotterdam, 1939, S. 141ff; E. REESER, *ebd.*, S. 102 und 103; W. NEWMANN, *The Sonata in the Classic Era*, Chapell Hill, 1963, S. 626-639.
8. E. Reeser, *Ein Augsburger Musiker...*, *ebd.*, S. 37.
9. *Mozart. Briefe und Aufzeichnungen...*, *ebd.*, Bd. 1, S. 126.
10. E. REESER, *ebd.*, S. 99 und 100. für eine gründliche Besprechung der Sonaten KV 6-10, vgl. J. und B. MASSIN, *Wolfgang Amadeus Mozart*, Paris, 1959, S. 593-597, und J. HUNKEMÖLLER, *ebd.*, S. 17-29.
11. Für Johann Christian Bach siehe vor allem die Monographie von C. TERRY, *John Christian Bach*, 1967, LANDON, H.C.R., London, 1967. s.a. C. DE NYS, *Mozart et les fils de Jean-Sébastien Bach. Les influences étrangères dans l'œuvre de W.A. Mozart*. Paris, 10.-13. Oktober 1956, unter Leitung v. A. VERCHALY, Paris, 1958, S. 91-115.
12. Zitiert von E. REESER, *ebd.*, S. 79.
13. J. HUNKEMÖLLER, *ebd.*, S. 61.; für eine gründliche Würdigung der Sonaten KV 10-15, Opus 3 und KV 26-31, Opus 4, siehe J. et B. MASSIN, *ebd.*, S. 597-598 und 605-606, sowie J. HUNKEMÖLLER, *ebd.*, S. 29-36.
14. E. REESER, *ebd.*, S. 9.
15. Siehe M. FLOTHUIS, *Mozarts Bearbeitungen eigener und fremder Werke*, Salzburg, 1969.

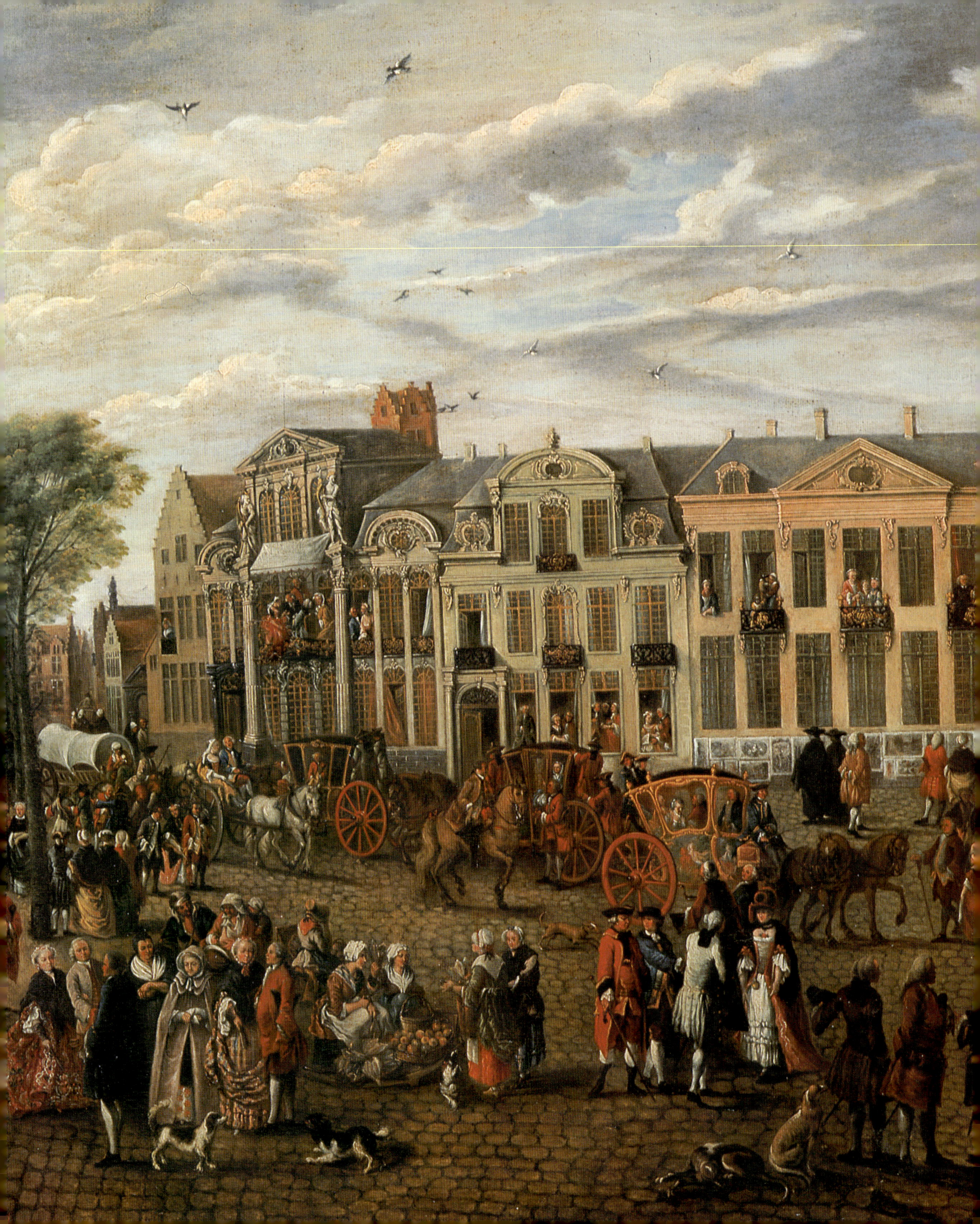

9

Gent

4.-6. September 1765

Nach reibungsloser Überfahrt von Dover nach Calais am 1. August 1765 konnte die Familie wieder ihren vertrauten Reisewagen benutzen, den sie vor der Abfahrt nach England in Calais zurückgelassen hatte. Vor der Heimkehr nach Salzburg wollte Mozart noch einen Abstecher nach Holland unternehmen. Die Poststrecke verlief über Dünkirchen, Rijsel, Gent und Antwerpen. Zwischen Rijsel und Antwerpen rasteten die Reisenden fürs Mittagessen meist in Kortrijk, zwischen Gent und Antwerpen in Lokeren, Waasmunster oder Sint-Niklaas. Wir wissen nicht, ob die Familie Mozart an einem der genannten Orte ausgestiegen ist; möglicherweise haben sie durch die Fensterchen ihrer Kutsche nicht mehr als einen kurzen Eindruck dieser flandrischen Städte aufgefangen.

Was anfänglich nur als kleiner »Umweg« durch die Niederlande gedacht war, wurde zu einem mehrmonatigen Aufenthalt, da abwechselnd fast die ganze Familie erkrankte. Das begann bereits in Rijsel, wo zunächst Wolfgang, darauf sein Vater von einer Angina ans Bett gefesselt wurden und erst einen Monat später genesen waren. Man verließ Rijsel am 4. September und kam am gleichen Abend in Gent an. Dort mieteten sie sich für zwei Tage im Hotel St. Sebastiaan an der Kouter, dem »Parade-Platz« ein. Dieses, links neben dem Theater gelegene Hotel war der ehemalige Schützenhof der St. Sebastiansgilde und diente noch nicht lange als Herberge.

Den Ruhetag in Gent nutzte man zu einer Stadtbesichtigung – Belfried (»auf dem Thurn...«), einige Kirchen, ein Glockenspiel, vermutlich das des Belfrieds. Am Nachmittag spielte Wolfgang auf der nagelneuen imposanten Van Peteghem-Orgel der Zisterzienserabtei in Baudeloo (»bey den P:P: Bernadinern«). Die Genter Presse meldete die Anwesenheit der schon damals weltberühmten Wunderkinder nicht. Abgesehen von den Reisenotizen Leopolds und Nannerls existiert also kein Dokument über ihren kurzen Aufenthalt in der Stadt des legendären Jacob van Artevelde. Selbst das Hotel, in dem Mozarts nächtigten, fiel zusammen mit dem gesamten Block, Theater und Schützenhof im 19. Jahrhundert der Spitzhacke zum Opfer.

Der Kouter in Gent 1763. Ölgemälde von Engelbert van Siclers. Bijlokemuseum, Gent. Der »Parade Platz« oder »Place d'Armes« war im 18. Jahrhundert für die wohlhabenden Bürger ein beliebter Treffpunkt... vor allem um gesehen zu werden.

Leopold Mozarts Reisenotizen

à Gent. Logé à St: Sebastien. auf dem Parade Platz. auf dem Thurn die Statt übersehen. Den Carillon betrachtet, und ein paar kürchen besehen.

Maria Anna (Nannerl) Mozarts Reisenotizen

Gent. das Rathaus und Turn welcher Trey hundert und 26 stafel hoch ist. in bernardiner Closter, in welchen ich die Sacrestey kapitel Zimmer, das disput, Zimer, und der garden gesehen habe.

Leopold Mozart an Lorenz Hagenauer, Salzburg

Haag den 19.ten Sept: 1765.

... nach Gent, wo wir nur einen Tag blieben. Gent ist ein grosser aber nicht volkreicher Ort. Der Wolfg: spielte nachmittags auf der grossen neuen Orgel bey den P:P: Bernardinern etc.

Entwurf für das Gildehaus der Sint-Sebastiaansgilde auf dem Kouter in Gent. Aquarell von Architekt Bernard De Wilde (1737). Atlas Goetghebuer. Stadtarchiv, Gent. Der Schützenhof war zur Zeit des Besuchs der Mozarts in Gent ein Hotel.

163

Das Wirtschaftszentrum Flanderns

PIET LENDERS

Gent war eine namhafte Stadt in der westlichen Welt. Dementsprechend löste ihre Einnahme durch Ludwig XV. im Jahr 1745, von den französischen Jubelblättern in aller Ausführlichkeit gefeiert, über die Grenzen Bestürzung aus. Die Stadt war zwar kleiner als Brüssel und Amsterdam, stand aber auf der Entwicklungsstufe von Antwerpen und Lüttich, und war jedenfalls größer als die berühmten holländischen Städte Den Haag, Rotterdam, Haarlem und Utrecht. Gent, am Knotenpunkt mehrerer Flüsse, Kanäle und gepflasterter Straßen gelegen, war ein geschäftiges Handels- und Gewerbezentrum und erfüllte zudem als Hauptstadt Flanderns wichtige Verwaltungsaufgaben. Das entwickelte Kulturleben machte sie zu einer beliebten Residenzstadt.

Im 18. Jahrhundert prosperierte der Handel der Stadt beträchtlich, die einzigartige Lage begünstigte den Umschlag aller in Ostende angelandeten überseeischen Güter. Die meisten Landstraßen waren im Lauf des Jahrhunderts gepflastert worden, wie zum Beispiel die Verbindung über Aalst nach Brüssel, die weiter über Eeklo nach Brügge und Ostende führte, die Straße Kortrijk-Rijsel, über Lokeren und Sint-Niklaas nach Antwerpen verlaufend, über Melle nach Geraardsbergen und weitere Verkehrsanschlüsse. Das Lagerhaus auf dem Korenmarkt hatte eine Funktion wie ein moderner Hauptbahnhof: Ankunfts- und Abfahrtsort der öffentlichen Kutschen oder für die modernen, gefederten Chaisen oder »chaises«, mit denen der Personenverkehr betrieben wurde. Hier gingen auch die regelmäßig verkehrenden Kurierdienste ab. Das Postamt war dort ebenfalls untergebracht und man konnte immer Eilboten anmieten. Mit der Fertigstellung der sogenannten Durchstich-Arbeiten war in den Jahren von 1751 bis 1753 die Verbindung der Kanäle Ostende-Brügge-Gent mit dem Schelde- und Leiebekken verwirklicht. Seitdem war die Stadt ein Zentrum des Straßentransports und ein Nadelöhr für den Schiffsverkehr von Zeeland über die Sassevaart, von Antwerpen, Löwen und Brüssel über die Schelde und die daran anschließenden Flüsse und Kanäle, von Doornik und Condé und dem angeschlossenen Kanal nach Mons, von Kortrijk und aus Nordfrankreich und Brügge, Ostende und dem Ärmelkanal nach Nieuwpoort-Dünkirchen geworden. Hunderte von Schiffern, Frachtbegleitern, Dockarbeitern und Trägern fanden hier Arbeit.

Die günstige Lage hatte natürlich auch Nachteile, denn die Hochwässer aus der Oberschelde und der Leie überfluteten die Stadt fast jeden Winter. Dennoch befand sich der Transportsektor in stürmischer Entwicklung. In der Zeit des Besuchs der Mozarts wurde von mehreren Seiten der Bau eines neuen, zollfreien Lagerplatzes am Durchstich gefordert. Die Regierung erteilte jedoch erst zehn Jahre später die dafür nötige Baugenehmigung.

Gent verfügte ebenfalls über eine blühende, moderne Industrie. Vor allem in den Jahren nach der Jahrhundertmitte wurde manches große Vermögen erwirtschaftet. Die Unternehmer des Handelssektors hatten sich in einer einflußreichen Handelskammer zusammengeschlossen, eine der ältesten Belgiens. Diese führte einen unermüdlichen Kampf gegen die Planwirtschaft des Ancien régime, symbolisiert im Korporativismus. Eines ihrer vordringlichsten Ziele war die »Handelsfreiheit« und die »natürliche Freiheit bei der

▷

Im Jahre 1744 wurden die südlichen Niederlande erneut zum Kriegsschauplatz Europas, nachdem Frankreich im österreichischen Sukzessionskrieg England und Österreich den Krieg erklärt hatte. Es gelang der französischen Armee, die österreichischen Niederlande völlig zu besetzen. Am 25. Juni 1745 erfolgte der Einzug von Ludwig XV. in Gent. Ölgemälde von Engelbert van Siclers (1726-1796). Bijlokemuseum, Gent.

Der Botermarkt in Gent mit Blick auf das Rathaus und den Bergfried. Aquarell von J.B. De Noter (1808). Atlas Goetghebuer, Stadtarchiv, Gent.

Im Jahre 1751 erließ Kaiserin Maria Theresia eine Verordnung, die den Staaten von Flandern erlaubte, einen Kanal von Gent nach Brügge zu graben. Zwei Jahre später wurden die Arbeiten abgeschlossen. Ölgemälde von Jan-Antoon Garemijn (1753). Groeningemuseum, Brügge.

Einstellung von Arbeitern«. Der Geschäftsmann Gillis Schamp, Mitglied besagter Handelskammer, hatte die Habsburger Diplomaten in den Verhandlungen, die 1752 zum Handelsvertrag von Aranjuez führten, in technischen Fragen beraten. Dieser Vertrag brachte die Niederlande erneut in den Genuß der Meistbegünstigungsklausel.

Nach einer ruhigen Periode im Siebenjährigen Krieg (1756-1763) blühte auch in Gent die Industrie auf. Eine Gewerbeumfrage aus dem Jahr 1764 ergab schon damals neun Textielfabriken mit jeweils über einhundert Arbeitnehmern und mindestens sechsundfünfzig, auf den Tuchhandel mit Spanien und Lateinamerika, weitere einundvierzig auf den Export von Spitzen in die gleichen Gebiete spezialisierte Firmen. Das war jedoch erst der Anfang. In den folgenden Jahren weitete sich die Textilproduktion erst richtig aus. Man verlegte sich immer mehr auf die Baumwollverarbeitung, die Produktion von Leinen wurde zusehends dem Umland überlassen. Mit der Textilindustrie blühten natürlich auch die Bleichereien und Färbereien auf. Daneben waren in der Stadt Salz- und Zuckerraffinerien, Tabak- und metallverarbeitende Industrien wie auch erste chemische Betriebe angesiedelt. Geschäftsleute reisten nach England, um dort die neue Entwicklung der Mechanisierung und der Dampfkraft zu studieren. Das war im Grunde mit Werksspionage zu vergleichen, denn die Ausfuhr neuer Techniken war strengstens untersagt.

Die Mozarts waren noch nicht lange abgereist, da erhielt die Handelskammer den Auftrag, die Löhne für bestimmte Dockarbeiten auszuhandeln. Bald darauf nahm die erste, von der Kammer gegründete Hochschule für Handelswissenschaften ihren Betrieb auf. Dies war eine völlige neue Studienrichtung, denn bis dahin galt die Ansicht, das Handelswesen – wir würden heute Ökonomie sagen – sei nicht im Rahmen einer Hochschule erlernbar. Damals wurden auch die ersten Frauen und Kinder in Werkstätten eingestellt. Die Fortschritte im Transportwesen, dem Handel und der Industrie wurden 1780 in zwei Gemälden des renommiertesten Malers der Stadt, Pieter Norbert Van Reysschoot, im Auftrag und auf Kosten der Handelskammer metaphorisch abgebildet. Beide stellen Neptun, den Gott der Meere und Binnengewässer und Merkur, den Gott des Handels, in den Mittelpunkt.

Die Hauptstadt Flanderns beschäftigte eine schier unübersehbare Zahl von Verwaltungs- und anderen Beamten, unter den Akademikern viele Juristen. Hier arbeiteten die Ratsherrn des Rates von Flandern, des fürstlichen Appellationsgerichts, Rechtsanwälte, Kanzleivorsteher, Schriftführer, Vollstreckungsbeamte, Boten und Hellebardisten. Der Vorsitzende des Rates, Staatsrat und Burggraf Patyn, war der Verfasser des berühmten Buchs Mare liberum. Er hatte dieses Werk zur Unterstützung der Kolonialgesellschaft geschrieben, die ihren Aktivitäten früher von Ostende aus mit beträchtlichem wirtschaftlichen Erfolg nachging. Trotz dieses Plädoyers für die Freiheit der Schiffahrt und der Unternehmen allgemein und seiner juristischen und historischen Argumentation, wurde die Kolonialgesellschaft von Kaiser Karl VI., Vater Maria Theresias, liquidiert: Verschiedene Einschüchterungsversuche, vor allem seitens der drei konkurrierenden Mächte England, Holland und Frankreich, hatten den Fürsten erheblich unter Druck gesetzt.

Auch die flandrischen Stände tagten in Gent, wo sich ihre Ständige Vertretung schon früher mit den Kantoren niedergelassen hatte. Die Stadt beherbergte die übergeordnete Verwaltung der fürstlichen Liegenschaften in Flandern und das Hauptzollamt. Zu dieser Welt der Staatsdiener kam die Verwaltung des Bistums, mit dem Bischof, Generalvikaren, dem Offizialat (der bischöflichen Gerichtsbehörde für kirchliche Belange), Kanonikerkapitel, Seminaren und zahlreichen Klöstern. Die Stadt erhielt durch eine Garnison von etwa zweitausend Mann zusätzlich militärisches Gepräge. Hatten die Soldaten dienstfrei, dann streiften sie durch

Der Triumph des Seehandels von Gent. Vorstudie von Pieter-Norbert van Reysschoot (ca. 1780). Der Maler erwarb vor allem wegen seiner farbigen Wandmalereien in den Patrizierhäusern von Gent in der zweiten Hälfte des 18. Jahrhunderts Bekanntheit. Universitätsbibliothek, Gent.

die Stadt und zettelten oft, alkoholisiert, Schlägereien an. Ihre Hauptleute und höheren Offiziere dagegen waren eng mit der besseren Gesellschaft befreundet und nahmen damit am Salonleben der Stadt teil.

Schließlich waren da noch die städtischen Verwaltungseinrichtungen, ein Magistrat mit einem vorgesetzten und einem nachgeordneten Vogt, zwei Beigeordnetenräte und ein »Conseil Privée« mit zweiundvierzig Honoratioren, ein großer Beamtenapparat, Zunftmeister, Titulare, Offizien und viele andere kleine Beschäftigte. Auch die Herrschaften von Sint-Bavo und Sint-Pieters benötigten eine Verwaltung; schließlich hatte das Kollegium der Beigeordneten der Oudburg, das für die Verwaltung des Umlandes verantwortlich war, in Gent seinen Amtssitz.

Diese Konzentration von Verwaltungsaufgaben führte dazu, daß die Landbewohner regelmäßig auf die städtischen Einrichtungen zurückkamen: auf die dort organisierte Hebammenausbildung, die Akademie der schönen Künste, die weiterführenden Schulen, ja, sie nahmen sogar die Dienste des städtischen Henkers mit seinem Folterkeller, Galgen und dem Rad in Anspruch.

Gent war zudem eine wichtige Residenzstadt, in der die wohlhabenden Stände gern wohnten denn diese Kreise zogen nunmehr dem abgeschiedenen Landleben den urbanen Strom der Ideen und Nachrichten, die wechselnden Moden, kurz das sich verändernde Leben vor. Sie unterhielten freundschaftlichen Verkehr mit ihren Standesgenossen und beteiligten sich am städtischen Gesellschafts- und Salonleben. Der wachsende Arbeitsmarkt übte eine magnetische Anziehungskraft auf die kleinen Leute vom Lande aus.

Nun wurden auch die letzten Straßen der Stadt gepflastert, und ab 1762 gab es endlich auch abends und nachts beleuchtete Straßen, die die Sicherheit in der Stadt erhöhten. Zwischen 1730 und 1770 vergrößerte sich in der flämischen Hauptstadt die Zahl der Patrimonien erheblich. Vorausgegangen war die industrielle Erneuerung, mit der gleichsam eine Bauwut ausbrach, deren Ergebnis von durchaus gutem Geschmack zeugte. Luxuriöse Herrenhäuser mit erlesener Innenarchitektur und prachtvollem Mobiliar wurden errichtet, umgeben von Dienstgebäuden und gepflegten Gärten. Architekten vom Schlage Bernard de Wildes (1691-1772) und David 't Kints (1699-

Der Kouter war ein Treffpunkt der high society von Gent, wenn diese in teueren Prunkkarossen und in modischer französischer Kleidung spazierenfuhrt. Aquarell von P.J. Goetghebuer nach einem Ölgemälde von Siclers (Detail). Atlas Goetghebuer, Stadtarchiv, Gent.

Panorama Gents von Westen ausgesehen. Gravüre für Barlow's general History of Europe (Anfang des 19. Jahrhunderts). Atlas Goetghebuer, Stadtarchiv, Gent.

1770) gingen als kunstverständige Begründer eines eigenen Genter Rokokostils in die Kunstgeschichte ein. Ebenso begabte Dekorateure und Innenarchitekten, Maler und Bildhauer standen ihnen dabei zur Seite. In solchen »hôtels de maître« konnte sich das Salonleben in seinem gesamten Charme entfalten.

Adelstitel, von den Kaufleuten begierig erworben, gehörten zu den Statussymbolen. Das Verfahren begann mit dem Ankauf eines ansehnlichen Landgutes und der Anfügung des Namens der Besitzung oder des Dorfes an den Eigennamen. Danach erfolgte – gegen Bezahlung – die Erhebung in den Adelsstand.

Der Magistrat seinerseits ließ keine Gelegenheit verstreichen, um in Talar und vollem Ornat bei Prozessionen gewichtig durch die Stadt zu schreiten. Dem Aufzug ging der »König der Mohrenkinder«, der städtische Zeremonienmeister, geschmückt mit den Insignien der Macht, voran. Die Prozession wurde von marschierenden städtischen Soldaten und Hellebardisten flankiert. Solch prächtige Aufmärsche fanden, nach dem Zeugnis eines Beigeordneten, »ad majorem decorum collegii« (zu Ruhm und Ehre des Magistrats) statt.

Nicht nur Aufzüge, Feste, sowie Kleidung und Schmuck brachten den Abstand zum einfachen Volk zum Ausdruck, auch Begräbnisse und Trauerzeiten unterstrichen ihn. Das ausgiebige Geläut, der Zug der Leichenbitter und Lakaien mit dem Wappen des Verstorbenen auf ihren langen Mänteln, der Aufmarsch der Mitglieder der »betenden Zunft«, viele Geistliche in schwarzer »cappa magna«, ein üppiger Leichenschmaus und die Verteilung von Brot an die Armen machten derartige Begräbnisse zu mondänen Ereignissen, die im Laufe der Zeit so verschwenderisch ausgerichtet wurden, daß sich die Obrigkeit im Dezember 1754 gezwungen sah, bestimmte Auswüchse zu verhindern.

Die Kleidung ließ man, wenn möglich, aus Paris kommen oder nach Pariser Schnitten anfertigen. Die reichgeschmückten Karossen wurden ebenfalls aus der französischen Hauptstadt bezogen. Für Friseure und Perückenmacher galt eine Ausbildung in Paris als Empfehlung. Nach 1765 kam zwar das Tragen von Perücken immer mehr aus der Mode, der ausgiebige Gebrauch von Pudern und Duftwässern aber blieb.

Für den Sommer verfügte die begüterte Familie über ein Lustschlößchen, ein Landgut mit einem Schloß oder einem »hôtel de maître«, einen Park, am besten mit Teich, häufig von Ländereien und Wäldern umgeben. Diese Sommersitze lagen in einem weiten Kreis um die Stadt. Pächter waren mit der Nutzung der Ländereien und der Pflege der Anlagen rund um die Wohngebäude betraut. Prominente Politiker und geadelte Geschäftsleute unterhielten nicht selten einen

Pendelverkehr zur Stadt, um so amtliche Schriftstücke, Berichte, Briefe, Ratersuchen oder Handelsdokumente hin und her zu senden.

Ab Oktober blieb man dann in der Stadt. Im Winter war das Gesellschaftsleben dementsprechend reger. Neben den normalen Salons hatten mehrere Freimaurerlogen, nach bürgerlichen und adligen Räumen getrennt, ihren Sitz in der Stadt. In den bewegten Wintermonaten wurden Regierungsmitglieder aus Brüssel nach Gent zu Diners, Theaterbesuchen oder Bällen eingeladen. Diese Kontakte ermöglichten es den Gentern, die Verbindung zur Zentralregierung, dem Bevollmächtigten Minister und dem Landvogt aufrechtzuerhalten.

Das Theater an der Kouter erfreute sich eines treuen Publikums und konnte auf manch schönen Erfolg zurückblicken. Pro Woche fanden durchschnittlich vier Vorstellungen statt. Ein Bericht, etwa fünf Jahre nach dem Besuch der Mozarts abgefaßt, spricht davon, daß manchmal mehr als tausend Zuschauer anwesend waren, so daß viele stehen mußten und der Saal schließlich vergrößert wurde. Gleichzeitig wurde im Rahmen der städtischen Verwaltung eine Kommission gegründet, die mit der Aufsicht über das Theaterleben befaßt war. Diese erarbeitete Vorschriften für das Theater mit Regelungen für das Orchester, den Ordnungsdienst für die an- und abfahrenden Kutschen, außerdem beschränkte sie das pompöse Gepränge der Standesattribute mit den livrierten Lakaien, schlichtete Gezänk um die beste Loge, Eifersuchtsszenen und andere Prestigekonflikte. Seit 1760 verfügte das Theater über ein eigenes Orchester. Die Truppe, die das Theater für eine Spielzeit mietete, richtete manchmal auch Vorstellungen in Brügge aus. Der rege Theaterbesuch brachte es mit sich, daß man auch ein »Sommerfestival« organisierte. Das gesamte französische Repertoire stand auf dem Spielplan, Diderot, Voltaire, Lemierre und andere Autoren der Aufklärung, denn Gent war traditionell eine aufgeschlossene und empfängliche Stadt. Die Aufklärung hatte hier einen so großen Erfolg, daß mehr als einmal der Kult der Voltaire-Verehrer verspottet wurde: »Wer heutzutag dies Mannes Schriften nicht gelesen hat, wird unter dieser vernünftelnden Gesellschaft für verrückt betrachtet«.

In der Stadt gab es allerdings auch Autoren, die sich gegen die antikirchlichen und antireligiösen Affekte wandten. So erschien 1763 ein fünfhundertseitiges Konvolut eines gewissen Herrn Fulgence Hellynckx: *Een Toom tegen Voltaire en andere Materialisten* (Eine Zügelung Voltaires und anderer Materialisten).

Die Mittelklasse aus Rechtsanwälten, Prozeßbevollmächtigten, niederen Beamten, Gemeindegeistlichen, Lehrern, kleinen Unternehmern und Handwerkern wurden sich ihres gewachsenen Gewichts bewußter. Das Vorwort der *Encyclopédie* von d'Alembert und Diderot verwies darauf, technisch Ausgebildete und Erfinder würden den Gang der Geschichte und die Entwicklung viel stärker als Fürsten und Feldherren beeinflussen. Diese Botschaft fand in der Mittelklasse und unter den Gebildeten bereitwillig Gehör. Viele Handwerker und kleinere Unternehmer hatten Erfolg, strebten sie doch nach maximalen Gewinnen und wurden so zu mächtigen Firmenleitern. Der alteingesessene Adel betrachtete sie naserümpfend und erinnerte nur allzugern daran, daß dieser oder jener Geschäftsmann einst »domestique« gewesen war. Das schürte beim aufstrebenden Bürgertum den Unwillen über den Konservatismus des Adels.

Etwa die Hälfte der Bevölkerung gehörte zu der in äußerst bescheidenen Verhältnissen lebenden Bevölkerungsklasse, die manchmal hart an der Armutsgrenze lebte. Der Journalist Simon Linguet beschrieb sehr anschaulich, daß diese Gruppe alle Menschen umfaßte, die ohne Eigentum und regelmäßiges Einkommen lebten und ohne Kapitalerträge auskommen mußten.

Das Teetrinken war im 18. Jahrhundert, unter anderem unter Einfluß der Ostender Kompanie, unter den wohlhabenden Bürgern weitverbreitet. Hier hat der Maler Jan Baptist Van Reysschoot, der jüngere Bruder des bekannten Malers aus Gent Pieter-Norbert, sich selbst mit seiner Ehegattin dargestellt (1765). Privatsammlung.

»Wenn er gerade ausreicht, leben sie von einem kargen Lohn, ist der zu gering, so siechen sie dahin, reicht es dann gar nicht mehr zum Leben, so verhungern sie«. Mit dem Verschwinden des Korporativismus entwickelte sich die ungehinderte Anwerbung von Arbeitskräften sowie die freie Lohngestaltung. Daß nun immer stärker auf die Arbeitskraft von Frauen und Kinder zurückgegriffen wurde, geht auf den Umstand zurück, daß diese Gruppen noch schlechter bezahlt werden konnten. Diese Entwicklung fand jedoch auch in den Löhnen der männlichen Arbeiter und ihrer Beschäftigungslage eine Entsprechung. Die Arbeitslosigkeit nahm unter den Männern in einem derartigen Tempo zu, daß Lösungen für das anwachsende Elend und die Pauperisierung gefunden werden mußten. Die Bettelei nahm Überhand und drohte zu einer gefährlichen Herausforderung zu werden. Am Ende der sechziger Jahre begann der bedeutende Genter Bürgermeister, Burggraf Jean Jacques Vilain XIIII., Lösungen für diese Krise zu suchen. Seine Anstrengungen führten schließlich dazu, daß alle in der Stadt ansässigen, erwerbsfähigen Armen Arbeitslosenhilfe erhielten.

Die Stadt entwickelte sich auch auf politischem Terrain weiter. Wir wollen hier nicht von politischen Parteien sprechen, aber Gent zeichnete sich immerhin durch eine gut informierte, interessierte öffentliche Meinung mit stark divergierenden Ansichten aus. Diese

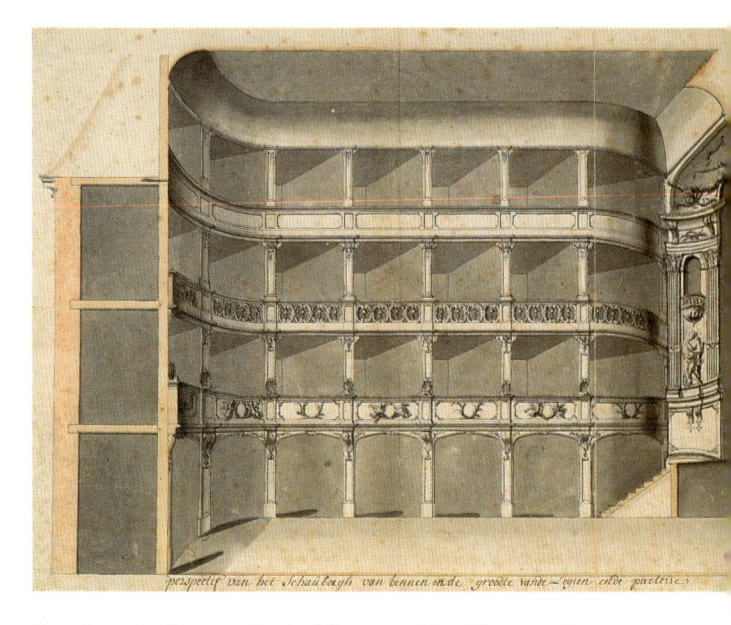

Querschnitt des Theatersaales des Theaters auf dem Kouter in Gent. Aquarell von Architekt Bernard de Wilde (1737). Atlas Goetghebuer. Stadtarchiv, Gent.

Theater, anläßlich der Huldigung für Jozef II im Jahre 1781 errichtet worden.

Der Lievekai in Gent am Ende des 18. Jahrhunderts. Anonymes Ölgemälde. Privatsammlung.

in Begriffen wie Fortschrittlichkeit und Konservatismus fassen zu wollen, würde zu kurz greifen, obwohl diese Etikettierungen einen Teil der damals bestehenden Auffassungen charakterisieren. In der Stadt sprach man von »Regulären« und »Antiregulären«, womit die Befürworter und Gegner der Ausführung der Reformverfügung des Jahres 1734, bekannt als die »städtische Verfügung«, gemeint waren. Dabei handelte es sich um eine, von Kaiser Karl VI. nach einer äußerst gründlichen, beinahe einjährigen Prüfung der städtischen Verwaltung und Finanzen ausgefertigte Verordnung. Der Brüsseler Ratsherr Bervoet, der die Untersuchung persönlich geleitet hatte, hatte Mißwirtschaft und eklatante Verschwendung aufgedeckt, die die Stadt an den Rand des Konkurses gebracht hatten. Eine Sanierung wurde unvermeidlich und ein entsprechendes Konzept detailliert in einer langen Verfügung niedergelegt. Die Gruppe der festangestellten Amtsträger und Stadtdirektoren widersetzte sich entschieden allen Veränderungen. Diese fünfzehn oppositionellen Lobbyisten waren allesamt Absolventen der Jurisprudenz. Ihre Haltung fand bei der Mehrheit des Magistrats Gehör, und so boykottierte er die Reformen. Erst 1768 sollte sich die reformwillige, aufgeklärte Richtung unter Burggraf Vilain XIIII. durchsetzen, zu spät allerdings, denn vier Jahre danach war die Stadt zum Teil bankrott. Der Nennwert bestimmter verzinslicher Wertpapiere und Obligationen wurde verringert und ausstehende Zinsen, die manchmal mehr als dreißig Jahre auflaufen konnten, wurden annulliert.

So bestand in den fünfziger und sechziger Jahren ein deutliches Gefälle zwischen der Dynamik der Privatwirtschaft und der konservativen Abwehr gegen eine vernünftige Verwaltung und nötige Sanierungsmaßnahmen im öffentlichen Leben. Nach der Entscheidung des Jahres 1768 kam die ideologische und politische Entwicklung wieder in Bewegung, so daß Gent in der Stunde der Brabantischen Revolution 1789 die führende Stadt der Südlichen Niederlande war, weiter entwickelt als Brüssel, Antwerpen oder irgendeine andere Stadt im Land.

Wie auch immer – Gent war in den sechziger Jahren ein Zentrum, in dem man leben und etwas erleben konnte, eine Stadt zwischen Tradition und Aufklärung.

Das Genter Glockenspiel

»Zur Ehre und als Schmuck der Stadt«

FRANK DELEU

Das durchdringende Geläut des mechanischen Glockenspiels im Turm der erzbischöflichen Residenz in Salzburg drang bis zu den Wohnräumen der Familie Mozart, im dritten Stockwerk des Hauses Getreidegasse 9.[1] Dieses Geräusch war schon ein halbes Jahrhundert ein vertrauter Klang in der Umgebung des Palastes. Das Glockenspiel war im Auftrag des Fürstbischofs Johannes Ernst Than im Jahr 1696 bei dem renommierten Antwerpener Glockengießer Melchior de Haze (1632-1697) erworben worden.

Der Fürstbischof hatte seinen Kontaktpersonen in den Niederlanden nicht zufällig den Auftrag erteilt, dort nach einem Glockenensemble Ausschau zu halten, schließlich war dort die Kunst des Glockengießens im 17. Jahrhundert zu bemerkenswerter Blüte gekommen. Die Qualität und Tonreinheit der dort gegossenen Glocken war in ganz Europa bekannt.[2] Seit 1695 war J. B. Guillelmi, Haus- und Hofmeister am bayerischen Hof in Brüssel, auf der Suche nach einem Glockenspiel für den eigens zu diesem Zweck errichteten Turm der Salzburger Residenz. Er geriet schließlich an Melchior de Haze, der ihm aus seinem Lager ein Ensemble von siebenunddreißig Glocken mit einem Durchmesser von fünf bis achtzig Zentimetern, gegossen in den Jahren 1788 und 1789, anbieten konnte. Der Ankauf der Glocken wurde vertraglich bestätigt, einschließlich einer Vermittlungsprämie für Guillelmi. Die Sonderfracht wurde 1796 von Antwerpen auf zwei Karren nach Salzburg transportiert. Zunächst sah es so aus, als würde sich niemand finden, der das mechanische Spiel dieser Glocken aufbaute, einem gewissen Jeremias Sauter gelang es schließlich, die Aufgabe zu lösen. Nur die aus Antwerpen mitgelieferte seltsame hölzerne Klaviatur wurde nicht montiert. Unten am Turm erinnert eine marmorne Gedenkplatte noch heute an den Aufbau und den Stifter.[3]

Glockenspiele waren den Mozarts also nicht unbekannt, als sie am 4. September in 1765 in Gent ankamen. Sicherlich neu war für sie, daß das Glockenspiel auf dem Rathausturm, dem Belfried, über eine Klaviatur auch manuell bespielbar war: In den Niederlanden war allerdings schon lange bekannt, wie man die Glocken mittels einer Klaviatur aus Stäben, mit den Händen ziehend und den Füßen tretend, zum Klingen brachte. Das Glockenspiel hatte sich hier zu einem echten Musikinstrument entwickelt und war so viel mehr als ein komplizierter Mechanismus, um damit

Der berühmte Glockengießer Melchior de Haze (1632-1697). Anonyme Gravüre (zweite Hälfte des 17. Jahrhunderts). Beiaardmuseum, Mechelen.

Glöckchen vom Antwerpener Glockengießer Melchior De Haze (1686) gegossen. Museum Vleeshuis, Antwerpen.

in festgelegten Intervallen hübsche Nichtigkeiten hören zu lassen oder als Klangdekor für astronomische Uhren oder Stundenschläge zu dienen.

Wie, wo und wann das Glockenspiel entstanden ist, ist heute schwer auszumachen. Wir können uns nicht mehr vorstellen, wie wichtig das Geläut der Glocken im mittelalterlichen Stadtleben war: Es übertönte alle anderen städtischen Geräusche. Bei jedem wichtigen politischen oder religiösen Ereignis wurde auf allen verfügbaren Glocken munter durcheinander geläutet, gebimmelt und das Glockenspiel angeschlagen. Es muß, zum Beispiel in Paris, gleichzeitig imponierend und lästig gewesen sein, wenn alle Glocken und Glöckchen von morgens bis abends läuteten, weil ein neuer Papst gewählt oder ein Friedensvertrag unterzeichnet worden war.

Der Schlag der Glocken sorgte auch die für Ordnung und das Regelmaß des täglichen Lebens. Jedermann wußte um die Bedeutung des Gefahrengeläutes, kannte das Glockenspiel bei erfreulichen Ereignissen und das Läuten, um die Bevölkerung zu versammeln. Glocken erhielten Namen: die Glocke Roeland in Gent, Orida (von »horrida«, die Schreckliche) in Antwerpen, Magna Campana oder Triumphglocke in Brügge. Selbstbewußte mittelalterliche Städte bauten große Uhren in ihre Türme, denen man fast immer ein mechanisches Glockenspiel beigab, um mit einem vorangehenden Spiel den Stundenschlag anzukündigen.

Die Entwicklung und Entfaltung des Glockenspiels vollzog sich in den Niederlanden. Warum dort, und nicht in Frankreich, Deutschland, Österreich oder Italien, wo auch astronomische Uhren und mechanische Glockenspiele gebräuchlich waren? Deutungen der ungewöhnlichen Entwicklung vom mechanischen Glockenspiel zum Handspiel des Glockenspielers müssen sich auf Annahmen beschränken.

Wahrscheinlich ist eine allgemeine Erklärung in den Zeitumständen am Ende des 15. Jahrhunderts zu suchen. Flandern erlebte in burgundischer Zeit eine wirtschaftliche und kulturelle Blüte, die später nie mehr – auch nicht annäherungsweise – erreicht wurde. Vielleicht ermöglichte es diese Hochkonjunktur, die sich auch auf den Bereich der Musik erstreckte, mit dem Glockenbestand in den Türmen zu experimentieren. In der gleichen Zeit zeichnete sich auch eine bedeutsame Entwicklung in der Glockengießerei ab. Es gelang immer besser, sauber auf den Ton gestimmte Glocken herzustellen. Das war die Voraussetzung der für ein melodisches Spiel notwendigen Erweiterung des Glockenspiels.

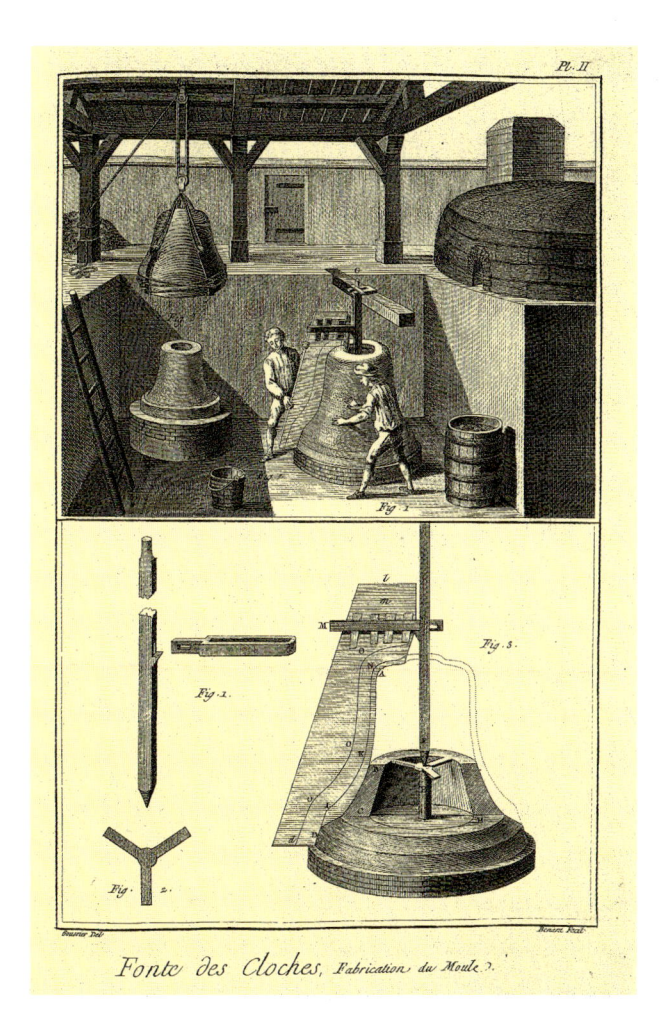

Das Glockenspiel des Bergfrieds von Gent.

Die Glockengießerei. Enzyklopädie von Diderot und d'Alembert. Stadtbibliothek, Antwerpen.

Die Glocke Roeland des Bergfrieds in Gent, von Pieter Hemony im Jahre 1659 gegossen und heute vor dem Bergfried auf dem E. Braunplein aufgestellt.

Der Bergfried in Gent im Jahre 1684. Aquarel von P.J. Goetghebuer nach einem Plan von Lodewijk Cruyl. Atlas Goetghebuer, Stadtarchiv, Gent.

Die älteste überlieferte, zweifelsfreie Erwähnung eines Glockenspiels mit Manual finden wir in den städtischen Abrechnungen Oudenaardes. Hier finden wir eine Quittung aus dem Jahre 1510, die die Entlohnung eines gewissen Jan van Spierre vermerkt, für »ein Manual im Turme, um darauf das Glockenspiel auszuüben«. Über diese Klaviatur konnten gerade neun Glocken betrieben werden. Ein älteres Zitat aus den Reiseaufzeichnungen des Anthonis von Roverre (über das Jahr 1478 in: *Die excellente cronike van Vlaenderen*) ist weniger eindeutig. »In dieser Zeit wohnte ein junger Mann in Dünkirchen und war dort Glockenläuter, genannt Jan van Bevere, welchselbiger auf seinen Glocken alle Arten von geistlichen Liedern und alle Hymnen und Sequenzen, Kyrie eleison und andere kirchliche Gesänge spielte. Solcherart man in jenem Ort zuvor noch nicht gehört hatte, und das war eine große Neuerung zur Ehre Gottes.« Was meinte Roverre mit dieser »großen Neuerung«? Die besondere Fertigkeit Jan van Beveres oder eine neue Spielweise mittels einer Klaviatur? Wir dürfen getrost unterstellen, daß die ersten Glockenspieler bereits Könner gewesen sein müssen, um den Möglichkeiten des mechanischen Spiels gleichzukommen! Und was wollte der Autor mit »geistlichen Liedern« sagen? Bereits komponierte Musik oder speziell für dieses Instrumente bearbeitete Lieder? Wenig später, im Jahr 1482, schrieb ein Mönch der Abtei Sint-Michiels zu Antwerpen: »und im gleichen Jahr begann man in Antwerpen auf den Glocken zu spielen, indem man das Seil mit Stäben zog«.

Das Handspiel erlebte im Lauf des 16. Jahrhunderts eine schnelle Verbreitung. Jacob de Meyere[4] schrieb über das Jahr 1530: »Die Flamen übertreffen die anderen Bewohner der Niederlande in der Pracht und dem Reichtum ihrer Kirchen. Sie spielen auf ihren Glocken wie auf der Zither Lieder der verschiedensten Art«.[5] Ein halbes Jahrhundert nach der Reise de Roverres entwickelte sich das Glockenspielen zu einer neuer Kunstform. Am Beginn des 17. Jahrhunderts wurde die Klaviatur systematisch um ein Pedal erweitert, damit die schwereren Klöppel der Baßglocken zu bewegen seien. Auf diese Weise hatte man die Hände für das melodische Spiel auf dem Manual frei. Die Edelmetallprüfer – ansässige Musiker oder Spezialisten, die zur Erfüllung dieser Aufgabe manchmal lange am Ort verweilten – beratschlagten die Anordnung der Glocken im Umfang von drei bis vier Oktaven.

In Gent hatte das Glockenspiel die gleiche Vorgeschichte wie in anderen flämischen Städten. In der Kirche Sint-Michiels dürften schon früh Glocken gehangen haben, denn bereits 1392 war von einem Austausch die Rede. Die berühmte »Klokke Roeland« des Belfrieds ist noch älter. Diese Glocke, die vermutlich ein Gewicht von fünfeinhalb Tonnen auf die Waage brachte, wurde von Jan van Ludeke und Jan van Roosebeke in den Jahren 1314 und 1315 gegossen. Zu der Zeit befand sich der Belfried voll im Bau. Als 1376 die hölzerne Bedachung fertiggestellt war, wurde auch die erste Uhr der Stadt montiert. Seitdem ließ Roeland auch den Schlag der Uhr hören. Einmal, im Jahre 1539, war das Schicksal dieser Glocke beinahe besiegelt: Die Glocke hatte sich, zum großen Mißvergnügen Kaiser Karls, während der Unruhen in Gent zu oft vernehmen lassen, und so wurde Roeland konfisziert und aus dem Turm geschafft. Sie durfte erst fünf Jahre später erneut im Belfried aufgehängt werden.

Der Glockenbestand der Genter Kirchtürme wurde vor allem im 17. Jahrhundert erweitert. Die Abtei Sint-Pieters verfügte bereits seit dem 15. Jahrhundert über mehr als zehn Glocken. Bis zu Anfang des 18. Jahrhunderts hing in der Kirche Sint-Michiels ein Glockenspiel. Die Kathedrale St. Bavo erhielt ein Glockenspiel von fünfzig Glocken, die von 1603 bis 1635 von Antoine und Florent Delcourt aus Douai gegossen wurden.[6] François und Nicolas de Lespine und Nicolas Chabotteau gossen für die Kirche Sint-Jacobus zwischen 1623 und 1631 insgesamt neunzehn Glocken.[7] Einige Quellen verweisen auf ein Glockenspiel auch in Nieuwenbos.

Mittlerweile erschien in Gent ein äußerst renommierter Glockengießer, Pieter Hemony.[8] Hemony kam aus Zutphen, wo er sich um 1740 mit seinem Bruder François niedergelassen hatte. Neben Geschützen, Statuen und normalen Glocken für das tägliche Geläut gossen sie Glocken für mehr als fünfzig Glockenspiele, die, soweit sie bis heute erhalten sind, zu den schönsten gerechnet werden dürfen, die je angefertigt wurden.[9] Im Juli 1658 kam Pieter Hemony nach Gent, um dort drei Glocken für die Abtei von Eename zu gießen.[10] Diese Glocken wurden unter dem Genter Belfried gewogen. Bei dieser Gelegenheit bestellte der Gemeinderat von Sint-Niklaas ebenfalls drei Glocken. Mit diesem neuerlichen Auftrag konnte Hemony seinen Ruf nun auch in Gent festigen. 1659 unterzeichnete er den Auftrag, ein neues Glockenspiel für den Belfried von Gent zu gießen: »... siebenunddreißig gute und im Ton reine Glocken... in solcher Vollkommenheit, daß man hierzulande keine besseren finde...« Der Vertrag bestimmte, daß die Glocken in Gent gegossen werden mußten. Die Stadt stellte ihm die Rohstoffe, das Gußgut des vormaligen Glockenspiels von Waghevens und die Glocke Roeland, die in einundsiebzig Stücke zerschlagen wurde. Der neue Roeland von Hemony wog 6050 Kilogramm.[11] 1663 goß Pieter Hemony ein weiteres, kleineres Glockenspiel von neunundzwanzig Glocken für die Abtei Baudeloo in Gent.[12] Das Hemony-Glockenspiel des Belfrieds, dessen Glockenzahl alsbald vergrößert wurde, ist bis heute erhalten geblieben, ungeachtet der Forderungen nach Abtretung während der französischen Besetzung Gents von 1745 bis 1748, und trotz der Französischen Revolution, die das Ende für den Glockenbestand vieler Städte bedeutet hatte.

Die neue Kunst des Glockenspiels gehörte anfänglich zum Aufgabenbereich des Uhrmeisters, der für die Rathausuhr und das mechanische Spiel verantwortlich war. Im Laufe der Zeit wurden Glockenspieler eingestellt, die wir in den städtischen Abrechnungen als Organisten und/oder Cembalisten aufgeführt finden, folglich traten die musikalischen Qualitäten des Glockenspielers immer mehr in den Vordergrund. Das erklärt möglicherweise, warum es recht lange dauerte, bis wir schriftlich festgehaltene Kompositionen vermerkt finden: Als Musiker waren die Glockenspieler immerhin mit der Kunst der Improvisation und Variation, die im Barock einen Höhepunkt erlebte, wohlvertraut. So war es kaum nötig, Gelegenheitsmusik für Soloinstrumente schriftlich zu fixieren. Die ältesten erhaltenen Kompositionen für das Glockenspiel datieren erst aus dem 18. Jahrhundert. Vor dieser Zeit müssen wir uns mit eher zufälligen Beschreibungen dessen, was gespielt wurde, begnügen. Wir können immerhin davon ausgehen, daß die Möglichkeiten des Instruments und der Zeitgeschmack das Repertoire bestimmten. Man spielte in Gent noch »zur Ehre und als Schmuck der Stadt... alle Arten von Liedern und Motetten«,[13] allerdings mußten andere Glockenspieler

Ein alter Plan vom Glockenspiel und die Lautglocken des Sint-Romboutsturms in Mechelen, Ende des 17. Jahrhunderts. Beiaardmuseum, Mechelen.

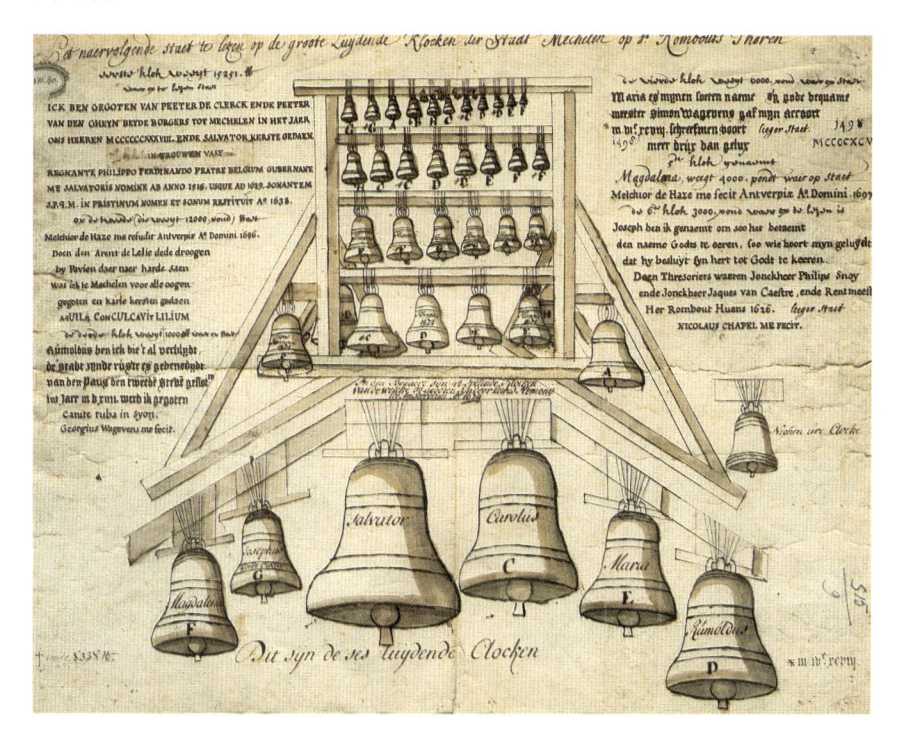

wie der Antwerpener Jaak Rieulin 1580 ermahnt werden, »keine ungehörigen oder unschicklichen Balladen, Lieder oder Gedichte...«, sondern besser »einige Psalmen, geistliche oder angemessene Lieder oder Lobgesänge zur besseren Unterweisung der Gemeinde zu spielen«.[14] Solche Einwendungen tauchten bis ins 19. Jahrhundert auf, meist von zufälligen Hörern formuliert. Im *Tegenwoordige staat der Vereenigde Nederlanden* (1801) können wir zum Beispiel lesen, der Glockenspieler möge lieber keine Lieder spielen, »die auf anrüchige Weise mit bestimmten Begriffen oder Leidenschaften in Beziehung stehen«, denn diese würden »einen Teil der Zuhörer aufreizen, den anderen Teil verstimmen...«.[15]

Die musikalischen Reiseaufzeichnungen von Dr. Charles Burney (1726-1814) enthalten eine große Zahl von Bemerkungen und Eindrücken, die er während seiner Erkundungsfahrten durch Europa für eine *General History of Music* niederschrieb. Er äußerte sich äußerst abwertend über das mechanische Spiel, daß ihm bei seinem Besuch in Amsterdam im Jahr 1772, wegen der Abweichungen der Uhren, kaum fünf Minuten Ruhe gab. Auch das Glockenspiel stieß bei ihm auf nur mäßiges Interesse. Es erregte zum ersten Mal seine Aufmerksamkeit, als er von Rijsel in Kortrijk ankam. Dort nahm er sich vor, sich beim nächsten Aufenthalt in Gent das Glockenspiel eingehender anzuschauen. Der Genter Glockenspieler fand vor seinen Augen keine Gnade:»Er saß da, bis aufs Hemd entkleidet, schwitzend, mit gelöstem Kragen. Auf einem Pedal bis an die großen Glocken reichend, stampfte er mit den Füßen den Baß der verschiedenen lebhaften und schweren Stücke, die er mit beiden Händen auf einer Art oberer Klaviatur ausführte... wahrhaftig ein gotischer Einfall, der barbarischen Geschmack beweist.[16] Einige Zeit später urteilt Burney über den blinden Glockenspieler Amsterdams, Jacob Pothold, wesentlich milder: »Ich war baß erstaunt, als ich seine unglaubliche Fertigkeit auf diesem Instrument vernahm. Die Töne, die er mit beiden Fäusten hervorzauberte, wären

Einige Seiten aus dem Versteckbuch von Joannes De Gruyters (1741). Beiaardmuseum, Mechelen. De Gruyters war seit 1740 Glockenspieler der Glockenspiele in dem Onze-Lieve-Vrouweturm von Antwerpen.

sogar für zehn Finger noch schwierig gewesen: Triller, Mordente, rasche Läufe und sogar Arpeggios gelangen ihm. Ich habe noch nie zuvor in so kurzer Zeit eine solche Menge anmutiger Töne gehört. Er brachte mit piano und forte, sogar durch das Anschwellen der Triller, Effekte hervor, die ich auf einem Schlagwerk, das von seinem Spieler wenig mehr als Körperkraft abzufordern scheint, nicht für möglich gehalten hätte.« Virtuoses Spiel, mit einer Reichhaltigkeit an schmückenden Figuren, wie in den meisten Kompositionen der Zeit, war also realisierbar. Eine Bestätigung dieser Annahme finden wir in einer Anzahl überlieferter, äußerst interessanter Sammlungen mit Musikstükken für das Glockenspiel. Die wichtigsten sind die Bücher von Joannes de Gruijtters (Antwerpen, 1746)[17] und André Jean Bapt. Bonav. Dupont (Abtei Sint-Bertinus, Sint-Omars, 1780/1785),[18] sowie die erhalten gebliebene Musik für Glockenspiel von Matthias van den Gheyn.[19]

Matthias van den Gheyn (Tienen 1721, †Löwen 1785) war eine bemerkenswerte Persönlichkeit. Er stammte aus dem gleichnamigen Glockengießergeschlecht, das seit Anfang des 16. Jahrhunderts, zunächst in Mechelen und später über Sint-Truiden und Tienen in Löwen zu Ruhm gelangte. Er war erst zwanzig, als er in der Nachfolge von Dieudonné Raick als Organist der Kirche Sint-Pieter zu Löwen angestellt wurde. 1745 wurde er nach einem Wettbewerb zum Glockenspieler von Löwen bestimmt, denn die Jury urteilte, er würde »die anderen bei weitem überflügeln«.[20] Nach zeitgenössischen Aussagen ging er im Sonntagsstaat, Freunde und Bewunderer grüßend, den Löwener Markt auf der Suche nach Fremden, die seinem Glockenspiel lauschen wollten, auf und ab. Dann verschwand er im Turm, spielte einige Präludien als Einleitung zu seinen brillanten Improvisationen, danach mischte er sich wieder unter das Publikum, um seinen Zuhörern mit der nötigen Artigkeit die Hände zu schütteln. Van den Gheyn schrieb neben einem theoretischen Leitfaden für Basso continuo eine Reihe von Divertimenti und Suiten für Cembalo und, möglicherweise für das Glockenspiel von Sint-Rombouts in Mechelen, etliche Präludien für Glockenspiel. Die Autographen sind verloren gegangen, wir kennen die Kompositionen aber dank der Transkriptionen von Ritter Xavier van Elewyck (1825-1888).[21] Die Präludien Van der Gheyns gehören seitdem zum festen Repertoire der Glockenspieler im In- und Ausland.

Auch die Werksammlungen für Glockenspiel aus der Feder von De Gruijtters und Dupont bieten einen interessanten, noch heute höchst brauchbaren Schatz anmutig klingender Glockenspielmusik. Wir entdecken darin Gebrauchsmusik, die den Möglichkeiten (u. a. qua Tessitur) des jeweiligen Glockenspiels angepaßt

Glocke aus dem Jahre 1766, von Andreas Jozef van den Gheyn aus Löwen (1727-1790) gegossen, aus dem berühmten Glockengießergeschlechts Van den Gheyn. Museum Vleeshuis, Antwerpen.

Preludien für Glockenspiel von Matthias van den Gheyn, möglicherweise für das Glockenspiel des Sint-Romboutsturms in Mechelen geschrieben, und vom Ritter Xavier van Elewyck gesammelt. Beiaardmuseum, Mechelen.

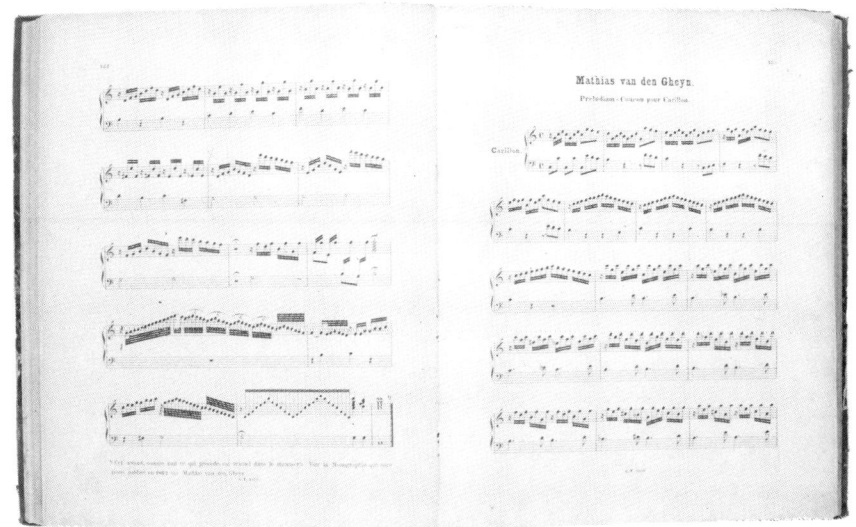

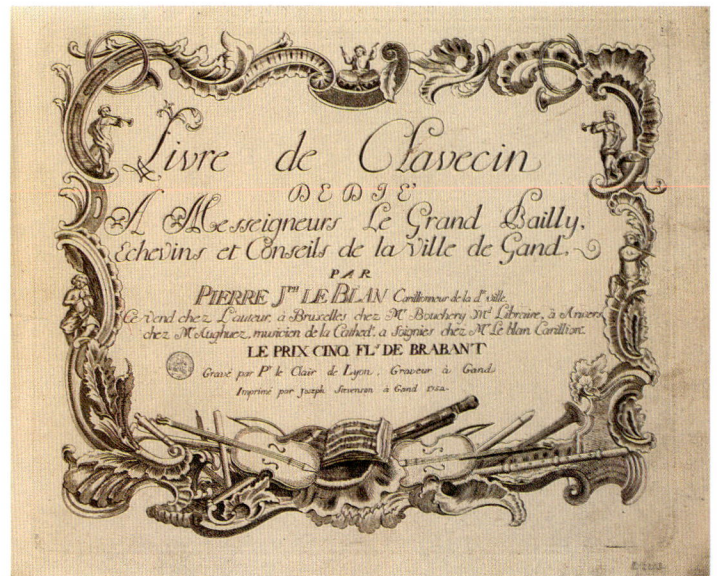

Titelseite und Umschlag des Buches Livre de Clavecin von Pieter Jozef le Blan (1711-1764). Stadtarchiv, Gent.

wurde. Das erklärt die Allgemeinheit der Angaben der Titelblätter beider Sammlungen: *Andanten, marche, gavotten, arien,... voor den Beyaert ofte klokspil. By een vergaedert ende op gestelt Door my Ionnes de gruytters* und *Ariette, Pieces, Marches, Menuets, variations arrangés Pour le Carillon...* Die Titel der verschiedenen Nummern bleiben auf Charakterbeschreibungen (Ariette, Menuett, Allemande usw.) beschränkt, nur ausnahmsweise werden Komponisten genannt. Bei de Gruijtters zum Beispiel sind das unter anderem Locatelli, Corelli, Couperin, Händel, Lully, Vivaldi, (Dieudonné) Raick, (Henri J. de) Croes, (Joseph H.) Fiocco und (Willem) de Fesch. Beide Glockenspieler bearbeiteten ziemlich viele Cembalo- und Orgelwerke. Dupont ließ sich auch gern von der französischen Oper, vor allem von der Opéra comique, inspirieren, die in der zweiten Hälfte des 18. Jahrhunderts eine wahre Blüte erlebte. Möglicherweise hatte er indirekt damit zu tun, denn hinten in seiner Ausgabe finden wir eine handgeschriebene Notiz über Pierre-Alexandre Monsigny, den erfolgreichsten Komponisten des Genres: »Monsigny wurde am 17. Oktober 1729 in Fauquembergues geboren. Seine ersten Musikstunden wurden ihm von dem Glockenspieler der bekannten Abtei St. Bertin erteilt. Monsigny zog 1749 nach Paris und starb am 14. Januar 1817 im Alter von achtundachtzig Jahren«.[22] Einige Arien in der Dupontschen Sammlung verweisen auf die Opern Monsignys, Egidio Dunis und Modeste Grétrys. Titel, wie *Les amoureux de 15 ans* oder *Ah que le sort d'une femme est à plaindre*, die Dupont als Glockenspieler der Abtei bearbeitete, lassen nicht sofort an Erbauliches denken. Im Gegenteil! Er stellte sein Repertoire nicht nur aus derartigen Opernfragmenten, sondern auch aus Kontertänzen zusammen. Dieser Gesellschaftstanz war im 18. Jahrhundert in Frankreich und den Niederlanden äußerst beliebt. Zahlreichen Sammlungen von Kontratänzen, oft zusätzlich mit choreographischen Zeichnungen versehen, um die Bürger die richtigen Tanzschritte zu lehren, erschienen auch in Zeitschriftenform. Einige Kontertänze aus dem Glockenspieler-Buch Duponts finden wir auch in *L'Echo*, einer Musikzeitschrift, die zwischen 1758 und 1773, in der Regel monatlich, in Lüttich erschien.[23] Die Sammlung von Kontratänzen des Genter Tanzlehrers Robert Daubat[24] war zweifellos eine weitere Quelle für Dupont.

Daubat ließ sich am 28. Juli 1752 als Jean-Baptiste Robert d'Aubat de St.-Flour in das Genter Bürgerbuch eintragen, er war aber schon früher an den Aufführungen im Theater von Sint-Sebastiaan an der Kouter in Gent beteiligt. 1757 veröffentlichte er bei Jan Meyer einen Band mit *Honderd uytgelezen Contredansen* (Hundert ausgewählte Kontratänze). Von dieser Ausgabe sind keine Exemplare mehr greifbar, hingegen von der französischen, die kurz darauf erschienen war.[25] Die französische Ausgabe vermerkt unter den Namen der Subskribenten »Mr Cat, Carillonneur (Glockenspieler) à Dunkerke« und »Le Blan, Carillonneur & Maître Horlogeur à Gand«. Einige der dort abgedruckten Tänze finden wir im Glockenspiel-Buch von Dupont wieder. Unter den weiteren Subskribenten waren Honoratioren, Cembalo- und Tanzlehrer, Organisten, Kanoniker und Musikliebhaber aus verschiedenen flämischen Städten bis zum Ballettmeister der Italienischen Oper in London.

Hätten die Mozarts ihren Besuch in Gent angekündigt, so wären sie dort möglicherweise Daubat begegnet. Der war eigentlich überall im Genter Musikleben aktiv: als Chordirigent und Tanzlehrer im Jesuitenkolleg, als zweiter Violinist im Theaterorchester oder als Regisseur bei der Aufführung verschiedener Pantomimen. Er wohnte in der Nachbarschaft der Unterkunft, die die Mozarts für zwei Nächte bezogen: zunächst in der Nähe der Oper, dann auf der Kouter neben dem Gildehaus des hl. Sebastian.

Einer der Subskribenten der Kontratänze Daubats war der bereits erwähnte Genter Glockenspieler Pieter Jozef le Blan, am 18. Juli 1711 in Zinnik geboren. Er wurde im Alter von achtzehn Jahren Glockenspieler.[26] Ab 1743 bekleidete er diese Stellung in Veurne, zwei Jahre darauf wurde er der Nachfolger von Peter Schepers als Glockenspieler in Gent. Im selben Jahr ließ er sich ins Bürgerbuch eintragen. Le Blan genoß einen Ruf als Glockenspieler. Als Fachmann wurde er 1748-1749 ersucht, den neuen Glockenspieler von Brüssel auszuwählen.[27] Er gab Empfehlungen bei der Neubesetzung des Postens der Glockenspieler in Dünkirchen (1752-1753) und in Edingen (1756). Seit 1751 war er in Gent auch »für die Wartung, das Aufziehen, Takt und Spielwerk des Turms und des Belfrieds und für die Aufsicht über die Uhrmacherei« zuständig.[28] Dem Glockenspiel galt nicht Le Blans einziges Interesse. 1752 publizierte er ein *Livre de Clavecin Dedie A Messegneurs Le Grand Bailly, Echevins et Conseils de la Ville de Gand par L. Le Blan, carillonneur de ladte ville. Gravé par le Clair de Lyon* (Cembalowerk, den Herren Vögten, Schöffen und Ratsherrn von Gent gewidmet, von J. Le Blan, Glockenspieler in besagter Stadt, gestochen von le Clair aus Lyon) mit sechs Suiten für Cembalo. Um 1757 wurde er außerdem noch zum Direktor der Theaters Sint-Sebastiaan, neben Daubats Wohnung gelegen, ernannt. Er war damit der Nachfolger der seinerzeit bekannten italienischen Sängerin Madame de Pompéati, der wir unter den Subskribenten der Kontratänze von Daubat als »Directrice des spectacles en Flandre« wiederbegegnen. Die vielen Verpflichtungen zwangen Le Blan, sich am Glockenspiel häufiger von seinem Sohn vertreten zu lassen. Hinweise darauf führten zur Entscheidung der Stadtverwaltung, seine Aufgaben zu beschränken.

Es ist nicht bekannt, ob Le Blan auch Cembalokonzerte gab. In der *Gazette van Gendt* kündigte er für den 17. April 1765 eine Konzertvorführung mit einem selbstentwickelten Instrument, »einem künstlichen Glockenspiel aus Gläsern, mit großen und kleinen Glocken und verschiedenen Registern, die voneinander getrennt werden können« in seinem Theater an. Er versicherte, man könne mit diesem Instrument alle Arten von Concerti, Solopassagen und Gesangsbegleitungen ausführen. Leider war es damals noch nicht üblich, Besprechungen von Konzertauftritten in den Zeitungen abzudrucken! Danach wurde es um den Musiker still. Er starb am 24. Mai 1765 und wurde in der Kathedrale St. Bavo beigesetzt. Pieter le Blans Name steht nicht nur unter den Subskribenten der Daubatschen Kontratänze, sondern auch unter denen für das *Deuxième livre de Clavecin* von Dieudonné Raick.

Porträtmedaillon auf der Rückseite einer Glocke von dem Antwerpener Glockengiesser Willem Witlockx (1730) mit der Aufschrift: GUILIELMUS WITLOCKX ANTWERPEN KLOCKENBYAETGIETER. Museum Vleeshuis, Antwerpen.

Die Sint-Pieterskirche und die Propstei in Gent. Anonyme Zeichnung, zweite Hälfte des 18. Jahrhunderts. Bijlokemuseum, Gent.

Dieser Raick war Komponist, Priester und Doktor in bürgerlichem und kanonischem Recht. 1741 war er Organist in der Kathedrale Sint-Bavo in Gent geworden und Matthias van den Gheyn wurde noch im gleichen Jahr sein Nachfolger in Löwen. Raick ging 1757 an die Kathedrale von Antwerpen, wo er bis zu seinem Tod im Jahre 1764 als Organist tätig war.

Le Blans Nachfolger als Glockenspieler war der Genter Jozef Egidius de Landsheer (†1798), Organist an der Katelijnekerk (später Sint-Anna) und Cembalist. Wenn die Mozarts den Belfried in der Begleitung des Glockenspielers besichtigt haben sollten, dann war De Landsheer ihr Führer.

Bis 1788 ließ sich De Landsheer am Glockenspiel von Jan Thibaut unterstützen, Glockenspieler auf dem Turm von Sint-Bavo und an der Abtei Sint-Pieter.[29] Schüler Thibauts berichteten Vander Straeten,[30] daß ihr Lehrer ein populärer Komponist in Gent und Umgebung war, vor allem aufgrund seiner leicht spielbaren Orgel- und Cembalowerke. Wenn die Verbreitung ein Gradmesser dieser Musik sein darf, dann war er tatsächlich bekannt, denn Vander Straeten zählte nicht weniger als neunundreißig Abschriften mit Kompositionen Thibauts. Nach Auskunft eines seiner Schüler hatte er zwei Holzbeine. Dann nimmt es uns auch nicht wunder, daß er alsbald seinen Abschied als Glockenspieler einreichte...

Wir hoffen, dieser kurzgefaßte Überblick konnte verdeutlichen, daß die damaligen Glockenspieler eine nicht unwichtige musikalische Funktion bekleideten. Matthias van den Gheyn war als Organist der Kirche Sint-Pieter in Löwen Nachfolger von Dieudonné Raick. Raick ging an die Kathedral Sint-Bavo, wo er zweifellos Le Blan und Daubat kennenlernte. Sie alle komponierten Werke für Cembalo, die bei Leclair oder Wauters in Gent gedruckt wurden. Ihre Kompositionen erreichten dann wieder Glockenspieler wie Dupont, der diese für sein Instrument einrichtete.

Was veranlaßte Leopold, Nannerl und Wolfgang die Treppen des Belfrieds von Gent zu ersteigen? War es das Ansehen, das die Kunst des Glockenspiels in der zweiten Hälfte des 18. Jahrhunderts genoß? Die Klaviatur des Glockenspiels, die sie in Salzburg nicht kannten? Oder war es lediglich ein touristischer Abstecher auf den Belfried, von dem Nannerl nur behielt, daß er 360 Stufen zählte?

Fußnoten:

1. Dieses Haus, das Geburtshaus Wolfgangs, bewohnte die Familie Mozart von 1747 bis 1773.
2. Aus den Niederlanden gingen die Glockenspiele unter anderem in den Escorial in Madrid, nach Mafra in Portugal, nach Prag, Leningrad/St. Petersburg, Kopenhagen und Gdansk/Danzig.
3. Michael Haydn (1737-1806), seit 1762 Konzertmeister am Hofe und Organist am Dom zu Salzburg, schrieb 1789 Kompositionen für dieses Glockenspiel. 1851 wurden die Glocken im Auftrag des Mozarteums von dem Glockengießer Franz Hollenderer nachgestimmt. Er versuchte, die Glocken rein zu stimmen, indem er die Glockenbronze herausschnitt. Damals wurden auch lehmgefüllte Löcher in den Wänden einiger Glocken sichtbar.
4. Vleteren bij Belle, 1491-Brügge 1552: Latinist und Chronist in Ypern und Brügge
5. »Jacobi Meyeri Baliolani Flandricum Rerum, tomi X. Excudebat Brugis Hubertus Corkus M.DXXXI. mense Julio. fol. XLI«: »Si quis autem in universum inspiciat populus est beneficus, et erga egenos benignus. Aedium sacrarum splendore ac magnificentia, Camparum quas vocant magnitudine ac pulcherrimo sonitu reliquos Belgas longe praecellunt. Modulantur illis tintinnabulis non secus atque citharis variarum cantilenarum genera.«
6. Dieses Glockenspiel wurde 1725 von dem Genter Glockengießer Jan Pauwels erneuert.
7. Von denen nur zwei erhalten geblieben sind.
8. Levecourt, Lothringen, 1619-Amsterdam, 1680.
9. Mehr oder minder vollständige Glockenensembles von Hemony finden wir noch in der Kathedrale von Antwerpen, in Sint-Rombouts in Mechelen, in Diest, Amsterdam, Utrecht, Deventer, Enkhuizen; Haarlem, Gouda u. a. a. O.
10. Für diese Abtei goß er 1660 ein vollständiges Glockenspiel.
11. Diese Glocke platzte 1914 und wurde 1948 von einer »dritten« Roeland-Glocke von Marcel Michiels aus Doornik ersetzt (6200 Kilogramm). Die geborstene Roeland wurde als Denkmal vor dem Belfried auf dem Burg. E. Braunplein aufgestellt.
12. Obwohl dieses Instrument nie völlig verloren ging, verfiel es doch zusehends. Glocken aus der Abtei Baudeloo wurden dem Glockenspiel des Belfrieds hinzugefügt. Nach einer umfassenden Restaurierung wurde das Glockenspiel des Belfrieds unter Verwendung der verfügbaren Hemony-Glocken im Jahr 1982 erneut eingerichtet.
13. A. VAN WERVEKE, »De ontwikkeling van het klokkenspel te Gent«, in: *Beiaardkunst*, Mechelen, 1922, S. 130.
14. J. ROTTIERS, *Beiaarden in België*, Mechelen, 1952, S. 47.
15. A. LEHR, *Van paardebel tot speelklok*, Zaltbommel, 1971, S. 245.
16. Übersetzung ins Niederländische: J.W. LUSTIG, *Rijk gestoffeerd verhaal van de eigenlijke gesteldheid der hedendaagsche toonkunst: of Karel Burney's, Doctor in de musiekkunde, dagboek van zyne, onlangs gedaane, musicale reizen door Frankrijk, Italië en Duitschland*, Groningen, 1786.
17. 194 Titel, aufbewahrt in der Bibliothek des Königlichen Musikkonservatoriums zu Antwerpen, Faksimile-Ausgabe von Broekmans & Van Poppel, Amsterdam, 1971. De Gruijtters, 1709 in Ypern geboren, war Organist und Glockenspieler in Nieuwpoort und ab 1740 Glockenspieler der Spiele auf dem O.-L.-Vrouwetoren in Antwerpen.
18. 386 Titel, aufbewahrt in der Stadtbibliothek von Sint-Omaars, vollständige Neuauflage: Gemeinnütziger Verein Gulden Sporen, Kortrijk, 1986-1989.
19. Darüber hinaus sind noch einige einfache Märsche von Boudewijn Scheppers bekannt, seit 1732 Glockenspieler in Aalst, außerdem ein neuerlich aufgefundener Band Beyaert mit siebenundvierzig einfachen Bearbeitungen von Weihnachtsliedern, Antwerpen, 1728, Faksimile mit Transkription: Gemeinnütziger Verein Musica, Peer, 1985.
20. A. LEHR, *Ebd.*, S. 250ff.
21. Aufbewahrt in der Bibliothek des Königlichen Musikkonservatoriums in Brüssel, faksimilierte Neuausgabedurch die Koninklijke Beiaardschool, Mechelen, 1987.
22. Tatsächlich ist bekannt, daß Monsigny keine professionelle musikalische Ausbildung genossen hat und als Amateurviolinist nach Paris zog. Seine erste Oper *Les Aveux indiscrets* war der Beginn einer glänzenden Karriere als Opernkomponist auf der Grenze von französischem Klassizismus und aufkommender Romantik. Mit seiner letzten Oper *Le Déserteur* (1669) gelang ihm in Paris ein noch nie dagewesener Triumph. Danach zog sich Monsigny zurück, möglicherweise vom sich abzeichnenden Erfolg Grétrys verunsichert.
23. *L'echo ou Journal de Musique françoise, italiene Conteant des Airs, Chansons, Brunettes, Duo tendres ou bachique, Rondes, Vaudevilles, Contredances etc.* Unvollständige Neuausgabe von J. VAN AELBROUCK, *Les Contredanses du Journal Musical Liégeois ‹L'Echo›*, Ministerium der französischen Gemeinschaft in Belgien, Generaldirektion Kultur, Brüssel, 1986.
24. St. Flour, Frankreich, 8. Februar 1715-Gent, 15. Dezember 1782.
25. *Cent Contredanses en rond Propres à exécuter sur toutes sortes d'Instruments, avec les basses chiffrés pour le Clavecin Et une explication raisonée de chaque Contredanse. Dédiées A Mr Le Vicomte de Nieulant Chambellan de LL. M. I. et R. grand Bailly de la ville de Gand. Seiggr. de Ruddervoorde &c. &c. Recuillies par D'Aubat St. Flour, Maître à danser dans la ville de Gand. Gravé par P. Wauters, graveur à Gand; le prix est un Ducat.* 1767 wurden in der *Gazette van Gendt* weitere vierundzwanzig Tänze angezeigt, die letzten sechs, um die Genesung der »keizerinne koninginne« (Maria Theresia) zu feiern. Eine Auswahl aus den beiden Bänden wurde neu herausgegeben: A. DE BRA, *Gentse Kontradansen*, Vlaamse Volkskunstbeweging, Antwerpen, 1987.
26. Sein Bruder Lodewijk Jozef sollte später sein Nachfolger als Glockenspieler werden.
27. Das neue Dumery-Glockenspiel Brügges wurde auch von Boudewijn Schepers van Aalst, Joannes de Gruijtters van Antwerpen und Jan Colfs van Mechelen geprüft. Daß sie ihre Aufgabe zu einem guten Ende brachten, können wir noch heute täglich in Brügge hören!
28. P. BERGMANS, »Le carillonneur gantois Le Blan«, in: *Beiaardkunst*, Mechelen, 1922, S. 89.
29. Darüber besteht weniger Klarheit, weil Thibaut nie in den städtischen Abrechnungen geführt wurde.
30. E. VANDER STRAETEN, *La musique aux Pays-Bas avant le 19e siècle*, 8 Bde., Brüssel, 1867-1888, Bd. IV., S. 114ff.

Orgelstadt Gent

GHISLAIN POTVLIEGHE

Welche Eindrücke waren es, die den Mozarts in Gent begegnet sein können? Wenige Steinwürfe voneinander entfernt standen schon damals das Gravenkasteel, die Kirchen Sint-Michiels und Sint-Niklaas, die Kathedrale Sint-Bavo, dazwischen der Belfried, den sie, die Stufen zählend, erstiegen. Von dort oben hatten sie einen herrlichen Rundblick über die alten Gebäude an der Graslei, das Rathaus und die Kirche Sint-Jakobus.

Die Stadt befand sich in fiebernder Geschäftigkeit. Das galt auch für den Bereich der Musik: Der englische Musikhistoriker Charles Burney, der fünf Jahre nach den Mozarts Gent besuchte, beschrieb die Fertigkeit der Glockenspieler und der Militärkapellen, die regelmäßig mit Dudelsack und Trommel durch die Stadt marschierten, voller Bewunderung. In Gent wirkten Klavierlehrer wie Dieudonné Raick, die Boutmys, die Loeillets. Der Genter *Wegwijzer* aus dem Jahr 1771 gibt ebenfalls eine Vorstellung des blühenden Musiklebens: Hier arbeiteten Tanz-, Sing- und Musikmeister, unter anderem acht Organisten und drei »Klavizimbel-Meister«, etwa zwanzig Violinisten, zwei Spieler von »Flöte und Schalmei«, ein Fagott- und sechs Serpentspieler. Glockenspieler gab es vier, Komponisten sechs. Als Instrumentenbauer wurde unter anderem ein gewisser »Peteghem, Orgelbauer, wohnhaft Drapstraete« genant. Im Theatersaal auf der Kouter und im großen Konzertsaal der Stadt Gent wurden während der Wintermonate Aufführungen gegeben. Die bürgerlichen Musikaktivitäten bremsten die kirchlichen keineswegs: In den Kirchen wurde nach flämischem Brauch eifrig mit Chor und Orchester musiziert.

Keine Stadt der Südlichen Niederlande war als Orgelzentrum vergleichbar bekannt. Burney sah und hörte, von einer Überraschung in die andere stolpernd, wie Gent auf diesem Gebiet florierte. Hinzu kam, daß die Orgeln anderswo, zum Beispiel in Antwerpen, oft nicht einmal den allernötigsten Unterhalt erfuhren, »wegen Geldmangels«, wußte Burney zu berichten.

Der Genter Orgelbauer Pieter van Peteghem legte zusammen mit seinen Söhnen den Grundstein für einen neuen Orgelbaustil. Sie bauten monumentale Instrumente mit zwei bis drei Manualen und einem selbständigen Pedal und entwickelten einen eigenen, flämischen Rokokostil. Fast die gesamte südniederländische Orgelbaukunst des 18. Jahrhunderts – sogar bis tief in das 19. Jahrhundert hinein – trägt den Stempel dieser Orgelbauerdynastie, die in anderthalb Jahrhunderten etwa vierhundert Instrumente baute oder restaurierte. Die Klangfülle dieser Orgeln wurde von den für sie komponierenden Musikern nie völlig ausgeschöpft.

Die Baudeloo-Abtei in Gent, wo Wolfgang auf der Van Peteghem-Orgel spielte, die im Jahre 1819 verkauft wurde. Kolorierte Gravüre, Anfang des 19. Jahrhunderts. Atlas Goetghebuer, Stadtarchiv, Gent.

Die Sint-Michielskirche mit Rokokoturm von Gent. Gravüre von Seraphin Heylbrouck (um 1730). Atlas Goetghebuer, Stadtarchiv, Gent.

Wir können uns vorstellen, wie Wolfgang Amadeus in der Abtei von Baudeloo vor der größten der Peteghem-Orgeln mit drei Manualen stand... »Das Neueste ist, daß, um uns zu unterhalten, wir auf die Orgl gegangen, und ich dem Wolferl das Pedal erkläret habe. Davon er gleich stante pede die Probe abgeleget, den schammel hinweg gerückt, und stehend preambulirt und das pedal dazu getreten, und zwar so, als wenn er schon viele Monate geübt hätte. alles gerüeth in Erstaunen und ist eine neuz Gnad Gottes, die mancher nach viele Mühe erst erhält.« So beschrieb Leopold am 11. Juni 1763 seinen siebenjährigen Sohn, vielleicht auch an einer anderen Orgel, während eines kurzen Aufenthaltes in Wasserburg, am Anfang der Europareise...

Das 1763 vollendete Instrument der Abtei Baudeloo war mit vierzig Registern, einschließlich der Neben- und Diskantregister, verteilt über ein Hauptwerk auf 12'- und einem Positiv auf 6'-Basis, einem Echo und einem Pedal ausgestattet. Das Tessitur des Hauptwerkes und das zum Rückpositiv gehende Manual umfaßte achtundfünfzig Töne, von kontra G bis f3. Das Fernwerk gehörte ebenfalls zu den größten seiner Art in Flandern und hatte einen Umfang von F° bis f3. Das Pedal war mit dem Manual für das Hauptwerk verbunden.

Diese prächtige, typisch flämische Orgel wurde nach der Französischen Revolution nicht mehr benutzt, da die Abtei zur Universitätsbibliothek umgebaut worden war. 1819 erteilten die ostflandrischen Stände der Genter Stadtverwaltung die Erlaubnis, die Orgel zu verkaufen. Preisvorstellung: 6200 Gulden. Die Niederländer verhandelten, bis sie sie für 3500 Gulden mitnehmen konnten. So gelangte diese herrliche Peteghem-Orgel nach der Französischen Revolution in die Niederlande. Und dann nach unvollständig: Das Gehäuse und die vier Blasebälge wurden zurückgelassen; nur das Doxale mit Unterbau für das Rückpositiv und das gesamte Hauptwerk gingen in die Grote Kerk in Vlaardingen, wo das Instrument eine Reihe von Veränderungen im nördlichen Geschmack erfuhr und einen neuen Prospekt erhielt (1819-1822). Auf diese Weise gingen noch weitere Meisterwerke der Orgelbaukunst für Flandern verloren – für ein Handgeld verschleudert.

Die Mozart hatten ein enges Verhältnis zu dem Instrument. Möglicherweise, weil die Salzburger Domkirche in damaliger Zeit nicht weniger als sechs Orgeln zählte. Die große Orgel auf dem Lettner über dem Eingang zur Kirche, vier Seitenorgeln auf Galeriehöhe an den Pfeilern und im vorderen Gewölbe eine kleine Chororgel, die unten im Chor neben den Sängern plaziert war. Leopold war selbst ein guter Orgelspieler und erteilte daher die ersten Orgelstunden für seinen Sohn, der von 1779 bis 1781 das Amt des Hoforganisten in Salzburg wahrnehmen sollte. Auch Nannerl konnte in ihr Tagebuch notieren, daß sie ab und zu Orgel spielte. Es ist in Wolfgangs Vita mehr als einmal auffällig, wie sehr ihm die Orgel am Herzen lag. Als der Achtjährige an der Orgel des Königlichen Hofs von England saß, wurde seine Orgelspiel sogar noch über seine Virtuosität auf dem Klavier gelobt. Er ergriff während seiner Reisen öfter die Möglichkeit, eine örtliche Orgel »auszuprobieren«. 1777 erklärte er, seiner Meinung sei die Orgel die Königin der Musikinstrumente.

Haben die Mozarts den berühmten Pieter van Peteghem in Gent persönlich kennengelernt? Darüber sind keine Tatsachen bekannt. In jedem Fall werden sie damals, in der Abtei Baudeloo, Peteghems Instrument gehörig bewundert haben.

Die Orgel des Sint-Baafsdoms in Gent, mit Skulpturen eines Bildhauers aus Gent, vermutlich Boudewijn van Dickele (1655/56).

Das Triptychon der Kreuzabnahme von Rubens im Antwerpener Dom, ein Gemälde, das laut Leopold »alle Einbildungskraft übersteigt«.

10

Antwerpen
6.-9. September 1765

Leopold Mozarts Reisenotizen

à Antwerpen
Logé à La Poste.
Mr: Van den Bosch organist de la grande Eglise.
in Anvers ist die Börse ungemein schön, aber ausgestorben. Die Zimmer der Ost und West=indischen Comp: sind leer: ein hüpscher Concert Saale und der Saal und das Theater. Die Mahler Accademie. – alle Kirchen sind von Malereyn voll und nichts als weiß und schwarzer Marmor zu sehen. bey den Carmeliten, auf dem großen Platz de Meir, ist das schöne Bild v Rubens die Hl: Dreyfaltigkeit. Xstus ligt in der schooß des himml: Vaters. In der hauptkirche notre Dame ist das unbeschreibl: Kunststück die abnehmung Xsti vom Kreutz. bey den Jacobern oder S: Jacob des Rubens Grab und das altarblat und seiner Familie Portrait angebracht etc:

Maria Anna (Nannerl) Mozarts Reisenotizen

Antwerpen unser lieben frauen kirch, die Pers St: Jacob kirch, ein ein Closter, rambark, carmeliter kirch, wo die unser liebe frau von silber und die capel von weisen marmor und schwartzen marmor ist, und wo die stadt antwerpen, und der unser lieben frauen Tuhrn, den Jesuwiter Tuhrn, ein batalia, und das Rathaus, von baso relievo ist, Jesuwiter kirch, dominicaner kirch, daß Rathaus.

Leopold Mozart an Lorenz Hagenauer, Salzburg

Haag den 19.ten Sept: 1765.

[...] In Antwerpen blieben wir 2. Täge, wegen dem Sontage. Der Wolfgang: spielt in der Cathedral Kirche auf der grossen Orgel. NB: man findet in Flandern und Brabant durchaus gute Orgelwerke. Hauptsächlich aber wäre hier vieles von den auserlesnsten Mahlereyen zu sprechen. Antwerpen ist sonderlich der Ort dzau. Wir sind alle Kirchen abgelaufen. Ich habe niemals mehr Schwarz und weisen Marmor und ein überfluss von trefflichen mahlereyen, sonderlich von Rubens gesehen, als hier, und in Brüssel. vor allem ist die Abnehmung Christi vom Kreuz in der grossen Kirche in Antwerpen ein Stück von Rubens, so alle Einbildung übertrifft: in Antwerpen ließ ich meinem Wagen, und nahm einem Wagen vom Postmeister bis nach Mordyck.

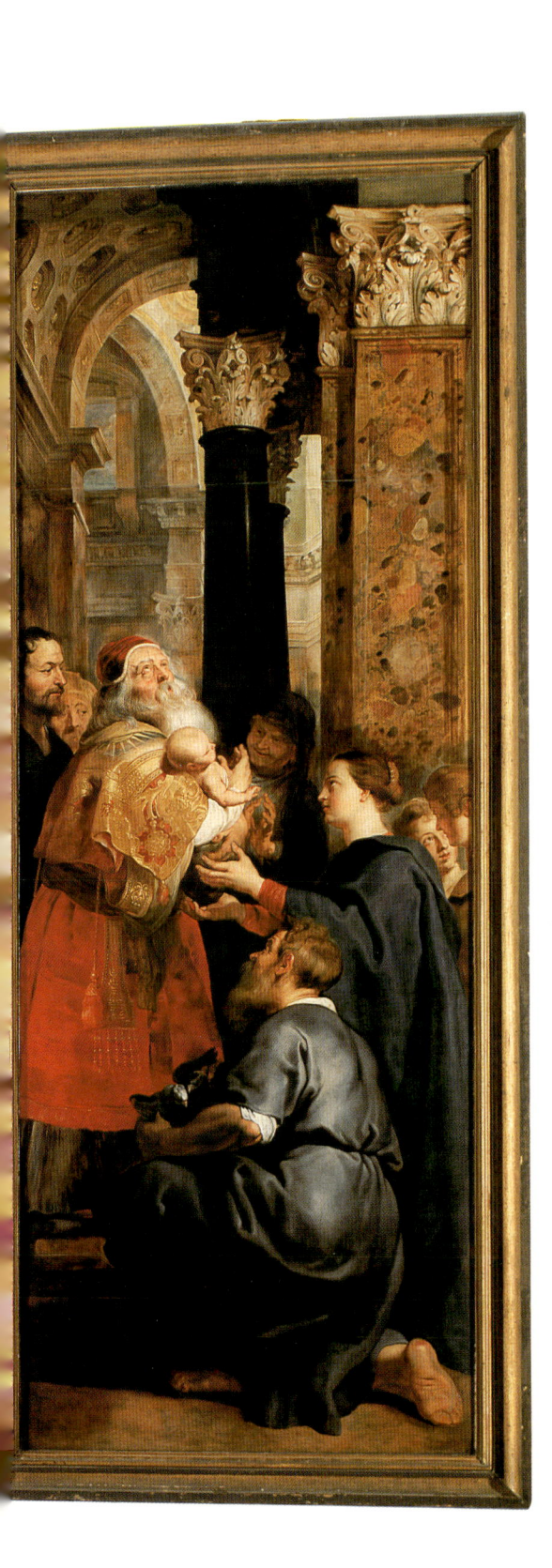

185

Antwerpen war nach Brüssel zweifellos der Ort in den Südlichen Niederlanden, der Leopold Mozart am besten gefiel. Er kam dort mit seiner Familie am Abend des 6. September an und blieb zwei Tage, lang genug für eine ausgiebige Stadtbesichtigung.

Von Gent kommend, mußte man von der »Vlaams Hoofd« mit dem Boot übersetzen. So war das erste, was unsere Reisenden von Antwerpen zu sehen bekamen, die großartige Silhouette der Scheldestadt in der Abenddämmerung, die unzähligen Türme und stattlichen Fassaden und der Turm der Kathedrale Onze-Lieve-Vrouwe, der sich majestätisch über die Szenerie erhob.

Die Mozarts kehrten in der Herberge La Poste ein. Die bekanntesten Hotels der Stadt waren Le Grand Laboureur, Le Miroir und Le St.-Antoine, aber ein Hotel mit dem Namen La Poste scheint es zu Mozarts Zeit nicht gegeben zu haben. André Pols situiert in seinem Buch *Uit Vlaanderen's muzikaal verleden* (Ein Blick in Flanderns musikalische Vergangenheit) (Davidsfonds, 1936) diese Herberge an der Meir. Mehr Einzelheiten gibt Marcel Schouters in einem Mozart in Antwerpen gewidmeten Artikel in der *Tijdschrift der stad Antwerpen*: »Im 18. Jahrhundert umschloß der Häuserblock zwischen Meir, Katelijnenvest und Twaalfmaandenstraat den renommierten Gasthof Den Beir. Er wurde nach der Zwangsversteigerung 1732 Jan-Baptist Boeykens und seiner Frau zuerkannt, die ihn ihrer Tochter schenkten. Schwiegersohn Geraard Gevers gliederte einen Kutschenposten an und durfte sich hinfort Posthalter nennen. Leopold Mozart hatte also nicht Unrecht, wenn er behauptete, in La Poste zu logieren. Das Haus wurde bis 1823 als Herberge betrieben und dann zum Wohnhaus umgebaut. 1856 wurde das Gebäude von der Handelsgesellschaft La Concorde erworben und anschließend abgerissen. Der danach entstandene Bau mußte später dem Bürokomplex der Compagnie Maritime Belge weichen.«[1] Weitere Fakten über Den Beer sind im *Recueil des Bulletins de la Proprieté*, 1893, Seite 3-7 von August Thys zu finden. Dort ist nachzulesen, daß ein gewisser Johannes Grevers »... attacha à la maison un service de messageries; l'acte du 31 décembre 1785 par lequel la veuve Grevers vendit la proprieté, le qualife de ‹posthouder›...« (Das Dokument vom 31. Dezember 1785, mit dem die Witwe Grevers den Besitz verkaufte, bezeichnete ihn als Posthalter.)[2]

Was hielten Touristen des 18. Jahrhunderts von

Spaziergänger auf den Festungen, mit Panorama Antwerpens. Anonyme Kupfergravüre nach F.B. Werner (1730). Bilderkabinett UFSIA, Antwerpen.

Antwerpen? Die breiten, regelmäßig angelegten Straßen und die großen Plätze riefen spontane Bewunderung hervor. Die schöne, homogene Architektur forderte den Vergleich mit italienischen Städten – sogar mit Florenz heraus! Die geschäftigste Flanierstraße war de Meir, die so breit war, »daß an manchen Stellen sechs Kutschen nebeneinander fahren könnten«, wie wir gleich in mehreren Reiseberichten lesen können. In dieser eleganten Vergnügungsgegend befanden sich die besten Kaffeehäuser und Tavernen. Die Festung war eine weitere, großartige Promenade. Der breite Erdwall war mit Steinblöcken gepflastert und von Lindenbäumen in Doppelreihen gesäumt. Diese belaubten Orte mit der herrlichen Aussicht über die Umgebung waren ein beliebtes Fleckchen für Spaziergänger und brevierlesende Geistliche. In der unmittelbaren Umgebung der Meir befand sich die Börse, als stille Zeugin des einstigen blühenden Handels der Hafenstadt immer einen Besuch wert; die meisten Fremden erwähnen übrigens in ihren Briefen oder Reiseberichten die wirtschaftliche Rezession und Entvölkerung Antwerpens. Die meisten Besucher kamen aber wegen der reichgeschmückten Kirchen, der Kunstschätze und der Bilder von Rubens. Das war bei

Innenraum der Sint-Jacobskirche in Antwerpen mit der Rubenskapelle. Lithografie von P. Lauters (19. Jahrhundert). Privatarchiv J. Claes, Antwerpen.

Die Karmelitenkirche an der Meir in Antwerpen. Stadtarchiv, Antwerpen.

Die Antwerpener Meir. Am Ende der Straße stand bis zur Französischen Revolution ein großes Kruzifix. Anonyme Bleistiftzeichnung, Ende des 18. Jahrhunderts. Bilderkabinett UFSIA, Antwerpen.

Die drei erhaltenen Basreliefs aus der Rosa Mystica-Kapelle: Das Antwerpener Rathaus (links), der Rurm der Carolus Borromeuskirche (Mitte) und der Onze-Lieve-Vrouweturm (rechts). Das vierte Basrelief, mit der Darstellung einer Schlacht (»Battaglia«), ist verloren gegangen. Museum Vleeshuis, Antwerpen.

Blick auf die Reede und die Stadt Antwerpen. Stammt aus dem Prospekt der Stadt Antwerpen XVIII in Niederland, Gravüre von J. Eden. Bilderkabinett UFSIA, Antwerpen.

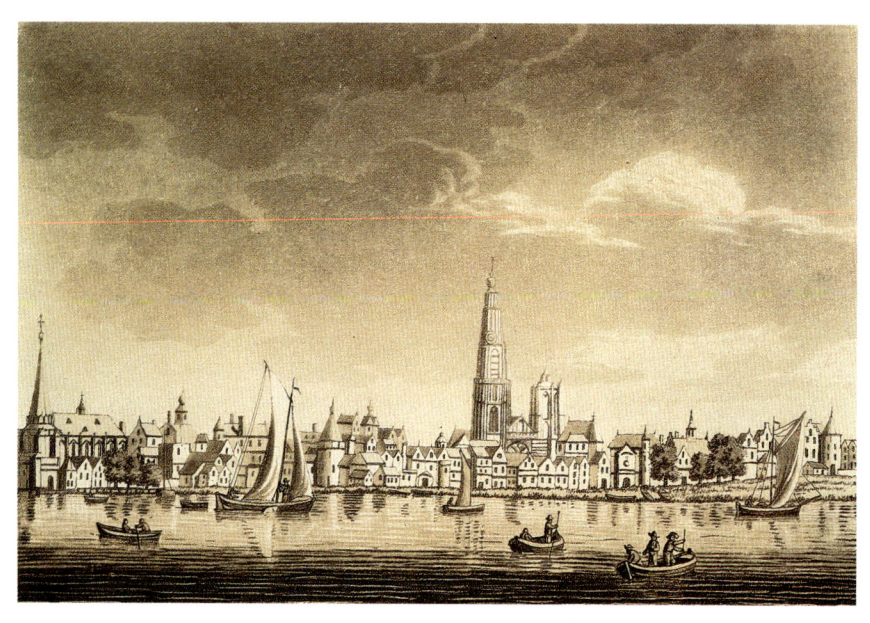

den Mozarts nicht anders, sie besuchten die Karmelitenkirche, die Sint-Pauluskirche (damals noch das Gotteshaus des Dominikanerklosters), die Kathedrale, die Sint-Jakobuskirche.

Das heute nicht mehr bestehende Kloster der Beschuhten Karmeliten oder der Liebfrauenbrüder befand sich auf der Meir, schräg gegenüber dem Hotel Den Beer, in der Nähe der Huidevettersstraat. Nannerl war offensichtlich besonders von der reichhaltigen Ausstattung beeindruckt, denn sie führt in ihren Reisenotizen die besichtigten Kostbarkeit eigens auf. In einer der Seitenkapellen, der Kapelle der Rosa Mystica, prangte auf dem Altar eine zwei Meter hohe silberne Marienstatue. In der gleichen Kapelle, die die Abmessung der Santa Casa von Loreto (ein bedeutender Marienwallfahrtsort in Italien mit dem hl. Haus von Nazareth) einnahm, beherbergte auch vier Basreliefs mit Darstellungen der Jesuitenkirche Carolus Borromäus, des Rathauses, des Liebfrauenkirchturms und einer Armee in Schlachtformation (eine »battaglia«). Diese vier Kunstwerke waren als Veranschaulichung der Lauretanischen Litanei gedacht; die drei erhaltenen befinden sich heute im Museum Vleeshuis in Antwerpen. Die »battaglia«, ebenfalls der von Rubens entworfene Hochaltar und seine Altarfigur, gingen leider verloren. Die von Leopold Mozart bewunderte *Heilige Dreifaltigkeit* von Rubens, das Altarbild einer

Eine Stadt der Geschäftsleute und Rentiers

PIET LENDERS

anderen Seitenkapelle, ist uns erhalten geblieben. Letztere ist nun Teil der Sammlung des Museum voor Schone Kunsten in Antwerpen.³

Der weiße und schwarze Marmor im Kirchenraum fiel Leopold abermals auf – auch Nannerl hält ihn in ihren Aufzeichnungen fest. Die Sint-Jakobuskirche blieb vor allem wegen Rubens' Grab in ihrer Erinnerung. Natürlich erweckte auch die Kathedrale ihre Bewunderung, wo sie bei einem Blick auf den Lettner den Organisten Pieter Jozef van den Bosch kennenlernten. Wolfgang durfte sogar auf der Orgel spielen – was, für wen und aus welchem Impuls, diese Fragen müssen unbeantwortet bleiben. Sein Vater fand die Tatsache an sich immerhin im Brief an Lorenz Hagenauer berichtenswert.

1. M. SCHOETERS, in: »Antwerpen. Tijdschrift der stad Antwerpen, Jg. 32, Nr. 4, 1986, S. 171.
2. Diese Angabe verdanken wir Professor Dr. W. Couvreur.
3. M. SCHOETERS, *Ebd.*, S. 172; weitere Informationen von L. de Ren.

Antwerpen beeindruckte in den sechziger Jahren des 18. Jahrhunderts auf den ersten Blick mit seinem Reichtum, breite Straßen, reichverzierte Gebäude und imposante Kirchen. Das Besitzbürgertum war auf seine kostbaren Bildersammlungen, ihre adrett verzierten und gut unterhaltenen »pleasure grounds«, Landgüter, ihre »hôtels de maître« mit Haushofmeistern, Lakaien, Bediensteten, Küchen- und Stallpersonal stolz. Ein prunkhaftes Zurschaustellen des Reichtums war der jeden Sonntagabend stattfindende Korso der Kutschen. Dann fuhren die wohlhabenden Familien großtuerisch mit ihren Equipagen und teuren Kutschen über die Meir und andere Prachtstraßen auf und ab. Ein scharf beobachtender Reisender, John Adams, der spätere zweite Präsident der Vereinigten Staaten von Amerika, erlebte einen dieser Aufzüge und notierte spöttisch: »It is as upon the boulevards of Paris.«

Der Antwerpener erachtete es als wichtig, möglichst viele Titel zu erringen und war er auch zu finanziellen Opfern bereit, um in den Adelsstand erhoben zu werden. So gelang es zum Beispiel der Familie Proli, ihrem Sohn Charles den Ehrentitel eines »Süßwasseradmirals« oder Admirals der Schelde zuzuschanzen. Diesem Mann glückte es ferner, im Alter von fünfundvierzig Jahren den Titel »Baron« zugesprochen zu bekommen, und er fand es außerordentlich bedauerlich, daß seinem Drängen nach dem Grafentitel und der Erhebung in den Ritterstand des Malteserordens nicht entsprochen wurde.

Flüchtige Besucher waren von der Stadt an der Schelde sofort begeistert. »Die Straßen sind im allgemeinen breit und von sehr prächtigen Gebäuden gesäumt. Man zählt in dieser Stadt mehr als zweihundert Equipagen«, schrieb einer dieser Besucher. Wer sich jedoch die Mühe machte, die Ufer der Schelde und die städtischen Kanäle anzuschauen, und sich über die Arbeitsplätze im Handwerk und der neuen Industrie unterrichtete, bekam einen anderen Blick auf die Wirklichkeit. Die Stadt war sehr verfallen, ihre Dynamik verpufft, und sie zehrte von vergangenem Reichtum und Ruhm. Das entging auch den Mozarts nicht. Diese Rezession war nicht nur eine Folge der Schließung der Schelde, denn trotz der geschlossenen Schelde hatte der Handel noch bis in die Mitte des 17. Jahrhunderts geblüht. Der Run auf die Anteile der 1723 neu gegründeten Kolonialgesellschaft, der Ostende-Compagnie, hatte erwiesen, daß in den Brieftaschen der wohlhabenden Bürger noch viel Geld war. Erlahmt war aber der Unternehmungsgeist: Neue Industrien, dynamischer Handel und Transport hatten nur einen geringen Anteil an den Aktivitäten der Antwerpener. Die Bevölkerung der Stadt war von über einhunderttausend auf weniger als fünfzigtausend zurückgegangen und stand damit weit hinter Brüssel, aber auch Gent und Lüttich zurück. Als John Quincy Adams, Sohn des bereits erwähnten John Adams und später der sechste Präsident der Vereinigten Staaten, nach vierunddreißig Jahren 1814 nach Antwerpen kam, schrieb er seiner Frau: »Antwerp, when I first saw it, was a desolation, a mournfull monument of opulence in the last stage of the decay.«

Beherrscht wurde die Stadt vom Besitzbürgertum, das vor allem im Finanzwesen tätig war. Bei der Kreditvergabe an die Zentralregierung und untergeordnete Verwaltungen waren ihre Konditionen richtungweisend. Der in Antwerpen gültige Zinssatz galt als Maßstab für das ganze Land. Die Regierung unternahm alles, um dieser Norm Geltung zu verschaffen und verpflichtete die untergeordneten Behörden, ihre Kredite in das niedrige Antwerpener Zinsniveau zu konvertieren. Die städtischen Geldgeber engagierten sich immer stärker bei Auslandsanleihen; zunächst im Fahrwasser der Holländer, später völlig eigenständig. So vergaben sie an Schweden, Rußland und im Verlauf des Jahrhunderts auch an Amerika Kredite.

Auf dem industriellem Gebiet tat sich das Bürgertum

Blick auf den Antwerpener Grote Markt. Anonyme Federzeichnungen (1766). Sammlung W. Couvreur, Antwerpen.

Die Reederei von Antwerpen am Ende des 18. Jahrhunderts. Anonyme Federzeichnung, mit Aquarell erhöht. Sammlung W. Couvreur, Antwerpen.

schwer. Die Standesvertretungen hielten krampfhaft an ihrem schwindenden Einfluß auf die Produktionsformen fest; der status quo sollte den Handwerksmeistern nicht nur ein bequemes Auskommen garantieren, sondern er war auch die Basis ihres politischen Gewichts. Nach dem Siebenjährigen Krieg entwickelte sich die neue Industrie weiter, die ein Jahrzehnt vorher entstanden war. Der Baumwolldruckbetrieb des nordbrabantischen Unternehmers Beerenbroeck zog Aufmerksamkeit auf sich. Beerenbroeck beschäftigte zu bestimmten Zeiten mehr als fünfhundert Arbeiter. Der Anfang war typisch für die Antwerpener Mentalität. Der ausländische Unternehmer konnte mit einigen Antwerpener Gesellschaftern lediglich ein recht beschränktes Kapital zusammenbringen. Allerdings gelang es ihm nachträglich, dieses Kapital ziemlich problemlos mit Krediten aufzustocken, die zum Siebenfachen des Gesellschaftskapitals aufliefen: insgesamt 525.000 Gulden.

Die Antwerpener Finanziers investierten gerne in Versicherungen und in ausländische Kolonialunternehmen in Preußen, Dänemark und Schweden. Ein Teil ihres Geldes ging in Zuckerraffinerien, Papiermühlen und Textilbetriebe. Auch hier war das Verhältnis von Eigenkapital und Krediten ähnlich. In Erinnerung an den guten Gewinn der liquidierten Ostende-Companie gründeten sie in Triest und an der Adria ein Unternehmen für den Asien-Handel und umgingen damit das internationale Verbot zum Aufbau einer derartigen Gesellschaft in den Niederlanden. Diese Initiativen reichten jedoch nicht aus: Ein Heer von Arbeitslosen, Randgruppen und schlechtbezahlten Arbeitnehmern sorgte für sozialen Zündstoff in Antwerpen. Die wirtschaftliche Expansion im letzten Drittel des 18. Jahrhunderts war von Ostende, Brügge und Gent getragen und ging zum größten Teil an Antwerpen vorbei. Sogar der Fährverkehr Brüssel – Middelburg war zuzeiten wichtiger als der von Antwerpen nach Zeeland.

Der nahezu unmerkliche Rückgang kam auch in zwei weiteren Bereichen, in denen Antwerpen im 16. und 17. Jahrhundert prosperiert hatte, zum Ausdruck: im Druckereiwesen und im Cembalobau. In der Stadt arbeiteten noch im 18. Jahrhundert über zwanzig Drucker, die meist auch Buchhändler waren. Antwerpen aber hatte seine Position als erste Bücherstadt an Brüssel und Lüttich abgegeben. Die beiden letzteren selbständige Zentren brachten Bücher auf den Markt, die eine Antwort auf das zeitgenössische Interesse und die wachsende Leselust darstellten, eine Widerspiegelung der vorrückenden neuen, aufgeklärten Ideen. Die Antwerpener Produktion bestand fast ausschließlich aus Erbauungsliteratur, liturgischen und Gelegenheitswerken. Daß immer noch Bücher nach Spanien ausgeführt wurden, war wenig mehr als ein Relikt dessen, was im 16. und 17. Jahrhundert blühend und umfangreich gewesen war. Dieser Exportmarkt beschränkte sich übrigens ausschließlich auf religiöse Schriften.

Wir können allerdings eine geringfügige Zunahme der Buchproduktion nach dem Ende des Siebenjährigen Krieges feststellen. Die kam vor allem den kleineren Druckern zugute, unter anderem J. Grangé. Zur gleichen Zeit reduzierten aber die beiden großen Drucker Moretus und Verdussen ihre Produktion bauten und die dazugehörigen Einrichtungen ab. Das kennzeichnete die allgemeine Tendenz, denn die beiden genannten Drucker hatten einst den Export nach Spanien aufgebaut. Die Officina Plantiniana hatte für bestimmte liturgische Werke ein Monopol zugesprochen bekommen, das 1732 zurückgezogen wurde.

Die Antwerpener Meir. Gefärbte Gravüre von Rowlandson, Ende des 18. Jahrhunderts. Sammlung W. Couvreur, Antwerpen.

Durch den Einbruch der Druckaktivitäten büßte die Stadt Fachleute ein: Typengießer, Holzschnitzer, Graveure und andere graphische Künstler. Diese fanden für die Zukunft in Brüssel, Lüttich und Gent bessere Arbeitsmöglichkeiten. Das Antwerpener Qualitätsniveau sank derart, daß das wissenschaftliche Zentrum der Bollandisten (Jesuiten) eine eigene Druckerei eröffnen mußte, um seine Studien in akzeptabler Qualität veröffentlichen zu können: Von den zweiunddreißig Bänden der kritischen Folianten der Reihe Acta Sanctorum wurden neunundzwanzig auf eigenen Pressen gedruckt. Die Stadt mit der alten Drucktradition war offensichtlich dazu nicht mehr in der Lage. Dennoch konnte sich Antwerpen noch recht lange einen guten Ruf in der Verlagswelt bewahren. Vielleicht wurden daher viele im In- und Ausland verbotene Bücher mit dem vorgeblichen Impressum der Scheldestadt versehen.

Cembalo, vom Antwerpener Instrumentenbauer Hans II oder Andreas I Ruckers (1615) erbaut und vielleicht aus der dortigen Sint-Jacobskirche stammend, wo es noch im Jahre 1863 gesehen wurde. Museum Vleeshuis, Antwerpen.

Die Stadt hatte den Ruf, das künstlerische Zentrum der Südlichen Niederlande zu sein. Die Antwerpener waren erfahrene Kunstkenner und -genießer. Die französischen Besatzer haben das dreißig Jahre nach dem Besuch der Mozarts in der Stadt zu ihrer großen Freude erfahren: Die Plünderer der Revolution sollten aus Antwerpen mehr Kunstwerke als aus Brüssel, Gent und Lüttich zusammen verschleppen und nach Paris schaffen.

Der Cembalobau war ein Produktionszweig, in dem sich die Stadt im 16. und 17. Jahrhundert einen internationalen Ruf erworben hatte. Dieses Kunsthandwerk wurde von der Familie Ruckers mit großer Begabung zur Vollendung gebracht. Eine Dynastie von Musikkennern hatte diese Instrumente so perfektioniert, daß fast alle Barockkomponisten auf Cembali von Ruckers oder ihren Schülern gespielt haben. Noch im 18. Jahrhundert konnte Antwerpen auf einen großen Namen in der Musikwelt verweisen. Ausländische Komponisten besuchten die Stadt gerne. Der britische Komponist und Musikhistoriker Charles Burney besuchte 1772 – einige Jahre nach Leopold und Wolfgang Amadeus Mozart – die Stadt und die Werkstatt der Cembalobauer, die damals nicht mehr zur Familie Ruckers gehörten. Sie hatten allerdings unter dem Druck der Nachfrage eine Erweiterung der Tonskala nach oben und unten verwirklicht. Joannes Daniel Dulcken, Jacobus van den Elsche und Joannes Petrus Bull waren verdienstvolle Handwerker, die immer wieder ihre hohen Fähigkeiten unter Beweis stellten. Die Konkurrenz des Auslands begann jedoch, den Ruf Antwerpens anzukratzen. Burneys Werk *An eighteenth-Century musical Tour* (1773) beinhaltet auch eine Beschreibung des Musiklebens in Antwerpen.

Obwohl auch Malerei und Bildhauerei nicht mehr die Höhen des 16. und 17. Jahrhunderts erreichten, lebte in der Stadt immer noch eine Pléiade begabter Künstler, die sich nicht mehr in erster Linie mit der religiösen Gestaltung, sondern vor allem mit der Ausschmückung bürgerlicher Gebäude und Salons beschäftigte. Es gab eine Tendenz der Erneuerung, die mit Andries Cornelis Lens (1739-1822) einsetzte. Lens geriet in Antwerpen, später aber noch mehr in Italien unter den Einfluß von Winckelmanns Theorien, einer »edle(n) Einfalt und stille(n) Grösse« der Antiken nachzustreben. Lens äußerte sich gegen Barock und Rokoko und schlug die Richtung des Klassizismus ein, der das Schlichte bevorzugte und der Zeichnung den Vorrang vor dem Kolorit gab. Er plädierte zudem dafür, die Künstler sollten sich von den Zünften befreien, denn ein Künstler war schließlich kein Handwerker! Seiner Meinung hing der Verfall der Künste mit der Abhängigkeit von den Zünften zusammen. Er versuchte auch, den Kunstunterricht zu reformieren. Seine schwierigen und manchmal schmerzlichen Bemühungen sollten letztendlich doch noch von Erfolg gekrönt werden, sowohl was den Durchbruch der neuen Kunstrichtung, als auch was die Lösung aus der korporativen Struktur anging, wenn er zu diesem Zweck auch der ablehnenden Haltung des Magistrats begegnen mußte. Landschaft und Stadtansicht sollten aufs neue aufblühen.

Auch in der Bildhauerei war Antwerpen nicht mehr führend, wenn in der Stadt auch noch immer beachtliche Künstler arbeiteten. Doch nicht Daniel Herreyns, sondern G. L. Godecharle war der tonangebende Künstler, und letzterer wirkte in Brüssel.

Maßgeblich im künstlerischen Leben war die Architektur, denn sie erbrachte originäre Leistungen und gelangte so immer Stärkes ins allgemeine Bewußtsein. Sie war nicht mehr in erster Linie auf den Kirchenbau fixiert, sondern erreichte ihre besten Ergebnisse in der bürgerlichen Baukunst, die sich so umfänglich entwickelte, in Antwerpen wie in anderen Städten, daß sich Malerei und Bildhauerei nach den dekorativen Vorgaben der Architektur richten mußten. Der Architekt und Ingenieur Jan Pieter Baurscheidt d. J. (1699-1768) war der erste und bekannteste einer Reihe bedeutender Baumeister. Er arbeitete zunächst in Holland und Zeeland, danach in seiner Vaterstadt und ihrer Umgebung. Im Auftrag der Familien Vroylande und Van Susteren entwickelte er beim Bau des Hauses Osterrieth und des ehemaligen königlichen Palais' einen eigenen Stil. Das restaurierte und umgesetzte Haus Fraula gehört noch heute zu den schönsten Denkmälern der Stadt.

Das Musikleben entwickelte sich im Lauf des Jahrhunderts sehr erfreulich, im bürgerlichen und im kirchlichen Leben. Die Wohlhabenden liebten die Geselligkeit, waren aber auf künstlerischem Gebiet recht wählerisch. Ideologische Auseinandersetzungen hielten sie sich weit vom Leibe. Das Tapissierstheater war das Zentrum der weltlichen Musik. Der Saal war seit 1756 vollständig renoviert worden und man verfügte dort über ein eigenes Orchester. Die anfänglich dort vorgetragenen einheimischen Kompositionen wurden bald durch ausländische Werke verdrängt. Danach war zunächst die französische und italienische

Porträt des Kupferstechers Peter Martenasie, von 1762 bis 1770 Direktor der Academie in Antwerpen. Ölporträt von Audries Cornelis Lens (1762). Museum voor Schone Kunsten, Antwerpen.

Das Osterriethhuis an der Meir in Antwerpen, ein Entwurf von Jan Pieter Baurscheit de Jonge (1699-1768) 1749. Drei Jahre zuvor hatte Baurscheit auf der Meir auch das Huis van Susteren, heute Koninklijk Paleis, bauen lassen.

Das Tapissiergebäude in Antwerpen ist von 1711 bis 1829 als Theater benutzt worden. Stadtarchiv, Antwerpen.

Musik dominierend. Später kamen dann Haydn und Mozart. Die Interpretationen erreichten ein hohes Niveau, und Auftritte ausländischer Virtuosen waren keine Seltenheit. Im Winter gab es nur regelmäßig Probleme mit der Heizung.

Von der Kathedrale gingen die entscheidenden Impulse der geistlichen Musik aus, verfügte sie doch über eine eigene Chorschule und ein Orchester mit sechsundzwanzig Mitgliedern. Ihr Singmeister stand in hohem Ansehen. Nicht selten wurden Arien aus dem profanen Bereich mit lateinischen Texten unterlegt, so daß die prächtige Musik manches Mal für den dürftigen religiösen Inhalt entschädigen mußte und Besucher eher der Musik als des Gottesdienstes wegen in die Kirche gingen.

Die anderen Kirchen wetteiferten mit der Kathedrale, und die kleineren Theater versuchten den Stand des in festem Hause spielenden Theaters zu erreichen.

Antwerpen war eine fromme Stadt. Das bemerkte man schon, wenn man durch eines der Tore hereinkam. Dutzende Madonnen zierten die Straßen- und Hausecken und viele Privatgebäude. 1756 erwähnte Lady Calderwood sie als eine der Sehenswürdigkeiten der Stadt. Die Kathedrale Onze-Lieve-Vrouwe war nicht ohne Grund die Hauptkirche der Stadt. Der Antwerpener hing im 18. Jahrhundert dem traditionellen Katholizismus an. Die zahlreichen Bruderschaften zählten viele Mitglieder; eine fand als Unikum in den Südlichen Niederlanden besonders die Aufmerksamkeit fremder Besucher, die Bruderschaft der »Veertiendaegse Berechting«: Wenn einem Schwerkranken die Letzte Ölung gebracht wurde, gingen sämtliche Mitglieder der Bruderschaft mit und die Bewohnern der Häuser, an denen die Prozession vorbeizog, traten auf die straße und erwiesen ihre Ehrfurcht vor dem Sakrament.

Die Stadt besaß eine ganze Zahl sehr schöner Kirchen. Alle Besucher waren beeindruckt von der Pracht der Bauten, den Interieurs mit ihrem Reichtum an Malereien der berühmtesten Maler. Nicht nur die sieben Pfarrkirchen konnten auf wertvolle Kunstschätze verweisen, auch die Klosterkirchen waren mit Malereien, Kanzeln und Beichstühlen großer Meister beschenkt worden.

Die Freimaurer fanden erst sehr spät Eingang in die Stadt und vor der Französischen Revolution gab nie mehr als zwei Logen. Hier versammelten sich die Mitglieder nach den Bevölkerungsklassen getrennt.

Der Steen mit Burgtplein und ein Teil der Sint-Walburgiskirche. Aquarell von Hendrik-Frans De Cort (1788). Bilderkabinett, Antwerpen.

Viele praktizierende Christen traten diesen Logen bei, um ihre Aufgeschlossenheit für die neuen Ideen zu demonstrieren. Ungeachtet ihres Bekenntnisses legten die besseren Stände großen Wert auf eine gewisse Toleranz. Noch vor dem Toleranzedikt Josefs II. aus dem Jahre 1781 wurden Andersdenkenden bereits die Bürgerrechte verliehen, obwohl dies nach dem Gesetz untersagt war. So wurde zum Beispiel 1772 ein Anglikaner aufgenommen. Auch vor den Juden und ihrer Religion hatte man in Geschäftskreisen große Hochachtung.

Weltanschauliche Spannungen im Magistrat, wie sie aus Gent bekannt waren, gab es in Antwerpen nicht. Die Bürgermeister- und Schöffenmandate wurden zu zwei Dritteln vom Adel, zu einem Drittel vom Besitzbürgertum bekleidet. Eine Anzahl mittelgroßer Finanziers oder Rentiers übernahmen recht gerne ein Schöffenamt, denn das damit verbundene Tragen einer Robe war eine Auszeichnung! Ihnen verlangte meist nicht nach einem zweiten Mandat, denn ihr Ziel, eine ehrenvolle Stellung in der städtischen Gesellschaft, war erreicht.

Das Handwerk war nicht nur hinsichtlich der Produktionstechniken konservativ, sondern es versuchte

Innenraum des Antwerpener Doms.

Der Rubensaltar in der Sint-Jacobskirche in Antwerpen. Lithografie von P. Lauters (Anfang des 19. Jahrhunderts). Privatarchiv J. Claes, Antwerpen.

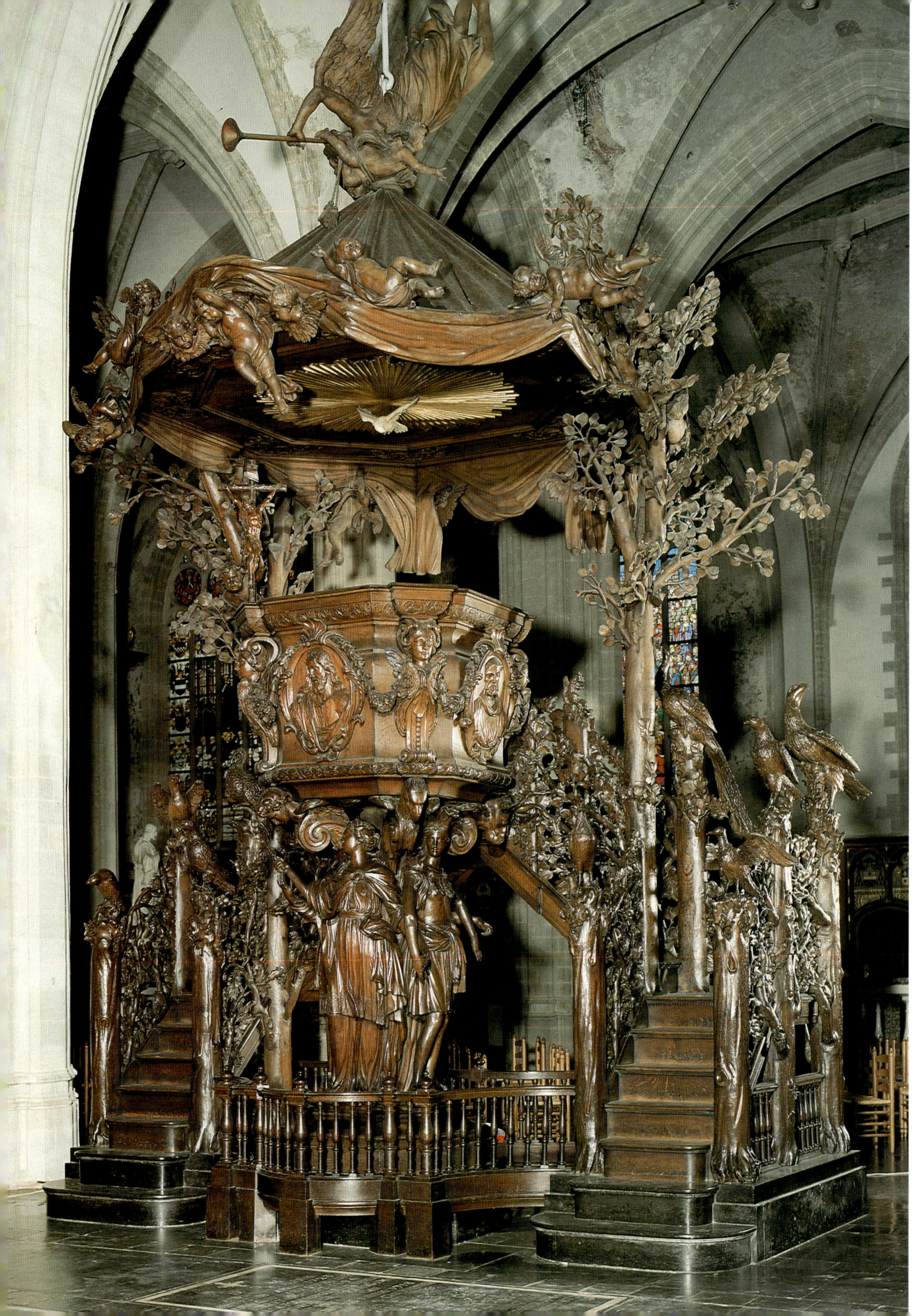

auch, seinen Einfluß auf die Lokalpolitik zu bewahren. Dennoch gehörten die Handwerker nicht zu den unvernünftigsten Gesprächspartnern. Sie waren im »Brede Raad« repräsentiert, einer Versammlung von Volksvertretern. Seine Plenarversammlung brachte etwa einhundert Teilnehmer auf, aufgeteilt in die vier Klassen oder sog. Mitglieder. Jede Klasse hatte eine Stimme.

Als die Mozarts 1765 in Antwerpen ankamen, hatte die Regierung gerade in die Zusammenstellung des »Brede Raad« eingegriffen. Diese Verordnung stand am Ende einer langen Protestbewegung/Kontestation und hatte viele Emotionen in der Mittelklasse erweckt. Ein altes Verfassungsprinzip bestimmte, daß gewisse Steuern nur mit der Zustimmung der Bevölkerung oder ihrer Vertreter verfügt werden konnten. Das bedeutete für Antwerpen, mit Zustimmung des »Brede Raad«. Nun setzte sich das vierte Mitglied dieses Rates aus sechsundzwanzig Stadtteilvertretern, Repräsentanten des Kleinbürgertums zusammen. Viele Antwerpener lehnten die Teilnahme an diesem Rat ab, der, manchmal sehr lange – über eine Woche – einen Tagesordnungspunkt beratschlagte. Indem man sich als Mitglied eines Handwerks einschreiben ließ, entging man der Wahl. So hatten schließlich nur noch einige Unzufriedene als Stadtteilvertreter Sitz im Rat. Sie brüteten Schwierigkeiten aus und zogen Beratschlagungen in die Länge, bis nach zehn oder vierzehn

Der Hauptaltar der Sint-Jacobskirche in Antwerpen. Gravüre von Balthazar Bouttats nach Johannes De Cock (1741). Bilderkabinett UFSIA, Antwerpen.

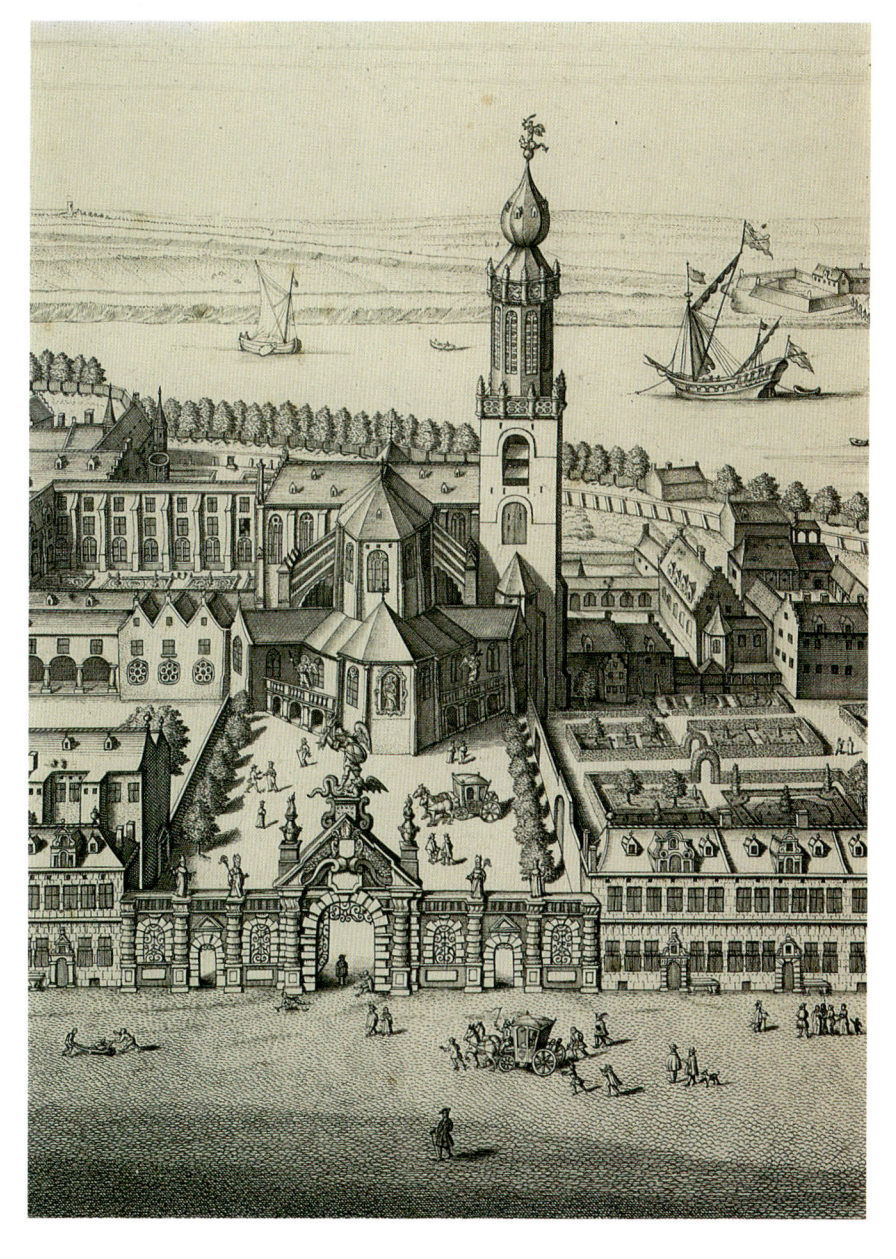

Die Sint-Michielsabtei in Antwerpen. Anonyme Gravüre (Detail) 1737. Bilderkabinett UFSIA, Antwerpen.

Innenraum des Antwerpener Doms.

Tagen der Beschluß nach ihrem Willen gefällt wurde. Das wenig aktive, von Zinsen lebenden Antwerpen konnte immer schwerer den Beitrag an den jährlichen »Hilfeersuchen«, dem Anteil für die Finanzierung der Zentralverwaltung des Landes, entrichten. Da im Rat alle Beschlüsse einstimmig gefällt werden mußten, war der Widerstand der Fraktion der Stadtteilvertreter ausschlaggebend: Eine Nein-Stimme einer Klasse war einem Veto vergleichbar. Eine Nein-Stimme aus Antwerpen hatte weitere Konsequenzen in den Ständen von Brabant, denn dort hatte jede der drei Hauptstädte Vetorecht. Wenn sich Antwerpen widersetzte, wurde damit der Beitrag für die Regierung verweigert, auch wenn der erste und zweite Stand und die Städte Brüssel und Löwen zugestimmt hatten.

Dieses Prozedere gefiel der Regierung ganz und gar nicht. Der entschlossene Graf Harrach war 1736 der erste gewesen, der entsprechende Maßnahmen vornahm. Der »Brede Raad« schob die Reform vor sich her und boykottierte sogar vier Jahre die Abstimmung der bürgerlichen Liste des Landvogts. 1744 ließ der Minister Königegg-Erps einen Rädelsführer verhaften. Aber auch seine Reform wurde nicht durchgeführt. Mehrere Maßnahmen folgten, ohne Ergebnis. 1757 wurde der Regierung überraschend deutlich, daß die Bevölkerung diese Unruhestifter verabscheute: Bei den Volksfesten nach dem österreichischen Sieg in Prag wurden die Stadtteilvertreter ins Freudenfeuer gezogen. Sie konnten entkommen, mußten aber untertauchen. Nach dem Krieg verhaftete die Regierung einige Extremisten. 1765 hatte sich die Zahl der Stadtteilvertreter halbiert, und den Bürgern wurde untersagt, sich weiterhin ihren Verpflichtungen durch die Aufnahme eines Handwerks zu entziehen. Damit war erneut Ruhe eingekehrt.

Sie sollte noch viel Jahre andauern. Antwerpen war eine ruhige Stadt. Sie atmete Kultur und lebte von ihr. Erst vierzehn Jahre später sollte etwas gegen die Armut unternommen werden, nachdem andere, regere Städte in dieser Frage vorangeschritten waren.

Straßenszene auf der Werff in Antwerpen in der Nähe des Kranenhoofd. Links: das Werftor, mit dem Bild von Salvius Brabo. Im Hintergrund: die Turmspitzen von Sint-Walburgis und die Onze-Lieve-Vrouwekirche. Anonymes Ölgemälde, Balthasar van den Bossche zugeschrieben. Museum voor Schone Kunsten, Antwerpen.

Das Rode Poort in Antwerpen. Anonymes Aquarell (1777). Sammlung W. Couvreur, Antwerpen.

Die Antwerpener Orgeln

»Wer sah je ähnliches die Tage seines Lebens?«

GHISLAIN POTVLIEGHE

Die hervorragendsten Prunkstücke flämischer Orgelbaukunst befanden sich in Antwerpen. Orgeln wie die der Kirche Sint-Paulus und der Onze-Lieve-Vrouwe-Kathedrale wurden als beispiellose Meisterwerke bis über die Grenzen anerkannt. Auf uns sind sie aber als rätselhafte, großartige Ruinen überkommen.

Die Orgel der Sint-Paulus-Kirche wurde bei ihrer Einweihung in einem seitenlangen Preisgedicht besungen, in dem emphatisch ihre Größe und Schönheit gefeiert wird:

»Gerad' heraus: Wer sah je ähnliches die Tage seines Lebens?
Wer's auch gesagt, es kann nicht sein geschehn,
weil nie zuvor dergleichen ward gesehen.
...

Fünf Jahre, etwa, war das Werk in Händen,
dann lief sein Ruhm und Preis durch viel' verschiedene Landen.
...

Herbei es eilten haufenweis' die Meister ohne Rast,
aus Nord', Ost', Süd' und West, die Orgel zu erproben ohne Hast,...

Man sprach vom Klang, dann wieder von der Form,
wann ward, sagt an, je ähnliches geboren?
Davor muß Spanien auch und Frankreich weichen,
ja Schweden, Deutschland mit, und andere Königreichen...«

Die Orgel der Sint-Pauluskirche in Antwerpen.

Die Orgel im Antwerpener Dom.

1798 verhandelte man den Verkauf der Orgel aus der Onze-Lieve-Vrouwe-Kathedrale, die um die Mitte des 17. Jahrhunderts von dem Antwerpener Peter de Lannoy gebaut worden war. Zu diesem Zweck wurde eine »Beschreibung der Großen Orgel der Kathedrale von Antwerpen, der vollendesten, die man in Europa hinsichtlich der Harmonie und des Gleichmaßes der Töne kennt; sie ist das Hauptwerk des berühmten Lannhoo...« angefertigt. Aus Paris wurde einiges Interesse signalisiert, aber »on doute même qu'il existe de convenable pour le recevoir...«

Es war das Instrument, welches Mozart 1765 bespielt hatte. Damals ergab sich auch der Kontakt mit dem Organisten der Kathedrale, gleichzeitig Komponist, Pieter Jozef van den Bosch. Charles Burney, der Van den Bosch einige Jahre später begegnete, wußte wenig schmeichelhaftes über ihn zu berichten. Er notierte zudem: »Antwerpen. Habe in der ganzen Stadt keine einzige rein gestimmte Orgel gehört.« Leopold Mozart dagegen notierte: »Man findet in Flandern durchaus gute Orgelwerke.« Was Van den Bosch betrifft, der wurde im 19. Jahrhundert von dem Musikwissenschaftler E. Grégoir gewogen... und für zu leicht befunden. Eine Auffassung, die seitdem allgemein geteilt wird.

Abgesehen von der Anmerkung, Wolfgang habe auf der großen Orgel gespielt, sagt Leopold nichts weiteres über die Antwerpener Orgeln, wenn er auch mit den Kindern nahezu alle Kirchen der Stadt besucht hatte, und er damit in den Kirchen Sint-Paulus (Nicolaes van Haghen) und Sint-Jakobus (vermutlich handelt es sich nur um eine hübsche Anekdote, daß Wolfgang hier die Chororgel von Jan Baptiste Forceville bespielte), der Sint-Carolus-Borromeus-Kirche und der Kathedrale vor einigen der bedeutendsten Schöpfungen der flämischen Orgelbaukunst gestanden hat.

Die Orgel der Sint-Jacobskirche in Antwerpen.

Die Orgel der Sint-Jacobskirche in Antwerpen.

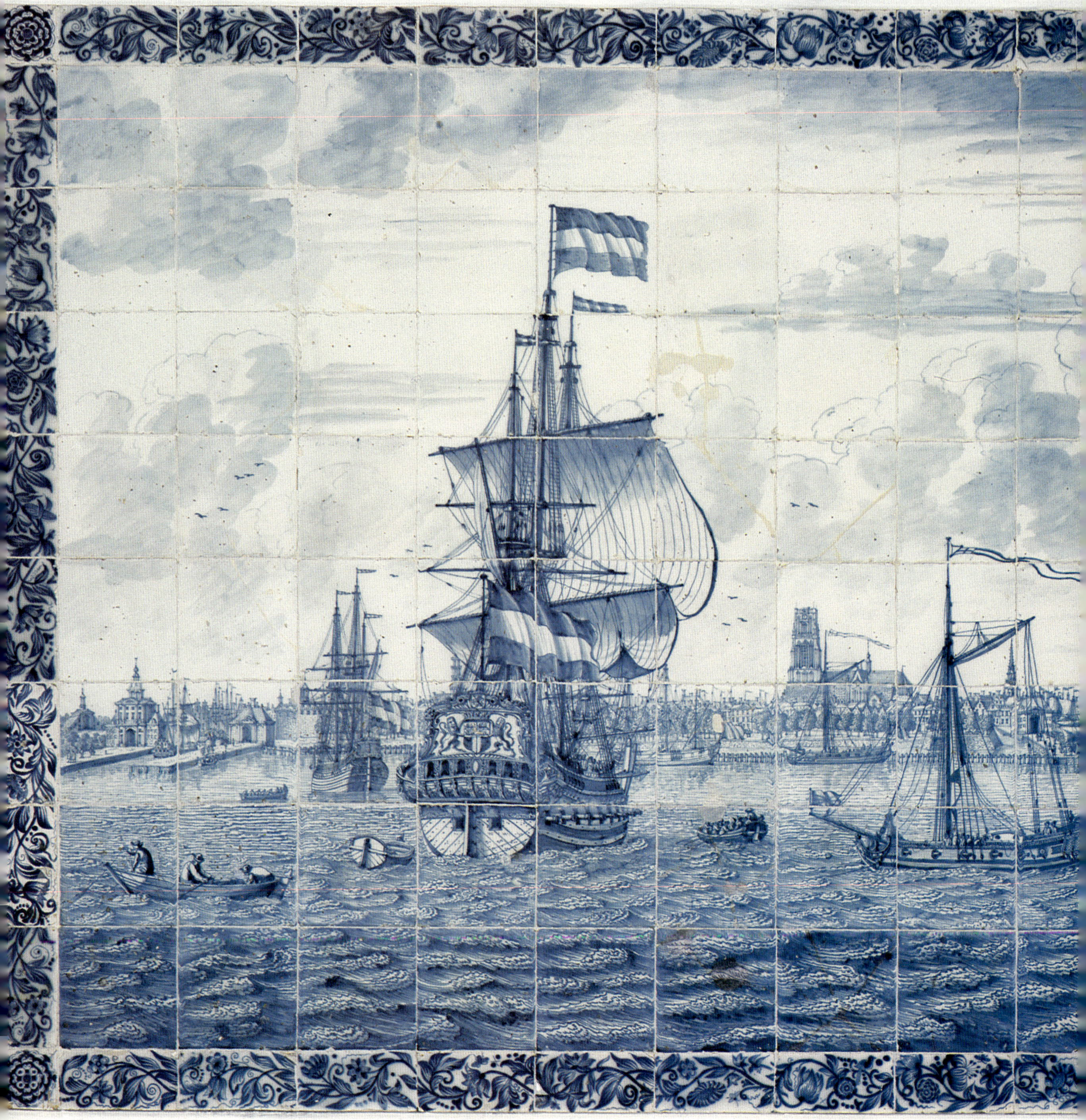

11

Holland
9. September 1765-Ende April 1766

Leopold Mozart an Lorenz Hagenauer, Salzburg

Haag den 19.ten Sept: 1765.

Monsieur!

Sie erhalten hier ein Schreiben aus dem Haag; nicht aber aus dem Haag bey München, noch aus dem Haag so bey Lambach in Oesterreich liegt. nein! sondern aus dem Haag in Holland. Das wird ihnen freylich sehr wunderlich vorkommen, umso mehr, als sie uns vielleicht nicht so ferne, sonderen ihnen bereits näher zu seyn, etwa, wo nicht geglaubet, doch gewunschen haben. Wir würden auch, zwar noch nicht nahe, doch bereits wieder aus Hollans weg seyn, wenn uns nicht eine Unbässlichkeit, die erstens meinen Wolfgäng: und dann mich selbst in Lille überfallen 4. Wochen zurück gehalten hätte. Sie sollen aber gleich alles wissen, was für ein Zufahl uns nach Holland gebracht: da ich niemals nach Holland, wohl aber nach Mayland und über Venedig nach Haus zu gehen beschlossen hatte. Der Holländische Gesandte in London lag uns vielmahls an nach dem Haag zu dem Prinz von Oranien zu gehen. Allein ich liß es bei einem Ohre hinein, bey dem anderer wieder hinaus passieren. Wir schickten uns zur Abreße, und ich dachte so wenig nach Holland zu gehen, daß ich alle unsere Pelze nebst anderen Sachen in einen Coffre nach Paris schickte. Allein, da wir würcklich abgereißet waren und wircklich den 24. Julii aus Londen abgefahren, so blieben wir einen Tag in Canterbury und bis zu Ende des Monats auf einem Landgut eines Englischen Cavalliers um das Pferdlauffen zu sehen. Der Holländische Gesandte fuhr den nämlichen Tag unserer Abreiße in unser Quartier, und erfuhr, daß wir nach Canterbury zum Pferd rennen abgegangen und so dann Engelland verlassen werden. Stracks war er bey uns, und bath mich um alles nach dem Haag zu gehen, indem die Prinzessin von Weilburg die Schwester des Prinzen von Oranien eine so ausserordentliche Begirde hätte, dieses Kind zu sehen von dem sie so gar vieles gehört und gelesen. Kurz! er und alle sagten mir so vieles, und die Proposition war so gut, daß ich mich um so eher entschlüssen muste, als sie wissen, daß man einer Schwangeren Frauen nichts abschlagen solle.
NB: Der Herr Gesandte war nicht, Schwanger, aber die Prinzessin.

Ausblick auf Rotterdam. Ziegeltableau von Cornelis Boumeester (Ende des 17.-Anfang des 18. Jahrhunderts). Koninklijke Musea voor Kunst en Geschiedenis, Brüssel.

UNTERWEGS DURCH DIE VEREINIGTEN NIEDERLANDE

»Einer Schwangeren Frauen kann man nichts abschlagen!« Diese lakonische Bemerkung zeigt einen noblen Zug im Charakter Leopold Mozarts. Höflichkeit, Ehrerbietung vor der Frau und ihrer zukünftigen Mutterschaft. Klingt fast altmodisch. Aus das scherzhaften Post scriptum weht uns eine rührende Entschuldigung für diese ritterliche Regung an, als geniere sich der Mann seinem Freund gegenüber dafür. Aber gut: Das Überraschendste ist wohl, daß der Hollandbesuch der Familie Mozart einem puren Zufall zu verdanken ist. Dem Zufall, daß die Prinzessin von Nassau-Weilburg in gesegneten Umständen war...

Prinzessin Carolina (1743-1787) war die musikliebende Schwester Wilhelms V. (1748-1806), des Prinzen von Oranien und Erbstatthalters der Vereinigten Niederlanden. Verheiratet war sie mit Karl Christian, Fürst von Nassau-Weilburg. Ihre Schwangerschaft im Jahr 1765 war kein so großer Zufall, sie sollte im Lauf ihrer Ehe zwölf Kindern das Leben schenken. Das Kind, das Leopold dazu bewog, dennoch nach Holland zu reisen, erblickte am 28. September das Licht der Welt – gut zwei Wochen nach der Ankunft der Mozarts in Den Haag – eine kerngesunde Tochter, die auf den Namen Wilhelmina Louisa getauft wurde.

Der Widerstand Vater Leopolds gegen den außerplanmäßigen Umweg nach Salzburg – zu der Zeit gingen ihm Mailand und Venedig im Kopf herum – war außerordentlich groß. Normalerweise hätte ihn kein Mensch dazu überreden können. Nicht einmal für wenige Wochen und die wahrscheinlich üppigen finanziellen Bedingungen... Aber was will man: Als Künstler wird er vor der Eloquenz, der psychologischen Raffinesse und der diplomatischen Gewandtheit des genannten holländischen Gesandten, Jan Walraad, Graf von Welderen, kapituliert haben. Ausgekocht und gewitzt, hat jener nicht nur die Schwangerschaft der Prinzessin als letztes Argument aus dem Hut gezaubert, sondern die anderen vorbereitend in seine Argumentation hineingezogen. »Er und alle sagten mir so vieles«, sagt Leopold.

Unter »alle« befindet sich nur eine, die wir mit Sicherheit namhaft machen können: das kleine Nannerl. Leopold berichtet das in seinem so dramatischen Brief an Hagenauer, als das Mädchen todkrank in Den Haag darniederlag: »Ja, ia! ganz gewiß: Homo proponit; Deus disponit. Ich habe eine sichere Probe davon. Der Mensch kann seinem Schicksaale nicht entfliehen. – Ich muste wieder meine Neigung nach Holland gehen, um alda meine arme Tochter, wo nicht gar zu verlieren, doch schon fast in der letzten Zügen zu sehen. Und wer trieb mehr an nach Holland zu gehen als meine Tochter? – Sie hatte das grösste Verlangen dahin zu reisen, wohin sie ihr schicksaal zog.«

Ein weiterer interessanter, wenn auch völlig anderer Aspekt in dem Brief über die Abreise aus England ist Leopolds Auskunft, daß die Familie nach einigen Tagen auf dem Landgut eines englischen Kavaliers – es handelte sich um Sir Horace Mann – zunächst wieder einen kleinen Ausflug zum nahegelegenen Canterbury unternahm, bevor sie sich am 1. August um zehn Uhr nach Calais einschiffte. Leopold, ein begeisterter Liebhaber von Architektur und Plastik, verliert kein Wort

Willem V (1748-1806), Prinz van Oranje und Erbstatthalter der Vereinigten Niederlande. Gravüre von Jacques-Firmin Beauwarlet, nach einer Zeichnung von Gerard van Nijmegen (1765). Gemeentemuseum, Den Haag.

Carolina van Nassau (1743-1787), Schwester von Willem V, die Ehegattin von Karl Christian, Fürst von Nassau-Weilburg. Gravüre von J. Houbraken nach H. Pothoven (1754). Rijksmuseum, Amsterdam.

Ausblick auf Halfweg mit Treidelkahn nach Amsterdam. Anonymes Ölgemälde, 18. Jahrhundert. Amsterdams Historisch Museum, Amsterdam. »Trek Schuyt« ist das erste niederländische Wort in Leopolds Briefen.

über die bemerkenswerte Kathedrale Christ Church mit dem Vierungsturm, der »Bell Harry«, den prächtigen Fenstern und gotischen Fresken. Dennoch sind sie dort wirklich gewesen, auch in Nannerls Tagebuch steht: »Zu Canterbury. Die Hauptkirch...«

Nein, nichts über die Kathedrale: Leopold berichtet nur ehrlich und spontan, sie seien unterwegs gewesen, »[...] um das Pferdlauffen zu sehen«! Verblüffend, denn wir vergessen allzu schnell die Entspannungen, die Leopold für Frau und Kinder während der Reise plante. Pferde- und Hunderennen waren damals für Jungen, auch für Wolfgang das, was für die heutige Jugend Auto-, Fahrradrennen und Vergnügungsparks sind.

Die Mozarts waren als Menschen völlig durchschnittlich. Eine erfrischende Vorstellung, gibt sie doch der Musik Wolfgang Mozarts eine menschliche Dimension, die ihn uns näherbringt. Es kann nicht schaden, diesen alltäglichen Gesichtspunkt mit einigen Zitaten aus den Briefen Wolfgangs, wenn auch von einem späterem Datum, zu beleuchten: »ich weis nichts neues, als das in der lotterie 35. 59. 60. 61. 62. heraus komen ist, und also das wen wir diese Numern gesetzt hätten, gewonnen hätten...« Und: »gleich nach Deiner Abseeglung Spielte ich [...] 2 Parthien Billard.« Oder: »Dann liess ich mich durch Joseph [...] schwarzen koffé hollen, wobey ich eine herrliche Pfeiffe tobach schmauchte«. Schade, daß letzteres nicht auf einem Porträt festgehalten wurde – wie Brahms mit seiner dicken Zigarre.

Wenden wir uns nun den Mozarts bei ihrem Abenteuer in den Niederlanden zu.

»LASST UNS JUBELN, BATAVER!«

Am 9. September 1765 ließ Leopold Mozart seinen Reisewagen in Antwerpen zurück und bestieg morgens um halb sieben mit seiner Familie die Postkutsche nach Rotterdam. Die Fahrt ging zuerst bis nach Moerdijk, von wo aus sie in einem kleinen Schiff das Hollands Diep überqueren wollten; auf der anderen Seite standen schon andere Fahrzeuge bereit, um die Passagiere weiterzubringen. Um acht Uhr, es war noch nicht ganz dunkel, landeten sie in der Stadt an der Maas an. »Daß war nun eine schöne Tagreise«, schrieb Leopold an seinen Salzburger Vermieter Hagenauer. Das wirkt auf uns wie ein Satz auf einer Ansichtskarte, gleichsam ein grüßendes Zuwinken von einem Ausflug. In Rotterdam sahen sie sich ein wenig um.

»[...] ich will nur anmerken, daß ich die Statue des berühmten Erasmi Rottersdami in Rotterdam auf dem Platze mit Vergnügen betrachtet habe.« Am 10. September ging es per Treidelkahn nach Den Haag. Das war ein Erlebnis an sich, denn man wurde nicht so durcheinander gerüttelt wie in einer Kutsche, sondern glitt über die glatte Wasserfläche. »Trek Schuyt« war das erste niederländische Wort in Leopolds Briefen. Unterwegs genossen sie die typisch holländische Landschaft mit Windmühlen und all dem, was sie bisher nur von den Gemälden Jacob van Ruisdaels oder Meindert Hobbemas kannten. Sie kamen um sieben Uhr abends in der Residenzstadt an und packten ihre Koffer im »Ville de Paris« aus. Nicht eben ein Dreisternehotel, denn Leopold, der Komfort, gutes Essen und ein bequemes Bett schätzte, schrieb in seinen Reiseaufzeichnungen vom 11. September 1765 bis zum 10. Mai 1766: »La Ville de Paris, une tres mauvaise Auberge.«

Hatte Leopold diese Hollandreise auch sehr widerwillig begonnen, so fühlte er sich schon nach einer Woche vom Charme des Landes und seiner Bewohner angezogen. Er gestand in einem Brief an Hagenauer vom 19. September: »... Nun muß ich ihnen bekennen, daß es mir sehr Leyd wäre, wenn ich Holland nicht gesehen hätte: dann in allen Stätten von Europa, was ich gesehen hatte, siehet doch das meiste einander gleich. Allein so wohl die Holländischer Dörffer, als die Holländischen Stätte sind von allen anderen Stätten Europens gänzlich unterschieden. Es würde zu lange seyn solche zu beschreiben, genug, daß ihre Reinlichkeit /: die vielen von uns als zu übertrieben erscheint :/ mir sehr wohl gefällt.«

Das alles hat zunächst mit Musik nichts zu tun. Leopold hätte über die Musik in den Vereinigten Niederlanden übrigens nicht viel berichten können: Auf diesem Gebiete hatte man in den sechziger Jahren des 18. Jahrhunderts eher wenig zu bieten, zumindest im Vergleich zu manchen Städten in Italien, zu Paris, London, Mannheim und Wien. Im Land derer von Oranien-Nassau gab es keinen musikalischen Stern, der den jungen Wolfgang zu dem inspirieren konnte, was die Musik zwanzig, vierzig Jahre später werden sollte, kein Schobert, Bach, Haydn, kein Padre Martini. Leopold wußte das. Daher wollte er dort nicht allzu lange zu bleiben. Gerade lang genug, um mit einigen Konzerten etwas einzunehmen und sich zwischendurch in Ruhe ein bißchen umzuschauen.

Nicht nur mit der Musik im schöpferischen und erneuernden Sinn, sondern um die ganze Kultur war es im damaligen Holland recht traurig bestellt. So wurde der frühere Glanz des Goldenen Zeitalters der Malerei von einem Frans van der Mijn, Wybrand Hendriks und Isaac Ouwater nur mühsam aufrechterhalten. Von Bildhauerei konnte kaum noch die Rede sein. Die Literatur beschränkte sich auf Dichtungsgenossenschaften, die hauptsächlich Interesse für die ausländische Literatur zeigten. Die Vereinigten Niederlande zählten um die Mitte des 18. Jahrhunderts wenige Komponisten mehr oder weniger überregionalen Rangs. Unter den Niederländern selbst war lediglich Pieter Hellendaal eine beachtenswerbe Ausnahme. Doch hatte dieser ehemalige Schüler von Tartini mittlerweile sein Auskommen in England gesucht. Ein weiterer wichtiger Komponist, Willem de Fesch aus Alkmaar, war im Jahr 1761 in London gestorben. Der 1737, vermutlich in Amsterdam geborene Friedrich Schwindel, hatte schon vor dem Besuch der Mozarts das Land verlassen. Leopold Mozart kannte ihn und erwähnte Schwindel schon im Jahr 1763 in seinen

Die Gaststätte La ville de Paris in Den Haag. Anonyme Lithografie (19. Jahrhundert). Gemeentemuseum, Den Haag.

Der Grote Markt in Rotterdam mit dem Standbild von Erasmus, das Leopold in einem Brief an Hagenauer erwähnt hatte. Ölgemälde von Jan ten Compe (1761). Historisch Museum, Rotterdam.

Brüsseler Aufzeichnungen. Er schätzte diesen »virtuoso di Violino« nicht besonders, nennt er ihn doch in einem Brief an Wolfgang einen »Halbkomponisten« und einen »nachlässigen Niemand«.

1765 lebte der verdienstvolle Bartholomeus Ruloffs aus Amsterdam noch in den Niederlanden, der unter anderem für das alte Singspiel *De bruiloft van Kloris en Roosje* die Musik gemacht hatte. Außerdem der Locatelli-Schüler Jacob Pothold, der infolge einer Pockenerkrankung im Alter von sieben Jahren erblindet war – Charles Burney zollte ihm große Hochachtung –, schließlich – und mit ihm wäre die Aufzählung schon vollständig – Hendrik Focking, der mit eigener Originalität neue Formen und Inhalte hervorbringen wollte. »Sturm und Drang« avant la lettre.

In den Niederlanden arbeiteten auch einige ausländische Komponisten. Jean-Marie Leclair, genannt »l'Aîné«, bereits länger, er stand von 1740 bis 1742 als Orchesterleiter im Haag im Dienste des portugiesischen Juden Jacob Lopez de Liz. Leclair wurde am 23. Oktober 1764 in seinem Hause in der Nähe von Paris ermordet, der Täter blieb unerkannt. Oder der sympathische Pietro Antonio Locatelli – sicher ein Mann der sonnig-südlichen Concerti Grossi –, der ab etwa 1729 bis zu seinem Tode in Amsterdam lebte. Er selbst bezeichnete sich als »ein italienischer Musikmeister, wohnhaft in Amsterdam«. Er war erst anderthalb Jahre tot, als die Mozarts in Holland ankamen.

Beklagenswert, gehörte er doch zu den großen Erneuerern der Sonatenform. In melodischer und formaler Sicht zählte er zu den Modernisten seiner Zeit. Außerdem, und das hätte Leopold bestimmt gut gefallen, war er eng mit Padre Martini in Bologna befreundet.

In jener Zeit wirkte Jacob Wilhelm Lustig bereits in Holland, von deutscher Herkunft und bis zu seinem Tode als Organist in Groningen tätig, obwohl er im Grunde eher ein Musiktheoretiker und ausführender Künstler als ein Komponist war. Last but not least, Christian Ernst Graaf, der eigentlich Graf hieß, denn auch er stammte aus Deutschland. Er hatte bald begriffen, daß »graf« (Grab) im Niederländischen eine recht düstere Bedeutung hatte, und deshalb seinen Namen sogleich ins noble »Graaf« (Graf) abgeändert. Um 1750 gelangte er über Middelburg in die Südlichen Niederlande. Er war ein besonders tüchtiger Musiker, wurde damals als Komponist hochgeschätzt und erwarb sich als solcher sogar über die Grenzen Hollands einen gewissen Ruf. Leopold hat ihn gut gekannt, da der Mann für den Statthalter Willem V. arbeitete, der ihn im Jahre 1762 zum Hofkapellmeister ernannte. Sie werden sich auch persönlich gut verstanden haben, denn Graaf war ein gewandter junger Mann, ein Spaßmacher. Eine Art Erik Satie, wie wir aus einer seiner Kompositionen schließen können: Duo économique »für zwei Hände und zwei Bögen auf einer Geige«.

Christian Graaf ist auch der einzige der oben genannten Komponisten, der in Leopolds Aufzeichnungen von der Hollandreise erwähnt wird. Allen anderen wird kein einziges Wort gewidmet. Bedauerlich, ja, aber nicht ungewöhnlich: All diese Komponisten waren, wie Leopold selbst, Gestalten des Übergangs vom Barock zum Rokoko, stark italienisch beeinflußt. Ihnen hatte er nichts zu sagen. Die Mannheimer Rakete, die Walze, der Seufzer oder das Vögelchen (Hugo Riemann) waren auch ihnen noch unbekannt.

Das Waisenhaus in der Minderbroedersstraat in Utrecht, ehemalige Gaststätte De Plaets-Royaal. Aquarell (1875) von C.W. Hoevenaar. Gemeentelijke Archiefdienst, Utrecht.

Das Musikleben stützte sich Gott sei Dank nicht nur auf einige große Namen. Auch die genialste Musik klingt verloren im Raum, wenn sie keine Zuhörer findet, die Ausführenden nicht von einem Applaus überschüttet werden, der wie ein Platzregen auf sie herniedergeht. Dazu braucht es ein Publikum und öffentliche Aufführungen. Und auf diesem Gebiet waren die Niederlande dem übrigen Europa weit überlegen. Ein ausgesprochener Vorteil. Schon lange vor dem Hollandbesuch der Mozarts entwickelte sich dort eine Verbürgerlichung des Musiklebens, weitgehender und gründlicher als in anderen Städten Europas. Die holländischen Collegia Musica – Patrizier, Bürger und Studenten, Musikliebhaber, die unter fachkundiger Leitung musizierten und Konzerte organisierten – waren älter als irgendwo anders. Arnheim hatte schon im Jahre 1591 ein derartiges Collegium, Leeuwarden 1620, Utrecht 1631, Hamburg hingegen erst im Jahre 1660 und Frankfurt noch später, im Jahre 1713, übrigens dank Telemann. In den Niederlanden wurden schon jahrelang öffentliche Musikaufführungen organisiert, bevor die Concerts Spirituels in Paris gespielt wurden oder die für das englische Musikleben so wichtigen Bach-Abelkonzerte entstanden sind – zufällig im Jahre 1765, als die Mozarts von England nach Holland kamen.

Auch die Orgel hatte in Holland schon sehr lange das öffentliche Musikleben belebt. Die Organisten standen, seit der Säkularisierung der Kirchengebäude in der Reformation, im Dienst der städtischen Behörden, und ihre wichtigste Aufgabe war es, für jeden zugängliche Konzerte zu geben. Die zahlreichen Glockenspiele spielten ebenfalls eine wichtige Rolle bei der musikalischen Bildung des Publikums, ähnlich übrigens in den Südlichen Niederlanden.

Die besten Konzertbesucher sind die, die selbst singen und musizieren. Nun, gesungen wurde in den Niederlanden, daß es eine Lust war! Die Musikverlage hätten allein von der Publikation der Singfibeln leben können. Dutzende Editionen waren im Umlauf, die bekannteste war wohl der *Nederlandtsche Gedenckclanck* von Valerius. In den Niederlanden wurde viel Instrumentalmusik gespielt. Die Hausmusik erlebte eine Hochblüte und es gab auf dem Markt viele Bände mit spielbaren Stücken wie das *Maendelijks Muzikael Tijdverdrijf*, von dem in den Niederlanden ansässigen Franzosen Antoine Mahaut herausgegeben. Die vielen Amateure gaben den Instrumentenbauern genug Arbeit und ermöglichten ihnen gute Geschäfte.

Neben aller dieser Musik, für das Bürgertum oder von ihm geschrieben, war es der Haager Hof, der die Familie Mozart in Holland eingeladen hatte. Die von Oranien-Nassau waren große Musikliebhaber. Zunächst Willem V., ein melomanischer junger Mann. Er war der Sohn der Prinzessin Anna von Hannover, Tochter König Georges II. von England und Gattin Willems IV., der im Jahre 1751 verstorben war.

Prinzessin Anna war eine Schülerin von Georg Friedrich Händel gewesen, an sich schon vielsagend.

Als die Familie Mozart ankam, war Willem V. minderjährig und stand noch unter der Vormundschaft von Ludwig Ernst van Brunswijk. Trotz seiner Jugend unterhielt er an seinem Hof die Kapelle eines Statthalters mit durchschnittlich sechzehn Mitgliedern. Die Kapelle konnte, zusammen mit Musikern aus der Stadt, auf etwa dreißig bis vierzig Leute vergrößert werden. Der Kapellmeister war, wie bereits erwähnt, Christian Ernst Graaf. Das kosmopolitische Gepräge der Residenzstadt hatte bereits eine recht ansehliche Zahl ausländischer Musiker in dieses Orchester gezogen, das kein erlesener, ausschließlicher Besitz der großzügigen holländischen Herrscher war: Ausländische Virtuosen auf Besuch konnten sich der Kapelle bedienen. Die Orchestermitglieder arbeiteten auch an der Haager Oper, wo französische, deutsche, italienische und flämische Truppen auftraten. Eine Oper, die übrigens trotz des Widerstandes, der ihr manchmal aus gewissen kirchlichen Kreisen entgegengesetzt wurde, sehr erfolgreich arbeitete.

Anders als an den Höfen von Paris und Brüssel brauchten die Mozarts am Haager Hof nicht lange auf einen Auftritt zu warten. Für Willem V. hatte Wolfgang – Nannerl war krank – ein einziges Konzert gegeben, und dies schon am 18. September. »Im Haag sind wir nun 8. Täge, wir waren 2. mahl bey der Prinzesin und 1. mahl bei dem Prinz von Oranien, der uns mit seiner Equipage abholen und nach Hausse führen lassen.«

Dann war da noch Prinzessin Carolina van Nassau-Weilburg. Sie war sehr musikalisch und setzte sich auch für das holländische Musikleben außerhalb des Hofes ein. Der Dichter und Musiker Christian Friedrich Daniel Schubart schrieb im Jahre 1784 über sie: »Sie konnte gut singen, als sie noch jung war. Aus körperlichen Gründen mußte sie aber das Singen aufgeben, und jetzt hat sie sich ganz dem Klavierspiel gewidmet. Sie interpretiert mit größter Leichtigkeit die schwierigsten Concerti von Schobert, Bach, Vogler, Beecké und anderen. Allegros und Prestos gelingen ihr immer, die Adagios und Largos nicht, weil sie zu empfindsam und

Der Platz Vreeburg in Utrecht. Aquarell (1736) von J. de Beyer. Gemeentelijke Archiefdienst, Utrecht.

Georg Friedrich Händel (1685-1759). Als die Mozarts im Jahre 1764 in London ankamen, war Händel schon fünf Jahre tot, aber seine Musik hatte dort noch immer großen Erfolg.

nervös ist, und gegen alles, was traurig klingt, einen Widerwillen empfindet. Ihr Orchester ist gut besetzt.« Die Mozarts gaben im Palast an der Korte Voorhout zwei Konzerte.

Insgesamt war die Atmosphäre in Holland für die Mozarts freundlich genug, um den Menschen ihr musikalisches Talent zu zeigen. Daß es sich bei ihnen um zwei außerordentlich begabte Kinder handelte, war sicher ein wirtschaftlicher Vorteil. Ihre öffentlichen Konzerte wurden in den Zeitungen angezeigt, und es lohnt sich, wenigstens ein derartiges Inserat zu lesen. Es stammt aus dem *'s Gravenhaegse Vrijdagse Courant* vom 27. September 1765: »Mit Seiner Erlaubnis wird Herr MOZART, Musikmeister des Fürstbischofs von Salzburg, die Ehre haben, am Montag, den 30. September 1765, im Saal der Ouden Doelen im Haag ein GROSSES KONZERT zu geben, wobei sein Sohn, nur 8 Jahre und 8 Monate alt, und seine Tochter, 14 Jahre alt, Konzerte auf der Klavizimbel ausführen werden. Sämtliche Ouvertüren stammen aus der Feder dieses jungen Komponisten, der seinesgleichen sucht, und der die Zustimmung der Höfe von Wien, Versailles und London bekommen hat. Amateure können ihm nach dem Konzert Musik nach ihrem Plaisir vorlegen, er wird alles spontan spielen. Das Entreebillet kostet per Person 3 Gulden, für einen Herrn und eine Dame f. 5.50. Die Eintrittskarten werden von Herrn Mozart ausgegeben, wohnhaft an der Ecke Burgwal, wo der Stadtplan von Paris aushängt, ebenfalls in der Ouden Doelen.«

Wolfgang war die Attraktion dieser Konzerte, nicht nur weil er soviel jünger als seine Schwester war, sondern weil seine Genialität tatsächlich »seinesgleichen suchte«. Eine Übersicht dessen, was Wolfgang auf einem solchen Konzert leistete, finden wir im *Oprechte Saturdagse Haerlemse Courant* vom 16. Februar 1765: »Auch ist hier angekommen ein Komponist und Musikmeister von etwa 8 Jahren, der wirklich ein Wunder ist, und seinesgleichen sucht. Dieser Junge ist ein Deutscher namens Wolfgang Mozart: Er spielt nicht nur mit unglaublicher Genauigkeit die Concerti und Sonaten verschiedenartiger Meister auf der Klavizimbel, sondern auch auf eine so wunderbare Weise, dem größten Meister würdig, auswendig die allerschwersten Fantasien. Wenn man ihm ein Stück vorlegt, wird er es variieren und sogar in einer anderen Tonart spielen. Gibt man ihm eine Arie, singt und begleitet er sie, ohne sie je vorher gesehen zu haben. Wenn man ihm ein Stück ohne Baß vorlegt, spielt er es ohne Mühe, den Baß und die Zwischenpartien selbst hinzufügend. Soll er hingegen eine einfache Baßpartie spielen, so wird er ihr die zum Spiel erforderliche Melodie beigeben. Bittet man ihn, auf der Orgel zu spielen, spielt er eine hübsche Fuge oder eines der schwierigsten Stücke; wie man ihn auch auf die Probe stellt, er kann immer jedermann von seinem überlegenen und unbegreiflichen Talent überzeugen. Im übrigen schreibt er seine Kompositionen ohne die Klavizimbel anzurühren.«

Das ist tatsächlich eindrucksvoll! In Holland erschienen verschiedene ähnliche Anzeigen und lobende Besprechungen. Manchmal sprach sich der Erfolg eines solchen Auftritts bis über die Grenzen herum. So lesen wir im in Bouillon erscheinenden *Journal Encyclopédique* vom September 1765: »Den Haag (24. September). Der junge Wolfgang Mozart, 8 Jahre alt, geboren in Salzburg, hatte die Ehre, am 18. September in der Anwesenheit des Fürststatthalters verschiedene instrumentale Musikwerke von allen großen Meistern & einige Kompositionen aus eigener Feder von fast gleichwertigem Rang vorzutragen. Seine Hoheit und die Damen und Herren des Hofes haben diesem Wunderkind laut applaudiert.«

Dennoch sind die Kinder Mozarts, ungeachtet des langen, über acht Monate dauernden Aufenthalts in den Vereinigten Niederlanden, relativ wenig aufgetreten, insgesamt nur etwa acht Mal. Nicht, daß die Konzerte an sich so ermüdend gewesen wären. Für Wolfgang waren sie im buchstäblichen Sinn ein Kinderspiel: Er beherrschte sein Metier. Dazu Friedrich Melchior Grimm: »Wir sahen, wie die Musiker anderthalb Stunden lang gegen den kleinen Mozart anstürmten. Der Schweiß rann ihnen von der Stirn. Sie hatten die größte Mühe, sich gegenüber einem Jungen behaupten zu können, der diesen Kampf ohne ein Zeichen der Erschöpfung verließ.«

Das Reisen, überall hingeschleppt zu werden, die

unterschiedlichen Eßgewohnheiten, das Getue der neugierigen Erwachsenen um ihre Person, dies waren die eigentlichen Strapazen für die Kinder. Das ging an die Konsistenz, und Nannerl und Wolfgang bekamen denn auch nach zwei Jahren des Hin- und Herreisens in Holland schließlich ernsthafte gesundheitliche Probleme.

Zwei Tage nach ihrer Ankunft im Haag, am 12. September, erkrankte das Nannerl. Zunächst eher harmlos, aber seit dem 26. mußte sie das Bett hüten. Es hatte sie bös erwischt: wahrscheinlich Typhus, und ihr Zustand verschlechterte sich zusehends. Leopold beschreibt das in seinem Brief an Hagenauer vom 5. November 1765 bis ins kleinste. Der Zustand wurde so dramatisch, daß dem Mädchen am 21. Oktober die Sterbesakramente ausgeteilt werden sollten. Aus Leopolds Brief: »Ich sahe meine Tochter täglich abnehmen; sie war nun nicht mehr als Haut und Knochen [...] Der Medicus hatte selbst keine Hofnung mehr [...] Ich bereitete sie [Nannerl] zur Resignation in der göttlichen Willen.«

Die Rettung kam in der Person des alten, pensionierten Professors Thomas Schwenke, der ansonsten nur noch als Leibarzt der Prinzessin Carolina wirkte. Er verordnete strenge Diät und stellte ein besonderes Rezept zusammen. Nannerl überlebte Gott sei Dank, die Genesung machte aber nur langsam Fortschritte.

Im selben Brief vom 5. November berichtet Leopold respektvoll von seiner Frau: »Unser Kind konnten und wollten wir nicht fremden Händen vertrauen. Folglich gehet meine Frau schon so lange Zeit nicht eher als morgens um 6. Uhr zu bette, wo ich dan aufstehe und bis Mittag meiner Tochter abwarte; dann hat meine Frau und ich die Nacht bis den Mittag geteilet und iedes schläft 5. bis 6. Stund.«

Durch Nannerls Krankheit gerieten Leopolds Reisepläne völlig durcheinander. Von Mailand und Venedig war schon nicht mehr die Rede. Er hatte Holland schon Ende Oktober verlassen wollen, aber das erwies sich als unmöglich, zumal Wolfgang, seit dem 15. November seinerseits todkrank, im Bett bleiben mußte, knapp eine Woche, nachdem Nannerl wieder aufstehen durfte. »... eine Unbäßlichkeit, die ihn in Zeit von 4. Wochen in so elende Umstände setzte, daß er nicht nur absolute unkantbar ist, sondern nichts als seine zarte Haut und kleine Gebeine mehr an sich hat, und nun seit 5. Tägen aus dem Bette täglich in eine sessl gebracht wird; [...] Unter seine Krankheit man immer für die Zunge sorg tragen, die die meiste Zeit wie Holz so trocken und unrein ware und oft muste gesäubert werden; Die Lippen verloren 3. mahl ihre Haut die Hart und schwarz wurde.« Sie hoben den Jungen auf den Stuhl und aus dem Bett und mußten ihn wieder das Gehen lehren.

Wahrscheinlich hat Wolfgang ebenfalls Typhus gehabt. Der Junge hatte schon viele Krankheiten durchgemacht... im September 1762: Katarrh. Im Oktober 1762: Erythema nodosum. Im Januar 1763:

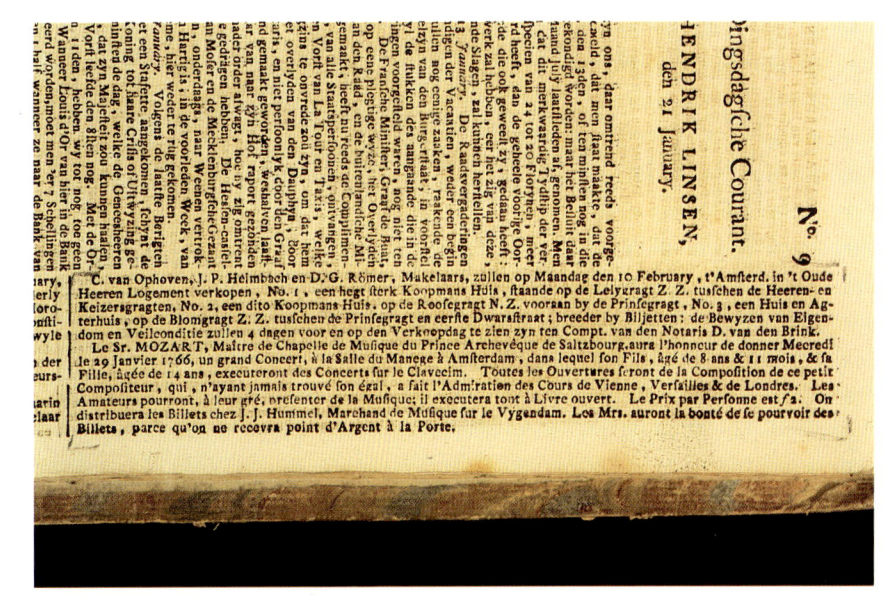

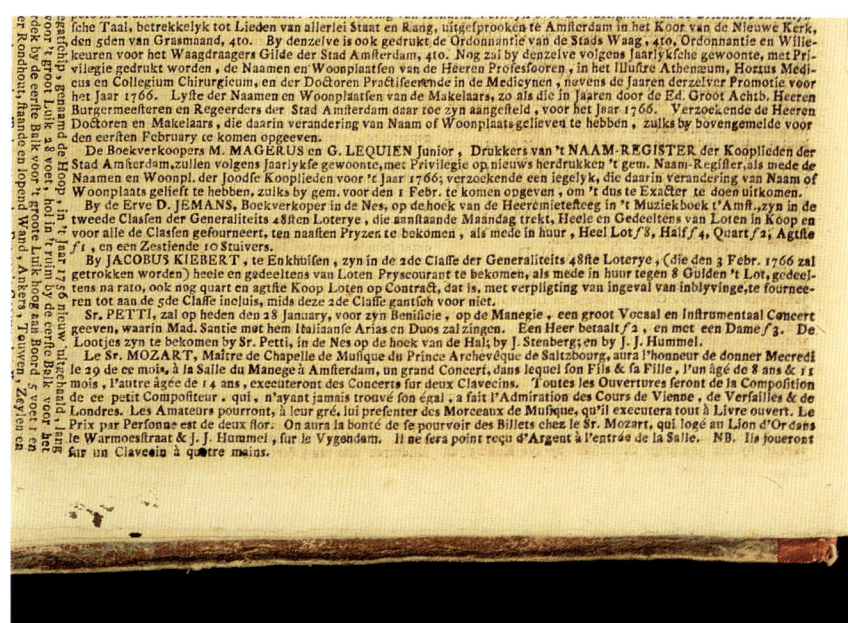

Anzeige des Konzerts vom 26. Februar 1766 im Salle de Manege im Amsterdamsche Dinsdagse Courant vom 21. Februar 1766. Gemeentearchief, Amsterdam.

Gelenkrheuma. Im September 1763: Katarrh. Im Februar 1764: schwere Angina. Im Juli 1765: eine Grippe. Und jetzt, im November 1765, Typhus, der sich bis Mitte Januar 1766 halten sollte. Auch er wurde durch die Bemühungen des ehrwürdigen Professors Thomas Schwenke gerettet. Am 27. Januar 1766 (Wolfgangs zehntem Geburtstag), nachdem sich alle wieder erholt hatten, zog die Familie nach Amsterdam, wo sie sich fünf Wochen aufhielt und zwei Konzerte gegeben wurden. Die Kinder konnten endlich wieder zusammen auftreten und spielten unter anderem vierhändig. In Amsterdam rührte sich Leopolds römisch-katholisches Glaubensbekenntnis: Er war dort einem Salzburger begegnet, einem gewissen Pater Vincenzo

Castiglione, der aus irgendeinem Grund Kalvinist geworden war. »Ich wünschte nichts mehrers, als ihn wieder auf seinen bessern weg zu bringen. Ich gab mir alle Mühe.« Deswegen hielt er sich sogar länger als geplant in Amsterdam auf.

Anfang März kehrten die Mozarts in die Residenzstadt zurück, um dort der Feier anläßlich der Großjährigkeit und der Inthronisierung Prinz Willem V. beizuwohnen. Die eigentliche Inthronisation fand am 8. März, dem Geburtstag des Statthalters, statt. Die Feiern dauerten vom 7. bis zum 12. März. Leopold: »Wir sind von Amsterdam zu dem Fest des Prinzen von Oranien /: so den 11. ten Merz war, und einige Zeit dauerte :/ wieder nach dem Haag gegangen; wo man unsern kleinen Compositeur ersuchte 6. Sonaten für das Clavier mit dem Accompagnement einer Violin für die Schwester des Prinzen, nämlich für die Princesse von Nassau Weilburg, zu verfertigen, die auch gleich graviert worden. Über diess muste er zum Concert des Prinzen etwas machen, auch für die Princesse arien componieren etc.«

Am 11. März gaben die Mozarts im Rahmen der Inthronisierungsfeierlichkeiten ein Konzert. Der Dirigent war Christian Graaf. Wolfgang brachte eigene Kompositionen zu Gehör. Ein wichtiges Ereignis am Rande: Bei dieser Gelegenheit wurde die vor kurzem ins Niederländische übersetzte *Violinschule* Leopold

Graf Willem Bentinck (1704-1774), niederländischer Staatsmann. Gravüre von W. van Senus nach Liotard. Rijksmuseum, Amsterdam.

Mozarts, dem Prinzen gewidmet und in hübsches Marokinleder gebunden, im Beisein des Verfassers Seiner Hohheit ausgehändigt. Nach Den Haag begab man sich Ende März zunächst nach Haarlem, dann wegen eines weiteren Auftritts ein zweites Mal nach Amsterdam. Schließlich landete die Familie am 17. April mit einem Treidelkahn in Utrecht an, wo Leopold auf eigenes Bitten ein Konzert geben wollte: das letzte in Holland. Er hatte das *Collegium Musicum Ultrajectinum* um einen Saal, Musiker und Instrumente gebeten und sie auch bekommen: »Herr Mozart, Virtuos, der das Collegium gebeten hat, das Orchester und Instrumente zu benützen, bekommt nach Beratschlagung die Genehmigung zum bekannten Entgelt und den alten Bedingungen.« Das Konzert fand am 21. April statt und wurde im *Utrechtsche Courant* vom 18. April 1766 wie folgt angekündigt: »Herr Mozart, Kapellmeister Seiner Hohheit, des Erzbischofs und Fürsten von Salzburg, wird die Ehre haben, am bevorstehenden Montag nachmittag, dem 21. April, im Musiksaal in der Vreeburg in Utrecht, ein großes Konzert zu geben, wobei sein Sohn, 9 Jahre alt, und seine Tochter, 14 Jahre alt, Sonaten und Konzerte auf der Klavizimbel spielen werden. Sämtliche Symphonien stammen aus der Feder dieses kleinen Komponisten, dem die Bewunderung der Höfe von Wien, Frankreich, England und Holland zuteil ward. Der Preis für einen Herrn mit Dame ist 3 und für eine Einzelperson 2 Gulden. Die Entreebillets sind beim genannten Sieur Mozart zu bekommen, der bei Sieur Mos im Plaets Royal in Utrecht logiert.«

Der Saal in der Vreeburg, eigentlich das Gildehaus der Möbeltischler, war klein, kaum Platz für achtzig Leute. Ein neuer Saal sollte erst am 1. Dezember fertig sein. Leopold hatte mit dem Text des Inserats schon Geschick bewiesen: Wolfgang war in Wirklichkeit bereits zehn Jahre alt. Er hatte also hinsichtlich des Alters, wie schon in anderen Anzeigen, die Tatsachen korrigiert. Wer aber wollte ihm das verübeln?

Zu den Utrechter Musikern und gegenüber der Öffentlichkeit ist Leopold bestimmt sehr artig gewesen. So war er. In seinen Reisenotizen finden wir seine wahre Meinung: Hinter den Namen der Violinisten Kirchner und Winter und dem des Hornisten Gorge schreibt er »Capital Esel«. Deutlicher konnte er seine heimliche Wut nicht äußern. Er machte sich öfter in den eigenen Aufzeichnungen Luft. In jenen aus Dijon vom Juni desselben Jahres lesen wir über die Musiker: Sotrau: »trés mediocre«, Fantini: »un miserable italien detestable«, Paquet, Lorenzetti, Mauriat: »asini tutti«, alles Esel.

Das Niveau des damaligen Utrechter Orchesters kann mit einigem Recht angezweifelt werden, schließlich wurde am 1. Dezember bei der Eröffnung des neuen Saales eine Anordnung erlassen, die unter anderem vorschrieb, der erste Violinist möge so dirigieren, daß »Piano, Forte, und was zu einer ausdrucksvollen Interpretation der Musik gehört, sowohl von Amateurs wie von Meistern sorgfältig gewürdigt wird« und

Die Dam in Amsterdam, das Zentrum der Stadt und ein Treffpunkt für Händler. Ölgemälde (zweite Hälfte des 18. Jahrhunderts) von Jan Ekels I. Rijksmuseum, Amsterdam.

daß er sich darum kümmern möchte, daß »alle Stücke, die an jenem Abend gespielt werden sollen, im voraus hingelegt werden, wenigstens die, die in gedruckter Form vorliegen, damit keine Verzögerung eintrete und die Zeit sinnlos dahinfließt.« Es mag also vorher ein rechtes Durcheinander geherrscht haben.

Ende April verließen die Mozarts Utrecht und begaben sich auf den langen Heimweg nach Salzburg. Ihr Aufenthalt in den Vereinigten Niederlanden hatte Sorgen und Nöte, aber auch viele Freuden mit sich gebracht.

In kompositorischer Hinsicht können wir den erzwungen langen Aufenthalt in Holland für Wolfgang Amadeus Mozart sicher nicht als unfruchtbare Zeit bezeichnen, vor allem dank der Aufträge des Hauses von Oranien-Nassau. Die Ergebnisse seiner jungen Schöpferkraft finden wir unter den Nummern 22 bis 32 im Köchelverzeichnis.

KV 22 ist die *Symphonie Nr. 5 in b* für zwei Violen, Bratsche, Baß, zwei Oboen und zwei Hörner, Ende 1765 in Den Haag komponiert. Also während seiner Krankheit. Ein hübsches kleines Werk, das kaum sieben Minuten dauert. Eigentlich ein kleines Divertimento im Opera buffa-Stil, fröhlich und mit einem melodischen Andante. Die Sinfonie wurde wahrscheinlich bei den beiden Konzertauftritten in Amsterdam, Ende Januar 1766 gespielt.

KV 23 ist eine Arie für Sopran *Conservati fedele*, im Oktober 1765 komponiert und im Januar 1766 eigens für Prinzessin Carolina überarbeitet. Der Text ist dem *Artaserse* des berühmten Schriftstellers und Dichters Pietro Metastasio entlehnt. Adolf Hasse verwendete dieses literarische Libretto für eine Oper. Christoph Willibald von Gluck, Niccolo Jommelli und Thomas Arne taten das gleiche. Und sogar... Johann Christian Bach, Wolfgangs guter Freund in London. Also daher, Metastasio war es, der Wolfgang später Libretti für unter anderem *Il re pastore* (1775) schreiben sollte.

KV 24 beinhaltet acht Variationen für Klavier auf ein holländisches Lied von Christian Ernst Graaf. Der Anfang des Liedtextes lautet: »Laßt uns jubeln, Bataver«. Die erste Ausgabe wurde im *'s Gravenhaegse Vrijdagse Courant* vom 7. März 1766 unter dem Titel angezeigt: »Ein niederdeutsches Lied, auf die Einweisung seiner Durchlaucht Willem des Fünften, Prinz von Oranien etc. etc. Von C. E. Graaf musikalisch bearbeitet und von dem berühmten jungen Komponisten J. G. W. Mozart, 9 Jahre alt, um 8 künstlerische Variationen vermehrt. B. Hummel, im Haag.« Mit J. G. W. Mozart ist sicher Wolfgang gemeint. Es sind dies die ersten Buchstaben seiner Vornamens: Joannes Chrysostomus Wolfgangus (Mozart).

Im Februar 1766 hatte Wolfgang in Amsterdam einige Variationen geschrieben: *Sieben Variationen für Klavier auf das Lied Willem van Nassau*. Laut Leopold handelte es sich dabei um ein Lied, das »in Holland durch aus von jedermann gesungen, geblasen und gepfiffen wird« und darüber hinaus: »in der Geschwindigkeit hingeschrieben«. Im KV trägt es die Nummer 25. Die beiden Variationswerke geben uns ein deutliches Bild von Wolfgangs Improvisationstalent.

Die KV-Nummern 26 bis 31 sind Sonaten für Klavier und Violine, der Prinzessin Carolina von Nassau-Weilburg gewidmet. Der zehnjährige Wolfgang hatte schon insgesamt sechzehn Sonaten geschrieben: diese sechs, dazu die aus Paris und London. Violinensonaten kann man sie eigentlich nicht nennen: das Klavier dominiert und die Violine ist nur da, um es zu verschönern und zu kolorieren. Aber sie lassen eine Entwicklung spüren. Wolfgang beginnt, sich allmählich von den Einflüssen Schoberts in Paris und Johann Christian Bachs in London zu befreien. Es entsteht immer mehr ein Dialog zwischen den beiden Instrumenten.

Das letzte von Wolfgang in Holland komponierte Werk ist, soweit bekannt, KV 32, ein recht merkwürdiges Stück. Es handelt sich um ein Quodlibet (= was man nur will), eine Bezeichnung für eine Komposition, in der verschiedene Bruchstücke bekannter Lieder oder Melodien entweder gleichzeitig, oder nacheinander verarbeitet werden. Das von Wolfgang Mozart heißt *Gallimathias musicum*, für Klavier und neun Instrumente geschrieben, und umfaßt siebzehn Melodien. Die siebzehnte ist *Willem van Nassau*, einer Fuge ähnlich, die nur neun Takte lang ist. »Gallimathias musicum« bedeutet ungefähr »musikalisches Potpourri«. Die Komposition ist ein hübsches Jonglieren mit vorhandenen Melodien, und der zehnjährige Wolfgang bewies damit, wie gut er bereits das Klangmaterial beherrschte.

Es wäre übertrieben, die ersten Jugendwerke Wolfgangs kritiklos und aus reiner Bewunderung für den großen Komponisten auf einen Platz in die Welt der hohen Kunst zu loben. Sie sind angesichts der Jugend des Verfassers einfach gut, im Höchstfall originell. Vater Leopold selbst war es, der das am besten beurteilen konnte. Und er urteilte über die wirklich charmanten Variationen KV 24 und 25 in einem Brief an Hagenauer wie folgt: »Es sind Kleinigkeiten!« Und doch... besonders an ihnen ist, daß es schon recht »mozartisch« schwer ist, diese »Kleinigkeiten« angemessen und sauber zu interpretieren.

Der Aufenthalt in Holland, der sechs Monate länger als geplant gedauert hatte, war kein finanzielles Desaster, wenn Leopold auch behauptete: »Meine ietzigen Unkösten sind ganz abschäulich: dann hier muß alles bezahlet werden. Man weis ia was Holland ist. das reist mir ein ziemliches Loch in Beutl.« Das Haus von Oranien ist ihnen gegenüber jedenfalls außerordentlich großzügig gewesen und hat sie gewogen und besonders fürsorglich behandelt. Wolfgang hat sich übrigens eine angenehme Erinnerungen an das Haus

Sieben Variationen für Klavier *über das Lied* Willem van Nassau, *von Wolfgang Mozart (Februar 1766). Titelseite des Erstdrucks. Gemeentemuseum, Den Haag.*

Seite 21 des Galimathias Musicum, ein Quodlibet für Klavier und neun Instrumente, von Wolfgang Mozart (1766). Gemeentemuseum, Den Haag.

Laat ons juichen, Batavieren!, der Anfang des Liedtextes von KV 24, acht Variationen für Klavier über ein holländisches Lied von Christian Ernst Graaf. Gemeentemuseum, Den Haag.

von Oranien aufbewahrt. Die Widmung Wolfgangs für die sechs Sonaten für die Prinzessin Carolina klingt sehr rührend: »In der Erwartung, Holland bald zu verlassen, kann ich nicht ohne Schmerz an diesen Augenblick denken. Die Tugenden Ihrer Durchlaucht, Ihre Großzügigkeit, Ihre Güte, die mich wieder zum Leben zurückgeführt hat, Ihre sanfte Stimme, das Vergnügen, Sie zu begleiten, die Ehre, Ihnen mit meinen schwachen Talenten zu huldigen. Dies ließ mich an Ihrem Hof richtig zu Hause fühlen. Mein empfindsames Herz wird ihm ewig verbunden bleiben.«

Die Freundschaft überdauerte tatsächlich. Im November 1777 teilte Wolfgang seinem Vater mit, er beabsichtige, die Prinzessin von Nassau-Weilburg zu besuchen. Er schrieb Anfang Januar 1778: »Ein holländischer Officier, der mein guter Freund ist, ist von ihr entsezlich ausgescholten worden, daß er mich, als er hinüberkam ihr das neuejahr anzuwünschen, nicht mitgebracht hat.« Am dreiundzwanzigsten Januar besuchte Wolfgang sie dann doch auf ihrem Schloß in Kirchheimbolanden in der Pfalz; für zwei Wochen, zusammen mit seinem zukünftigen Schwiegervater Fridolin Weber und dessen Tochter Aloisia, seiner späteren Schwägerin. Man konzertierte täglich außer sonntags. Wolfgang ist dort zwölf Mal aufgetreten und hat der Prinzessin vier Sinfonien gewidmet.

In *Hübners Diarium Salzburg* vom 29. November 1766 liest man: »Der Herr Mozart hat auch alda nach einmahl gekonnter Englischer Sprach ganz leicht Holländisch gelehrnet.« Das Holländische soll ihm später auf witzige Weise zupaß gekommen sein – auf den »geselligen« Teekränzchen in Wien bei dem aus Leiden gebürtigen (1734) Godfried Baron van Swieten, Arzt, Diplomat und verdienstvoller Amateurkomponist, Bach-, Händel- und Haydn-Liebhaber, der sich bedeutende Verdienste um das Wiener Musikleben erworben hatte. Es handelte sich um die gleiche Persönlichkeit, die im Jahre 1768 den zwölfjährigen Mozart unterstützte, als gegen dessen *La Finta Semplice* intrigiert wurde, und der ihn auch beauftragt hat, Händels *Acis und Galathea*, das *Alexanderfest*, *Cäcilienode* und den *Messias* in der musikalischen Sprache der Zeit zu arrangieren. *I know that my Redeemer liveth* mit Klarinettenbegleitung.

Ein Wind des Zufalls wehte die Mozarts in die Vereinigten Niederlande. Für die Holländer waren die Jahre 1765 und 1766 ein glücklicher Umstand und ein großes Ereignis. Sie hatten Gründe genug, um zu singen »Laßt uns jubeln, Bataver!«

LEOPOLDS MEISTERWERK

Daß Leopold Mozart mit seiner Familie Anfang April 1766 Haarlem einen zweitägigen Besuch abstattete, hatte einen besonderen Grund: In der Stadt an der Spaarne wirkte nämlich der berühmte niederländische Drucker Johannes Enschedé (1708-1780). Dieser hatte Leopold Mozarts Buch *Versuch einer gründlichen Violinschule* gerade ins Niederländische übersetzen lassen und unter dem Titel *Grondig onderwys in het behandelen der Viool* herausgegeben. Ein luxuriös gebundenes Exemplar war einige Wochen zuvor dem Prinzen Willem V. anläßlich der Feiern seiner Volljährigkeit und der Übergabe der Statthalterschaft, noch druckfrisch, übergeben worden. Leopold war dabei zugegen gewesen. Er schrieb darüber an Hagenauer: »Ich werde die Ehre haben ihnen meine Violin Schule in Holländischer Sprache vorzulegen. Dieß Buch haben die H:H: Holländer in der nämlichen format in meinem Angesicht in das Holländische übersetzt dem Prinzen dedicirt und zu seinen Installations=Fest presentirt. Die Edition ist ungemein schön, und noch schöner als meine eigene.«

Anläßlich dieses Festes soll Johannes Enschedé Leopold schon eingeladen haben, einmal in Haarlem bei ihm auf Besuch zu kommen, um Freiexemplare abzuholen. Leopold hat ihn besucht: »Der verleger /:

Titelseite von Leopold Mozarts Violinschule in niederländischer Übersetzung, herausgegeben von Johannes Enschedé im Jahre 1766. Koninklijke Bibliotheek, Den Haag.

Richtlinien von Leopold Mozart in seiner Violinschule: die »schlechte« und die »richtige« Weise um die Violine festzuhalten. Koninklijke Bibliotheek, Den Haag.

Richtlinien von Leopold Mozart in seiner Violinschule: die »schlechte« und die »richtige« Weise um den Bogen zu halten. Koninklijke Bibliotheek, Den Haag.

216

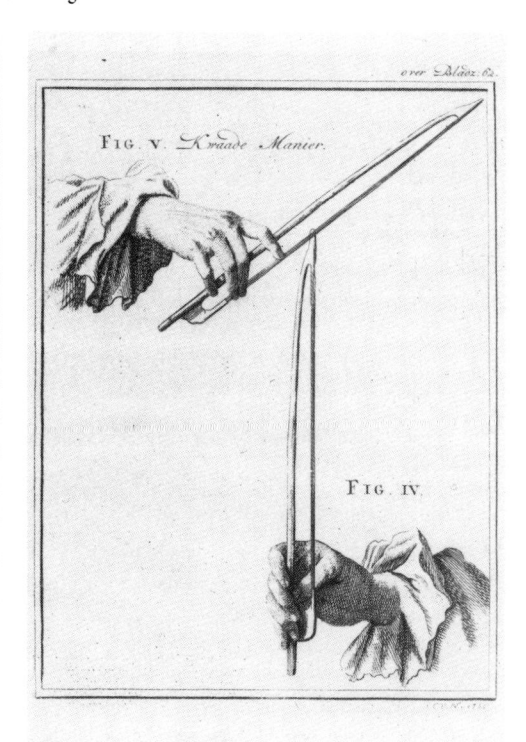

der Buchdrucker in harlem:/ kamm mit einer Ehrfurchtsvollen Mine zu mir und überreichte mir das Buch in Begleitung des Organisten, der unseren Wolfgang: einlude auf der so berühmten Orgel in Harlem zu spillen, welches auch den Morgen darauf von 10. bis 11. Uhr geschahe. Es ist ein trefflich schönes Werck von 68. Register. NB: alles zünn, dann holz dauert nicht in diesen feuchten Land.«

Es handelte sich dabei um die Orgel der Groten oder Sint-Bavokirche. Sie wurde im Jahre 1738 von Christian Müller gebaut, nur achtundzwanzig Jahre vor dem Besuch der Mozart. Der freundliche Organist war Henricus Radeker.

Leopold hatte seine *Violinschule* im Jahre 1756 geschrieben, im der Geburtsjahr Wolfgangs. Die erste Auflage erschien bei Johann Jakob Lotter in Augsburg.

Johannes Enschedé hatte mehrere Gründe, diese *Violinschule* ins Niederländische übersetzen zu lassen und herauszugeben. Erstens gab es ein deutliche Nachfrage nach solchen Veröffentlichungen. Andere wichtige Instrumentallehrbücher waren bereits übertragen worden, das für Querflöte von Quantz, für Klavier von Marpurg, für Orgel von Werkmeister, aber ein ähnliches Werk für die Violine war noch ein Desiderat. Übersetzer der genannten Anleitungen von Quantz, Werkmeister und Marpurg war Jacob Wilhelm Lustig, im Jahre 1706 in Hamburg geboren und bereits seit 1728 Organist an der Martinikirche in Groningen. Es ist gut möglich, daß dieser Lustig die Aufmerksamkeit des Verlegers Enschedé auf Leopolds *Violinschule* gelenkt und auf deren außerordentliche Qualitäten hingewiesen hat. Ein zweiter Grund war sicher, daß Enschedé ein neues Druckverfahren ausprobieren wollte: Eine Erfindung aus dem Jahre 1754 von Johann Gottlob Immanuel Breitkopf, Sohn des Gründers der Firma Breitkopf & Härtel. Diese Erfindung sollte es erlauben, die Notenschrift nicht mehr im Kupferdruck, sondern im Typendruck abzusetzen. Diese Neuheit setzte der Nürnberger Joan Michael Fleischmann bei Enschedé in die Praxis um. Das Druckbild wurde dadurch viel deutlicher und das Lesen erheblich erleichtert: Die Noten bekamen ihren exakten Platz innerhalb des Taktstriches. Daher konnte Leopold mit Recht schreiben: »Die Edition ist ungemein schön, und noch schöner als meine eigene.«

Der Inhalt von Leopolds *Violinschule* ist am besten aus einem Inserat vom 13. Mai 1766 im Haerlemse Courant zu ersehen: »In Haarlem bei Joh. Enschedé ist gedruckt und überall verbreitet worden: Grondig Onderwys in het behandelen der Viool, von Leopold Mozart... Dieses treffliche Werk ist in seiner Art einzigartig... Es umfaßt: I. Alle Streichinstumente; II. Den Ursprung der Musik; III. Die Geschichte der Musik; IV. Die neuen musikalischen Typen und Noten, schließlich, wie ein Violinist tüchtig und ein großer Meister werden kann usw.: Es ist unnötig, mehr zu sagen, der Name Mozart und seine beiden Kinder, vor allem sein neunjähriger Sohn, das musikalische Wunder, sind hinlänglich bekannt... Im übrigen enthält es vier Radierungen, nämlich I. Das Porträt des Verfassers, darauf wird ebenfalls dargestellt, wie die Violine ordentlich zu halten ist; II. Akkurate Art und Weise und III. Unzulängliche Art und Weise, in der die Violine gehalten wird und IV. Wie der Bogen gehalten werden muß; außerdem noch ein Widmungsbild Seiner Durchlaucht, des Herrn Prinzen und Statthalters, Willem V.«

Leopolds »Violinschule« ist tatsächlich »ein hervorragendes Werk, in seiner Art ohnegleichen«. Das Buch enthält viele »Premieren«. Erstens war Leopold der erste, der die Violinentechnik systematisiert hat. Zweitens hat er die *Violinschule* nach didaktischen Regeln geordnet. Neu ist ebenfalls, die Anwendung des Instruments mit musikästhetischen Auffassungen bewußt zu verbinden. Eine weitere Neuigkeit ist der durchgängige Willen, den »guten Geschmack« zu formen und zu beherrschen. Besonders und überraschend ist, daß er den Violinisten nicht in erster Linie als Violinisten, sondern als vollendet und allgemein ausgebildeten Musiker auffaßt. Diese Facetten neben der reinen, technischen Ausbildung, machen den Unterschied dieses Werks zu allen damals auf dem Markt befindlichen und allen späteren *Violinschulen* aus. Es ist einfach vorzüglich.

Heute ist der Wert dieser *Violinschule* für die technische Ausbildung am Instrument relativ. Das Relativierende verbirgt sich in einigen zeitgebundenen Details. So spielte Mozart zum Beispiel eine Violine mit kurzem Hals und einem anderen, als dem heute gebräuchlichen Bogen. Er kannte nur zwei Haltungen des Instruments: Zunächst das freie Auflegen der Violine auf das linke Schlüsselbein, wodurch das Kinn genau auf der anderen Seite wie heute liegt, dann das Anlehnen der Violine an die Wange.

Leopold verurteilte noch die Flageolettöne und unterrichtete sie deshalb nicht. Er nennt sie »eine wider die Natur selbst streitende Musik«. Und »Wer das Flascholet auf der Violin will hören lassen, der thut sehr gut, wenn er sich eigens Concerte oder Solo darauf lessen läßt, und keine natürliche Violinklänge darunter mischet.« Oder auch: »Mit dergleichen Spiel-Werke (Flageolet) mögen sich die, welche zur Fastnachtszeit Lustigmacher abgeben, trefflich hervorthun«, ein Satz, den er in einer späteren, revidierten Ausgaben doch lieber strich. Diese Aussage hätte ein halbes Jahrhundert später Niccolo Paganini sicher nicht behagt.

So begegnen wir noch anderen, jetzt überholten Theorien über die Haltung und ähnliches. Desungeachtet enthält das Werk viele äußerst wertvolle Komponenten, die unbedingt jedem bekannt und von all denen angewandt werden sollten, die die Musik jener Zeit im allgemeinen und die Wolfgang Amadeus' im besonderen zu interpretieren wünschen. So wie sie sein soll. Oder annähernd. Liest man das Werk und klingt alles im Innern, so wird man feststellen, wie oft Mozarts Musik sogar von großen Namen verdorben und

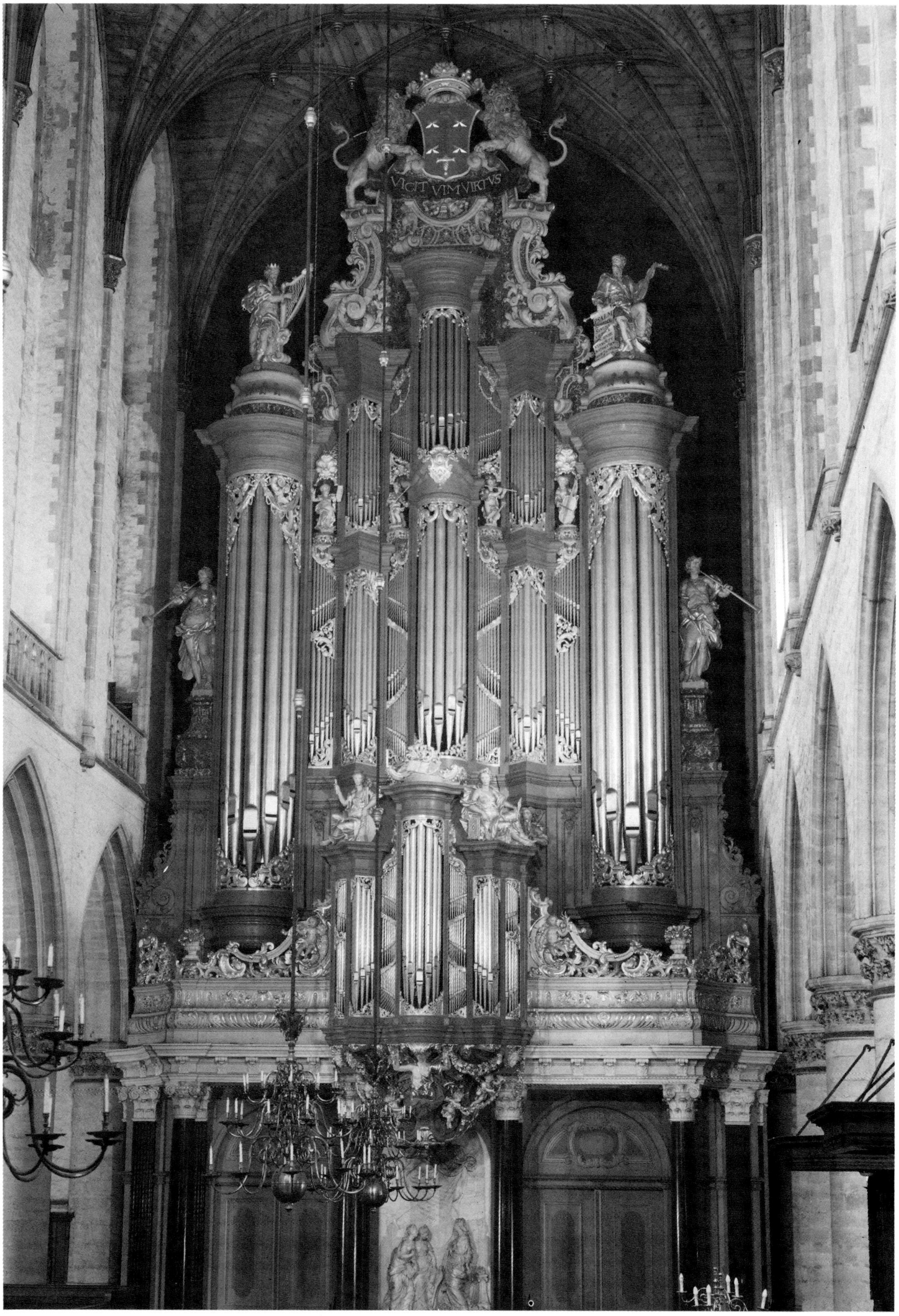
VICIT VIM VIRTVS

mißdeutet wurde. Es ist nützlich und notwendig, Leopolds Richtlinien über die dynamischen Änderungen beim Bogenstrich, die Anwendung der Triller und die Art und Weise, wie sie ausgeführt werden sollen, über die Akzente, die Phrasierungen usw. kennenzulernen.

Der Schluß ist eines der gelungensten Teile von Leopolds Violinschule, er wird besonders dem Orchestermusiker gewidmet, den Leopold ohne Zögern über den Solisten stellte. Das ist einen lauten Applaus wert. Er formulierte das alles in gemeinverständlichen Worten und treffenden Vergleichen. Seine *Violinschule* zeigt präzise, wie er als Lehrer war, freimütig, anschaulich, praktisch. Einige Beispiele: Bei seiner Rechtfertigung der sparsamen Anwendung des Vibratos sagt er: »Es giebt schon solche Spieler, die bey ieder Note beständig zittern, als wenn sie das immerwährende Fieber hätten. Und weiter über die Taktarten 4/8, 2/8, 9/16, 12/4: »In meinen Augen sind sie ein unnützes Zeug; (...) Wer sie liebt, der mag Sie mit haut und Haare nehmen.«

Zum Schluß ein Satz aus Leopolds Vorwort: »Endlich muß ich frey gestehen, daß ich diese Violinschule nicht nur zum nutzen der Schüler, und zum Behufe der Lehrmeister geschrieben habe: sondern daß ich sehr wünsche alle diejenigen zu bekehren, die durch eine schlechte Unterweisung ihre Lehrlinge unglücklich machen.«

So hat Wolfgang die Musik erlernt. Wenn dieser Junge in seinem Leben ein großes Glück gehabt hat, dann war das sicher die Tatsache, daß sein Lehrer Leopold Mozart hieß. »Lausche einer Glocke des Glockenspiels, dann hörst du wie ein Ton verklingt.« Man sieht den Knaben förmlich vor sich, seine kleine Hand in Papas großer, den verklingenden Tönen des Glockenspiels in Gent zuhörend. Tägliche Unterrichtsstunden, zugleich musikalisch, allumfassend, kosmopolitisch, lebendig, realistisch. Und liebevoll. Immer nur ein wenig von Vaters Meisterwerk naschend.

Die Orgel von Christiaan Müller in der Sint-Bavo in Haarlem, auf der Mozart während seines Aufenthalts in Holland im Jahre 1766 gespielt hat.

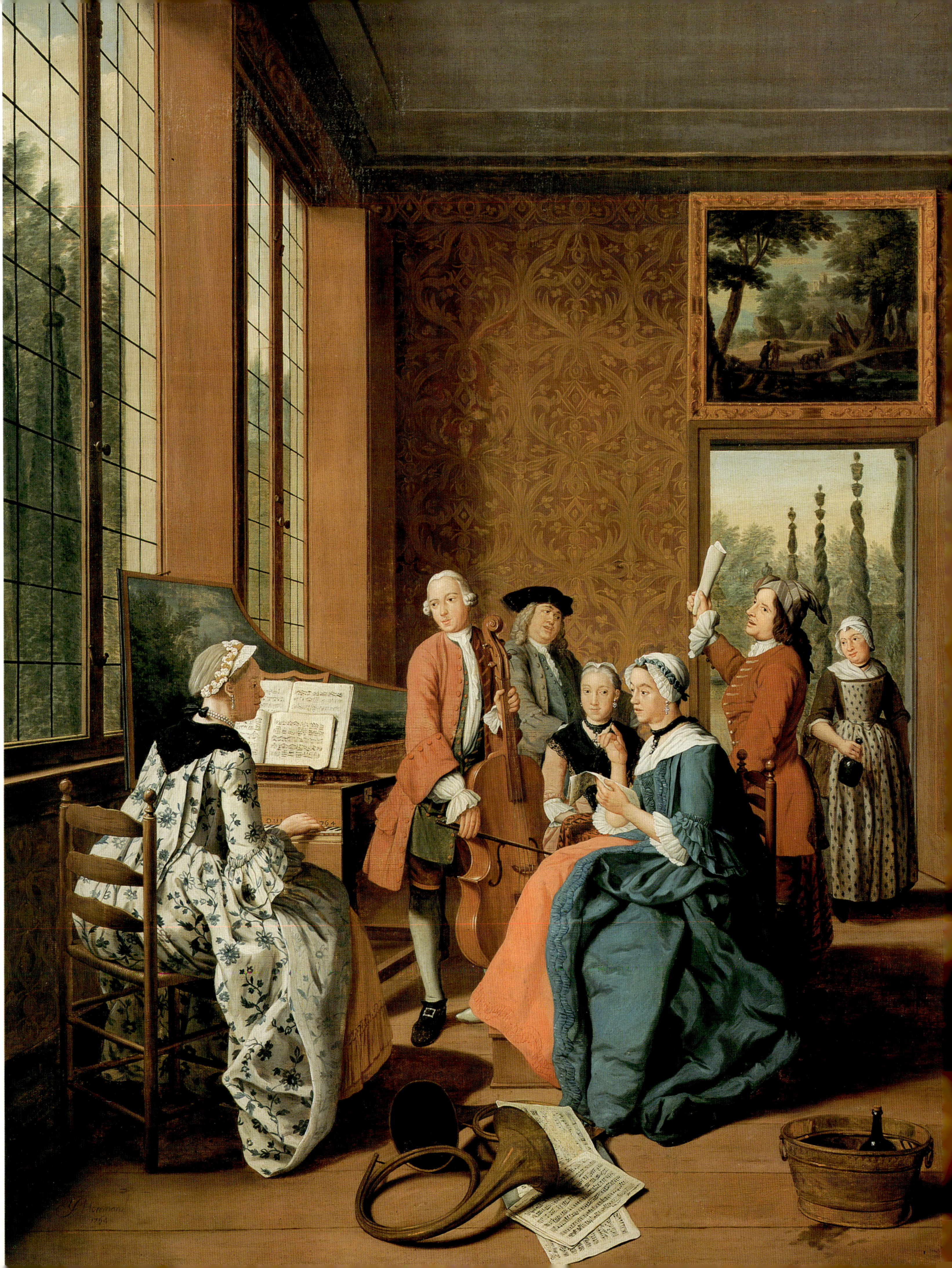

12

Antwerpen-Mechelen-Brüssel
Ende April - 5. Mai 1766

Ein halbes Jahr blieben die Mozarts in Holland, wo ihnen gleichermaßen Erfolge beschieden waren wie sie Widrigkeiten erfuhren. Ende April 1766 beschloß Leopold, nach Hause zurückzukehren, wenn auch nicht auf dem kürzesten Wege... sondern über Paris, um noch etwas Gepäck mitzunehmen, das bei ihrem Aufbruch nach England zurückgeblieben war. Man fuhr zunächst nach Antwerpen, denn dort war der Wagen untergestellt worden. Leopold ergriff die Gelegenheit und organisierte noch schnell ein Konzert in der Stadt an der Schelde.

Am 29. April erschien in der *Gazette van Antwerpen* unter den niederländischsprachigen Berichten eine Ankündigung in französischer Sprache, in der mitgeteilt wurde, daß Herr Mozart am Mittwoch, den 30. April um sechs Uhr ein Konzert im Konzertsaal der Börse ausrichtete. Bei dieser Gelegenheit träten auf: sein neunjähriger Sohn und die vierzehnjährige Tochter. Sie spielten auf zwei Cembali, außerdem einige vierhändige Stücke. Alle Werke – »toutes les Symphonies« – die zur Aufführungen gelängen, waren der nach Ankündigung geschrieben von dem kleinen Komponisten, »der an Höfen zu Wien, Versailles, London und Den Haag Bewunderung erweckt hat«. Dies ist die einzige bekannte Veröffentlichung über ein Konzert Wolfgangs in den Südlichen Niederlanden. In Deutschland, Frankreich, England und den Niederlanden erschienen in den Lokalblättern zahllose Ankündigungen und Besprechungen der Auftritte der beiden Wunderkinder, in den Südlichen Niederlanden dagegen, soweit wir wissen, keine einzige Erwähnung ihrer Anwesenheit, kein Wort über ihre Konzerte mit Ausnahme dieser Anzeige in Antwerpen. Welche eigenen Kompositionen – Sinfonien? – Wolfgangs am 30. April 1766 aufgeführt wurden, ist nicht mehr festzustellen, möglicherweise einige der in London komponierten, verlorengegangenen Sinfonien und eine in Den Haag entstandene Sinfonie. Die Sammlung *Gallimathias musicum* oder die Sonaten 1 bis 4, zwischen 1764 und 1766 in Paris erschienen oder die Variationen auf holländische Lieder?

Die Organisation von Mozarts Konzert oblag wahrscheinlich der Gilde der Schauspieler, die 1718 eine Musikakademie oder Konzertvereinigung gegründet hatten. Mit Zustimmung der Stadtverwaltung hatte sie dafür einen Raum im ersten Geschoß der Börse, auf der

Leopold Mozart an Lorenz Hagenauer, Salzburg

Paris 16. Maii 1766.

Es würde zu weitläufig seyn unsere Reise aus Holland über Amsterdam, Utrecht, Rotterdam, über die Maas, dann über einen Arm von Meer bey der Mordyck, nach Antwerpen zu beschreiben. Noch unmöglicher wäre den ietzigen betrübten Stand der ehemals grösten Handels Statt Antwerpen zu beschreiben, und die Ursachen davon anzuführen; Wir werden seiner Zeit mündlich davon sprechen. Wir giengen über Mechelu, wo wir unsern alten bekannten den dasigen Tit: Herrn Erzbischofen besuchten, nach Brüssel: wo wir nur einen Tag ausruheten und da um 9. Uhr Morgens mit der Post abgiengen, und um halb 8. Uhr Abends in Valenciennes anlangten. In Brussel nahmen wir für unsere Nothwendigkeit etwas von Spitzen, und in Valenciennes zu userm Gebrauch etwas Battist oder Cambray Leinwandt mit, nämlich ein Stuck glatten und ein Stuck geblumten.

Musizierende Gesellschaft, möglicherweise Mitglieder der Antwerpener Cembalobauerfamilie Van Dulcken. Ölgemälde von Jan Jozef Horemans II (1764). Rockoxhuis, Antwerpen.

Anzeige in der Gazette van Antwerpen des Konzerts, das Wolfgang und Nannerl am 30. April 1766 in der Beurs in Antwerpen gegeben haben. Stadtbibliothek, Antwerpen.

MR. Mozart aura l'honneur de donner Mercredi 30 Avril à la Salle du Concert de la Bourfe grand Concert dans lequel fon Fils âgé de 9 ans & fa Fille âgé de quatorze, joueront des differentes pieces fur le Clavercins toutes les Symphonies feront de la compofition de ce petit Compofiteur qui a fait l'admiration de la Cour de Vienne, de Verfailles, de Londres & de la Haye; il joueront enfemble fur deux Clavercins & auffi fur un Clavercin à quatre mains: le prix eft de quatre Efchelins, on commencera à fix heures.

Das Keizertor in Antwerpen. Anonymes Ölgemälde (Mitte des 19. Jahrhunderts). Sammlung W. Couvreur, Antwerpen.

Innenraum der Beurs in Antwerpen. Stadtarchiv, Antwerpen.
Innenraum der Beurs in Antwerpen. Lithografie von G. Hunt nach E.M. (19. Jahrhundert). Bilderkabinett UFSIA, Antwerpen.

Seite der Meir, erhalten. Um diese Musikakademie entstand einige Aufregung. Die Leiter der Armenpflege hatten in Antwerpen das Theaterwesen in der Hand und alle Veranstalter öffentlicher Aufführungen waren verpflichtet, ein Viertel ihres Gewinns den Armen zukommen zu lassen. Dies wurde ebenfalls von der Gilde der Schauspieler verlangt, die sich jedoch weigerte. Die Leiter der Armenpflege strengten einen Prozeß an, den die Schauspieler jedoch gewannen. In der peinlich genauen Buchhaltung der Armenpflege ist jedes Konzert, jede Oper, die in einem der Antwerpener Musiksäle oder Theatern stattfand, aufgelistet, nur die nicht, welche von den Schauspielern organisiert wurden, da letztere von den Zahlungen befreit waren. In jenen Büchern ist ebenfalls keine Spur des Mozart-Konzertes zu finden.

Im ersten Stock der Börse befanden sich ebenfalls die St. Lukasgilde oder Malerakademie, ein Theater eines der kleineren Stadttheater und die drei Geschäftsräume der Ostender Compagnie (»Ost- und Westindische Compagnie«), die jedoch leerstanden, da die Gesellschaft schon vor längerer Zeit aufgelöst worden war. Der mittlere der drei Räume wurde dann auch als Konzertsaal genutzt, vermutlich aber erst nach Mozarts Aufenthalt in Antwerpen.[1]

Den Tag nach dem Konzert, es war der erste Mai, verbrachten Mozarts wahrscheinlich noch in der Stadt an der Schelde, vielleicht blieben sie sogar noch einige Tage länger. Es besteht Grund zu der Annahme, daß sie um den 3. Mai nach Brüssel aufbrachen. So werden sie wie die meisten Reisenden in Mechelen Rast gemacht haben, um ein Mittagessen einzunehmen. Sie machten auf jeden Fall einen Halt bei »unsern alten bekannten den dasigen Tit: Herrn Erzbischofen«, Johann Heinrich, Graf von Franckenberg, fuhren vermutlich aber noch am gleichen Tag in Richtung Brüssel weiter. Lange haben sie sich sicherlich nicht in Mechelen aufgehalten, denn in ihren Reiseaufzeichnungen wird diese historische Stadt nicht erwähnt. In Brüssel ruhten sie einen Tag aus (Sonntag, den 4. Mai?) unter anderem, um Spitzen zu kaufen. Am nächsten Morgen brachen sie zu einer Etappe von über hundert Kilometern nach Valenciennes auf. Sie erreichten die Stadt abends um einhalb acht. Der 6. Mai verlief etwas ruhiger, man kaufte einige Stücke Cambrai-Batist – »ein Stuck glatten und ein Stuck geblumten« – und besuchte Marie-Thérèse Geoffrin, eine Bekannte von Baron Grimm, außerdem unternahm die Familie einen Stadtrundgang, auf dem Leopold »das künstliche Uhrwerck am Rathhause« bewunderte. Möglicherweise blieb man auch bis zum 7. Mai, denn Valenciennes war reich an Sehenswürdigkeiten. Dann ging die Reise nach Cambrai weiter. Vielleicht, genau wissen wir es nicht, besuchten sie in der dortigen Kathedrale Onze-Lieve-Vrouwe die heilige Messe, denn Leopold äußert sich über das Grabmal Fénélons, das er dort besucht hat. Danach fuhren sie ohne nennenswerte Aufenthalte von Cambrai nach Péronne oder Roye und von dort nach Paris weiter. Am Samstagabend des 10. Mai 1766 kamen sie in der französischen Haupstadt an.[2] Die Südlichen Niederlande lagen bereits weit hinter ihnen. Wolfgang sollte nie mehr dorthin zurückkehren.

Fußnoten

1. Die folgenden Anmerkungen wurden von Frau G. Spiessens besorgt. Vgl.: G. SPIESSENS, »Geschiedenis van de gilde van de Antwerpse speellieden«, in: *Belgisch tijdschrift voor muziekwetenschap*, Nr. XLI (1987), S. 79ff. und Nr. XLII (1988), S. 149ff; diesel. »Muziekleven en muzikanten te Antwerpen, 1700-1750«, in: *Jaarboek van het Vlaams centrum voor oude Muziek*, 1985, S. 93ff.

2. Nach Otto Erich Deutsch in: *Mozart. Die Dokumente seines Lebens*, S. 54, kamen die Mozarts am Himmelfahrtstag, dem 8. Mai 1766, in Brüssel an und reisten am nächsten Morgen nach Valenciennes, von dort am 10. Mai direkt nach Paris weiter. Dieser Zeitablauf widerspricht der Darstellung Leopolds in einem Brief an Hagenauer, wo er von einem eintägigen Aufenthalt in Brüssel spricht. Außerdem war es 1766 unmöglich, eine Distanz wie die von Brüssel nach Paris, mehr als dreihundert Kilometer, in derart kurzer Zeit (zwei Tage) zu überwinden, dazu noch mit einem vollbepackten Reisewagen mit vier Personen und einem Kutscher. Darüber hinaus sprechen Leopolds Reisaufzeichnungen von einem Aufenthalt in Valenciennes und Cambrai.

Die biographischen Erinnerungen, die Nannerl 1792 zusammenstellte, mehr oder weniger auf der Grundlage ihrer und der Reiseaufzeichnungen ihres Vaters, sind in mehreren Punkten ungenau. Sie sagt z.B., die Familie wäre Ende April 1766 in Paris angekommen, im Reisetagebuch Leopolds können wir aber schwarz auf weiß lesen, daß sie am Abend des 10. Mai ankamen. Am 30. April waren sie ja noch in Antwerpen wegen des Konzerts gebunden, und selbst wenn man unterstellt, daß es überhaupt nicht stattfand, dann muß man dennoch wegen der Anzeige vom 29. April von einer Anwesenheit der Familie Mozart in Antwerpen ausgehen. Im Zusammenhang dieser Anzeige sei noch auf den Irrtum im Band *Addenda und corrigenda* von: *Mozart. Die Dokumente...*, S. 9, hingewiesen. Dort können wir lesen, die Mozarts hätten während ihres Aufenthaltes in Antwerpen, in der Fastenzeit des Jahres 1766, ausnahmsweise ein Konzert geben dürfen: »(am 30. April?)«, so meint Deutsch. Da aber Ostern nie später als auf den 25. Apreil fallen kann, und die Fastenzeit immer dem Osterfest vorausgeht, ist es nicht möglich gewesen, daß sie am 30. April »in der Fastenzeit« ein Konzert gegeben haben. Im übrigen – wie kann am 30. April noch Fastenzeit gewesen sein, wenn Christi Himmelfahrt, glaubt man o.g. Autor, bereits auf den 8. Mai datierte?

Wir versuchten, mit den wenigen vorhandenen Fakten eine neue, akzeptable Chronologie der letzten Tage, die Mozart in den Südlichen Niederlanden verbracht hat, zusammenzustellen.

Cembalos, der Stolz Antwerpens

Welche Instrumente standen W.A. Mozart während seines Aufenthalts in die Niederlanden zur Verfügung?

JEANINE LAMBRECHTS-DOUILLEZ

Das Klangbild einer Zeit ist eine Evokation des Stils jener Zeit. Menschen drücken sich aus und schaffen Werke mit den Mitteln, die ihnen gerade zur Verfügung stehen. In der Evolutionstheorie wird häufig vorausgesetzt, Geschichte sei ein permanentes Wachstum hin zum Besseren, weil diese Mittel immer weiter perfektioniert werden. Oftmals gerät hierbei die Eigentümlichkeit einer Gruppe, die anders denkt und sich anders ausdrückt, ins Hintertreffen.

Bei der Vorstellung »des jungen Mozart auf einer Reise durch die Niederlande 1763-1766« denken viele sofort an einen Flügel, wenn von Rezitals mit Mozarts Jugendwerken die Rede ist. Die zur Verfügung stehende Literatur wird herangezogen und man leitet daraus ab – wie Alfred Einstein vorwirft –, die Musik Mozarts sei niemals für das Cembalo bestimmt gewesen. Bei allem Respekt vor den zahlreichen Autoren, die dieser Ansicht zuneigen, muß doch festgestellt werden, daß es sich hierbei um ein Problem handelt, das die meisten von ihnen nie richtig ergründet haben. Somit sind ihre Auslassungen eher Eindrücke als die Wahrheit. Dennoch gibt es genügend Quellen, die hierzu die nötigen Informationen enthalten. In erster Linie ist da die vom Mozarteum in Salzburg veröffentlichte Korrespondenz der Familie Mozart. Für einen Violinisten sind die Probleme dann sogleich gelöst. Wenn es aber untransportable Instrumente geht, sieht es anders aus. Die Zustände vor Ort müssen untersucht werden. Hierfür sind Geschichtswerke zu studieren, die einen Überblick über den Musikinstrumentenbau bieten. Und schließlich gibt es da noch den »lokalen Markt«. Durch eingehende Untersuchung der zahlreichen Ankündigungen in der *Gazette van Antwerpen* im 18. Jahrhundert ist es möglich, den lokalen Bestand an Cembali, Clavichords und Pianofortes auszumachen.

Doch lassen wir zunächst einmal die Familie Mozart zu Wort kommen. Einem Brief vom 20. August 1763 entnehmen wir, daß Vater Leopold ein »Clavierl vom H. Stein in Augspurg gekauft (hat) welches uns wegen dem Exercitio auf der Reise grosse Dienste thut.« Hier geht es ganz eindeutig um ein kleines Tasteninstrument, das man auf die Reise mitnehmen konnte, um unterwegs darauf zu üben. Der erwähnte Johann Andreas Stein (Heidelsheim, 6. Mai 1728-Augsburg, 29. Februar 1792) war einer der bedeutendsten deutschen Tasteninstrumentenbauer. Nach einer Ausbildung bei seinem Vater, der Orgelbauer war, arbeitete er unter anderem bei J.A. Silbermann in Straßburg (1748-1749) und bei Franz Jacob Späth in Regensburg

Teekonzert beim Fürsten Louis-François de Conti im Temple. Ölgemälde von Michel Barthélémy Ollivier (Paris, Sommer 1766). Schloß von Versailles.

Johann Andreas Stein, Instrumentenbauer in Augsburg. Anonymes Ölporträt, Ende des 18. Jahrhunderts. Germanisches Nationalmuseum, Nüremberg.

Klavichord, vom Lütticher Instrumentenbauer Pascal Taskin gebaut (1769). Victoria und Albert Museum, Londen.

(1749-1750). Schließlich ließ er sich 1750 in Augsburg nieder, wo eines seiner Meisterwerke entstand, die Orgel in der Barfüsserkirche. Auf dieser Orgel sollte Wolfgang ebenfalls spielen. Stein experimentierte mit verschiedenen Arten von Tasteninstrumenten. Mozart wird später in erster Linie das »echappement« seiner Pianofortes preisen.

Das von Leopold Mozart erwähnte Instrument ist ein Clavichord, eine Reiseausführung, die nach Wolfgangs Tod im Jahre 1791 in das Eigentum seines Schwagers Jacob Haibel, Ehemann von Sophie Weber, überging. Haibel ließ sich in Ungarn nieder (Syrmien in Diakowar), wo das Clavichord schließlich in den Besitz von Johann Nepomuk Hummel (1820-1896) gelangte. Derzeit befindet es sich im Nationalmuseum in Budapest. Zur Erläuterung: ein Clavichord ist ein Saiteninstrument, bei dem die Saite mit Hilfe einer Tangente angeschlagen wird, die sich auf dem inneren Hebelarm befindet.

Während seines Paris-Aufenthalts beschreibt Wolfgang die Räumlichkeiten des Versailler Schlosses als paradiesisch. Im Faubourg St. Honoré bewundert er ein »clavessin« mit Lackarbeiten und Goldverzierung. Zutreffend ist hier der Vergleich mit einem Cembalo von A. Ruckers aus dem Jahre 1648, umgebaut von

Virginal, von Joannes Couchet gebaut (1650). Museum Vleeshuis, Antwerpen.

Pascal Taskin im Jahre 1780. Es war üblich, die wertvollen Cembali der im 17. Jahrhundert in Antwerpen lebenden Cembalobauerfamilie Ruckers-Couchet an den Stil des 18. Jahrhunderts anzupassen. Dies geschah nicht nur durch Umbau (ravalement), sondern auch durch Veränderung der Verzierung. Pascal Taskin (Theux, 1723-Paris, 1793) war sehr eifrig, wenn es um einen solchen Umbau von Cembali ging.

Im Jahre 1777 schrieb Wolfgang über den Mechanismus der Pianofortes von Stein und lobte deren bereits oben erwähntes »echappement«, eine technische Konstruktion, durch die das wiederholte Anschlagen einer Taste vereinfacht wird. Er sagt ausdrücklich, daß er diese Stein-Pianofortes dem »spättischen Clavier denn sie dämpfen viel besser« (»als die Regensburger«) vorzieht. Mit diesem »spättischen Clavier« meint er vielleicht einen »Tangentenflügel«, den Franz Jacob Späth (1714-1786) in Regensburg um etwa 1751 entwickelte, der aber erst nach 1774 gebaut wurde, als er mit seinem Schwiegersohn als Partner eine Werkstatt einrichtete. Es ist kein Dokument bekannt, aus dem hervorgeht, daß Mozart ein solches Instrument besessen hätte. Die heute noch erhaltenenInstrumente datieren meist aus den achtziger Jahren des 17. Jahrhunderts. Eine weitere Erläuterung: ein Tangentenflügel ist ein Tasteninstrument, bei dem die Saite mit Hilfe einer Tangente angeschlagen wird, die wie ein Springer beim Cembalo locker auf dem Ende der Taste ruht. Der Klangkörper hat die Form eines Flügels.

Hiermit schließen wir den allgemeinen Überblick über diese für uns so bedeutende Zeit ab. Clavichord und Cembalo werden von den Mozarts um 1763-66 erwähnt; von einem Pianoforte ist erst 1777 die Rede. Die Entwicklung des Pianofortes kann in Süddeutschland angesiedelt werden, wobei Wien als herausragendes Zentrum gilt. Zuvor wurden in dieser Region meist Clavichords gebaut, Cembali hingegen in geringerem Umfang.

In den damaligen Niederlanden sieht es jedoch anders aus. In der zweiten Hälfte des 16. Jahrhunderts sowie im 17. Jahrhundert war Antwerpen ein berühmtes Zentrum des Cembalobaus. Derjenige Typ des Virginals und Cembalos, der von der Familie Ruckers gebaut wurde, sollte im gesamten musizierenden Europa tonangebend werden. Die Instrumente der Familie Ruckers wurden nicht nur in zahlreiche westeuropäische Länder, sondern sogar bis nach Südamerika exportiert. Darüber hinaus gab es einen italienischen Cembalotyp, den man aber nur in Italien finden konnte. Wir können durchaus feststellen, daß die Werkstatt der Familie Ruckers-Couchet nach modernen Maßstäben gemessen die gesamte Welt beherrschte. Unter denjenigen Cembalobauern, die der Sint-Lukasgilde angehörten, sind etwa 40 namentlich bekannt. Vollständige Instrumente dieser Cembalobauer sind seltener zu finden, woraus man vielleicht schließen darf, daß sie lediglich einzelne Teile im Auftrag der Familie Ruckers-Couchet anfertigten. Die Monopolstellung der Familie Ruckers-Couchet fand mit dem Tod von Andreas de

Oude im Jahre 1653 und de Jonge im Jahre 1654/55 sowie von Joannes Couchet 1655 ein Ende.

Dennoch waren in Antwerpen in der zweiten Hälfte des 17. und in der ersten Hälfte des 18. Jahrhunderts weiterhin Cembalobauer tätig. Die uns zur Verfügung stehende Literatur des 18. Jahrhunderts preist übrigens einmütig die Qualität der Instrumente, die man dort in jener Zeit baute; man muß sich nur einmal die zahlreichen Erwähnungen in der *Encyclopédie* anschauen. Sehr wichtig allerdings ist die Äußerung Charles Burneys anläßlich seines Besuchs in den Niederlanden: »The harpsichord maker of the greater eminence, after them (i.e. the Ruckers) was J.D. Dulcken; het was a Hessian. At present there is a good workman at Antwerp, of the name of Bull, who was Dulcken's apprentice, and who sells his double harpsichords for a hundred ducats each, with only plain painted cases, and without swell or pedals; the work too, of Van den Elsche, a Flamand, has a considerable share of merit.«

Wir finden hier die Namen von drei Bauern: Joannes Daniel Dulcken, Joannes Petrus Bull und Jacobus Van den Elsche. Die Instrumente dieser Meister weisen jeweils eigene Klangqualitäten auf. Und obgleich sie nicht in so hohem Maße richtungsweisend waren wie die Instrumente der Familie Ruckers-Couchet, haben sie doch einen in hohem Maße eigenen Charakter, der ein klares Klangbild des 18. Jahrhunderts erzeugt. Der Cembalobau wurde in jenem Jahrhundert von der Obrigkeit gefördert. 1728 wollte man in der Scheldestadt herausfinden, welche Handwerke noch aktiv ausgeübt wurden. Hierbei wurden unter anderem zwei Cembalobauer genannt: Alexander Britsen und Jacobus Van den Elsche. Von Van den Elsche gibt es noch ein einziges Instrument aus dem Jahre 1763.

Dieser Jacobus Van den Elsche (ca. 1689-Antwerpen, 2. Februar 1772) wurde möglicherweise in Schilde, Oelegem oder 's Gravenwezel geboren. 1713 bemühte er sich, Bürger dieser Stadt zu werden, um dort Stücke alter Meister umzubauen und neue Instrumente zu bauen. Außerdem bat er darum, keiner Aufsicht zu unterliegen und keiner Gilde angehören zu müssen.

Joannes Daniel Dulcken (Hessen, 1710/16-Antwerpen, 11. April 1757) wurde vielleicht ebenfalls von den günstigen Voraussetzungen angelockt, die Antwerpen für die Ausübung seines Handwerks bot. Auf jeden Fall ließ er sich dort nieder, und 1747 ist er als Mitglied der reformierten »Kruyskerk« eingetragen. Nach seinem

Cembalo, vom Antwerpener Cembalobauer J. van den Elsche (1763). Museum Vleeshuis, Antwerpen.

Tod setzte seine Frau zusammen mit dem jüngsten Sohn Johan die Arbeit fort. 1763 richtete sie eine Bittschrift an den Brüsseler Magistrat, in der sie die gleichen Vergünstigungen erbittet, wie sie seinerzeit ihrem Mann in Antwerpen gewährt wurden: sie wollte sich mit ihrem Sohn Johan und ihrem Schwiegersohn Johan Herman Faber in Brüssel niederlassen. Faber ist möglicherweise der Maler, der in der Rolle der Sint-Lukasgilde im Jahre 1753/54 als Schüler von Joannes Josephus Horemans II. genannt wird. Von Horemans II. gibt es ein Gemälde im Rockox-Haus in Antwerpen, das eine musizierende Gesellschaft darstellt, die um ein Cembalo herum gruppiert ist. Auf diesem Gemälde lesen wir: DUL... 1764. Vielleicht ist hier die Familie Dulcken dargestellt. Wie dem auch sei, das Bild vermittelt uns eine klare Vorstellung vom dem Instrument, das damals zum Musizieren verwendet wurde.

Im Vleeshuis-Museum gibt es neben dem bereits erwähnten Instrument von Jacobus Van den Elsche ein Cembalo aus dem Jahre 1774, das von Joannes Daniel Dulcken gebaut wurde. Von Joannes Petrus Bull, dem letzten in Antwerpen tätigen Cembalobauer, ist noch ein Instrument aus dem Jahre 1779 erhalten.

Um die Untersuchung abzurunden, nahmen wir die *Gazette van Antwerpen* zu Hilfe. Von größter Bedeutung ist die Anzeige, die am 29. April 1766 erschien: »Mr. Mozart aura l'honneur de donner mercredi 30 avril à la Salle du Concert de la Bourse grand concert dans lequel sons fils âgé de 9 ans et sa fille âgée de quatorze, joueront des différentes pièces sur le clavercins toutes les Symphonies seront de la composition de ce petit compositeur qui a fait l'admiration de la cour de Vienne, de Versailles, de Londres et de la Have; ils joueront ensemble sur deux clavercins et aussi sur un clavercin à quatre mains; le prix est de quatre eschelins, on commencera à six heures.« Bezüglich des verwendeten Instruments kann keinerlei Zweifel bestehen, es handelt sich eindeutig um ein Cembalo, was sich übrigens auch in unsere historische Übersicht einfügt. Aus anderen Anzeigen erfahren wir, daß zwischen 1703 und 1798 hauptsächlich Cembali zum Kauf angeboten wurden, unter anderem im Kolveniershof, und zwar von folgenden Meistern: Joannes Ruckers, Andreas Ruckers und Familie Couchet. Es handelt sich hier in der Tat um Dutzende von Instrumenten. Zwischen 1739 und 1798 werden zwölf Instrumente erwähnt, die von Jacobus Van den Elsche stammen, darunter auch ein Instrument aus dem Jahre 1726. Cembali von Joannes Daniel Dulcken finden sich zwischen 1760 und 1799 siebzehnmal und solche, die Joannes Petrus Bull baute, sind für 1788 zweimal genannt.

Über Pianofortes lesen wir erst 1774, es handelte sich damals um Instrumente deutscher Bauer, die von einem Mainzer Kaufmann angeboten wurden. Dieser Kaufmann hielt sich nur kurze Zeit in Antwerpen auf. In den folgenden Jahren wurden Pianofortes nur sporadisch erwähnt, sehr viel seltener jedenfalls als Cembali. Interessant ist die Tatsache, daß im Jahre 1784 ein Augsburger Meister mit drei Instrumenten genannt wird. Sein Name bleibt unerwähnt, aber wir vermuten, daß es sich um Johann Andreas Stein handelt. Darüber hinaus tauchen 1775 und 1788 auch »englische« Pianofortes auf: das Exemplar aus dem Jahre 1788 war ein Instrument von Longman und Broderip. James Longman hatte seine Firma 1767 gegründet, und 1775 war Francis Broderip als Gesellschafter hinzugekommen. Unter dem Namen »Longman and Broderip« war das Unternehmen bis zu seinem Konkurs 1798 bekannt.

Nach diesem Überblick über die verschiedenen historischen Quellen darf angenommen werden, daß Wolfgang und Nannerl auf Cembali spielten, wie sie damals überall in den Niederlanden zu finden waren. Von Pianofortes hört man erst sehr viel später und vorläufig auch nicht so oft.

Tafelklavier, von einem unbekannten Instrumentenbauer um 1760. Museum Vleeshuis, Antwerpen.

Cembalo, vom Antwerpener Cembalobauer J.D. Dulcken (1747). Museum Vleeshuis, Antwerpen.

Mechelen, eine erzbischöfliche Stadt

PIET LENDERS

Mechelen lag an der wichtigen Straße zwischen Antwerpen und Brüssel. Es war durchaus normal, daß die Mozarts dort ihre Reise unterbrachen, die ehemals prachtvolle Stadt besuchten und Erzbischof (seit 1778 Kardinal) Graf Johann Heinrich von Franckenberg ihre Aufwartung machten.

Dieser stammte übrigens aus dem österreichischen Schlesien und war ganz offensichtlich glücklich darüber, »Landsleute« zu sehen. Die strategische Bedeutung der Stadt sollte dreißig Jahre später noch von den Aktivisten des Bauernkriegs ausgenutzt werden. Sie eroberten und besetzten die Stadt und unterbrachen damit alle Verbindungen zwischen Brüssel und Antwerpen. Die französischen Machthaber mußten damals ihre Truppen rund um Mechelen zusammenziehen, um diese Stadt zurückzuerobern. Nach einem anderthalb Tage andauernden Kampf konnten sie die unverschämte Bauernaktion beenden. Es gab ein Blutbad mit 41 Hinrichtungen, das von Georges Eekhoud in seinem Werk *Les quarante-et-un fusillés de Malines* beschrieben wurde.

Gegen Ende des Mittelalters erlebte Mechelen eine Zeit des Ruhms und außergewöhnlichen Glanzes. Ein halbes Jahrhundert war sie Hauptstadt der sieben Provinzen der Niederlande. Nach dem Tod ihres Gatten, Herzog Karls des Kühnen (1477) war seine Witwe, Margaretha von York in die Dijlestad gekommen, um sich dort niederzulassen. Die Verwaltung war ihr gefolgt. Bis zum Tod der Tante Kaiser Karls, der Landvogtin Margaretha von Österreich (1530), hatte die Stadt ihre zentrale Funktion bewahrt. Der junge Kaiser wurde dort unter den strengen Augen seiner Tante erzogen. Die Generalstaaten kamen in Mechelen mehrmals zusammen, die Ritterschaft des Goldenen Vlies traf sich in der Kollegiatkirche Sint-Rombaut zu ihrem Kapitel traf, der bedeutendste Rechnungshof nahm dort seinen Sitz und der Große Rat wurde 1504 endgültig in Mechelen organisiert. Dieser Große Rat war die einzige zentrale Einrichtung, die bis zum Ende

Panorama Mechelens um 1750. Kolorierte Gravüre von Johannes Christian Leopold (Augsburg). Stadtarchiv, Mechelen.

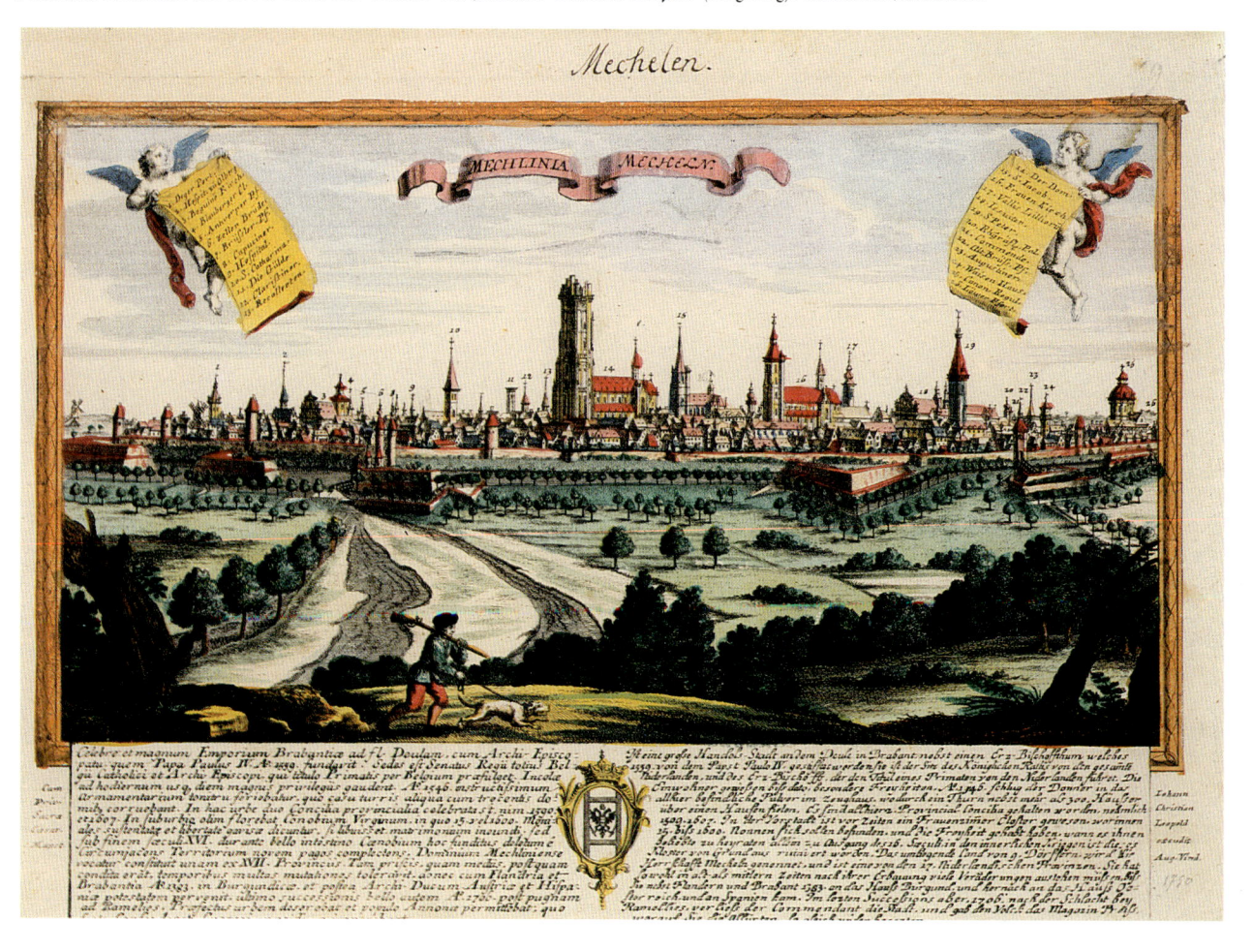

des ancien régime in der Stadt bestand. Unter Kaiser Karl waren die sieben Provinzen sein Rechtsgebiet sowohl für erstinstanzliche als auch für Berufungsverfahren. Im 18. Jahrhundert war sein Rechtsgebiet stark geschrumpft: Holland und Frankreich waren nach den Kriegen des 17. Jahrhunderts verlorengegangen, Brabanter und Henegauer hatten durchgesetzt, daß sie nicht mehr außerhalb ihrer Provinz vor Gericht gestellt wurden, wenn sie Berufung einlegten. Für die übrigen Regionen jedoch war der Große Rat auch weiterhin die höchste und letzte Rechtsinstanz. Der Vorsitzende dieses Rats galt als höchster Magistrat und Diener des Landes.

In der ruhmreichen Zeit um 1500, in der Zeit der Renaissance, hatte der Hof die Stadt geprägt, insbesondere die Architektur und die Kunst. Baumeister, Künstler, Musiker und viele andere, die auf der Suche nach Arbeit waren, strömten in die Residenzstadt der Landvogtin und hatten dort Großes geleistet. Die Einwohnerzahl Mechelens stieg damals auf 30.000.

Die Verlegung des Hofs nach Brüssel, der Bildersturm, die Spanische Furie, die Unruhen, Plünderungen und Brandstiftungen der Religionskriege hatten der reichen Stadt schweren Schaden zugefügt: gegen

Der Mecheler Palast von Margaretha van York.

*Das »neue« Brüsseler Tor im Jahre 1780.
Aquarell von Jan-Baptist De Noter. Stadtarchiv, Mechelen.*

Ende des 16. Jahrhunderts war die Zahl der Einwohner dort auf ein Drittel gesunken.

Im 18. Jahrhundert war die Mechelen nur noch Hauptort einer der zehn Provinzen der südlichen Niederlande: der Herrschaft Mechelen, der kleinsten Einheit des Landes. Es sieht fast so aus, als habe die Stadt früher, als sie noch Hauptstadt war, föderalen Status erhalten, wie etwa die Stadt Washington in den USA. Die Herrschaft war wie eine Insel vollständig vom Herzogtum Brabant umgeben. Über Heist-op-den-Berg und einige Weiler erstreckte sie sich nicht hinaus. Bei der Abstimmung über die jährlichen Geldzahlungen an den Fürsten hatte der Magistrat die Aufgabe der Provinzialstände. Der Stadtrat wurde vom Fürsten berufen und konnte also gar nicht anders als der Bitte des Souveräns um Gelder zu entsprechen. Dieser hätte andernfalls bei der jährlichen Neuberufung des Magistrats sicherlich willfährigere Kandidaten gefunden! Zwar war der Fürst oder sein Landvogt in seiner Wahl nicht völlig frei, eine Mehrheit der Schöffen mußte er aus der »Poorterij« (dem Adel und dem begüterten Bürgertum) wählen, die knappe Hälfte durfte er aus dem alten Gildewesen und den Reihen der Handwerker berufen.

Die lange Friedenszeit nach 1748 brachte für Mechelen eine Periode des wirtschaftlichen Wiederauf-

Ausblick auf das Hanswijktor in Mechelen. Anonymes Ölgemälde (Anfang des 19. Jahrhunderts). Museum Hof van Busleyden, Mechelen.

Ausblick auf den Vismarkt in Mechelen. Ölgemälde von J.A. Biset (1672-nach 1730). Museum Hof van Busleyden, Mechelen. Die Mozarts haben vermutlich von der Stadt Mechelen nicht viel gesehen. Keine einzige Sehenswürdigkeit von Mechelen wird in den Reisenotizien erwähnt.

Johann Heinrich Ferdinand von Franckenberg, Erzbischof von Mechelen. Ölporträt von Brunet (1788). Taxandriamuseum, Turnhout.

Der Sint-Romboutsdom. Aquarell von Hunin, Anfang des 19. Jahrhunderts. Museum Hof van Busleyden, Mechelen.

blühens und der vorsichtigen Erneuerungen. Neue Infrastrukturen kamen der Verbindung Antwerpen-Brüssel zugute. Bereits vor diesem Zeitpunkt war eine breite und gerade befestigte Straße nach Leuven angelegt worden. Die Obrigkeit hatte in diesem Zusammenhang für eine neue Trassenführung optiert, die alle Dörfer umging und von direkt jenseits des Mechelener Viertels Hanswijk geradewegs zum Leuvener Keizersberg führte. Nach 1750 gab es auch eine Kanalverbindung nach Leuven. Die Anlage dieses Kanals war zwar nicht im Sinne der Mechelener Bürger, die um eine Reihe ihrer Privilegien fürchteten, unter anderem um das veraltete Stapelrecht, doch hatte sich die Regierung durchsetzen können. Schließlich war der Stadt daraus eine gute Verbindung nach Gent, Oostende und Antwerpen erwachsen. Doch dieser Vorteil sollte vielen Bürgern erst im Zusammenhang mit den regen Umschlagtätigkeiten während des amerikanischen Unabhängigkeitskriegs (1776-1783) deutlich werden. Die industriellen Bereiche brachten vorläufig noch Arbeitsplätze im Rahmen der Herstellung leichter Draperie und von Klöppelspitzen. Doch allmählich fanden immer mehr Bürger Arbeit in den neuen Baumwollspinnereien und -webereien.

So sehr sich der Große Rat auch bemühte, gebildete Menschen in die Stadt zu holen und dafür sorgte, daß ihr Ansehen im Land stieg, war Mechelen auch weiterhin als erzbischöfliche Stadt und Hauptstadt einer Kirchenprovinz bekannt. Nach der Einigung der Niederlande hatte Papst Pius IV. 1559 die kirchlichen Strukturen des neuen Staats den Gegebenheiten angepaßt und festgeschrieben. Aufgrund des päpstlichen Beschlusses waren die sieben Provinzen in drei Kirchenprovinzen aufgeteilt worden: Mechelen, Utrecht und Kamerijk. Dem Erzbischof von Mechelen war der Primat der Niederlande zugefallen. Bei der Aufteilung des Landes auf die Kirchenprovinzen Mechelen und Kamerijk war zum ersten Mal in der Geschichte die Sprachgrenze berücksichtigt worden. Sie wurde logischerweise als Trennungslinie zwischen der niederländischsprachigen Provinz Mechelen und der französischsprachigen Provinz Kamerijk gezogen worden. Die

Hauptstadt des Erzbistums Kamerijk gehörte im 18. Jahrhundert nicht mehr zu den südlichen Niederlanden, sie war zusammen mit anderen Gebieten vom Sonnenkönig Ludwig XIV. annektiert worden. Theoretisch unterstanden die Bischöfe von Namen und Doornik immer noch Kamerijk, da sie Suffragane des französischen Erzbischofs waren. Die Praxis sah jedoch anders aus. Im 18. Jahrhundert waren sie zusammen mit ihren niederländischsprachigen Amtskollegen stets in Mechelen, wenn über allgemeinreligiöse oder kirchliche Angelegenheiten in den südlichen Niederlanden beraten wurde.

Der Mechelener Erzbischof hatte als Suffragane die Bischöfe von 's Hertogenbosch, Antwerpen, Gent, Brügge und Ieper. Ein großes Gebiet des Bistums Ieper lag in Französisch-Flandern, jenseits der Reichsgrenze. Im 18. Jahrhundert war der Mechelener Prälat eine imLande sehr angesehene Persönlichkeit. Er gehörte dem niederländischen Staatsrat an und hatte als Abt von Affligem in den brabantischen Provinzialständen einen Sitz. Dort war er Fraktionsführer des ersten Standes, der Geistlichkeit. Ihm war auch ein Sitz im Kardinalskollegium in Rom vorbehalten. Im 18. Jahrhundert, von 1716 bis 1802, gab es in Belgien nur zwei Erzbischöfe: Prinz d'Alsace et de Boussu und Graf von Franckenberg. Die außerordentlich lange Laufbahn ermöglichte es ihnen, sich umfassend in die Probleme ihrer Funktion einzuarbeiten, und dies kam ihrem Einfluß und ihrer Macht zugute.

Graf Johann Heinrich von Franckenberg stammte aus Schlesien. Er absolvierte ein brilliantes Studium und war bereits als junger Theologiestudent in Rom Papst Benedikt XIV. aufgefallen, der ihn dazu einlud, vor dem Kardinalskollegium zu predigen. Auch Maria Theresia lernte ihn kennen: Kardinal Migazzi, Wiener Erzbischof, hatte ihn der Regentin empfohlen. Nach dem Tod von Kardinal d'Alsace konnte er sie dazu überreden, den jungen Kanonikus von Franckenberg in Mechelen zu berufen. Monsignore Migazzi war Weihbischof in Mechelen gewesen und konnte sich so mit größerem Einfluß über die Lage in den Niederlanden äußern. Maria Theresia wartete nicht einmal die traditionellen Beratungen des Mechelener Kapitels, der belgischen Bischöfe, des Brüsseler Geheimen Rats und des Landvogts ab und teilte dem jungen Grafen offiziell mit, daß sie ihn für das Mechelener Amt ernannt habe. Jean-Henri de Franckenberg – wie er fortan in den belgischen Dokumenten heißen sollte – war damals kaum 33 Jahre alt. Die Kaiserin schenkte ihm zur Bischofsweihe, die in Wien stattfand, ein goldenes Brustkreuz für 6.000 Gulden und ernannte ihn nach der Bekanntgabe seiner Nominierung zum Staatsrat in Brüssel.

Das Erzbistum Mechelen war das am zentralsten gelegene Bistum. Anders als heute erstreckte es sich über den niederländischsprachigen Teil Brabants – Brüssel inbegriffen – und den östlichen Teil der heutigen Provinz Ostflandern bis hin zur Schelde. Als de Franckenberg sein Amt antrat, zählte das Erzbistum mehr als 300.000 Gläubige und es gab dort einer Zählung aus dem Jahre 1761 zufolge 418 Kirchen und 224 Kapellen.

Der Erzbischof war ein sehr gläubiger Kirchenmann. Ihm lag viel an traditioneller Gläubigkeit und kirchlichen Praktiken. Als wichtigste Aufgabe sah er die Predigt und das sakramentale Leben an. Aufgrund seiner deutschen Abstammung fiel es ihm stets schwer, sich in der Öffentlichkeit – in den Kirchen seines Bistums oder anderswo – in der Sprache der flämischen Lande an das Volk zu wenden. Mehrfach beklagte ersich darüber, unter anderem auch in seinen fünfjährlichen Berichten an den Papst.

Der erzbischöfliche Palast in Mechelen. Mit dem Bau dieses Palastes wurde im Jahre 1717 angefangen, unter Kardinal Thomas Philippus. Der Bau wurde unter Kardinal von Franckenberg beendet. Aquarell von Jan-Baptist De Noter. Stadtarchiv, Mechelen.

Das Groot Seminarie im Jahre 1840. Aquarell von Jan-Baptist De Noter. Stadtarchiv, Mechelen.

Der junge Graf war persönlich nicht sonderlich begütert. Es kam ihm daher sehr gelegen, daß die Personal- und Arbeitskosten des Erzbistums durch eine großzügige Schenkung der Abtei von Affligem gedeckt waren. Das hatte der Papst 1559 so geregelt. Bei seiner Ankunft in Mechelen war er dennoch sehr verwundert über die zahlreichen Bediensteten im erzbischöflichen Palais: 9 Lakaien in Livree und vier weibliche Hilfen für Küche, Reinigung und Wäsche. In den Ställen fand er acht Pferde vor, für die weitere Bedienstete eingestellt waren. Diesen Überfluß an Pferden reduzierte er sofort, mit sechs Pferden konnte er völlig auskommen. In Brüssel verfügte er über das Refugium der Abtei von Affligem. Dort gab es ebenfalls das notwendige Personal und hier hatte er eine großzügige Unterkunftsmöglichkeit während seiner Aufenthalte in der Hauptstadt.

Als höchster Kirchenmann des Landes und als Staatsrat hatte der Erzbischof stets Zugang zum Palast des Landvogts Karl von Lothringen, der ihn sehr schätzte. Der Landvogt hatte übrigens als Großmeister des Deutschen Ordens eine wichtige kirchliche Funktion. Der Mann, der dem Landvogt bei der Verwaltung des Landes zur Seite stehen mußte und der den Titel eines Beauftragten Ministers trug, Graf Karl von Cobenzl, wollte den einflußreichen Kirchenmann schon bald in seine Pläne einbeziehen und für seine politischen Ziele benutzen. »Sie können auf Erden viel zu den Aufgaben der Fürstin beitragen. Ich werde Ihnen hierfür die entsprechenden Mittel an die Hand geben«, schrieb er ihm. Zunächst war der Erzbischof äußerst folgsam, wenn es um die Richtlinien der Brüsseler Obrigkeit ging. Er ließ sogar den jungen Sohn des Ministers, Louis, einige Tage mit seinem Lehrer im erzbischöflichen Palais logieren, ebenso wie die Mozarts, die er zwei Jahre zuvor empfangen hatte. Allmählich ließ seine Fügsamkeit aufgrund der Versuche des Brüsseler Politikers nach, das kirchliche Fastengesetz zu neutralisieren, die Zensur den Bischöfen zu entziehen und der weltlichen Obrigkeit zu übergeben sowie selbst die Hirtenbriefe zu zensieren, die die Bischöfe an ihre Gläubigen richteten. Allerdings unterstützte er die Regierung bei der Gründung der ersten Reichsschulen, der Theresianischen Kollegien.

Die unerwünschten Einmischungen der weltlichen Obrigkeit in kirchliche Angelegenheiten und der Widerstand gegen die Kontakte zu Rom sowie den Einfluß des Papstes in religiösen Fragen wurden zu den Hauptkümmernissen von Monsignore de Franckenberg. Im Jahre der ersten Reise der Mozarts durch die Niederlande, 1763, war über die Einschränkung des päpstlichen Einflusses in der Kirche ein aufsehenerregendes Buch erschienen: *De Statu Ecclesiae* (Der Zustand in der Kirche). Der Verfasser, der sich hinter

Der Innenraum der Sint-Romboutskirche in Mechelen im Jahre 1775. Aquarell von Jan-Baptist De Noter. Stadtarchiv, Mechelen.

Das Gebäude des Grote Raad in der Voochtstraat im Jahre 1785. Aquarell von Jan-Baptist De Noter. Stadtarchiv, Mechelen.

Josef II, Kaiser von Österreich (1765-1790), Porträtmedaillon (1764). Museum für Bildende Künst, Brüssel.

dem Pseudonym Justinus Febronius verbarg, war der Weihbischof von Trier, der im Jahr zuvor auf Drängen von Cobenzl als erster Anwärter für das Bistum Ieper Maria Theresia vorgeschlagen worden war. Der Minister muß die Ideen des Trierer Weihbischofs gekannt haben, denn es waren bereits Auszüge aus seinem Buch in Umlauf. Die Kaiserin lehnte es ab, den vorgeschlagenen Kandidaten zu benennen, weil dies einen zweiten ausländischen Bischof in fünf Jahren bedeutet hätte, so schrieb sie Kaunitz, und das sei nicht gut für die Niederlande. *De Statu Ecclesiae* hatte gleichwohl großen Erfolg. Es wurden sogar zwei französische Übersetzungen geschrieben. In Wien verkaufte man mehr als 800 Exemplare. Es lag in der Absicht von Von Hontheim (alias Febronius), die Macht der Bischöfe »wiederherzustellen« und die des Papstes so zu beschränken, wie es im ersten Jahrhundert der Fall war. Er bekämpfte auch die Klosterorden, die ausländischen Generalstatthaltern Gehorsam schuldeten. Ein Fürst verliert so viele Untertanen, wie ein Klosterorden an Mitgliedern gewinnt, behauptete er. In seinem letzten Werk *Commentarius in suam retractationem* (Kommentar zur Widerrufung meiner Behauptungen) soll Febronius am weitesten gegangen sein: er legte die staatliche Gewalt in die Hände der Kirche. Diesen Ideen widersetzte sich Erzbischof de Franckenberg nach einem gewissen Zweifeln heftig. Sein Tun und Lassen wurde von diesem Zeitpunkt an von einem hohen Beamten überwacht, dem Rechnungskontrollbeamten des Großen Rats, J.J. de Stassart. Später wurde der Erzbischof sogar von Josef II. in Wien zur Ordnung gerufen.

Infolge dieses Kampfes um die Autonomie der Kirche in religiösen Fragen verlor er den neuen französischen Philosophismus ein wenig aus den Augen und konnte auf das Freidenkertum und dessen Angriffe auf das Christentum solche Antwort finden, wie man es von ihm erwartete. Er beobachtete das intellektuelle Leben zu wenig und machte sich erst spät mit den Ideen der Enzyklopädisten und anderer Freigeister vertraut. Erst gegen Ende der siebziger Jahre des 18. Jahrhunderts sollte er gegen die Laschheit der staatlichen Zensur protestieren, die die Verbreitung der französischen aufgeklärten Philosopie zuließ und die Veröffentlichung der Verurteilung des Febronius durch den Vatikan verbot. So hatte er zunächst kaum einen Blick für die Glaubensproblematik und die geräuschlosen Austritte aus der Kirche. Erst in denachtziger Jahren des 18. Jahrhunderts sollte der inzwischen zum Kardinal ernannte Erzbischof die Bischöfe des Landes zusammenrufen, um den Widerstand gegen die antichristlichen Strömungen zusammenzufassen und vor allen Dingen den cäsaropapistischen Maßnahmen Josefs II. die Stirn bieten.

Davon einmal abgesehen diente de Franckenberg seiner Diozöse weise und mit Ruhe. Er wußte sich von guten Mitarbeitern umgeben und war Kontakten zu Christen anderer Kirchen gegenüber aufgeschlossen. So unterstützte er seinen Generalvikar Huleu bei dessen Kontakten zu holländischen altkatholischen Jansenisten und er empfing in seinem erzbischöflichen Palais mit ausgesuchter Höflichkeit die Königinnen Dänemarks und Schwedens.

Abschied von den österreichischen Niederlanden

PIET LENDERS

Um den 5. Mai 1766 herum verließen die Mozarts Brüssel. Sie sollten dorthin niemals zurückkehren. Die Besucher aus Salzburg waren dort vor allen Dingen Österreichern begegnet und hatten im Palast von Karl Alexander von Lothringen einen schwachen Widerschein des Wiener Hofs gesehen. Selbst der Erzbischof war Österreicher. Es war ihnen aufgefallen, daß in der brabantischen Hauptstadt – und nur dort – auf den Straßen auch deutsch gesprochen wurde. Das hing damit zusammen, daß in jenen sechziger Jahren des 18. Jahrhunderts bestimmte begüterte Familien aus Österreich ihre Kinder mit Vorliebe für einige Jahre nach Brüssel schickten.

Es war ihnen darüber hinaus zu Herzen gegangen, wie beliebt die Regentin und der Landvogt bei der Bevölkerung waren, obgleich die meisten Menschen sie noch nie gesehen hatten. Diese Sympathie sollte sich im Jahr nach ihrer Abreise noch einmal auf überdeutliche Weise äußern, als die Nachricht kam, Maria Theresia sei von den gefährlichen Pocken genesen. Zahlreiche Menschen fielen damals dieser Krankheit zum Opfer: auch Ludwig XV. starb 1773 nach einer Pockenerkrankung, ebenso wie sein Vater und Großvater zu Anfang des Jahrhunderts. Die Freude über die Genesung Maria Theresias war einfach beeindruckend. Fast überall wurde ihre Gesundung ausgelassen mit einem Te Deum und mit Volksfesten gefeiert. Die Stadt Brüssel wurde prachtvoll erleuchtet. Der Herzog von Arenberg lud den Hof sowie die hohen Beamten und Offiziere zu einem Galadiner ein. Vom Balkon seines Palastes aus ließ er füringsgesamt 600 Gulden Geldstücke unter das Volk werfen. Er lud die Brüsseler Bevölkerung darüber hinaus zu einem Volksfest ein, bei dem 20 Schafe, 10 Kälber, ein halber Ochse und 100 Stück Geflügel gebraten wurden; darüber hinaus gab es 600 Brote sowie 4 Fässer Wein.

Die Mozarts waren am Hofe nicht nur Österreichern, sondern auch anderen Ausländern begegnet, etwa General Ferraris, der aus Lothringen stammte und Staatsrat Figuerola, er war Katalane. Beide hatten eine Zeit lang in Wien gelebt. Der Reisebericht und die Briefe erwähnen merkwürdigerweise keinen einzigen südniederländischen Spitzenbeamten aus einem der Kollateralräte oder dem Rechnungshof. Sollten diese vielleicht auf Abstand zur Wiener Oberschicht bedacht sein oder arbeiteten sie, während der Landvogt und seine Umgebung feierten? Auch in den Untersuchungen von Graf de Villermont über das Brüsseler Hofleben und von J. Schouteden-Wéry über Karl von Lothringen wird keine Beteiligung autochtoner Spitzenbeamter am Hofleben erwähnt, obgleich dies in Wien und Versailles sehr wohl üblich war.

Der Eindruck, den die Mozarts von den südlichen Niederlanden mit nach Hause nahmen, war der eines fortschrittlichen Landes mit moderner Transportinfrastruktur: die wichtigsten Straßen waren befestigt und sowohl sommers als auch winters befahrbar. Leopold Mozart erweist sich als ein besonders scharfer Beobachter. So stellte er fest, daß in Brüssel nur holländische Schiffe am Kanal anlegten. Durch die Absperrung der Schelde und der Sassevaart durften keine belgischen Schiffe in die Niederlande oder weiter fahren. So bemerkte er etwas von der südniederländischen diplomatischen Inferiorität. Er stellt darüber hinaus sehr realistisch fest, daß Antwerpen eine reiche Stadt sei, finanziell allerdings vor allem von früheren Erfolgen und früherem Glanz zehre. Die treffenden Beobachtungen von Vater Mozart erstreckten sich auch auf den Kunstsinn der Einwohner. Der allgemeine Eindruck war der, daß sie sich in einem Land mit großem künstlerischen Reichtum aufhielten. Die Pracht der Gemälde, der Teppiche, des Kirchenschmucks, die gute Qualität der Orgeln für den Gottesdienst und der Cembali sollte ihnen unvergeßlich bleiben. Auch die majestätische und dennoch geschmackvolle Verzierung in den Kirchen fiel ihnen auf, und sie sahen dies mit besonderer Freude. In Antwerpen wollten sie keine Kirche auslassen, denn sie alle hatten etwas eigenes, eine Kirche war schöner als die andere. Die Frömmigkeit der Bevölkerung rührte sie. Betroffen machte sie allerdings, daß der Rosenkranz nicht gebetet wurde, das vermißten sie. Sie sahen andererseits kein Problem darin, daß die Musikkapelle in der Antwerpener Kathedrale eine so wichtige Rolle spielte und dort Konzerte gab, während von Gesang weniger die Rede sein konnte, wie der jansenistische Priester Pierre Sartre mit einem Schuß Bissigkeit bemerkt hatte.

Wolfgang Amadeus Mozart war bei seinen Reisen nach Deutschland, in die südlichen Niederlanden, nach Frankreich, nach England und in die Vereinigten Provinzen nicht nur ein Kind seiner Zeit, er folgte

Daß das Reisen im 18. Jahrhundert oft ein mühseliges Unternehmen war, wird in diesen beiden Gravüren, die in Augsburg um 1740 aufgetaucht sind, illustriert. Germanisches Nationalmuseum, Nüremberg.

zugleich auch einer jahrhundertealten Tradition. Zwischen 1400 und 1800 gingen sehr viele Künstler ins Ausland, und die größte Gruppe unter ihnen stellten die Musiker. Man hat ihren Anteil statistisch erfassen wollen und kam zu der Feststellung, daß ca. 25 % der Musiker Migranten waren, wohingegen dieser Anteil bei den darstellenden Künstlern nur knapp 18 % betrug. Die Mobilität dieser zuletzt genannten Gruppe hatte dabei vor allen Dingen die Ausbildung, das Studium oder die künstlerische Verkollkommnung zum Ziel. Bei den Musikvirtuosen waren in 95 % der Fälle die Ausübung des Berufs und das Bewußtsein, sie hätten der Gesellschaft etwas zu bieten, der Grund für die Reise. Daß der zu erntende Ruhm und die erwarteten Einnahmen ebenfalls eine Rolle spielten, ist selbstverständlich. Diese Tatsachen werfen nicht nur ein bezeichnendes Licht auf die Verletzlichkeit der musischen Künstler, sondern sie bringen auch etwas über ihre Rolle zum Ausdruck, die sie bei der Verbreitung von Kultur und Kunst spielten. Sie haben in nicht unerheblichem Maße die europäische Kultur geformt. Die Fürstenhöfe und in geringerem Maße auch die kirchlichen Einrichtungen übten hierbei eine gewisse Anziehungskraft aus. Der Mobilitätsgrad war vier Jahrhunderte lang in allen Ländern fast gleich groß. Im 18. Jahrhundert machte lediglich Österreich eine Ausnahme. Sein Anteil im Rahmen der Migration stieg auf bemerkenswerte Weise. Das deutet auf die hohe kulturelle Entwicklung hin, die dieses Land in der Zeit Maria Theresias erfahren hatte.

Die Reise des jungen Mozarts durch die südlichen Niederlande wurde und wird gelegentlich übersehen oder einfach vergessen. So ist sie im vierten Druck des großen Werks von J. Graut und C.V. Palisca, *A History of Western Music* immer noch nicht erwähnt, obgleich dort »alle Reisen des jungen Komponisten« aufgezählt werden... Dennoch war diese Reise für den kosmopolitischen Charakter und die internationale Akzeptanz seiner Musik nicht ohne Bedeutung. Sie hatte darüber hinaus auch für den jungen Wolfgang Amadeus aufgrund des wohlwollenden Interesses, das er seitens der österreichischen Kolonie in Brüssel sowie seitens des Erzbischofs in Mechelen und dererfolgreichen Bankwelt in Antwerpen erfuhr, eine Bedeutung.

Kavalier und Dame. Polychromes Porzellan, um 1740. Modell von Johann Joachim Kändler, Meißen. Museum für Kunst und Gewerbe, Hamburg.

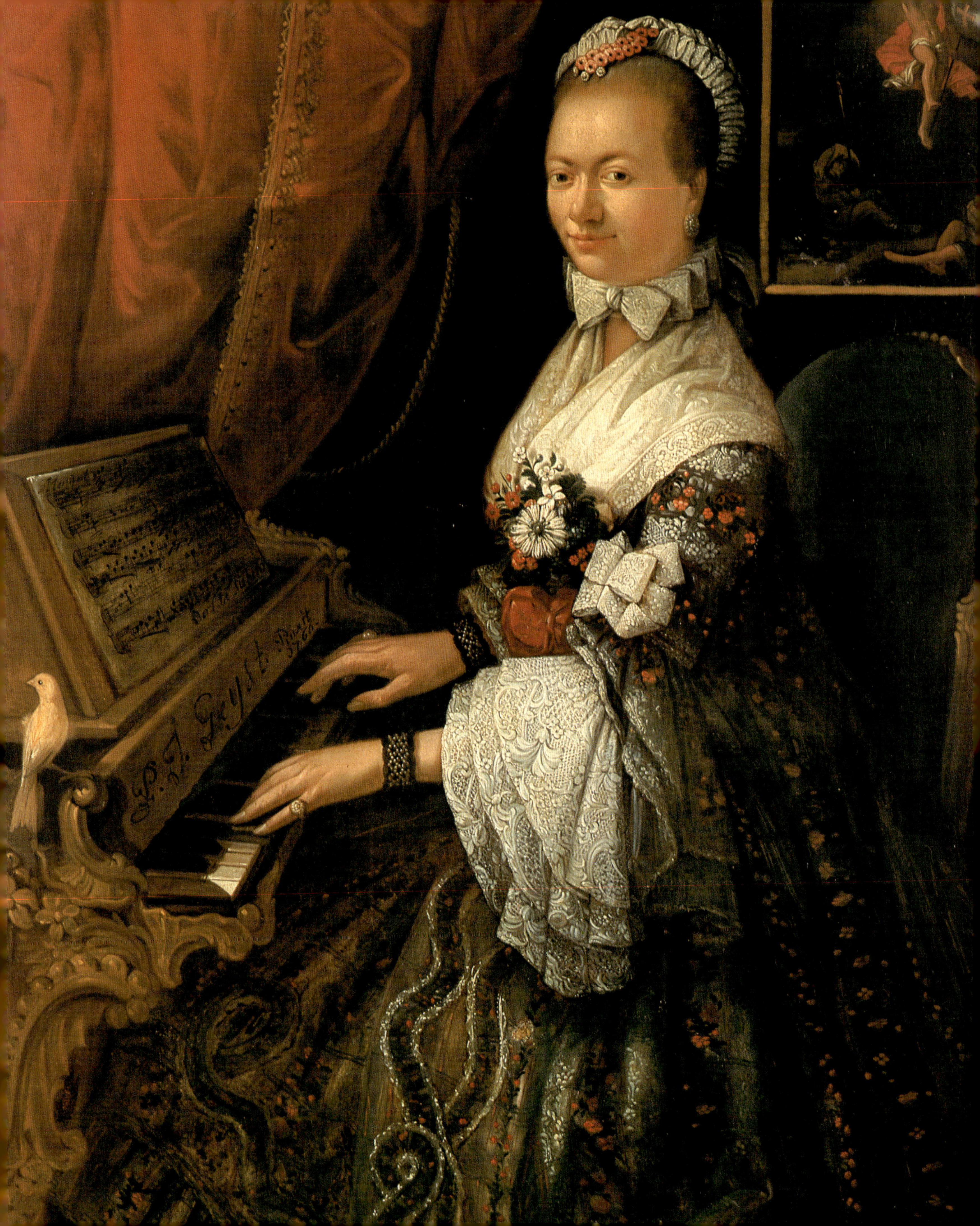
P. J. Geyst

13

Mozart in Belgien nach 1766

PAUL RASPÉ

Anläßlich des zweihundertsten Geburtstages von Mozart im Jahre 1956 schrieb der verstorbene Albert Vander Linden (Bibliothekar des Conservatoire Royale de la Musique in Brüssel) in der damals Mozart gewidmeten Auflage der *Revue Musicale* über die ersten Aufführungen des Werks Mozarts in Belgien: »... erst seit Mitte des 19. Jahrhunderts werden die Symphonien Mozarts in Belgien gespielt; das Interesse für seine Quartette wurde erst gegen Ende des Jahrhunderts geweckt. Für vier seiner Opern – die einzigen seiner dramatischen Werke, die vor dem Jahre 1860 in den wichtigsten belgischen Sälen aufgeführt wurden – verfügen wir über genaue Angaben: *Don Giovanni* (Brüssel 1807, Antwerpen 1808, Gent 1817, Lüttich 1839); *Le Nozze di Figaro* (Gent 1822, Brüssel 1823, Lüttich 1824, Antwerpen 1828); *Die Zauberflöte* (Brüssel 1829, Lüttich 1838, Gent 1844); *Die Entführung aus dem Serail* (Brüssel 1829, Gent 1860).«

Aus unserem Beitrag wird hervorgehen, daß Mozarts Musik schon viel früher gespielt wurde und beliebt war, sogar schon ab dem Ende des 18. Jahrhunderts. Bei dieser Forschungsarbeit sind wir einerseits vom unmittelbaren Zeugnis von François-Joseph Fétis (1784-1871) ausgegangen, dem berühmten Musikwissenschaftler und Musiker aus Mons und ersten Direktor des Conservatoire Royale de la Musique in Brüssel, und andererseits haben wir uns auf der Analyse der Konzertprogramme verschiedener Sammlungen gestützt, die in der Bibliothek des Brüsseler Musikkonservatoriums aufbewahrt worden. Wir haben unsere Untersuchungen auf die Stadt Brüssel und die Zeit nach 1798 beschränkt, das Jahr der ältesten erhaltenen Programme, bis 1871, das Sterbejahr von Fétis. Was hier beschrieben wird, sind die ersten Ergebnisse einer langen Forschungsarbeit, wobei darauf hingewiesen werden soll, daß die Programmsammlungen, die Gegenstand der Untersuchungen waren, weitgehend unvollständig sind und daß es sehr gewagt wäre, auf dieser Grundlage Statistiken aufzustellen und endgültige Schlußfolgerungen zu ziehen.

Dame am Klavier. Anonymes Ölgemälde (1766). Privatsammlung.

Das früheste Zeugnis stammt aus dem Jahre 1792, es handelt sich um die Pianosonaten. In seinen Memoiren (1928 und 1929 in der Zeitschrift *Musique* unter dem Titel »Mes premières années« veröffentlicht) schreibt Fétis über den Prager Musiker Kotzwara: »Im Frühling des Jahres 1792 kam er nach Mons; er besuchte uns und hörte zu, wie ich Sonaten von Mozart spielte.« Ein anderes Zeugnis – dieses Mal aus einem Artikel in der *Revue et Gazette musicale de Paris* vom September 1839 – ist zweiffellos noch interessanter. »Einer Tages im trüben Monat Dezember des Jahres 1792 spielte ich auf einem alten Godefroy-Silbermann-Klavier die Klaviersonaten Opus zwei von Mozart, als mein Vater heimkam und mir mit gerührter Stimme und Tränen in den Augen sagte: ‹Der Meister, dessen Musik Sie

Titelseite und Umschlag der deutschen Übersetzung der Nozze di Figaro, herausgegeben von Dessau und Leipzig in Göschen (1785). Fonds Hollenfeltz, Bibliothek Conservatoire royal, Brüssel.

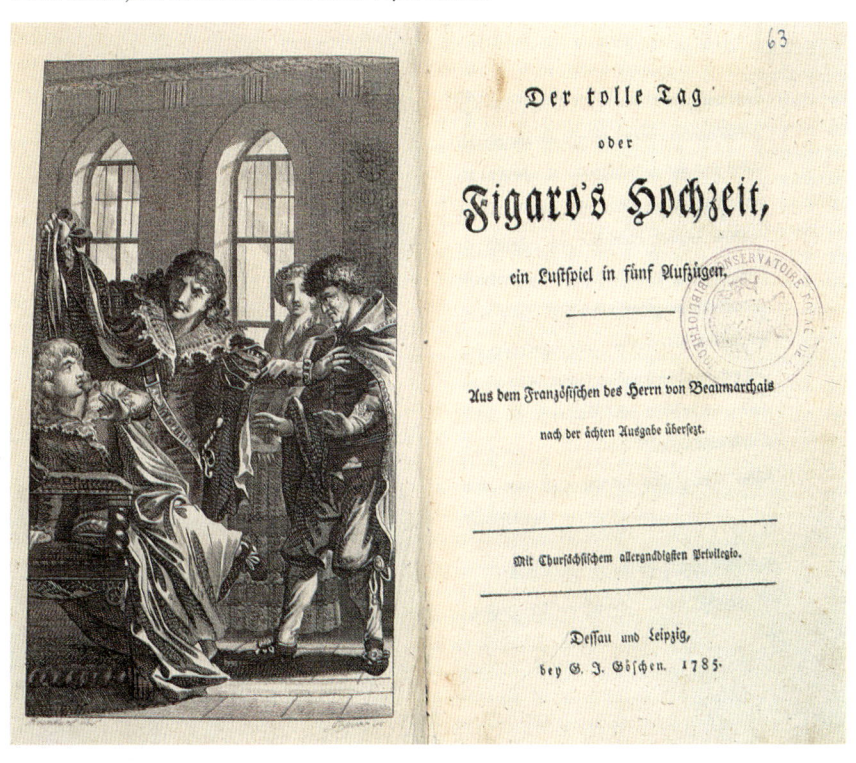

studieren, wird nicht mehr komponieren; der Tod hat ihn uns genommen; es ist ein unersetzlicher Verlust!...› Diese Nachricht war für mich eine Katastrophe und ich spürte wie mein Herz sich zusammenkrampfte. Ohne daß ich wirklich schildern konnte, was ich fühlte und dachte als ich Mozart spielte, ahnte ich, daß in seiner Musik ein viel größerer Reiz und mehr Erneuerung lag, als in den Stücken von Staes, Vanhall, Wagenseil und sogar Carl Philipp Emanuel Bach und Clementi, immerhin die berühmtesten Klavierkomponisten jener Zeit.«
Fétis erzählt in seinen Memoiren auch von den Konzerten, die sein Vater ab 1795 zu Hause organisiert hatte, mit einem Orchester aus neunzehn Musikern, das er selbst dirigierte. Bei diesen Hauskonzerten wurden verschiedene Klavierkonzerte von Carl Philipp Emanuel Bach, Kozeluch und Mozart zum ersten Mal in Mons aufgeführt. Aus diesen Zeugnissen geht erstens hervor, daß es ein Jahr gedauert hatte, bevor die Nachricht von Mozarts Tod Mons erreicht hatte, und zweitens, daß die Familie Fétis in der Ermittlung von Mozarts Werk in Belgien eine wichtige Rolle gespielt hatte. Später hatte François-Joseph Fétis in Brüssel die Pionierarbeit, mit der sein Vater in Mons angefangen hatte, weitergeführt, und dies schon in der Eigenschaft als Dirigent zahlreicher Aufführungen Mozarts, nämlich der Konservatoriumskonzerte.

MOZART IM KONZERT UND IN DER OPER

Bevor wir uns die Konzertvereine und ihre Programme einsehen, muß erst einiges erzählt werden über die Tätigkeit der Musik und der Musikverleger in Brüssel während der letzten dreißig Jahre des 18. Jahrhunderts. Es ist selbstverständlich, daß Musiker ein Werk erst aufführen können, wenn sie um das Vorhandensein einer Partitur wisse, wenn sie diese erhalten können, und wenn sie, im Falle von Orchesterwerken, auch über das notwendige Material für deren Aufführung verfügen.

Wer waren die wichtigsten Musikverleger und -händler in Brüssel, als die Familie Mozart im Jahre 1763 die Stadt besucht hatte? Die zwei wichtigsten waren Jean-Joseph Boucherie, Rue de l'Empereur, und Josse Vanden Berghe, in der Vieille Halle au Bled. In den frühen siebziger Jahren des 18. Jahrhunderts waren Gram und Ceulemans von der Marché au Bois maßgebend und François Godefroy, dessen Aushängeschild »A la couronne de France« die Rue de la Magdelaine schmückte. Letztgenannter war der Brüsseler Geschäftspartner von verschiedenen Pariser Musikverlegern; er konnte also auch als erster in Brüssel Werke von Mozart verbreiten, die in Paris veröffentlicht worden waren. In derselben Straße befand sich noch eine andere wichtige Firma: die der Brüder Van Ypen,

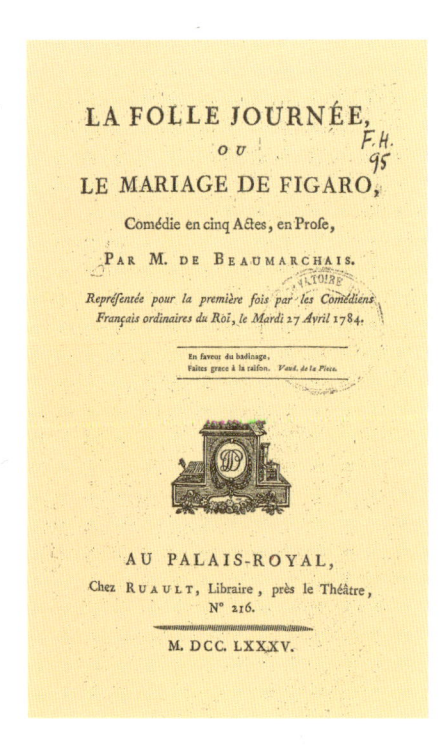

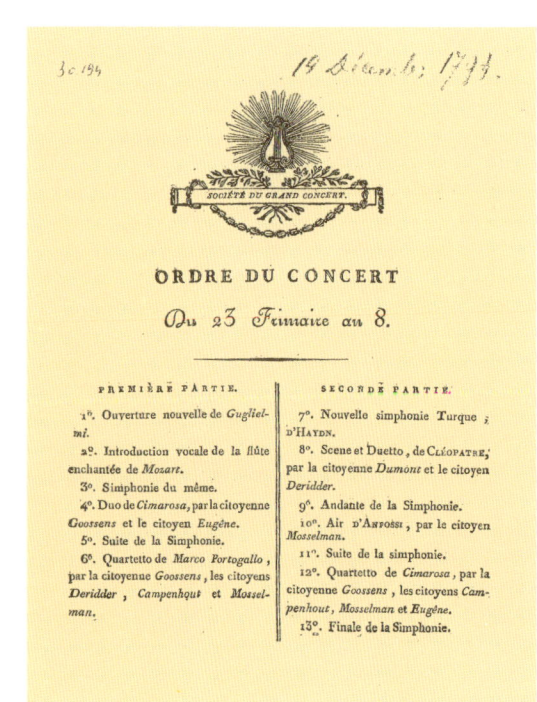

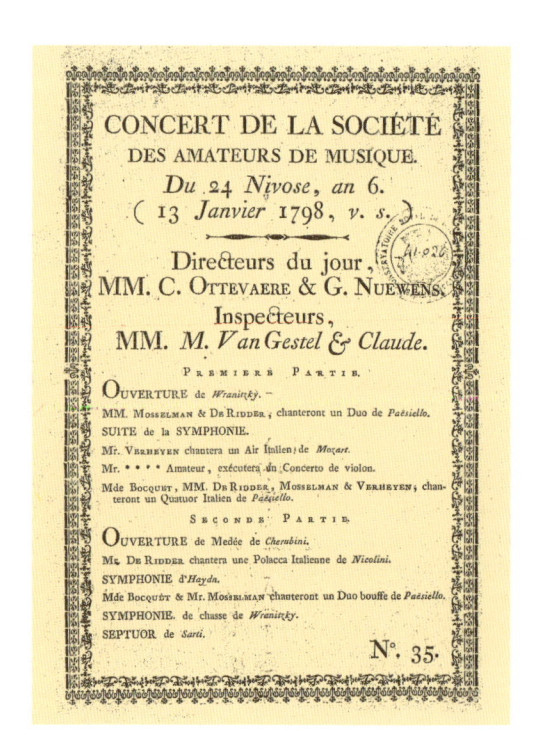

Titelseite der Originalausgabe der Mariage de Figaro, *ausgegeben von Ruault in Paris (1785). Fonds Hollenfeltz, Bibliothek Conservatoire royal, Brüssel.*

Programm eines Konzerts, das von der Société du Grand Concert am 14. Dezember 1799 veranstaltet wurde. Bibliothek Conservatoire royal, Brüssel.

Programm eines Konzerts, das von der Société des Amateurs de Musique am 13. Januar 1798 veranstaltet wurde. Bibliothek Conservatoire royal, Brüssel.

die ab 1775 bis 1778 Gesellschafter des Graveurs Salomon Pris waren, und später, von 1778 bis 1789 des Graveurs Paul Mechtler, der einen Korrespondenten in Paris hatte, nämlich François-Antoine Cornouaille.

Aber das Unternehmen, daß sich zweifellos am meisten für die Verbreitung von Mozarts Werken in Brüssel eingesetzt hatte, war das Haus Weissenbruch, das im Jahre 1795 von Charles de Weissenbruch gegründet wurde. Zwei Kataloge dieser Firma, einer aus dem Jahre 1805 und einer aus dem Jahre 1809, sind erhalten. Sie beweisen, daß damals in Brüssel wichtige Werke Mozarts zur Verfügung standen: Die Orchesterpartituren der Opern *La clemenza di Tito, Così fan tutte, Der Schauspieldirektor, Don Giovanni, Die Entführung aus dem Serail, Idomeneo, Les Mystères d'Isis* (Eine Bearbeitung der *Zauberflöte* durch Lachnitz, zum ersten Mal in der Pariser Oper im Jahre 1801 aufgeführt und im selben Jahr bei Sieber veröffentlicht). *Le Nozze di Figaro* (auch in einer französischen Übersetzung verfügbar). Weiter zahlreiche einzelne Arien aus den genannten Werken, in Französisch und in Italienisch, die vollständige Ausgabe von Mozarts Gesamtwerk von Breitkopf & Härtel, die gesammelten Werke für Klavier in der Ausgabe von Simrock und in der Ausgabe von Pleyel, die fünfte und sechste Symphonie (nach der ersten Zählung) in der Ausgabe von Breitkopf & Härtel, die Flötenkonzerte, die Klarinettenkonzerte und Hornkonzerte, ebenfalls einige der Klavierkonzerte (aber nicht jene für Violine), verschiedene Sammlungen mit Klaviersonaten (im Besonderen vier Bücher des Verlages Le Duc), und dann haben wir noch nichts gesagt über die zahlreichen Bearbeitungen für sechs- oder achtstimmiges Streich- oder Blasorchester von vollständigen Opern oder von einzelnen Arien.

Aus alledem geht deutlich hervor, daß die Brüsseler Musiker in den ersten Jahren des 19. Jahrhunderts schon über ein großes Repertoire verfügten. Weiter werden wir nachweisen, daß sie es nicht versäumt haben, auch aus diesem Repertoire zu schöpfen.

In den letzten Jahren des 18. Jahrhunderts begann ein Konzert meist am späten Nachmittag, um fünf Uhr. Nach 1800 war es halb sieben, ca. 1830 sieben Uhr, und am Ende des Jahrhunderts halb acht oder acht Uhr abends, ausgenommen die Konzerte des Konservatoriums, die sonntagnachmittags um zwölf Uhr und später, seit der Saison 1860-1861 um ein Uhr stattfanden.

Nach 1800 können wir zwei Arten von Konzerten unterscheiden: Die Konzerte, die ein Verein für seine Mitglieder organisierte und die mehr oder weniger einen Privatcharakter hatten, und die Konzerte, die von herumreisenden Virtuosen organisiert wurden, wofür reserviert werden sollte und die für jeden, der das Eintrittsgeld zahlte, zugänglich waren. Nach dem Jahre 1830 kümmerten sich vor allem die Musikhändler und die Klavierverkäufer um den Verkauf der Eintrittskarten. Es ist deutlich, daß die Konzerte des zweiten Typs oft auf den Hang nach Virtuosität abgestimmt waren und dadurch deutlich weniger interessant als die anderen waren.

Die ältesten Programme bieten nur wenige Informationen: Sie nennen nur die Namen der Solisten; der Name des Dirigenten wird nie erwähnt. Außerdem waren die Titel der angezeigten Werke oft so nachlässig zusammengesetzt, daß eine undoppeldeutige Identifizierung oft unmöglich ist: Man schrieb einfach »Scène et air italien« oder »Symphonie«, mit den Hinweisen »Suite de la Symphonie« und »Finale de la Symphonie«, was darauf hinweist, daß vor 1810 die verschiedenen Sätze einer Symphonie durch kürzere Werke, zum Beispiel durch Opernarien, voneinander getrennt wurden; eine Symphonie wurde also nicht, wie heute, ununterbrochen gespielt. Ein anderer Hinweis sagt einiges über den Erfolg bestimmter Werke aus: Dem Titel des Werks folgt im Programm manchmal die Erwähnung »demandée« (auf Anfrage), »redemandée« (aufs Neue angefragt), oder, obschon nicht so oft, »généralement redemandée« (auf wiederholte allgemeine Anfrage).

Zuerst werden wir jetzt die Programme der Konzertvereine untersuchen, danach jene der Virtuosen. Die älteste aufbewahrte Unterlage stammt vom 13. Januar 1798, oder richtiger vom 24. Nivôse des 6. Jahres der Republik.

Sie wurde von der Société des Amateurs de musique veröffentlicht und erwähnt die Nummer 35, was vermuten läßt, daß der Verein schon längere Zeit vor 1798 tätig war. Da die Konzerte dieses Vereins im Saal

Titelseite von Douze Thèmes variés pour le Pianoforte *von Wolfgang Amadé Mozart (Leipzig, Breitkopf und Härtel, s.d.). Fonds Hollenfeltz, Bibliothek Conservatoire royal, Brüssel.*

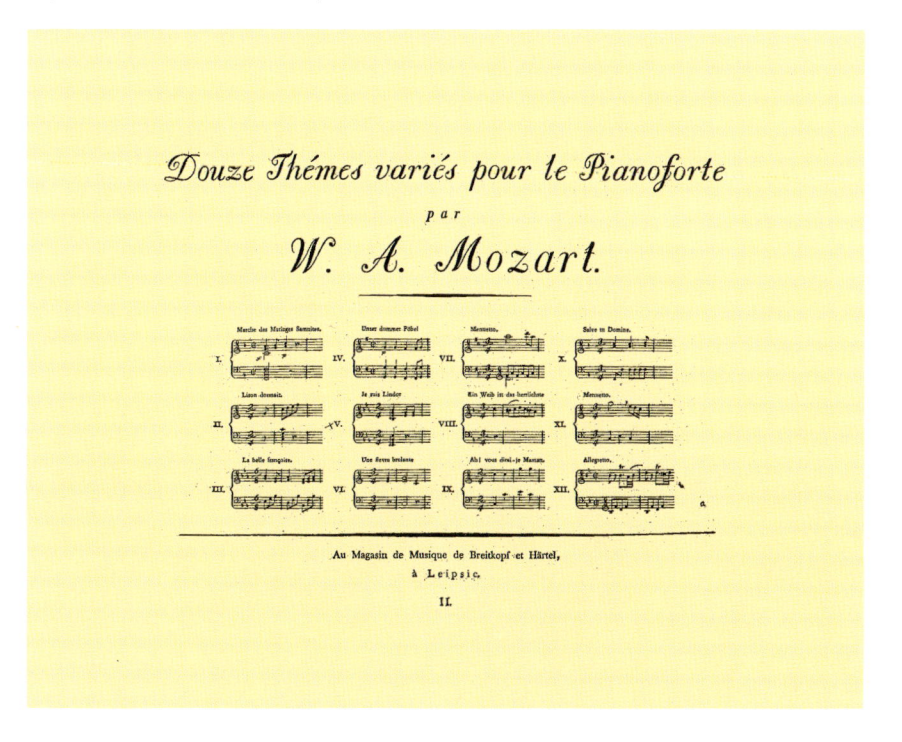

des Place de Bavière (jetzt Dinantplein) stattfanden, der im Ancien Régime der Konzertsaal des Concert bourgeois war, ist es möglich, daß die Société des Amateurs de musique das alte Concert bourgeois einfach weitergeführt hatte. Auf elf der zweiunddreissig aufbewahrten Programme zwischen 1798 und 1823 steht der Name Mozart, mit insgesamt zwölf Werken. Das erste ist ein »Air italien«, gesungen von Verheyen, und das letzte eine Symphonie. Auch die Ouvertüre von »Idomeneo« wird angkündigt und es wurden Fragmente aus »Die Zauberflöte« und »Le Nozze di Figaro« gesungen.

Die Konzerte der Société du Grand Concert, vom Violinisten Jean-Englebert Pauwels gegründet (1768-1804), fanden im Concert noble in der Rue Ducale in der Nähe des Porte de louvain statt. Die Tätigkeiten dieses Vereins können für die Periode von 1799 bis 1829 nachvollzogen werden, aber die siebzig aufbewahrten Programme umfassen nur die Zeit von 1799 bis 1807. Auf zwölf Programmen werden Werke von Mozart erwähnt, insgesamt nicht weniger als neunzehn Stücke: Die größte Zahl stammt aus der Zeit vor 1830, insofern die Programme natürlich erhalten sind. Aber nicht nur auf quantitativer Ebene nahm die Société du Grand Concert den ersten Platz ein, sondern der Verein war auch auf qualitativer Ebene der wichtigste, hatte er doch schon vier Erstaufführungen gebracht: Die erste Aufführung in Brüssel eines Teils einer Symphonie (am 19. Februar 1799), einer vollständigen Symphonie (am 14. Dezember 1799), eines Ensembles aus einer Oper (eines Finales für sieben Stimmen, die nur aus *Don Giovanni* stammen kann, am 28. Dezember 1799) und der Ouvertüre einer Oper (*Don Giovanni* am 28. November 1802). Hier könnten wir noch eine andere Erstaufführung hinzusetzen: die einer zweiten Aufführung – das Finale aus *Die Zauberflöte* – »redemandée« am 8. Februar 1800.

Die Geschichte der Académie de Musique oder des

Der Harfeunterricht. Ölgemälde von Jozef Geirnaert (1820). Museum voor Schone Kunsten, Gent.

Titelseite der Originalausgabe der Orchesterpartitur von Don Giovanni, herausgegeben von Breitkopf und Härtel Leipzig (1801). Fonds Jules de Glimes, Bibliothek Conservatoire royal, Brüssel.

Concert noble ist noch nicht so gut bekannt. Nur ein Programm vom 21. März 1800 mit der Nummer 5 ist erhalten. Hier finden wir zwei Werke von Mozart: eine vollständige Symphonie und ein Trio für eine Frauenstimme und zwei Männerstimmen, wahrscheinlich Fragmenten aus einer Oper.

Die Société philharmonique wurde im Jahre 1793 von Joseph-Henri Mees (1777-um 1855) gegründet, einem Schüler von Pauwels und Vitzthumb. Die vierundvierzig aufbewahrten Programme umfassen nur die Periode von 1800 bis 1827. Vier dieser Programme zeigen Vokalwerke des Meisters aus Salzburg an: zusammen fünf Gesangstücke. Nicht erstaunlich, weil Mees selbst Opernsänger war und auch eine Singschule gegründet hatte.

Über die Société d'Emulation wissen wir noch viel weniger. Auf einem einzigen der drei aufbewahrten Programme wird eine Symphonie (am 8. März 1820) erwähnt. Wahrscheinlich war das Organisieren von Konzerten nicht die wichtigste Tätigkeit dieses kulturellen Kreises. Dasselbe gilt für die Société de la Loyauté; auf zwei der vier aufbewahrten Programme dieses Vereins werden Passagen aus Opern erwähnt, die am 1. November 1823 und am 1. November 1824 aufgeführt wurden.

Über die Société d'Apollon wissen wir das meiste. Diese Gesellschaft, im Jahre 1826 von Charles Hanssens (1777-1852) gegründet, Dirigent des Orchesters des Muntschouwburg, war sowohl ein Konzertverein als auch eine Kasse für gegenseitigen Beistand für Musiker: Die Gewinne aller Konzerte im Muntschouwburg waren für diese Sozialkasse bestimmt. Seit Ende 1843 verfügte der Verein über 9000 Franken, bei der Société Générale angelegt, und über 5000 Franken Schuldforderungen, was nicht gering war. Die Konzertprogramme waren meist aus Opernarien, unterbrochen durch instrumentale Werke, zusammengesetzt. Von den sieben aufbewahrten Programmen gibt es nur eins, in dem ein Werk erwähnt wird, das von Mozart sein könnte, obschon die Angabe doppeldeutig ist: »‹Invocation›, Chorwerk von Mozart und Gluck« (am 7. April 1833).

Die Société de la Grande Harmonie war einer der wichtigsten Vereine vor dem Jahre 1830. Dieser Kreis wurde im Jahre 1811 gegründet, aber die ältesten der wenigen aufbewahrten Programme stammen aus dem Jahre 1848. Es wurden zwei Werke von Mozart gespielt: Die Ouvertüre von *Le Nozze di Figaro* (vom 3. März 1849) und die Ouvertüre aus der *Zauberflöte* (vom 1. Mai 1850), beide unter der Leitung von Charles-Louis Hanssens (1802-1871) aufgeführt, der damals Dirigent an der Muntschouwburg und fester Dirigent der Grande Harmonie und der Association des Artistes Musiciens de Bruxelles war, die von ihm im Jahre 1846 als Ersatz für die Société d'Apollon gegründet wurde.

Es ist bekannt, daß es in Brüssel vor der Revolution vom Jahre 1830 eine Koninklijke Muziekschool gab, die die Tätigkeiten der Ecole de Chant et de Vocalisation weiterführte. Letztere war im Jahre 1813 von Roucourt, der am Conservatorium von Paris studiert hatte, gegründet worden. Die Schule war am 27. Februar 1827 offiziell eröffnet worden und organisierte seit Juli dieses Jahres »öffentliche Proben«, wobei Schüler Stücke spielten, die sie für das öffentliche Examen vorbereiteten. Mozart wurde beim Eröffnungskonzert vom 27. Februar nicht gespielt, aber er steht schon auf dem Programm der ersten öffentlichen Probe vom 14. Juli, mit einem der zwei Quintette aus *Cosí fan tutte*. Im Jahre 1828, bei der ersten der beiden in diesem Jahr gehaltenen Proben, konnte das Publikum die Schüler und das Lehrerorchester mit der Ouvertüre von *Le Nozze di Figaro* hören und im nächsten Jahr mit einer Symphonie (der sechsten in der alten Reihenfolge). Nach den Ereignissen im September 1830 wurden die Kurse eingestellt und erst nach der Gründung des Konservatoriums und nach der Ernennung von Fétis zu dessen Direktor im September 1833 wieder aufgenommen.

Fétis stand in diesem Moment am Beginn eines zweiten Abschnitts in seiner langen und fruchtbaren Laufbahn. Er hatte schon vieles erreicht und eine gewisse Bekanntheit in der belgischen Musikwelt erworben. Er hatte schon mehrere Jahre – jedenfalls ab 1802 – ein großes Interesse für das Werk der drei großen Wiener Meister Haydn, Mozart und Beethoven gezeigt. Als Musikwissenschaftler hatte er Mozart einen Ehrenplatz in der Sammlung, die er unter dem Titel *Bibliothèque du Pianiste* veröffentlicht hatte, zugewiesen, aber er hatte zugleich die Anfangstakte des *Dissonanzenquartetts* »korrigiert«. Er fand die Dissonanzen so herausfordernd und modern, daß er zuerst meinte, es handlete sich dabei um einen Druckfehler...

Als Direktor inaugurierte Fétis die Concerts du Conservatoire, gemäß dem Beispiel Habenecks, der einige Jahre vorher am Pariser Konservatorium mit Konzerten angefangen hatte. Seit dem Eröffnungskonzert vom 21. Dezember 1833 – es wurde damals eine Symphonie in C dur gespielt (wahrscheinlich die *Jupitersymphonie* KV 551) und am Anfang des zweiten Teils die Ouvertüre von *Die Zauberflöte* – bis zum heutigen Tage war und ist Mozart in den dortigen Programmen immer gut vertreten gewesen. Bemerkenswert ist, daß Fétis selbst dieses Orchester dirigiert hatte, das aus Lehrern, fortgeschrittenen Schülern und einigen anderen Musikern bestand. Es ist bedauerlich daß die in der Bibliothek aufbewahrte Sammlung von Konzertprogrammen des Konservatoriums unvollständig ist: Von den ungefähr hundertfünfzig Konzerten, die Fétis dirigiert hat – vier pro Saison in achtunddreißig Jahren

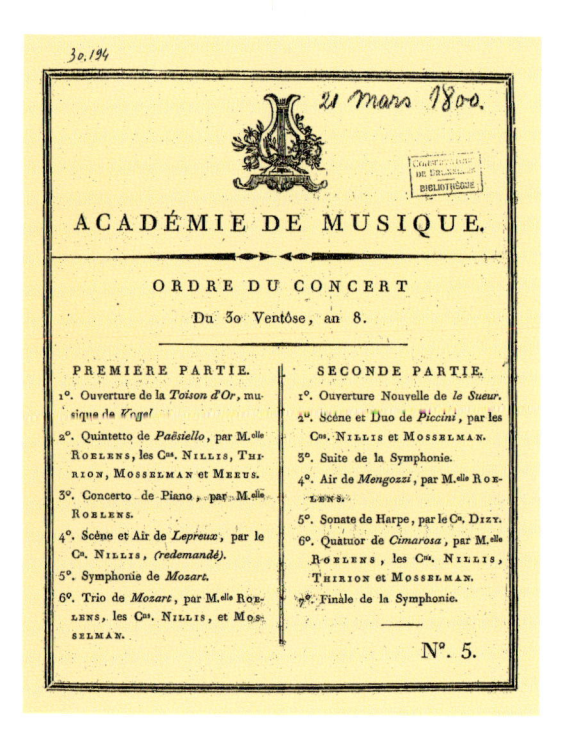

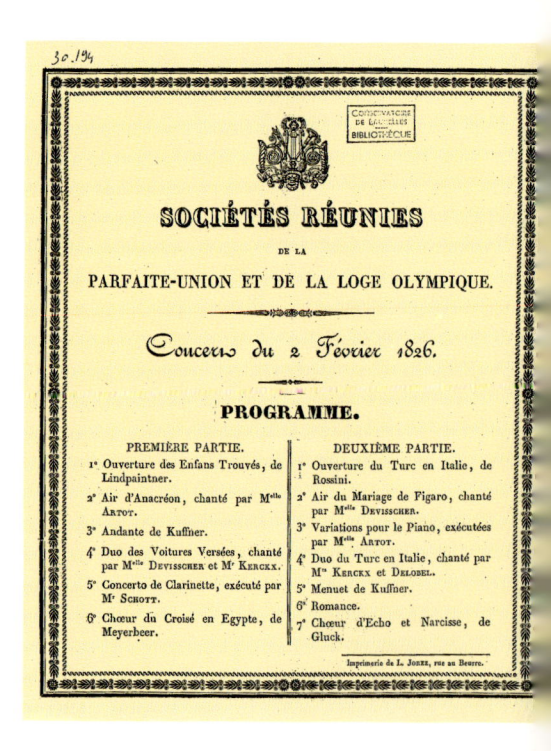

– sind nur zweiundachtzig Programme erhalten. Darauf werden vierzig Kompositionen von Mozart erwähnt. Fétis fühlte sich selbstverständlich vor allem zu den Symphonien hingezogen. Vier Symphonien werden mit der Angabe »nicht veröffentlicht in Brüssel« oder »zum ersten Mal in Brüssel aufgeführt« (die *Haffnersymphonie* in D dur KV 385, die *Prager Symphonie* in Es KV 543 und die *Symphonie* Nummer 40 in g moll KV 550) angzeigt. Aber es gibt noch andere Uraufführungen: Die Motette *Ave Verum* (am 1. Februar 1846), die Konzertarie *Bella mia fiamma* (am 18. Dezember 1859) und das *Klavierkonzert* in c moll KV 491 (am 16. Februar 1868). Fétis hatte außerdem den Vokalensembles aus den Opern und den Soloarien viel Aufmerksamkeit gewidmet. Diese hatten auch eine große Bedeutung bei mehreren der historischen Konzerte, die er zuerst in Paris und seit 1832 in Brüssel organisierte.

Ein anderer Brüsseler Musiker, der neben Fétis viel für die Verbreitung von Mozart in Belgien getan hat, ist Charles-Louis Hanssens, der oben schon im Zusammenhang mit der Société d'Apollon genannt wurde. Im Jahre 1846 gründete Hanssens l'Association des Artistes Musiciens de Bruxelles, einen Verein mit denselben Zielen wie die Société d'Apollon. Von dieser Association des Artistes Musiciens wird in der Bibliothek des Conservatoire Royale de la Musique in Brüssel eine vollständige Sammlung von Konzertprogrammen aufbewahrt, die die ersten siebzehn Spielzeiten von 1846-1847 bis 1862-1863 umfassen, insgesamt achtundsechzig Programme, von denen fünfzehn wenigstens ein oder zwei Werke von Mozart umfassen. Die Symphonien sind in diesen Programmen etwas unterrepräsentiert (eine einzige Aufführung im Jahre 1856), aber die Opernouvertüren und auch die Soloarien wurden viel gespielt und gesungen (die Ouvertüre von *Die Zauberflöte* sogar sechs Mal). Auch begegnen wir hier der ersten und einzigen Aufführung eines Violinkonzertes, nämlich am 9. Mai 1863, mit Henri Beumer, der als Soloviolinist an der Muntschouwburg tätig war und einige Monate nach dem erwähnten Konzert zum Lehrer am Konservatorium ernannt wurde. Charles-Louis Hanssens trat wahrscheinlich auch als Dirigent in einigen Konzerten, die die Freimaurerlogen vor 1830 organisierten, auf, nämlich auf den Konzerten der zusammengeschmolzenen Gesellschaften Parfaite Union und Loge Olympique, von denen sechs Programme aufbewahrt geblieben sind. Auf nur einem erscheint Mozart mit einer Arie aus *Le Nozze di Figaro*. Das ist bestimmt nicht viel, aber vielleicht wußten die Brüsseler Freimaurer nicht, dass auch Mozart das Licht empfangen hatte...

In den von herumreisenden Virtuosen gegebenen Konzerten wurde, wie gesagt, die Aufmerksamkeit vor allem auf das leichte Lied und auf glänzende, jedoch oft oberflächliche Musik gelenkt: Von den einundsiebzig aufbewahrten Programmen aus der Zeit 1797-1871 sind nur neun für uns der Mühe wert, aber eins ist schon sehr wichtig: Am 21. März 1826 wurde zum ersten Mal in Brüssel ein Streichquartett von Mozart gespielt. Es war der erste Teil eines Konzertes der Brüder Hermann. Es fand im Saal des Grand Concert in der Rue Ducale statt. Zufällig wurde am 26. Februar 1828 im Hôtel d'Angleterre von Jacques-Féréol Mazas, Sologeiger und Hofkomponist des französischen Königs Charles X., ein musikalischem Abend organisiert, der mit einer Symphonie von Mozart anfing. Hat Mazas gewußt, daß der Komponist dieser Symphonie fünfundsechzig Jahre zuvor sechs Wochen in diesem Hotel gewohnt hatte?

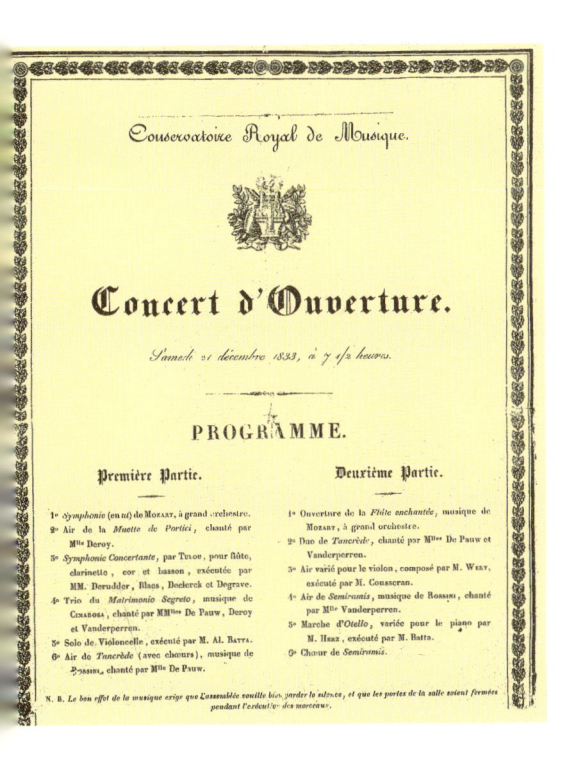

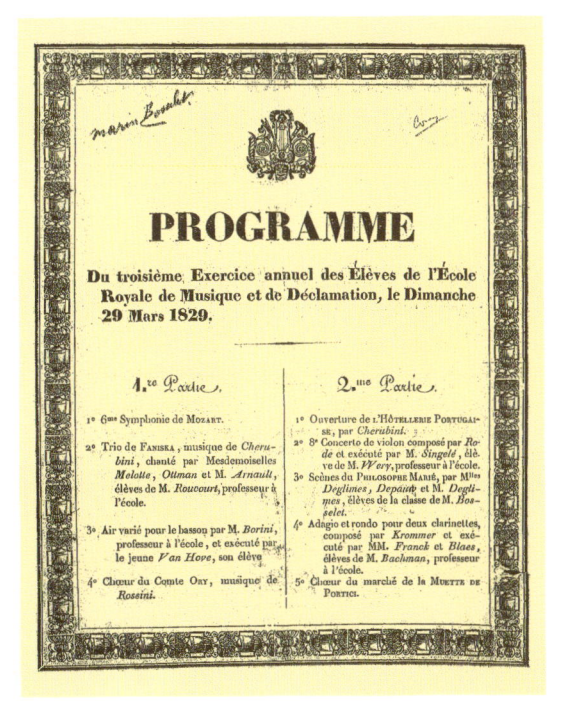

Programm eines Konzerts, das von der Académie de musique am 21. März 1800 gegeben wurde.

Programm eines Konzerts, das von den Brüdern Hermann im Saal des Grand Concert am 21. März 1826 gegeben wurde. Bibliothek Conservatoire royal, Brüssel.

Programm eines Konzerts, das von der Sociétés réunies de la Parfaite Union et de la Loge Olympique am 2. Februar 1826 veranstaltet wurde. Bibliothek Conservatoire royal, Brüssel.

Programm des Einweihungskonzerts des Koninklijk Muziekconservatorium in Brüssel (21. Dezember 1833). Bibliothek Conservatoire royal, Brüssel.

Programm der dritten jährlichen Vortragsübung der Schüler der Ecole royale de musique et de déclamation vom 29. März 1829.

Bibliothek Conservatoire royal, Brüssel.

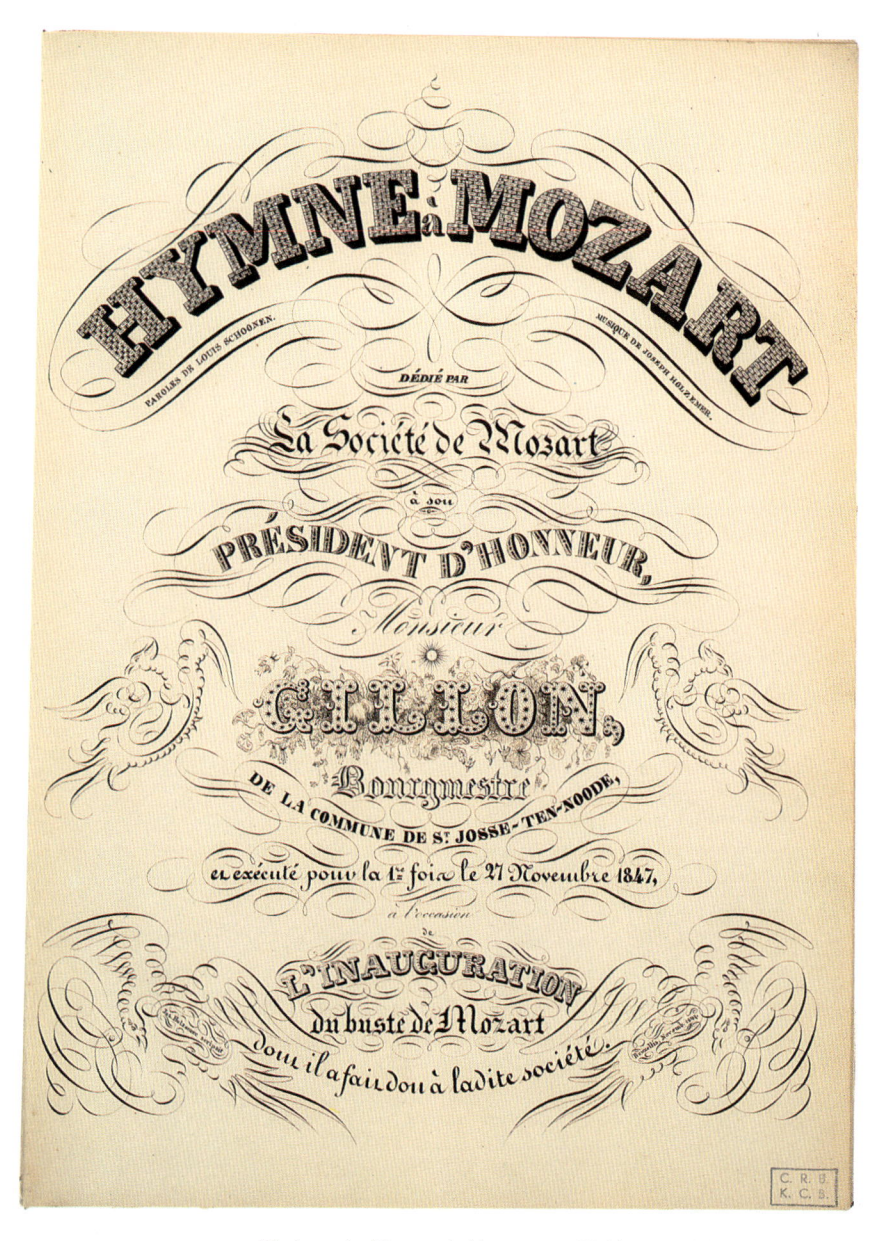

Titelseite des Hymne à Mozart, ein Huldigungsgedicht von Joseph Holzemer (November 1847). Autograph. Bibliothek Conservatoire royal, Brüssel.

Im letzten Teil unserer Forschungsarbeit handelt es sich um die ersten Aufführungen von Mozarts dramatischen Werken in Brüssel. Die Daten, die Albert Vander Linden uns hinterlassen hat, sind richtig, bis auf eins: Nicht im Jahre 1823, sondern am 11. April 1822 wurde *Le Nozze di Figaro* zum ersten Mal im Muntschouwburg aufgeführt. *Die Zauberflöte* wurde am 29. Juli 1829 in der ursprünglichen Sprache (was nicht üblich war) von einer deutschen herumreisenden Gruppe in Brüssel aufgeführt, die einige Tage vorher *Der Freischütz*, das unsterbliche Meisterwerk von Carl Maria von Weber, gebracht hatte. Und am 12. August desselben Jahres kam zum ersten Mal »Die Entführung aus dem Serail« an die Reihe, von derselben Gruppe und ebenfalls im Deutschen, der ursprünglicher Sprache dieses Singspiels, gebracht. Es ist wohlbekannt, wie oft das wichtigste Theater von Belgien seitdem mit ausgezeichneten Aufführungen einem der reinsten Opernkomponisten aus der Musikgeschichte, dessen Werke die Kraft der ewigen Jugend besitzen, gehuldigt hat.

MOZART IN BELGISCHER NOTENEDITIONEN

In den belgischen Noteneditionen nimmt Mozart nur eine sehr beschränkte Stelle ein, was nicht bedeutet, daß die belgischen Verleger – und im Besonderen die Brüsseler, da Brüssel im 19. Jahrhundert das Mekka der belgischen Musikverleger war – kein Interesse für die künstlerischen oder kommerziellen Möglichkeiten, die die Verbreitung von Mozarts Musik bot, zeigten. Aber als man damit angefangen hatte, Mozarts Musik zu veröffentlichen und zu spielen, bekamen die französischen und deutschen Verleger immer mehr das Übergewicht. Man weiß übrigens nur wenig über die Brüsseler Herausgaben: Die belgische Musikverleger im 19. Jahrhundert ist noch immer zum größten Teil unausgebeutetes Gebiet. Trotzdem haben wir bei einer ersten Ermittlung schon einige Partituren gefunden: Zum Beispiel eine Arie aus »Die Zauberflöte«, genannt »Cavatine Puissante Isis/Possente numi«, offensichtlich eine französische oder italienische Übersetzung der Arie von Sarastro »O Isis und Osiris« aus den zweiten Akte (J. Meynne, 1856, Referenznummer M. 745), und die Herausgaben für Gesang und Piano von *Don Giovanni* und »Le Nozze di Figaro« (E. Lauweryns, ohne Datum, ca. 1886, wie aus der Anschrift hervorgeht). Nach dem Jahre 1870 veröffentlichte die Witwe Léopold Muraille in Lüttich einige religiöse Werke in einigen ihrer Kirchenmusiksammlungen und ebenfalls einige Duos aus Opern. In Brüssel veröffentlichte Katto das sehr berühmte *Türkische Rondo* und ein *Quid retribuam* für Tenor, Bass und Orgel. Später, nach 1900, veröffentlichte Georges Oertel in Brüssel die französische Übersetzung von *Das Veilchen* (La Violette).

MOZART IN BELGISCHER MUSIKBIBLIOTHEKEN

Die im Jahre 1872 vom belgischen Staat angekaufte Bibliothek von Fétis wurde der Königlichen Bibliothek Albert I in Brüssel anvertraut, wo sie die für den regelmäßigen Besucher wohlbekannte Fétissammlung bildet. Hier finden wir einige Manuskripte von Opern von Mozart, Kopien, die aus dem Ende des 18. oder dem Anfang des 19. Jahrhunderts stammen: *Ascanio in Alba*, *Bastien und Bastienne* (gemäss dem Katalog ein originelles Manuskript), *Die Zauberflöte*, und auch verschiedene Herausgaben (Simrock, Schlesinger, Richault, Litolff). Die instrumentale Musik ist gut vertreten, mit der Breitkopf & Härtel-Herausgabe von zwölf Symphonien, der vollständigen Sammlung von Klavierkonzerten, von Richault veröffentlicht, den Klaviersonaten von André und einigen Werken für Kammeror-

Musizierende Gesellschaft. Aquarell von Louis Carrogis de Carmontelle. Musée Carnavalet, Paris.

Seite aus der französischen Ausgabe von Don Juan (Brüssel, E. Lauweryns, s.d. (um 1866)). Bibliothek Conservatoire royal, Brüssel.

chester. Fétis betrachtete seine Bibliothek vor allem als ein Arbeitsinstrument; sie enthält also wenige Luxusausgaben, seltene Manuskripte oder schön eingebundene Werke, im Gegensatz zur Wagener-Sammlung, die in der Bibliothek des Conservatorium aufbewahrt wird.

Richard Wagener war Professor der Anatomie an der Universität von Marburg in Deutschland. Er war ein begeisterter Sammler von alten Partituren (Manuskripten und Herausgaben) und Büchern über Musik (musiktheoretischen Verhandlungen, Wörterbüchern, Zeitschriften, Musikgeschichten). Aus seiner Musikbibliothek geht hervor, daß er ein vernünftiger Sammler und bibliophil war. Nach seinem Tode hatte es lange gedauert, bevor seine Erben eine Entscheidung bezüglich des Verkaufes getroffen hatten. Als Alfred Wotquenne, damals Bibliothekar am Konservatorium und leidenschaftlicher Liebhaber der deutschen Kultur und Musik, dies erfuhr, gönnte er sich selbst keine Ruhe mehr, bevor er diese außerordentliche Bibliothek kaufen konnte. Er reiste nach Deutschland und wurde zum Besitzer dieser Sammlung. Im Jahre 1905 war er aber dazu gezwungen, sie seinerseits dem belgischen Staat zu verkaufen, weil er die hohe Tilgung für das abgeschlossene Darlehen nicht mehr leisten konnte. Die Büchersammlung wurde der Bibliothek des Konservatoriums in Brüssel zugewiesen. Zu den Einmaligkeiten und den seltenen Ausgaben über Mozart gehören auch einige Werke aus der ehemaligen Bibliothek von Otto

Mitgliedskarte der Association Mozartienne für die erste Saison 1930-1931. Fonds Hollenfeltz, Bibliothek Conservatoire royal, Brüssel.

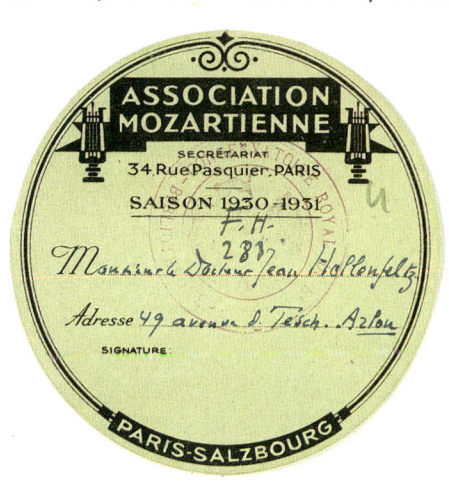

Programm des Eröffnungkonzerts der Société d'Etudes Mozartiennes vom 20. November 1930. Fonds Hollenfeltz, Bibliothek Conservatoire royal, Brüssel.

Jahn (1813-1869), einer der ersten Mozartbiographen.

Aber die wertvollste und imposanteste Mozartsammlung in einer belgischen Bibliothek findet man ohne Zweifel in jener des Arztes Jean Hollenfeltz (1898-1944) aus Aarlen. Hollenfeltz war Historiker und Amateurarcheologe. Als Medizinstudent organisierte er schon Konzerte, auf denen Professoren und Studenten verschiedener Fakultäten auftraten im Rahmen eines von ihm errichteten Cercle Musical. Nachdem er eine Gedichtesammlung und einige Autogramme von Constanze Mozart sowie das Reisetagebuch ihres Sohnes Franz Xaver Wolfgang (1791-1844) erworben hatte, nahm sein Interesse für diese beiden Personen zu und fing er damit an, eine Bibliothek über Mozart und seine Zeitgenossen zusammenstellen. Vielleicht spürte er, wie der Tod näher kam, als er am Anfang des Zweiten Weltkrieges Maßnahmen ergriff, damit seine Bibliothek bei seinem Tod der Bibliothek des Conservatorium geschenkt werden sollte. Am 25. August wurde er von den Nazis auf feige Weise mit fünfundzwanzig Kugeln im Rücken umgebracht, weil er Wiederstandskämpfer gepflegt hatte. Seine Sammlung, die jetzt die Hollenfeltz-Sammlung bildet, ist aus mehr als vierhundert Nummern zusammengesetzt und enthält Originalausgaben von Mozarts Werk, aber auch von dessen Zeitgenossen, wie Johann Christian Bach, Schobert, Ditters von Dittersdorf, Dussek, Wanhall, Haydn, Agrell und dem Brüsseler Staes. Rezentere Ausgaben sind noch hinzugekommen – zum Beispiel das komplette Gesamtwerk von Monteverdi in einer Herausgabe von Malipiero – und weiter ikonographische Dokumente, Konzertprogramma und einige Dokumente von verschiedenen musikologischen Vereinen, zum Beispiel der Société d'Etudes mozartiennes, wovon Hollenfeltz Mitglied war.

Es gibt weiter noch den Verlag Jules de Glimes, der mehr Aufmerksamkeit verdient, als er bisher bekommen hat und worüber am Augenblick ein Katalog gemacht wird. Diese ebenfalls besondere Sammlung der Bibliothek des Conservatorium in Brüssel ist nach dem Sänger Jules de Glimes genannt worden, einem ehemaligen Schüler der Königlichen Musikschule und bemerkenswerten Singpedagog. Der Verlag enthält insgesamt etwa zwei Tausend Stücke, darunter siebenundsechzig Kompositionen von Mozart, wobei es sich nur um ursprüngliche Ausgaben handelt.

Wir können diese kurze Aufführung von Mozartwerken in den Musikbibliotheken von Belgien nicht abschließen, ohne auch dieanderen Conservatoriumbibliotheken in unserer Forschungsarbeit mit einzubeziehen.

In diesen Bibliotheken sind manchmal noch echte Schätze versteckt geblieben. So entdeckte Frau Michèle Friche-Leclercq vor etwa zehn Jahren im Conservatoire Royale in Mons – einen Stadt, die auf mehr als eine Weise mit Mozart verbunden ist – das einzige in Belgien aufbewahrte Exemplar der Originalherausgabe der sechs Streichquartette, die Haydn gewidmet sind und von Artaria herausgegeben wurden. Die Partitur gehörte zur Bouillot-Sammlung und wurde im Jahre 1980 dem Publikum vorgestellt, zusammen mit anderen viel weniger seltenen Werken, anläßlich einer Ausstellung unter dem Titel *Notes d'époque*. Hoffentlich werden noch andere Bibliothekare genauso glückliche Entdeckungen in den noch nicht verzeichneten Sammlungen machen, die unter ihrer Aufsicht stehen.

Wir können daraus schließen, daß zweifellos noch viel Arbeit geleistet werden muß, um die völlige Bedeutung von Mozarts Anwesenheit in den Gebieten, die jetzt Belgien bilden, zu klären, und daß die Ermittlung der Art und Weise, in der Mozarts Musik hier verstanden und bewertet wurde, noch mehr Zeit beanspruchen wird. Mozart hat allmählich als Komponist eine Aureole göttlicher Schönheit und des Mysteriums bekommen, wodurch er eine fast mythische Figur geworden ist. Es ist in diesem Zusammenhang interessant zu wissen, daß ab 1847 (und möglicherweise sogar früher) sein Name einem Musikverein in der Gemeinde Sint-Joost-ten-Node, einem Vorort von Brüssel, wo damals viele Künstler wohnten, gegeben wurde. Eine solche postume Huldigung wurde nur einem Musiker, der bei einem breiten Publikum bekannt war und geliebt und geehrt wurde, zu teil.

Pianoforte, von Johann Andreas Stein gebaut (1770). Germanisches Nationalmuseum, Nürnberg.

14

Mozart und das Klavier

GHISLAIN POTVLIEGHE

Mozart lebte in einem Jahrhundert reicher instrumenteller Klangkultur. Im 19. Jahrhundert ist die Kultur, zu unterschiedlich in den Richtungen und von der Tendenz zum Kunsthandwerk neigend, stark reduziert und infolge der an sie gestellten kommerziellen Erwartungen sehr verflacht.

Zu den wichtigsten Zielen eines Pianisten des 18. Jahrhunderts gehörten das Verfeinern des Ausdrucks und raffinierte dynamische Schattierungen im Dienste der melodischen und rhetorischen Aussagekraft. Zu diesem Zweck wurde im Lauf des Jahrhunderts eine beeindruckende Reihe von Musikinstrumenten entworfen und gebaut. Die sollten wir nicht einfach als Experimente abtun: es gab noch immer keine Trennschärfe wie im 19. und sicher in unserem Jahrhundert.

Im 18. Jahrhundert waren die Musiker Meister im Umgang mit einer besonders breiten Klangpalette. Sie brachte sie nicht aus dem Gleichgewicht, sondern die großen Unterschiede im Klang kamen ihrem feinen Klanggefühl entgegen. Charakteristisch für die Vielfalt ist die Liste der Instrumente, die der Franzose Ad. de Pontcoulant etwa um 1861 in seiner *Organographie* anlegte. Er nennt eine Zahl von achtzig und beschließt die Auflistung mit der Bemerkung, daß es noch viel mehr Instrumente gegeben haben müsse. Ziemlich bestürzt fügt er hinzu: »On peut remarquer, par la lecture de cette nombreuse nomenclature, l'absence d'un véritable instrument...«

Leopold Mozart lebte und arbeitete in dieser Welt reichen Klangkolorits. Vater Mozart, Lehrer, Violinist, Komponist, Tasteninstrumenten-Fachman und -verkäufer, ein Mann, der nicht davor zurückschreckte, weite, manchmal sogar gefährliche Reisen zu unternehmen, um als tüchtiger Impresario seiner beiden genialen Kinder aufzutreten. Sein Sohn fand in den Erfahrungen seines Vaters seine gesamte künstlerische Vorbereitung. »Nach gott kommt gleich der Papa...«

Als Lehrer führte der Vater seinen Sprößling nicht nur in die Kunst des Komponierens ein, sondern er vermittelte auch den Kontakt mit den auf der Höhe der Zeit stehenden Tonkünstlern – eine Berührung, die für Wolfgang von bleibender Bedeutung sein sollte. Auch das besondere Klanggefühl und das Interesse für die Entwicklung des Tasteninstrumentenbaus hatte Wolfgang seinem Vater zu verdanken. Was aber bedeutete der Komponist Leopold Mozart für den Sohn?

Leopolds Kompositionen drängten sich seinem Sohn nirgendwo auf: Vaters Lektionen wurden wie die Werke anderer Tondichter benutzt. Zwei verschiedene Generationen verlangten ihr Recht, ohne damit Konfliktsituationen heraufzubeschwören. Gleichzeitig hochherzig und ambitioniert, stellte sich Leopold seit dem Tag, an dem er das Talent seines Sohnes entdeckt hatte, ganz in dessen Dienst.

Vater und Sohn hatten unterschiedliche musikalische Temperamente, so wie sie auch in menschlicher Hinsicht völlig verschieden waren. Leopold, einerseits vernunftbetont, auf der anderen Seite zum Populären neigend, kann weder als unmittelbarer Vorläufer, noch als künstlerischer Rivale seines Sohnes bezeichnet werden. Wolfgang war alles andere als ein Rationalist

Im Herbst des Jahres 1773 zog die Familie Mozart von der Getreidegasse in den ersten Stock des Tanzmeisterhauses am Hannibalplatz (heute Makartplatz) um. Mozarteum, Salzburg.

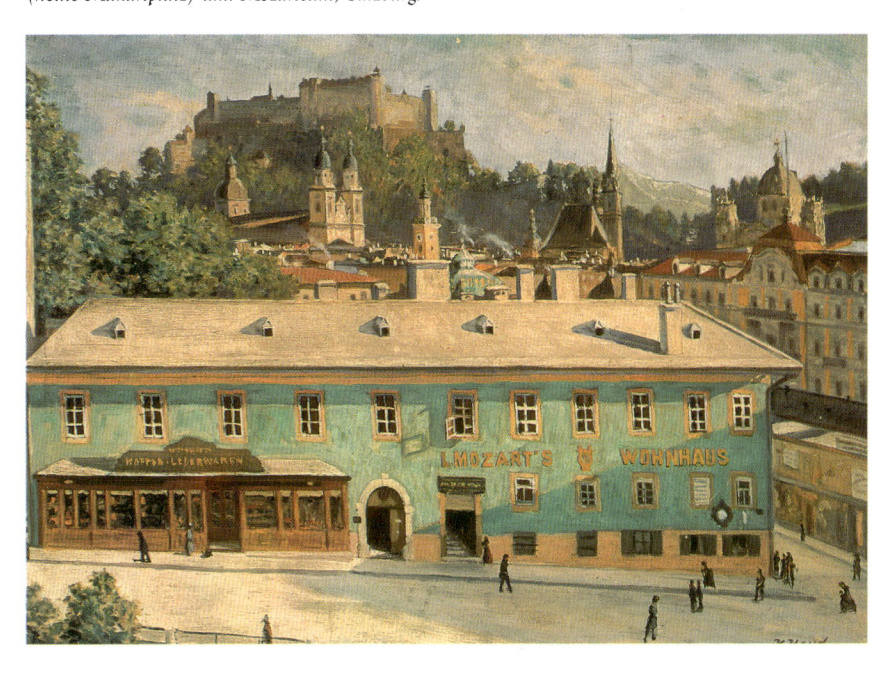

Wolfgang Mozart am Fortepiano (Wien, Winter 1782/83). Unvollendetes Ölporträt von Joseph Lange, Mozarts Schwager. Laut Konstanze war dieses Porträt das naturgetraueste, das je von ihrem Mann gemacht worden war. Mozarteum, Salzburg.

Tafelklavier von dem in Gent ansässigen deutschen Fortepiano- und Orgelbauer Führmann. Groeningemuseum, Brügge.

Ölporträt von Karl, Graf von Firmian, gemalt von Thaddäus Hebbling (um 1767). Man ging lang Zeit davon aus, daß es sich hier um ein Porträt des zwölfjährigen Mozart handelt. Mozarteum, Salzburg.

und populäre Elemente sollten sein Schaffen nie bestimmen.

Als Komponist mußte sich Leopold seinen Weg in einer Zeit revolutionärer Entwicklungen in der Kunst bahnen. Als er seine ersten Sonaten schrieb, war J. S. Bach, der völlig außerhalb seines Gesichtsfeldes zu wirken schien, erst fünfundfünfzig Jahre alt. Leopold blieb unbeirrt einer der letzten Nachfahren der Italiener wie Vitalis, Legrenzi und Corelli, denn die Italiener fesselten ihn auch weiterhin: Tartinis Methode im Kopf, veröffentliche Leopold 1756 seine *Violinschule*. Inzwischen hatte er sich zum modernsten Stil der Zeit bekannt: In einem *Trio für Klavier, Violine und Cello* dominiert das Klavier, während die beiden Streichinstrumente eine kantable Klangpatina über die Klavierpartie streichen. Obwohl ihn die mühelose Anmut des benachbarten Italien noch immer betörte, achtete er darauf, in seinen Kompositionen auch deutsche und österreichische Elemente zu verschmelzen. Salzburg schien auch geographisch die Aufgabe einer Achse für diese unterschiedlichen Musikkulturen vorbestimmt zu sein. Das Orchestrale an Leopolds Werken ist unzweifelhaft süddeutsch. Die neue Technik des von dem Böhmen Johann Stamitz geleiteten Mannheimer Hoforchesters ist vorherrschend. Das bedeutet aber keineswegs, der »reife« Leopold Mozart sei ein vertreter der Mannheimer Schule gewesen. Weit gefehlt!

Vater Mozart hatte ein Empfinden für orchestralen Wert und musikalischen Witz. Dieses Talent trug er in den Kompositionen ungeniert zur Schau, wußte er doch seine Sinfonien und Divertissementi mit bizarren, funkelnden Instrumentaleffekten zu erfrischen. In Augsburg und Salzburg schätzte man solche naturalistische Orchesterwerke. So errang Leopold damit auch Ruf und Ruhm. In seiner *Sinfonia Berchtesgadensis* oder *Spielzeugsinfonie*, die auf Berchtesgaden verwies, wo Kinderspielzeug hergestellt wurde, klingen Rasseln, Flöten, Tröten und kleine Trommeln. Die *Bauernhochzeit* wird wahlweise mit Drehleier oder Hackbrett und Gewehrgeschüssen lebendiger gestaltet. Diese Elemente sind typisch für Leopolds Stil und seine Klangpalette. Mit dem gleichen entwickelten Sinn für ein klares und frisches Klangkolorit stimmte er die *Schlittenfahrt*, die *Jagd*, die *Sinfonia burlesca* und das *Divertiment militare* heiter.

Wolfgang hat vom Vater dieses Gefühl für Klangkolorit geerbt, aber er verwendete die Timbres als rein musikalisches, nicht aber als deskriptives Element.

Noch weitere Facetten von Leopolds reicher Persönlichkeit spielten in der Erziehung Wolfgangs eine Rolle. Im schönen und gemütlichen Tanzmeistersaal aus dem 18. Jahrhundert des Hauses am Hannibalplatz, das die Mozarts seit 1773 bewohnten, konnte Wolfgangs Interesse und Liebe für die Musikinstrumente aufs schönste aufblühen. In diesem Saal wurde nicht nur musiziert, sondern hier verkaufte Leopold ab und zu auch Tasteninstrumente.

Mozartbiographen sind gelegentlich über die Behauptung erstaunt, daß Mozarts Instrumentenbestand gereicht hätte, damit ein Museum zu gründen. Dies ist nur dann verwunderlich und sieht nach hemmungslosem Kult aus, wenn man sich vorstellt, es wären alles Mozarts eigene Instrumente gewesen und dabei vergißt, daß dort Instrumente zum Verkauf standen. Die Mozarts waren sicher mit dem Instrumentenbau vertraut, und wenn es nur durch den Kontakt mit den Herstellern war. Vater Mozart handelte mit Tasteninstrumenten der besten Handwerker seiner Zeit. Es war damals recht gebräuchlich, daß Musiker bestimmte Instrumentenbauer vertraten. Carl Philipp Emmanuel Bach und Beethovens Lehrer Christian Gottlieb Neefe dürfen wir als die hervorragendsten Vertreter nennen.

Leopold hatte viel mit dem Salzburger Hoforgelbauer Egedacher und dessen Nachfolger, dem nicht genügend geschätzten Johann Schmid (1757-1804), zu tun gehabt. Er bewunderte den berühmten Christian Ernst Friederici (1709-1804) – den Alten – aus Gera, auch schätzte er dessen Nachfolger und Neffen Christian Gottlob (1750-1805), der 1785 mit Leopold wegen dreier Flügel verhandelte. Besonders interessant ist die Notiz Alfred Einsteins, daß in Mozarts Haus eines oder mehrere Klaviere von Franz Jacob Späth (1709-1780) aus Regensburg standen. Gerade mit den Instrumenten dieses Handwerkers war Mozart bis zu seinem einundzwanzigsten Geburtstag äußerst zufrieden gewesen, danach tauchten vor allem J. A. Silbermann und später der von Späth ausgebildete Andreas Stein (1728-1792) in der Korrespondenz Mozarts auf. Es waren

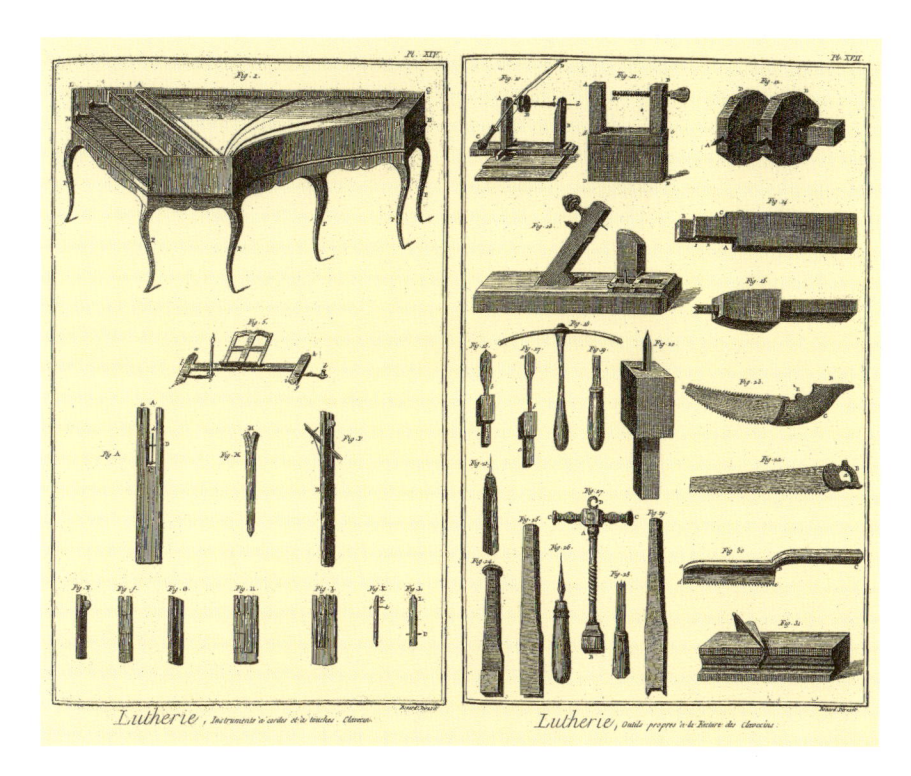

Der Klavizimbelbau. Enzyklopädie von Diderot und d'Alembert. Stadtbibliothek, Antwerpen.

Das Wohnzimmer des Geburtshauses von Wolfgang Mozart mit dessen Konzertpiano (ein sogenanntes Hammerklavier), um 1750 vom Wiener Instrumentenbauer Anton Walter gebaut. Links steht ein Clavichord mit zwei Manualen, erbaut um ca. 1760, mit einer Widmung von Wolfgangs Witwe Konstanze. Mozarteum, Salzburg.

Hammerflügel vom Instrumentenbauer Johann Andreas Stein (1775) aus Augsburg. Staatliches Institut für Musikforschung, Preußischer Kulturbesitz, Berlin.

allesamt große Orgelbauer, direkt oder auf Umwegen aus der Schule von Andreas Silbermann stammend, ihre Namen wurden aber durch die von ihnen gefertigten Flügel noch bekannter.

Wolfgang wurde vom seinem Vater von Kindesbeinen an mit der besonderen Welt der Instrumentenbauer vertraut gemacht. Während ihres Aufenthalts in den Niederlanden haben sich die Mozarts bei den ansässigen Instrumentenmachern umgesehen. Im September 1765 besuchten sie »Mr. Weber, Musicus aus Bremen und Pantalonmacher« in Den Haag. In Gent wohnten sie in der Nähe der Werkstätten der Orgelbauer Van Peteghem und Van Führmann, dem aus Deutschland stammenden Klavier- und Orgelbauer. Das Museum Gruuthuse in Brügge besitzt ein Tafelklavier, das damals ein modernes Instrument gewesen ist. Der Katalog nennt es ein »Clavichord«, tatsächlich handelt es sich aber um ein Hammerklavier. Oder es gehörte zum »cembal royal«-Typus, wenn der fehlende Überzug auf den Hammerköpfen sich als nicht original erweisen sollte. In Mons beschäftigte sich die Familie Ermel ebenfalls mit dem Bau von Tafelklavieren.

Für die Europareise hatte Leopold ein »recht nützlich clavichord von H. Stein in Augsburg« erworben, das für das Üben auf Reisen sehr praktisch war. Ein weiteres Klavier aus Mozarts Besitz steht heute in Wolfgangs Geburtshaus in der Getreidegasse in Salzburg. Wolfgangs Frau Constanze machte nach dem Tode ihres Mannes daraus eine Art Reliquie, die sie mit einer von ihr verfaßten Aufschrift versah: »Auf diesem Clavier hatte mein seliger guter Mann componirt die Zauberflöte, la Clemenza di Tito, das Requiem und eine Freimaurer-Cantate in Zeit von 5 Monaten. Dieses kann ich bestätigen als seine Wittwe Constance, Etatsrathin von Nissen, gewesene Wittwe Mozart.«

Leopold Mozart hat seinem Sohn ein bleibendes Interesse für das Klavichord eingeimpft. Als der damals bereits zweiundzwanzigjährige Mozart sich in Paris aufhielt, empfahl ihm sein Vater: »Wenn du könntest ein gutes Clavicord, wie unseres, in Paris für dich auftreiben, das würde dir wohl lieber und anständiger seyn als ein Flügl.« So hat sich Wolfgang Zeit seines Lebens bemüht, schöne Klaviere zu finden. 1778 schreibt er aus Nancy nach Hause: »wenn ich das kleine Clavierl, daß der fischetti und Rust gehabt hat, zu meinem schreibtisch haben könnte, wäre es mir sehr lieb, indemme es mir besser taugt, als das kleine von stein« (Domenico Fischietti und sein Nachfolger Jakob Rust arbeiteten in den siebziger Jahren des 18. Jahrhunderts als Hofkapellmeister in Salzburg). Worauf Leopold lakonisch zurückschreibt: »Das Klavichord steht längst unter dem Schreibtisch«.

Wolfgang Mozart als Ritter des Goldenen Vlieses. Kopie des anonymen Ölgemäldes (Salzburg, August-September 1777) von Padre Giovanni Battista Martini, heute aufbewahrt in Bologna. Es zeigt Mozart mit dem Orden des Goldenen Vlieses, den er im Jahre 1770 von Papst Clemens XIV bekommen hatte. Mozarteum, Salzburg.

Noch im April 1789 versuchte Mozart, das Silbermann-Klavichord des Kantors Johann Friedrich Doles in Leipzig zu kaufen. Er führte auch einen ansehnlichen Betrag in der Börse mit, doch Doles wollte das Geschenk seines guten Freundes, des Erbauers selbst, um keinen Preis veräußern.

Leopold wußte besser als jeder andere, daß die Welt der Künstler und Instrumentenbauer eine besondere war, in denen der Gedankenaustausch lebhaft und vorzugsweise in Superlativen verlief. »Doch mußt Du ihr Werk kennenlernen und sie in ihrem Tun und Lassen verfolgen. Achte nur gut darauf, was man tun, sagen und sehen wird«, empfiehlt er seinem zwanzigjährigen Sohn. Und darüber hinaus: »In der Vermuthung, dass ihr München verlasen, schreibe ich nach Augsp. und schlüsse dir ein Schreiben an H. stein bey, wo ich ihm die Besorgung eines oder zweyer Concwerten bestens anempfehle, auch ihm melde, dass du die Abscheulichkeit von Salzb. mündlich erzehlen wirst. Mache dir auf seiner Orgl Ehre, er hält viel darauf; sie ist auch gut, und schreibe mir dann, was er für Instrumenten hat... wenn du mit H. Stein sprichst, so must du alles Gelegenheit vermeiden von unsern Instrumenten von Gera eine Meldung zu machen, dann er ist Eifersichtig mit dem Friderici, und wäre die Sache gar nicht auszuweichen, so sagst du, ich hätte die Instrumenten von Obrist graf Prank, da er wegen der Hinfallenden Krankheit Salzb. verlassen, übernommen. das übrige wäre dir unbekannt, da du noch zu jung auf diese Sachen nicht geachtet.« (9. Oktober 1777)

Ein paar Wochen später durfte Wolfgang mit Erlaubnis seines Vaters auch einen Informationsbesuch bei H. Otto und H. Pfeil in Frankfurt unternehmen: »... du würdest bey ihm eines Sammlung von Instrumenten finden, wo dir die Wahl wehe thun würde. Er hatte nebst seinem grossen Fridericischen Flügl/: wie unserer/: mit 2 Manual, einz ganz neues grosses Fortepiano von Mahoni-Holz, NB dieses beschreibt er mich nach der Länge mit den grösten Lobsprüchen, dann ein Clavichord auch von Mahoni-holz, das er nicht für 200 f weggeben möchte. Es habe solches als Clavichord schlechterdings seines gleichen nicht; der discant wäre, als hörte man eine violin sanft dazu spielen; und die Bässe wie Posaunen. ferner hätte er eine Menge Fortbien im Vorrath, weil er damit handle. alles von Friderici. Er bedauert, dass er unter so einer grossen Sammlung seiner Claviermusik nichts von dir hat; und, so viel bemerke, hat er das meiste vom Lang aus Coblenz dahin er dir auch Briefe zu geben sich erbiethet.« (13. November 1777)

Leopold zeigt sich in seiner Korrespondenz als äußerst gut unterrichteter und gewissenhafter Instrumentenkenner. So berichtet er Nannerl aus Wien, am 21. Februar 1785: »Ich bin äusserst betroffen, dass euer Fortepiano in einem so schlechten Stande ist. – dermahl ist nichts daran zu thun, und Gott weis, wenn und woher der Egedacher einen Gesellen bekommt. Von hier ist wenig oder keine Hofnung. unterdessen machet Anstalt, dass ihr mein grosses Clavichord

Tangentenflügel, von Franz Jacob Späth und Christoph Friedrich Schmahl gebaut (Regensburg, 1793). Staatliches Institut für Musikforschung, Preußischer Kulturbesitz, Berlin.

hinaus nehmt. wenn es der geistliche H. Egedacher in Salzb. gut einstimmt, so wird es sich so leicht nicht verstimmen. Nur dass es sicher in Stroh und wohl zugedeckt hinaus geführt wird: wenn nur jemand wäre, der es sicher in Salzburg aufgeben könnte. Es muss aus dem fuss herausgehoben werden: den fuss legt man dann oben auf die Decken darauf, daran liegt nichts. kurz! bringts hinaus! so bald ihr wollt und könnt.«

Damals mußte jeder Musiker für die gröbsten Arbeiten an seinem Instrument gerüstet sein. So mahnt Leopold seine Tochter unmißverständlich: »Habe ich nicht gesagt, dass ich das Fortepiano vielleicht selbst, wenigst zum Teil, herstelle? – – Es wird schwerlich wieder so krank werden als es war, wenn das Zimmer Temperiert erhalten wird...« (16. September 1785). Es schien nichts zu helfen und der alte Egedacher, der mittlerweile schwer erkrankt war, konnte auch nicht mehr. Leopold bietet seiner Tochter dann sein eigenes, großes Clavichord an.

Mit den Instrumentenbauern Egedacher und Johann Schmid, auf die Leopold für verschiedene Wartungsarbeiten immer wieder zurückgriff, blieben die Kontakte immer sehr eng. Bei Korrekturen an den Saiten vertraute er nur sich selbst.

In Verbindung mit den vielfachen Klagen über verstimmte Instrumente – eine Eigenschaft der alten

Tafelklavier, von Johannes Matthäus Schmahl gebaut (Ulm, ca. 1770). Staatliches Institut für Musikforschung, Preußischer Kulturbesitz, Berlin.

Tasteninstrumenten – unterrichtete Leopold seine Tochter: »daß das Fortepiano verstimmt ist nimmt mich nicht wunder: müssen denn nicht alle Instrumenten überal wenigst alle 2 Monat, – oder alle Monat, auch alle 14 täge, und bey Hofe wochentlich 3 mahl überstimmt werden?«

Mozarts berühmter Brief vom Oktober 1777 hat die Musikwissenschaftler vor allem deswegen gefesselt, weil er darin derart ausführlich und im Brustton der Überzeugung auf einen perfektionierten Klaviertypus eingeht, mit dem der Erbauer Stein Furore machen sollte, vor allem wegen der einfallsreichen Mechanik mit Auslöser und der ausgereiften Dämpfung. Der »alte Typus« hat damit für Mozart seinen Dienst getan, so lautet die Schlußfolgerung, die aus dem Brief gezogen werden kann.

Daß Wolfgang die Instrumente von Späth bis zu seinem einundzwanzigsten Lebensjahr vorzog, ist jedoch eine zu wichtige Information, als daß man ohne weiteres die Stein- und/oder Walterflügel zu den geeignetsten Instrumenten der Mozartinterpretationen erklären könnte. Die Frage bleibt dann: Welchen der Späth-Flügel hat Mozart so lang bevorzugt? Und wer war dieser Instrumentenbauer? Franz Jacob Späth bewegte sich sein gesamtes Leben nicht aus seiner

Hammerklavier, von Johannes Matthäus Schmahl in Ulm um 1770 gebaut. Staatliches Institut für Musikforschung, Preußischer Kulturbesitz, Berlin.

Heimatstadt Regensburg heraus. Dort war er von seinem Vater Johann Jacob zum Orgel- und Instrumentenbauer ausgebildet worden. Von diesem Späth sind keine Klaviere bekannt, allerdings Orgeln, »Tangentenflügel« und Klavichordien. Zwischen 1770 und 1775 verehrte er einem bei der hohen Geistlichkeit einflußreichen jungen Herrn »ein neu erfundenes Clavier d'amour«, mit dem Hintergedanken, mittelbar auf den Bischof in Regensburg Einfluß auszuüben, da dieser den Bau einer besonders großen Orgel erwog. 1722 hatte Silbermann auf der Grundlage des bestehenden Klavichords ein, wie er es nannte »cembale d'amour« konstruiert. War Späths »Clavier d'amour« mit Silbermanns Instrument verwandt? Wir neigen eher zu der Ansicht, daß es sich dabei um Späths früheste Bezeichnung für den »Tangentenflügel« handelte. Er baute bereits um 1750 Flügel mit Tangentenmechanik. Es ist jedoch bemerkenswert, daß, zumindest soweit wir das heute noch nachvollziehen können, seine ältesten erhaltenen Flügel aus der Hochblüte des Tangentenflügelbaus zwischen 1790 und 1801 stammen.

Späths Schwiegersohn Christoph Friedrich Schmahl (1739-1814) stammte ebenfalls aus einer Orgelbauerfamilie, die sich über Orgel-, Klavier und Violinen- bis zu Gitarrenbauern verzweigte. Seit 1770 war Friedrich als »Meister in der Orgel- und Inst.-Macherkunst« in Regensburg tätig. Er tat sich sofort mit Späth zusammen und heiratete einige Jahre später eine von dessen Töchtern. Beide Meister hatten auf vielen Gebieten Übereinstimmungen und schienen darüberhinaus auch echte Unternehmerpersönlichkeiten gewesen zu sein, wodurch der »Ruhm der Firma in alle vier Weltteile« – laut Bossler (*Mus. Korrespondenz der deutschen Filharmonischen Ges. für das Jahr 1791*, Nr. 2) – verbreitet wurde. Auch Schmahl gehörte ersichtlich zu den waschechten, typischen Instrumentenbauern des 18. Jahrhunderts: Er entwarf und fertigte unterschiedliche Arten von Tasteninstrumenten, darunter ein Clavichord in Flügelform, ein weiterer Beweis seines ausgebildeten Klanggefühls und seiner technischen Fähigkeiten.

Es ist also nicht weiter verwunderlich, daß Späth, zusammen mit seinem Schwiegersohn Schmahl, den Tangentenflügel auf der Basis seiner interessanten Vorgeschichte, auf die sie sich stützen konnten, zu einem hohen Grad an Perfektion entwickelte und dem Instrument zu großer Bekanntheit verhalf. Gerber äußert dazu in seinem *Lexicon* von 1814: Franz Späth lieferte 1751 »dem Kurfürsten zu Bonn einen Tangentflügel mit 30 veränderungen und hatte durch Fleiss dies Instrument im Jahre 1770 bis 50 Veränderungen gebracht«. Bereits 1782 berichtete Forkel von seinem Erfolg: »Franz Jacob Späth verfertigt mehrerley Clavierinstrumente von ungemeiner Güte. Seine Pianoforteinstrumente in Flügelform (offenbar wird hier der Tangentenflügel noch nicht bei seinem Namen genannt) sind insonderheit vorzüglich, nicht bloss in Betracht der schönen, sauberen und dauerhaften Arbeit, sondern der ganzen Einrichtung.« Der Komponist und Musikhistoriker Schubart unterstrich in seinen *Ideen zu einer Ästhetik der Tonkunst* (1784) noch einmal dick, daß Späths Klaviere zu den besten gehörten, allerdings in heftigem Wettstreit mit denen Steins aus Augsburg.

Vom Klang ähnelt der Tangentenflügel dem »cembalo royal«, so wie es unter anderem Wagner in Dresden in Form eines Tafelklaviers oder in Flügelform fertigte. Das wird aus der Bestandsliste von Carl Philipp Emmanuel Bachs Nachlaß deutlich: »ein Fortepiano oder Clavecin Royal, vom alten Frederici, von Eichenholz und schön von Ton«. In diesem Instrument drehen sich unverkleidete hölzerne Hämmerchen um eine kleine Achse, während für einen Tangentenflügel typisch ist, daß ein hölzerner, geführter Stift (Tangente) in einem freien Lauf von etwa drei Zentimetern auf die Saite gewippt wird.

Der Tangentenflügel mit seinem typischen Klang, der einer besonderen Mechanik zu verdanken ist, darf daher als eine selbständige Erfindung gelten, sicher nicht als »Abkömmling« des Cembalos oder als »Vater« des Klaviers, wie verführerisch dieser Vergleich auch klingen mag.

Wir erfahren erst aus Wolfgangs begeistertem Brief vom 17. Oktober 1777 an seinen Vater, wie sich seine Vorliebe nun von den Flügeln Späths verlagerte, aber auch, daß ein Schüler Späths selbst dort Veränderungen vornahm. Mozart schreibt:

Tafelklavier, von Johann Gottlob Wagner (Dresden, 1788) gebaut. Staatliches Institut für Musikforschung, Preußischer Kulturbesitz, Berlin.

Mon trés cher Pére!

Augsburg, den 17. Oktober 1777

Nun muß ich gleich bey die steinische Piano forte anfangen. Ehe ich noch vom stein seiner arbeit etwas gesehen habe, waren mir die spättischen Clavier die liebsten; Nun muß ich aber der steinischen den vorzug lassen; denn sie dämpfen viel besser, als die Regensburger. wenn ich starck anschlage, ich mag den finger liegen lassen, oder aufheben, so ist halt der ton in dem augenblick vorbey, da ich ihn hören ließ. ich mag an die Claves kommen wie ich will, so wird der ton immer gleich seyn. er wird nicht schebern, er wird nicht stärcker, nicht schwächer gehen, oder gar ausbleiben; mit einem wort, es ist alles gleich. es ist wahr, er giebt so ein Piano forte nicht unter 300 f: aber seine Mühe und fleiß die er anwendet, ist nicht zu bezahlen. seine instrumente haben besonders das vor andern eigen, daß sie mit anlösung gemacht sind. da giebt sich der hunderteste nich damit ab. aber ohne auslösung ist es halt nicht möglich daß ein Piano forte nicht schebere oder nachklinge; seine hämmerl, wen man die Claves anspielt, fallen, in den augenblick da sie an die saiten hinauf springen, wieder herab, man mag den Claves liegen lassen oder auslassen. wen er ein solch Clavier fertig hat, /: wie er mir selbst sagte :/ so sezt er sich erst hin, und Probirt allerley Pasagen, läuffe und springe, und schabt und arbeitet so lange bis das Clavier alles thut. denn er arbeitet nur zum Nuzen der Musique, und nicht seines nuzens wegen allein, sonst würde er gleich fertig seyn.
Er sagt oft, wenn ich nicht selbst so Paßionirter liebhaber der Musick wäre, und nicht selbst etwas weniges auf dem Clavier könnte, so hätte ich gewis schon längst die gedult bey meiner arbeit verloren; allein ich bin halt ein liebhaber vom instrumenten die den spieller nicht ansezen, und die dauerhaft sind. seine Clavier sind auch werklich vom dauer. Er steht gut davor daß der Raisonance=boden nicht bricht, und nicht springt. wenn er einen raisonance=boden zu einem Clavier fertig hat, so stellt er ihn in die luft, Regen, schnee, sonnenhitze, und allen Teüfel, damit er zerspringt, und dann legt er span ein, und leimt sie hinein, damit er recht starck und fest wird. er ist völlig froh wenn er springt; man ist halt hernach versichert daß ihm nichts mehr geschieht. er schneidet gar oft selbst hinein, und leimmt ihn wieder zu, un befestiget ihn recht. er hat drey solche Piano forte fertig. ich habe es heüt wieder darauf gespiellt. [...]
ich habe hier und in München schon alle Meine 6 Sonaten recht oft auswendig gespiellt. die 5:te aus g habe ich in der vornehmen bauerstube accademie gespiellet. die letzte ex D kommt auf die

Klavizitherium, von Albert Delin in Doornik (zweite Hälfte des 18. Jahrhunderts) gebaut. Gemeentemuseum, Den Haag.

Pianoforte vom stein unvergleichlich heraus. die Machine wo man mit dem knie drückt, ist auch bey ihm besser gemacht, als bey den andern. ich darf es kaum anrühren, so geht es schon; und so bald man das knie nur ein wenig wegthut, so hört man nicht den mindesten nachklang.

Hier erkennen wir den Menschen Wolfgang, wie er schon als Kind von einem Freund der Familie, dem Hoftrompeter Andreas Schachtner, beschrieben wurde: »... und dieses Feuer. Alles konnte leicht zum Objekt seiner Leidenschaft werden... so empfänglich war er für jede Versuchung...« Leopold wird diesem Charakterzug seines Sohnes mit wachem Auge und mahnend erhobenem Zeigefinger gefolgt sein, Wolfgang mehr als einmal Leichtgläubigkeit vorgeworfen, und ihn darauf aufmerksam gemacht haben, daß er am einen Tag das verbrannte, was er am vorigen noch anbetete. Es wurde Leopold mitunter zu bunt, und dann setzte er sich hin und schrieb einen beherzten chanismus. Und darin liegt wirklich Steins bahnbrechende, historische Leistung im Klavierbau: Mit dem Einbau eines »Auslösers« – auch Wiener Mechanik genannt – wird ein äußerst präziser Anschlag möglich. Dieses System sollte im deutschen und österreichischen Klavierbau über mehr als ein halbes Jahrhundert Nachfolger finden.

Wie es es aber dann zu erklären, daß Wolfgang selbst nie einen Flügel von Stein besessen hat? Ist es bei seiner anfänglichen Bewunderung für Stein geblieben? Diese scheint sich jedenfalls nicht immer auf dessen Clavichordien erstreckt zu haben, wohl aber auf die »Ziehharmonika«, eine Bezeichnung, die auf die »Saitenharmonika« anspielen könnte. Stein hatte die »Saitenharmonika« 1783 entworfen, neben vielen weiteren Instrumenten wie dem »Vis-à-Vis Doppelflügel« (1777), der »Melodica« (1758), einer Kombination von Cembalo und Klavier, und einem »Flötenwerk

Graf Hieronymus von Colloredo (1732-1812), Fürst und Erzbischof von Salzburg seit 1772 und Nachfolger von Erzbischof Schrattenbach. Ölgemälde von Franz Xaver König (1772).

Concerti a Cembalo obligato con Stromenti. Gravüre von I.R. Holzhalb nach I.R. Schellenberg (1777). Zentralbibliothek, Zürich.

Brief: »allein dieser Brief, an dem ich meinen Sohn, an nichts anderm mehr kenne, als an dem fehler, daß er allen Leuten auf das erste Wort glaubt, sein zu gutes Herz durch schmeicheleyen und gute schöne Worte iederman blos stellt, sich von iedem auf alle ihm gemachte vorstellungen nach Belieben hin en her lenken lässt!«

Auch Mutter Mozart entdeckte an ihrem Sohn häufig einen solchen Zug und schwieg dann auch nicht: »Mein lieber Man aus disen brief wirst du ersehen haben das wan der Wolfgang eine neue bekandschaft machet er gleich gueth und blueth für solche leuthe geben wolte«.

Unter anderem durch die etwas übertriebene Geschichte, wie er seine Klaviaturböden fertige, gelang es dem »Eifersüchtige(n) Stein« – wie Leopold ihn einmal nannte – schnell, den arglosen Wolfgang von Späth zu entfremden. Beachtenswert ist allerdings, daß Mozart in seinem Bericht nichts über den Klang aussagt, sondern über den Anschlag- und Dämpferme-

Mozarts Kinder, Karl Thomas (1784-1858) und Franz Xaver (1791-1844). Ölgemälde von Hans Hansen (1798). Mozarteum, Salzburg. Nur der Jüngere, der später die Vornamen seines Vaters getragen hatte, wurde Berufsmusiker; er erwarb sich einen guten Ruf als Pianist, Komponist und Musiklehrer. Karl Thomas wurde Regierungsbeamter in Mailand.

zum Aufsetzen auf das Klavier«. Stein hatte ein aufmerksames Auge für die Entwicklungen in seinem Handwerk und legte ganz im Geist der Instrumentenbauer des 18. Jahrhunderts die melodischen Möglichkeiten erweiternde Klangpaletten an. So krönte er die besonders interessante, mittlerweile zu Unrecht vergessene Klangkultur des 18. Jahrhunderts.

Die letzten Tangentenflügel wurden von der Familie Schmahl um 1815 angefertigt. Vielleicht haben die Söhne von Wolfgang Amadeus Mozart noch davon gehört oder bewahrten eine entfernte Erinnerung an sie. Wenn Carl Thomas Mozart schrieb, er wünsche den Walter-Flügel seines Vaters dem Mozarteum zu schenken, weist er, in der typischen Sichtweise des 19. Jahrhunderts auch darauf hin, daß dieses Instrument interessant sei, »weil es eines der ersten mit Hammerschlag sogenannten (vom damals berühmten Anton Walter verfertigten) Fortepianos ist«. Dachte er dabei noch an das Cembalo? Steins, der den Klavierbau doch in neue Bahnen gelenkt hatte, wird sich nicht mehr erinnern. Offensichtlich lebte in Thomas' Gedächtnis noch vage die Vorstellung, daß in der Jugend des Vaters noch einen Flügel ohne »Hammerschlag« existiert haben mußte.

In seinem Testament vom 29. September 1856 vermacht er drei Instrumente: »Ich hinterlasse dem Mozarteum in Salzburg, meinem Universalerben, den Flügel, welcher in meiner Wohnung in Mailand befindet, sowie das Tafelklavier und das Instrument, welches Ziehharmonika genannt wird, welche sich beide in Meinem Hause in Caversacio befinden...« Der Flügel wurde auch wirklich nach Salzburg geschafft, das Tafelklavier und die mittlerweile verschollene »Ziehharmonika« blieben jedoch zurück.

Bei der Auflistung seines Nachlasses wird ersichtlich, daß Mozart auch noch über ein unsigniertes Tafelklavier (damals sogar noch Clavichord genannt) aus Eichenholz verfügte.

Waren den Mozarts Späths »Klaviere« durch ihren Handel bekannt, ohne daß sie je über ein derartiges Stück verfügt hätten? Mozart hat möglicherweise vom Schwiegersohn Späths, Johann Matthäus Schmahl, das kleine Hammerklavier erhalten, das in der Staatlichen Sammlung alter Instrumente in Berlin aufbewahrt wird. Das Instrument ist aus Haselholz, hat die Form einer liegenden Harfe und ist mit einer Transpositions-Mechanik und drei Registern versehen.

Wolfgangs große Vorliebe soll, glaubt man seinem Sohn Carl Thomas, dem Klavier gegolten haben, dessen Erfindung allgemein dem in Wien ansässigen »Kammerorgelbauer und Instrumentenmacher« Anton Walter (1752-1826) zugeschrieben wird. Das Instrument ist aber anonym und zeigt im übrigen keine Ähnlichkeit mit den signierten Walter-Instrumenten. Es scheint eher so gewesen zu sein, daß Walter hier ein älteres Instrument modernisiert hat. Es gilt allerdings als sicher, daß er das Instrument mit einem selbständigen Klavierpedal, das inzwischen verschollen ist, ausrüstete.

Dieses Pedal muß Mozart sehr geschätzt haben, denn es ist ein eigener, wiederzuentdeckender Aspekt seines späteren Klavierstils. Das selbständige Pedalklavier war in seiner Zeit noch nicht sehr verbreitet. Es wurde erst im 19. Jahrhundert häufiger benutzt. Als Konstruktion für sich muß es ein recht beeindruckender Teil des Klaviers gewesen sein.

Für Wolfgang, der das Pedalspiel auf der Orgel ebenso mühelos beherrschte wie das Manualspiel auf dem Klavier, bedeutete das Pedal eine Verstärkung des Basses. Nicht jedoch in dem von Beethoven gemeinten Sinn: Beethoven forderte ein weiteres Manual-Tessitur, was schließlich zu einem solideren, massiv konstruierten und dadurch auch kräftigeren und grundtonigerem Instrument führte. Ein derartiges Instrument war für Mozarts Klavierkunst nicht ideal, denn sie verlangt im Gegenteil einen transparenten, hellen Klang.

Pedal-Hammerflügel, von Johann Schmid (1800) gebaut. Germanisches Nationalmuseum, Nürnberg.

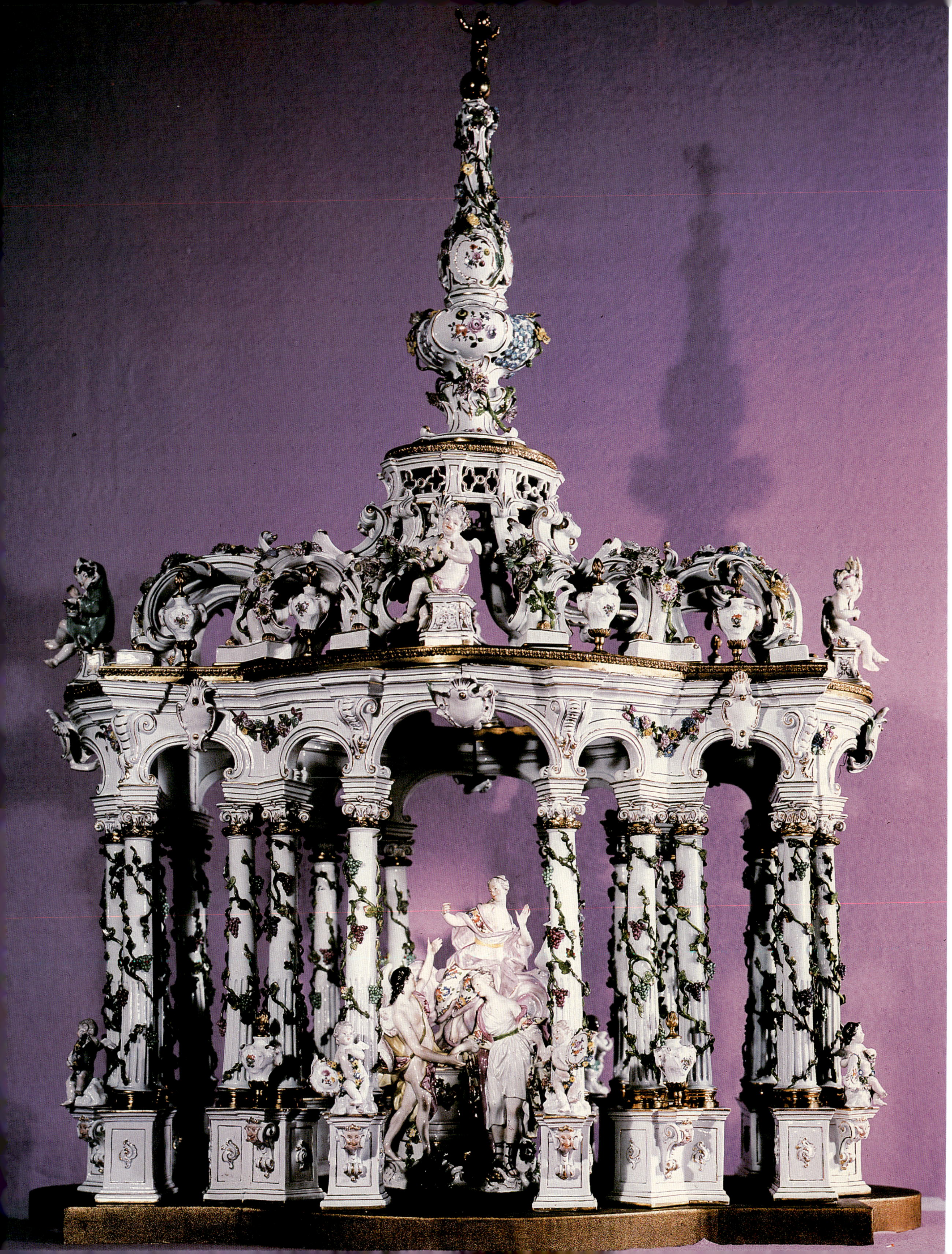

15

Das Zeitalter Mozarts

JULES VAN ACKERE

Wie eine Perle in einem Schrein liegt das kurze Leben Mozarts (1756-1791) in der langen Laufbahn Haydns (1732-1809). Beide haben voneinander gelernt. Die Zeit Mozarts ist die des untergehenden Rokoko, das schlichter wird und sich zu einem neuen Klassizismus ordnet. Die Empfindsamkeit und der galante Stil leben bis in die letzten Jahre fort. Andererseits – wie viele untergründige Strömungen gibt es während der Rokoko-Zeit, die nichts mit dem Rokoko gemein haben! Denn im Rokoko-Salon, dessen Möbel und Schmuckgegenstände im letzten Jahrzehnt des Jahrhunderts meistbietend versteigert werden, schwadroniert nicht nur der galante Komplimenteur, sondern dort argumentiert auch der »aufgeklärte« Geist. Die Pastellfarben und die blumigen Töne, das gekünstelte Spiel und die Libertinage einer Generation, die die Vergangenheit vergißt und sich nicht um die Zukunft kümmert, das ist die sichtbare Fassade des Rokoko; aber hinter dem Vorhang des frivolen Festes und des Lauerns auf Genuß verbergen sich auch Menschen, die denken, nachdenken, abwägen und Antworten auf ihre Unvollkommenheit und ihr Aufbegehren suchen. Jede große kulturelle Epoche baut sich auf Unrecht auf: In jener Zeit geschieht es vor allem durch den Adel, wenn auch nicht nur durch ihn. Eine neue Welt gärt. Die in ihren Traditionen festgefahrene Kirche hat keine richtungweisenden Denker und befindet sich in einer Zeit der Resignation; das Papsttum nimmt keine Führungsposition mehr ein, sondern wird zum Spielball der Fürsten, Frankreichs, Spaniens, Österreichs. Zu der Zeit, als der Jesuitenorden aufgelöst wird (1773), schießt überall die Freidenkerei ins Kraut. Die Aufklärung agiert außerhalb und gegen die Kirche, so die Aufklärungsphilosophie Kants und der rationalistische Geist der Encyclopédie, mit der Diderot, der alles wissen wollte und selbst eine wandelnde Enzyklopädie war, den Stand des Wissens zu ordnen trachtete. Das 18. Jahrhundert übernimmt folgenreiche Verantwortlichkeiten vor der Geschichte. Es akzeptiert, mehr als die vorigen, den Menschen so, wie er ist, anstatt ihn zu erziehen und ihm Verhaltensmaßregeln aufzuerlegen, wie es das Mittelalter und das Jahrhundert Pascals und sogar die dünkelhafte Renaissance unternommen hatten. Das Licht, welches im Begriff vom »Siècle des lumières« aufblitzt, ist nicht das Licht Gottes oder des Kosmos, sondern das des menschlichen Geistes, genährt von dem magischen Wort, das alle Disziplinen in sein Kraftfeld zieht und bereits während der Renaissance die Hauptbestrebung des Menschen bedeutet: *Freiheit*. Freiheit des Individuums, seines Denkens, Handelns, Wortes, eine Freiheit, auf deren Boden nicht nur die Romantik, sondern die gesamte moderne Welt keimt. Diese Freiheit dient in erster Linie der Wissen-

Der berühmte Enzyklopädist Denis Diderot an seinem Schreibtisch. Ölfarbenporträt von L.M. Van Loo (1767). Louvre, Paris.

Die verfeinerte Porzellankunst spiegelt besser als jede andere Kunstform den Geschmack der Aristokratie und des reichen Bürgertums im 18. Jahrhundert wider. Das Liebessiegel. Polychromes Porzellan, Meissen. Modell von Johann Joachim Kändler, um 1750. Museum für Kunsthandwerk, Frankfurt.

Der chinesische Kaiser. Polychromes Porzellan, Modell von J.P. Melchior. Höchst, um 1770. Museum für Kunst und Gewerbe, Hamburg.

Leuchter nach einem französischen silbernen Muster. Kloster Veilsdorf, um 1770. Museum für Kunst und Gewerbe, Hamburg.

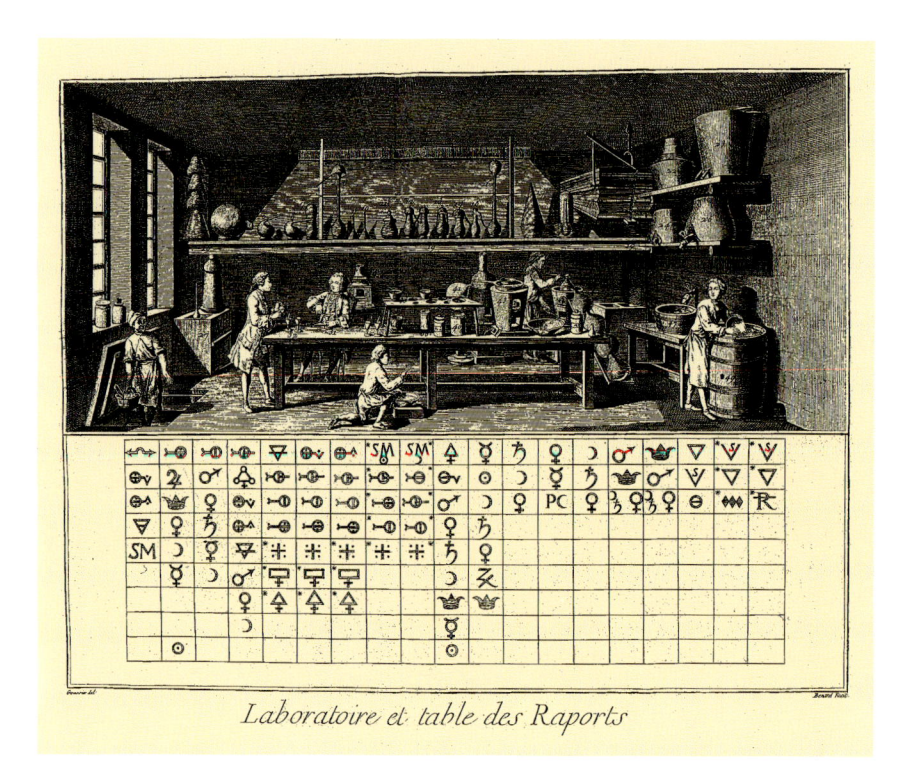

Das Vakuum. Illustration aus dem Physikbuch vom Student M.J. Plischart (1738). Universitätsarchiv K.U.L., Löwen.

Dat Laboratorium. Enzyklopädie von Diderot und d'Alembert. Stadtarchiv, Antwerpen.

Französischer Fächer aus der zweiten Hälfte des 18. Jahrhunderts. Bijlokemuseum, Gent.

schaft, die die Fackel der Theologie übernimmt. Auf der »tabula rasa« des Verstandes führt ihr die Erfahrung viele neue Erkenntnisse zu. »Es gibt keine Erkenntnis, die nicht aus der Erfahrung geboren wird«, erklärt Voltaire. Die Wissenschaftler stecken die Grenzen des Großen und Kleinen immer weiter und erforschen mit Teleskop oder Mikroskop »les deux infinis«, über die Pascal disputiert. Während Spallazani und Leeuwenhoek die kleinsten Zellen durch ihre Linsen bewundern und sofort sehen, wie »groß« der Mensch sein kann, entzündet ein alter Musiker namens William Herschel neue Sterne, die diesen Menschen stets kleiner wirken lassen. Die exakten Wissenschaften forschen immer weiter: Fahrenheit, Celsius und Réaumur gradieren, jeder auf seine Weise, das Kalorimeter. Lavoisier fraktioniert Wasser in Wasser- und Sauerstoff und beweist, daß die chemischen Reaktionen endo- oder exothermisch lediglich eine Verschiebung der Materie bewirken. Volta sperrt die Elektrizität in seine Batterie, während Franklin sie vom Himmel holt und mit seinem Blitzableiter zum Gehorsam zwingt. Andere lösen das Kohlendioxid, während Römer 1675 in Paris die Lichtgeschwindigkeit berechnet. Die Versuchsröhre von Lavoisier und der Papinsche Topf, das Huygenssche Pendel und der Apfel Newtons sind ebenfalls Symbole der wissenschaftlichen Erfolge. Diese Fortschritte bestärken den Glauben an die Vernunft: ein Kreislauf, in dem der eine den anderen vorwärtstreibt. Aber es bleibt nicht bei zunächst unverwertbaren Erkenntnissen: Die Dampfmaschine von James Watt, der Webstuhl Jacquards und viele andere Apparate sind angewandte Gegenstücke zum und Verwirklichung des abstrakten Denkens.

Die Naturwissenschaften hinken nicht hinterher: Buffon sucht nach der Einheit des Sonnensystems, der menschlichen und tierischen Gattungen, indem er die Evolutionstheorie weiterentwickelt. In seinem Garten in Montbard systematisiert er die Pflanzen und stellt, ebenso wie Linnaeus (Linné) im hohen Norden, fest, daß sie noch durch etwas anderes als ihre Schönheit fesseln können. Auch dem Menschen gilt die Aufmerksamkeit der Forscher: 1671 wurde zum ersten Mal eine

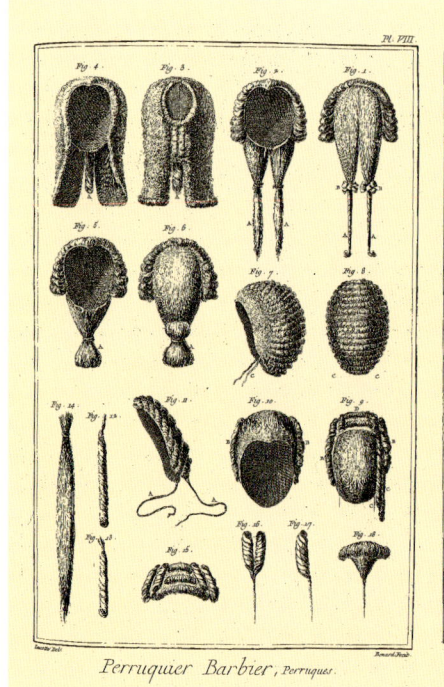

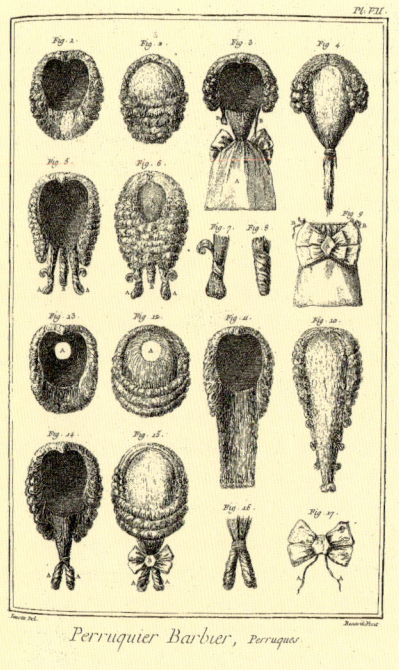

Bluttransfusion in Scultets Chirurgenbuch beschrieben, Jenner besiegt unterdessen durch die Impfung die Krankheit mit der Krankheit selbst.

Die Popularisierung der Wissenschaften – anders als in der Renaissance beteiligt sich nun auch der interessierte Laie – ist teils auf die Literatur, teils auf die Philosophie zurückzuführen, die beide in den jeweils anderen Territorien wildern. Nicht selten fangen Schriftsteller als Wissenschaftler an. Montesquieu ist zunächst Mathematiker und Voltaire, der sich mit Physik und Philosophie befaßt, führt Newton in Frankreich ein. Frankreich hat in dieser Zeit seine am wenigsten »literarischen« und gleichzeitig seine unverwechselbarsten Autoren. Die Literatur erhält einen breiten sozialen, offenen Charakter. Adam Smith (1723-1790) vertritt in der ersten modernen Studie über politische Ökonomie die Ansicht, daß die Arbeit die wichtigste Quelle des Wohlstandes sei, und fordert die größtmögliche Handelsfreiheit. Nun, da Descartes und Pascal Philosophie und Theologie in die Literatur eingebracht haben, werden das gleiche Fontenelle und Buffon mit den Wissenschaften, Montesquieu mit dem Recht unternehmen. Voltaire, Condillac und viele

Die Einweihungszeremonie in der Wiener Loge. Ölgemälde von Ignaz Unterberger (um 1786). Historisches Museum, Wien.

andere schärfen ihren Geist für alle »menschlichen« Probleme und ziehen kirchliche und königliche Macht in Zweifel.

Ist das 18. wirklich weniger religiös als andere Jahrhunderte? Wie auch immer, viele der Glaubensströmungen, die in früheren Jahrhunderten entstanden sind und Interesse an der Religion bezeugen, wirken weiter: Sie bewegen sich zwischen unerbittlicher Vorbestimmungslehre und weitgehenden Freiheitsbestrebungen: Jansenisten, Kamisarden, Quietisten, Hugenotten. Und die Loge (Freimaurer)? Sie ist vor allem sehr zahm, wendet sich an den Bruder Mensch statt an Gott und den Vater; aber sie predigt ihre Brüderlichkeit, daß fromme Seelen wie Joseph Haydn und Wolfgang »Amadeus« Mozart, die voller Hingabe, der eine seine *Schöpfung*, der andere seine *Missa* (KV 427), komponiert haben, zu ihnen gehören könnten.

Es ist daher nicht die Ketzerei, die sich besonders gefährlich ausnimmt, sondern eine Haltung, die lange vor Comenius vorbereitet, in Salons und Zirkeln, in den Akademien und Cafés, an den Arbeitstischen der Denker und Propheten stetig stärker wurde: Sie nannte sich ursprünglich »Toleranz«, ist aber eine Form des bereits eingeführten Begriffs der Freiheit, der so aufwühlend durch das Jahrhundert geistert, auch wenn Lessing noch 1779 die tolerante und die ertragende »Freiheit« in den szenischen Dialogen seines *Nathan der Weise* verstecken mußte. Der jüdische Kaufmann Nathan und der Muselmann Saladin scheinen edlerer Gefühle fähig zu sein als der christliche Patriarch. Wer kann sicher sein, daß er wie in Boccaccios Roman den Ring, d.h. die wahre Religion, besitzt? Die Weisheit Nathans ist das großmütige Zugeständnis, jede Überzeugung als fruchtbar anzusehen. Nachsichtige Toleranz, die über jeder Religion steht: Der Weg zur Wahrheit führt nicht notwendigerweise über den (Um-)weg des Glaubens. In diesem Jahrhundert wird viel gepredigt, doch nicht in der Kirche, und es geht um die Toleranz, nicht in Christi Namen, sondern im Namen der Vernunft. Es ist ein vernünftiger Zweifel, der Fontenelle dazu veranlaßt, abwechselnd Protestant, Katholik und wieder Protestant zu werden. Dennoch, wie sehr Kant auch hinsichtlich der Vernunft zweifelte, kritisierte, diskutierte, sie vermochte die geheimnisvolle Anwesenheit Gottes nicht auszuschalten. Wie sehr auch ihre Aufmerksamkeit dem Menschen galt, Mon-

Diorama oder Guckkasten mit der Darstellung einer Einweihung in einer Freimaurerloge. Deutschland, 1750. Bijlokemuseum, Gent.

Galakonzert in Venedig im Jahre 1782. Ölgemälde von Francesco Guardi (1712-1793). Alte Pinakothek, München.

tesquieu, Voltaire und später Rousseau glaubten noch unerschütterlich an Gott. Gefährlicher war David Hume. Unterstellt Voltaire der Ordnung der Natur noch einen Baumeister – für dieses Uhrwerk muß doch ein Uhrmacher zuständig sein! –, findet Hume, der in seinem Land die von Bacon und Locke angelegten Wege beschreitet, erleuchtet und weiter ausbaut, keine rationale Grundlage für einen Glauben an Gott. Voltaire war noch der Ansicht, man könne auf vernünftig erworbene Erkenntnis eine praktische Moral aufbauen. Für Hume war Moral eine Frage von Tradition, Gewohnheit, Eigeninteresse. In seiner *History of Religion* führt er den Glauben auf eine Gefühlssache zurück: Hoffnung auf mehr Glück, Furcht vor dem Unbekannten; in seinen *Dialogues concerning Natural Religion* gibt der Philosoph noch zu, die Natur sei zu wunderbar, um nicht einen Schöpfer zu haben; der Skeptiker aber antwortet, mit einer derartigen Behauptung werde dem vernünftigen Geist bereits zuviel Aufmerksamkeit geschenkt. Kann unser Verstand denn richtungsweisend wirken? La Mettrie verneint und meint, unsere Gedanken und geistigen Aktivitäten seien einfach aus physischen Phänomenen herzuleiten. Warum also noch über eine Seele sprechen? Ein höchstes Wesen ist möglich – doch welche Bedeutung hat das? Der Mensch gebe sich Gesetze und suche sein Leben so erträglich und angenehm wie möglich zu gestalten. Zumindest der gewöhnliche Mensch, denn der Denker werde ewig danach trachten, das noch nicht Verstandene zu verstehen. Die Frage bleibt weiterhin: (Wer) Ist Gott? Spinoza, der die theologischen Dämme endgültig niederreißt, sieht ihn mit Giordano Bruno als die eine Substanz: Alles ist eine Form der göttlichen Existenz, auch das Denken: Auf dem Grund dieses Gedankens, der auch Descartes beseelt, liegt die Auffassung der fundamentalen Einheit alles Existierenden, die Harmonie der, wie sie schon Leibniz sah, »besten aller Welten«.

In der Literatur setzt dieses Jahrhundert real die Formen des vorigen fort, doch hat sie deren Seele eingebüßt. Es ist der Unterschied zwischen dem Dichter des »Non, je ne puis souffrir un bonheur qui m'outrage« (Phädra, Vers 1257) und dem Verseschmied von »J'ai tué justement un injuste adversaire« (Mérope, Vers 936).

Maskenball im Spiegelsaal des Schlosses von Versailles. Das Frankreich des 18. Jahrhunderts ruft sofort Bilder von glänzenden Maskeraden, fröhlichen Mahlzeiten und parfümierten Boudoirs hervor. Kolorierte Gravüre von N. Cochin. Louvre, Paris.

Das ist genauso gut gesagt, mit ebenso anmutigen, leichtfüßigen Alexandrinern; und doch, ganz konstruiert: Racine fesselt, und Voltaire läßt uns kalt. Die großen Künstler des Jahrhunderts sprechen nicht mit dem Wort – außer dem späten Goethe – sondern mit dem Klang (Mozart) oder der Farbe (Watteau). Was dieses Jahrhundert zu sagen hat, sagt es in Prosa: Das reicht von seichtem Geschwätz bis zur gewichtigsten Dialektik, vor keinem Thema bang. Doch im Grunde ist selbst die erotische Literatur selten pornographisch, dabei meist bis zur Langeweile weitschweifig. Es erfordert Mut, sich durch die bramarbasierenden *Mémoires* von L'Argenson oder die *Frédaines de Félicia* von Nerciat zu kämpfen.

Die besten Memoiren – bei ihnen handelt es sich um wesentlich mehr als einen Abenteuerkatalog – sind von Jacques Casanova de Seingalt, auf Französisch und trotz einiger eigenartiger Tendenzen so gut, daß man das Werk fälschlicherweise Stendhal zugeschrieben hat. Wie auch immer, keine andere Biographie beschreibt das bunte Gehabe und Geplapper des 18. Jahrhunderts derart fesselnd und lebendig.

Genauso gern wie die bildenden Künstler flüchten sich die Literaten ins Exotische. Ist das Mode, Vorsorge oder Alibi? Wenn Alibi, dann eines, von dem sich niemand blenden läßt. *Le Sofa* (Das Sofa, 1742) von Crébillons Sohn, Claude Prosper Jolyot Crébillon, als »moralische Erzählung« untertitelt und auf das Vorbild von *Les Lettres persanes* gepfropft, spielt vorgeblich in Agra (Indien), tatsächlich aber in Paris. Die Seele eines jungen Höflings, dem von Brahma ein zweites Leben auferlegt wurde, fliegt von Kanapee zu Kanapee (von Haus zu Haus) und sieht, wieviele scheinbar tugendhafte Frauen in Heuchelei und Verrat leben. Laclos wird in seinen *Amitiés particulaires* noch gnadenloser nachforschen, und Sade wird schließlich alle Schleier lüften.[1]

Diese Literatur ist aber weit mehr als nur Wortspiel: Sie ist Trägerin, Spiegel, geheime Waffe des (verbotenen) Gedankens. Der Monolog Figaros enthält, wie Lessings Nathan, zwischen den Zeilen die weitestgehende Kritik des Mangels an Freiheit, die damals – dank ihrer szenischen Tarnung – öffentlich ausgesprochen werdenkonnte. Figaro sagt seinem Herrn: »Vous vous êtes donné la peine de naître, c'est tout« (Sie haben sich die Mühe gemacht, geboren zu werden, das

271

ist alles), aber ich, so meint er, ich muß mich hocharbeiten, mich verteidigen, mich meiner Haut wehren. Und sehr gefaßt bemerkt der Barbier von Paris wie von Sevilla: »Si les maîtres devaient avoir les vertus qu'ils supposent à leurs valets, ils feraient de bien pauvres valets.« Der Verfasser dieser »Spiele«, der die Freundschaft des Königs gewann – nicht wegen des Geschriebenen, sondern weil er für ihn ein äußerst genaues Uhrwerk konstruiert hatte – ist viel mehr als ein »Unterhalter« auf dem Theater gewesen: kühl berechnend, ein Vorläufer der Revolution, die sich bereits in den Köpfen vollzogen hatte, bevor sie auf den Barrikaden ausbrach: Die Zerstörung der Bastille ist im Ansatz schon in *Le mariage de Figaro* vorhergesehen.

Samuel Butler hatte das gerade auf der anderen Seite des Kanals in seinem Porträt des scheinheiligen Hudibras, in dem er die Allmacht des Geldes an den Pranger stellt, des Geldes, das erlaubt, die Gesetze zu vergewaltigen und Gefühle zu ersticken, Tugenden zu kaufen und Laster zu verkaufen, genauso unverbrämt pointiert zu sagen gewagt:

What makes all doctrines plain and clear?
About two hundred pounds a year.
And what w(h)ich was proved true before
Prove false again? Two hundred more.

Was macht alle Systeme schlicht und gut?
Etwa zweihundert Pfund im Jahr.
Und wie kann, was einmal wahr
nun falsch sein? Wenn man man zweihundert
dazutut.

Mahlzeit bei Prince de Conti, 1766. Ölgemälde von Barthélémy Ollivier. Château de Versailles.

Aber die Stärke dieses Jahrhunderts ist, daß es weiß, woran es ist. Es beurteilt sich selbst freimütig, beißend, oft anprangernd, sowohl in der Kunst (man betrachte Hogarth und seine Sequenzen auf den Freigeist, die Kurtisane, die Moden und Grausamkeiten der Zeit oder noch die satirischen Porträts der venezianischen Brüder Alessandro und Pietro Longhi wie in der Literatur. In *The Rape of the lock* (1714) verspottet Pope die mondäne englische Gesellschaft seiner Zeit, ähnlich wie Swift, der dies auf einem Umweg in Gullivers Reisen unternimmt. Montesquieu sagt es in Briefen, und so wird auch Sheridan in seiner *School for Scandal* (1777) die Leitbilder schon im Titel an den Pranger stellen.

Aber wie das Rokoko-Dekor vor diesem Hintergrund nur ein Theatervorhang des 18. Jahrhunderts ist, so bedeutet es auch in jener Zeit nur ein Vorhaben. Dann schaut der kühle Blick des Klassikers über das Dekor auf frühere »Leitbilder«. Alles, was sich mit soviel Vergnügen gewunden und bewegt hat, beginnt zu erstarren und sich in frostiger Haltung zu verfestigen; alles kommt zur »Ruhe«. Und wie steif hält sich Mengs' Apollo am Plafond von Kardinal Albani im Vergleich zu den Göttern Tiepolos, wie kalt ist auch Vanvitellis Fassade des Palastes zu Caserta oder die prächtige Kuppel des Soufflotschen Panthéons. Überall nagt die klassizistische Gegenströmung. In Frankreich, wo sich das Rokoko schon immer gegen eine klassizistische Strömung zur Wehr setzen mußte, werden weder Oppenordt mit seinen hauchfeinen Kartuscheheften noch Meissonier, Zeichner Ludwigs XV., die Fassade von Saint-Sulpice ausführen dürfen – es ist ein dritter, der klassizisierende Servandi, der den Zuschlag erhält. Mögen sich im englischen Landhaus, das sich immer etwas von Palladios klassischen Gedanken bewahrt hat, die Beine und Ränder der Chippendale-Möbel noch so lebendig krümmen, auf dem hellblauen Wedgewoodporzellan, das darauf steht, sind in akkuraten, weißen Linien und Konturen neogriechische Motive aufgebracht.

Auch Rom ist eine Wiege des neuen Klassizismus. Kardinal Albani sammelt in seiner Villa, deren Architektur die Antike bereits zitiert, alle möglichen Bilder und Kunstwerke der klassischen Epoche. Sein Berater ist Johann Joachim Winckelmann, der, seit 1755 über die Geburtsstätte des römischen Imperiums gebeugt, mit seiner *Geschichte der Kunst des klassischen Altertums* die Bibel des Neoklassizismus verfaßt hat, die Lessing in seinem *Laokoon* (1766) bereits ankündigte. Im Gewölbe der Galerie läßt Albani den Parnaß von dem Mann abbilden, der, wenn auch böhmischer Herkunft, in Rom die Malerei in die gleiche Richtung schicken wird. Goethe wird ebenfalls in Rom, »das Land der Griechen mit der Seele suchend«, seine *Iphigenie auf Tauris* (1787) vollenden, das Werk, das den neoklassizistischen Gedanken endgültig in der Kunst verankert. Manch einer wird allzu ordnend ans Werk gehen und sogar das Lachen und die Phantasie verbannen wollen: Der

Die Mahlzeit nach der Jagd. Ölgemälde von Carlo Van Loo. Louvre, Paris.

aufgeklärte Ästhetiker Johann Christoph Gottsched wirft Voltaire den freimütigen Spott Candides vor und wünscht in seiner steifen Hochachtung vor dem Menschen und seinem Verstand, den Narren vom Theater und den Humor aus der Literatur zu verbannen.

Auch die Musik stimmt ein: 1774 wird noch vor *Le Nozze di Figaro* die Pariser Fassung von Glucks *Orphée et Euridice* gegeben: Mit edel-strenger Pose singt Euridice ihren Kummer in ruhig-gemessenen Dur-Perioden; für die auf Tauris weilende Iphigenie wird eine Ouvertüre geschrieben, die, wenn auch mit charakteristischen Rokoko-Intervallen beginnend, sowohl für die harte Pflicht wie auch für die verzehrende Vaterliebe ein gleich geordnetes Thema wählt und beide in den Elementen einer Sonatenform überwindet.

Haydns Laufbahn ist eine sprechende Synthese des Übergangs: Wir hören, wie sich der junge Künstler zunächst an Rokokoklängen delektiert, der 25jährige durchlebt seinen »Sturm und Drang«, der reife Mann von fünfzig Jahren gelangt zu klassischer Vollkommenheit und Blüte, der alternde Künstler wird schließlich noch von der aufkommenden Romantik berührt.

Schon bald ist auch diese klassische Einkehr überholt. Holt sich das 18. Jahrhundert sein Morgenlicht von der Vernunft, so schwelgt ihr Abendrot in der Romantik. Auf Watteaus *Assemblée dans un parc*, vielleicht das poetischste Gemälde jenes Jahrhunderts, schreitet links ein reizendes Paar, mit dem Rücken zum

Joseph Haydn (1732-1809). Ölgemälde von J. Zitterer (1795). Museum der Stadt, Wien.

Kaffee und Billard veranschaulichen auf diesem Porträt die Gemütlichkeit der Bayerischen Familie Remy von Januarius Zick (1776). Ein Streichquartett und ein Klavichord sorgen für Musik. Germanisches Nationalmuseum, Nürnberg.

Betrachter dem Rokokospiel zugewandt, der wehmütigen Dämmerung zwischen dem Blattwerk entgegen, wie in eine andere, ideale und unwirkliche Welt, die Welt der Romantik. Alles, was diese Welt hervorbringt und an Bedeutungen in sich trägt, ist schon lange vorbereitet, mehr noch, im 18. Jahrhundert anwesend, das, je mehr es die Ratio sucht, desto stärker erfährt, daß diese nicht alles leisten kann. Lange vor 1800 klingt das Wunderhorn Achim von Armins und geht der Pistolenschuß des *Werther* los, Wilhelm Meister gesteht, »nur wer die Sehnsucht kennt«, könne ihn begreifen, Gray kehrt ebenso wie das Paar Watteaus zur Natur zurück, wenn auch der Weg dorthin an einem Friedhof vorbeiführt. J. G. Hamann hat noch vor Novalis gesagt: »ihr kommendes Ich verherrlicht ihre ideale Existenz, die sie nie führen werden«. Ist das nicht eine Definition der Romantik in nuce? Dieser romantische Gedanke schlummert sogar in der Philosophie des 18. Jahrhunderts, vor allem bei Fichte, bei dem das Wort »Ich« wie ein immer wiederkehrender Leitstrahl den Gang der Gedanken erleuchtet. Und schon finden Menschen Trauer ohne Grund oder Böses in der Natur der Dinge selbst und in der Existenz und ihrer Vergänglichkeit. Weiß der früh verstorbene Hölty, warum er in einer herrlichen *Mainacht* singt: »Und die einsame Träne rinnt«, ein Gedicht, das auch ohne die Musik Brahms' zum reinsten Ausdruck der Romantik gehört?

Blake, der Visionär der aufkommenden Romantik, spricht von einem Käfig, der ihn zu ersticken drohe, das »Enlightenment« ist dieser symbolische Käfig (Robin Redbreast in a cage Putts all heaven in a rage). Er schreibt schon 1783 an den Frühling (auch den der Romantik): »... issue forth / And let thy holy feet visit our clime« (... brich durch und laß Deine geweihten Füße unseren Boden betreten).

Doch schon einige Jahre später wettert Blake gegen »these dark satanic mills«, die ersten von Wasserkraft gespeisten Fabriken, und ruft aus: »Bring me my bow of burning gold« (bringe mir meinen Bogen von flammendem Gold). Schon jetzt beginnt eine andere Evolution, deren Symbol der sich gegen den Himmel abzeichnende Schlot ist: Er befleckt die Landschaft, verschmutzt die Luft und bricht die Stille. Sein Geheul verdrängt das Glockengeläute, das noch mit menschlichen Gefühlen verbunden war. Der Fortschritt schnellt voran, nun nicht mehr mit oder für die Natur, sondern gegen sie und auf ihre Kosten. Der Mensch als Individuum wird schon durch den Menschen als Teil einer Masse abgelöst. Nach der Zeit Gottes und der Zeit des Menschen, die mit der Renaissance begann, kommt nun die Zeit der »Dinge«, der Satelliten, Computer, der Strahlen und des Schalters. Daß die Concerti Vivaldis, die Schrullen Bouchers??, der Sekretär von Boulle nun so in Mode kommen, ist das ein Zeichen, daß wir die emphatischen Defizite der früheren Zeit abgewehrt haben, aber wenig Menschliches an seine Stelle zu rücken in der Lage waren?

Das 18. Jahrhundert ist trotz seiner scheinbaren

Leichtfertigkeit ein bedeutendes Jahrhundert, das mit den Ausschweifungen auch die Freiheit brachte, nicht zuletzt für den neuen Kontinent, der nun die Welt beherrscht; ein Jahrhundert, das von den Gedanken Voltaires, Diderots, Kants überschäumt, aber in den Bachschen Kontrapunkt und das Streichquartett Mozarts, in die Ballade Goethes die ätherischste Poesie legen konnte.

Doch ist die Partie für die Pärchen vorbei, die zu Beginn des Jahrhunderts Kurs auf die das Eiland Cythera nahmen – Fiordiligi und Dorabella müssen ihre Maske ablegen und ihr Getändel aufgeben. »Cospetto del diavolo! Lasciate tali smorfie del secolo passato. Terminiamo questa festa.« (»Laßt nun die Gebärden eines verflossenen Jahrhunderts!«) Das scheinen beinahe prophetische Worte, die Don Alfonso in *Così fan tutte* (1790) ausspricht. Die drei dröhnenden Akkorde, mit denen die Ouvertüre zur *Zauberflöte* (1791) einsetzt, vertonen symbolisch die neuen Ideale Freiheit, Gleichheit, Brüderlichkeit. Zwölf Jahre später komponiert Beethoven in derselben Tonart (Es-Dur) eine Symphonie auf einen Helden, der diesen Idealen nacheifert und zerreißt die Widmung, als sie von persönlichem Dünkel überlagert werden.

Fußnoten:

1. Eine andere literarische Bekundung dieses Exotismus gibt uns Parny in seinen *Chansons Madécasses*. Ein Titel, der uns daran erinnert, daß dieser Exotismus auch in der Tonkunst nachzuweisen ist, in Rameaus *Les Indes Galantes*, deren Arien ganz Paris pfiff, »tour à tour langoureux et vifs« oder in verschiedenen Musikstücken Mozarts (dem Finale des *Violinkonzerts* KV 219, dem »Türkischen Marsch« aus der *Sonate* KV 331, der Oper *Il Seraglio*).

Gesellschaft in einem Park. Ölgemälde von J.A. Watteau. Louvre, Paris.

LEPORELLO
M. Van Obbergh

James
Thiriar

276

16

Aspekte Mozarts

JULES VAN ACKERE

Jedes Jahr ist ein Mozart-Jahr. Die großen Orchester und die bescheideneren Ensembles führen seine Werke auf, die Briefe werden erforscht,[1] Manuskripte wiedergelesen,[2] seine Opern sind laufend unter den Konzertankündigungen zu finden, im Winter in den Opernhäusern, im Sommer auf Festspielen, von Glyndebourne bis Aix-en-Provence, von Hamburg bis Bukarest.

Es ist bemerkenswert, wie sich die Haltung, die in den vergangenen zwei Jahrhunderten Mozart gegenüber eingenommen wurde, in den Phasen wiederspiegelt, die der einzelne Hörer beim Verfeinern seines Verständnisses Mozarts durchläuft. Er wurde in seiner eigenen Zeit geschätzt und man führte seine Werke auf, obwohl man sich nicht weiter in sein Oeuvre vertiefte, sich also mit einem oberflächlichen Genuß begnügte. Das 19. Jahrhundert hat Mozart kaum verstanden: Es fand ihn zu einfach und zu »leicht«, es lag im Banne Beethovens. Unsere Zeit hat diese Meinung revidiert, schätzt Mozart außerordentlich und begegnet ihm mit besonderer Vorliebe.

Der frischgebackene Verehrer liebt Mozarts leichte, eingängige Musik, die, so meint er, keine Anstrengung erfordert – anmutige und anheimelnde Melodien, keine derbe oder komplizierte Harmonie. Das leuchtet auf den ersten Blick ein, aber ob er damit Mozart kennt... In einem nächsten Schritt der Geschmacksbildung wird er Mozart wegen seines vermeintlich eleganten und oberflächlichen Klanggenusses geringschätzen. Er fühlt dann ein Bedürfnis nach der tiefmenschlichen Sprache Beethovens, er wird sich Brahms und Wagner zuwenden, Bach unterschätzen. Wenn sich der Liebhaber dann durch einen Gutteil des Repertoires gehört hat, wird er zu Mozart zurückkehren, nun aber einen anderen Mozart entdecken, der genauso groß wie Wagner und ebenso klar gegliedert wie Bach sein kann.

Wir sollten bei der Würdigung der Musik Mozarts von den kleinen Widersprüchlichkeiten der Persönlichkeit, auf die Wolfgang Hildesheimer[3] und andere vor ihm hingewiesen haben, und der Vergötterung, deren Gegenstand er früher war, abstrahieren können. Es war nun einmal der nicht so fromme Mensch, der anzüglichen Briefe und Schelmenstreiche, der diese herrliche Musik geschrieben hat.

Mozart ist modern. Warum? Das ist er, wenn wir etwa den Begriff von »zwanzig Jahre aktuell und modisch« zu »von bleibendem Wert« verschieben. Da wir soviel mehr Geschichte hinter uns haben, schließt gerade für uns »modern« auch das beste von früher ein, das, was brauchbar und erlebbar geblieben ist. Vieles von dem, was aus der Zeit Mozarts stammt, Hunderte von Namen und Werken sind völlig vergessen oder verlorengegangen.[4]

Mozart ist modern, ohne daß er ein Erneuerer

Kostümentwurf für Leporello (Don Giovanni) von James Thiriar (Anfang des 20. Jahrhunderts). Archiv Koninklijke Muntschouwburg, Brüssel.

Drei Briefmarken, vom belgischen Staat zum dreihundertsten Geburtsjahr von Wolfgang Amadeus Mozart (1956) herausgegeben. Privatsammlung.

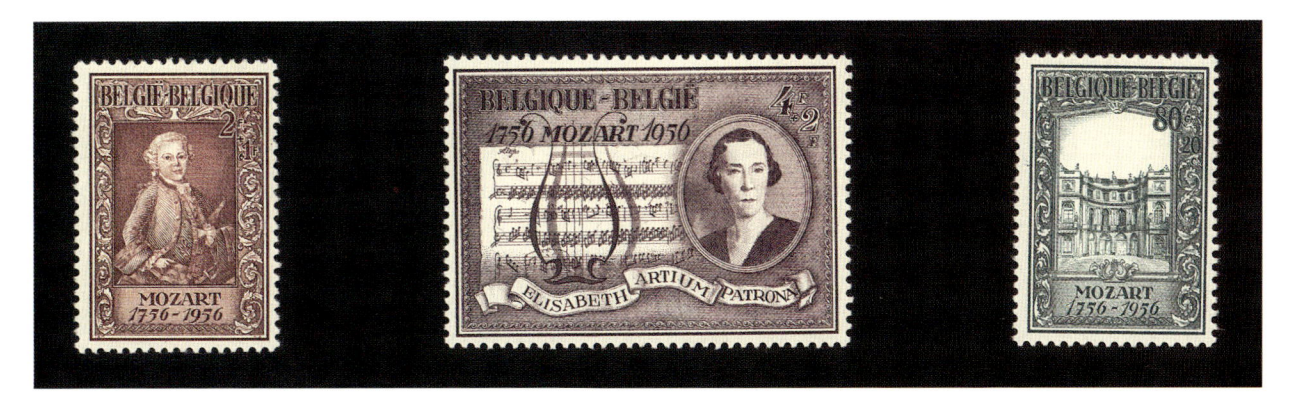

gewesen wäre. Im Gegensatz zu Beethoven. Wenn wir uns Beethovens letzte Sonaten und Quartette anhören, dann taucht die Frage auf: Wohin soll das führen? Mozart nahm alles aus seiner Zeit auf, ohne eine »Zukunftsmusik« anzustreben. Sicher, er ist noch jünger als Beethoven gestorben, aber er hat auch zeitiger als andere angefangen. Keiner, der eher den Titel eines »Europäers« verdiente als Mozart, der als Knabe den Kontinent bereiste und überall in der musikalischsten Bedeutung des Wortes die Ohren aufsperrte. Bei Haydn hat die Bezeichnung »Londoner Symphonien« eine rein lokale Bedeutung. Mozarts »Londoner Sonaten« (er war zwölf Jahre alt!) verweisen auf den Einfluß von Bachs jüngstem Sohn, Johann Christian, der sogar in seiner Musik italienische und englische Anlehnungen durcheinander flocht, ebenso, wie die Pariser Sonaten den Einfluß Schuberts erkennen lassen. Mozart übertrifft fast aus dem Stand den galanten Stil, dem die meisten seiner Zeitgenossen verhaftet blieben. Je mehr wir ihm lauschen, desto mehr erfahren wir, daß hinter dem Spielerischen, innerhalb der Ordnung und

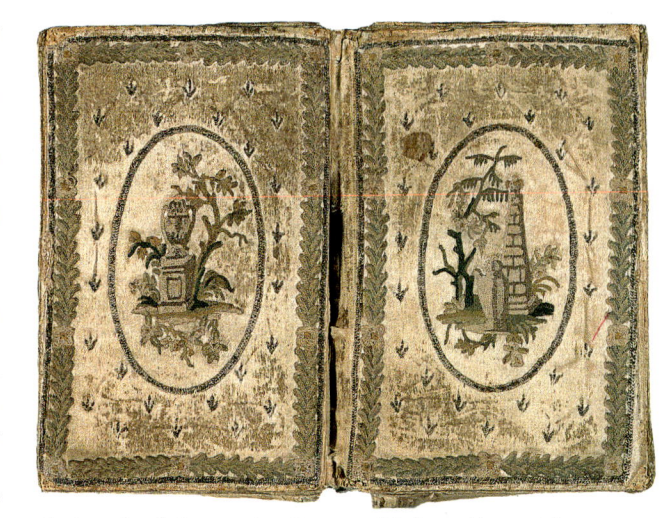

Seidener Briefhalter aus dem Besitz von Wolfgang Mozart. Mozarteum, Salzburg.

KV 563 Divertimento

der Ökonomie des Klangs, eine tiefere Schwermut schlummert. Das unterscheidet ihn z.B. von Vivaldi, der mit seinem Feuer immer wieder fesselt, selten aber Ergriffenheit hervorruft. Man sollte allerdings erwähnen, daß dies keine verbindliche Forderung an die Musik ist – es genügt auch, wenn sie dem Ohr Genuß bereitet.

In einem Reisebericht, 1684 in Nürnberg erschienen, kann man nachlesen, daß in Salzburg kein Tag verging, ohne daß der Verfasser ein Ständchen vor diesem oder jenem Fenster hörte. Aus dieser Gepflogenheit ist eine ganze Literatur der Abend- und Nachtmusik, der Serenaden, Cassationen und Divertimenti entstanden. Auch Mozart hinterließ viele Kompositionen dieser Art, darunter etwa zwanzig Divertimenti. »Divertimento« im vornehmsten Sinn des Wortes, wenn wir z.B. dem *Divertimento* für Streicher KV 563 Gehör schenken. Vom ehemaligen, eigentlichen Divertimento ist die sechsteilige Form mit zwei Menuetten, deren zweites wie ein echter Ländler klingt, erhalten geblieben, während das Thema des Finales als Volksweise daherkommt. Die anderen Teile aber sind reine Kammermusik. Sie sind von der Freilichtaufführung wie von der Salonmusik gleichermaßen entfernt – ein Spiegel Mozarts innerer Klangwelt. Die drei Instrumente agieren völlig gleichwertig und weben ein polyphones Netz von verblüffender (Klang)fülle.

In einigen Stücken für Bläser, wie in der *Serenade* KV 361, plaudern die Instrumente mitreißend, vor allem die Klarinette, die nach ihrem Einsatz eine so teilnahmsvoll fallende Melodie zu intonieren beginnt, oder im *Quintett* KV 452 mit Klavier, von dem Mozart sagte, er habe »bis auf den jetzigen Tag« nichts besseres geschrieben. Es ist bezeichnend, daß Mozart die *Serenade* KV 388 für Bläser zu einem Streichquintett machte, ohne etwas an der Musik zu ändern. Gegenüber dem farbigen Spiel der Timbres im ersten Satz betont der verinnerlichte kammermusikalische Klang der zweiten, wie wenig diese Musik noch auf den Gehsteig vor den Salzburger Häusern gehörte. Gehen wir noch einmal kurz auf das Menuett ein. Es ist in der Form eines Kanons gebaut, zunächst eine Oktave, dann eine Quarte, ein Kanon, der im Trio zu einem virtuosen »al rovescio« gedreht wird und bei dem jedes Intervall zu seinem Spiegelbild umgebogen wird. Was bleibt in diesem kontrapunktischen Stück vom frivolen Hoftanz,[5] um 1650 dem französischen Königshof entlehnt, übrig? Vor allem in seinen Menuetten hat Mozart die Facetten seines Könnens aufblinken lassen: einerseits aus dem glattgebügelten Ärmel des Rokoko geschüttelt, auf der anderen Seite aus den Tiefen seines Gemüts emporgeholt oder in der geistigen Sphäre zwischen Bachs Fugato und Beethovens Scherzo gespannt. Früher war der Mittelteil, das Trio, als Kontraststück gemeint (kurz ausruhen und für eine Weile in einem anderen Takt tanzen) und ursprünglich für drei Blasinstrumente geschrieben (daher die Bezeichnung). In der *Violinsonate* KV 304 ist es so »veredelt«, daß Mozart der Violine eine seiner betörendsten melodischen Trouvaillen anvertraut.

In das Finale des *Klavierkonzerts* KV 271 ist ein unverhofftes Cantabile-Menuett eingeschoben. Der Musiker macht aus einem höfischen Rokoko-Gruß eine aufrüttelnde Gefühlsgeste. Und dann, in der zweiten Kadenz, wie singen die Geigen (an)rührend für das »Wegwischende« des Schlußprestos. Ist es ein zusätzliches Menuett, dann hat Mozart in die Sache seine tiefsten Seelenrührungen gelegt, ähnlich wie in dem bedrückenden Menuett aus dem *Trio* (mit Klarinette) KV 498, möglicherweise zwischen den einzelnen Würfen einer Kegelpartie geschrieben.

Die *Messe* KV 427, aus der später Teile in die *Kantate* KV 469 *David de Penitente* übernommen worden sind, ist, neben dem *Requiem*, das nur teilweise aus Mozarts Feder stammt, Mozarts wichtigstes geistliches Werk. Die Messe blieb entgegen früheren Mutmaßungen nicht unvollendet – nur sind Bruchstücke verloren gegangen. Doch auch wie sie uns überliefert wurde, ist sie eine der tiefgründigsten Zeugnisse des Menschen und Musikers Mozart. Das *Gloria* ist einem Kompendium ähnlich, in dem wir alle verschiedenen Facetten des Komponisten wiederfinden: den Polyphoniker und melodischen Sänger, den Entdecker Bachs und Liebhaber italienischer Musik, den Gefühlsmenschen und sogar den Opernfreund. Auch den Architekten. Mozart baut die Hymne aus sieben grell kontrastierenden Teilen auf. Er schreibt das einsetzende *Gloria in excelsis* in einem kontrapunktischen Fugato-Stil, der fast unmittelbar an Händel erinnert, den Musiker, dessen *Messias* er im Auftrag von Baron und Swieten neu orchestriert. ist Offensichtlich ist irgendwie die große Geste von Händels *Halleluja* in die Messe eingegangen. Beim *Quoniam tu solus sanctus* schaut Bach über die Schulter Mozarts. Noch deutlicher hat ihn der der Thomaskantor im Schlußteil des *Cum sancta spiritu*

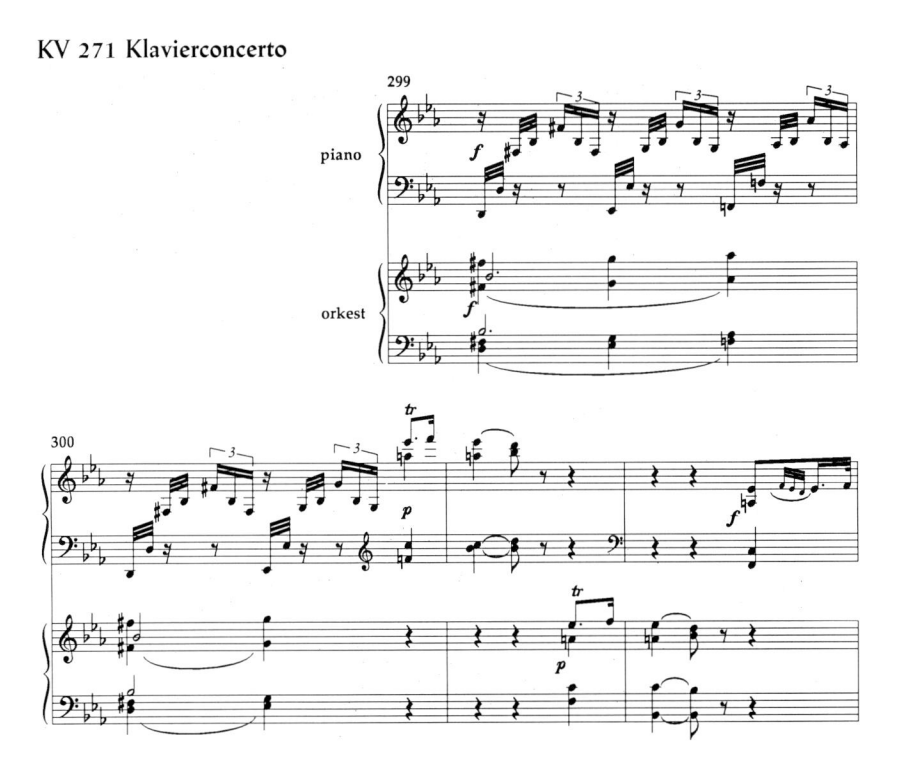

inspiriert, einer gewaltigen Fuga, in der sich Mozart im kontrapunktischen Umgang mit den Stimmen dem Meister der *Hohe Messe* ebenbürtig erweist.

Mozart hat mehr als die Frucht der Stunden aus Italien mitgebracht, die er in Bologna von dem Gelehrten Pater Martini erteilt bekam. Das *Domini Deus* ist der Mozart, der das *Miserere Allegri* abgelauscht hat, der Scarlatti und Pergolesi gehört hat und das *Stabat Mater* des letzteren geschickt verarbeitet hat. Im *Laudamus* schaut das Genre durch, das Mozart im Grunde am meisten liebte. Noch weniger religiös wirkt das *Glorificamus te*: Dort ist ein Passus enthalten, der von Susanne in *Le Nozze di Figaro* gesungen werden soll. Mit dem *Gratias agimus* kehrt der große Mozart wieder. Man könnte auf diesen Text eine jubilierende Musik erwarten: Aber der introspektive Mozart vergißt den Geist der triumphierenden Danksagung und interpretiert den Text auf eine derart persönlich dramatische Art und Weise, daß man sich fragt, ob dieser Teil vom gleichen Komponisten stammt. Es gibt nicht viele Blätter Mozarts, die so pathetisch wie dieser Chor sind, der voll gewagter Dissonanzen steckt.

Im *Qui tollis peccata mundi* bricht endgültig der Mensch durch. Das *Miserere* ist ein Verlangen nach Erbarmen. Und dann bricht der Chor in ein herzzerreißendes Lamento aus. Das gesamte *Qui tollis* ist ein fortwährender, kontrastreicher Wechsel demütigen Kniefalls und machtlos aufbegehrenden Rufens der Kreatur nach ihrem Gott. Obwohl dieses Blatt nichts als Musik gewordenes Gefühl ist, ist hier dennoch der Schöpfer Mozart anwesend: Das gesamte Stück ist aus dem einfachsten aller Rhythmen aufgebaut: zwei kurzen Schlägen, die andauernd Chor und Orchester gleichsam durchschneiden.

Aber dann das umstrittene *Credo*. Das für manche unpassende *Incarnatus* gibt das Problem auf, was denn eigentlich religiöse Musik ist. Das *Et homo factus est* ist eine echte Kadenz, in der sich der Sopran dem Belcanto und Rokoko-Fioriituren anheim gibt, während die Gesangslinie von der nicht minder zierlichen Konversation einer Flöte, einer Oboe und eines Fagotts umrankt und umschmeichelt wird. So ist eben das 18. Jahrhundert. Es ist die Zeit der Opernmessen, das sind die Vorbilder, die Mozart zu hören und sehen bekommt, denn auch die Architektur nimmt es nicht viel ernster. Die Rokoko-Interieurs in den Kirchen der Zeit, oft über ein romanisches oder gotisches Skelett gezogen, sind in ihrem Aussehen und der Ausstrahlung recht weltlicher Natur, auch das der Kirche St. Peter in Salzburg, in der die Messe aufgeführt werden sollte.

Die Oper sei ihm am liebsten, bekannte Mozart in einem Brief. Von *Bastien und Bastienne* bis zu *La Clemenza di Tito*, also von seinem elften bis zu seinem letzten Lebensjahr, wird Mozart sein Interesse für die Oper bezeugen. Er gesteht sogar, daß er mehr als einmal ans Theater denkt, wenn er andere Musik komponiert. Dent hielt einige seiner konzertanten Werke für »fundamentally evocations of the theatre«.[6]

Manch einer erfreute sich an der Musik von *Le Nozze di Figaro* (1786), ohne den Knoten der komplizierten Intrige entwirrt zu haben und sich ebensowenig Sorgen über das Verhältnis von Beaumarchais' Komödie und Mozarts Oper zu machen, auch nicht darüber, was nun der Anteil des genialen Librettisten Da Ponte und was der des Komponisten im »Arrangement« als Verbindungsglied zwischen beiden ist. Auch in der Oper bleibt der Kern der sozialen Bedeutung erhalten: die »höheren Persönlichkeiten sind die engstirnigen, die von geringerer Herkunft die gescheitesten«.

Wer die Partitur des Werkes verfolgt, der erfährt mehr über den Reichtum der spielerischen Orchesterbegleitung, die Feinheit des Wechselspiels zwischen Musik und Text – nicht so sehr mit dem Wort – als mit dem Zustand und vor allem dem allmählichen Aufbau der Ensembles, in denen die Gefühle eines jeden zu einem kontrastierenden, wenn auch musikalisch

Emanuel (Johann Joseph) Schikaneder. Stadtmuseum, Regensburg.

Ein Souvenir aus der Hinterlassenschaft von Wolfgang Mozart: Ein Perlmuttetui mit Notizenzetteln aus Elfenbein. Mozarteum, Salzburg.

schlüssigen Ganzen eingepaßt werden. *Le Nozze* ist musikdramatisch die erste Oper, die so feinfühlig mit Ensembles arbeitet, während die Arien als Charakterporträts gewertet werden können. In dem Sextett des dritten Akts gibt jede der sechs Personen ihren Eindruck und ihr Gefühle zu den im vorigen Rezitativ bekannt gewordenen Tatsachen wieder, wo Bartolo: »ecco tua madre« und Marcellina »ecco tuo padre« sagt. Charles Rosen, der in seinem Werk *The classical style*[7] nach Strukturelementen sucht, hat in diesem Sextett, mühelos, wie uns scheint, die Elemente eines langsamen Satzes einer Sonatenform gefunden, mit Reprise in der Tonika und Intensivierung dieser Elemente zu einer Art von Durchführung.

Mozart ist ebenso schwierig wie dankbar zu singen und fordert vom Sänger einige Feinfühligkeit. Die berühmte Arie des Cherubino, »Voi che sapete«, erinnert einmal an das Schmachten eines Knaben, einer Jungfrau, einer Frau, einer Hofdame, je nach Stimme... und Temperament der Sängerin oder des Sängers. Das Orchester muß ebenfalls wissen, was es tut: die arpeggierten Pizzicato-Noten der Begleitung gleichen manchmal dem Herzklopfen des verliebten Cherubino, aber, zu leicht interpretiert, auch den Tönen einer Spieluhr; ja, noch anders, wenn sie zu stark betont werden, werden sie zum Ausdruck einer schwermütigen Sinnlichkeit.

Man achte auch auf Mozarts Sinn für die Klangfarbe der Orchesterbegleitung, vor allem die der Bläser. Das Fagott paßt sich Figaro an und kichert mit ihm zusammen im ersten Duett oder verspottet ihn bei seiner eifersüchtigen Ermahnung Susannas (»Se a caso«). Wie die Klarinette mit der betrogenen Gräfin in der Arie »Porgi amor« zu klagen weiß, so lebt die Oboe in ihrem Kummer in »Dove sono i lei momenti«, Arien, in der Mozart, kreuz und quer durch das frivole Dekor der Boudoirs – Perücken und Frisuren und – hinter der galanten Attitüde – nach den Herzen sucht und den menschlichen Akzent des Liebesleids trifft! Hören Sie den ironischen Mitgang der Trompete beim Abschied des militärisch verkleideten Cherubino. Und dann die Hörner: In Figaros Lied auf die Untreue der Frauen kichert der Mann »fingono, mentono« (sie betrügen, sie lügen), »il resto non dico« (über den Rest schweige ich), es sind die Hörner, die den Rest auf sich nehmen. Sie ertönen zwischen den Worten »ognuno lo sa«: Jedermann weiß, an welche anderen Hörner man (dabei) denkt! Beim Einsatzduett des Schlußfinales fügen sich die Stimmen allmählich zu einem Septett, wobei jedermann Liebe und Leid ausdrückt, bis schließlich alle zusammen das »tutti contenti« singen. Es klingt nicht wirklich fröhlich, eher heimlich traurig, endlich schlägt die Stimmung in ausgelassene Hochzeitsfreude in D-Dur um, die Tonart der Ouvertüre, die hier eigentlich erklingen sollte und an die Stimmung dieses Finales anschließt und übrigens im letzten Moment, nach der Oper komponiert wurde.

Wunderbarer Mozart. Während er *Le Nozze* abschließt, komponiert er im gleichen Monat März 1786 zwei der bemerkenswertesten unter den dreiund-

KV 491 Klavierconcerto

KV 543 Sinfonie

KV 543 Sinfonie

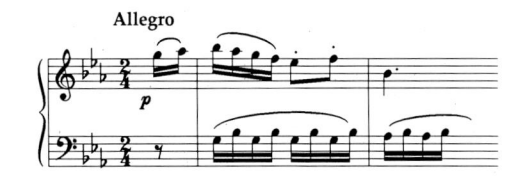

zwanzig Klavierkonzerten, die seine Laufbahn markieren. In keinem einzigen der Konzerte verlangt Mozart eine so reiche Orchesterbesetzung wie in der KV 194 in C-Moll. Das synchromatische und synkopierte Kopfthema mit Septimensprüngen, in der Barockmusik sehr beliebt, umfaßt hörbar die 12 Noten der Tonleiter. Herrlich der Einsatz des Klaviers: kurze, meditative Sätze, von Stille abgelöst. Die Phrase atmet. An der Art, wie er sie in die Tasten legt, kann man einen Pianisten erkennen. Das gilt ebenfalls für den Anschlag der ersten Töne des Larghetto des letzten Klavierkonzerts. Völlige Entblößung, Berührungspunkt größter Einfachheit und höchsten Anspruchs. Schlichter geht es nicht. Weder tiefgründiger noch klarer: die klarste Tiefe, ohne jeglichen Manierismus. Mozart erträgt kein Rubato. Das Gefühl ist bereits in der Phrase. Mozarts Musik jubelt nicht, sie stockt nicht, sie atmet.

Mozart erschafft aus dem Nichts – oder beinahe aus dem Nichts. Im ersten Teil des seltener gespielten *Klavierkonzerts* KV 503, das mit dem gleichen Recht wie die Symphonie in C »Jupiterkonzert« genannt werden könnte, beginnt das zweite Thema des Allegro mit drei Vorschlagnoten: arglos, bedeutungslos, so scheint es. Bald jedoch beginnt er damit zu »erschaffen«. Mit diesem Rhythmus, dem berühmten Erkennungszeichen aus Beethovens 5. Symphonie gleich, gelingt ihm vor Beethoven etwas unglaubliches: Er formt dies unscheinbare Thema zahllose Male um. Im rechten Augenblick klingt dieser rhytmische Kern in den Pauken ohne jegliche Begleitung wieder, bekommt so einen fast halluzinativ dramtischen Charakter. Ein anderes Beispiel: Das *Streichquintett* KV 515 beginnt auf schlagenden Akkorden mit einer kurzen Geste von vier Noten, einem »Grupetto«/Doppelschlag. Diese Geste wird dreimal wiederholt, geht jedesmal etwas höher. Das ist dann das Thema, darauf kann ein Musiker bauen und auf dieser Basis variieren. Doch bei Mozart ist das Thema, in der dunklen Zone des Basses dreimal mit leichter Variation wiederholt, zu einem Gefühlsimpuls geworden. Leid, Sehnsucht, Schmerz, gleichgültig – nun ist es mehr als ein reiner Baustein geworden. Etwas später steigt das Gruppetto an den fünf Instrumenten wie eine symbolische Jakobsleiter verlangend weiter nach oben.

Und was unternimmt Mozart nicht alles mit dem kurzen Satz aus dem Finale der *Symphonie* KV 543, der wie ein Ball immer wieder von Instrument zu Instrument gespielt wird. Auf diesem nichtigen Ansatz triumphiert seine unerschöpfliche Einbildungskraft. Dutzende Male purzelt er in verschiedene Tonarten, er singt, scherzt, kontrapunktiert, rhythmisiert, bringt einen leichten Gruß aus oder eine launige Grimasse, und die Bläser geben eine rührende, melodische Antwort, während er auf den Saiten tanzt. Und wie es wieder in der Grundtonart taumelt! Das ist leichte Muse, leicht aber im goetheschen Sinn: »Das Göttliche kommt auf leisen Sohlen«...

Die Musik Mozarts erweckt jedoch nie den Eindruck

unbedachter Improvisation, wie (ein)schmeichelnd sie auch sein mag. Die heute verschollene Ausgabe der *Wunder der Tonkunst* enthielt 12 von Mozart im Alter von sechs Jahren komponierte Piecen/Stücke. So z.B. das kaum dreißig Takte lange Larghetto in D: der punktierte Rhythmus wird sinnvoll eingesetzt, eine tonale und harmonische Logik (die ersten acht Takte in Dur werden von einer Moll-Variante gefolgt), darin ist eine Form enthalten, wie in den letzten Seiten Mozarts, das Stück kann sogar ohne Bedenken zum *Requiem* gerückt werden. Bei näherem Hinsehen ist eine einzelne Seite wie im *Adagio* in h moll KV 540, harmonisch eines der kühnsten Blätter Mozarts, in eine tadellose Sonatenform gegossen, und die »Fantasien« für Klavier sind ebenso streng konstruierte Kompositionen wie die Sonatensätze.

Andererseits erstarrt diese Orthodoxie bei Mozart jedoch nie zur Konvention. Nehmen wir nur die selten gespielte *Sonate* in D KV 448 für zwei Klaviere. Messen wir sie an der traditionellen Sonatenform, dann stimmt alles überein, wir finden das »erste« Thema, genau wie das »zweite«, die Durchführung usw. Zu Beginn letzterer gelingt Mozart eine herrliche Melodie, die melodischste der gesamten Sonate, wenn sie auch im Formverlauf des Werkes kaum mitzählt. Theoretiker und Biographen unterschätzen häufig die Übergangstakte bei Mozart, die oft voll berückender Einfälle sind.

Keinesfalls ein Paradoxon: Mozart ist ein schwieriger Komponist. Daß seine Sonaten im Repertoire jüngerer Liebhaber stehen oder Anfängern auferlegt werden, beruht auf einem Mißverständnis. Um die Sonaten angemessen spielen zu können, muß man sehr große pianistische und musikalische Erfahrung besitzen. Bei Liszt und anderen gibt es gewöhnlich genug Noten, die Klangmasse ist hinreichend ausgeschmückt, um einige Fehler unbemerkt durchgehen zu lassen. Bei Mozart ist alles derart glasklar, so daß der kleinste Fehler sofort durchklingt und nebem anderem das tonale Klima verändern kann. Keine Füllsel bei Mozart, unmöglich, Unvollkommenheiten zu überspielen. Mozart, halbherzig gespielt, wird unerträglich, einfältig. Nur große Interpreten sind Mozart gewachsen.

Die Musik des *Don Giovanni* wird nicht mehr wie im vergangenen Jahrhundert entstellt, aber Bühnenbildner und Musikwissenschaftler befleißigen sich darüber andauernd neuer Auffassungen. Allein schon die Figur der Donna Anna, der die drei dramatischsten Rezitative der Oper zufallen, unterliegt den unterschiedlichsten Interpretationen: Unlängst wurde ihr eine sexuelle Hysterie unterstellt, weil sie von ihrem Bräutigam nichts wissen will, wohl aber von dem Mörder ihres Vaters.

In der Arie Leporellos, »Madamina, il catalogo è questo« ist ein ganzes Stück dramatischen Giascos, spielerischen Buffos und tragischen Ernstes synthetisiert. Nach der Aufzählung der Eroberung Don Giovannis schlug die Musik einen humorig spottenden Ton an, dem die Begleitung mit meckernden Bläsern beisteht, schlägt die Musik bei den Worten »aber in Spanien, ach, dort sind es tausend und drei« unerwartet von vergnügtem Spaß in tragische Wehmut um. Während der Text weiterhin leicht(sinnig) und zynisch bleibt, ist in einem langsammen Tempo (andante con moto) ein dunkler Schatten über die Musik geglitten, die fast sehnsüchtig wird. Hier ist der große Mozart, der Psychologe, der unter die Oberfläche des Textes geht. Die Arie ist derart reich an mimischen, vokalischen und interpretatorischen Möglichkeiten, daß das Temperament eines jeden Sängers das ihm gemäße herausholen kann. Dort wird z.B. am Ende ein auftauchender Satz dreimal wiederholt. Wir hören den leidenschaftlichen Sänger diesen Satz zum ersten Mal mit voller Stimme (Bruststimme) singen, dann mit der sogenannten Kopfstimme, ein drittes mal mit der Summstimme/Falsett. Deutsche Sänger legen im allgemeinen in einem langsameren Tempo den traurigen Unterton frei, während die Italiener mit unwiderstehlichem Vortrag eine komödiantische Szene daraus machen.

Ein Beispiel aus den Ensembles: Im Sextett des zweiten Akts (Nr. 19) brodelt gleichzeitig die Angst

Silhouette von Wolfgang Mozart, um 1785 von Löschenkohl gestochen und im Jahre 1792 von Franz Anton Hoffmeister veröffentlicht. Historisches Museum, Wien.

Così fan tutte – Ferrando

Elviras, der tröstende Akzent Don Ottavios, die Ratlosigkeit Leporellos, der Zorn Masettos und Zerlinas, der Kummer der Donna Anna. In diesem aufgelösten Heraussingen vereinigen sich alle Opfer des Verführers in der Suche nach einer Entschädigung, während er selbst, abwesend, dennoch alles beeinflußt. Mozart erreicht mit den einfachsten Mitteln die tiefste Expressivität. So werden auch die sechzehn sublimen Takte, in denen Donna Anna ihr Herzeleid (wegen Don Giovanni) ausgießt, von normalen »Alberti«-Bässen begleitet, ebenfalls mit dem bekannten »Seufzermotiv« (von Pausen unterbrochene Synkopen). Klagende, niedersinkende Oktaven begleiten den »anderen« Leporello, der seiner Persönlichkeit zu entfliehen trachtet.[8] Die Zusammenstellung bietet auch harmonische Überraschungen: den Wechsel der Tonarten, von Pauken begleitet, wenn Don Ottavio Donna Anna trösten will, die »Neapolitanische Sext« am Ende von Donna Anna Einmischung usw.

Così fan tutte: In einer Ausgabe in deutscher Übersetzung, die in Den Haag für einen französischen Verleger »Chez Weygand au Grand magasin de musique et d'estampes« gedruckt wurde, wird der Titel mit einem befremdlichen Untertitel in seiner Bedeutung verengt: »Weibertreue oder die Mädchen von Flandern«! *Così fan tutte*, zugleich Lustspiel, Charakterkomödie und Drama. Gleichzeitig, sogar simultan, z.B im *Addio*, der Abschiedsszene im betörenden Dekor eines Strandgartens im Golf von Neapel. Eine leichte Brise bringt das Boot zu sanftem Schaukeln, wonach Ferrando und Guglielmo angeblich zum Militärdienst abreisen werden. Es handelt sich um ein Quintett: Oben schwebt der echte Kummer Fiordiligis und Dorabellas, die nichts vermuten und den Abschied ernst nehmen. Unter den Frauenstimmen der geheuchelte Kummer Ferrandos und Guglielmos, die wissen, daß sie bald vermummt zurückkehren werden. Darunter noch die spottende Stimme des zynischen Philosophen Don Alfonso, der den ganzen Streich erdacht hat und singt: »Io crepo se non rido« (Ich ersticke daran, wenn ich nicht lache). Mozart macht jedenfalls einen der leichtesten und gefühlsbetontesten Adieus der Musik daraus – und davon gibt es viele! Möglicherweise ein Glück, daß der läppische Text dieses Quintetts nicht verstanden wird. Wie auch immer, Da Ponte spielt das Spiel seines Librettos. Mozart seinerseits nimmt es ernst. Er kann nur in Briefen, nicht in der Musik lügen.

Die Arie Ferrandos (Nr. 17) »Un' aura amorosa« ist einer von Mozarts packendsten melodischen Einfällen. Man höre nur, wie die schmachtenden Violinen beim »dolce ristoro« die Singstimme zu umhüllen wissen und wie Mozart seine Effekte zu nuancieren versteht: Das erste Erklingen der Melodie begleiten vor allem die Streichinstrumente. Bei der Wiederaufnahme sind es die Holzbläser: Horn und auch die Klarinette, die immer dabei ist, wenn Mozart wehmütig wird. Beim zweiten Mal kommt es zu einer sehr geringen Variation, die das geschulte Ohr zu erreichen weiß: nur so eben, ein fis, das zu einem f wird. Das reicht jedoch, um die Musik noch ausdrucksvoller zu gestalten.[9]

Così fan tutte enthält einige der schwierigsten Arien Mozarts wie Fiordiligis *Come scoglio*. Sei es nun eine Parodie der Opera seria/Nummernoper (Einstein) oder ein Test für des Stimme des Soprans, die Arie fordert von der Sängerin eine ungewöhnlich breite Tessitur (mit Sprüngen/Intervallen von über einer Oktave) und eine äußerst differenzierte Ausdrucksstonleiter. Warum hat Mozart am Schluß dieses betrügerischen Spiels, auf den frivolen Toast »E nel tuo, e nel mio bicchier«, einen derart herben Gefühlsgesang gesetzt? Man fühlt sich an die Definition Swinburners erinnert: »Rococo crushes the lees of pleasure from sanguine grapes of pain« (Das Rokoko preßt den Saft seiner Lust aus blutigen Trauben des Leids). *Così fan tutte* (1790): die letzte Blüte am Rand eines Abgrunds: In Frankreich ist die Revolution ausgebrochen.

Szenaristen und Regisseure werden nicht müde, die Opern Mozarts visuell zu »aktualisieren«. Warum nicht, wenn sie nur die Musik unberührt lassen! Dem guten Geschmack ist mit ihren »Eingebungen« nicht immer gedient gewesen. Die einfachsten Einfälle sind (und waren) oft die besten. In einer Salzburger Inszenierung sangen Fiordiligi und Dorabella das Duett »Prenderò quel brunettino« (Ich werde den Braunen wählen) und »Intanto io col biondino« (Ich unterdessen mit dem blonden Mann) auf den Enden einer Wippe sitzend, sprechendes Sinnbild ihres wechselhaften Charakters. In Aix-en-Provence läßt Jean Mercure den zynischen Don Alfonso beim Singen zwei kleine Bälle hochwerfen. Der singende Gaukler symbolisiert mit dem Wechsel von Hand zu Hand auch den Austausch zwischen den Herzen. Wo sie die Masken auf einem Stab tragen, deutet dies auf die unaufhörliche emotionale Maskerade und sofort wissen sie, wohin mit den Händen. Weit hergeholt ist auch die Art, in der Kupfer, ebenfalls in Aix-en-Provence, in dieser Oper eine unaufhörliche Bewegung zeigen will. Während der Ouvertüre, die doch die lebhafteste Musik ist, die wir uns vorstellen, sprich, in die wir uns einhören können, geschieht ein halber Striptease; als ob die Musik nicht genügte, sich auf das spielerische Geschehen vorzubereiten. Ein Szenarist legte Don Giovanni und Zerlina auf den Boden: sie vollführen, sie simulieren unverschämt den Akt. Sicher, Don Giovanni und Zerlina müssen nicht nicht steif und künstlich nebeneinander ihr Duett ineinanderflechten, aber die Konvention der Oper sollte auch nicht ohne Not naturalistisch korrigiert werden. Nicht jeder ist ein Strehler oder Chéreau. Das einmal dahingestellt – alles was den Gesang behindert, sollte vermieden werden.

Auch der Film hat sich des Themas angenommen. Abgesehen von ihren cineastischen Qualitäten haben die Filme von Losey, Bergmann und Milos Forman, rein musikalisch gesehen, ein Positivum: Sie können es dem Musikliebhaber ermöglichen, die Musik Mozarts besser kennenzulernen. Das spitzfindige Spiel, das Losey für den *Don Giovanni* erdacht hat, befriedigt weder Cineasten noch Musikliebhaber vollständig. Der Film hat einanderes Tempo als die Oper und so sah sich der Dirigent Lorin Maazel gezwungen, um Losey folgen zu können, die Musik etwas zu beschleunigen. Die Symbole waren etwas bemüht. Gerade weil Don Juan eine Figur ist, die es zu allen Zeiten und an allen Orten geben könnte, wäre es nicht nötig gewesen, aus ihm einen venezianischen Glashändler zu machen. Manche Avantgarde-Maschen verfielen auf kindische Einfälle: ein meterlanges Tuch, über die Treppen der berühmten Villa Rotonda gebreitet, visualisiert in plumper Symbolik das Büchlein, in der die Eroberungen Don Giovannis aufgezeichnet sind. Um wievieles feiner und wahrer ging es in Salzburg zu, wo Leporello, als er seine berühmte Arie sang, das Büchlein in einem dem Gesang vollkommen identischen Rhythmus durchblätterte.

Auch der Film *Amadeus*[10] ruft beim Musikliebhaber gemischte Gefühle hervor. Mozart erstarrt zur Karikatur. Einer der fesselnden Momente ist, als der neidische Salieri wie im Traum die Instrumente wieder hört, die sein Rivale mit solcher Ausdrucksintensität in einem Bläserdivertimento einsetzt: Oh, dieses Fagottsolo! Und diese Oboe, schließlich diese Klarinette!

Eine der interessantesten und kontroversesten neueren Darstellungen Mozarts ist das Buch Wolfgang Hildesheimers. Er sucht eine neue Darstellung Mozarts, nicht in erster Linie der Musik, sondern der Person Mozart, zum Teil anhand der Briefe, die heute hinreichend bekannt sind. Man kann vier dieser Briefe nebeneinander legen, und jedesmal kommt eine andere Persönlichkeit zum Vorschein: ehrerbietig gegenüber seinem Vater, unterwürfig gegen seinen Geldgeber, den Logenbruder Puchberg, gottergeben, ohne Manieren bis zur Obszönität, wenn er sich »abreagieren« will. Früher versuchten ausgezeichnete Mozartkenner den Menschen Mozart zu entschuldigen, seine Ecken und Kanten abzuschleifen. So z.B. auch Bruno Walter, der von einem »heiteren und treuherzigen jungen Mann, offen und voller Vertrauen« sprach. Hildesheimer ironisiert die Biographie, die Jahn und Abert[11] zusammengestellt haben. Er akzeptiert nicht, daß Einstein[12] Leben und Werk als zwei sich wechselseitig befruchtende Quellen darstellt. Wenn er sich hingegen der Musik nähert, kommt er zu befremdlichen Feststellungen wie der folgenden: »Der Begriff des künstlerischen Gewissens war Mozart fremd« (sic). Mozarts künstlerisches Bewußtsein ist in jedem Takt, jeder Struktur[13] anwesend. Wenn er etwas hatte, dann das. Dieser ungeordnet lebende Jüngling hatte in seiner Musik eine überraschende strukturelle Ordnung, die er wohl auch der strengen musikalischen Erziehung durch seinen Vater verdankte. Bei Mozart kann keine Rede von launischen Einfällen, Laisser-aller sein, sogar das Wort »Inspiration« ist ihm ein gefährlicher Begriff. Mozart gab sich, ebenso wie Bach, nie leidenschaftlich.

Die Briefe werden nun nicht länger bereinigt, aber die Differenzen sind nicht vom Tisch. Konstanze wird noch immer abwechselnd als treuloser Drachen oder

Constanze Mozart, geborene Weber, im Jahre 1782. Lithografie in der Mozartbiographie von Georg Nikolaus Nissen, zweiter Mann von Constanze und erster Mozartbiograph, nach dem Ölgemälde von Joseph Lange, der auch Mozart porträtiert hatte. Mozarteum, Salzburg.

idealer Ehepartner gezeichnet, genau wie Vater Leopold einmal verteidigt, dann wieder verurteilt wird. Auch hier bleiben Mozart und seine Umgebung aktuell. Hildesheimer hat Vorurteile als solche entlarvt, falsche Einschätzungen vom Tisch gefegt, mit vielem aufgeräumt, aber keinen anderen Mozart vorgestellt. Mozart bleibt ein Rätsel: Solange es um den Menschen geht, kann man die eine gegen die andere Deutung ausspielen, aber auch musikalisch ist sein innerer Antrieb unauslotbar. Wir wissen sehr wenig über seinen Schaffensprozeß, wir haben lediglich die Anknüpfungspunkte der Partitur, und selbst da sind sie noch rar. Mozart ist nur schwer zu kommentieren: keine autobiographischen Elemente in seiner Musik, kein Programm, keine Beschreibung, keine Landschaft, es sei denn die seines Seelenlebens. In ihr konnte er sich mit dem Gefühlsleben einer jeden Figur seiner Opern identifizieren.

Jeder von uns hat seinen Mozart: Messiaen findet im Larghetto des *Klavierkonzert* KV 488 den Ausdruck der tiefsten Verzweiflung. Wir können dort höchstens eine rührende Elegie erkennen. Wer kann erklären, warum es bei Mozart oft einen derart unverhofften Umschwung der Gefühle gibt? Einige Beispiele: Das Finale des *Streichquintetts* in g moll, K. 516 beginnt mit einem Adagio, das zu den tiefgründigsten Blättern Mozarts gehört. Und dann, ohne den mindesten Zusammenhang, ein hüpfendes Allegro, so duftig, daß es einige Kommentatoren nicht nur als unpassend empfanden, sondern als eine Entstellung des Werks ansahen! Auch in dem späteren *Klarinettenquintett* findet man ähnliches: In der letzten Variation des Finales erklingen einige Takte, ohne das geringste expressive Anzeichen, jämmerlich und traurig, in verzagendem Tempo. Und dann – plötzlich, nach einer Fermate ein tänzerisches Allegro. Das klingt wie »zum Friedhof mit der Wehmut« aus Shakespeares *Love Labour*, auf den Friedhof, auf den Mozart allzu früh kommen sollte. Und wie gelingt es diesem Mann auf eine unerwartete, magische Art und Weise in der *Jupitersymphonie* in die Grundtonart und sein Grundmotiv zurückzufallen (H-Dur – C-Dur)!

Ist es ein fruchtlose Unterfangen zu fragen, was Mozart noch komponiert hätte, wenn er doppelt so lange gelebt hätte oder ob er auf »unsere« Zeit reagiert hätte? Obwohl der Briefwechsel mittlerweile zur Genüge bekannt ist und die verbesserte Numerierung seiner Werke kaum noch Änderungen erwarten läßt, die die Sicht auf jene verändern könnten, werden Historiker und Forscher immer versuchen, einen anderen Mozart zu finden, etwas »neues«, das eher ihrer Eitelkeit schmeicheln als das Bild des Musikers verändern wird zu entdecken. Sie suchten sogar in seinen letzten Werken, freilich vergeblich, nach einer stilistischen Erneuerung. Mozart war kein Erneuerer, ebensowenig wie im 19. Brahms und im 20. Jahrhundert Berg. Mozart nahm alles zu seiner Zeit bekannte und was seine Neugier erregte, entwickelte daraus einen eigenen Stil und entwarf, neben der individuellen Geltung, ein allgemeingültiges Beispiel von den musikalischen Ausdrucksmöglichkeiten seines Jahrhunderts. Rokoko und Klassizismus, galanter Stil und »Empfindsamkeit«, »Sturm und Drang« und Romantik, alles ist dort vereint. Der volkstümliche Ton Papagenos und die persönlichste Klage in Paminas »Ach, ich fühl's, es ist verschwunden« (der schönsten Arie aus der *Zauberflöte*?). Einflüsse aus Paris oder London, Neapel oder Wien, aber auch exotische, türkische in *Die Entführung aus dem Serail*, sogar ägyptische in einem als »Deutsche Oper« bezeichnetem orientalischen Zauberspiel. Der tiefste Glaube in den Missae oder das himmlische *Ave Verum* und die engste Brüderlichkeit in der Freimaurermusik, mit der *Zauberflöte* als Höhepunkt, deren drei Anfangsakkorde die Signale einer neuen Zeit anstimmen: Freiheit, Gleichheit, Brüderlichkeit.

Mozart ist lauter und nur in den Noten universell gewesen, aber dann auf eine Weise, von Robert Browning in seinem herrlichen Gedicht *Abt Vogler*[14] symbolisch angemerkt: »Out of three sounds he framed not a fourth sound but a star« (aus drei Tönen flocht er keinen vierten, sondern einen Stern).

KV 581 Klarinettquintett – finale

Jupitersinfonie

TAMINO. = *Holde Flöte, durch dein Spielen selbst wilde Thiere Freude fühlen. Fünfzehnter Auftritt. I Act.*

Fußnoten:

1. Die 1975 vollendete Ausgabe in sieben Bänden besorgte die Internationale Stiftung Mozarteum Salzburg.
2. Professor Hans Josef Irmen, Wien, hat unlängst aus unterschiedlichen Manuskripten, allein mit der authentischen Musik Mozarts, das *Requiem* »rekonstruiert«.
3. W. HILDESHEIMER, *Mozart*, Frankfurt, 1977.
4. Wer kennt z.B. heute noch nur den Namen von Josef Martin Kraus (1756-1792), der in der Einschätzung eines zeitgenössischen Kritikers als Komponist Mozart auf jedem Gebiet übertraf?
5. Menuett: aus dem Französischen »pas menus«: kleine Schritte.
6. E.J. DENT, *Mozart's Opera's: a critical study*, London, 1947.
7. C. ROSEN, *The classical style*, New York, 1972.
8. Loseys Auffassung, Leporello sei der (antithetische) Doppelgänger von Don Giovanni, wurde bereits lange vor ihm von René Dumesnil formuliert (*Le Don Juan de Mozart*, Paris, 1927).
9. Einige von Mozarts schönsten Arien sind nicht in den Opern zu finden. Es handelt sich um Stücke wie die Konzertarie »Ch'io mi scordo di te?«.
10. Formans Film greift ein Theaterstück von Peter Shaffer auf.
11. O. JAHN und H. ABERT, *W. A. Mozart*, Neuausgabe, Leipzig, 1955.
12. A. EINSTEIN, *Mozart. Sein Charakter, sein Werk*, Frankfurt/M., 1978.
13. Arnold Schönberg wies ebenfalls darauf hin und war neben anderem von den häufig vorkommenden asymmetrischen Gliederungen »innerhalb« einer symmetrischen Struktur fasziniert.
14. Abt Georg Joseph Vogler (1749-1814), Zeitgenosse und Rivale Mozarts am Mannheimer Hof, vor allem als Organist berühmt; seine Kompositionen sind nahezu vergessen.

Zwei Skizzen von Joseph und Peter Schaffer für die Inszenierung von Die Zauberflöte, wahrscheinlich für die Uraufführung im Jahre 1791. Historisches Museum, Wien.

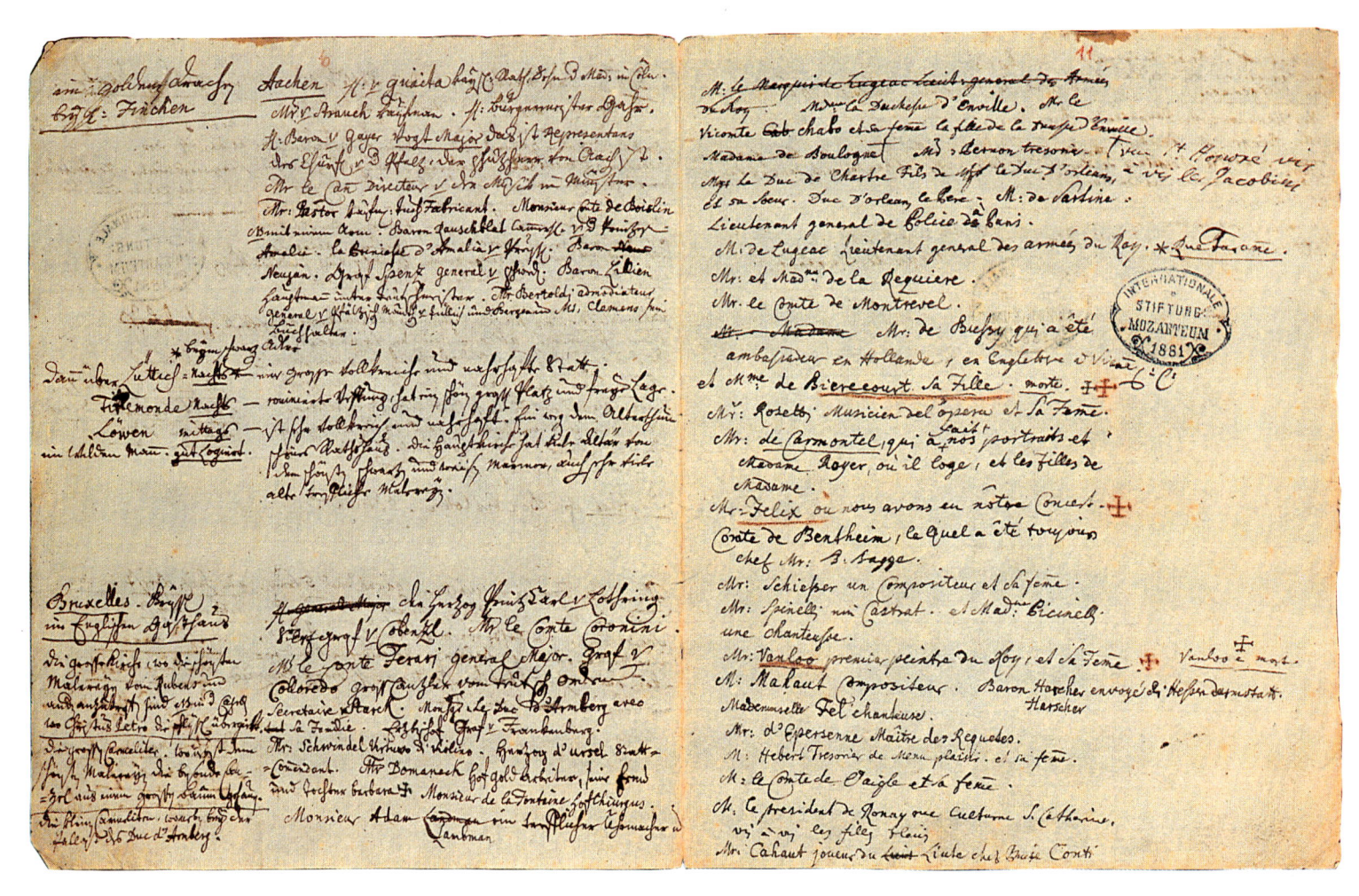

Leopold Mozarts Reisenotizen (12. August - 3. Oktober 1763). Mozarteum, Salzburg.

Bibliographie

1 | Die Familie Mozart

W.A. BAUER, O.E. DEUTSCH und J.H. EIBL, *Mozart: Briefe und Aufzeichnungen. Gesamtausgabe*, Kassel, 1962-1975.
O.E. DEUTSCH, *Mozart: die Dokumente seines Lebens, gesammelt und erläutert*, Kassel, 1961-1978.
H. KLEIN, *Salzburg zur Zeit Mozarts* (Mozart-Jahrbuch 1964 der Internationalen Stiftung Mozarteum), Salzburg, 1965.
F. LANGEGGER, *Mozart Vater und Sohn*, Zürich, 1978.

2 | Die südlichen Niederlande unter österreichischer Herrschaft

Algemene Geschiedenis der Nederlanden, Bd. 9, *Politieke en religieuze geschiedenis 18de eeuw*, Haarlem, 1980.
België in de 18de Eeuw. Kritische bibliografie, Brüssel, 1983.
H. BENEDIKT, *Als Belgien Österreichisch war*, Wenen-München, 1965.
P. BONENFANT, *Le problème du paupérisme en Belgique à la fin de l'ancien régime*, Brüssel, 1934.
Het culturele leven in onze provincies in de 18de eeuw (Oostenrijkse Nederlanden, Prinsbisdom Luik en Hertogdom Bouillon), Brüssel, 1983.
J. DE FERRARIS, *Carte de cabinet des Pays-Bas Autrichiens* (Facs.), 13 Bd., Brüssel, 1968-1977.
V. JANSSENS, *Het Geldwezen der Oostenrijkse Nederlanden*, Brüssel, 1957.
La Belgique Autrichienne 1713-1794. Les Pays-Bas méridionaux sous les Habsbourg, Brüssel, 1987.
E. POULLET, *Les constitutions nationales belges de l'ancien régime à l'époque de l'invasion française de 1794*, Brüssel, 1875.
H. VAN HOUTTE, *Histoire économique de la Belgique à la fin de l'Ancien Régime*, Gent, 1920.

3 | Luttich, 2.-3. Oktober 1763

Grétry und Mozart

D. CHARLTON, *Grétry and the Growth of Opéra-Comique*, Cambridge University Press, 1986.
C-H. MAHLING, ›Typus und Modell in Opern Mozarts‹, in: *Mozart-Jahrbuch des Internationalen Stiftung Mozarteum*, 1968-1970, S. 145-158.
V. MATTERN, ›Mozart und Grétry. Spuren der Opéra comique in Mozarts »Finta Giardiniera«?‹, in: *Neue Zeitschrift für Musik*, 1 (1987), S. 10-17.
P. VAN REIJEN, ›Mozarts Grétry-Variationen. Bibliographische und textkritische Anmerkungen zur Artaria-Ausgabe‹, in: *Acta Mozartiana*, II (1989), S. 27-35.

Im Wirtshaus

L. MOULIN, *Europa aan tafel. Een cultuurgeschiedenis van eten en drinken*, Antwerpen, 1988.

Schicksalsschläge eines Reisenden

W.A. BAUER, O.E. DEUTSCH und J.H. EIBL, *Mozart: Briefe und Aufzeichnungen. Gesamtausgabe*, Kassel, 1962-1975.
T. BESTERMANN, *Voltaire's Correspondence*, Bd. XVIII, 1750, *Farewell to Paris*, 1956.
MME DU BOCCAGE, *Recueil des œuvres de Madame du Boccage*, Bd. III, *Lettres sur l'Angleterre, la Hollande et l'Italie*, Lyon, 1770, S. 5-6.
J.-B. DESCAMPS, *Voyage pittoresque de la Flandre et du Brabant*, Paris-Antwerpen, 1769.
L. GÉNICOT, *Histoire des routes belges depuis 1704* (Collection nationale, 89), Brüssel, 1948, S. 15-34.
R. POOLE, *A Journey from London to France and Holland: or the Traveller's Useful Vademecum*, Bd. II, London, 1746-1750.

4 | Tienen, 3.-4. Oktober 1763

Jean-Jacques Robson

A. BILLEN, ›Robson‹, in: *Musik in Geschichte und Gegenwart*, und: *De Praestant*, 1959, S. 55-57.

Das tägliche Leben unter österreichischer Herrschaft

P. ARIÈS und G. DUBY (Hg.), *Histoire de la vie privée*, Bd. III, *De la Renaissance aux lumières*, Paris, 1986.
N. ELIAS, *Het civilisatieproces. Sociogenetische en psychogenetische onderzoekingen*, Utrecht-Antwerpen, 1982.
P. KEMPENEERS, *Tienen in vroegere tijden*, Löwen, 1984.
Oostvlaamse Zanten, Jg. 63, Heft 1-3, 1988.
K.C. PEETERS, *Eigen aard. Grepen uit de Vlaamse folklore*, 2. Auflage, Antwerpen, o.J.
H. SOLY, ›Openbare feesten in Brabantse en Vlaamse steden 16de-18de eeuw‹, in: *Het openbaar initiatief van de gemeenten in België. Historische grondslagen: Ancien Régime*, (Historische uitgaven Pro Civitate, 65) Brüssel, 1984.
C. VANDENBROECKE, *Agriculture et alimentation dans les Pays-Bas autrichiens*, Gent-Löwen, 1975.
R. VAN DER LINDEN, *Verliefd, verloofd, getrouwd. Huwelijksgebruiken in Vlaanderen en Wallonië vroeger en nu*, Brüssel, 1988.
A. VOLLLEERBACH, *Tienen. Een toeristische wandeling in historisch perspectief*, Tienen, 1969.
J. WEYNS, *Volkshuisraad in Vlaanderen. Naam, vorm, geschiedenis, gebruik en volkskundig belang der huishoudelijke voorwerpen in het Vlaamse land van de Middeleeuwen tot de Eerste Wereldoorlog*, 4 Bde., Beersel, 1974.

5 | Löwen, 4. oktober 1763

Eine Löwener Wette

CH. BURNEY, *The Present State of Music in Germany, The Netherlands and United Provinces*, London, 1773. Facs. Bd. 1, New York, 1969.

G. HUYBENS und H. LOCHS, *Willem Gommaar Kennis (Lier 1717-Leuven 1789), leven en werk. Zijn muzikale betekenis in de 18de eeuw* (Arca Lovaniensis), Löwen, 1981.

E. T'SEYEN, *Het muziekleven in en rond de Sint-Gummaruskerk te Lier tijdens de achttiende eeuw*, unveröffentlichte Graduierungsabhandlung, Löwen, 1984.

CH. VAN DER BORREN, *Geschiedenis van de muziek in de Nederlanden*, Bd. 2, Antwerpen, 1951.

E. VAN DER STRAETEN, *La musique au Pays-Bas avant le XIXe siècle*, Bd. 4, Brüssel, 1878.

X. VAN ELEWIJCK, *Matthias Van den Gheyn, le plus grand organiste et carillonneur belge du XVIIIe siècle et les célèbres fondeurs de cloches de ce nom depuis 1450 jusqu'à nos jours*, Paris-Brüssel-Löwen, 1882.

E. VAN EVEN, *Louvain dans le passé et dans le présent*, Löwen, 1895.

Die Alma Mater

E. CLEENEWERCK DE CRAYENCOUR, *La faculté des arts de Louvain au XVIIIe siècle*, unveröffentlichte Graduierungsabhandlung, Louvain-la-Neuve, 1976.

A. FELIX, ›Les débuts et les titulaires de la chaire de chimie à la faculté de médicine de l'ancienne université de Louvain‹, in: *Belgisch tijdschrift voor Filologie en Geschiedenis*, 1986, S. 236-255.

J. ROEGIERS, ›De Leuvense Faculteit der Theologie en haar rol in de Oostenrijkse Nederlanden‹, in: *Onze Alma Mater*, Jg. 36, 1982, S. 23-36.

L. VAN BUYTEN, *De Leuvense stadsfinanciën onder het Oostenrijks Regiem (1713-1794)*, (Arca Lovaniensis), Bd. 11 (1982) und 14 (1985), Löwen.

G. VAN PAEMEL, *Echo's van een wetenschappelijke revolutie. De mechanisistische natuurwetenschappen aan de Leuvense Artesfaculteit 1650-1797* (Verhandelingen van de Koninklijke Akademie voor Wetenschappen, Letteren en Schone Kunsten van België, Klasse der Wetenschappen, 173), 1986.

B. VAN TIGGELEN, *La faculté des arts de Louvain face au gouvernement autrichien*, unveröffentlichte Graduierungsabhandlung, Louvain-la-Neuve, 1987.

A. VERHAEGEN, *Les cinquante dernières années de l'ancienne université de Louvain (1740-1797)*, Lüttich, 1884.

6 | Brüssel, 4. Oktober-15. November 1763

Brüssel und der Hof Karl von Lothringens

Brussel, breken en bouwen. Architectuur en stadsverfraaiing 1780-1914, Brüssel, 1979.

›Bruxelles au XVIIIe siècle‹, in: *Etudes sur le XVIIIe siècle*, 1977, Nr. 4, S. 11-149.

›Catalogue de l'exposition Trésors d'art des églises de Bruxelles‹, in: *Annales de la Société royale d'archéologie de Bruxelles*, 1979, Nr. 56, S. 1-279.

M. CRICK-KUNTZIGER, *De tapijtwerken in het stadhuis te Brussel*, (Van Maerlantbibliotheek, 14), Antwerpen, 1944.

L. DE REN, *Le prince Charles-Alexandre de Lorraine (1712-1780), ›ein ordentlicher Verschwender‹. Transactions of the Seventh International Congress on the Enlightenment/Budapest 1787* (Studies on Voltaire and the Eighteenth Century, 263-265), Oxford, 1989, S. 1489-1491.

L. DE REN, ›Het standbeeld van Karel Alexander van Lotharingen te Brussel. Een verloren werk van P.A. Verschaffelt (1710-1793)‹, in: *Antiek*, 1982, Jg. 17, Nr. 2, S. 73-88.

L. DE REN, ›Tafelzilver van prins Karel Alexander van Lotharingen (1712-1780) bewaard te Wenen‹, in: *Antiek*, 1984, Jg. 19, Nr. 3, S. 121-136.

L. DE REN, L. DUERLOO und J. ROEGIERS, *De gouverneurs-generaal van de Oostenrijkse Nederlanden*, Brüssel, 1987.

G. DES MAREZ, *Guide illustré de Bruxelles*, Brüssel, 1979.

H. HASQUIN (Hg.), *Het culturele leven in onze provincies in de 18de eeuw (Oostenrijkse Nederlanden, prinsbisdom Luik en hertogdom Bouillon)*, Brüssel, 1983.

De Kapellekerk te Brussel 1134-1984. Een kerk en haar geschiedenis, Ausstellungskatalog. Brüssel, 1984.

Karel Alexander van Lotharingen. Gouverneur-generaal van de Oostenrijkse Nederlanden, Ausstellungskatalog Brüssel, 1987.

Karel Alexander van Lotharingen. Mens, veldheer, grootmeester, Ausstellungskatalog Alden Biesen, 1987.

C. LEMAIRE, *Het paleis van Karel van Lorreinen 1750-1980*, Brüssel, 1981.

Het leven in de 18de eeuw, Ausstellungskatalog Brüssel, 1970.

Das Musikleben

P. ANDRIESSEN, ›Muziek in de Nederlanden in de 17de en 18de eeuw, Noord en Zuid‹, in: *Willem De Fesch, Voordrachten ›Feschtival‹*, Alkmaar, 1987, S. 1-11.

J. BALFOORT, *Het muziekleven in Nederland in de 17de en 18de eeuw*, Amsterdam, 1938, Den Haag, 1981.

CH. BURNEY, ›The present state‹, a.a.O.

B. BROOK, *La Symphonie française dans la seconde moitié du XVIIIème siècle*, Paris, 1962.

S. CLERCKX, *Henri-Jacques De Croes, compositeur et maître de musique du Prince Charles de Lorraine*, Brüssel, 1940.

S. CLERCKX, *Pierre Van Maldere, virtuose et maître des concerts de Charles de Lorraine*, Brüssel, 1948.

S. CLERCKX, ›Les Boutmy. Une dynastie de musiciens belges au XVIIIème siècle‹, in: *Belgisch tijdschrift voor Oudheidkunde en Kunstgeschiedenis*, Jg. XIII, 1943.

S. CLERCKX, ›La chapelle royale à Bruxelles‹, in: *L'Annuaire du Conservatoire royal de Bruxelles*, 1942.

S. CLERCKX, ›Le dix-septième en le dix-huitième siècle‹, in: *La Musique en Belgique*, Brüssel, 1950.

C. DE BAERE, ›Ignatius Vitzthumb en het Vlaamschtooneel te Brussel‹, in: *Feestbundel H.J. Van de Wijer*, II, Löwen, 1944.

C. DE BAERE, ›Het repertoire der compagnies of nieuwe kamers van rethorica te Brussel‹, in: *Jaarboek van de Fonteyne*, Antwerpen, 1945, 1946-1947.

G. DE FROIDCOURT, *La correspondance générale de Grétry*, Brüssel, 1962.

V. DENIS, ›La vie théâtrale en Belgique‹, in: *La Musique en Belgique*, Brüssel, 1950.

M. DE SMET, *La musique à la cour de Guillaume V, Prince d'Orange*, Utrecht, 1973.

J. HADERMANN, *Mozart in onze gewesten. Als wonderkind op koncertreis*, Brüssel, 1951.

M. HAINE und M. MEEUS, *Instruments de musique anciens à Bruxelles et en Wallonie*, Lüttich, 1985.

B. HUYS, ›De Sint-Goedeleverzameling in de Koninklijke Bibliotheek Albert I en haar muziektheoretisch belang‹, in: *Tijdschrift voor Brusselse Geschiedenis*, 4, 1987, S. 133-142.

L. HYMANS, *Bruxelles à travers les âges*, Brüssel, 1884.

J. ISNARDON, *Le théâtre de la Monnaie*, Brüssel, 1889.

M. LIEBRECHT, *Histoire du théâtre français en Belgique aux XVIIème et XVIIIème siècles*, Brüssel, 1923.

J. PROD'HOMME, *F.J. Gossec*, Paris, 1949.

P. RASPÉ, ›Krafft‹, in: *New Grove Dictionary of Music and Musicians*.

L. RENIEU, *Histoire des Théâtres de Bruxelles*, Paris, 1928.

H. ROELSTRAETE, ›Frans Krafft, een Vlaams komponist uit de XVIIIde eeuw‹, in: *Vlaanderen*, 90, 1966, S. 367-377.
G. SPIESSENS, ›Nieuwe biografische gegevens over Henri-Jacques De Croes‹, in: *Adem*, 22, 1986.
CH. VAN DER BORREN, *Geschiedenis van de muziek in de Nederlanden*, Antwerpen, 1948.
E. VANDER STRAETEN, *La musique aux Pays-Bas avant le XIXème siècle*, Brüssel, 1867-1880.
R. VANNES, *Dictionnaire des musiciens (belges)*, Brüssel, 1947.
W. VAN ROMPAEY, ›Pieter Van Maldere (1729-1768), begenadigd musicus aan het hof van Karel van Lorreinen te Brussel‹, in: *Musica Antiqua*, Jg. I/5, S. 3-7; I/6, S. 3-7; I/7, S. 17-23.
W. VAN ROMPAEY, *Pieter Van Maldere. Thematische Catalogus*, unveröffentlicht.
R. WANGERMÉE, *Les Maîtres de chant des XVIIème et XVIIIème siècles à la collégiale des SS. Michel et Gudule à Bruxelles*, Brüssel, 1950.
S.C.A. WILLEMS, ›Heintje Mees en de Brusselsche schouwburg ten tijde van prins Karel van Lorreinen‹, in: *Nederduitsch Maandschrift*, I, 1862.

Die Brüsseler Sonate

J. HADERMANN, *Mozart in onze gewesten. Als wonderkind op koncertreis*, Brüssel, 1941.

7 | Mons, 15.-16. November 1763

Madame Royale

M.-F. DÉGEMBE, ›Anne-Charlotte de Lorraine. Son séjour à Mons (1754-1773)‹, in: *Annales du Cercle archéologique de Mons*, 71, 1978-1981 [1983], S. 283-377.
L. DEVILLERS, *La musique à Mons. Notice historique*, Mons, 1879.
F.-J. FÉTIS, ›Mes premières années. 1784-1798‹, in: *Musique*, 2, 1928-1929, S. 569-579, 628-635, 670-674, 762-767, 950-955, 1060-1070.
R. WANGERMÉE und PH. MERCIER (Hg.), *La musique en Wallonie et à Bruxelles*, 2 Bde., Brüssel, 1980-1982.

Eine Garnisonsstadt

F. BALACE en G. ENGELBERT, *De Walen en de Oostenrijkse keizers in de 18de eeuw*, Brüssel, 1978.
G. BODART, *Les troupes belges au service de l'Autriche 1714-1801*, o.O., 1933.
J.M. CAUCHIES (Hg.), *Les enceintes urbaines en Hainaut*, Brüssel, 1983.
G. DECAMPS, *Guide touristique: Mons*, Mons, 1894.
E. HUBLARD, *Coup d'œil sur la ville et l'histoire de Mons*, 2. Auflage, Mons, o.J. [1920].
M.E.J. LECLERCQZ, *Mémoire sur l'histoire de la ville de Mons, capitale du Hainaut, 1739-1772*, Brüssel, 1870.
C. PIÉRARD, *Mons historique, folklorique et touristique*, Mons, 1967.
J. RUWET, *Soldats des régiments nationaux au XVIIIe siècle*, Brüssel, 1962.
C. TERLINDEN, *Histoire militaire des Belges*, Brüssel, 1931.

8 | Paris und London, 18. November 1763-1. August 1765

Französischer und Englischer Hof

M. ANTOINE, *Louis XV*, Paris, 1989.
M. BRAUBACH, *Versailles und Wien von Ludwig XIV bis Kaunitz*, Bonn, 1952.
P. BREILAT, *Ville nouvelle, capitale modèle, Versailles*, Versailles, 1986.
J. BROOKE, *King George III*, London, 1972.
P. GAXOTTE, *Louis XV*, Paris, 1980.
A. PARREAUX, *La société anglaise de 1760 à 1810*, Paris, 1966.
J.C. RILEY, *The Seven Years War end the Old Regime in France*, Princeton, 1986.
J.S. WATSON, *The Reign of George III*, London, 1960.

Mozart im Bann der neuen Klaviermusik

W.A. BAUER, O.E. DEUTSCH und J.H. EIBL, *Mozart: Briefe und aufzeichnungen. Gesamtausgabe*, Kassel, 1962-1975.
I. BOSSUYT, *W.A. Mozart (1756-1791) en het pianoconcerto. Actief luisteren naar muziek*; dl. 2,(Ancorae. Steunpunten voor studie en onderwijs, 7), Löwen, 1989.
C. DE NYS, *Mozart et les fils de Jean-Sébastien Bach. Les influences étrangères dans l'œuvre de W.A. Mozart*, Paris, 10.-13. Oktober 1956, Paris, 1958.
M. FLOTHUIS, *Mozarts Bearbeitungen eigener und fremder Werke*, Salzburg, 1969.
J. HUNKEMÖLLER, *W.A. Mozarts frühe Sonaten für Violine und Klavier. Untersuchungen zur Gattungsgeschichte im 18. Jahrhundert*, Bern-München, 1970.
J. und B. MASSIN, *Wolfgang Amadeus Mozart*, Paris, 1959.
W. NEWMANN, *The Sonata in the Classic Era*, Chapell Hill, 1963.
C. PIERRE, *Histoire du Concert Spirituel, 1725-1790*, Paris, 1975.
E. REESER, *Ein Augsburger Musiker in Paris: Johann Gottfried Eckard (1735-1809)*, Augsburg, 1984, S. 42-73.
E. REESER, *De klaviersonate met vioolbegeleiding in het Parijsche muziekleven ten tijde van Mozart*, Rotterdam, 1939.
C. TERRY, *John Christian Bach*, London, 1967.

9 | Gent, 4.-6. September 1765

Das Wirtschaftszentrum Flanderns

W. BUNTINX, ›De Gilde van Sint-Sebastiaan en de Schouwburg van Gent‹, in: *Gentsche Tydinghen*, Jg. 7, 1977, S. 7-21.
P. CLAEYS, *Histoire du théâtre à Gand*, Gent, 3 Bde., 1892.
H. COPPEJANS-DESMEDT, *Bijdrage tot de studie van de gegoede burgerij te Gent in de achttiende eeuw*, Brüssel, 1952.
N. DECAVELE, R. DE HERDY und N. DECORTE, *Gent op de Wateren en naar de Zee*, Antwerpen, 1977.
F. DE POTTER, *Gent van den oudsten tijd tot heden*, Gent, 7 Bde., 1882-1901.
M. FRÉDÉRIC-LILLAR, *L'hôtel Falligan, chef d'œuvre du rococo gantois*, Brüssel, 1977.
V. FRIS, *Histoire de Gand depuis les origines jusqu'en 1913*, Gent, 2. Auflage, 1930.
P. LENDERS, *Een stad tussen traditie en verlichting: Gent 1750-1787. Een institutionele benadering*, Kortrijk, 1990.
H. VAN WERVEKE, *Gent. Schets van een sociale geschiedenis*, Gent, 1947.

Das Genter Glockenspiel

P. BERGHMANS, ›Le carillonneur gantois Le Blan‹, in: *Beiaardkunst*, Mechelen, 1922.
A. LEHR, *Van paardebel tot speelklok*, Zaltbommel, 1971.

J.W. LUSTIG, *Rijk gestoffeerd verhaal van de eigenlijke gesteldheid der hedendaagsche toonkonst: of Karel Burney's, Doctor in de musiekkunde, dagboek van zyne, onlangs gedaane, musicale reizen door Frankrijk, Italië en Duitschland*, Groningen, 1786.
J. ROTTIERS, *Beiaarden in België*, Mechelen, 1952.
E. VANDER STRAETEN, *La musique aux Pays-Bas avant le 19ᵉ siècle*, 8 Bde., Brüssel, 1867-1888.
A. VAN WERVEKE, ›De ontwikkeling van het klokkenspel te Gent‹, in: *Beiaardkunst*, Mechelen, 1922.

Orgelstadt Gent

G. POTVLIEGHE, ›Levensschets der Van Peteghems en andere bijdragen i.v.m. de orgelmakersfamilie Van Peteghem‹, in: *Vlaanderen*, 1973.
J. PRÖGER, *Mozarts Verhaltnis zur Orgel und zur Orgelkomposition* (Sonderdruck aus der Festschrift zur Einweihung des Nordpfalzgymnasiums Kirchheimbolanden), Berlin, 1965.

10 | Antwerpen, 6.-9. September 1765

Eine Stadt der Geschäftsleute und Rentiers

Antwerpen in de XVIIIᵉ eeuw: Instellingen, Economie, Cultuur, Antwerpen, 1952.
R. BOUMANS, *Het Antwerpse stadsbestuur voor en tijdens de Franse overheersing*, Brügge, 1965.
K. DEGRYSE, ›Stadsadel en Stadsbestuur te Antwerpen in de 18de Eeuw‹, in: *Tijdschrift voor Geschiedenis*, 1980, Jg. 93, S. 466-482.
J.A. GORIS, *Lof van Antwerpen. Hoe reizigers Antwerpen zagen van de XVde tot de XXde Eeuw*, Antwerpen, 1940.
F. PRIMS, *Geschiedenis van Antwerpen*, Bd. IX. Met Oostenrijk en onder de Franschen, Antwerpen, 1947-1948.
E. PUT, *Onrust in de Zielzorg: J.T.J. Wellens, 17e Bisschop van Antwerpen en zijn pastoraal Beleid (1776-1784)*, Brüssel, 1983.
K. VAN ISACKER und R. VAN UYTVEN, *Antwerpen. Twaalf Eeuwen Geschiedenis en Cultuur*, Antwerpen, 1983.

Die Antwerpener Orgeln

G. PERSOONS, ›Stukken inzake het grote orgel van de O.-L.-V.-Kerk; 1798‹, in: *Bouwstenen voor een geschiedenis der toonkunst in de Nederlanden*, Bd. 2, Amsterdam, 1971.
G. POTVLIEGHE, ›De school van de Zuidnederlandse orgelmaker Nikolaas van Hagen‹, in: *De Mixtuur*, Oktober 1978, S. 624-628 und 638-640.

11 | Holland, 9. September 1765-Ende April 1766

W.A. BAUER, O.E. DEUTSCH und J.H. EIBL, *Mozart: Briefe und Aufzeichnungen. Gesamtausgabe*, Kassel, 1962-1975.
H.-U. VON BALTHASAR, *Mozart. Denkmal im eignen Wort/Lebensdokumente*, 1945.
F. CARR, *Mozart und Constanze*, Stuttgart, 1986.
A. EINSTEIN, *Mozart, sein Character, sein Werk*, Zürich/Stuttgart, 3. Auflage, 1953.
J. HADERMANN, *Mozart in onze gewesten. Als wonderkind op koncertreis*, Brüssel, 1941.
F. HAMEL und M. HÜRLIMANN, *Das Atlantisbuch der Musik*, Zürich-Freiburg, 1953.
HONEGGER/MASSENKEIL, *Das grosse Lexikon der Musik*, Freiburg-Bazel-Wenen, 1987.
N. HARNONCOURT, *Musik als Klangrede*, o.O., 1985.

D. KERNER, *Krankheiten grosser Musiker*, Bd. 1, Stuttgart-New York, 1973.
DR. W. LIDKE, ›Uebereinstimmung und Gegensatz der Violinschulen von Leopold Mozart und Louis Spohr‹, in: *Louis Spohr Festschrift*, 1959.
W. LIEVENSE, *De familie Mozart op bezoek in Nederland*, Hilversum, 1965.
E. MELKUS, *Die Violine*, Bern-Stuttgart, 1979.
L. MOZART, *Gründliche Violinschule*, Facs. 3. Auflage (Augsburg 1789), Leipzig, 1968.
J. NEUBACHER, ›Mozart und das Haus Oranien-Nassau‹, in: *Nassauische Annalen*, Bd. 96, 1985.
W. PAAP, ›Godfried Baron van Swieten‹, in: *Mens en Melodie*, 1965. Jg. 20, Nr. 7, S. 204-208.
I. SMETS und A. LIPPEVELD, *Mozart en zijn tijd*, 5. Auflage, Brüssel, 1985.
P.T.A. SWILLENS, ›Mozart in Utrecht‹, in: *Mens en Melodie*, 1965. Jg. 20, Nr. 5, S. 386-389.
H. VIOTTA, *Handboek der Muziekgeschiedenis*, Haarlem, 1916.
P. WOODFORD und L. VAN HASSELT, *Mozart* (Gottmer Componistenreeks), Haarlem, 1986.

12 | Antwerpen-Mechelen-Brüssel, Ende April 1766-5. Mai 1766

Das Cembalo, der Stolz Antwerpens

W.A. BAUER, O.E. DEUTSCH und J.H. EIBL, *Mozart: Briefe und Aufzeichnungen. Gesamtausgabe*, Kassel, 1962-1975.

Mechelen, eine erzbischöfliche Stadt

C. DE CLERCQ, *Cinq archévêques de Malines*, Bd. II, 1759-1815, Paris, 1974.
D. FONCKE (Hg.), *Mechelen de Heerlijke*, Mechelen, 1938-1947.
L. GODENNE, *Malines, jadis et aujourd'hui*, Mechelen, 1908 (Antwerpen, 1973).
P. HARSIN, *Au 18e siècle, crise de la foi religieuse*, o.O., 1941.
H. INSTALLÉ, *Patriciërs en ambachtslui te Mechelen onder Maria-Theresia*, Mechelen, 1982.
A. TIHON, *Dictionnaire des paroisses des Pays-Bas autrichiens, des principautés de Liège et de Stavelot-Malmédy et du duché de Bouillon en 1787*, Brüssel, 1979.
A. VERHAEGEN, *Le cardinal de Franckenberg, archévêque de Malines (1726-1804)*, Brügge, 1889.

Abschied von den österreichischer Niederlanden

W. BRULEZ, *Cultuur en getal. Aspecten van de relatieeconomie-maatschappij-cultuur in Europa tussen 1400 en 1800*, Amsterdam, 1986.
A. CORVISIER, *Arts et sociétes dans l'Europe du XVIIIᵉ siècle*, Paris, 1978.
V. FRIS, ›Laus Gandae. Eloges et descriptions de Gand à travers les âges‹, in: *Bulletin de la société d'histoire et d'archéologie de Gand*, Bd. 22, 1914, S. 208-227.
J.A. GORIS, *Lof van Antwerpen. Hoe reizigers Antwerpen zagen van de XVIᵉ tot de XXᵉ Eeuw*, Brüssel, 1940.
E. HELIN, ›L'opinion d'autrui, un miroir déformant?‹, in: *La Wallonie, le pays et les hommes*, Brüssel, 1975, I, S. 445-466.
M. LEON, *De visie van buitenlandse reizigers op het kerkelijk leven in de Oostenrijkse Nederlanden*, unveröffentlichte Graduierungsabhandlung Löwen, 1982.

E. STOLS, ›De Oostenrijkse Nederlanden in de kijker van de buitenlanders‹, in: *Oostenrijks België 1713-1794*, Brüssel, 1987, S. 505-532.

R. VAN DAMME, *De Zuidnederlanders in de reisverhalen van de tweede helft van de achttiende eeuw 1748-1795*, unveröffentlichte Graduierungsabhandlung Löwen, 1964.

13 | Mozart in Belgien nach 1766

F.-J. FÉTIS, ›Mes premières années‹, in: *Musique*, 2 (1928-1929), S. 569-579, 628-635, 670-674, 762-767, 950-955, 1060-1070.

M. FRICHE-LECLERCQ, *Notes d'époque*, Mons, 1980.

E. MAILLY, *Les origines du Conservatoire royal de musique de Bruxelles*, Brüssel, 1879.

P. MERCIER, ›Les théâtres‹, in: R. WANGERMÉE und P. MERCIER (Hg.), *La Musique en Wallonie et à Bruxelles*, Bd. 2, Brüssel, 1982, S. 9-38.

P. RASPÉ, ›Bibliothèques et musées‹, in: R. WANGERMÉE und P. MERCIER (Hg.), *La Musique en Wallonie et à Bruxelles*, Bd. 2, Brüssel, 1982, S. 249-259.

P. RASPÉ, ›L'édition musicale‹, in: R. WANGERMÉE und P. MERCIER (Hg.), *La Musique en Wallonie et à Bruxelles*, Bd. 2, Brüssel, 1982, S. 207-216.

P. RASPÉ und H. VAN HULST, ›L'édition musicale‹, in: R. WANGERMÉE und P. MERCIER (Hg.), *La Musique en Wallonie et à Bruxelles*, Bd. 2, Brüssel, 1982, S. 293-305.

A. VANDER LINDEN, ›Mozart et la Belgique‹, in: *La Revue Musicale*, Nr. 231 (Dezember 1956), S. 141-146.

H. VANHULST, ›L'enseignement de la musique‹, in: R. WANGERMÉE und P. MERCIER (Hg.), *La Musique en Wallonie et à Bruxelles*, Bd. 2, Brüssel, 1982, S. 193-206.

H. VANHULST, ›Orchestres et concerts‹, in: R. WANGERMÉE und P. MERCIER (Hg.), *La Musique en Wallonie et à Bruxelles*, Bd. 2, Brüssel, 1982, S. 44-91.

R. WANGERMÉE, *François-Joseph Fétis, musicologue et compositeur*, Brüssel, 1951.

14 | Mozart und das Klavier

W.A. BAUER, O.E. DEUTSCH und J.H. EIBL, *Mozart: Briefe und Aufzeichnungen. Gesamtausgabe*, Kassel, 1962-1975.

O.E. DEUTSCH, *Mozart: die Dokumente seines Lebens, gesammelt und erläutert*, Kassel, 1961-1978.

J. HADERMANN, *Mozart in onze gewesten. Als wonderkind op koncertreis*, Brüssel, 1941.

15 | Das Zeitalter Mozarts

Bei diesem allgemeinen Thema wird von einer Bibliographie abgesehen.

16 | Aspekte Mozarts

W.A. BAUER, O.E. DEUTSCH und J.H. EIBL, *Mozart: Briefe und Aufzeichnungen. Gesamtausgabe*, Kassel, 1962-1975.

E. DENT, *Mozart's Opera's: a critical study*, London, 1947.

O.E. DEUTSCH, *Mozart: die Dokumente seines Lebens, gesammelt und erläutert*, Kassel, 1961-1978.

R. DUMESNIL, *Le Don Juan de Mozart*, Paris, 1927.

A. EINSTEIN, *Mozart. Sein Karakter-Sein Werk*, Frankfurt, 1978.

W. HILDESHEIMER, *Mozart*, Frankfurt, 1977.

O. JAHN und H. ALBERT, *W.A. Mozart*, Leipzig, 1955.

C. ROSEN, *The classical style*, New York, 1972.

Index

Aachen 29, 33, 47
Abel, Carl Friedrich 158
Abert, H. 286
Adams, John 189, 190
Adams, John Quincey 44, 190
Adlgasser, Anton Cajetan 22, 23
Agincourt, François d' 150
Agliardi, Peter Anton 23
Agrell, Johan Joachim 251
Aix-en-Provence 285
Albani, Kardinal 272
Alberti, Domenico 155
Albrecht und Isabella, Erzherzöge 39, 84, 94
Aldringer, F.A. 84
Alexis (Komponist) 136
Allegri, Gregorio 280
Alphen, Eusebius Johann 102
Alsace et de Boussu, Prinz d' 234
Alt, Jakob 10
Amalie von Preußen 29
Amsterdam 126, 127, 164, 176, 207, 211, 212, 213, 214
Andrez (Musikverleger) 48
Anna von Hannover 208
Anne-Charlotte von Lothringen 99, 134, 136, 138
Antissier, Louis-Maria 82
Antwerpen 32, 36, 64, 65, 87, 89, 107, 116, 127, 139, 164, 171-174, 176, 182, 184, 185, *186-188*, 189, 190, 191, 192, 193, 194, *195*, 197-201, 206, 221, 222, 223, 226-228, 238, 239
Arenberg, Karl von (Charles-Marie-Raymond) 39, 100, *101*, 104, 125, 138, 237
Arenberg, Philippe-Charles-Joseph d' 138
Argenson, René Louis d' 271
Arne, Thomas 214
Artoisenet, Jacques 110
Artoisenet, Joseph-Philippe 110
Augsburg 9, 12, 14, 22, 28, 217, 224, 226, 238, 255-257, 259

Bach, Carl Philipp Emmanuel 14, 15, 157, 159, 242, 255, 259
Bach, Johann Christian 145, *157*, 158, 160, 209, 214, 251, 278
Bach, Johann Sebastian 145, 159, 206, 254, 275, 277-280, 286
Backer, L. De 69
Bacon, Francis 270
Balasse (Komponist) 136
Barisani, Silvester 23
Barlow, Joel 168
Baurscheit de Jonge, Jan Pieter 193
Bayern, Ernst von 55
Bayern, Jean-Théodore von 34, 48, 49, 53
Beaumarchais, Pierre Augustin de 280
Beauwarlet, Jacques-Firmin 205
Beecké (Komponist) 209

Beethoven, Ludwig van 246, 255, 262, 275, 277-279, 282
Belotto, Bernardo 24
Bemmel, Wilhelm 89
Benedikt XIV, Papst 234
Bentinck, Willem 212
Berg, Alban 287
Bergé, Jacques *107*, 108
Berghe, Jeanne-Marie van den 110
Berghe, Josse Vanden 242
Bergmann, Ingmar 285
Berlin 28
Bernhard, Anton von 25
Bettignies, de (Architekt) 136
Beumer, Henri 247
Beuninck, Carel 56
Bevere, Jan van 174
Beveren, Mattheus van *106*, 107
Beyer, J. de 209
Bigot de Villandry, W.E. 129
Biset, J.A. 232
Blake, William 274
Blockhuyzen, Reynier 107
Boccage, Madame du 64, 65, 80
Boeykens, Jan-Baptist 186
Bolomey, B. 129
Bonn 29, 63
Bonnart, Robert-François 138
Borght, Gaspard van der 89
Borght, Natalis-Christiaan Van der 80
Borght d. J., Jacob van der 110
Borren, Charles Van den 80, 81, 127
Bors, Johann Jacob von 9, 59
Bosch, Pieter Jozef van den 185, 189, 201
Bossche, Balthasar van den *198*
Botta-Adorno, Minister 43
Bouchaute, C. van 85
Boucher, François 155, 274
Boucherie, Jean-Joseph 242
Boulle, André Charles 274
Boumeester, Cornelis 203
Boutmy, Guillaume 112, 127, 182
Boutmy, Josse 112, 113, 127, 182
Bouttats, Balthazar 197
Braamcamp, Gerrit 106
Brabo, Salvius *198*
Brahms, Johannes 274, 277, 287
Breitkopf, Johann Gottlob Immanuel 217
Breughel der Ä., Pieter 104
Breuning, Johann Christoph von 100
Bril, Paul 89
Brillat-Savarin, Jean 55, 57
Britsen, Alexander 227
Brocal, Lambert 34
Broderip, Francis 228
Bronne, Carlo 47, 53
Brouwer, G. De 42
Browning, Robert 287
Bruce, Thomas 108
Brügge 32, 169, 173
Brunet 233

Bruno, Giordano 270
Brunswijk, Ludwig Ernst van 209
Brüssel 32-35, 36, 40, 45, 63, 77, 85, 87, 89, 90, 91, 92, 94, 96, 99, 100, 102, 104, 107, *111*, 112, *113*, *115*, 116-119, 120, 123-128, *131*, 133, 137, 139, 141, 151, 164, 169, 171, 179, 185, 186, 190, 191, 193, 207, 209, 221, 223, 234, 237-239, 241-244, 246, 247
Buffon 267, 268
Bull, Joannes Petrus 192, 227, 228
Bultos, Alexandre 127
Bultos, Herman 127
Burney, Charles 28, 79, 112, 116, 117, 119, 125-127, 176, 182, 192-201, 207, 227
Butler, Samuel 272

Calais 64, 145, 163, 204
Cambrai 223
Camerloher, Placide-Cajetan von 48
Cammaert, Joannes-Franciscus 120, 123, 124
Canaletto, Giovanni Antonio 152
Cannabich, Rosa 130
Canterbury 203-205
Cardon, A. 124
Carolina von Nassau-Weilburg 203, 204, 205, 209, 211, 212, 214, 215
Carrogis de Carmontelle, Louis 126, 127, 143, 155, 249
Casanova de Seingalt, Jacques 271
Casteau, Lancelot de 55
Casteel, Hendrik van 127
Castiglione, Vincenzo 212
Cazier, Benoît de 38
Celsius, Anders 267
Ceulemans (Musikverleger) 242
Chabotteau, Nicolas 175
Chardin, Jean-Baptiste 20
Charles X, König von Frankreich 247
Charliers de Borghravenbroeck, Guillaume 120
Charlotte Sophia, Königin von England 151, 157
Charlton, David 50
Chelsea 145
Chéreau, Patrice 285
Chippendale, Thomas 272
Clemens XIV., Papst 256
Clemens von Sachsen 33
Clemens August von Köln 98
Clementi, Muzio 242
Cluysenaer, Jean-Pierre 92
Cobenzl, Johann Philipp 100
Cobenzl, Karl Johann Philipp 35, 37, 43, 45, 85, 87, 99, 112, 120, 235, 236
Cobenzl, Louis 235
Cochin, N. 271
Cock, Johannes De 197
Colfs, Jan 181

297

Colloredo, Carl 100
Colloredo, Hieronymus 100, *261*
Colloredo, Joseph Maria 100
Colloredo, Rudolf 100
Comenius, Jan Amos 269
Condillac, Etienne Bonnot de 268
Conti, Louis-François de *118*, 224, *272*
Corelli, Arcangelo *178*, 254
Corneille, Pierre 120
Corneille, Thomas 123
Cornouaille, François-Antoine 243
Coronini, Rudolf 90, 100
Cort, Hendrik-Frans De 194
Couchet, Joannes 226, 227, 228
Couperin, François 150, 154, *178*
Crébillon, Claude Prosper Jolyot 271
Croce, Johann Nepomuk Della 14
Croes, Henri-Jacques de 112, 113, *114*, 115-117, *127*, *178*
Cruyl, Lodewijk 174
Curtius (de Corte), Jean 55

Damant, Nicolaas 104
Daubat, Robert 178-180
Defrance, Leonard 34, *41, 42, 52, 72, 73*, 268
Dekens, Jan 68, 69
Delange, Herman-François 48
Delcloche, Paul-Joseph *47, 49*, 53
Delcourt, Antoine 175
Delcourt, Florent 175
Delin, Albert 260
Delmoitiez (Komponist) 136
Delvaux, Laurent 95
Den Haag 31, 61, 64, 112, 158, 164, 203, 204, 206, *207-213*, 221, 228, 257, 285
Descamps, Jean-Baptiste 110
Descartes, René 268, 270
Despierrières, Louis Compain 126
Deuren, Frans Constantin van 56
Diderot, Denis 57, *143*, 169, 265, 275
Diderot und d'Alembert (Enzyklopädie von) *18, 43, 60, 61, 62, 114, 119, 123, 140, 169, 173, 227*, 255, 265, 266
Dillay, Joseph-François 115, 116
Ditters von Dittersdorf, Carl 117, 251
Domanek, Anton Mathias 94, 102
Domanek, Franz 102
Donck, Jacob Frans Van der 97, 98
Doornik 87, 110, 136
Dover 64, 159
Dresden 119
Duchène, E. 137
Dulcken, Joannes Daniel 127, 192, 221, 227, 228, 229
Dulcken, Johan 228
Dumesnil, René 288
Duni, Egidio 48, 123, 124, 126, *178*
Dünkirchen 179
Dupont, Jean Baptiste Bonav. 177, *178*, 180
Durante, Francesco 136
Dussek, František Xaver 251
Dyck, Antonius Van 89

Eberlin, Johann Ernst 22
Eckard, Johann Gottfried 128, 130, 145, 155, *156, 159*, 160
Eden, J. 188
Edingen 101, 179
Eekhoud, Georges 230
Egedacher (Orgelbauer) 255, 257

Einstein, Alfred 224, 255, 285, 286
Eisen, Charles 100
Ekels I, Jan 213
Elewijck, Xavier van 127, 128, *177*
Elsche, Jacobus van den 192, 227, 228
E.M. 222
Enschedé, Johannes *12*, 216, 217
Equennez (Maler) 108
Erasmus, Desiderius 61, 206, 207
Eupen 141
Eyck, Hans van 89
Eyck, Hubert van 89

Faber, Johan Herman 228
Fahrenheit, Daniel Gabriel 267
Fallon, Jean-Baptiste 56
Faulte, Jean 99
Fautz, Johann Adam 99
Favart 118, 123, 124
Febronius, Justinus 87, 236, 237
Fénélon 223
Ferraris, Joseph von 63, 90, 92, 100, 237
Fesch, Willem de *178*, 206
Fétis, Antoine-Joseph 127, 137
Fétis, François-Joseph 241, 242, 246-248
Fichte, Johann Gottlieb 274
Figuerola, Ramon de 90, 100, 237
Fiocco, Jean-Joseph 117
Fiocco, Joseph Hector *178*
Firmian, Anton Eleutherius 9, 10
Firmian, Karl 254
Fischietti, Domenico 256
Fleischmann, Joan 217
Focking, Hendrik 207
Fonson, Pieter Jozef 91, 97, 98
Fontenelle, Bernard le Bovier de 268, 269
Forceville, Jan Baptiste 201
Forman, Milos 285, 288
Franckenberg, Johann Heinrich von 90, 100, 111, 221, 223, 230, 233, 234, 235, 236, 239
Frankfurt 29, 116
Franklin, Benjamin 267
Franz I., Kaiser 21, 25, 36, 94, 102, *107*
Freysauf von Neudegg, Anna Justina 133
Friche-Leclercq, Michèle 251
Friederici, Christian Ernst 255, 259
Friederici, Christian Gottlob 255
Friedrich, Jacob Andreas 12
Friedrich der Große von Preussen 28, 29, 147, *159*
Führmann (Orgelbauer) 254, 256

Gabriel, Ange-Jacques 151
Gainsborough, Thomas 157
Gamond, Pierre 120
Garemijn, Jan Antoon 75, 80, *164*
Gasparini (Librettist) 136
Gassel, Lucas 89
Gaviniès, Pierre 154, 156
Geirnaert, Jozef 244
Genf 48, 49
Gent 38, 127, *163, 164, 165-168, 169, 170, 171, 172, 173, 174, 175, 176, 178, 179, 180, 182, 183*, 190, 256
Geoffrin, Marie-Thérèse 223
George I., König von England 152
George II., König von England 147, 152, 208
George III., König von England 147, *151*, 152, 153
Gevers, Geraard 186

Gheyn, Andreas Jozef van den 136, *177*
Gheyn, Matthias van den 68, 80, 81, *177*, 180
Glimes, Jules de 251
Gluck, Christoph Willibald von 50, 118, 123, 214, 246, 273
Godecharle, Gilles 193
Godefroy, François 242
Goetghebuer, P.J. *38, 167, 174*
Goethe, Johann Wolfgang von 29, 271, 272, 275
Goltfuss, Hans 69
Gossec, François Joseph 120, 123, 126
Gottsched, Johann Christoph 273
Graaf, Christian Ernst 208, 209, 212, 214, 215
Gram (Musikverleger) 242
Gray, Stephen 274
Grégoir, E. 201
Gregorius I. 69
Grétry, André-Ernest-Modeste 48, 49, 50, 51, 123, 126, 136, *178*, 181
Grevers, Johannes 186
Grimm, Friedrich Melchior 28, *143*, 156, 210, 223
Grimmer, Jacob 89
Groningen 208
Grosse, J.-A. 71
Gruijtters, Joannes De 176, 177, 178, 181
Guardi, Francesco 270
Guillelmi, J.B. 172

Haarlem 61, 164, 212, 216, 217, 219
Hadermann, Jan 130
Haffner, Siegmund 23
Hagenauer, Lorenz 11, 13, 20, 22, 23, 26, 27, 47, 59, 67, 77, 89, 90, 95, 104, 133, 145, 163, 185, 189, 203, 204, 206, 207, 211, 214, 216, 221, 223
Hagenauer, Maria Theresa 23, 47, 52
Haghen, Nicolaes van 201
Haibel, Jacob 226
Hamal, Jean-Noël 48, 136
Hamann, J.G. 274
Hame, A. 158
Händel, Georg Friedrich 61, *151*, 153, *178*, 208, 210, 215, 279
Hannetaire, Angélique d' 125
Hansen, Hans 262
Hanssens, Charles 245
Hanssens, Charles-Louis 246, 247
Harrach, Friedrich von 32, 198
Harrewijn, Frans 95
Harrewijn, Jacob 104
Hasse, Johann Adolph 15, 28, 214
Hauregard, Jacques 56
Haydn, Johann Michael 22, 23, *181*
Haydn, Joseph 22, 117, 119, 194, 206, 246, 251, 265, 269, 273, 274, 278
Haze, Melchior de 172
Hebbling, Thaddäus 254
Heinsius, Johann Julius 101
Hèle, Thomas d' 49, 50
Hellendaal, Pieter 206
Hellynckx, Fulgence 169
Helmont, Charles-Joseph van 68, 113, 116, 117, 120
Hemony, François 175
Hemony, Pieter 174, 175
Hendriks, Wybrand 206
Herreyns, Daniel 193
Herschel, William 267

Heverlee 101
Heylbroeck, Seraphin 99, *182*
Hildesheimer, Wolfgang 277, 286
Hiller, Johann Adam 119
Hobbema, Meindert 206
Hoevenaar, C.W. *208*
Hoffmeister, Franz Anton 283
Hoghart, William 272
Hollenderer, Franz 181
Hollenfeltz, Jean 251
Hölty, Ludwig 274
Holzemer, Joseph 248
Holzhalb, I.R. *261*
Honauer, Leonzi 159, 160
Honthorst, Gerhard 89
Horemans, Peter Jacob 28, 117, *122*
Horemans de Jonge, Jan Jozef 71, *221*, *228*
Houbraken, J. *205*
Houdon, Jean-Antoine *149*
Hume, David 270
Hummel, Johann Nepomuk 226
Hunin (Maler) 233
Hunt, G. *222*
Huygens, Christiaan 267

Ingouf, François-Robert *51*
Ingouf, Pierre-Charles *51*
Irmen, Hans Josef 288

Jacobus II., König von England 108
Jacoby, Philippe-Joseph *34*
Jacquard, Joseph-Marie 267
Jahn, Otto 130, 250, 286
Jamaer, P.V. *110*
Janson, Michael 89
Jélyotte, Pierre *118*
Jenner, Edward 268
Jommelli, Niccolò 28, 29, 214
Jongh, Jan de 56
Jordaens, Jacob 89
Joseph I., Kaiser 31
Joseph II., Kaiser 28, 35, 100, 114, 140, 170, 195, 236, 237, 268

Kahr, Paul 101
Kändler, Johann Joachim 239, *265*
Kant, Emmanuel 265, 269, 275
Karl V., Kaiser 175, 230, 231
Karl VI., Kaiser von Österreich 31, 32, 33, 166, 171
Karl II., König von Spanien 31
Karl Alexander von Lothringen 36, 37-40, 45, 63, 89-92, 93-95, 96, 97-99, 100-102, *103*, *104*, *108*, 109, 111-113, *114*, 117, 119, 120, 122, 124, *125*, *134*, 136, 138, 235, 237, 238
Karl Christian von Nassau-Weilburg 204, 205
Karl der Kühne 230
Katzl, Ignaz 101, 102
Kaunitz-Rittberg, Wenzel Anton von 25, 35, 36, 37, 39, 45, 137, 236
Kennis, Willem Gommar 78-81
Ketel, Cornelius 89
Khevenmüller, Johann Joseph 96, 117
Kint, David 't 167
Kneuppel, Walter Christian 126
Knoller, Martin 26
Koblenz 29, 59, 62, 257
Köchel, Ludwig von 15
Köln 29, 63
König, Franz Xaver 261

Königegg-Erps, Minister 198
Kotzwara, František 241
Kozeluch, Leopold 242
Krafft, Frans 112, 123, 127, 136
Krafft, Frans Jozef 68, 127, 128
Krafft, P.J. *114*
Kraus, Josef Martin 288

Lachnitz 243
Laclos, Choderlos de 271
La Marck, Louise-Marguerite de 100
La Mettrie, Julien de 270
Lancret, Nicolas 55, *155*
Landsheer, Jozef Egidius de 180
Lange, Joseph 254, *286*
Langendonck, M.G. van 123
Lannoy, Peter de 201
La Tour, Maurice Quentin de *147*, *154*
Lauters, Paul *187*, *195*
La Varenne 55
Lavoisier, Antoine Laurent de 267
Le Blan, Lodewijk Jozef 181
Le Blan, Pieter Jozef 178, 179, 180
Leclair, Jean-Marie 207
Leczinska, Marie, Königin von Frankreich 56, *147*
Leczinski, Stanislas, König von Polen 57
Leeuwenhoek, Antoni van 267
Lefèvre, Robert 50
Legillon, Jean-François *44*
Legrenzi, Giovanni 254
Leibniz, Gottfried Wilhelm 270
Leiden 37
Leiden, Lucas van 89
Leipzig 119
Lejeune, A. *161*
Lenclos, Ninon de 56
Lens, Andries Cornelis *192*, *193*
Leopold, Johannes Christian 230
Lesseps, Dominique de 102
Lessing, Gotthold Ephraim 269, 271, 272
Lespine, François de 175
Lespine, Nicolas de 175
Leutgeb, Joseph 23
Leyniers, Urbanus 110
Lidelsheim, Ignaz von 133
Lier 78, 79
Ligne, Karl Josef de *101*
Lille 27, *163*, 203
Linden, Albert Vander 241, 248
Linguet, Simon 169
Linnaeus (Linné), Carl von 267
Linthout, Guillermus von 83
Liotard, Jean Etienne *212*
Lissabon 127
Liszt, Franz 283
Locatelli, Pietro Antonio 178, 207
Locke, John 270
Loeillet, Jean-Baptiste 182
Lolli, Giuseppe Francesco 22
London 26, 27, 31, 64, 79, 81, 91, 130, 145, 152, 153, 157, 160, 203, 210, 214, 221, 228, 287
Longhi, Alessandro 272
Longhi, Pietro 272
Longman, James 228
Loo, Carlo Van 273
Loo, L.M. Van 265
Lopez de Liz, Jacob 207
Lorent, François 40
Lorenzoni, Pietro Antonio *10*, *11*, *15*
Loschenkohl (Graveur) *281*, *283*

Losey, Joseph 285, 286, 288
Lotter, Johann Jakob 13, 14, 217
Löwen 35, 77, 78, 79, 80, 81, 83, 84, 85, 87, 90, 107, 120, 177, 180
Lück, Johann Friedrich *18*, *133*
Ludeke, Jan van 175
Ludwig XIV., König von Frankreich 31, 138, *139*, *140*, *147*, 149-151, 234
Ludwig XV., König von Frankreich 56, 78, 146, 147, 149-151, 156, 164, *165*, 237, 272
Ludwig XVI., König von Frankreich 151
Ludwigsburg 28, 29
Lully, Jean-Baptiste 178
Lustig, Jacob Wilhelm 208, 217
Luther, Martin 83
Lüttich 29, 33, 34, 47, 48, 52, 53, 55, 63, 90, 136, 164, 178, 190, *191*

Maazel, Lorin 286
Madou, Jean-Baptiste *78*
Mahaut, Antoine 208
Mailand 13, 26, 102, 119, 203, 204, 211, 262
Mainz 29, 62
Maldere, Jan Baptist van 97, 112, 117
Maldere, Pieter van 97, 112, 117-120, 124
Maldere, Willem van 97, 112, 117, 126
Malipiero, Francesco 251
Mann, Horace 204
Mannheim 29, 61, 109
Marchand, Louis 150
Margaretha von Österreich, Landvogtin 230
Margaretha von York 230, 231
Maria Elisabeth, Landvogtin 32, 84, 111, 112
Maria Theresia, Kaiserin 9, 21, 25, 28, 31, 32-37, 39, 41, 45, 78, 85, 90, 94, 96, 99, 102, *107*, 111, 114, 117, 136, 151, *164*, 166, 181, 234, 236, 237
Maria Theresia, Königin von Frankreich 31
Marie-Antoinette, Königin von Frankreich 25, 151
Mariemont 39, 96, 99, 111, 114, 138
Marivaux 124
Marmontel, Jean-François 49
Marne, Jean-Louis De 58
Marpurg, F.W. 13, 217
Martenasie, Peter *193*
Martin, Jean-Baptiste *111*, *148*
Martini, Giovanni Battista 206, 208, 256, 280
Mathurin (Komponist) 136
Maximilian Emanuel von Bayern 119
Maximilian Joseph III. von Bayern 28
Mazas, Jacques-Féréol 247
Mechelen 89, 107, 175, 177, 221, 223, 230-236
Mechtler, Paul 243
Mees, Joseph-Henri 245
Meeus, Jean-Baptiste 120
Meissonier, Ernest 272
Meister mit Gans 56
Meister mit gekröntem G 56
Meister mit gekröntem M 56
Melchior, J.P. 266
Mengs, Anton Raphael 272
Mercier, Sebastian 52
Mercure, Jean 285
Merode, Jan Karl de 101, *102*
Messiaen, Olivier 286

Metastasio, Pietro 214
Meyer, Jan 178
Meyere, Jacob de 174
Meytens, Martin van 9, 21, 31
Michiels, Marcel 181
Migazzi, Kardinal 234
Mijn, Frans van der 206
Militz, J.M. 35
Minckeleers, Professor 85
Mireveld 89
Mombaers, Philippe 110
Modena 119
Mon, Joannis Du 85
Moni, Louis de 103
Mons 60, 63, 99, 133, 134, 136-139, 140, 141, 241, 242
Monsigny, Pierre-Alexandre 48, 120, 123, 126, 178, 181
Montesquieu 146, 268, 270, 272
Monteverdi, Claudio 251
Mostart, Aegydius 89
Mozart, Constanze 251, 254, 255, 256, 286
Mozart, Franz Alois 9
Mozart, Franz Xaver Wolfgang 251, 262
Mozart, Joseph Ignaz 9
Mozart, Karl Thomas 262
Mozart, Leopold 9, 10, 12, 13, 14, 15, 18, 20-23, 25-28, 29, 47, 49, 52, 53, 58-61, 62, 63, 64, 67, 70, 77-79, 89-92, 94, 95, 96, 99-102, 104, 106-111, 112, 117, 120, 130, 131, 133, 136, 143, 145, 154-157, 160, 163, 180, 183, 185, 186, 188, 189, 192, 201, 203, 204, 205, 206, 207, 208, 210-212, 214, 215, 216, 217, 219, 221, 223, 224, 226, 238, 253-261, 286, 290
Mozart, Nannerl (Maria Anna) 15, 18, 23, 24, 25, 26, 27, 60, 90-92, 96, 100, 102, 109, 111, 130, 143, 145, 163, 180, 183, 185, 188, 189, 204, 205, 209-211, 221, 223, 228, 257, 258
Müller, Christian 217, 219
München 23, 27, 28, 119, 257

Nancy 256
Neapel 287
Neefe, Christian Gottlieb 255
Nelis, C.F. 35, 85, 87
Neny, Patrice de 35, 38, 85, 87
Newton, Isaac 267, 268
Neyts, Jacob 125, 126
Nieuwpoort 32
Nijmegen, Gerard van 205
Nissen, Georg Nikolaus 286
Noter, Jan-Baptist De 165, 231, 234-236
Novalis, Friedrich 274
Nürnberg 278

Ollivier, Michel Barthélémy 118, 224, 272
Oostende 32, 166
Orde, Th. 158
Orley, J. van 32
Oudenaarde 45, 174
Oudry, J.O. 146
Oultremont, Jean d' 34
Oultremont, Charles d' 33
Ouwater, Isaac 206

Paganini, Niccolò 217
Paisiello, Giovanni 120
Pálffy von Erdöd, Maria Theresia 99
Palladio, Andrea di 272
Papin, Denis 267

Paquot, J.N. 35, 87
Paris 26, 47-49, 63, 64, 79, 90, 91, 102, 117, 118, 119, 128, 130, 133, 136, 137, 143, 145, 146, 151, 154, 156-160, 173, 203, 209, 214, 221, 223, 226, 243, 247, 256, 287
Parny, Evariste 275
Pascal, Blaise 265, 267, 268
Pauwels, Jan 181
Pauwels, Jean-Englebert 244, 245
Pergmayr, Johann Gottlieb 23
Pergolesi, Giovanni Battista 120, 136, 280
Pertl, Maria Anna 9, 11, 12, 13, 14, 15, 26, 261
Peteghem, Pieter van 182, 183, 256
Peterinck, François-Joseph 110
Pfalz, Karl Theodor von der 28
Philidor, François-André Danican 48, 117, 120
Philipp von Anjou 31
Philipp IV., König von Spanien 31
Philipp V., König von Spanien 140
Philippus, Thomas 234
Pietkin (Komponist) 136
Pitt, William 149, 152
Pius IV., Papst 233
Plischart, M.J. 266
Plumier, Pierre-Denis 107
Podewils, Otto Christoph von 96
Pollio, Pierre-Louis 136
Pöllnitz, Karl Ludwig von 60
Pols, André 186
Pompadour, Madame de 143, 147, 150
Pompéati, Madame de 179
Ponte, Lorenzo de 280, 285
Pontcoulant, Ad. de 253
Poole, Robert 60, 133
Pope Alexander 272
Pothold, Jacob 176, 207
Pothoven, H. 205
Pris, Salomon 243
Probst, J.F. 48, 77
Proli, Charles 189
Putman, J.-P. 51

Quantz, Johann Joachim 14, 217

Racine, Jean 120, 271
Radeker, Henricus 217
Raguenet, J.B. Nicolas 146
Raick, Dieudonné 177-180, 182
Rameau, Jean-Philippe 154, 155, 275
Ramsey, Allan 151
Rathgeber (Komponist) 136
Raupach, Hermann Friedrich 159, 160
Réaumur, René Antoine 267
Rega, H.J. 84
Regensburg 224, 255, 259, 260
Rembrandt van Rijn 89
Remshard, Karl 10
Reuttner von Weyl, Beatus Conrad 100
Reydams d.J., Hendrik 110
Reysschoot, Jan Baptist Van 169
Reysschoot, Pieter Norbert Van 38, 166, 169
Riemann, Hugo 208
Rieulin, Jaak 176
Robert, Hubert 149
Robson, Jean-Jacques 68, 69
Roelstraete, Herman 127, 128
Rolin, Charles 79
Rom 48

Römer, Olaüs 267
Rons, F.J. De 109
Roosebeke, Jan van 175
Rosen, Charles 281
Rottenburgh, Godefroid-Adrien 122
Rottenburgh, Jean-Hyacinthe 122
Rotterdam 64, 164, 203, 206, 207
Rousseau, Jean-Jacques 120, 154, 270
Rousseau, Jean-Marie 136
Rovere, Anthonis von 174
Rowlandson, Thomas 145, 191
Rubens, Peter Paul 89, 104, 106, 184, 185, 187-189
Ruckers, Andreas I 192, 226, 227, 228
Ruckers, Andreas II 227, 228
Ruckers, Hans II 192, 228
Rue, De la (Graveur) 94
Ruisdael, Jacob van 206
Ruloffs, Bartholomeus 207
Rust, Jakob 256

Sade, Marquis de 271
Saint-Evremond, Charles de 56
Salieri, Antonio 286
Salzburg 9, 10, 11, 12-15, 20, 22, 23, 25-27, 58, 59, 65, 95, 100, 107, 130, 133, 145, 154, 163, 172, 180, 181, 183, 204, 210, 213, 224, 237, 254-257, 262, 278, 280, 285, 286
Sandby, Paul 151
Sankt Gilgen 9
Sartre, Pierre 238
Sauter, Jeremias 172
Sauvage, B.-Th. 71
Scarlatti, Domenico 155
Schachtner, Johann Andreas 15, 20, 21, 23, 260
Schaffer, Joseph 289
Schaffer, Peter 288, 289
Schamp, Gillis 166
Schellenberg, I.R. 261
Schepers, Peter 179
Scheppers, Boudewijn 181
Schikaneder, Emanuel Johann Joseph 281
Schmahl, Christoph Friedrich 257, 259, 262
Schmahl, Johannes Matthäus 258, 262
Schmid, Johann 255, 257, 263
Schobert, Johann 145, 155, 156, 158, 159, 160, 206, 209, 214, 251, 278
Schönberg, Arnold 288
Schöpflin, Professor 87
Schouteden-Wéry, J. 238
Schouters, Marcel 186
Schrattenbach, Siegmund Christoph von 9, 22, 261
Schubert, Christian Friedrich Daniel 209, 259
Schurig, Arthur 130
Schutz 145
Schwenke, Thomas 211
Schwindel, Friedrich 100, 112, 206
Scott, Samuel 153
Scultet, Johann 268
Senus, W. van 212
Seraing 47, 49
Servandoni, Jean-Nicolas-Jérôme 101, 102, 272
Shakespeare, William 287
Siclers, Engelbert van 163, 165, 167
Silbermann, J. Andreas 224, 255-257, 259
Simons, Jean-Baptiste 39, 96
Sint-Truiden 177

Smet, Wolfgang De 77
Smith, Adam 268
Soufflot, Germain 272
Spa 34
Spalaert, J.R. 139
Spallanzani, Lazzaro 267
Späth, Franz Jacob 224, 226, 255, 257, 258, 259, 261, 262
Späth, Johann Jacob 259
Speckner, Franz Karl Gottlieb 23
Spierre, Jan van 174
Spiessens, G. 223
Spinoza, Baruch de 270
Spitzeder, Franz Anton 23
Spranger, Bartholomaeus 89
Staes, Ferdinand 127
Staes, Guillaume 127, 242, 251
Stamitz, Johann 154, 254
Stamitz, Karl 137
Stassart, J.J. de 237
Stein, Johann Andreas 28, 160, 224, 226, 228, 252, 255, 256, 257-262
Stendhal 271
Steveniers, Maria Anna 68
Stief, Sebastian 22, 23
Stockhausen, J.C. 119
Stouppy, Barbe-Louise-Josèppe 101
Straeten, E. Vander 180
Straßburg 224
Strele, Léonard 53
Stuttgart 29
Sulzer, Johann Georg 119
Swieten, Godfried Baron van 215, 279
Swift, Jonathan 272
Swinburne, Algernon Charles 285

Tartini, Giuseppe 116, 206, 254
Taskin, Pascal 225, 226
Telemann, Georg Philipp 15, 154, 208
Ten Compe, Jan 207
Tervuren 38, 99, 111, 114, 138
Tessaro-Granello 137
Than, Johann Ernst 172
Thibaut, Jan 180, 181
Thiriar, James 277

Thurn und Taxis, Lamoral-Claude-François von 106, 107
Thurn-Valsassina und Taxis, Johann 9, 12
Thys, August 186
Tienen 47, 52, 66, 67, 68-70, 78, 90, 177
Tiepolo, Giambattista 272
Torlé (Komponist) 136
Troy, Jean-François de 54

Ulm 60
Unterberger, Ignaz 268
Ursel, Karl Elisabeth d' 101
Utrecht 164, 208, 209, 212, 213

Valenciennes 221, 223
Valerius 208
Vanhall, Jan 242, 251
Vanvitelli, Luigi 272
Vauban 139
Venedig 9, 203, 204, 211
Venier (Musikverleger) 119
Verhaegen, Pieter Jozef 83
Vernet, Horace 59
Versailles 50, 56, 143, 148, 149, 150, 151, 210, 221, 226, 228, 238, 271
Verschaffelt, Pieter-Antoon 37, 94, 109
Verviers 34
Vervloet, Frans 115
Veurne 179
Vicedomini, Jacques 112, 113
Vilain XIII., Jean Jacques 170, 171
Villermont, Graf de 237
Visch, Mathias De 93
Vitali, Tommaso Antonio 254
Vitzthumb, Ignaz 68, 97, 112, 124, 125-127, 245
Vitzthumb, Paul 90, 113
Vivaldi, Antonio 178, 274, 278
Vlaardingen 183
Vogler, Georg Joseph 209, 288
Volta, Alessandro 267
Voltaire 48, 49, 55, 59, 61, 63, 146, 149, 159, 169, 267, 268, 270, 271, 273, 275
Vos, Martin de 89
Vounck, J.H. 85

Wagener, Richard 250
Wagenseil, Georg Christoph 15, 136, 242
Waghevens (Glockengießer) 175
Wagner, Johann Gottlob 259
Wagner, Richard 275
Walraad, Jan 204
Walter, Anton 255, 258, 262
Walter, Bruno 286
Wasserburg 27, 60, 183
Watt, James 267
Watteau, Antoine 155, 271, 273, 274, 275
Wattiau (Komponist) 136
Wavrans, Louis de 38
Weber, Aloisia 215
Weber, Fridolin 215
Weber, Sophie 226
Weber, Carl Maria von 248
Weiser, Ignaz Anton von 23
Weissenbruch, Charles de 243
Werkmeister, Andreas 217
Werner, P.B. 48, 77, 186
Wéry, J.-F. 71
Wien 21, 23, 27, 28, 32, 34-37, 41, 45, 50, 100, 117-119, 124, 133, 210, 215, 221, 226, 228, 234, 237, 238, 257, 262, 287
Wilde, Bernard De 163, 167, 170
Willem IV., Statthalter 208
Willem V., Statthalter 124, 203, 204, 205, 208, 209, 212, 214, 216, 217
Willems, Hendrik 124
Willems, Jean Baptist 128
Winands, Jean-Baptiste 131
Winckelmann, Johann Joachim 192, 272
Winger, Hieronymus de 89
Witlockx, Willem 179
Wodon, Nicolas Joseph 56
Wotquenne, Alfred 250
Württemberg, Karl Eugen von 28

Ypen, Van (Musikverleger) 242

Zick, Januarius 274
Zinzendorf, Karl 25
Zitterer, J. 274
Zofanny, Johann 145

Abbildungsnachweis

Allgemeines Reichsarchiv, Brüssel
Alpenland, Wien
Alte Pinakothek, München
Amsterdams Historisch Museum, Amsterdam
Artothek, Peissenberg
Association de la Noblesse du Royaume de Belgique, Brüssel
Bayerische Staatsbibliothek, München
Bayerische Verwaltung der Staatlichen Schlösser, Garten und Seen, München
Bayerisches Nationalmuseum, München
Beiaardmuseum, Mechelen
Bibliothek des Conservatoire royal, Brüssel
Bijlokemuseum, Gent
Bilderkabinett UFSIA, Antwerpen
British Library, London
Bundesmobilienverwaltung, ehemalige Hoftafel- und Silberkammer, Wien
Centraal Museum, Utrecht
Civico Museo Bibliografico Musicale, Bologna
Conservatoire royal de Musique, Lüttich
Edward Kuppens, Hove
Eric Claerhout, Gent
Etablissements Giraudon, Paris
Fotowerken Claes, Antwerpen
Gaspard De Wit, Mechelen
Gemeentearchief, Amsterdam
Gemeentekrediet – Credit Communal
Gemeentelijke Archiefdienst, Utrecht
Germanisches Nationalmuseum, Nürnberg
Guy Cussac, Brüssel
Haags Gemeentemuseum, Den Haag
Haus-, Hof- und Staatsarchiv, Wien
Heeresgeschichtliches Museum, Wien
Historisches Museum, Frankfurt
Historisches Museum, Wien
Hugo Maertens, Brugge
Internationale Stiftung Mozarteum, Salzburg
Kiemer & Kiemer, Hamburg
Königliche Bibliothek Albert I, Brüssel
Konigliche Museen für Kunst und Geschichte, Brüssel
Koninklijke Bibliotheek, Den Haag
Kunsthistorisches Museum, Wien
Luc Schrobiltgen, Brüssel
Maison Jean Lescarts, Mons
Musée Carnavalet, Paris
Musée Condé, Chantilly
Musée Curtius, Lüttich
Musée d'Ansembourg, Lüttich
Musée de l'Art wallon, Lüttich
Musée de la Vie Wallonne, Lüttich
Musée de Saint-Quentin, Paris
Musée des Beaux-Arts, Tournai
Musée du Louvre, Paris
Musée Instrumental du Conservatoire royal, Brüssel
Musée Grétry, Lüttich
Museum Carolino Augusteum, Salzburg
Museum der Stadt, Brügge
Museum der Stadt, Löwen
Museum der Stadt, Wien
Museum für Kunsthandwerk, Frankfurt
Museum für Kunst und Geschichte, Freiburg
Museum für Kunst und Gewerbe, Hamburg
Museum Vleeshuis, Antwerpen
Museum voor Schone Kunsten, Antwerpen
Museum voor Schone Kunsten, Gent
National Portrait Gallery, London
Nymphenburg, München
Openbaar Kunstbezit, Tielt
Oskar Anrather, Salzburg
Paul Maeyaert, Etikhove
Philippe Tas, Antwerpen
Privatarchiv J. Claes, Antwerpen
Rijksmuseum, Amsterdam
Rockoxhuis, Antwerpen
Sammlung ASLK – CGER
Sammlung Schloß von Mariemont
Sammlung Van Loock, Brüssel
Sammlung W. Couvreur, Antwerpen
Scala, Antella (Florenz)
Schloß von Versailles
Service photographique de la Réunion des Musées nationaux, Paris
Sotheby's, London
Staatliches Institut für Musikforschung, Preussischer Kulturbesitz, Berlin
Stadtarchiv, Antwerpen
Stadtarchiv, Augsburg
Stadtarchiv, Gent
Stadtarchiv, Mechelen
Stadtarchiv, Tienen
Städtisches Museum, Brüssel
Städtisches Museum, Mechelen
Städtisches Museum, Regensburg
Stadtbibliothek, Antwerpen
Stadtbibliothek, Augsburg
Taxandriamuseum, Turnhout
Théâtre royal de la Monnaie/Muntschouwburg, Brüssel
Universitätsarchiv K.U.L., Löwen
Universitätsbibliothek, Gent
Universitätsbibliothek, Mons
Victoria und Albert Museum, London
Wallace Collection, London
Württembergisches Landesmuseum, Stuttgart
Zentralarchiv des Deutschen Ordens, Wien
Zentralbibliothek, Zürich

Dieses Buch wurde vom Mozarteum Belgicum angeregt
und von Mercatorfonds, einem Verlag im Besitz der Paribas Bank, herausgegeben.
Der Text wurde von Photocompo Center in Brüssel gesetzt.
Die Reproduktion der Abbildungen wurde vorgenommen von Scan 2000, Bilbao.
Text und Abbildungen wurden bei Vanmelle in Gent gedruckt,
gebunden wurde das Buch in der Binderei Splichal in Turnhout.
Die graphische Gestaltung wurde Louis Van den Eede anvertraut.

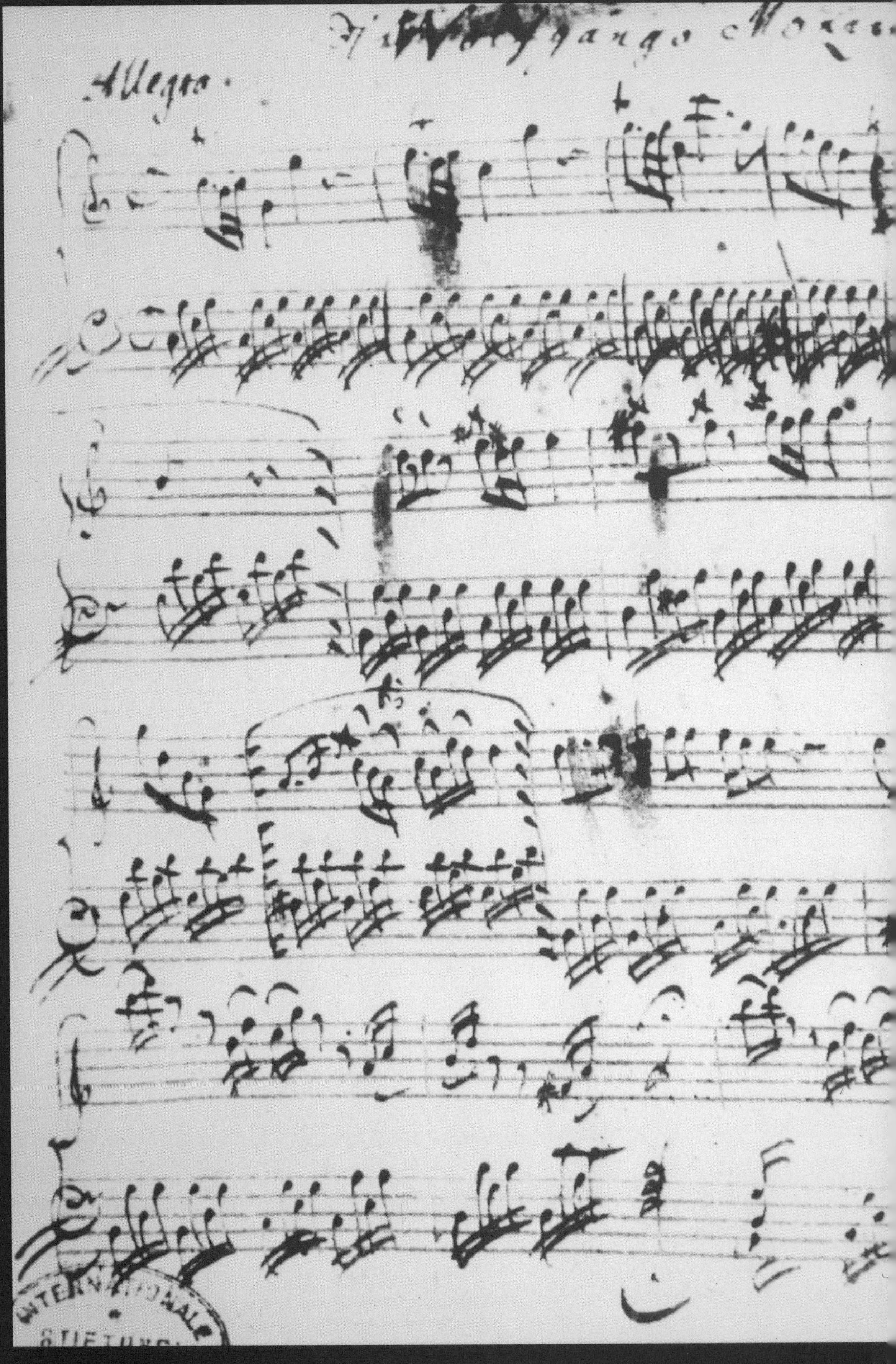
Allegro